河南专门史大型学术文化工程丛书

主编 谷建全

执行主编 张新斌

河南考古史

张新斌 李龙 王建华 著

中原出版传媒集团
中原传媒股份公司
大象出版社
·郑州·

图书在版编目(CIP)数据

河南考古史 / 张新斌，李龙，王建华著. — 郑州：
大象出版社，2019.10
(河南专门史大型学术文化工程丛书 / 谷建全主编)
ISBN 978-7-5711-0208-1

Ⅰ.①河⋯ Ⅱ.①张⋯ ②李⋯ ③王⋯ Ⅲ.①考古工作—河南 Ⅳ.①K872.61

中国版本图书馆 CIP 数据核字(2019)第 188486 号

河南专门史大型学术文化工程丛书

河南考古史

HENAN KAOGU SHI

张新斌　李龙　王建华　著

出 版 人	王刘纯
选题策划	王刘纯　张前进
项目统筹	李建平
责任编辑	李建平
责任校对	毛　路　安德华　张迎娟
装帧设计	张　帆

出版发行	大象出版社(郑州市郑东新区祥盛街27号　邮政编码450016)
	发行科　0371-63863551　总编室　0371-65597936
网　　址	www.daxiang.cn
印　　刷	北京汇林印务有限公司
经　　销	各地新华书店经销
开　　本	720mm×1020mm　1/16
印　　张	33.5
字　　数	544千字
版　　次	2019年10月第1版　2019年10月第1次印刷
定　　价	149.00元

若发现印、装质量问题，影响阅读，请与承印厂联系调换。
印厂地址　北京市大兴区黄村镇南六环磁各庄立交桥南200米(中轴路东侧)
邮政编码　102600　　　　　电话　010-61264834

"河南专门史大型学术文化工程丛书"
编辑委员会

顾　　问	魏一明　张占仓　袁凯声　丁同民
主　　任	谷建全
副 主 任	周　立　王承哲　李同新　张新斌
主　　编	谷建全
执 行 主 编	张新斌
执行副主编	唐金培　陈建魁　李　乔

编　委
（以姓氏笔画为序）

卫绍生	王记录	王玲杰	王景全	毛　兵
田　冰	田国行	代　云	朱海风	任崇岳
李　龙	李　暖	杨　波	杨世利	张玉霞
张佐良	陈习刚	赵广军	赵保佑	赵炳清
贾兵强	徐春燕	高丽杨	郭建慧	程有为

河南专门史总论

张新斌

河南专门史研究,是河南历史的细化研究,是河南历史的全面研究,是河南历史的深入研究,也是河南历史的综合研究。河南历史研究,不仅是地方史研究,也是中国史研究,是中国史的核心研究,是中国史的主干研究,更是中国史的精华研究。

一、河南称谓的区域变迁及价值

(一)河南:由地理到政治概念的演变

河南是一个地理概念。河南概念的核心是"河",以黄河为指向形成地理方位概念,如河南、河东、河西、河内、河外等。《史记·殷本纪》:"盘庚渡河南,复居成汤之故居。"又,《战国策·齐策》:"兼魏之河南,绝赵之东阳。"魏惠王徙都大梁(今开封),而河南地区为魏之重要区域。《史记·项羽本纪》:"彭越渡河,击楚东阿,杀楚将军薛公。项王乃自东击彭越。汉王得淮阴侯兵,欲渡河南。"这里的"河南"明显不是一个政区概念,而是一个地理概念。

河南也是一个政治概念。《史记·货殖列传》所云"三河"地区为王都之地。"昔唐人都河东,殷人都河内,周人都河南。夫三河在天下之中,若鼎足,王者所更居也。"可见河南为周之王畿之地。又,《史记·周本纪》:"子威烈王午立。考王封其弟于河南,是为桓公。"《史记·项羽本纪》:"故立申阳为河南王,都洛阳。"这也从一个侧面反映出河南在战国、秦汉之际与王都连在一起,无疑应为政治中心。《通志·都邑略》对河南有一个重要评价:"故中原依大河以为固,吴越依大江以为固。中原无事则居河之南,中原多事则居江之南。自开辟以来皆河南建都,虽黄帝之都、尧舜禹之都于今皆为河北,在昔皆为河南。"

(二)河南:以洛阳为中心的政区概念

1.河南郡。汉代始设,至隋唐之前设置。《汉书·地理志》云:河南郡,辖县二十二,有洛阳、荥阳、偃师、京、平阴、中牟、平、阳武、河南、缑氏、卷、原武、巩、榖成、故市、密、新成、开封、成皋、苑陵、梁、新郑。以上地区包括今洛阳市区周边,含今新安、孟津、伊川、偃师,今郑州市的全部,今开封市区,以及今原阳县,今汝州市。据《晋书·地理志》,河南郡领河南、巩、安、河阴、新安、成皋、缑氏、新城、阳城、陆浑。西晋时,汉河南郡东部析置荥阳郡,而西晋时的河南郡大致包括今洛阳市区及嵩县、新安、偃师、伊川等,以及巩义、登封、新密,还有荥阳的一部分和今汝州市。《宋书·州郡志》:南朝宋司州有三郡,包括河南郡,领河南、洛阳、巩、缑氏、新城、梁、河阴、陆浑、东垣、新安、西东垣等,其范围与西晋河南郡差不多。《魏书·地形志》说河南郡仅领县一个,其区划郡县叠加。《隋书·地理志》记述隋设河南郡,统领18个县,为河南、洛阳、桃林、阌乡、陕、熊耳、渑池、新安、偃师、巩、宜阳、寿安、陆浑、伊阙、兴泰、缑氏、嵩阳、阳城,涉及今三门峡市区及灵宝、渑池、义马等,今洛阳市区及新安、偃师、嵩县、宜阳等,今郑州所辖巩义、登封等。

2.河南尹。东汉时洛阳为都,在都城设河南尹。《后汉书·郡国志》:河南尹,辖洛阳、河南、梁、荥阳、卷、原武、阳武、中牟、开封、苑陵、平阴、缑氏、巩、成皋、京、密、新城、偃师、新郑、平。其所辖范围与西汉河南郡基本相当。三国魏时亦有"河南尹",如《三国志·魏志》:夏侯惇曾"转领河南尹",司马芝于"黄初中,入为河南尹"。

3.河南县。西汉时设县,沿至东汉、西晋、刘宋、北魏、隋、唐、宋等,金代已无河南县,洛阳的"河南""洛阳"双城结构正式瓦解。

4.河南府。唐代始设,沿至宋、金、元,但元代已称之为路。据《旧唐书·地理志》,河南府辖河南、偃师、巩、缑氏、管、告成、登封、陆浑、伊阙、伊阳、寿安、新安、福昌、渑池、永宁、长水、密、河清、颍阳、河阳、氾水、温、河阴。《新唐书·地理志》载,河南府共辖20县,有河南、洛阳、偃师、巩、缑氏、阳城、登封、陆浑、伊阙、新安、渑池、福昌、长水、永宁、寿安、密、河清、颍阳、伊阳、王屋。由此可以看出，其地含今洛阳绝大部分，今郑州的巩义、登封，甚至今豫西北的济源。《宋史·地理志》有河南府，辖河南、洛阳、永安、偃师、颍阳、巩、密、新安、福昌、伊阙、渑池、永宁、长水、寿安、河清、登封共16县。《金史·地理志》载，金时河南府仅辖9个县，即洛阳、渑池、登封、孟津、芝田、新安、偃师、宜阳、巩。以上县名与今县名比较接近，主要分布在今洛阳周边。《元史·地理志》载，在河南行省下有"河南府路"，实相当于河南府，相关县有洛阳、宜阳、永宁、登封、巩县、孟津、新安、偃师，以及陕州的陕县、灵宝、阌乡、渑池，相当于今三门峡市一部分、洛阳市一部分及郑州市一部分。《明史·地理志》记录的河南省下有河南府，属地有洛阳、偃师、孟津、宜阳、永宁、新安、渑池、登封、嵩县、卢氏及陕州的灵宝、阌乡2县。其地较元代河南府稍大。

5.河南道。仅在唐代、五代时实行。据《旧唐书·地理志》载，"河南道"辖河南府、孟州、郑州、陕州、虢州、汝州、许州、汴州、蔡州、滑州、陈州、亳州、颍州、宋州、曹州、濮州等，其范围"约当今河南、山东两省黄河故道以南（唐河、白河流域除外），江苏、安徽两省淮河以北地区"①。《新唐书·地理志》也讲到"河南道"，相当于古豫、兖、青、徐四州之域。据《旧五代史·郡县志》载，五代时有"河南道"，含河南府、滑州、许州、陕州、青州、兖州、宋州、陈州、曹州、亳州、郑州、汝州、单州、济州、滨州、密州、颍州、濮州、蔡州等，可见其范围是极大的。

（三）河南：以开封为中心的政区概念

自元代开始，"省"成为地方最高级行政建制。元代正式设立"河南江北等处行中书省"。《元史·地理志》云，河南行省辖路12、府7、州1、属州34、属县182。其中，汴梁路，领录事司1（县17，开封一带），还领郑、许、陈、钧、睢等5州21县。河南府路，领录事司1（县8，洛阳一带），还领陕州及4县。南阳府，领南阳、镇平2县及邓、唐、嵩、汝、裕5州11县。汝宁府，领汝阳、上蔡、西平、确山、遂平5县及颍、息、光、信阳4州10县。归德府，领睢阳、永城、下邑、宁陵4县及徐、宿、邳、亳4州8县。襄阳路，领录事司1县6，还领均、房2州4县。蕲州

---

① 复旦大学历史地理研究所《中国历史地名辞典》编委会：《中国历史地名辞典》，江西教育出版社1988年版，第538页。

路,领录事司1县5。黄州路,领录事司1县3。以上仅为"河南江北道肃政廉访司",所领范围已包括今河南省黄河以南部分,以及今湖北省江北部分地区,今苏北、皖北部分地区。

明代正式称河南行省(承宣布政使司),《明史·地理志》记录河南省辖府8、直隶州1、属州11、县96。府有开封府、河南府、归德府、汝宁府、南阳府、怀庆府、卫辉府、彰德府,以及直隶州汝州。总的来看,明代的河南省已经与现在的河南省大体范围相当,成为一个跨越黄河南北的省。

清代沿袭了相关的行政建制。需要注意的是,其治所在开封。直到民国及新中国成立初期,开封一直为省会所在。

从以上的史料罗列中可以看出,"河南"是一个重要的概念。先秦时期,河南是一个重要的地理概念,而这个概念中实际上包含了非常深刻的政治含义,河南实际上是天下政治中心的具体体现。从西汉开始到清代,河南成为一个非常重要的行政建制名称。隋唐之前是河南郡(尹),隋唐之后则为河南府(路)。元代之前,河南郡、府、道、尹、县的治所,以及地理概念、政治概念的核心,均在今洛阳。可以说,河南的范围时有变化,作为河南中心的洛阳地位始终是不变的,洛阳甚至是河南的代名词。元代以后行省设立,开封成为行省治所(省会)所在,数以百年。虽然如此,但河南的根源、灵魂在洛阳。

二、河南历史的高度与灵魂

(一)河南历史的高度:河南史的实质就是中国史

河南是个大概念,不仅涉及地理、政区,也涉及政治,研究中国历史是绕不开以洛阳为中心的河南的。《元和郡县志》卷六对"河南"有一个解读:"《禹贡》豫州之域,在天地之中,故三代皆为都邑。"这里对夏至唐的洛阳为都有一个清晰的勾勒,如禹都阳翟、汤都西亳、成王都成周,东汉、曹魏、西晋、北魏等均都洛阳,隋炀帝号为东京,唐代号称东都或东京,"则天改为神都",到了北宋则成为西京。可以说,一部王朝史,绕不开以洛阳为中心的河南。《说苑·辨物》载"八荒之内有四海,四海之内有九州,天子处中州而制八方耳",而这个中州就是河南。

对于河南的认识,其战略地位的重要性不言而喻,还有另外一个角度的分析。《读史方舆纪要》卷四十六:"河南,古所称四战之地也。当取天下之日,河南在所必争;及天下既定,而守在河南,则岌岌焉有必亡之势矣。周之东也,以河南而衰;汉之东也,以河南而弱;拓跋魏之南也,以河南而丧乱。朱温篡窃于汴梁,延及五季,皆以河南为归重之地。以宋太祖之雄略,而不能改其辙也,从而都汴。都汴而肩背之虑实在河北,识者早已忧之矣。"在这里,作者将洛阳的战略地位定性为"四战之地",讲到得天下者首先要得河南,反映了作者的敏锐性。但是,将洛阳定位于岌岌可危之地则有所不妥。河南对关中的承接,实际上反映了中国古代的两大政治中心相互补充完善的作用。中国历史上的统一王朝,基本上都经历了定都于关中长安和河洛洛阳两个阶段。所以,从某种意义上讲,河南历史既是河南地方的历史,也是中国古代的历史;从区域角度来看,可以说河南区域史是极为精练的中国史,是影响甚至决定王朝走向的关键历史;从中国历史的大视野考察,具备这种关键作用的区域,在中国这种大格局中,也就是那么一两个地区,而河南无疑是其中之一。

(二)天地之中:中国历史最具灵魂的思维探寻

中国古代都城的选择是与中国人特定的宇宙观联系在一起的。在中国人的观念中,"中"具有极为特殊的意义。中国古代历史上最具影响力的都城中,最能体现这种观念的非洛阳莫属。[1]

周灭商之后,周公受命探寻"天地之中"。《太平寰宇记》卷之三云:"按《博物志》云:'周在中枢,三河之分,风云所起,四险之国也。昔周武王克殷还,顾瞻河、洛而叹曰:"我南望三涂,北望岳鄙,顾瞻有河,粤瞻雒、伊,毋远天室。"遂定鼎郏鄏,以为东都。'《周书》又曰:'周公将致政,乃作大邑,南系于洛水,北因于郏山,以为天下之大凑也。'皇甫谧《帝王世纪》云:'周公相成王,以丰、镐偏在西方,职贡不均,乃使召公卜居涧水东、瀍水之阳,以即中土。而为洛邑,而为成周王都。'"周朝建立后,最大的问题是"择中而居"。选择"天下之中"与"天地之中",关键是"中"。《路史》卷三十:"古之王者,择天下之中而立国,择国之中而立官,择官之中而立庙。"又,《周礼订义》卷十五:"夫天不足西北,地不足东南,有余不足皆非天地之中,惟得天地之中,然后天地于此乎合土播于四时,所

---

[1] 张新斌:《"天地之中"与"天下之中"初论》,《中州学刊》2018年第4期。

以生长收藏万物一时之气,不至则偏而为害。惟得天地之中,然后四时于此而交,通风以散之,雨以润之,偏于阳则多风,偏于阴则多雨。惟得天地之中,然后阴阳和而风雨以序,而至独阴不生,独阳不成。阴阳之和不成则反伤夫形。"这里论述了天地之中的阴阳秩序。但从众多文献看,天地之合、四时之交、风雨之会、阴阳之和是个立体的概念。"天地之中"刻意强调了思想观念上的特殊性,着重关注了本质文化上的特质性,重点强化了政治统治上的正当性,具有综合意义。

"天地之中"所在地,以洛阳(洛、洛地、洛师、洛邑、洛之邑、洛河之邑、洛水之涯、洛邑之地、河洛等)之说为绝对主流观点;与"天地之中"对应的"天下之中",则更多强调了位置适中,交通便利,其地方文献也多以洛阳为主。《河南通志》卷七:"河南居天下之中,嵩岳表其峻,大河、淮、济萦流境内。"这里所说的河南实则是大河南,河南的本质是洛阳。所以,洛阳为都的观念思想特征的探寻,反映了中国古代的思维方式与思维特点,其理论的深刻性极大丰富了中国古代的思想宝库,也是中国古都历史的灵魂所在。

三、河南历史:既是地方史也是区域史

河南地方史同时还是河南区域史,这是我们对河南专门史进行研究时时常要注意的关键性问题。我们应该如何对待我们的研究?

(一)作为地方史的河南专门史

地方是相对中央而言的。每一个王朝,都有中央与地方。中央就是皇帝,以及三省六部;地方则是郡县、省府县。对中央而言,省及以下建置都是地方。地方史就是研究一定行政建制内的历史,比如县的历史、市的历史、省的历史。

关于地方史,有人认为"所谓地方史研究,就是专门考察、分析某一地区历史变迁的史学工作"[1],或认为"地方史的书写往往是一种以国家宏大历史叙事为背景,又兼具本土地方特色的历史书写","地方历史的建构既是对国家宏大

---

[1] 叶舟:《地方文献与地方史研究》,载《上海地方志》编辑部编《2017年地方志与地方史理论研讨会论文汇编》,第199~203页。

历史叙事的补充,也是新时期国家与地方共同致力于民族地方形象、软实力及文化生态打造的努力"。① 一般而言,地方史是与一定级别的行政建置有关联的。河南长期为地方行政建置,从河南郡与河南县,到河南尹与河南县,到河南府与河南县,到河南路与河南县,再到河南省,作为省级建置也有七百余年的历史。相对王朝而言,河南的历史理所当然地就是地方史。换句话说,河南地方史就是研究河南地方的历史,就是研究在省的建置下河南这一特定范围内所发生的历史。河南地方史,就是对河南特定行政建置(省)内所有历史大事、历史人物、历史规制、历史机构、历史社会、历史文化等总的汇集、总的提炼、总的评价,是一部中国特定地方的小通史,是中国通史的河南卷。河南专门史,则是河南地方历史的细化,是河南专门历史的汇集,是作为地方的河南的历史的总的盘点。

河南地方史的研究,在河南是个"偏科"。河南史学界研究中国史,研究世界史,研究考古学,研究史学理论,当然,大家的研究无疑必然会触及河南,因为在中国史的研究范畴中,如果回避了河南,中国史肯定就不是完整的中国史。一方面,从夏到北宋,河南是王朝的政治中心所在,从某种意义上讲,这期间河南史中的重大事件无疑也是中国史中的重大事件,河南的历史也是中国的核心历史、中国的精英历史。另一方面,关键是要从河南的角度来研究中国的历史,从历史纵的时间轴来研究河南史,从历史横的空间区域比较中研究河南历史。所以,对于研究中国史的学者而言,河南地方史既是熟悉的,又是陌生的。

(二)作为区域史的河南专门史

区域是相对总体而言的。区域可以是一个地方行政建置,如河南、郑州、新郑,也可以是一个地区,如豫北、河朔、齐鲁、三秦、华北。当然,区域也可以是永恒的,对全球而言,中国、东亚、远东,都是区域。在全球史的背景下,区域史是个很时尚的东西,研究中国史与世界史(世界各国的历史),实质上研究的都是区域史。

学界有关区域史的讨论,是非常复杂的。例如,将地方史等同于区域史就

---

① 杨旭东:《近年来地方史研究评述》,《中原文化研究》2016年第1期。

是一种常见的声音,如:"地方史,或称区域史,是历史学科的一个重要分支。"①有的直接将区域史的研究范式等同于地方史的研究范式;②也有的将区域史作为地方史的支脉,"地方史内部也演化出了新的支系"③。尽管区域史和地方史有一定的契合点,但两者还不能完全画等号。区域史研究一般多关注区域的特殊性,但是,"区域史研究的意义不仅仅在于认识作为个案的区域本身,而且有助于对国家整体史的认识。于是,区域史研究的一个重要归宿还在于对中华帝国整体史的理解和把握,并不是局限于孤零零的区域个案,也非仅凭借一两个新线索的发现来填补漏洞、空白,而是从局部、微观、特殊性中找到一些带有普遍性的反映整体的现象和规则"④。区域史,就是由诸地理要素所构成的特定地理空间,有较长时段的经济交流与政治联系,以及内部所共生的以文化为纽带的规律性问题的研究。区域史更多关注点在基层社会,是对特定的人群、组织架构、民间信仰,以及形成的民风进行的研究。除利用正史、正志之外,区域史也要更多关注地方文献,如家谱、文书、契约、方志等,只有这样,区域史才会更加丰满。

河南历史,就河南而言,其起点是地理概念。从历代史志可以看出,行政区划的河南是立足于地理概念河南之上而设置的,在中国古代由特定地理概念而产生的政区并不多见,仅从这一点而言,河南历史既可以是地方史,又可以成为区域史,甚至由于以洛阳为核心的河南在历史上特殊的政治地位,河南史在某些时段可以上升为中国史。这就是河南历史的特殊价值所在。

四、河南历史的研究现状与努力目标

(一)河南历史的主要研究成果

改革开放以来,河南省社会科学院及全省学界陆续推出了一系列河南历史

---

① 叶舟:《地方文献与地方史研究》,载《上海地方志》编辑部编《2017年地方志与地方史理论研讨会论文汇编》,第199~203页。
② 段建宏:《地方史研究的思考》,《忻州师范学院学报》2007年第1期。
③ 姚乐:《如何理解地方史与区域史?——以〈江苏通史·魏晋南北朝卷〉为例的分析》,《南京晓庄学院学报》2014年第3期。
④ 孙竞昊、孙杰:《中国古代区域史中的国家史》,《中国史研究》2014年第4期。

的研究成果：

一是通史类。如《简明河南史》（张文彬主编，1996）、《河南通史》（4卷本，程有为、王天奖主编，2005）。以上成果有首创意义，但分量不足，不足以反映河南历史文化的厚重与辉煌。

二是专门史类。如《河南航运史》（河南省交通厅史志编审委员会，1989）、《河南少数民族史稿》（马迎洲等，1990）、《河南陶瓷史》（赵青云，1993）《河南新闻事业简史》（陈承铮，1994）、《河南考试史》（李春祥、侯福禄主编，1994）、《河南文学史·古代卷》（王永宽、白本松主编，2002）《河南文化史》（申畅、申少春主编，2002）、《河南教育通史》（王日新、蒋笃运主编，2004）、《河南农业发展史》（胡廷积主编，2005）、《河南经济通史》（程民生主编，2012）、《河南生态文化史纲》（刘有富、刘道兴主编，2013）、《中原科学技术史》（王星光主编，2016），以及即将出版的《中原文化通史》（8卷本，程有为主编，2019）等。总体来讲，质量参差不齐，形成不了河南专门史体系类的成果。

三是市县通史类。如《驻马店通史》（郭超、刘海峰、余全有主编，2000）、《商丘通史（上编）》（李可亭等，2000）、《洛阳通史》（李振刚、郑贞富，2001）、《南阳通史》（李保铨，2002）、《安阳通史》（王迎喜，2003）、《嵩县通史》（嵩县地方史志编纂委员会，2016），以及我们即将完稿的《郑州通史》（张新斌、任伟主编，2020）等。

（二）河南历史的研究机构与研究重点

河南历史研究以河南省社会科学院历史与考古研究所为核心。河南省社会科学院历史与考古研究所是专门从事河南历史研究的权威机构，该所前身为成立于1958年的河南省历史研究所。1979年河南省社会科学院成立之际，河南省历史研究所正式成为河南省社会科学院历史研究所，以后又成立了河南省社会科学院考古研究所，2007年正式合并为河南省社会科学院历史与考古研究所。该所现有工作人员19人，其中研究员4人、副研究员10人，博士或在读博士7人，其研究涉及中国历史的各个方面，尤以中国古代史研究实力最为雄厚，在省级社科院中位列前茅。该所主编的"河南历史与考古研究丛书"已出版第一辑（9本）、第二辑（6本），在中原文化、河洛文化、姓氏文化研究方面均有标志性成果。郑州大学的历史研究在以刘庆柱研究员领衔的中原历史文化重点学科、王星光教授为代表的中原科技史方向、吴宏亮教授为代表的河南与近现代中国方向、陈隆文教授为代表的河南史地方向等方面成果卓著。河南大学以黄河文明研究作为主轴，李玉洁教授的河南先秦史研究、程民生教授为代表的以汴京为核心的宋史研究等较为突出。河南师范大学、新乡学院立足新乡，开展牧野文化研究。安阳师范学院则形成了以甲骨文、殷商史为代表的特色学科。河南理工大学立足于焦作，研究太行文化、太行发展。河南科技大学、洛阳师范学院、洛阳理工学院及文物部门的徐金星、蔡运章、薛瑞泽、毛阳光、扈耕田等先生立足于洛阳，开展河洛文化和洛阳学研究。商丘师范学院立足于商丘，对三商文化与商起源的研究颇有建树。许昌学院对汉魏许都的研究、黄淮学院对天中文化的研究、南阳师范学院对东汉文化的研究则各具特色。信阳师范学院以尹全海教授为代表的根亲文化研究、以金荣灿教授为代表的淮河文化研究及三门峡职业技术学院李久昌教授的崤函文化研究等均独树一帜。这些都已经成为河南历史研究的重要力量，也总体反映出河南历史研究的特色。

（三）河南专门史大型学术文化工程运作的过程与目标

2007年以来，为了进一步整合力量，推出标志性成果，我们在已完成的《河南通史》等研究成果的基础上，提出加大对河南历史研究的力度，并以"河南专门史"作为深化河南历史研究的重要抓手。河南专门史的研究工作得到了河南省社会科学院历任领导的重视。早在2008年，河南省社会科学院副院长的赵保佑研究员，就积极支持专门史研究的工作构想，积极推动该项工作的落实。2010年，院长张锐研究员、副院长谷建全研究员，专门带历史与考古研究所的相关人员到北京社科院进行调研，向他们学习北京专史集成研究的工作经验。2015年，院党委书记魏一明、院长张占仓研究员、副院长丁同民研究员积极推动，将河南专门史正式纳入河南省社会科学院重大专项工作，并于年底召开了河南专门史的正式启动会。在河南专门史创研期间，院领导积极关注工作进展，副院长袁凯声研究员统筹协调，有力地推动了后续工作。2019年，院领导班子对河南专门史工作给予了大力支持，尤其是院长谷建全研究员更是将专门史作为院哲学社会科学创新工程的标志性成果，院办公室、科研处等相关部门为本套书的出版做了大量的后勤保障工作，使河南专门史第一批成果能够按时高质量地出版。河南省社会科学院历史与考古研究所在承担繁重的创研工作的同时,也承担了大量的学术组织工作,张新斌、唐金培、李乔、陈建魁多次在一起商议工程的组织与推动,唐金培在学术组织工作方面,在上下联动、督促、组织上付出了大量的艰辛。大家只有一个想法:尽快拿出一批高质量的学术成果。

为了有效推动河南专门史大型学术文化工程,我们在工作之初便编辑了《河南专门史研究编写实施方案》《河南专门史大型学术文化工程第一批实施方案》《河南专门史大型学术文化工程工作方案》《关于征集河南专门史重大专项书稿的函》等文件,成立了以魏一明、张占仓为组长的"河南专门史大型学术文化工程"领导小组,工程实行首席专家制,由河南省社会科学院历史与考古研究所所长张新斌研究员为首席专家。整个工程坚持"三为主、三兼顾"的原则,即以河南省社科院科研人员为主,兼顾河南史学界;以在职科研人员为主,兼顾退休科研人员;以团队合作为主,兼顾个人独著。在写作上,采用"三结合"的方法,即史实考证与理论提高相结合、学术价值与当代意义相结合、学术性与可读性相结合。

在第一批书稿创研中,我们结合各自的研究基础,自动组成团队,不但河南省社会科学院历史与考古研究所全体科研人员参与了该项工程,文学所、哲学与宗教研究所等单位的科研人员也都承担了相关的任务。河南大学、河南师范大学、河南农业大学、华北水利水电大学、郑州市委党校等同行均参与了创研。最终确定了第一批15本书稿的创研目标:《河南考古史》《河南水利史》《河南移民史》《河南园林史》《河南哲学史》《河南水文化史》《河南道教史》《河南城镇史》《河南行政区划史》《河南基督教史》《河南古都史》《河南家族史》《河南书院史》《河南诗歌史》《河南史学史》。我们的总体目标是推出100部具有学术意义的河南专门史成果。

从第一批15部书稿中我们归纳出以下几个特点:一是极大丰富了河南历史研究的内容。这些书稿所涉及的门类有大有小,其研究不仅梳理了相关门类的历史脉络,也丰富了通史类成果无法容纳的分量。如考古史、基督教史时段较短但内容更为丰满,有的甚至可以形成重大事件的编年。二是从更高的视角研究河南。现代考古学在河南的发展对中国考古学的分期具有标志性意义,实际上我们是从中国考古史的角度来研究河南考古史的。正因为这样,我们对河南考古学在中国考古学中的地位有了更为清晰的看法。三是从史料梳理中探寻发展规律。对于每一个专题的研究者,我们更多地要求大家在对史实进行研究的基础上,要探寻相关门类发展的规律,寻找兴衰的规律,以及决定这种兴衰规律的内在因素。我认为在这批成果中,有的已经超越了地方史的范畴,而进入区域史的研究探索之中。当然,研究是一个永无止境的过程,我们期待着河南专门史在以后的创研过程中不断有更多的学术精品问世。

2019 年 8 月

目　录

绪　论 001
  第一节　中国考古学理论的认知 002
    一、中国考古学的定义 002
    二、中国考古学的发展阶段 005
  第二节　中国传统考古学的初兴 009
    一、中国传统考古学的萌芽 009
    二、中国传统考古学的兴起 011
    三、中国传统考古学的中衰 016
  第三节　中国传统考古学的繁荣 017
    一、清代金石学发展的总体评价与阶段性划分 018
    二、清代金石学的代表性人物述略 023
    三、清代金石学的河南贡献 025
  第四节　中国近代考古学：由传统考古学向现代考古学的过渡 ... 028
    一、甲骨文的发现与早期著录 028
    二、传统金石学研究与外国学人的探研活动 031
    三、学术大师与研究特色 034

第一章　河南考古的初始时期（1921—1949 年） 039
  第一节　河南新石器考古的开端 040

　　　　一、安特生与渑池仰韶村遗址　　　　　　　　　　040
　　　　二、梁思永与后冈"三叠层"　　　　　　　　　　044
　　　　三、其他新石器遗址的调查与发掘　　　　　　　046
　　　　四、新石器文化属性与年代学初步研究　　　　　049
　　第二节　殷墟考古发掘的序幕　　　　　　　　　　　057
　　　　一、殷墟考古的缘由　　　　　　　　　　　　　057
　　　　二、殷墟考古的几个阶段与成果　　　　　　　　058
　　第三节　两周考古的肇始　　　　　　　　　　　　　068
　　　　一、新郑郑公大墓发掘与研究　　　　　　　　　068
　　　　二、浚县辛村卫国墓地的发掘与研究　　　　　　070
　　　　三、汲县山彪镇和辉县琉璃阁考古　　　　　　　072
　　第四节　田野考古理论在河南的初步实践与影响　　　075
　　　　一、考古理论在河南的实践　　　　　　　　　　076
　　　　二、新中国成立前河南考古的特点　　　　　　　089
　　　　三、新中国成立前河南考古的成就与影响　　　　091

第二章　河南考古的发展时期（1950—1976年）　　099
　　第一节　史前遗址的大量调查与发掘　　　　　　　　101
　　　　一、河南旧石器文化的初步发现与调查　　　　　101
　　　　二、河南地区仰韶文化遗址的发掘与研究　　　　103
　　　　三、河南地区龙山文化遗址的调查与发掘　　　　108
　　　　四、其他文化遗址的调查发掘与文化传播交融的初步探索
　　　　　　　　　　　　　　　　　　　　　　　　　　110
　　　　五、新石器文化属性、文化谱系与年代学初步研究　113
　　第二节　夏商周考古的陆续展开　　　　　　　　　　118
　　　　一、寻找夏墟与夏文化　　　　　　　　　　　　119
　　　　二、郑州商城的发现与殷墟考古的继续　　　　　125
　　　　三、两周考古初步展开　　　　　　　　　　　　136
　　第三节　秦汉魏晋考古的开展　　　　　　　　　　　153
　　　　一、秦汉魏晋墓葬的发现与研究　　　　　　　　153

  二、汉魏洛阳城与其他城址调查　　164

  三、秦汉魏晋南北朝农业、手工业遗存调查、发掘与研究

  　　169

 第四节　隋唐以降考古工作的起步　　175

  一、隋唐以降陵墓、墓葬发掘与研究　　175

  二、隋唐洛阳城相关调查、发掘与研究　　185

  三、隋唐以降窑址的初步调查、发掘与研究　　188

  四、隋唐以降的其他考古调查与发现　　196

 第五节　河南考古学时空框架的初步形成与学术影响　　200

  一、河南考古学时空框架的初步形成　　200

  二、中国考古学理论在河南的实践与完善　　202

  三、本阶段河南考古的特点　　207

  四、本阶段河南考古的成就与影响　　210

第三章　河南考古的振兴时期（1977—1991年）　　213

 第一节　史前考古成果丰硕　　215

  一、旧石器考古的发现与研究　　215

  二、新石器文化谱系的完善与研究　　218

  三、聚落考古学的兴起与研究成就　　242

 第二节　夏商周考古的重大突破　　244

  一、夏文化探索　　244

  二、商代文化的发现与研究　　250

  三、两周考古的发现与研究　　263

 第三节　秦汉考古取得新成就　　275

  一、秦代考古　　275

  二、西汉考古　　278

  三、东汉考古　　281

  四、秦汉农业、手工业的考古发现与研究　　283

 第四节　魏晋南北朝考古的主要收获　　286

  一、北魏洛阳城　　286

二、魏晋南北朝墓葬　287
　　　三、魏晋南北朝佛教文物的发现与研究　290
　第五节　隋唐五代考古的重要收获　295
　　　一、隋唐东都洛阳城的勘察与发掘　295
　　　二、隋唐陶瓷窑址的发现　298
　　　三、隋唐五代墓葬的发掘与研究　299
　　　四、隋唐时期的佛教考古　304
　第六节　宋金元明考古的发展与收获　305
　　　一、北宋两京城址　305
　　　二、瓷窑址的发现与研究　310
　　　三、宋至明代墓葬考古　312
　　　四、宋元佛教考古　318
　第七节　河南考古区系类型的完善与理论问题的初步探索　321

第四章　河南考古的提升时期（1992—2008年）　325
　第一节　史前考古取得新成就　326
　　　一、旧石器时代考古　327
　　　二、新石器时代考古　331
　　　三、聚落考古研究　345
　　　四、中华文明探源工程　346
　第二节　夏商周考古的新机遇　352
　　　一、夏商周断代工程　352
　　　二、夏文化研究　355
　　　三、商代考古　358
　　　四、两周考古　369
　第三节　秦汉考古的重大发现　380
　　　一、秦代墓葬　380
　　　二、汉代考古发现　381
　第四节　魏晋南北朝考古的突破　392
　　　一、汉魏洛阳故城　392

　　　　二、洛阳邙山陵墓群的调查与新发现　　　　　　　394
　　　　三、西晋北魏墓葬　　　　　　　　　　　　　　397
　　第五节　隋唐五代考古的发展　　　　　　　　　　　　400
　　　　一、隋唐洛阳城　　　　　　　　　　　　　　　　401
　　　　二、隋唐仓窖遗址　　　　　　　　　　　　　　　406
　　　　三、隋唐五代墓葬　　　　　　　　　　　　　　　407
　　　　四、隋唐窑址　　　　　　　　　　　　　　　　　408
　　　　五、佛教考古　　　　　　　　　　　　　　　　　411
　　第六节　宋金元明考古的成就　　　　　　　　　　　　412
　　　　一、北宋东京城　　　　　　　　　　　　　　　　413
　　　　二、宋金洛阳城　　　　　　　　　　　　　　　　413
　　　　三、重要遗址的发现　　　　　　　　　　　　　　415
　　　　四、墓葬　　　　　　　　　　　　　　　　　　　417
　　　　五、陶瓷考古　　　　　　　　　　　　　　　　　422
　　第七节　考古学理论的充分讨论和方法技术的创新　　　426

第五章　河南考古的兴盛时期（2009年至今）　　　　　　　431
　　第一节　史前考古新的生机与活力　　　　　　　　　　433
　　　　一、旧石器时代考古发现与研究　　　　　　　　　434
　　　　二、新石器时代考古发现与研究　　　　　　　　　437
　　　　三、聚落考古　　　　　　　　　　　　　　　　　445
　　　　四、嵩山文化圈研究　　　　　　　　　　　　　　447
　　第二节　夏商周考古的新篇章　　　　　　　　　　　　448
　　　　一、二里头遗址的新发现与夏文化的继续探索　　　448
　　　　二、新郑望京楼遗址的发现与研究　　　　　　　　452
　　　　三、商代考古研究　　　　　　　　　　　　　　　453
　　　　四、周代考古研究　　　　　　　　　　　　　　　458
　　　　五、三代考古的综合研究　　　　　　　　　　　　461
　　第三节　秦汉考古的新起点　　　　　　　　　　　　　462
　　　　一、汉代遗存的发现与研究　　　　　　　　　　　463

　　　　　二、汉代墓葬的发现与研究　　　　　　　　　　465

　　　　　三、洛阳东汉帝陵的勘察与发现　　　　　　　　467

　　　　　四、安阳西高穴曹操高陵　　　　　　　　　　　469

　　第四节　魏晋南北朝考古的新辉煌　　　　　　　　　　475

　　　　　一、汉魏洛阳故城　　　　　　　　　　　　　　475

　　　　　二、洛阳西晋北魏墓葬　　　　　　　　　　　　479

　　　　　三、东晋南朝墓葬　　　　　　　　　　　　　　481

　　第五节　隋唐五代考古的新成就　　　　　　　　　　　482

　　　　　一、隋唐洛阳城　　　　　　　　　　　　　　　482

　　　　　二、隋唐仓窖遗址及大运河遗存　　　　　　　　485

　　　　　三、隋唐五代墓葬的新发现　　　　　　　　　　486

　　　　　四、陶瓷考古　　　　　　　　　　　　　　　　486

　　第六节　宋金元明考古的新探索　　　　　　　　　　　487

　　　　　一、居址、村落等遗存的发现　　　　　　　　　488

　　　　　二、陶瓷考古新发现与研究　　　　　　　　　　489

　　　　　三、墓葬　　　　　　　　　　　　　　　　　　490

　　第七节　考古学走向大众　　　　　　　　　　　　　　492

结　语　　　　　　　　　　　　　　　　　　　　　　　　497

参考资料　　　　　　　　　　　　　　　　　　　　　　506

后　记　　　　　　　　　　　　　　　　　　　　　　　511

绪论

河南考古史是中国考古史中最亮眼的部分。研究河南考古与河南考古的历史,离不开从理论上对中国考古学的界定,对中国考古史的梳理,对中国考古学发展脉络的廓清,甚至需要从理论上对中国考古学进行重新审视,并进行科学的把握与提升。

第一节　中国考古学理论的认知

对中国考古学理论的认知,最基本的是对中国考古学定义的认识。对中国考古学定义的科学解读,是研究河南考古学史的关键支撑。

一、中国考古学的定义

(一)学术界对中国考古学定义的认知

如果以1921年瑞典学者安特生的发掘作为现代考古学的开端,那么中国具有科学意义的考古学已有将近百年的历史。百年间,中国考古学与现代科技融合,已发生了较大的变化。但是如果我们返回到考古学定义的本体去考察,必须拿出更为具体的或者说基本的准确的定义,以便让其具有更大的适应性。我们必须面对考古学是什么这个不可回避的问题。

著名考古学家夏鼐、王仲殊在《中国大百科全书·考古学》一书中对考古学的定义进行了界定分析:"考古学这一名词有三种涵义。第一种涵义是指考研究所得的历史知识,有时还可引申为记述这种知识的书籍;第二种涵义是指借以获得这种知识的考古方法和技术;第三种涵义则是指理论性的研究和解释,用以阐明包含在各种考古资料中的因果关系,论证存在于古代社会发展过程中的规律。"[1]在这里,考古与历史的关系是十分密切的,这种密切是与中国特殊的国情有关的。中国历史上传承下来较多文献,即使在早期历史资料匮乏的情况下,后人多有追记,所以在中国考古学一开始就毫无选择地与历史学走在了一起。夏鼐、王仲殊在接着的定义中把考古学确定为:"考古学是根据古代人类通过各种活动遗留下来的实物以研究人类古代社会历史的一门科学。"[2]可以简单地说,以遗物研究历史,就是考古学。

有关考古学的定义,学术界已有多种表述。如安志敏认为"考古学是以人类活动及其遗迹、实物作为研究的对象,统属于人类过去的社会、历史和文化的范畴"[3]。考古学研究的对象是实物与遗迹,这就是考古学与历史学的最大区别。王巍也有类似的看法:"考古学是以古代人们生活遗留下来的实物遗存去研究历史的。"[4]可以说研究历史,是考古学的终极目标,这是"因为只有中国才拥有大量可资利用的文献材料。中国古代的礼器种类繁多,名目复杂,有些名称就铸在铜器上,但是,更多的则是在古代文献里"[5]。张光直的上述认知,反映了中国特色考古学的本质特点,也就是中国考古学与西方考古学的最大区别。

但是,由于现代考古学有了较大的发展,"考古学的学术定位应当是整个人文学科和社会科学的组成部分,它和历史学不是依附的关系,也不是仅仅为编史学服务的工具,而同是了解人类自身历史和社会发展历程的独立研究领域"[6]。历史学与考古学所依托的基础是有明显差异的,而且目前已成为两个并列的学科,尽管两者的终极研究目标具有较大的关联性。从现代考古学的角度而言,"考古学是一门通过调查、发掘和分析人类古代遗存认识文化与社会的进步历程的科学"[7]。这里强调了方法,实际上就考古学的方法而言,可能也是一

---

[1] 夏鼐主编:《中国大百科全书·考古学》,中国大百科全书出版社1986年版,第1~2页。
[2] 夏鼐主编:《中国大百科全书·考古学》,中国大百科全书出版社1986年版,第1~2页。
[3] 安志敏:《考古学的定位和有关问题》,《东南文化》2002年第1期。
[4] 艾兰等:《考古学的世纪回顾与展望》,《考古》2001年第1期。
[5] 张光直:《考古学和中国历史学》,《考古与文物》1995年第3期。
[6] 陈淳:《中国考古学80年》,《历史教学问题》2003年第1期。
[7] 曹兵武:《中国考古学的百年历程》,《四川文物》2003年第5期。

个不断变化的过程。就学科而言,研究的对象和目标尤为重要。有的学者将考古学分为两个概念:"(1)考古学是根据发掘出土的人类文化遗存及其他相关出土文物来研究人类活动与社会历史的一门科学;(2)考古学是通过对发掘出土的人类文化遗存及其他相关出土物进行整理、研究而为历史学及其他相关学科提供科学资料的一门科学。"[1]在这里"发掘出土"讲的也是手段,"提供科学资料"尽管是田野考古的重要功能,但从学科定义上表述似嫌过低。

(二)中国考古学的定义要体现中国特色

讨论中国特色考古学,一定要从中国考古学自身的特点与沃土中去进行分析。"考古学"一词,尽管是来自英文 archaeology,并最终溯源于希腊文,但在中国文献中也有专门的"考古"一词,在宋代还有叶大庆的《考古质疑》与吕大临的《考古图》,而这两部书也成为早期金石学的代表性著作。在文献中不仅有"考古",也有"发掘",如《三国志·董卓传》中有"初平元年二月,乃徙天子都长安。焚烧洛阳宫室,悉发掘陵墓,取宝物"的记载。这也就是在历史时期的"考古"与"发掘",这种考古发掘与科学发掘完全不是一回事,但至少讲出了这种行为方式或者形成了相同的概念与用词,我们对此也应予以关注。

从以上的分析可知,考古学的本质是文物(遗物),以及通过遗物来研究历史。也就是考古的对象不主要是文献而是文物,但无论是以文献考古还是以文物考古,最终是要解决历史问题。这也就是在相当长的时间里考古学从属于历史学的关键所在。考古学最早关注金石,由此而名之"金石学",是因为在对古代器物的考证中,器物的命名有古人的专称,器物的铭记,与历史记载应可以相互印证。历史时期的考古学,从一开始就与文献和历史有机地融合在一起,由此也就形成了中国传统考古学的金石学传统。但是西方考古学的兴起与传播极大地改造了中国传统考古学的学术面貌,尤其是有效地解决了史前考古学的关键技术与方法问题,但是考古学不仅仅是史前考古学,尽管史前考古学在考古学中所占分量较大,而金石学最关键部分的文字考释至今仍是中国考古学的重要组成部分。

考古学是什么?考古学就是通过一定的科学手段,对古代人们所遗留的遗

---

[1] 王先胜:《据夏鼐、王仲殊〈考古学〉一文检讨"考古学"》,《社会科学论坛》2011 年第 5 期。

存(遗物与遗迹)进行研究,以尽可能复原历史为目标的一门学科。

二、中国考古学的发展阶段

(一)学术界有关考古学阶段划分的讨论

中国考古学诞生的时间是 1921 年,这一年瑞典学者安特生在河南渑池仰韶村进行了具有现代科学意义上的发掘,这一事件不但诞生了史前最具影响力的仰韶文化,也标志着"近代科学意义上的考古学在中国的开始"[①]。

那么这就有一个问题,在 1921 年以前的考古活动与考古研究属于什么范畴? 一个学科的发展,毕竟有一个从初级到高级的发展过程,1921 年前后考古活动与研究,它们之间是什么关系? 如 1905 年,国学保存会拟设立国粹学堂,明确将钟鼎学、金石学史、石刻学等作为"考古学"的课程[②],那么这时的考古学又是何种含义? 夏鼐则强调,"五四运动时期,中国考古虽已有了它的前身'金石学'或'古器物学',但是近代的考古学,可以说当时在中国尚未产生。只有在五四运动的影响下,中国的近代考古学才得兴起和长成"[③]。在这里,金石学成为"中国近代考古学"的前身,作者并明确将"金石学"作为"中国近代考古学"的一个来源。张光直被誉为在中国考古学发展上具有"世界性的眼光,自然与人文并重的理论体系以及沟通学科、沟通中西的桥梁作用"[④]的著名考古学家,他认为"以考古学研究中国历史,有两个十分重要的标志:一个完成于公元 1092 年的吕大临的《考古图》,它标志着中国传统的古器物学的开始;再一个是 1920 年中国石器时代遗址的首次确认,它揭开了中国科学考古研究的序幕"[⑤]。张光直明确将金石学与科学考古并列为"考古学研究中国历史"的两个标志,他接下来明确将"古器物学(1092—)""科学考古学(1920—)"和"社会主义中国的考

[①] 曹兵武:《中国考古学的百年历程》,《四川文物》2003 年第 5 期。
[②] 查晓英:《从"古物学"到"考古学":1917—1925 年北京大学的考古活动》,《考古》2017 年第 3 期。
[③] 夏鼐:《五四运动和中国近代考古学的兴起》,《考古》1979 年第 3 期。
[④] 王萌:《论张光直对于中国考古学科的定位》,《阴山学刊》2009 年第 3 期。
[⑤] 张光直:《考古学和中国历史学》,《考古与文物》1995 年第 3 期。

古学(1949—)"并列为中国考古学的三个阶段①,而且他的十分严谨之处是这三个阶段有起年而没有止年,意味着这三者至少在当代是并行的,也就是说中国当代的考古学,既是"社会主义"的,又是"科学"的,当然还承继着"古器物学"的传统。这实际上是"中国特色社会主义考古学"最好的诠释。

从世界范围来看,"20世纪则是考古学发展的黄金世纪"②,甚至有的学者说,"回顾在20世纪的100年之中,前50年是中国考古学的萌芽期,后50年则是中国考古学的成熟期和发展期。正是因为1949年中华人民共和国成立以来中国考古工作迅速、广泛地开展,乃使中国考古学进入成熟、发展期,并导致20世纪的亚洲考古学和世界考古学开始具备比较完整的体系"③。如果我们将1921年安特生的仰韶村发掘与当代的考古活动进行比较,无论从方法、技术、理论等方面,考古学尤其是中国考古学的面貌还是发生了非常大的变化。自20世纪80年代后期开始,随着中国对外学术交流的扩大,海外考古学的理论和方法在中国有了较广泛的传播,从地质学的方法、历史学的方法到民族学的方法、人类学的方法、自然科技手段的介入,虽然也引起了甚至是考古大家的领军人物的"中国考古学的新旧之争"④,但考古学的本质没有发生根本的转变。

中国考古学从研究时段看,可分为史前考古学与历史考古学。历史考古学具有悠久的传统,这个传统便是金石学,尤其是对金石铭文的考释。如严文明所述:"中国近代考古学虽然取得了相当的成绩,但因起步较晚,而且是在西方考古学已然成熟的时候才传入的,所以没有形成具有自己特色的理论和方法。如果说多少还有一些自己的特点,那便是对传统金石学和古文字学成果的继承与发展,这特别表现在对殷墟甲骨卜辞和殷周铜器铭文的研究方面。"⑤在中国考古学中,历史考古学占的比重较大,有理由相信,从宋代开始的对金石铭文考释的重视,历史考古学仍将在较长的时间里成为中国考古学的重要组成部分。至于1949年以前西方学者在中国的考古活动,50年代苏联考古学的影响,80

---

① 张光直:《考古学和中国历史学》,《考古与文物》1995年第3期。
② 曹兵武:《20世纪考古学的历程》,《东南文化》2002年第5期。
③ 艾兰等:《考古学的世纪回顾与展望》,《考古》2001年第1期。
④ 王果:《身寄何处:中国考古学的新旧之争》,《四川大学学报(哲学社会科学版)》2004年增刊。
⑤ 严文明:《走向21世纪的中国考古学》,《文物》1997年第11期。

年代以来西方考古学的影响①,尤其是自然科学技术手段的引入,考古理论的引入与消化等,对中国考古学均产生了较大的影响。

(二)中国考古学的阶段划分

中国考古学虽然在关键时刻受到西方考古学的极大影响,甚至起到了催生的作用,但是应该承认,中国考古学与西方考古学在文化传统上有着明显不同。西方考古学最初偏重于器物学尤其是其上的纹饰的研究,这与中国考古学从一开始便形成的偏重于对器物铭文内容的研究有着较大的不同。随着近代科技的发展,地质学对考古学产生了较大影响,人们从对器物的关注,转向对器物所在地层层位的关注。由于地质学对考古学的影响,诞生了现代考古学。五四以后,西方考古学伴随着中西文化交流来到中国,使中国考古学发生了本质的变化,但是中国传统考古学的一些重要传统与方法,始终为历史考古学所继承,两者在许多方面甚至是一脉相承的,我们无法将两者完全割裂。

中国考古学可以分为中国传统考古学与中国现代考古学,在两者的过渡时期是中国近代考古学。中国传统考古学,又称为金石学,其诞生的标志是1092年完成的《考古图》一书。中国传统考古学在北宋、清朝形成了两个高峰。中国近代考古学诞生于1898年甲骨文的发现,甲骨文、敦煌文书、居延汉简等三大发现,是中西文化碰撞后的新的时代的开始,也标志着传统考古学向现代考古学的过渡。对中国文物的研究,由纯粹的国人研究转向中西学人共同研究,也是中国学问成为世界学问的开端。中国现代考古学则始于1921年瑞典人安特生对河南渑池仰韶村的发掘,这是采用当时西方流行的地质学的方法在中国考古学上的尝试,因此也具有划时代的意义,这也是学术界普遍认为的中国考古学的开端。中国现代考古学,从1921年开始至今也将近100年的时间,其间中国的历史发生了深刻的变化,中国考古学作为历史空间中的重要学术文化现象,也深受其影响。1949年新中国诞生后,影响中国考古学发展的是1950年的辉县发掘。辉县发掘是新中国诞生后,国家权威学术机构进行的综合性、主动性的发掘,创造了多项中国考古学第一,在中国考古学发展史上具有里程碑意

---

① 易西兵:《新世纪关于中国考古学的思考》,《中山大学研究生学刊(社会科学版)》2000年第2期。

义。① 1977年,登封考古发掘现场会,拉开了夏文化研究的序幕,也标志着中国考古学从一般的考古发掘到田野发掘与重大学术问题并重的新时代。1992年渑池班村遗址的发掘,是多学科合作进行考古发掘的尝试,也由此提供了更多的史前文化信息,使中国考古学的研究再上了一个新的台阶。进入21世纪以后,2009年安阳高陵曹操墓的发掘,引起了社会的较大关注,中国考古学全面与国际接轨,中国考古学的黄金时代无疑已经到来。

由此我们可以基本梳理出中国考古学发展的基本框架:

第一阶段,中国传统考古学时期(1092—1897年)。

(1)中国传统考古学的萌芽(汉至北宋)。

(2)中国传统考古学的兴起(北宋)。

(3)中国传统考古学的中衰(金元明)。

(4)中国传统考古学的繁荣(清)。

第二阶段,中国近代考古学时期(1898—1920年)。由中国传统考古学向中国现代考古学的过渡。

第三阶段,中国现代考古学时期(1921年至今)。

(1)中国现代考古学的初始时期(1921—1949年)。由西方学者开始的中国现代考古学诞生,中国学者独立并连续主持安阳殷墟大规模的考古发掘,早期文化谱系初步建立。

(2)中国现代考古学的发展时期(1950—1976年)。以马克思主义为指导,以苏联考古为借鉴,配合大规模基本建设而兴起的考古大发现,中国史前文化谱系的架构建立,基本理念形成,大量成果问世。

(3)中国现代考古学的振兴时期(1977—1991年)。中国考古学的复兴,西方最新的考古理论开始介入中国考古学,重大学术问题的讨论。

(4)中国现代考古学的提升时期(1992—2008年)。考古技术手段的多样化,重大学术攻关项目的完成,重大学术成果的不断问世。

(5)中国现代考古学的兴盛时期(2009年至今)。考古学成为社会热点,中国考古学与国际接轨,中国考古学的社会影响力与学术影响力不断增强,中国考古学的发展进入了新的发展时期。

---

① 张新斌:《辉县发掘:中国考古学发展的转折点》,《平原大学学报》1990年第4期。

第二节　中国传统考古学的初兴

中国传统考古学形成于北宋，以北宋吕大临所著录的《考古图》为标志，时间为1092年。中国传统考古学的发展时段为1092—1897年，前后历时800多年。

一、中国传统考古学的萌芽

（一）汉唐时期文献散见的发现与研究

在汉唐以前，虽然也有金石铭文的记载，但总的来说极为罕见。秦始皇焚书坑儒，"博士伏生把他传播弟子的一部《尚书》偷藏在屋壁里，到汉初除挟令后取出时，断烂了不少，只残存得二十八篇"[①]。由伏生于西汉惠帝时搜集出来的藏书，相关事迹见于《史记·儒林列传》，所见为今文《尚书》，不过此事均为同一人所为。如果与发掘及发现而有所差异的话，那么《汉书·艺文志》所记汉武帝末年，在鲁恭王宫府的墙壁中，得到的古文《尚书》，共计45篇。《尚书》对古史的研究具有重要意义，而以简牍的发现，尤其是汉武帝时期古文《尚书》的发现，作为中国传统考古的开端，亦具有一定的作用。

汉唐时期的发现和著述中，也有了传统考古的影子。汉宣帝时的张敞，"好古文字"，《汉书·郊祀志》有载，在美阳获得了周代的鼎，张敞释为"王命尸臣，官以郁邑，赐尔旂鸾黼珮戈"。他认为"此鼎殆周之所以褒扬大臣，大臣子孙刻铭其先功，藏之于宫庙也"。袁康在《越绝书》中专记有："轩辕神农赫胥之时，以石为兵"；"至黄帝时，以玉为兵"；"禹见之时，以铜为兵"；"当此时，作铁兵"。汉人许慎《说文解字·序》云："郡国亦往往于山川得鼎彝，其铭即前代之古

[①] 刘起釪：《尚书研究要论》，齐鲁书社2007年版，第1页。

文",许慎用钟鼎铭文以解释文字。以上反映汉代有些学者不但有对青铜铭文的考释能力,也对上古时期的生产工具的演变有了初步认识,石器、玉器、铜器、铁器的时代划分,与西方学者的"三段论"似有异曲同工之处。

汉唐时最重要的发现,无过于《竹书纪年》。《晋书·束晳传》云:"太康二年,汲郡人不准盗发魏襄王墓,或言安釐王冢。"在这部被称为《汲冢古书》中,有《纪年》《易经》《公孙段》《国语》《论语》《琐语》《梁丘藏》《穆天子传》《图诗》《杂书》等,共75篇,而其中尤以《竹书纪年》最为著名。太康为西晋武帝司马炎的年号,太康二年为公元281年,汲郡则在今河南卫辉市,至今在卫辉市汲城村还有"《汲冢古书》出土处"的碑刻。说明虽然简牍发现的历史十分久远,但对上古史的研究却很有意义。

北朝时的郦道元,在《水经注》中对古碑的引注已极为常见,而且对古城、古墓记载亦尤为详细。如《水经注·济水》关于在温一带济水的流向,就涉及温城、温县故城、虢公台、虢公冢、野王城、李城、平皋城等。而杨衒之的《洛阳伽蓝记》,在对北魏洛阳城的记载中,也多有碑刻志铭的引证。至于唐代发现的秦代石鼓,在《元和郡县志》中亦有记载,尤其是出现了与金石相关的专门著述,如吴协的《三代鼎器录》、郑承规的《碧落碑释文》以及封演的《续钱谱》,反映了金石研究已有走向独立的趋势。

(二)盗掘成风与客观上的考古发现

盗掘古墓,早已有之,大量的古墓被破坏,造成了中华文化不可估量的损失,但客观上又在一定程度上促进了传统考古的发展。比如说墓冢中出土的青铜器、钟鼎铭文、石器乃至陶器,引起了当时文人的注意与研究。

汉代的盗掘之风在王室中也有体现,《西京杂记》卷六有载广川王刘去疾"好聚无赖少年","国内冢藏一皆发掘","所发掘冢墓,不可胜数"。该书还记载了刘去疾盗掘魏襄王墓:"魏襄王冢,皆以文石为椁。高八尺许,广狭容四十人,以手扪椁,滑液如新。中有石床、石屏风,婉然周正。不见棺柩明器踪迹,但床上有玉唾壶一枚,铜剑二枚。金玉杂具,皆如新物,王取服之。"这里描述的魏襄王墓,是有棺有椁的"洞穴式"墓室,应该是棺椁放在石床之上,但这种洞室墓葬在先秦时并不常见。该书还讲有魏哀王冢,墓室内也有石床、石几、石人等,这种随葬石俑的墓室在那个时代并不常见。

战争时期,盗墓成为常态。《汉书·王莽传下》记载:"众兵发掘莽妻子父祖冢,烧其棺椁及九庙、明堂、辟雍。"赤眉军以这样的行为,表达对王莽政权的愤怒。到了东汉末年,天下大乱。《后汉书·董卓列传》有载,"又使吕布发诸帝陵,及公卿以下冢墓,收其珍宝"。曹操的军队不仅发掘了梁孝王墓,而且还专门设置了"发丘中郎将""摸金校尉",以便发掘宝物财富,以充军饷。吴国也在长沙、江陵发"大冢",以便将墓内的"材""板"用作建设之用。十六国时期,国家处在分裂动乱时期,盗墓之风极为盛行。《晋书·刘曜载记》中有"皆丘墓夷灭,申哀莫由"的记载。《周书·贺兰祥传》记载,北朝时的荆州"好行发掘"古墓,大有靠山吃山,靠墓吃墓之意。

　　除了战争动乱,大型工程施工中也会遇到墓冢。《说郛》卷四四《炀帝开河记》讲到在雍丘(今河南杞县)遇到隐士墓,充满了离奇怪诞色彩。而在睢阳(今河南商丘),遇到了传说中的宋国司马华元墓,"掘透一石室,室中漆灯、棺柩、帐幕之类,遇风皆化为灰烬"。在宁陵下马村,也有村民为保护家族墓冢希求河道改线而杀小儿进献事。不过这些大型工程施工中所遇墓冢的传说真假难辨。

二、中国传统考古学的兴起

(一)中国传统考古学北宋兴起的原因

　　以金石学为代表的中国传统考古学,在北宋时期形成了发展的第一个高峰。北宋时期传统考古学的形成,并不是凭空而来的,而是学术发展与社会环境双重作用的结果。学界在研究中,提出北宋时期金石学的兴起有内在原因与外部条件两个方面:内部原因,涉及怀疑精神的普遍流行、知识阶层的精神追求和传拓技法的高度发展;外部条件,包含了文化政策的诱导影响、人才资源的不断增长等。[1] 有的特别强调"宋代兴起收藏古器物之风"[2],才催生了金石学的形成。

---

[1] 刘心明:《略论金石学兴起于宋代的原因》,《山东大学学报(哲学社会科学版)》2004年第2期。
[2] 马洪菊、袁婷:《略论两宋时期的金石学》,《教育教学论坛》2015年第32期。

北宋时期金石学兴盛的原因主要有:一是北宋政权的倡导。北宋政权建立后,其稳定统治的重要举措,是将军人政权变成文人政权,以儒教立国,以儒家礼乐文化重构王朝的道统。其中,宋仁宗时最重要的策略是制作新的礼乐与刊刻《石经》。而受命制作新乐的李照与胡瑗,在作乐过程中发现了早期的铜钟。发现的铜钟,不但有"二十二字"铭文,还有"三十六乳",后"依古钟形状,造制新钟"[1]。而《宋史》中也记有真宗时刊刻《三体孝经》,仁宗时刊刻《礼记》《周礼》等儒家经典八种,从仁宗开始,北宋秘阁收集了大量的金石器具。叶梦得在《避暑录话》中,专门记述了在这种好古风尚中形成的尚古之风:"宣和间,内府尚古器,士大夫家所藏三代秦汉遗物,无敢隐者,悉献于上。而好事者,复争寻求,不较重价,一器有值千缗者。利之所趋,人竞搜剔山泽,发掘冢墓,无所不至。往往数千载藏,一旦皆见,不可胜数矣。吴珽为光州固始令,先申伯之国而楚之故封也。间有异物,而以僻远,人未之知,乃令民有罪,皆入古器自赎。既而罢官,几得五六十器。与余遇汴上,出以相示,其间数十器尚三代物。"固始县令吴珽的故事,反映了民间求古之物已成风气,并以得到古物为荣。二是金石学术的长期积累。自汉代开始了金石搜求的萌芽,经过唐代,有了较大的发展。在千余年的时间里,对古代金石的搜求与观察、考释与著录都有了一定的积累。尤其是传拓技术,自南朝发明后已较为成熟精深,这也极大地提高了学人们摹拓的能力,为较为形象准确地记述器具以及铭文创造了技术条件。汉唐以来,对三代的研究,尤其是对经典的研究,已达到了一定的高度,但因限于材料,许多待解的问题悬而未决。北宋宽松的文化政策,使得学人们接触了更多的早期金石材料,对传统文献的质疑与新材料的考释成为一种风气,从而使以金石学为代表的传统考古学终于孕育而生。

(二)中国传统考古学兴盛的特征

以金石学为代表的中国传统考古学,发端的时间,学界也在讨论之中。有的学者提出"金石学发端于宋真宗朝的开封"[2],其标志性事件是真宗诏令相关

---

[1] 〔宋〕赵汝愚:《宋名臣奏议》卷九十六,《文渊阁四库全书》第 443 册,台湾商务印书馆 1986 年版。
[2] 程民生:《金石学发祥汴京论》,《中原文物》2015 年第 1 期。

人员对在乾州(今陕西乾县)所获的铜鼎进行考订。据《真宗皇帝实录》载,所获鼎为方鼎,"状方而有四足,上有古文二十一字"。经考订,器为甗,即"史信父甗",为三代之物。虽然后代学者对其铭文又有所订正,但这毕竟"是在首都开封集中朝廷力量进行的学术研究项目"①,具有里程碑意义。还有一种说法,"宋仁宗通过下令造作新乐与校定古乐器、刊刻篆书《石经》、御篆功臣神道碑额与颁赐内府古器物铭文拓本四项举措,促进了古文字学与篆书书法在宋代的复兴和普及,为金石学的兴起打下了良好的学术基础"②。

以金石学为代表的中国传统考古学的兴起,具有这样几个特征:一是有一批代表性的学者。如句中正、杜镐、刘敞、欧阳修、吕大临、王黼、赵明诚、李清照、黄伯思、李公麟、薛尚功等学术大家,层出不穷。据统计,宋以前的金石学家156人,辽、金、元、明时期的金石学家318人,而两宋时期的金石学家达381人。③可见,从金石学家的人数明显可以看出,宋朝是金石学发展的第一个高峰。二是有一批重要成果。如刘敞的《先秦古器记》、欧阳修的《集古录》、吕大临的《考古图》、王黼的《宣和博古图录》、黄伯思的《博古图说》、赵明诚的《金石录》等,这些成果都是标志性的,具有里程碑意义。而且在较短的时间里,集中编撰问世,也是前所未有的。"两宋人关于考古的著作,容媛女士的《金石书录目》,列王俅至薛尚功二十二人,连阙名的,共书三十种。而李遇孙的《金石学录》,列两宋的郭忠恕至周密共六十一人。杨殿珣的《宋代金石佚书目》,共列八十九种(《考古》第四期)。"④三是形成了完整的考订的理论体系。从《宣和博古图》可知,"在其著录了宣和殿内由商至唐的青铜器共20类839件"⑤。其中,不但有器型的线图、铭文的拓本,也有尺寸的记录、形制的描述,以及简单的考释,应该说这种记录与现代的考古报告的器物的规范记录是基本一致的。

(三)中国传统考古学兴盛的标志

北宋金石学肇始于刘敞与欧阳修。著录《金石录》的北宋末年金石大家赵

---

① 程民生:《金石学发祥汴京论》,《中原文物》2015年第1期。
② 史正浩:《宋仁宗对宋代金石学兴起的贡献》,《南京艺术学院学报(美术与设计版)》2013年第1期。
③ 卫聚贤:《中国考古学史》,团结出版社2005年版,第80页。
④ 卫聚贤:《中国考古学史》,团结出版社2005年版,第72页。
⑤ 〔宋〕王黼:《宣和博古图》,上海书店出版社2017年版,前言。

明诚说:"盖收藏古物,实始于原父(刘敞字),而集录前代遗文,亦自文忠公发之。后来学者稍稍知搜抉奇古,皆二公之力也。"①也就是说,当时的金石界也认可刘氏与欧阳氏的开创之功。

刘敞(1019—1068),字原父,江西新喻(今江西新余)人,他曾在开封担任知制诰等职,其间他出知永兴军(今陕西西安),刻意关注关中古器之物,尤其对其铭文考释过半,他著的《先秦古器记》,在当时具有一定的影响力。欧阳修(1007—1072),字永叔,号六一居士,吉州永丰(今江西永丰)人。他在当时不仅身居高位,也是文史大家。他在晚年(1063)编成《集古录》,由于其长期在京师开封生活,所著影响较大,为"学术史上现存的第一部金石考古学专著"②。赵明诚(1081—1129),字德甫,密州诸城(今属山东)人,他自幼随任职宰相的父亲在京师生活,青年时代在太学任职,他的代表作《金石录》,共30卷,总录当时所见的金石文字,对后来认识宋代金石学的成就较有帮助。

虽然欧阳修的《集古录》与赵明诚的《金石录》均为呕心沥血之作、证经订史之作、考信求实之作、引古论今之作、传世经典之作,对后世具有深远影响③,但是中国传统考古学,关键在"考古"二字。吕大临的《考古图》,是中国历史上第一本以考古命名的成果。吕大临(1040—1092),字与叔,京兆蓝田(今属陕西)人。吕大临的祖父、父亲长期在开封任职。吕大临虽然热衷于考古,但他却追随张载、二程研习理学,并有大量成果问世。吕大临在开封曾担任太学博士、秘书省正字,在金石搜录上具备条件。他所著《考古图》10卷,共收录青铜器224件,石器1件,玉器13件。对所记器物,不仅记录了其尺寸、容量和重量,也附有线图与铭文拓本,还有考释后的铭文释文。该书最重要的是记录了大部分器物的出土地点或收藏者。如在京城开封秘阁、太常、内藏等处存放,河南张氏景先、开封刘氏瑗伯玉、河南寇氏准、河南王氏康功师文、河南文氏潞公、河南李氏、河南许氏、洛阳曹氏、睢阳王氏仲至、颍川韩氏持正、淮阳赵氏、睢阳王氏、邺郡窦氏,其他还有京兆、成都、扶风、眉山、庐江、丹阳、东平、华阴、东明等地的相关藏家,有的仅有人名,如程之奇、丁伯容、张伯均、杨与权、范忠献等,私人藏家

---

① 〔宋〕赵明诚:《金石录校证》,广西师范大学出版社2005年版,卷十二(谷口铜甬铭跋尾)。
② 程民生:《金石学发祥汴京论》,《中原文物》2015年第1期。
③ 卫聚贤:《中国考古学史》,团结出版社2005年版,第64~67页。

共60家。① 吕大临的《考古图》,完成于宋哲宗元祐七年(1092),正如张光直所评价的那样,"他们草创且沿用至今的青铜器的著录方法——文字的描述、形象的摹绘(现在是照片)和铭文的摹写(现在是照片或拓片)之外,关键的是宋代的金石学家还留给我们一套古代器物的命名方式"②。尤其是给了我们一个学科名字——考古,所以张光直将中国考古学分为三个阶段——古器物学(1092—)、科学考古学(1920—)和社会主义中国的考古学(1949—)③,将中国考古学的起点定在吕大临《考古图》的诞生上,即公元1092年,当然这一年也是中国传统考古学的诞生之时。

吕大临的《考古图》在其后已显示出影响力。李公麟(1049—1106),作为北宋后期的知名画家,他也热衷于三代铜器,他的最有影响的金石著作也称为《考古图》,又称《古器图》,虽然该书已失传,但显示了"考古"一词的热度。至于成书于南宋绍兴三十二年(1162)之后,已佚名的作者所著《续考古图》五卷,共收有百器,从其撰写来看,《考古图》的写作范式对其影响较大。另外,还有佚名的《考古图释文》一卷,反映了在两宋时期考古与金石的名称同样响亮,而且考古所记,更多关注青铜器,尤其是商周青铜器,这也是需要关注的问题。

如前边所述,宋代金石学的发展与河南关系密切,虽然许多金石著录者并非河南人,但因河南当时为京师之地,尤其是开封为政治中心与文化中心,金石藏家、金石著者都离不开开封这块宝地。就北宋金石而言,"开封文明的高度就是金石学的高起点。作为近代城市发祥地的开封成为创新平台,是引领潮流、创新事物的渊薮和文化、学术中心,集聚了全国的顶尖人才和珍贵古器,遂成为金石学的发祥地。……既然金石学是考古学的前身,那么说开封也就是考古学的源头,自在情理之中"④。金石学就是中国传统考古学,开封作为中国考古学的源头所在地,是没有问题的。

---

① 余敏辉:《宋代金石学的双璧——〈集古录〉、〈金石录〉比较论》,《徐州师范大学学报》2006年第1期。
② 张光直:《考古学和中国历史学》,《考古与文物》1995年第5期。
③ 张光直:《考古学和中国历史学》,《考古与文物》1995年第5期。
④ 程民生:《金石学发祥汴京论》,《中原文物》2015年第1期。

三、中国传统考古学的中衰

(一) 金宋对峙时期的金石学

由于金与南宋对峙,我们说宋代是金石学的第一个高峰,实际上主要讲的是北宋时期。南宋政权建立在杭州,而距中原与关中这些青铜器物出土地点有相当的距离,加之长期处于战争与对峙局面,整个风气已与北宋末期有较大的不同,所以"北宋时学者大抵是金石齐观,款识、内容、文字俱治。……宋室南渡之后的金石学已经完全是金少石多,石重于金"①。南宋时的金石成果,主要有薛尚功的《历代钟鼎彝器款识法帖》20卷,王俅的《啸堂集古录》2卷,王厚之的《钟鼎款识》1卷,洪适的《隶释》27卷,洪遵的《泉志》15卷等,成果的数量与质量与北宋有明显差别。

金取代北宋,北宋古器尽归于金,但金人以为不祥而尽毁。金代以铜原料稀缺,而大肆征集民间铜器铜钱,毁后重铸金钱。金章宗虽好古物,但以字画为主,金代对前朝碑刻亦有珍爱。如金熙宗皇统三年(1143)新乡县令王庭直,对当地庙堂中所藏刘海蟾所书碑刻,悉心保护,特意加以修缮,并名之以"海蟾堂"。金代荥阳县令李天翼,对当地保留的"汉循吏故闻喜长韩仁铭碑"的保护,使该碑名气大显于世。此外,当时还有对名碑进行复制,如位于今焦作的"万寿观自然先生赞碑",当时已毁,有"崇善之家"依照"昔日所印真本","再翻于石"②,反映了当时对石刻的重视。

金代的金石学成果,要数孔元措与蔡珪。孔元措的《孔氏祖庭广记》,主要记录自西汉至金时孔林碑刻的情况。蔡珪著有《续欧阳文忠公集金石遗文》《古器类编》《金石遗文跋尾》等金石专著,其整理了数以千计的三代铜器,但相关成果早已遗失不存。元好问也有《故物谱》,金代的金石学进入低谷,但也有自身的特点。③

---

① 汪俊:《论宋代金石学的衰歇》,《扬州大学学报(人文社会科学版)》2002年第5期。
② 张金吾:《金文最》卷四九,中华书局1990年版,第714页。
③ 周峰:《金代金石学述要》,《中国历史文物》2007年第4期。

(二)元、明的金石学成就

元代的文化发展处于低潮，金石学也是如此。在为数不多的金石学著作中，有朱德润的《古玉图》、潘迪的《石鼓文音训》、潘昂霄的《金石例》、单禧的《汉校官碑释文》，以及徐硕的《至元嘉志》、郑杓的《衍极》、陆友的《研北杂志》、姚桐寿的《乐郊私语辨天册碑》等，尤以吾邱衍的《学古篇》与《周秦刻石释音》较为著名。① 元代承袭了金代金石研究的特点，由关注青铜而转向石刻。

明代的文化有所发展，但金石学仍然处于中衰时期，曹昭的《格古要论》、王佐的《新增格古要论》、胡文焕的《古器具名》与《古器总说》等，多论古器具，丰道生的《金石遗文》、宋时望的《金石韵府》、道泰的《集钟鼎古文韵选》等，多论古铭古字。石刻中以石鼓研究成为关注对象，如杨慎的《石鼓文音释》、陶滋的《石鼓文正误》、赵崡的《石墨镌华》、郭宗昌的《金石史》，有的已经亡佚。明代的金石学者有180余人，但有成就者则屈指可数。"综明一代之作，虽亦有数种可取，然大抵辗转稗贩，罕有新识，叠床架屋，徒形其赘。甚且纪载失实，真赝莫辨，但逞臆断，毫无考订。是则明儒治学之通病，吾不能为贤者讳矣。故金石之学，至宋而极盛，至元、明而中衰也。"②

第三节　中国传统考古学的繁荣

清代是中国传统考古学的繁荣时期，也是传统意义上金石学发展的顶峰。认真梳理清代金石学的成就，对我们认识中国传统考古学的发展脉络，探寻中国传统考古学的发展规律，尤其是河南在金石学发展时期的贡献，无不具有重要意义。

---

① 卫聚贤:《中国考古学史》，团结出版社2005年版，第73~74页。
② 朱剑心:《金石学》，文物出版社1981年版，第33页。

一、清代金石学发展的总体评价与阶段性划分

(一) 清代金石学发展的总体评价

清代的金石学是在宋代金石学的基础上发展并达到高峰的。清代金石学的发展与繁荣,有着内外原因。一方面,清朝建立后,"文字狱"的兴起,使得更多的文人将注意力转移到与政治没有太多关联的金石研究上,更多的人关注学术,倾向于金石,从而促进了金石研究的繁荣。另一方面,自宋代兴起的金石学,经过一定时期的积累,在方法与技术上更加成熟,而且长期以来经礼之学的研究,已达到了一定的高度,而金石研究更具有实证性,这与当时的社会风气更为一致。虽然"金石学发展到宋代呈现出空前繁荣的局面",但是"清代是中国金石学发展的鼎盛期,特别是乾隆之后金石学发展到了最高峰"[1]。

关于清代金石学的成就,容媛的《金石书录目》进行了较为详细的统计,她将清朝的金石著作分为金、钱币、玺印、石、玉、甲骨、陶、竹木、地志共9大类,统计的内容很丰富:

总类	分类	总	金	钱币	玺印	石	玉	甲骨	陶	竹木	地志	合计
目录	清以前	6	1			6					1	14
	清至今	16	15	1	2	21	1	1			33	90
图像	清以前		5	2			2					9
	清至今	21	50	38	3	6	4		3	28	8	161
文字	清以前	1	3	1	5	9					1	20
	清至今	32	36	4	64	133		16	18		107	410
通考	清以前					1						1
	清至今	6	4		3	9	4	17	1			44

---

[1] 吴伟华:《宋代金石学著作的学术价值》,《山东艺术学院学报》2007年第1期。

续表

总类 \ 分类		总	金	钱币	玺印	石	玉	甲骨	陶	竹木	地志	合计
题跋	清以前	5	1			7						13
	清至今	55	2	1		22	1				7	88
字书	清以前	1				3						4
	清至今	11	4		6	14		6		6		47
亲著	清以前	2	2									4
	清至今	13	3	13		6	1	1			8	45
传记及义例	清以前					2						2
	清至今	7				12		2				21
合计	清以前	15	12	3	5	28	2				2	67
	清至今	161	114	57	78	223	11	46	47	6	163	906

从这个表格①所提供的数字来看,清以前仅有青铜(金)类著录12部,清至今达114部;清以前钱币著作仅3部,清至今达57部;清以前玺印著作仅5部,清至今达78部;清以前石刻类著作28部,清至今达223部;清以前玉器类著作2部,清至今11部;其他如甲骨、陶器、竹木类研究,在清以前是没有成果的,也就是说这三类研究是清朝学者开创的新的研究领域。清以前的金石著作仅67部,而清至今达906部,虽然这个至今包括了20世纪30年代以前的相关著作,但总的来说清以前的金石研究成果与清代的金石研究成果是不可同日而语的。

卫聚贤在《中国考古学史》中,收录了宣哲的金石学家历代人数的统计表②,兹移于此:

时代 \ 书名及人数	李遇孙《金石学录》	李遇孙《金石学录补》	陆心源《金石学录补》	宣哲《金石学人录》	合计
周	3			5	8
秦				1	1
汉	4	2		14	20

---

① 卫聚贤:《中国考古学史》,团结出版社2005年版,第78页。
② 卫聚贤:《中国考古学史》,团结出版社2005年版,第80页。

续表

时代\书名及人数	李遇孙《金石学录》	李遇孙《金石学录补》	陆心源《金石学录补》	宣哲《金石学人录》	合计
魏	3			6	9
吴				2	2
晋(附后赵及秦)	2	3	4	15	24
宋	1	1	3	1	6
齐			1	1	2
梁	3	1	1	10	15
陈			1		1
北魏	5			2	7
北齐	2				2
后周			1	1	2
隋	2	1		3	6
唐	11	1	4	31	47
五代(附杨吴及南唐)	1			3	4
宋	92	5	120	164	381
辽				2	2
金(附齐及西夏)	2	1	5	8	16
元	21	1	44	48	114
明	53	1	35	97	186
清	264	29	154	1058	1505
合计	469	46	373	1472	2360

宣哲依其著《金石学人录》，结合陆心源《金石学录补》，李遇孙《金石学录》《金石学录补》，核实历代的金石学家的数量，明显看出宋、清是两个高峰，宋代为381人，清代达到1505人，而明代仅有186人，元代仅有114人，唐代仅有47人，汉代仅有20人，实际上清代以前的所有金石学者的数量加一起，也不及清代金石学者数量的三分之二。"清代的金石学研究不仅历时较长，而且其整体规模也极为宏大，这主要表现在此期金石研究者的队伍之庞大和金石著作的数量之繁多两个方面。""无论是对于各种不同器物的著录与研究，还是对金石学

本身的梳理和总结,都非常清楚地表明清代金石学的研究领域已经大大超出了前人的范围。"①

(二)清代金石学的阶段性特点

清代金石学研究的兴盛,与金石发现以及出土物增多是分不开的。一方面,随着人们对金石研究兴趣的增加,对新出土物研究的关注,使得民间更注重搜寻古物,新出土物的增加,也刺激了学界大家的介入。另一方面,学界的重心转移到金石学问之上,尤其是一些大家,如顾炎武、黄宗羲、钱大昕、翁方纲、朱彝尊等,他们不仅是金石学者,也是经学家、史学家,由此造就了一批学术通才,实际上成为成果丰硕的学术大师。清代金石学的发展,也具有阶段性特点。

一是顺康时期为清代金石学的起步时期。这个时期有的学者属于明末清初人,但学术成果较为集中在清初的顺治与康熙年间。重要的代表人物有顾炎武、黄宗羲、阎若璩、朱彝尊、曹溶、李因笃、潘耒、戴廷栻、王弘撰等,他们不仅是金石学的研究者,也是古物艺术品的收藏者,他们的学术成果是复合型的、全方位的。实际上顾炎武与黄宗羲在清初的学术成果非常丰硕,在中国学术史上也占有极为重要的地位。顾炎武(1613—1682),是明末清初杰出的思想家、经学家、音韵学家与史地学家。他的主要成果有《日知录》《天下郡国利病书》《肇域志》《音学五书》《古音表》《音论》《金石文字记》等。其中《金石文字记》是他金石学的重要成果,他的研究特色是重考证,尤其是经史互证,而顾炎武的研究,实际上是清代金石研究的肇始。阎若璩(1638—1704),精通经史,尤以《四书释地》系列、《尚书古文疏证》最为著称。而在《潜邱札记》中,专门记述了他与傅山讨论金石文字的情况,反映了在阎氏的学术成就中,经史与金石的互证是一个重要的路径。朱彝尊(1639—1709),为清初词作家、学者与藏书家。成果有《曝书亭集》《日下旧闻》《经义考》《词综》等。他十分注重对石刻碑碣的考证,《日下旧闻》有对石鼓的考证,也专列有金石文字的成果,尤以《曝书亭金石文字跋尾》而著称。

二是乾嘉时期为清代金石学的发展时期。乾隆、嘉庆年间,也是清朝的发展盛世,但是"文字狱"的严酷,使得更多的学者由经世致用之学而转入考据之

---

① 潘胜强:《清代金石学研究领域的拓展及其原因探析》,《阴山学刊》2016年第3期。

学。这一时期,在乾隆年间敕修了《西清古鉴》,共40卷,收录唐代以前青铜器1529件。又编《西清续鉴》甲编、《西清续鉴》乙编以及《宁寿鉴古》,形成以官修为特色的"西清四鉴"。这一时期,还有钱大昕、王昶、阮元、翁方纲为代表的金石学家大量涌现。钱大昕(1728—1804),为清代史学家,"一代儒宗",尤精宋辽金史。有《宋辽金元四史朔闰表》《宋学士年表》《元史氏族考》《诸史拾遗》《十驾斋养新录》《潜研堂文集》等代表作。《潜研堂金石文跋尾》,则为其金石学方面的成果。他还是藏书家,仅宋刻元版手抄之本达数十种。王昶(1725—1806),清代文史大家。著有《明词综》《国朝词综》《湖海诗传》《湖海文传》等。收藏有青铜器、石刻拓本等大量珍品,著有《金石萃编》,共160卷。阮元(1764—1849),其虽官居高职,但著述丰硕,主要著述有《三家诗补遗》《十三经注疏校勘记》《经籍纂诂》《考工记车制图解》等,金石方面有《仪礼石经校勘记》《积古斋钟鼎彝器款识》《华山碑考》《两浙金石志》《山左金石志》等,为藏书家。翁方纲(1733—1818),位居高官,精于考据、金石、书法之学。著有《复初斋文集》35卷、《复初斋诗集》42卷、《石洲诗话》等。金石方面,以《两汉金石记》《粤东金石略》《焦山鼎铭考》《庙堂碑唐本存字》等为代表。此外,还有孙星衍的《寰宇访碑录》、魏锡曾的《绩语堂碑录》、桂馥的《历代石经略》、程从友的《程荔江印谱》等。

三是道咸时期为清代金石学的鼎盛时期。道光、咸丰年间,以及嗣后的时间,清朝的政治发生危机,但学术成就达到了高峰。"这一时期从事专门收藏和研究的金石学者的数量激增,考古活动及文物寻访异常活跃。研究所涉及的范围大大扩展:除钟鼎彝器、碑版摩崖外,举凡钱币、镜铭、玺印、兵器、墓志、造像、陶文瓦当、砖文等材料,无不成为金石学家搜集研究的对象。"[①]尤以何绍基、包世臣、杨沂孙、陈介祺、赵之琛、姚配中等为金石学的代表性人物。何绍基(1799—1873),经史、子学皆有成就,尤以小学著称,书法尤著于世。著作有《惜道味斋经说》《〈说文〉段注驳证》《东洲草堂诗文钞》等。金石学著作有《东洲草堂石跋》,精通金石书画,以藏书著称。包世臣(1775—1855),任官知县,长于幕僚,精于经济农政之学,善书法,工于书画、古籍、金石鉴定,著有《安吴四种》《皇朝书品》《小倦游阁文集》《管情三义》《齐民四术》等,以《艺舟双楫》为碑学代表

---

① 郭名询:《清代金石学发展概况与特点》,《学术论坛》2005年第7期。

作,也是书法理论方面的重要著作。杨沂孙(1812—1881),工书法,以篆书擅长,有《文字说解问伪》《石鼓赞》《印印》《管子今编》《庄子正读》等著作存世。陈介祺(1813—1884),以金石书画收藏见长,有《簠斋传古别录》《簠斋藏古目》《簠斋藏古册目并题记》《簠斋藏镜全目钞本》《簠斋吉金录》《十钟山房印举》《簠斋藏古玉印谱》《封泥考略》等著作留世。此外,刘喜海的《长安获古录》《古泉汇考》《三巴金石苑》等,吴云的《两罍轩彝器图释》、初尚龄的《吉金所见录》、倪模的《古今钱略》等均为同期金石学的代表作。

二、清代金石学的代表性人物述略

(一)孙星衍的生平与金石学成就

孙星衍(1753—1818),字伯渊、渊如,号季仇、苑如,别号芳茂山人,阳湖(今江苏武进)人。清乾隆五十二年(1787)进士,授翰林院编修,补刑部直隶司主事,山东兖沂曹济兼管黄河兵备道,补山东督粮道。在经学、训诂学、目录学、校勘学、音韵学、金石学等方面有较深造诣,传世著作有20种之多,其中金石作品有《寰宇访碑录》12卷、《京畿金石考》2卷、《泰山石刻记》1卷、《松江府志·金石目》1卷、《魏三体石经遗字考》1卷。他还与严可均合著《平津馆金石萃编》20卷,洪颐煊又为其编《平津馆读碑记》20卷,他致力于金石收藏与研究,成就卓然。

孙星衍在他人生的若干阶段呈现出不同的研究收藏特点:江苏时期,是他年轻时在家乡,以及到常州、金陵收集古碑或拓片时期,不仅增长了见识,也积累了经验。关中时期,是他考中进士之前,到关中毕沅处担任幕僚时期,时间长达8年,孙星衍与毕沅,以及段玉裁、焦循、臧庸、陈寿祺、江藩、邵亮吉、邵晋涵、章学诚等人都有很好的交流,使自己的金石鉴研水平有了较大的提高。北京时期,共9年时间,虽然金石收集有限,但却完成了《京畿金石考》一书。山东时期,前后20年时间,为孙星衍金石研究的黄金时间,其主要学术成就也是在这一时期取得的。

孙星衍的金石学成果以《京畿金石考》和《寰宇访碑录》为代表。《京畿金石考》,主要是对北京和河北的碑刻的收集与考证。收录的范围,涉及顺天府、天津府,以及大兴、良乡、固安与宛平等近百个州县的金石目录,包括碑刻、石鼓、经幢、塔颂、塔铭、庙颂、墓志等,种类繁多。整体编排,由区域再分年代早晚,并在记录中有详有略,略者着墨不多,但其来龙去脉已十分清晰。《寰宇访碑录》,共 12 卷,为一部金石目录类集大成之作。所收碑刻,自周秦至宋元,历代皆有。少量带字瓦当也有较高的学术价值,总数量达 8000 余种。总体依时代分卷,每件描述年代、书体、存放地点与拓本藏家,有的还有专门的考证。这部书为当时最为完整的石刻类专著,具有较高的学术价值。孙星衍"把金石在经史研究中的价值提升到一个新的高度。他极力倡导对金石进行保护的思想,较之同时代的学者,有明显的超前性"[①]。

(二)翁方纲的生平与金石学成就

翁方纲,字正三、叙彝,号覃溪、苏斋,顺天大兴(今属北京市)人,乾隆十七年(1752)进士,初仕四库馆纂修,历官内阁学士、左鸿胪寺卿,曾提督广东、江西、山东三省学政。翁方纲精于考据、金石、书法之学,在金石、谱录、书画、词章等方面多有创见,著作存留有《复初斋诗文集》《苏兰斋兰亭考》《小石帆亭著录》《粤东金石略》等。

翁方纲特别注重民间访搜,强调"万事目睹方为真"。他利用在朝为官的机会,近距离多次观摩石鼓,并发现了残余的半个字。他为了破解探求"张迁碑"真伪,不但用新旧拓来对比,而且还取道东平考察。为了解开存留于济宁的"鲁峻碑"阴文是否"三列",他亲到济宁考察原碑,从而求证为"碑阳二列",并破解了顾霭吉说法的错误。

翁方纲最具代表性的金石学成果为《粤东金石略》。翁方纲利用担任广东学政的机会,遍访各地,得到碑刻文字凡 562 种,为了求得精准,有的石刻曾多达 5 次访察,前后 8 年时间,终成此书。该书 12 卷,依地区分类,地区内再依时代叙述,其在记录时保存越完好者记录越简单,保存不佳者存留信息更多,以防这些碑刻流失。《两汉金石录》,共 22 卷,是翁方纲的又一金石学代表性成果。该书共收录两汉金石 280 件,有年月可考者 114 件,依地依事遍次,尤其强调以亲眼所见为记,不但有器物文字考,也有石经考,以及两汉碑铭题字考。作为金

---

① 王元黎:《孙星衍的金石学成就》,《新乡学院学报(社会科学版)》2009 年第 6 期。

石断代研究成果,该书有开创之意。"总之,翁方纲是清代一位非常优秀的金石学家,他在金石学领域取得了突出的成就。……通过认真地爬梳、整理、考证和研究,完成了多部具有重要学术价值的金石学著作。凭着自己在金石学上的成就,翁方纲成为乾嘉年间金石学研究的一面旗帜。"①

三、清代金石学的河南贡献

清代河南的金石学成就,主要表现在两个方面:一是河南是金石学关注的重点地区,另一个就是金石学方面的重要成果涉及河南,主要有黄叔璥的《中州金石考》8卷,毕沅的《中州金石记》5卷,武亿的《安阳县金石录》12卷和《偃师金石补录》16卷,以及熊象阶的《浚县金石录》2卷,姚晏的《中州金石目》5卷。

(一)河南是金石学家关注的重点地区

河南是历代王朝的核心地区,遗留有大量的金石文物。宋代吕大临的《考古图》,也提到宋元丰七年(1084),在河南邺城发现的河亶甲墓,就出土有5件青铜器,反映了对安阳殷墟的关注可以早至宋代。实际上,清代就青铜发现而言,安阳依然是重点,直到清末甲骨文的发现,这里更成为中国现代考古学诞生的圣地。另一个重点地区是嵩洛地区,这一地区以碑刻著称。金石学家黄易(1744—1802),在他的《嵩洛访碑日记》中讲到,他在野外搜访古碑的过程中,一般都有数名拓工相随。② 反映这种访碑的过程,包括访碑缘由、主要地点、碑刻类型、方式等,说明当时的金石学家都将河南作为访碑的目的地。

(二)黄叔璥的《中州金石考》

黄叔璥(1680—1758),字玉圃,号笃斋,清顺天大兴(今属北京)人,康熙四十八年(1709)进士,曾任巡台御史,起河南开归道,补江南常镇扬道等职。《中州金石考》是他在河南任职时的成果。该书含金和石两部分,金虽然涉及钟鼎、

---

① 朱乐朋:《翁方纲的金石学研究》,《首都师范大学学报(社会科学版)》2006年第6期。
② 郭名询:《清代金石学发展概况与特点》,《学术论坛》2005年第7期。

礼器、兵器和钱币等,但数量较少,石包括碑刻、墓志、石经、摩崖、造像等,数量较多。其排序以地区为单位,如开封府、陈州府、许州府、归德府、彰德府、卫辉府、怀庆府、河南府、陕州、南阳府、汝宁府、光州、汝州共10府3州,州府下以县为单位,依时代排列。所录碑刻主要有立碑时间、撰书人姓名、碑刻所在地及其保存情况,一般不录全文,考证时多引他人之言,仅在个别地方略附己见。对所见碑刻书法,略有评价。此书在收存碑刻、利用前人成果等方面,虽被《四库全书总目》评价为"搜采颇富",但更多地指出书中存在诸多缺点,被后来学者多加批评。在今人看来,"黄叔璥所撰《中州金石考》虽有体例不够完备之处,但开创了河南地区金石学专门著述的先河,而且其中不少考证资料对于后人研治河南各地金石碑刻,仍具有重要的参考价值"[①]。

(三)毕沅的《中州金石记》

毕沅(1730—1797),字缥蘅、秋帆,自号灵岩山人,今江苏太仓人。乾隆二十五年(1760)进士,曾任翰林院侍讲,陕西巡按使、布政使,陕西巡抚、河南巡抚、山东巡抚、湖广总督等职。他不仅位居高官,也是著名的学者。他撰著有《续资治通鉴》《关中胜迹图志》《关中金石记》《中州金石记》《灵岩山人文集》《夏小正考注》《晋书地理志新补正》等。其中,他的金石学成果比较丰硕,为清代著名金石大家。

《中州金石记》,共5卷。全书依时代编排。如在卷三"唐下",收录有"中大夫上柱国鄂州刺史卢府君神道碑","天宝二年(743),李邕撰并行书,洛阳许家营"。还有济源"玉真公主受道灵坛祥应记"碑,天宝二年立,道士蔡玮撰,元丹邱正书,在济源灵都宫。"嵩阳观圣德感应颂",天宝三载二日立,李林甫撰,裴迥题额,徐浩隶书,在登封嵩阳宫遗址。每块碑都有较为详细的考证,对碑的流变与价值进行梳理与研究。如对今卫辉的"太公吕望表"有过较为详细的记述:"太公吕望表。太康十年三月立。隶书,隶额,在汲县(今卫辉)。董逌《广川书跋》载此碑。今碑仅存半截,隶额云'齐太公吕望表',文有'齐太公吕望者,此县人也'云云,即穆子容碑前所录也。董逌所载文多错误,赖碑存以证之。《水经注》云:'汲县,故汲郡治。城北三十里有太公泉,泉上又有太公庙。庙侧

---

① 刘仲华:《清代黄叔璥〈中州金石考〉的学术特色》,《唐都学刊》2014年第3期。

高林秀木,翘楚竞茂,相传云太公之故居也'。晋太康中,范阳卢无忌为汲令,立碑于其上。今此碑云'来为汲令',盖即无忌碑也。后缺年月,以穆子容碑载有'晋太康十年三月丙寅朔十九日甲申卢无忌依旧修造'云云知之。"①由此可知,该书具有较高的学术价值,为毕沅金石学的代表作。"毕沅一生有着丰富的金石学思想与实践,成就颇为卓著,是一位杰出的金石学家,值得深入研究。"②

(四)武亿的金石学成果

武亿(1745—1799),字虚谷、小石,号小石山人,河南偃师人。清乾隆四十五年(1780)进士。他秉性耿直,平生仅做了7个月的山东博山县令,其生活"艰苦异常,丐贷俱绝,日或再食,不能相续"③。

武亿读书广博,尤好金石,经常寻访石碑遗迹。他的主要著作有《经读考异》9卷、《偃师金石记》4卷、《安阳县金石录》13卷、《授堂文钞》10卷、《授堂诗钞》,以及《金石一跋》4卷、《金石二钞》4卷、《金石三跋》2卷、《授堂金石文字续跋》14卷等。

武亿以搜访金石为平生乐趣,虽然他的生活极度艰辛,但他的研究更为精到。一是在历史资料考证方面,"用功甚弘"。偃师与洛阳接壤,不但地面上有知名的碑石,而且地下常有新的发现。大凡得知有新的石刻墓志问世,他都亲自到现场访查,有的亲自购买收藏家中。他利用访得的碑刻考证文献,多有收获,如他利用"唐梁公房玄龄碑"对房玄龄字的考证,纠正了《新唐书·宰相世系表》中的错误。二是他在对碑刻内容考证时,还兼及对字体的书法艺术研究,提出了"字画"的概念。"武亿是清代成就最为突出的金石学家之一"④,可以说,在清代金石学庞大的队伍中,河南学者身影极为常见,但武亿因"识高学渥",而成为最为耀眼的金石大师中的一员。

---

① 〔清〕毕沅:《中州金石记》(卷一),商务印书馆"丛书集成初编"据经训堂丛书本排印,民国二十五年十二月初版,第10~11页。
② 刁美林:《毕沅的金石学成就考述》,《宁夏师范学院学报》2013年第1期。
③ 武亿:《授堂文钞》,中华书局1985年版,第80页。
④ 周其厚:《武亿及其金石学研究》,《安徽史学》2012年第6期。

第四节　中国近代考古学：由传统考古学向现代考古学的过渡

1899年,随着王懿荣发现和鉴识甲骨,中国最早成形的汉字被发现与确定,不但诞生了一门新的学问,也标志着中国传统考古学向现代考古学的过渡。从1899年到1920年,时间虽不长,这一过渡时段的中国近代考古学,一方面保留并繁荣了传统的金石学问,另一方面也拓宽了金石学的领域,犹如甲骨之类的新的学问加入那样。而就研究者身份而言,除了传统的中国学者考释著录式研究,还有西方学者或冒险家大量地收集中国文物,使其成为域外博物馆的重点收藏品,并逐渐形成了诸如敦煌学、西域学等国际学问。

一、甲骨文的发现与早期著录

（一）甲骨文的发现

甲骨文的发现是一项重大的学术成就。有关殷墟甲骨文的发现的时间,一般有两种说法：

一种说法认为在1899年。公历1899年,为清光绪二十五年,也即光绪己亥年。罗振玉在1903年出版的《铁云藏龟》序中讲道："至光绪己亥而古龟甲骨乃出焉。"刘鹗在他这本书的自序中,也提到"龟版己亥出土在河南汤阴县属之古牖里城"①。这里所提到的地点应为汤阴县的羑里城,虽然这不是甲骨文发现的确切地点,但这是最早的有关甲骨发现时间的说法,两者的认识是一致的。王襄在1925年出版的《簠室殷契征文》序中,也提到"自清光绪己亥下迄民国纪年,此十四年间所出甲骨颇有所获"②。这里也将起始点放在"光绪己亥"这个

---

① 刘鹗:《铁云藏龟》,抱残守缺斋石印本,1903年。
② 王襄:《簠室殷契征文》,天津博物院石印本,1925年。

时间节点上。王汉章为王懿荣的儿子,他在回忆录中记述:"回忆光绪己亥庚子间……估取骨之稍大者,则文字行列是齐,非篆非籀,携归京师,为先公述之。先公索阅,细为考订。至其文字,则确有篆籀之间。乃界以重金。嘱令悉数购归。"①这里所述发现的时间在1899—1900年之间,虽不确定,也在正常估列的时间之内。有关王懿荣为最早的甲骨鉴定与购藏者,尽管没有他本人的第一手材料,但在早期著述中,都有较为明确的文字记载与明确的说法,而且也得到当时的甲骨殷商研究大家如董作宾、胡厚宣、陈梦家等的肯定。

另一种说法是王襄、孟定生发现甲骨文在1898年。王襄是早期甲骨的收藏者,他在前述《簠室殷契征文》中肯定甲骨发现的时间为"光绪己亥",即1899年。虽然王襄在早年也述及1898年"范贾售古器物来余斋,座上讼言所见,乡人孟定生世叔闻之意为古简",但"人世间知有殷契自此始"的时间,还是在"翌年"(1899)②。但是到了王襄晚年,则对甲骨发现的时间有了新的观点。他说:"世人知有殷契,自公元1898年始(即清光绪二十四年)。潍友范寿轩售古器物来言:'河南汤阴(实是安阳)出骨版(实是龟骨、兽骨),中有文字',征询吾人,欲得之否? 时有乡人孟定生共话,极怂恿其往购,且言欲得之。孟氏意:此骨版为古之简策也。翌年十月,范君来,告以得古骨版……既定其物,复审其文,知为三古遗品。"③虽然人们关注这批新的发现,可能早在1898年,甚或更早,但真正确定其为"殷契",为"三古遗品",还是应该在1899年。从罗振玉、王襄等人的著述中,可知王懿荣、王襄及孟定生应为最早的甲骨购藏者。但"1899年王懿荣首先发现甲骨文"④,而"王襄也是最早收集研究甲骨的学者之一"⑤。

(二)甲骨文的早期收藏与著录

甲骨文发现地点的确定,也有一个过程。罗振玉在《殷商贞卜文字考》自序中说:"光绪己亥予闻河南之汤阴,发现龟甲兽骨。"⑥实际上,京津的学者应该

---

① 王汉章:《古董录》,《河北第一博物院画报》1933年第50期。
② 王宇信:《甲骨学通论》,中国社会科学出版社1989年版,第28页。
③ 王襄:《簠室殷契》,《历史教学》1982年第9期。
④ 王宇信、徐义华:《商周甲骨文》,文物出版社2006年版,第23页。
⑤ 王宇信、徐义华:《商周甲骨文》,文物出版社2006年版,第22页。
⑥ 罗振玉:《殷商贞卜文字考》,玉简斋石印,1910年。

知道"小屯"这个具体地点,而在汤阴的确有小屯村,这个小屯实际叫"后小屯",始终没有发现过甲骨。汤阴说的另一个说法,就是刘鹗所说的汤阴羑里城。他在《铁云藏龟》中提到了"汤阴县属之古牖里城"①,为甲骨发现地。但在汤阴羑里,虽然保留有同期的遗址,但却没有甲骨的发现。除了汤阴说,就是卫辉说。罗振玉亦说过,"估人讳言出卫辉"②。当然卫辉说的实质内容,应为朝歌说。这一说法,在美国学者方法敛的报告中被描述为:"1899年在卫辉府附近古朝歌之城故址,有古物发现。"③朝歌故城,至今还有保留。《史记》中,将殷末的都城放置在朝歌,从文献考察,这里与殷都关系密切,理论上应该在甲骨文方面有所发现,但到现在也没有相关的发现出现。清代的卫辉府,管辖有淇县,卫辉说实质上是朝歌说。当时有关甲骨文发现地的说法,主要聚集在豫北地区的彰德与卫辉,彰德府汤阴县与卫辉府淇县。到了1908年,经多年访察,罗振玉始知"贞卜文字出土之地应为洹滨之小屯"④,这为甲骨文的进一步探索,以及后来的发掘与保护,提供了可能。

早期的甲骨出土,均为当地村民盗挖。其数量大致为:1899—1903年,约为数千片;1904年,出土甲骨"盈数车";1909年、1917年及1920年,均有甲骨发现。这些甲骨分别为王懿荣、刘鹗、王襄、罗振玉,以及美国传教士方法敛等收藏。其所藏甲骨文残片分别为:王懿荣,约1500片;王襄、孟定生,约4500片;刘鹗,约5000片;罗振玉,约30000片;方法敛,约5000片;等等。自1899年甲骨文发现至1928年殷墟科学发掘前,民间流散的甲骨约在八万片,应接近事实。⑤

早期的甲骨著述有刘鹗的《铁云藏龟》,这是中国历史上辑录甲骨的第一本专书,这本书选录甲骨拓片1058片,1903年正式石印面世。"正是《铁云藏龟》的出版,才使甲骨文从收藏家书斋中的古董,变为可资学者研究的资料,使许多渴望精研中国上古历史,却无缘寓目甲骨的学者,可以比较容易地得到甲骨资料,为甲骨学形成创造了条件。"⑥罗振玉的主要成果有《殷商贞卜文字考》

---

① 刘鹗:《铁云藏龟》,抱残守缺斋石印本,1903年。
② 罗振玉:《集蓼集》,《贞松老人遗稿甲集》,1941年,第31页。
③ 方法敛:《中国原始文字考》,《卡内基博物院报告》1906年第4期。
④ 罗振玉:《殷墟古器物图录》序,1916年。
⑤ 王宇信、徐玉华:《商周甲骨文》,文物出版社2006年版,第25页。
⑥ 王宇信、徐玉华:《商周甲骨文》,文物出版社2006年版,第33页。

（1910）、《殷虚书契前编》（1912）、《殷虚书契菁华》（1914）、《殷虚书契考释》（1914）、《殷虚书契后编》（1916）、《殷虚书契待问编》（1916），以及之前所著《铁云藏龟之余一卷》（1915）等，罗振玉是早期甲骨著述成就最大的学者。其他学者的著述有姬佛陀的《戬寿堂所藏殷虚文字》（1920），以及加拿大明义士的《殷虚卜辞》（1917），《殷虚卜辞》为外国学者的第一本甲骨方面的著述。

二、传统金石学研究与外国学人的探研活动

（一）传统金石学的研究与成就

清末民初，金石学的研究取得了一定的成就。在集录与考释方面，有刘尚文的《莆阳金石初编》（1900），冯云鹏、冯云鹓的《金石索》（1906），吴庆泰的《襄阳金石略》（1907），杨世源的《句容金石记》（1908），陈介祺的《簠斋金石文考释》（1914）、罗振玉的《秦金石刻辞》（1914），邹安的《艺术类征》（1916）、罗振玉的《古器物范图录》（1916）、瞿中溶的《古泉山馆金石文编残稿》（1916）、罗振玉的《金泥石屑》（1916）、邹安的《嵩里遗珍拾补》（1916）、丁敬的《武林金石记》（1916）、黄瑞的《台州金石录》（1916）、吴兰修的《南阳金石志》（1916），蒋藩的《河阴金石卷》（1917），王昶的《金石萃编未刻稿》（1918）、罗振玉的《金泥石屑》（1918）、胡光炜的《金石藩锦集》（1918）、罗振玉的《楚州金石录》（1918）、周其懋的《三巴金石录》（1918），李振源的《九保金石录》（1919），沈钦韩的《读金石萃编条记》（1920）等。在目录与字书方面，有缪荃孙的《札记碑目》（1905）、孙诒让的《名原》（1905），缪荃孙的《艺风堂金石文字目》（1906），赵均的《寒山金石林部目》（1909），严观的《江宁金石待访目》（1910）、叶铭的《金石书目》（1910），范寿铭的《安阳金石录》（1914），林义光的《文源》（1920）等。在题跋与杂著方面，有刘青藜的《金石续录》（1902），严可均的《铁桥金石跋》（1905），顾炎武的《金石文字记》（1906），杨守敬的《壬癸金石跋己庚金石跋丁戊金石跋》（1907），毕沅的《关中金石记》（1908），徐树钧的《宝鸭斋题跋》（1910）、吴士鉴的《九钟精舍金石跋尾甲编乙编》（1910）、罗振玉的《雪堂金石文字跋尾》（1910），李佐贤的《石泉书屋金石题跋》（1911），李遇孙的《金石余论》（1912）、王懿荣的《翠墨园语》（1912），翁大年的《陶斋金石文字跋尾》

(1915)、朱彝尊的《曝书亭金石文字跋尾》(1916)、何绍基的《东洲草堂金石跋》(1916)、杨守敬的《邻苏老人手书题跋》(1916)、陈介祺的《簠斋尺牍》(1919)等。①

从以上可以看出，在中国近代考古学的发展时期，金石学的著述依然较为发达，除了涌现罗振玉这样的金石甲骨大家，赵明诚、赵钧、杨慎、于奕正、朱彝尊、毕沅、吴大澂等宋、明、清金石学家的金石著作的刊刻与再研究也成为学术亮点。这一时期的金石成果，涉及河南者，仅有河阴、南阳、安阳等地，成果分量均属一般。

（二）外国人的考古活动与相关著述

外国人在中国的考古活动，并不仅仅始于1899年，而是更早，如1895年日本考古学者鸟居龙藏在中国辽东半岛的考古调查活动。此后，他于1905年、1908年再次对辽东半岛进行考古调查，并将考古活动扩大到蒙古草原。在1915年以前，他正式发表了相关研究成果。关野贞于1902年和1907年对山东画像石的调查，冢本靖1907年对河南、河北、山西、陕西、山东等省区古迹的调查，足立喜1906—1910年对关中地区隋唐都城遗址与帝陵的调查，还有白鸟库吉1909年对辽金上京遗址的调查②，反映出日本学界早期对中国的考古活动更具有专业性与学术性。

西方学界对中国考古的关注更早，尤其对西部地区的探险活动，成为中国考古学由传统向现代转型的主要内容。在1890年瑞典人斯文·赫定进入新疆以前，英、俄等国都有人到中国的西部探索。斯文·赫定在此后多次深入西部的新疆，穿越塔克拉玛干大沙漠，发现了楼兰古城等遗存。俄国人克莱门茨，于1898年第一次以考古为目的对吐鲁番的古代城址进行调查。英国人斯坦因，1906—1914年多次深入新疆腹地，不但剥取了米兰遗址的壁画，最臭名昭著的还是他于1907年对敦煌藏经洞文书、经卷的盗掠。法国人伯希和，也参与了对敦煌文物的掠夺，共骗买了6000余件各类文献和壁画。俄国人柯兹罗夫、孟纳

---

① 北京大学考古系资料室编：《中国考古学文献目录（1900—1949）》，文物出版社1991年版，第5~12页。
② 陈星灿：《中国史前考古学史研究（1895—1949）》，生活·读书·新知三联书店1997年版，第43~45页。

姆、鄂登堡，也在20世纪初在新疆、内蒙古进行过调查与掠夺。① 而在内地，法国人沙畹，于1907年对山东、河南、山西的石窟寺，尤其是河南登封石阙进行调查，以及对东北高句丽进行考察。法国人色伽兰，1914年对陕西、四川、江苏等地古建、崖墓进行调查。法国人桑志华，自1913年开始对华北地区进行调查，并在后来发表了相关的调查报告。他于1920年还在甘肃庆阳发现了三件人工打造石器，这为"中国境内发现的第一批旧石器"②。瑞典人安特生，于1918年对周口店古生物化石的调查都取得了收获。③

中国近代考古学，是中外文化最为猛烈碰撞的结果。一方面，在外国探险家不断深入对中国文物调查乃至盗买、掠夺下，中国文物的收藏成为西方博物馆的重要来源；另一方面，在早期的野外活动中，也有类似于安特生这样的学者，他们受过专业的训练，记录、拍照、绘制了相关的科学资料，成为中国考古的最早具有科学意义的资料与文献。这些成果大多都是在国外用外国文字发表，到了20世纪20—30年代，诸如安特生的《中华远古文化》（1923）、《奉天锦西县沙锅屯洞穴层》（1923）、《甘肃考古记》（1925），斯文·赫定的《亚洲腹地旅行记》（1934）、《新疆沙漠游记》（1939），步达生的《甘肃史前人种说略》（1925），斯坦因的《斯坦因西域考古记》（1936），鸟居龙藏的《满蒙古迹考》（1933）等④，相继被翻译成中文，成为中国近代考古学或者说中国考古学由传统走向现代的一个特色。"应该看到，外国学者的探险和考古活动，不仅对于中国考古学的诞生有刺激和促生作用，而且为古代文化的研究提供了新材料。"⑤

在这一过渡时期，河南的考古以甲骨文发现地而引起中外学者的关注。当然，河南没有出现大的金石学与甲骨学家，金石学的成果也仅有《河阴金石卷》

---

① 陈星灿：《中国史前考古学史研究（1895—1949）》，生活·读书·新知三联书店1997年版，第46~48页。
② 陈星灿：《中国史前考古学史研究（1895—1949）》，生活·读书·新知三联书店1997年版，第49页。
③ 陈星灿：《中国史前考古学史研究（1895—1949）》，生活·读书·新知三联书店1997年版，第49页。
④ 北京大学考古系资料室：《中国考古学文献目录（1900—1949）》，生活·读书·新知文物出版社1991年版，第4~5页。
⑤ 陈星灿：《中国史前考古学史研究（1895—1949）》，生活·读书·新知三联书店1997年版，第51页。

《南阳金石志》《安阳金石志》等数种。外国人在河南的活动,有日本人冢本靖于 1907 年对河南古迹的调查,以及同年法国人沙畹对登封的石阙以及河南石窟寺的调查。巴克斯分别于 1913 年、1917 年对荥阳砖室墓进行考察。后被中国人翻译成汉语的早期考古成果,如瑞典人阿尔纳的《河南石器时代之着色石器》(1925)、加拿大人步达生的《甘肃河南晚石器时代及其史前后期之人类头骨与现代华北及其他人种之比较》(1928)等,反映了史前文化受到西方学者的关注。1918 年 12 月,安特生为调查脊椎动物化石而来到河南渑池仰韶村。1919 年、1920 年,他的助手在当地收集到大量磨制石器。直到 1921 年 4 月,安特生在当地的土层中发现了石器与彩陶共存。同年 10 月至 12 月,仰韶遗址正式发掘,中国科学考古的序幕在河南终于拉开。

三、学术大师与研究特色

(一) 代表性研究者

由中国传统考古学向中国现代考古学过渡的时期,仅有 10 余年时间,但却形成了一支较有特色的研究队伍。而其中的学术大师,更是代表了中国学术的发展方向。

罗振玉(1866—1940),字叔蕴,号三堂,浙江绍兴人,自幼熟读经史典籍,嗜爱金石。在传统金石学的传承发展,以及甲骨学、简牍学等新学术的开拓方面,取得了多项成果,为近代知名的学术大师。在甲骨文的研究上,他不仅收藏甲骨,而且考定释字 561 个。其成果有《殷墟书契前编》(1912)、《殷墟书契菁华》(1914)、《殷墟书契后编》(1916)等。在金石古器资料上,尤其在金文著录考释上,有《秦金石刻辞》(1914)、《殷文存》(1917)以及其后出版的《三代吉金文存》最具代表性。在石刻碑录上,有《昭陵碑录》(1914)、《唐三家碑录》(1914)、《广陵冢墓遗文》(1915)、《石鼓文考释》(1916)、《魏三字石经尚书残石》(1917)、《蜀石经春秋谷梁传残石》(1917)、《北宋嘉祐石经周礼礼记残石》(1917)、《唐风楼碑录十二种》(1917)、《六朝墓志菁英初编二编》(1917)等。在简牍文书上,有《鸣沙石室佚书》(1913)、《流沙坠简》(1914)、《鸣沙石室遗书续编》(1917)、《鸣沙石室古籍丛残》(1917)等。① 实际上,还有更多的成果发表在1920年之后。郭沫若称赞,"罗氏在中国要算是近世考古学的一位先驱者。他的搜藏与从来古董家的习尚稍有区别,他不仅搜集有文字的骨片,并还注意到去搜集与骨片同时出土的各类器物,在1916年他还亲自到安阳小屯去探访过一次,这种热心,这种识见,可以说是从来的考古家所未有"②。

王国维(1877—1927),字静安,号观堂,浙江海宁人。早年入读罗振玉创办的东文学社,后由罗资助赴日留学,以后又随罗赴日旅居研学,并曾在北大、清华任教。他的突出成就,是利用甲骨文证史补史,著有《殷卜辞中所见先公先王考》《殷卜辞中所见先公先王续考》《殷墟卜辞中所见地名考》《殷周制度论》等。在金文研究上,有《生霸死霸考》《明堂庙寝通考》《古诸侯称王说》等。在简牍研究上,还有《简牍检署考》等。其他,在古代度量衡、金石碑刻、文学戏曲都有标志性成果。③ 王国维是利用金石考古材料研究历史卓有成效的大家。他"将甲骨文与文献相结合,论证了殷商的存在,将我国信史向前推进了整整一个朝代,重建了古史系统。同时,对纠正上世纪二三十年代古史辨运动中因过分疑古而导致的历史虚无主义有着积极作用"④。

马衡(1881—1955),字叔平,浙江鄞县人,在北大创立国学门,后长期担任故宫博物院院长,有《汉石经集存》《凡将斋金石丛稿》等存世。马衡教授,应该是中国最后称之为金石学家中的代表性人物。

(二)研究特色

中国近代考古学这一时段是个过渡时段。这时,新学问与老学问并存,中外的研究者以不同的方法,促使了新的未见知识的展现,新的学科体系与全新的方法,极大冲击着固有的传承上千年的知识体系。习惯了在书斋里做学问的学者,不得不走出书斋,来到田野去看看。罗振玉1916年到安阳小屯的不经意的探研,进一步加深了对甲骨文出土地的认识,也为以后的研究创下了根基。

原有金石学已容纳不了更多的发现。甲骨的发现,简牍的发现,敦煌文书

---

① 夏鼐主编:《中国大百科全书·考古学》,中国大百科全书出版社1986年版,第293~294页。
② 郭沫若:《中国古代社会研究》,人民出版社1954年版,第166页。
③ 夏鼐主编:《中国大百科全书·考古学》,中国大百科全书出版社1986年版,第539~540页。
④ 房鑫亮:《马衡、王国维对金石学的卓越贡献》,《探索与争鸣》2015年第12期。

的发现,都使传统的金石学无法涵盖。尽管在晋朝属于今河南的汲地就有《竹书纪年》的发现,但这一时期简牍发现数量大,内容丰富,成为一种单独的学问,已经迫在眉睫。早在1905年,当国学保存会拟设立国粹学堂时,考古学便成为科目的首选,考古学包含了钟鼎学、石刻学、金石学史、美术史及研究法五门课程。马衡于1917年进入北大,在1919年成立的通史讲演会中,马衡的演讲也列名于"考古学组",反映了考古学称谓的宽泛性,便于涵盖器具类的金石铭图相关的学问。[①] 传统金石学意义上的考古学,也正在实现着向具有现代科学意义上的考古学的转变。1919年开始,地质调查所也开始了史前人类遗存的调查发掘。其后北大在1922年成立了研究所国学门,1923年成立了古迹古物调查会,1924年改名为考古学会,与名称变化相关的是这种沿袭上千年的书斋式研究,与田野考古相结合,新郑大墓、洛阳北邙、信阳擂鼓台大墓等,都是北大以及相关单位重要的考古成果。

原有的金石学研究者走向田野,成为早期中国现代考古学家的组成部分。如果说1916年的罗振玉的安阳小屯之行,只是出于一种好奇的偶发行为的话,那么从马衡开始,走向田野逐渐成为自觉行动。"马衡在总结前人金石学研究的基础上,自觉运用新的方法,通过实地调查进行著述,可以说,他既是传统金石学的集大成者,又是近代考古学的开拓者,是一位承前启后的关键人物。"[②]在他的带领示范下,董作宾主持了殷墟第一次考古发掘并成为中国知名商代考古大家,徐旭生走向田野并成为古史大家,黄文弼成为西北丝路考古名家。他们与受到正规考古训练的留洋博士李济、梁思永、夏鼐等,共同为中国现代考古学的诞生作出了贡献。

原有的历史与金石互证的方法,在新的发现下,具有了更大的发展空间。以金石研究为代表的金石学,从一开始便是依托器物上的文字而进行历史研究,这与中国古代存留传承大量的文献密不可分。证经补史的研究,从一开始以金石为主的器物研究,就成为历史学的一部分。这种情况,与西方对器物纹路的美术考察有着本质的区别。从罗振玉、王国维对甲骨学的研究,以及中国

[①] 查晓英:《从"古物学"到"考古学":1917—1925年北京大学的考古活动》,《考古》2017年第3期。

[②] 沈颂金:《传统金石学向近代考古学的转变——以马衡为中心的考察》,《学习与探索》2000年第4期。

现代田野考古从殷墟起步,都反映了中国考古学的传统。这也是安特生的仰韶村发掘并没有引起当时金石学者更多的追捧的关键所在。马衡与王国维,在学术领域中,虽然所走的道路不尽相同,但"他们的共同特点是,正确对待史料新发现,及时开拓金石学的新领域,并利用出土材料进行史学研究,以小见大,解决了不少悬疑问题,取得了古史研究的重大突破"[1]。王国维最大的贡献,是提出古史研究的"二重证据法",这种方法就是"据史传以考遗刻,复以遗刻还正史传"[2],这种方法至少于宋代金石学的研究便已开始。金石学实际上是从另一个途径来证实文献所述古史的真伪性。这种方法,自宋至清始终使用,并卓有成效。但是只有当甲骨的发现,考实了中国历史上的殷商王朝,给文献所记不足的殷商史以极大的补充完善与丰富,从而最大限度地发挥了出土文献的优势。"近代以来,王国维在传统金石学基础上,以近代考古学的发展为基本前提,倡言'二重证据法',并身体力行,使传统金石证史的观念在新时代焕发出新的生命力,这是学术发展的进步。"[3]

因此,我们回顾中国考古学的历史就会发现:传统考古学的"二重证据法",在现代考古学中的历史考古学的研究中,始终处于主导地位;史前考古学的基本方法,是地层学与类型学。二者的统一结合,才构成了完整的中国现代考古学。我们不能更不应该仅仅将中国现代考古学当作西方考古学的衍生品,而应牢牢铭记中国考古学发展的完整链条。

---

[1] 房鑫亮:《马衡、王国维对金石学的卓越贡献》,《探索与争鸣》2015 年第 12 期。
[2] 王国维:《宋代之金石学》,载《王国维文集》(第 4 卷),中国文史出版社 1997 年版,第 124 页。
[3] 王记录:《金石学、考古学与王国维的学术遗产——兼谈"二重证据法"的地位和出土文献的价值》,《廊坊师范学院学报(社会科学版)》2012 年第 5 期。

第一章 河南考古的初始时期（1921—1949年）

河南现代考古的初始与中国现代考古学的源起紧密相连。人们普遍认为，河南的新石器时代考古工作可以追溯到 1921 年瑞典地质学家安特生在河南渑池县仰韶村的调查和发掘，这也被认为是中国现代考古学的序幕的标志。从 1921 年安特生在仰韶村的发掘，到 1928 年中央研究院历史语言研究所，在安阳殷墟的发掘，标志着中国现代考古学正式形成。而后冈"三叠层"的发现，再到河南山彪镇和辉县琉璃阁考古，中国现代考古学从无到有逐渐发展起来了。从 20 世纪 20 年代到 40 年代末，河南的考古活动虽然没有新中国成立后更大规模的田野调查及发掘，然而在整个中国考古学史上意义重大，为后来新中国考古学的发展奠定了基础。

第一节　河南新石器考古的开端

　　河南新石器考古几乎与中国现代考古学同步，在河南考古史乃至中国考古史中占有举足轻重的地位。随着西方近代科学的传播，在五四运动的推动下，经过西方有关学者与中国考古先驱的不断努力和实践，河南新石器考古学拉开了序幕。

一、安特生与渑池仰韶村遗址

　　安特生本是瑞典著名地质学家，1914 年被中国北洋政府聘为农商部矿政顾问,协助中国地质学家寻找铁矿和煤矿。由于其时战乱频繁,寻找铁矿和煤矿条件不成熟,其后安特生建议,将寻找矿藏的计划改为采集古生物化石。1917年安特生的提议得到批准。由此,从1918年到1921年间,安特生的工作重心放在哺乳动物化石的采集上。在此期间,他在采集化石的过程中,还注意到了遗址中石器的出现,并予以采集。1920年安特生发表了《中国新石器类型的石器》①一文,在国外引起了注意。

1918年12月8日,安特生第一次到达河南省渑池县仰韶村调查脊椎动物化石,在这里采集到了一批化石标本。② 1920年冬,当时地质调查所所长刘长山受安特生委托复查了仰韶村,收获颇丰,并在回北平时带回了600余件磨制石器,安特生深受鼓舞,据此推断仰韶村可能有一个很大的新石器时代遗址。③ 1921年4月18日,安特生再度来到仰韶村,经过详细的调查和地层断面观察之后,确信仰韶村存在丰富的史前遗存,有着精美花纹的彩陶尤其令人瞩目。④ 其后,安特生查阅了中亚地区安诺遗址及同类遗址的发掘报告,意识到两者之间可能具有文化交流上的关联。中西文化之间有着怎样的交流渠道和互相影响程度,这是具有重大意义的学术问题,有必要进行更深入的实地勘探和调查发掘。在征得农商部总长张国淦以及地质调查所负责人丁文江、翁文灏等人的同意,又得到河南省政府以及渑池县政府的支持之后,安特生于同年10月再次奔赴河南开始筹备发掘的相关工作。仰韶村遗址第一次正式发掘时间是从1921年10月27日至12月1日,持续了一个多月。中国的地质学者也参与进来,刚从美国留学归来的地质学者袁复礼,地质调查所的五位采集员姚(某)、刘(长山)、张(某)、陈(德广)、白(万玉)参与其中。另外,奥地利的师丹斯基和加拿大的步达生也曾短暂参与,主要负责人骨的发掘和测量。他们在仰韶村共发掘了17个地点,发掘出了一大批珍贵的文化遗物。

---

① 安特生:《中国新石器类型的石器》,转引自陈星灿:《中国史前考古学史研究(1895—1949)》,生活·读书·新知三联书店1997年版,第88页。
② 安特生:《中国史前考古学研究》,转引自陈星灿:《中国史前考古学史研究(1895—1949)》,生活·读书·新知三联书店1997年版,第89页。
③ 安特生:《黄土的儿女》,转引自陈星灿:《中国史前考古学史研究(1895—1949)》,生活·读书·新知三联书店1997年版,第89页。
④ 安特生著,袁复礼译:《中华远古之文化》,《地质汇报第五号》,农商部地质调查所印行1923年版,第11~12页。

河南仰韶村遗址是一个史前文化内涵相当丰富的遗址，安特生在《河南史前遗址》中曾讲道："仰韶村遗址是我在华北作过的发掘工作中所遇到的最大的史前村落遗址之一。这一村落的面积，东北到西南长900公尺，西北到东南宽约300公尺。文化堆积丰富的地方，厚四公尺，一般厚二公尺。"[1]可以说，仰韶村的发掘是河南境内进行的第一次正式的考古发掘，也是安特生在中国境内进行的规模最大、记录最详细的一次考古发掘，获得了一批较丰富的文化遗存。仰韶村发掘影响深远，成为世界范围内人们认识中国史前文化的起点，同时也拉开了中国现代考古学的序幕。2001年"河南渑池仰韶新石器时代遗址的发掘"被列入"中国20世纪100项考古大发现"。

安特生等人在发掘仰韶村的过程中，对河南地下的文化遗址产生了浓厚兴趣。曾先后在渑池调查或发掘了杨河村、不招寨和西庄村等遗址，在郑州荥阳发掘和调查了秦王寨、池沟寨、牛口峪等遗址。1919—1921年，安特生还在新安县磁涧乡铁门镇岗村和东杨镇两遗址进行发掘，搜集到有关新石器时代的陶器和生产工具。[2] 在这一系列的调查和发掘过程中，发现了大量的石器和精美的彩陶，并在一块陶片上发现了水稻粒的印痕。另外，仰韶遗址和不招寨都出土了黑陶，这也是龙山文化遗存的首次发现。[3] 1923年，安特生根据所得考古材料写成了论文《中华远古之文化》，并首次命名了仰韶文化。[4] 安特生认为河南境内的这些新石器遗址均属于同一文化系统，其年代相当于新石器时代末期或铜石并用时代。[5]

安特生提出"仰韶文化"的概念，并认为仰韶文化彩陶源自西方。为了验证自己的"彩陶西来说"的假设，从1923年到1924年，安特生把考古调查和发掘从河南推向青海和甘肃，这是他在中国进行的规模最大的一次考古调查活动。1923年6月，安特生和其团队比较正式地考古发掘了西宁附近的十里铺遗址。1923年9月，又发现了有名的朱家寨遗址，该处遗址是一处文化内涵丰富的仰

---

[1] 安特生：《河南史前遗址》，《远东古物博物馆馆刊》1947年第19期，第23页。
[2] 国家文物局主编：《中国文物地图集·河南分册》，中国地图出版社1991年版，第23页。
[3] 陈洪波：《安特生：中国现代考古学的开山人》，《大众考古》2013年第1期。
[4] 陈星灿：《中国史前考古学史研究（1895—1949）》，生活·读书·新知三联书店1997年版，第89页。
[5] 陈星灿：《安特生与中国史前考古学的早期研究——为纪念仰韶文化发现七十周年而作》，《华夏考古》1991年第4期。

韶文化时期的聚落遗址。1924年五六月间,安特生团队在发掘辛店遗址过程中,发现了现在中国学术界耳熟能详的马家窑、马厂、半山、辛店、齐家和沙井这些遗址。其中马家窑、半山、马厂文化遗址出土的新石器文化遗物内容丰富,彩陶花纹色彩生动而鲜明,印证了中国史前先民丰富的想象力和无比的创造力。在1925年,安特生发表《甘肃考古记》,公布了他的研究成果。他将这次考古所得的彩陶纹饰与西亚、中亚的彩陶文化进行对比以后,误认为这些彩陶源自中亚、西亚,从而更加坚定了他的"中国文化西来说"的信心。

安特生在中国的考古调查活动为中国早期的考古进行了大量开拓性的工作,尤其是对史前文化的调查研究倾注了大量的心血。作为一个域外的地质学家,克服各种困难,依旧取得了很多重要的成果,可谓难能可贵。安特生对中国考古的贡献主要集中在仰韶文化的研究和考古方法的开拓上。关于仰韶村遗址的时代、文化性质及其与中华文明的联系等问题,在他的著作《中华远古之文化》中有具体的分析。安特生在仰韶村的新石器时代遗址考古发掘过程中,较详细地对遗址的各个方面都作了记载,为其后的考古学者与史学家研究仰韶文化提供了较为宝贵的资料。可以说安特生的考古活动促使和推动了黄河流域新石器时代考古工作的开展。虽然从现在的考古学视角来看,其对河南和甘青地区所发现的史前文化的分期及其对遗址的文化性质的判断,很多观点是错误的,如"中国文化西来说",而未将龙山文化从仰韶文化中分离出来,更是很大的缺陷,中国新石器时代考古研究在很长时间受此观点的影响,但他在中国进行的一系列考古活动和研究,探索了中国现代考古学的一些方法,为中国田野考古尤其是史前考古奠定了一定的基础。

安特生因考古与中国结缘,被称为"一位中国考古学的创世纪的拓荒者"[①]。遗憾的是,他对中国考古学术工作的贡献被20世纪六七十年代汹涌澎湃的批判声浪所彻底淹没。直到"文革"结束后,安特生"殖民主义和帝国主义帮凶"的身份才得到澄清。在1985年召开的发现仰韶文化65周年纪念大会上,安特生的学术贡献重新得到高度评价。2001年3月29日,由中国社会科学院考古研究所组织评选的"20世纪中国100项考古大发现",将"河南渑池仰韶新石器时代遗址的发掘"列入其中。2001年11月,"仰韶文化发现80周年纪念

---

① 转引自张静河:《安特生在华北的考古活动》,《世界汉学》1998年第1期。

会"在河南渑池召开,中国社会科学院领导、河南省政府领导、瑞典驻华使节及众多专家学者,在友好而热烈的气氛下缅怀了安特生及其对仰韶文化的发现的功绩,这等于宣告中国学术界尤其是考古学界公开承认安特生的学术贡献。2005年9月26—27日,中国社会科学院考古研究所与瑞典国家遗产委员会考古研究所在北京共同举办了"中国—瑞典考古学论坛",约翰孙主席在讲话中对中瑞考古合作充满希望和期待,表示将继承安特生等先辈学者与中国的合作的传统,此次论坛后出版了《中国考古学与瑞典考古学:第一届中瑞考古学论坛文集》。论坛的召开和文集的出版进一步增进了中瑞两国国家级考古研究机构的学术了解与合作,促进了两国之间学术文化的交流。

二、梁思永与后冈"三叠层"

梁思永是清末维新派代表梁启超的儿子,是中国现代考古学奠基者之一。1904年出生于澳门,于1923年赴美国留学,攻读考古学及人类学,在哈佛接受了完全现代的考古训练。他1930年从哈佛大学学成回国,加入了"中央研究院历史语言研究所"考古组。"中央研究院历史语言研究所"成立于1928年,院长蔡元培聘请傅斯年等三人负责筹建,同年于广州成立,傅斯年任所长,这是国内当时最顶级的历史研究机构。梁思永加入历史语言研究所考古组,极大地提高了当时中国的田野考古水平。参加过当年发掘的夏鼐曾指出:"他是我国第一个接受过西洋的近代考古学的正式训练的学者。参加过安阳发掘的旧人都知道,自从他加入后,田野考古的科学水平大大提高了。后来许多田野考古工作者都是在殷墟这工地训练出来的。"[①]

1930年秋,梁思永首先参加了黑龙江昂昂溪遗址的发掘。第二年梁思永在参加殷墟发掘过程中,主持了河南安阳四盘磨和后冈遗址的发掘。在后冈查看了地形地貌以后,梁思永曾开玩笑说,可能在此地会发现旧石器、新石器和青铜文化的遗存。没想到后来玩笑真成为现实。后冈遗址发掘分两阶段进行,第一阶段4月16日至5月12日,参加者有梁思永、吴金鼎及刘耀。共发掘探沟25

---

① 夏鼐:《五四运动和中国近代考古学的兴起》,《考古》1979年第3期。

个,发掘面积216平方米;发现有白灰面房址、陶器、石器和骨器等,其中发现了彩陶、黑陶和白陶三种文化堆积。① 彩陶属于仰韶文化,在1929年殷墟第三次发掘过程中曾经发现一片,这是第一次在河南北部发现彩陶片。因为只有一片,很难确定其属性。黑陶属于龙山文化,白陶属于殷墟文化。三者关系在此时似乎还不太明朗,"第一次得到小屯与龙山文化的线索,但还是不分明"②。第一阶段由于战火而中断。第二阶段于同年的11月10日至12月4日进行,参加者有梁思永、刘耀、张善。除发现有白灰面房址外,还发现了一段长70米的夯土围墙。③

第二阶段发掘与以前发掘的最重要的区别是,发掘与遗物统计均依土质土色区分的文化层为单位进行,并依据遗物的特征,将各文化层合并为三个大的文化层,即上层的小屯文化(商文化)、中层的龙山文化和下层的仰韶文化层。④ 三种文化层包含物的具体情况为:

上层为殷墟文化。土色为浅灰土,主要出土器物有陶器、骨器、石器等。陶器一般较为厚大,陶色主要为灰黑色,少数为白色,纹饰主要为绳纹,少数为压纹、划纹等,极少数为刻纹白陶和带釉陶片。器物有鬲、将军头盔等。石器有单孔斧、斧、刀、白石单孔刀、圆柱形石筒等。骨器有单孔刀、双棱单脊方角平底镞,以及猪骨、牛骨和鹿角等。另外发现少量甲骨文残片。据此发掘者推断为殷墟文化。

中层为龙山文化。土色呈现绿色,出土器物有陶器、骨器、石器等。陶色大多为光面黑色,其次为光面灰色,陶质有粗砂、泥质等,纹饰有方格纹、绳纹、席纹、压纹、划纹等。可观察出的器型有圈足、杯钮盖、鼎足、碗盖、器耳等。石器有斧、锛、三棱平边圆形平底镞等。骨器有圆柱式镞、三棱平边圆形平底镞、凿、铲等。另外发现卜骨。据此发掘者推断为龙山文化。

下层为仰韶文化。土色为褐灰土,主要出土器物有陶器、骨器、石器等,未发现卜骨。陶色以红色为特征,纹饰有绳纹、划纹等,器型有大口平底钵、高脚鼎、短脚鼎、大口圜底钵等。石器有石锛、石铲和石斧等。骨器有尖状骨器。据此发掘者推断为仰韶文化层。

---

① 段振美:《殷墟考古史》,中州古籍出版社1991年版,第66页。
② 梁思永:《小屯、龙山与仰韶》,《梁思永考古论文集》,科学出版社1959年版,第91页。
③ 梁思永:《小屯、龙山与仰韶》,《梁思永考古论文集》,科学出版社1959年版,第94页。
④ 梁思永:《后冈发掘小记》,《梁思永考古论文集》,科学出版社1959年版,第101~102页。

由于正确区分土色,划分地层,加上整理过程中比较正确的类型学分析,梁思永第一次拨开了地层叠压的迷雾,揭示出仰韶文化、龙山文化和殷商文化的三叠层。通过分析,他发现在后冈遗址的地层叠压关系上,总是上层为小屯文化,中层为龙山文化,下层为仰韶文化。在平面的分布上,第一层限于后冈中心最高部分,第二层分布在后冈的全部,第三层即仰韶文化层只限于后冈的西南部。[①] 梁思永经过仔细的类比,认为仰韶、龙山和小屯文化层有时间先后的分别,三种文化都曾占领过这处遗址。在关于仰韶文化和龙山文化的关系上,梁思永首先比较了后冈龙山层与仰韶村不招寨出土的遗物,注意到二者有很多类似的地方,认为二者发生过密切的关系。当然,由于梁思永在研究后冈遗址的时候,受制于中国现代考古学刚刚起步,龙山文化才刚被确认、资料缺乏的情况,还无法认清城子崖龙山文化遗存和后冈龙山文化遗存的区别,但后冈"三叠层"的发现第一次为黄河流域尤其是黄河中游考古文化建立起时代编年的轮廓,这是中国现代考古学史上的重大转折和发展新起点的标志。张忠培曾经指出:"这一中国考古学发展史上的转折点的出现,当不能简单地归因于机遇,而首先应归之于思永先生的科学方法。"[②]后冈"三叠层"及其年代序列的发现,是新中国成立前中国新石器时代考古方面最大的学术成就,也是考古地层学在中国首次有影响地成功运用,成为中国史前考古研究科学化的重要标志。由中国社会科学院考古研究所组织评选的"20世纪中国100项考古大发现"将后冈三叠层列入其中,可见其意义非凡。梁思永因为将考古地层学和类型学的理论成功地应用于中国的考古发掘与研究工作,成为中国田野考古学的奠基人之一。

三、其他新石器遗址的调查与发掘

1931年8月,河南考古界发生了一件影响深远的大事。由于"中央研究院历史语言研究所"与河南省有关单位在安阳殷墟的考古发掘问题上发生争议,

---

① 梁思永:《后冈发掘小记》,《梁思永考古论文集》,科学出版社1959年版,第101~102页。
② 张忠培:《梁思永先生与中国现代考古学》,《中国考古学:走进历史真实之道》,科学出版社1999年版,第10页。

按"中央研究院历史语言研究所"与河南省原定的办法,"中央研究院历史语言研究所"发掘范围仅限于安阳,考古机构的名称也是"国立中央研究院安阳殷墟发掘团"。为协调双方矛盾,李济向河南省政府主席刘峙写信,提议合组河南古迹研究会并发掘浚县殷陵,一切条件可参照山东古迹研究会办法,刘峙回信赞同。1932年2月,李济、董作宾去开封,与河南省政府商议,仿照山东的先例,成立"国立中央研究院"与河南省政府合组的包括河南大学师生参加的河南古迹研究会,目的是共同调查和发掘河南洛阳、浚县的不同时期的文化遗址。河南古迹研究会顺利成立并聘请四位委员,委员长是河南省通志馆馆长张嘉谋,李济任河南古迹研究会工作主任。该会的主要人员还有董作宾、尹达(别名刘耀)、石璋如、赵青芳、韩维周等。1937年抗日战争全面爆发后,河南古迹研究会的工作宣告结束。河南古迹研究会成立以后,主要参与了浚县辛村墓地的发掘、浚县大赉店史前遗址的发掘,浚县刘庄、巩县(今巩义市)塌坡和马峪沟、广武青台等史前遗址的发掘,以及山彪镇与琉璃阁墓地的发掘等。与此同时,考古学者还在河南进行了一系列与史前有关的遗址调查与试掘活动。

1932年4月,吴金鼎、王湘在安阳侯家庄高井台子进行考古发掘,发现了仰韶文化、龙山文化、殷商文化的遗存。[①] 同年四五月间,郭宝钧、尹达等考古发掘了浚县辛村墓地,其中发掘出来龙山文化遗存。[②] 5月5—22日,尹达在主持发掘河南浚县大赉店史前遗址的过程中,发现仰韶、龙山的地层叠压关系。[③]

1933年3月,石璋如、王湘在浚县刘庄村南调查时发现了一处仰韶文化遗址,并分两次对该遗址进行试掘,发掘出了仰韶文化与龙山文化遗存。同年10月,郭宝钧、李景聃、李光宇、尹达、石璋如等人在小屯进行发掘,首次发现了小屯文化与龙山文化的叠压层,对中国早期考古学界意义重大。[④] 又在这年,郭宝钧等在辛村村南进行第三次考古发掘,再次发现并确认了龙山文化遗址,出土了众多的龙山文化遗物。[⑤]

---

① 吴金鼎:《摘记小屯迤西之三处小发掘》,《田野发掘报告》第一期,1936年版,第25页。
② 郭宝钧:《浚县辛村》,科学出版社1964年版,第3页。
③ 刘耀:《河南浚县大赉店史前遗址》,《中国考古学报》1948年第3期。
④ 石璋如:《殷墟最近发掘之重要发现附论小屯地层》,《田野考古报告》第二期,1947年版,第61页。
⑤ 郭宝钧:《浚县辛村》,科学出版社1964年版,第5页。

1934年四五月间,石璋如等在安阳武官南霸台进行考古调查,发现了龙山文化的遗存。其后,石璋如在安阳后冈的发掘过程中,继续清理龙山时期的夯土城墙遗址,逐渐搞清了龙山夯土城墙遗址的大小和大致分布范围①,这是在河南境内最早发现的龙山文化的夯土城墙。1934年5月,石璋如、尹达在安阳同乐寨调查,发现了龙山时期的文化遗存,随后在试掘过程中发现了与后冈三叠层相类似的地层堆积。同月,赵青芳、韩士哲等在河南巩县、广武(今荥阳市广武镇)一带进行考古调查,在黄河南岸的巩县塌坡、马峪沟发现仰韶文化遗址。其后郭宝钧、赵青芳、韩维周等随后试掘了塌坡、马峪沟遗址,发现仰韶文化的彩陶、红陶、石斧等遗物,同时在地面发现黑陶片,发掘者当时推断龙山文化的居民在此地居住过。② 同年10月,梁思永等沿洹水上游调查,发现多处史前遗址。年底,梁思永、石璋如等发掘安阳同乐寨遗址,再次发现了仰韶、龙山、小屯三层文化堆积。③ 这一年,郭宝钧等曾在荥阳青台等遗址做过试掘工作,可惜所发掘的文物标本未经处理,在抗日战争时期散失。④

1935年1月,石璋如等人在河南汤阴进行了首次考古调查,在文王庙、长冢发现龙山文化遗址,取得了较大的收获。⑤ 同时期,赵青芳等在豫北进行了规模较大的考古调查工作,足迹遍及辉县、温县、武陟、沁阳、孟县、济源、获嘉、内黄等地,获得了大量的新石器时期的石器、陶器等遗物,发现了多处仰韶、龙山文化遗址。⑥

1936年10月,河南古迹研究会李景聃、韩维周等到河南东部的永城、商丘进行考古调查,发现永城县(今永城市)造律台、黑孤堆、曹桥等龙山文化遗址多处。同年10—12月,李景聃等先后对造律台和黑孤堆龙山文化遗址进行了试掘,发现了龙山文化灰坑及大量的文化遗物。⑦ 虽然这次发掘因西安事变而停

---

① 石璋如:《河南安阳后冈的殷墓》,《历史语言研究所集刊》第十三本,1948年版。
② 杨育彬、袁广阔:《20世纪河南考古发现与研究》,中州古籍出版社1997年版,第726页。
③ 尹达:《新石器时代》,生活·读书·新知三联书店1979年版,第87页。
④ 中国科学院考古研究所河南调查团:《河南成皋广武区考古纪略》,《科学通报》1951年第7期。
⑤ 陈星灿:《中国史前考古学史研究(1895—1949)》,生活·读书·新知三联书店1997年版,第192页。
⑥ 石璋如:《考古年表》,"中央研究院历史语言研究所"1952年版,第35~37页。
⑦ 李景聃:《豫东商丘永城调查及造律台、黑孤堆、曹桥三处小发掘》,《中国考古学报》1947年第2期。

工,但由于发现了丰富的龙山文化遗物,且是由河南省文物考古机构独立进行的首次考古发掘,具有非常的意义。这既为认识河南境内的龙山文化提供了较多的资料,又使河南省文物研究机构对境内的新石器时代考古发掘和研究有了一个开端。

1937年年初,李永淦、尹焕章在洹水下游发现仰韶文化遗址多处及大量的史前遗物。① 同年,原河南省博物馆派工作人员到偃师灰嘴进行过考古调查,采集到一些新石器时代的遗物②,并在渑池县仰韶村进行考古调查,也采集到石器、骨器和彩陶片数十件③,这是河南的文物考古工作者较早的一次仰韶村遗址调查。20世纪40年代,由于国民党政府内外交困,政局不稳,战事频繁,河南的考古工作基本上处于停滞的状态。新中国成立以后,随着大规模基建工作的铺开,河南的考古工作才逐步进入一个新天地。

总之,从20世纪20年代到40年代末,无论是从考古人才规模还是考古遗址调查发掘范围来说,河南考古都从无到有,有了较大的进步,仅"中央研究院历史语言研究所"在河南调查过的地点就达几十处之多,分布在河南省的多个县市。河南新石器时代考古活动发现并取得了一批重要的考古成果,随着考古活动范围的扩大和研究的深入,河南新石器时代考古逐步展开,河南考古开始发展起来了。

四、新石器文化属性与年代学初步研究

20世纪20年代是仰韶文化刚开始被认识并进行初步发掘与研究的时期。受制于当时的工作条件,河南的考古工作没有较系统、大规模地开展,而仅仅进行了简单的地面调查。考古发掘和文化遗物采集过程中地层的划分和文化遗物的采集都难免发生失误,虽然收集了不少材料,但当时没有更科学的地层学基础去作系统而全面的研究。这一时期河南新石器时代的考古研究可以说仅

---

① 石璋如:《考古年表》,"中央研究院历史语言研究所"1952年版,第7页。
② 李鉴昭:《偃师古灰城遗址发现石斧》,《河南博物馆馆刊》第7、8集,1937年版。
③ 郭豫才:《仰韶器物小记》,《河南博物馆馆刊》第11集,1937年版。

只能以安特生对仰韶村遗址发掘的收获为代表。20世纪30年代伴随着后冈遗址的发掘及考古研究的卓有成效工作,后冈"三叠层"的发现成为解开中国史前文化之谜的第一把钥匙,河南新石器时代考古研究亦因此有了较大的收获和突破。这一时期考古工作者对仰韶文化的特征和它在中国史前文化中的地位进行了重新认识,研究工作主要集中在仰韶文化、龙山文化、小屯文化之间渊源关系与文化内涵的区别上。老一辈考古学家李济、梁思永等在这些领域作出了突出贡献。

20世纪20年代,安特生作为中国现代考古学的先行者,其学术贡献主要是对仰韶文化进行了研究。他在著作《中华远古之文化》中,对仰韶村遗址的文化性质、时代及其与中华文明的联系等问题,作了比较具体的研究与分析。在发掘了仰韶村的新石器时代遗址以后,安特生即意识到中国新石器时代末期有所谓"仰韶文化"存在,并就仰韶村的考古发掘提出了仰韶文化或称彩陶文化。[1]但对于"仰韶文化"的内容,却只是得出了一个初步模糊甚至是相互混淆的认识。在《中华远古之文化》中,安特生指出:"惟仰韶遗址所得诸器中最显著者确为陶器。破碎片数既众多,散布复广,惟完全者极稀……因便利见起,将陶器暂分两类分述之。"[2]在《甘肃考古记》里他又提出:"河南仰韶遗址中,如不招寨及其未产彩色陶器之遗址,鬲属之器物极为普遍。而河南最完整之品,均自此等遗址得之。但似较仰韶村为古。"[3]"与上情形相类者,如不招寨之少数古址,其中亦无彩色陶器之可寻。所得者极与仰韶村之单色陶器相近。吾人至于二者时代之关系尚未十分确定。但此等未经彩色陶器流入之文化期,似当较早。若此为吾人所许,则河南与甘肃同有一较仰韶期为早之古址。"[4]

由于当时中国缺乏可对比的考古材料和考古技术水平诸多方面的缺失,安特生借鉴了西方人类学方法,来对仰韶文化的性质进行研究。首先将仰韶文化

---

[1] 安特生著,袁复礼译:《中华远古之文化》,《地质汇报第五号》,农商部地质调查所印行1923年版,第27页。
[2] 安特生著,袁复礼译:《中华远古之文化》,《地质汇报第五号》,农商部地质调查所印行1923年版,第18页。
[3] 安特生著,乐森玛译:《甘肃考古记》,《地质专报甲种第五号》,农商部地质调查所印行1925年版,第41~42页。
[4] 安特生著,乐森玛译:《甘肃考古记》,《地质专报甲种第五号》,农商部地质调查所印行1925年版,第32页。

尤其是在仰韶村所得到的考古材料表现出来的文化面貌,与现代汉族、蒙古族及中国历史时期华夏族的同类现象相类比,最终认为仰韶文化遗存是华夏族乃至汉族的史前文化,并称之为"中华远古之文化"[①]。这种方法现在看来可能有相当的局限性,但当时在河南考古乃至全国考古工作中,具有比较科学的示范作用,帮助安特生抓住了仰韶文化的本质,其后来的结论也基本上是正确的。[②] 安特生对仰韶文化性质的研究及其结论,推翻了中国无石器时代的假说,具有重要的意义。其次将仰韶村遗址等地出土的彩陶纹饰、形制与中亚、西亚等地的彩陶文化进行对比研究,主张河南仰韶村及其周边地区发现的彩陶与西亚乃至中亚地区彩陶从纹饰风格、形制等各方面有一定的相似之处,仰韶文化可能源自西方。自然这种观点现在看来无疑是错误的。

关于仰韶文化的年代的研究,安特生进行了大胆的尝试,他敏锐地把仰韶村的文化遗存和商周时期的文化遗存进行对比,甚至与西方新石器时代文化遗存进行比较,认为仰韶文化遗存属于新石器时代晚期。通过甘青之行的进一步考察,他认为仰韶遗存的年代在史前时期不会太早,大致属于由石器向铜器过渡时代,即铜石并用时代[③],并进一步推测认为仰韶文化的绝对年代应当在"去今四五千年之前"[④]。在当时的考古条件下,安特生的这种观点十分接近史实,无疑难能可贵。据中国社会科学院考古研究所所长陈星灿考证,安特生后来经过慎重的研究,在其后来的著作《黄土的儿女》中,他又说1923年写作《中华远古之文化》时认为仰韶文化应当在公元前3000年。[⑤]

安特生有关仰韶文化的研究判断,现在看来有不少错误之处。中国学者经过多年的研究,逐渐搞清了安特生关于仰韶文化的判断错误之处。如安特生无

[①] 安特生著,袁复礼译:《中华远古之文化》,《地质汇报第五号》,农商部地质调查所印行1923年版,第22~23页。
[②] 陈星灿:《中国史前考古学史研究(1895—1949)》,生活·读书·新知三联书店1997年版,第115页。
[③] 安特生著,袁复礼译:《中华远古之文化》,《地质汇报第五号》,农商部地质调查所印行1923年版,第19~20页。
[④] 安特生著,袁复礼译:《中华远古之文化》,《地质汇报第五号》,农商部地质调查所印行1923年版,第26~27页。
[⑤] 陈星灿:《中国史前考古学史研究(1895—1949)》,生活·读书·新知三联书店1997年版,第113页。

可避免地将龙山文化遗存和仰韶文化遗存混为一谈。事实上,从新中国成立后的考古调查,我们可看出仰韶村遗址文化层中含有龙山和仰韶两种文化遗存,其性质与文化内涵各有不同,其时代应该有先后。当然,尽管安特生没有将两者之间的差别区分出来,但他将在河南仰韶村发现的文化遗存以"仰韶文化"命名,这是中国现代考古学史上出现的第一个考古学文化名称,这种以文化遗存首先发现地命名的方法被中国考古学界沿用至今,对中国考古学发展产生了深远的影响。

关于仰韶文化的研究,中国早期的考古学者也给予了高度关注,并进行了一系列不懈的努力。1926年主持发掘西阴村后,李济曾经对仰韶文化进行了对比研究工作,并对安特生有关"仰韶文化西来说"提出质疑。他指出安特生所分的六期中,西阴村属于仰韶期,并认为根据目前的材料考察不能证明仰韶文化彩陶发源于西方。[①] 梁思永也根据西阴村所得文化遗存进行了分析,对仰韶文化西来的假说表示了怀疑。[②] 其后有关仰韶文化与商周文化的关系以及仰韶文化本身的文化内涵及年代等问题成为在河南从事考古的中国考古学家关注的重点。

李济在殷墟小屯发掘时发现了一片仰韶文化彩陶片,当时虽然是孤例,依然引起他注意到了仰韶文化及其与小屯的关系。其后在《小屯与仰韶》一文中,李济通过对二者出土遗物的特征对比,比较充分地论证了仰韶文化及其与小屯的关系,认为仰韶文化与小屯文化之间存在一定的传承关系,但二者关系还比较疏远。"殷商文化之代表于小屯或者另有一个来源,仰韶与它的关系最多不过像那远房的叔侄,辈分确差,年龄却甚难确定。"[③]现在来看,我们认为李济的观点相对于安特生的所谓仰韶文化与殷商文化一脉相承的看法前进了一步。但可能由于客观原因,李济并没有进一步分析小屯文化的来源。其后,徐中舒通过考察仰韶文化的地理分布,并从铜器纹饰、陶器纹饰、生活习俗等方面对比了仰韶文化和小屯商文化的不同,认为"依据中国史上虞夏民族分布的区域,断定仰韶为虞夏民族的遗迹",但他又说"小屯文化既与仰韶文化分属两个系统,

---

① 李济:《西阴村史前的遗存》,清华学校研究院丛书第三种,1927年版,第28~29页。
② 梁思永:《山西西阴村史前遗址的新石器时代的陶器》,《梁思永考古论文集》,科学出版社1959年版,第46~47页。
③ 李济:《小屯与仰韶》,《安阳发掘报告》第二册,1930年版,第137页。

而且小屯有青铜器及甲骨文字等仰韶遗物更加复杂,这样丰长的文化应当有所承受","小屯的甲骨年代据最近的考定不过二百余年,在这二百余年内绝不能产生这样丰长的文化。所以我们可以断然地说小屯文化无疑的是由别处移植来的"。小屯文化乃至殷商文化来自何处?"殷民族颇有由今山东向河南发展的趋势","我以为小屯文化的来源应当从这方面去探求,环渤海湾一带,或者就是孕育中国文化的摇床"。① 由此可见,徐中舒并不认可"虞夏商周一脉相承"的正统观念。我们可以看出,徐中舒认为小屯文化的源头在"环渤海湾一带",把此一区域作为中国文化的摇篮,从而否定了仰韶文化与小屯文化的传承关系。这与当时传统的夏商周一脉相承的观念相对立。徐中舒的推论中有很多不完善的地方,其中可能不乏附会之处,但其观点中最大的亮点在于提出了中国文化之源在东方,这与安特生的仰韶文化西来说截然相反,在当时被多数古史界学者认同。

除上述学者之外,梁思永在后冈的发掘尤其是"三叠层"的发现对仰韶文化、龙山文化关系的研究作出了突出贡献。在此之前的1930年,城子崖龙山文化的发现使中国考古学者意识到在中国东部地区确实存在着龙山文化(黑陶文化),该文化不同于仰韶彩陶文化,与小屯商文化及仰韶文化的年代关系并不清楚。梁思永对后冈"三叠层"的发现,解开了它们之间的先后次序之谜。

梁思永对仰韶、龙山与小屯关系进行了深入的研究,其研究成果主要体现在他的《后冈发掘小记》②和《小屯、龙山与仰韶》③中。梁思永在发掘方法上以土色区分地层,使得后冈发掘的地层关系十分清晰。同时,在整理材料时他又结合地层学方法进行了正确的类型学研究,从而在中国考古学界首次科学揭示出了仰韶文化、龙山文化和殷商文化的先后三叠层关系,得出了仰韶、龙山和小屯文化层有时间先后的区别,三者都曾占领过这处遗址所在的区域并曾在此长期发展的结论。

关于仰韶文化和龙山文化的关系,梁思永首先注意到后冈龙山文化层文化

---

① 徐中舒:《再论小屯与仰韶》,《安阳发掘报告》第三册,1931年版,第556~557页,转引自陈星灿:《中国史前考古学史研究(1895—1949)》,生活·读书·新知三联书店1997年版,第216页。
② 梁思永:《后冈发掘小记》,《梁思永考古论文集》,科学出版社1959年版,第99~106页。
③ 梁思永:《小屯、龙山与仰韶》,《梁思永考古论文集》,科学出版社1959年版,第91~96页。

遗物与仰韶村、不招寨出土的仰韶文化遗物在纹饰、陶质、陶色、器形等方面有很多类似的地方,由此推断出龙山文化与仰韶文化发生过密切的关系。其次他结合安特生在甘青地区发掘的考古资料,进一步推断认为仰韶文化应该是自黄河上游向下游发展。仰韶文化先到达渑池县仰韶村和豫北的安阳地区之后,自黄河下游向上发展的龙山文化才开始侵入河南北部,它先到后冈,占领了彩陶文化早期就废弃的遗址,后到仰韶村,遇着发达已过了最高点的彩陶文化。① 1939年梁思永撰写了《龙山文化——中国文明的史前期之一》一文,对仰韶文化与龙山文化的年代关系进行了更深入的探讨。在这篇文章中,梁思永将龙山文化分为三个区,即山东沿海区、杭州湾区、豫北区,其依据是当时所发现的龙山文化遗存的文化面貌不仅存在年代的早晚之别,而且存在地域差异,因此他还认为豫东永城遗址和安徽寿县遗址的文化面貌,既和这三区有联系,又有区别,并明确说明"后冈二层"(即豫北区)是殷文化的直接前躯。② 在50年代末夏鼐给予这篇文章高度评价,"这是迄今为止的介绍龙山文化的最精辟的一篇论文"③。其后黄景略、张忠培在研究中认为,梁思永将龙山文化分作几区,仅说豫北区是殷文化的前身,这一种认识已有开始突破和否定龙山文化概念的意思,并意识到山东沿海区、豫北区、杭州湾区在谱系上属不同的考古学文化。④ 梁思永基于主要在河南的考古发现,其结论对于安特生的结论而言,已经有相当大的进步与科学性。但梁思永限于对安特生在河南所进行的考古工作成果的信任,对仰韶文化的中心在西,龙山文化的中心在东坚信不疑,因此尽管他认识到"龙山文化与仰韶彩陶文化曾发生过密切关系"⑤,却没有意识到二者在时间上有先后之别,反而却建构了二元对立的学说,即仰韶村存在龙山文化因素是龙山文化自东侵入仰韶文化的领地仰韶村,发生了与仰韶文化的混合的产物。这一推断割断了仰韶文化与龙山文化尤其是河南龙山文化之间的传承关

---

① 梁思永:《小屯、龙山与仰韶》,《梁思永考古论文集》,科学出版社1959年版,第97~98页。
② 梁思永:《龙山文化——中国文明的史前期之一》,《梁思永考古论文集》,科学出版社1959年版,第145~152页。
③ 中国科学院考古研究所:《梁思永考古论文集》,科学出版社1959年版,第Ⅵ页。
④ 黄景略、张忠培:《梁思永先生与中国现代考古学——纪念安阳后冈遗址发掘五十周年》,《考古与文物》1981年第3期。
⑤ 梁思永:《龙山文化——中国文明的史前期之一》,《梁思永考古论文集》,科学出版社1959年版,第145~146页。

系,而将二者同时代并列。陈星灿认为,梁思永应用豫北及山东龙山文化的发现,把龙山文化的陶器从豫西仰韶文化中剥离出来的方法无疑是正确的,但得出的结论却是错误的。①

毫无疑问,由于当时考古材料和研究认识所限,梁思永的研究有其局限性。但后冈"三叠层"的发现为纠正安特生提出的"仰韶文化"的混乱概念和其后学界关于"龙山文化"早于"仰韶文化"的错误认识奠定了基础。同时梁思永从文化因素的角度,对仰韶文化和龙山文化的关系所作的分析是中国史前考古学史上第一次有关仰韶文化与龙山文化的系统比较研究。他在考古学上第一次提出了仰韶文化与龙山文化的中心分别位于黄河流域的偏西和偏东部分,龙山文化与仰韶文化属于两个不同的系统,仰韶文化自西向东发展,龙山文化自东向西发展,实际上他主张在中国东西部存在着仰韶文化与龙山文化二元对立的史前文化。这种观点影响很大,对当时中国考古学界乃至世界上关注中国考古的学者都产生了很大的影响,一直到20世纪50年代庙底沟文化发现之后才逐渐被考古学人所否定。而当二元对立说提出之时,也产生了很大的积极影响,在一定程度上进一步否定了中国文化西来说,为立足中国境内寻找文化发展脉络找到了更近、更紧密的源头。

尹达在梁思永等人研究的基础上,也对龙山文化和仰韶文化的关系进行了详细的分析和比较,并且得出了不尽相同的结论。他在《龙山文化与仰韶文化之分析》中首先概括了龙山文化和仰韶文化的发现并归纳出各自的文化特征,其后敏锐地根据这些特征把不招寨从所谓的仰韶文化中分离出来,最后根据仰韶村出土遗物中有与不招寨相类同者,再把仰韶村的龙山文化遗存分离出来。②这个研究逻辑与过程,表明他在承认仰韶文化与龙山文化东西二元对立的前提下,否认了仰韶村文化遗存是仰韶文化与龙山文化的混合文化,二者本质不同,时代有先后。这篇文章可以说是对河南此前新石器考古工作尤其是仰韶文化与龙山文化认识方面的一个总结。对于尹达的分析,部分考古学者认为:"现在看来,这些意见仍然基本上是正确的。如果说有什么不足之处,那主要是没有

---

① 陈星灿:《中国史前考古学史研究(1895—1949)》,生活·读书·新知三联书店1997年版,第278页。
② 尹达:《龙山文化与仰韶文化之分析》,《新石器时代》,生活·读书·新知三联书店1979年版,第83~119页。

把以山东为主要分布地的龙山文化同以河南等地为主要分布地的中原龙山文化进行原则的划分。……我们应该强调的是以尹达为代表的考古学家们在30年代所获得的成绩和他们提供的比20年代的安特生更为科学的新东西。这就是把仰韶文化同中原龙山文化加以区分,并从地层上论证了仰韶文化早于中原龙山文化。"①在确认仰韶村所谓仰韶文化遗存实际上包括两种文化元素后,尹达对仰韶文化和龙山文化的年代关系进行了新的探讨。新中国成立后,他根据器物群的特征,将仰韶文化分为后冈期、仰韶期和辛店期,把龙山文化遗存分为两城期、龙山期、辛村期②,可以说是对仰韶文化和龙山文化的年代关系认识的进一步深化。

总之,中国考古学界对这一时期以李济、梁思永、尹达为代表的学者在河南进行的新石器考古研究成果给予充分肯定,他们为中国现代考古学的奠基与形成作出了杰出的成绩与贡献。这些成绩的取得主要得益于田野考古方法的科学化。虽然从安特生在仰韶村遗址发掘始,中国考古就开始具有自我特色的探索之路,然而自后冈发掘起,中国田野考古才真正科学地运用地层学原理进行考古工作,第一次系统地按土质土色的不同来划分地层,这种探索工作奠定了中国田野考古学的基础,在我国考古史上是具有深远影响的历史事件。同时,关于仰韶文化与龙山文化的认识,既突破了仰韶文化西来说的局限,又创新性地确立了二元对立学说的主导地位,为重新认识中国史前文化打开了新视野,开拓了新局面。虽然新的理论观点有很大的局限性,但在其后的研究过程中,已有学者对二元对立说表示了怀疑,并认识到了仰韶村以及豫西所谓仰韶文化中包含龙山文化系统的文化因素,两者可能存在渊源的关系,这为新中国成立后考古学人重新认识仰韶文化与龙山文化的关系奠定了基础。

---

① 严文明:《纪念仰韶村遗址发现六十五周年》,《仰韶文化研究》,文物出版社1989年版,第333页。
② 尹达:《中国新石器时代》,《尹达集》,中国社会科学出版社2006年版,第119~122页。

第二节　殷墟考古发掘的序幕

殷墟是19世纪末20世纪初甲骨学者在寻找甲骨出土地的过程中发现的。① 1917年,王国维对安阳殷墟出土的商代甲骨文进行研究,证明《史记·殷本纪》所载商王世系表基本可靠可信,其后进一步考订殷墟为盘庚至帝乙时期的都城。② 1928年8月,董作宾受当时新成立的"中央研究院历史语言研究所"委派,赴殷墟实地考察甲骨出土情况,并于同年10月在安阳小屯村进行试掘,拉开了殷墟田野考古的序幕。③

一、殷墟考古的缘由

19世纪末,甲骨首先在河南殷墟小屯发现,甲骨自出土之初,就受到中国学者的极度关注。王国维的《观堂集林》集甲骨学研究之大成,其中考证了商王世系表基本可靠可信,并指出殷墟为盘庚至帝乙时期的都城。郭沫若曾称赞云,"我们要说殷墟的发现是新史学的开端,王国维的业绩是新史学的开山,那是丝毫也不过分的"④。由于甲骨文发现的重要性,"中央研究院历史语言研究所"成立之初就把目光投向了殷墟。

1928年"中央研究院历史语言研究所"筹设于广州,1929年迁往北平,傅斯年成为第一任所长。当时历史语言研究所内设三个组,第一组从事史学及文籍

---

① 罗振玉:《殷商贞卜文字考》,玉简斋1910年版;《殷墟古器物图录》序,1916年版。胡厚宣:《殷墟发掘》,学习生活出版社1955年版。王宇信:《关于殷墟甲骨文的发现》,《殷都学刊》1984年第4期。
② 王国维:《殷卜辞所见先公先王考》,《观堂集林》第二册,中华书局1959年版。
③ 董作宾:《中华民国十七年十月试掘安阳小屯报告书》,《安阳发掘报告》第一册,"中央研究院历史语言研究所"1929年版。
④ 郭沫若:《古代研究的自我批判》,《十批判书》,科学出版社1965年版,第111页。

考订，第二组从事语言学及民间艺文，第三组从事考古学、人类学及民物学，并分别聘请陈寅恪、赵元任、李济为第一、二、三组主任。"中央研究院历史语言研究所"自成立始，主持了中国考古史上多次重大发掘，如安阳殷墟、山东城子崖、河南浚县辛村墓地、汲县（今卫辉市）山彪镇和辉县琉璃阁东周墓地以及永城造律台等遗址发掘。抗日战争期间，该所继续在西南、西北等地从事考古活动，并整理、研究了大量考古发掘出土的文物。而其中对安阳殷墟的考古发掘是历史语言研究所最重要的工作之一。

为何选择殷墟作为发掘目标？"中央研究院历史语言研究所"所长傅斯年在《本所发掘殷墟之经过》一文中，明确指出了发掘安阳殷墟的原因，是为了保存和整理古代地下资料，推进考古事业的发展。他说："民国九、十三、十六及十七年春，贩卖者皆有集众挖掘之举，所得龟骨尽已杳无下落。夫殷人卜辞藏地下者，宁有几许？经一度非科学的搜罗，即减损一部之储积，且因搜求字骨，毁弃地器，紊乱地下情形，学术之损失尤大。而吾国官厅及学人竟熟视若无睹，听此珍贵史迹日就澌灭，亦可哀已。……殷墟经此三十年之损毁，虽有孙诒让、罗振玉、王国维诸君文字上之贡献，以慰学术，然文字之外之材料，因搜寻字骨而消灭何止什九？故国人颇以为殷墟又更成墟。"①

二、殷墟考古的几个阶段与成果

（一）殷墟发掘的第一阶段

第一阶段包括第一次到第三次发掘，目标主要是寻找甲骨。为搞好殷墟第一次发掘，1928年8月，傅斯年派董作宾前往安阳小屯村调查殷墟甲骨出土情况。董作宾，字彦堂，河南南阳人。因为罗振玉等一些金石学家认为，经过30年的私挖滥采，埋藏的甲骨珍品已全部被发现，再进行搜寻发掘不会有大的收获，董作宾到安阳后，先拜访了本地的一些绅士，对象包括彰德府（今安阳市所辖地）中学的校长、几个古玩店的老板及不认识甲骨文而以伪造甲骨文出名的

---

① 傅斯年：《本所发掘殷墟之经过》，《安阳发掘报告》第二册，"中央研究院历史语言研究所"1930年版，第387~404页。

蓝葆光等人。通过访问调查，董作宾获得了大量详尽的关于本地甲骨舆论趋势的情报，向"中央研究院历史语言研究所"提出了《殷墟甲骨调查报告发掘计划书》，认为"甲骨挖掘之确犹未尽"。做好相关准备工作后，1928年10月，董作宾主持了殷墟第一次发掘。第一次发掘是试掘性的，这次发掘人员除了董作宾，还有河南省政府派出的代表郭宝钧（河南南阳人，为董作宾的同乡学友）、王湘（董作宾表弟）等人参与。董作宾在事前还先拟出发掘计划和方法，工作重点在小屯村。从当年的10月13—30日，董作宾和郭宝钧等人合作发掘顺利开展。他们把小屯遗址分为三区，一区在村东北洹河南岸，二区在村北，三区在村中，采用平起、递填的方式，探得甲骨在地下的大致轮廓后，分三步实施大规模的发掘。即第一步"轮廓法"，第二步"集中法"，第三步"打探法"。董作宾和郭宝钧的第一次发掘共发掘了约40个探坑，面积达280平方米，获字甲555片、字骨299片，共计854片，出土了陶、骨、铜、玉等各种器物近3000件。[①]

第一次殷墟发掘之后，为了使殷墟的发掘工作更好、更科学地开展下去，傅斯年聘请李济领导了其后的发掘工作。李济因为安阳殷墟的发掘而名扬考古界。李济，字济之，湖北省钟祥县人，曾在清华学堂就读，1918年毕业后前往美国留学，在麻省克拉克大学攻读心理学和社会学硕士学位。后于1920年进入哈佛大学人类学系，在民族学家罗兰·狄克森与体质人类学家恩斯特·虎顿指导下，于1923年完成论文《中国民族的形成》，从而获得人类学博士学位，并于同年回国。1929年3—5月，李济主持了殷墟的第二次发掘，参加者有董作宾、郭宝钧、王湘等，其时郭宝钧正式加入"中央研究院历史语言研究所"殷墟考古团队。到达殷墟后李济与董作宾进行了分工协作，董作宾负责出土的甲骨契刻的整理与研究，李济负责其他陶器、铜器等遗物的整理与研究。这次发掘总结了第一次试掘的经验，开始测量以小屯村为中心的重要遗址的地形，并坚持系统地记录收集到的陶器，至1937年科学发掘结束，此项记录一直未间断。[②] 此次发掘开坑430个，280余平方米，对小屯村南、村北、村中地下情况进行了调查，重点对村北、村中进行发掘调查。这次发掘第一次划分出了小屯的地层堆积：第一层为殷商文化层，第二层为隋唐文化层，第三层为现代文化层。共发掘

---

① 段振美：《殷墟考古史》，中州古籍出版社1991年版，第47页。
② 彭秀良：《安阳殷墟发掘的前前后后》，《文史精华》2011年第2期。

收获了有字甲骨 685 片,并系统记录了收集的陶器、石器、玉片等,对记录方法和分类标准都进行革命性创新。参照中国古代金石学的研究积累,注意到了陶器的名称、用途和型式,确定陶器的发展型式,初步确定年代早晚,并作为铜器、甲骨文年代早晚的参照与旁证,地层学、类型学的理论与工作原理都初步得到了实践。同年秋,李济主持了殷墟的第三次发掘,在这次发掘过程中,由于中央研究院安阳考古团将发掘得来的甲骨运出河南而与河南省政府发生冲突。河南省政府派河南省博物馆的何日章到安阳小屯村发掘。何日章共进行了两次发掘,前后三个多月。其发掘目的是寻找甲骨文,共发现甲骨 3656 片,以及铜、玉、陶、石等器物,但发掘质量不高。这次冲突最终得以平息,为以后考古工作中处理中央研究机构与地方政府的矛盾提供了经验借鉴。[①] 李济在《安阳——殷商古都发现、发掘、复原记》一书中说道:"第三次发掘,发生了三个星期的冲突。虽然这场冲突很快就解决了,但挖宝的传统观念顽固得很。为此我们当中许多人积极活动,要求中央政府制定一个《文物保护法》,立法院在 1930 年 6 月终于通过了这个保护法。"[②] 可见,这是政府用立法形式保护文物的开端,对文物的保护具有积极的促进作用。这次发掘参加者有郭宝钧、王湘等。发掘地点在小屯村北和村西北,采用"卷地毯"式打探沟的方法,纵沟与横沟交织,在探沟旁根据需要开探方,共开纵沟 7 条,横沟 14 条,坑 118 个,总面积 836 平方米。发现了有名的"大连坑",出土大量甲骨,其中有四版大龟甲,获有字甲骨 3012 片,各类动物骨头,多种类型陶器,雕刻的骨器和石器,象牙雕刻,石制工具和青铜工具共存,铸青铜器的范和其他出土物。[③]

(二)殷墟发掘的第二阶段

第二阶段包括第四次到第九次发掘,目标是寻找建筑遗迹。从 1931 年春,殷墟考古队伍持续壮大,老队员有李济、董作宾、郭宝钧,新队员有梁思永、李光宇、吴金鼎、刘屿霞、石璋如和尹达等作为学员先后参加了考古团队,其中马元

---

① 段振美:《殷墟考古史》,中州古籍出版社 1991 年版,第 58~59 页。
② 李济著,苏秀菊、聂玉海译:《安阳——殷商古都发现、发掘、复原记》,中国社会科学出版社 1990 年版,第 53 页。
③ 李济:《1929 年秋季发掘殷墟之经过及其重要发现》,《李济考古学论文选集》,文物出版社 1991 年版,第 206~232 页。

材、石璋如和尹达等人作为河南大学师生代表参加发掘工作,李济为主持人。

第四次殷墟发掘从1931年3月21日至5月12日,工作地点在小屯村北,同时也发掘了后冈和四盘磨。① 考古工作者采用"卷地毯"式全面发掘小屯村,将小屯村分为A、B、C、D、E五个区域,通过绘制夯土地区图的方法,来寻找殷商的建筑遗迹,发掘面积达1400平方米。② 在B、C、D三个区域,发现有大面积版筑遗迹。这种遗迹,在第二、三次发掘过程就曾发现过大量的夯窝③,当时被认为是水淹的痕迹。关于殷墟夯窝遗迹现象的认识过程,应该提到郭宝钧,他第一次纠正了以往将夯窝误当作"波浪遗痕"的说法,肯定了殷墟"文化层中的聚凹纹"是版筑的建筑遗迹,为在小屯发现了宫殿遗址线索作出了巨大贡献。④ 这次发掘揭露了大面积黄生土状的台基,似乎发现了宫殿的线索。⑤ E区发现两个未被扰动的窖藏坑E16和E10,E16坑比较重要,该坑出土字甲285片、字骨4片,多属后来划分的"囗组卜辞""宾组卜辞",祖庚、祖甲时期的甲骨仅有几片,而且没有晚于殷墟文化二期的遗物,在甲骨断代方面有较重要的意义。⑥ 此外还发现了青铜器戈、矛和白陶等器物。比如从E10出土一堆动物骨头,除了一个鹿头骨刻辞,还有一个鲸的肩胛骨和脊椎骨、虎头骨、象牙床等。本次发掘还发现了一批窖藏坑和25个大的地下居住地穴,18座墓葬。窖藏坑以灰泥涂抹墙壁,角落有竖排的柱洞。共获得了带字甲骨751片、字骨31片,共计782片,并发现一个有刻辞的鹿头骨。在后冈发现了字骨1片,是小屯村以外地区首次发现的甲骨文。⑦

第五次发掘为进一步搞清殷商宫殿基址的布局与结构,考古团队分为两组:一组由吴金鼎带队去发掘城子崖,以便搞清城子崖与殷墟遗址的文化关系;一组由董作宾负责,继续发掘殷墟,主要目标是搞清小屯宫殿遗址的布局。时间从1931年11月7日至12月19日,队员有郭宝钧、石璋如、刘屿霞和王湘,工

---

① 梁思永:《后冈发掘小记》,《梁思永考古论文集》,科学出版社1959年版,第99页。
② 石璋如:《考古年表》,"中央研究院历史语言研究所"1952年版。
③ 李济:《1929年秋季发掘殷墟之经过及其重要发现》,《李济考古学论文选集》,文物出版社1991年版,第212页。
④ 杨宝顺:《安阳殷墟考古与前瞻》,《中州今古》1999年第5期。
⑤ 胡厚宣:《殷墟发掘》,学习生活出版社1955年版,第58页。
⑥ 中国社会科学院考古研究所:《殷墟的发现与研究》,科学出版社2001年版,第149页。
⑦ 胡厚宣:《殷墟发掘》,学习生活出版社1955年版,第56~61页。

作地点在小屯村北和村中。郭宝钧负责 B 区,石璋如负责 E 区,董作宾新开 F 区。开坑 93 个。在小屯村北,基本摸清了版筑的结构和范围。版筑夯土时代较晚,其下为"宫"字形穴居遗存。版筑夯土高出殷墟近 2 米,南北宽约 10 米,东西长约 20 米,版筑层厚 4 米,版筑基址的正北有一处细黄土高台,呈边长 2 米的正方形。版筑台基的西、北、南三面多为圆井和方井,西面出土骨镞,西北出土石刀,正北出土大兽骨和野猪等。从窖穴中获字甲 275 片、字骨 106 片,共计 381 片,其中有 1 片牛肋骨刻辞,十分罕见。① 这次发掘还在后冈清理出一段长 70 米的新石器时期的夯土围墙。

第六次发掘,时间从 1932 年 4 月 1 日至 5 月 31 日,工作地点在小屯村北,主持人为李济,队员有董作宾、吴金鼎、刘屿霞、石璋如、王湘、李光宇、周学英等。工作集中在 B、E 两个区域,开探坑 82 个,B 区域进行了小规模的"平翻"发掘,E 区域密集开坑。发现版筑夯土下更加规整的穴居方坑和圆坑,还有"与殷墟历史最有关系的事实,坑内套坑的现象,这是殷墟曾经过长久居住的最好物证"②。发现了新的版筑夯土基址,其上有整齐的柱基石及"三座门"的痕迹,第一次发现了殷商期的灶的遗迹,还获字骨 1 片。③

第七次到第九次发掘,董作宾与郭宝钧轮流领导田野发掘,主要目的是继续复原建筑基址,当然也考察其他地下建筑物。这几次发掘努力深入研究"夯筑法"发展的不同阶段。④ 除发现版筑夯土基址外,其他收获也很丰富。第七次发掘收获大量的陶器、骨器、蚌器和石器等,珍贵者如松绿石珠、石磬等,出土带字甲骨 23 片、字骨 6 片,共计 29 片。又发现一块有毛笔墨书"祀"字的白陶器残片,当是"佳王□祀"残文,十分珍贵,由此也可推知,殷商时期已经有了毛笔。⑤ 第八次发掘首次在后冈发现了殷商时期的大墓,找到了在附近寻找殷商

---

① 胡厚宣:《殷墟发掘》,学习生活出版社 1955 年版,第 61~62 页。
② 李济:《安阳最近发掘报告及六次工作之总估计》,《安阳发掘报告》第四册,"中央研究院历史语言研究所"1933 年版,第 27~33 页。
③ 胡厚宣:《殷墟发掘》,学习生活出版社 1955 年版,第 63 页。
④ 李济著,苏秀菊、聂玉海译:《安阳——殷商古都发现、发掘、复原记》,中国社会科学出版社 1990 年版,第 58 页。
⑤ 胡厚宣:《殷墟发掘》,学习生活出版社 1955 年版,第 68~69 页。

时期墓葬的方法。① 另外窖穴中出土字甲 256 片、字骨 1 片,共计 257 片。② 第九次发掘找到几座殷商时期的小墓,还在后冈找到了龙山时期的城墙。出土甲骨 457 片,其中包括著名的"大龟七版",另外,向侯家庄村民征购字甲 1 片、字骨 30 片。侯家庄也是小屯村以外地区第二个甲骨文发现地。③

(三)殷墟发掘的第三阶段

第三阶段包括第十次到第十二次发掘,主要发掘殷商墓葬。由于第八、九次发掘,在后冈发现了殷商时期的大墓,为殷墟考古提供了新的线索。石璋如、刘耀通过调查,确信在侯家庄西北冈有大墓,应该发掘。④ 这样寻找殷商大墓的工作正式展开。

自 1934 年秋,第十次发掘由梁思永主持,队员有石璋如、尹达、尹焕章、胡厚宣等。西北冈墓地面积较大,约占五六十亩,要分批次来完成全部墓地的发掘工作。本次发掘从后冈的顶点为起点,分东西两区进行。首次发掘在西区发现 4 座大墓,遗憾的是被多次盗掘。M1001 墓室为"亚"字形,墓室面积 460 平方米,有 4 个墓道。M1002 墓室为方形,墓室面积 400 平方米,有 4 个墓道。M1003 没有发掘。M1004 墓室为长方形,面积 320 平方米。东区发现 63 座长方形俯身葬为主的小墓。虽然劫后余生,大墓中依然出土了铜器、石器、玉器、骨器、绿松石等器物近千件。石制品中最珍贵者为大墓中出土的大理石雕塑,类似于"饕餮",雕塑工艺精湛,可能为建筑物的构件。青铜器上的饕餮、云雷的纹饰更加反映出中国青铜艺术已经达到一个新的水平。胡厚宣在《殷墟发掘》中这样肯定第十次发掘的价值:一是基本找到了殷商王陵所在,殷墟不仅是王宫所在地,还是王陵所在地;二是为弄清殷商王陵墓葬结构等级制度,特别是殉人和祭人制度提供了材料。⑤

第十一次发掘,时间为 1935 年 3 月 15 日至 6 月 15 日。发掘工作依旧由梁

---

① 李济著,苏秀菊、聂玉海译:《安阳——殷商古都发现、发掘、复原记》,中国社会科学出版社 1990 年版,第 60 页。
② 胡厚宣:《殷墟发掘》,学习生活出版社 1955 年版,第 69 页。
③ 胡厚宣:《殷墟发掘》,学习生活出版社 1955 年版,第 71~73 页。
④ 石璋如:《殷墟最近之重要发现附论小屯地层》,《中国考古学报》1947 年第 2 期。
⑤ 胡厚宣:《殷墟发掘》,学习生活出版社 1955 年版,第 74~78 页。

思永主持,工作人员有石璋如、刘耀、祁延霈、李光宇、王湘、尹焕章、胡厚宣等。参加者还有马元材和夏鼐。工作地点依然是侯家庄西北冈,继续第十次未发掘完成的工作。在西区发掘清理完成了 M1001、M1002、M1003、M1004、M1273,出土一个石簋残耳,上面刻有"辛丑,小臣□入□俎,才(在)□,以□" 12 字,这是首次在石器上发现如此多的文字。M1004 出土大铜方鼎,装饰以牛、鹿纹饰,并以夔龙、夔凤以及云纹为衬托。另外出土器物有玉器、石器、金制品、象牙器、绿松石、陶器、仪仗等,装饰艺术都十分高超。东区发掘 411 座小型长方形墓葬,一种有完整人骨架,一种为无头残乱骨架,可能是平民与奴隶的墓葬。① 另外东区发现大量车坑、马坑、兽坑和器物坑,也发现大量的石器、铜器等。②

第十二次发掘,时间为 1935 年 9 月 5 日至 12 月 16 日。工作重点依旧是清理西北冈的殷商墓葬,发掘工作由梁思永主持,工作人员有石璋如、李景聃、尹达、祁延霈、李光宇、尹焕章、高去寻等。发掘面积扩大到 56 亩,西区新发掘了 4 座大墓:M1217、M1500、M1555、M1567。前三者均为带四墓道的大墓,墓室为方形或长方形,面积达几百平方米,随葬品丰富。M1567 则无墓道,墓室为方形,比前三者更大,无随葬品。西区发现了很多小型墓葬,形制与东区相似。东区和西区共发掘小型墓葬 785 座。东区发现 2 座大墓,M1400 为"亚"字形四墓道墓葬,M1443 为二墓道墓葬。出土大量精美青铜器,部分带有铭文,如 M1400 出土"寝小室盂"铜盂,说明殷商此阶段不仅有甲骨文,还有比较成熟的铜器铭文,两者都是研究殷代社会的重要文字资料。③ 此次发掘还扩大到侯家庄对岸的范家庄和大司空村东南地。④

(四)殷墟发掘的第四阶段

第四阶段包括第十三至十五次发掘,主要工作又转回到小屯,大规模地考古发掘与研究遗址,发现了宫殿宗庙基址和杀殉遗迹。这一阶段的发掘,采用了更新的发掘技术,即打破坑位的限制,采用"平翻"的技术辅以行之有效的深度测量和比例照相,取得了较好的效果。

---

① 段振美:《殷墟考古史》,中州古籍出版社 1991 年版,第 88 页。
② 胡厚宣:《殷墟发掘》,学习生活出版社 1955 年版,第 79~86 页。
③ 胡厚宣:《殷墟发掘》,学习生活出版社 1955 年版,第 87~93 页。
④ 段振美:《殷墟考古史》,中州古籍出版社 1991 年版,第 93 页。

第十三次发掘,时间为 1936 年 3 月 18 日至 6 月 24 日。发掘工作由郭宝钧主持,工作人员有石璋如、李景聃、祁延霈、王湘、尹焕章、高去寻、潘悫等。工作重点在小屯村北,集中在 B、C 区域,目的是进一步了解房址的结构和布局。这次发掘发现版筑夯土基址 4 处,窖穴 127 个,墓葬 181 座。遗物除常见的石器、陶器、骨器、蚌器之外,有精美的白陶器,有玉带、金叶、铜车马饰、战车残片等。① 此次工作的最大收获是发现了 H127 坑,这个坑里堆满甲骨,龟甲 17088 片、牛骨 8 片,共计 17096 片,其中完整的龟甲有近 300 片之多。加上其他坑所出甲骨,这次发掘获字甲 17756 片、字骨 48 片,共计 17804 片。② H127 坑出土的甲骨目前仍是殷墟甲骨文片出土数量最多的一次,成为殷墟考古发掘与甲骨文发现以来的一件盛事。该坑甲骨不但数量巨大,且有许多特点,在甲骨学史上有着重要的意义,如甲多骨少、契刻卜兆、朱书墨书、涂朱涂墨、改制背甲、特大龟甲等现象都增进了学者对殷墟甲骨和商代历史文化的认识。此外该坑甲骨时代单纯、对甲骨来源多有记载等现象也颇受学者注意。③

第十四次发掘,时间为 1936 年 9 月 20 日至 12 月 31 日。发掘工作由梁思永主持,工作人员有石璋如、王湘、高去寻、尹焕章、潘悫等。工作地点还在小屯村北,一开始主要集中清理 C 区,力图将建筑遗迹清理出大致轮廓,后发现较多遗迹现象,遂扩大到 I 区。主要发现有遗迹方面版筑夯土基址 26 处,窖穴 122 处,墓葬 132 座等。遗物主要有精美的青铜器鼎、壶、爵、觚、罐等和玉器、石器等。另外还有甲骨 2 片。此次发掘的同时,还对大司空村遗址进行了第二次发掘。④

第十五次发掘,也是新中国成立前对殷墟的最后一次发掘。发掘工作由石璋如主持,工作人员有王湘、高去寻、尹焕章、潘悫等,此次工作的重点依旧在 C 区,因为 C 区是殷商建筑基址的核心区域,目的是搞清建筑的分布结构和范围,以及与墓葬之间的关系。此次发掘主要收获有:遗迹方面发现版筑夯土基址 20 处,窖穴 220 处,墓葬 103 座。最大的基址有距离相等的三个大门,基址中间有车坑和牛羊坑,还有不同葬式的小型墓葬。遗物有 M331 中出土的铜器、玉器和

---

① 石璋如:《殷墟最近之重要发现附论小屯地层》,《中国考古学报》1947 年第 2 期。
② 胡厚宣:《殷墟发掘》,学习生活出版社 1955 年版,第 98~101 页。
③ 中国社会科学院考古研究所:《殷墟的发现与研究》,科学出版社 2001 年版,第 150 页。
④ 胡厚宣:《殷墟发掘》,学习生活出版社 1955 年版,第 101~102 页。

白陶器，M333 中出土的大理石雕，M318 中出土的白陶和漆器等。另外还获得有字甲骨 549 片、字骨 50 片，共计 599 片。①

第十五次发掘以后，由于抗日战争爆发，殷墟考古与发掘工作被迫中断。其后到新中国成立前，都没有进行过正规的考古发掘工作。在此期间殷墟遭受了较大的破坏，首先是日本帝国主义在殷墟劫走不少珍贵文物，其中最为著名的是劫后余生的"后母戊"（原称"司母戊"）大方鼎。1939 年初为安阳地区乡人私掘，因体量过大，为防日军抢走，将其砸去一只鼎耳，重新掩埋。1946 年 6 月重新出土，存于南京中央博物院。1959 年铜鼎从南京调往北京，存于新建成的中国历史博物馆至今，是迄今世界上出土最大、最重的青铜礼器。② 抗日战争胜利后，美国也先后抢走殷墟不少青铜器等珍贵文物。还有部分在国民党败退台湾之时也运走不少。③ 目前，殷墟的文物尤其是甲骨和青铜器在全球很多国家尤其是英、法、美、日的博物馆中都能见到，是帝国主义国家对中国进行文化掠夺的有力证据。

从上所述我们可以看出，1928 年是殷墟科学发掘的开始，直到 1937 年七七事变，中国考古工作者在殷墟独立进行了 15 次发掘。大致可分为四个阶段：第一阶段为前三次发掘，工作是带试掘性的，主要目的是寻找甲骨与其他文化遗物；第二阶段从第四次发掘开始到第九次发掘，由于发现了殷商时期的建筑遗迹，工作重点转移到寻找宫殿遗迹上；第三阶段是第十至十二次发掘，工作地点转到侯家庄西北冈，重点研究殷代陵墓；第四阶段是第十三至十五次发掘，工作地点又转回到小屯，大规模地研究遗址，发现了宫殿宗庙基址和杀殉遗迹。④ 殷墟发掘是新中国成立前中国考古学者独立进行的长时间、系统性田野发掘工作，影响深远，成绩斐然。到 1944 年，周谷城在所写的《中国史学之进化》一文中，提到新史学在考古学方面的进展时就认为："最近考古风气，亦已渐开：凡龟甲兽骨之研究，钟鼎彝器之研究，竹简木牍之研究等等相继发动；其成绩虽只限

---

① 胡厚宣：《殷墟发掘》，学习生活出版社 1955 年版，第 103~105 页。
② 段振美：《殷墟考古史》，中州古籍出版社 1991 年版，第 102 页。
③ 胡厚宣：《殷墟发掘》，学习生活出版社 1955 年版，第 117~121 页。
④ 董作宾将殷墟发掘归纳为四个阶段，胡厚宣则总结为五个阶段，实质并无大的区别。董作宾：《甲骨学五十年》，艺文印书馆 1955 年版，第 35~36 页。胡厚宣：《殷墟发掘》，学习生活出版社 1955 年版，第 48~50 页。

于若干文字之认明,然认文字而能明,斯可进而求得史料之真矣。最近过去,中央研究院历史语言研究所在河南安阳发掘古物,所得陶器、骨器、石器,及金属器物等最多。……其发表发掘之成绩者,则有安阳发掘报告。"[1]殷墟发掘过程中,中国现代考古学基本的理论方法"地层学"得到实践而逐步成熟,"类型学"(标型学)的理论开始出现并实践应用,中国第一批考古学者得以成长并逐渐成熟起来。可见其影响之深远。2001年,殷墟的发现与发掘以最高票数荣登"中国20世纪100项考古大发现"榜首。在持续时间长度和发掘成果上看,没有任何其他的遗址能与安阳殷墟相比较。从对中国考古学的意义上讲,至今仍没有单个的遗址在重要性上超出安阳殷墟。"安阳殷墟发掘共进行了十五次,不仅是中国学术界的一次壮举,在世界考古学史上也是为数不多的重要考古发掘之一。国际学术界对其成就给予高度评价,认为它是可与十九世纪希腊特洛伊古城(Troy)的发掘和二十世纪初克里特岛诸萨斯(Crete Knossos)青铜文化遗址的发现相媲美的重大事件。"[2]在谈到殷墟考古在世界考古发展史上的地位时,格林·丹尼尔在其《考古学一百五十年》中曾说:"主张新石器时代及有铜时代的中国是近东在遥远的东方所建立的边缘驻地的观点已经过时。现在无法否定农业与有铜制造独立发展的事实。"[3]张光直也强调了安阳发掘在中国考古学史和历史研究中的重要性,"一方面是由于殷墟是中国考古学史上头一个用现代科学方法作长期发掘的遗址,所以在殷墟发掘过程中考古学者所经验出来的心得,对以后本世纪考古工作者思想和研究的习惯,留下了不可磨灭的影响。另一方面,由于殷墟是目前中国历史上最早的一个有文字记录的考古遗址,它对于中国史前和历史时期间的关系的了解上,便发生了承先启后的作用"[4]。

---

[1] 周谷城:《中国史学之进化》,《史学探渊——中国近代史学理论文编》,吉林教育出版社1991年版,第1176页。
[2] 沈颂金:《傅斯年与中国考古学》,《山东社会科学》2000年第3期。
[3] 格林·丹尼尔著,黄其煦译:《考古学一百五十年》,文物出版社1987年版,第75页。
[4] 张光直:《考古人类学随笔》,生活·读书·新知三联书店1999年版,第76~77页。

第三节　两周考古的肇始

20世纪初,随着殷墟甲骨的大量出土,受金石学与西方史学的影响,河南乃至中国兴起了重视与寻找出土古物的热潮,伴随的是盗墓与破坏性挖掘也屡禁不止。在中国现代考古学诞生前后,河南发生了几次偶发性的发掘事件,出土文物多属于两周时期,这种偶发性事件既对地下重要的文化遗迹造成了破坏,又因出土文物数量庞大而影响深远,客观上也促进了中国现代考古学的发展。

一、新郑郑公大墓发掘与研究

1923年秋,河南新郑县(今新郑市)南门外李家楼的农民李锐在其菜园打井时发现了一个大墓,先后出土了两个莲鹤方壶及大牢九鼎、铜簋、铜鬲等其他青铜器,另有玉器、陶器和贝币等1000余件。时任吴佩孚部第十四师师长靳云鹗知道情况后,勒令收归公家保存。当时这座古墓暂命名为李家楼大墓,后又称为郑公大墓。这是中国现代考古学序幕刚刚拉开(即仰韶村遗址发掘)之后一次偶发的重要发现。这次发掘虽是偶然发现,后由靳云鹗派遣参谋"会同县中官绅"进行非专业的挖掘,完全没有遵循考古学的理论与方法,只能说是一次有组织的发掘,但在中国考古学史上还是有重大意义。当时在南开大学任教的李济与中国地质研究所的袁复礼听到消息也先后赶到了现场,可惜发掘工作已经完成,二人没有参与发掘。李家楼大墓虽非科学发掘,但在军阀混战、民不聊生的旧中国,能一次保存下来100多件青铜器,确实是个奇迹。这批文物最引人注目的是包含莲鹤方壶、大鼎、铜簋、镈钟、甬钟19件,还有方甗、铜簠、铜敦、王子婴次炉、镇墓兽等被称为"新郑彝器"的文物。文物出土后,在全国引起了广泛的关注。全国各个高校与军政界机构都纷纷致电、致函靳云鹗,称颂其保护古代文化,将所有文物全部归公的义举,并都有收藏意愿。后几经努力人们将其运至当时的河南省城开封交由河南省古物保存委员会暂时保管。1927年河南民族博物院成立,1930年这批"新郑彝器"移交至河南省博物馆收藏,成为河南省博物馆镇馆之宝。抗日战争爆发后,为了安全,这批"新郑彝器"先被运往武汉法租界,后又运到重庆"国立中央大学"保存。新中国成立前夕,部分文物被国民党政府运去台湾,现存台北历史博物馆。剩下的文物1950年由重庆返归河南,仍由河南省博物馆(现河南博物院)收藏,其中最著名的两件莲鹤方壶现分别收藏于北京故宫博物院青铜馆和河南博物院。2001年10月29日,"海峡两岸《新郑郑公大墓青铜器》首发式暨辉县甲乙墓学术资料交流审定会"在河南博物院召开,作为海峡两岸文化交流项目,郑公大墓出土的文物资料整理出版,终于完整呈现在世人面前。

"新郑彝器"出土后,立刻引起了部分学者的关注,先后有著录文献刊布。如蒋鸿元等出版有《新郑出土古器图志》(1923年版);马衡的《新郑古物出土调查记》(《东方杂志》第二十卷记卷号);关百益出版有《新郑古器图录》(1929年版)、《河南金石志图(第一卷)》(1932年版)和《郑冢古器图考》(1940年版);孙海波出版有《新郑彝器》(1937年版)。[1] 其中,蒋鸿元等出版的《新郑出土古器图志》有墓坑草图和出土器物的原始照片,有特殊价值,尤显珍贵。孙海波所著收录材料最为丰富[2]。每一部书都体现出整理和研究的不断进步。这些文献成为后来学者研究这批器物的重要资料来源。这样,一座大墓的器物能够集中著录和收藏,在当时动乱的时代尚为首次,其历史意义是不言而喻的。

新郑郑公大墓的发现,吸引了国内外学术界、艺术界广泛注意。在研究中首先当解决的问题,自然是大墓的年代问题。这方面提出重要意见的,首先是王国维。他于1924年写成《王子婴次卢跋》,文中主张所谓"婴次"即是"婴齐",并认为郑公大墓年代约在鲁成公十六年。[3] 1932年郭沫若在《新郑彝器之一考察》文中,发表了与王国维不同的看法。他主张"王子婴齐"乃是"郑子婴",郑公大墓年代约在鲁庄公十四年,最迟在鲁庄公元年。[4] 这桩公案,两人各以历史文献和其他出土青铜器铭文为参照,在当时的学术界长时间难以公断。

---

[1] 李学勤:《新郑李家楼大墓与中国考古学史》,《中国新闻出版报》2003年4月5日第3版。
[2] 孙海波:《新郑彝器》,共二册,河南通志馆1937年版,计收九十五器。
[3] 王国维:《王子婴次卢跋》,《观堂集林》卷十八。
[4] 后收入郭沫若:《金文丛考》,科学出版社1954年版。

两说都有支持者,而郭沫若的主张得到大多数人的认可。到 1940 年容庚在《商周彝器通考》中列举郑未称王等五证,以反驳郭说,支持王国维的主张。① 1965 年郭宝钧在《商周铜器群综合研究》中指出,李家楼青铜器在性质上非常接近山西侯马上马村 13 号墓所出,而后者不可能早到春秋早期,因此其年代应从王说。② 后来的学者李学勤认为,王国维、郭沫若两说的争论,暴露出当时学术界的一个主要问题,此前对青铜器的研究过多偏重于铭文,实质上依旧是金石学的传统方法,以致对于铭文很少甚或无铭文的青铜器群便难于定论,解决的关键,最后依旧在考古工作中找到。③ 其后很多考古成果,间接证明了"王子婴齐"还可能是楚令尹子重,李家楼郑公大墓的年代应当在春秋中晚期之际。关于郑公大墓的年代问题的反复讨论,以及解决这一争论的途径,都对中国考古学研究方法有切实的启发,那就是重大的历史发现与研究,不可能依靠盲目的掘宝式的考古发掘来解决,传统的金石学研究方法也有很大的局限性,唯有逐渐发展与完善的现代考古学,以地层学、类型学为基础,结合历史文献,才能逐渐揭开历史的谜团。而郭沫若在这次争论中的观点虽然被考古证明是错误的,但他以极富文学性的描述,敏锐指出这批出土青铜器的艺术风格已迥然有别于殷商、西周,纹饰从神秘庄重转变为形象生动的艺术风格,尤其是莲鹤方壶盖顶莲瓣中心所立的张翅之鹤,以全然超出西周以上神秘庄重的氛围,显露出清新生动的气息。这种论述风格,迄今被青铜器研究者所引用,可谓贡献巨大。

二、浚县辛村卫国墓地的发掘与研究

辛村是浚县西部的一个小村庄,距县城约 35 公里,地下有大量先秦时期的墓葬,经常因雨水冲刷而有文物出土,民国时期常有人盗窃交易。到 1931 年春,此地又有大批文物出土,"中央研究院历史语言研究所"得知此事,派郭宝钧前往调查,认为有必要进行发掘。1932 年春开始,"中央研究院历史语言研究

---

① 容庚在《商周彝器通考》的观点,本文转引自李学勤《东周与秦代文明》第三、五章相关引述,文物出版社 1984 年版。
② 郭宝钧:《商周铜器群综合研究》,文物出版社 1981 年版,第 74 页。
③ 李学勤:《东周与秦代文明》,文物出版社 1984 年版,第 112~113 页。

所"与河南古迹研究会先后在此进行了四次发掘。发掘地点分为几个不同区域，村东麦场为 A 区，A 区南部高台为 B 区，B 区东部洼地以东为 C 区，A 区正东为 D 区，村东北为 E 区。第一次发掘时间为 1932 年 4 月 16 日—5 月 26 日，郭宝钧主持，工作人员有吴金鼎、刘耀等及工人 40 名。发现规模较大墓葬 2 座，出土铜、陶、石等器物 34 箱。中途发掘了大赉店遗址。李济中途参与主持了浚县辛村的发掘工作。石璋如回忆道："李先生曾把发掘殷墟的工作暂时停下，赶往浚县主持第一次发掘。这是在河南境内两处同时并进的考古工作。浚县是一处很好的考古区域，先后曾发掘四次，大赉店、刘庄是两个史前遗址，辛村是西周卫国的墓地。"① 可见当时对此考古工地的重视程度。其后几年，郭宝钧、刘耀、赵青芳、尹焕章等人又进行了三次发掘工作，清理出一批史前、西周到两汉时期的墓葬②。

辛村墓地发掘出西周时期墓葬 82 座，分为大、中、小型墓和车马坑四种。其中大型墓 8 座，大约为公侯或君夫人墓；中型墓 6 座，大约为公侯或侍从墓；小型陪葬墓 54 座；车马坑 14 座，其中有车有马的 2 座，有马而无车的 12 座。辛村大型墓多在村舍之下，中小型墓大部分分布在村东一带，均为从北向南依次排列，车马坑在大墓附近，墓葬分布有明显的尚右习惯：早期墓在右，晚期墓在左；主人墓在右，陪从墓在左；男子墓在右，女子墓在左；人葬坑在右，车马坑在左。③

墓室结构皆为长方形土坑竖穴，南北略长，东西微窄，上口较墓底略大，形成微斜的墓壁，墓壁有的涂抹草秸泥，并铺有碎石，大型墓既大且深，墓向是头北足南，在墓室的南北两边，南北两端分别有斜坡或阶梯式墓道，少数墓内有在生土上挖成的两层台，个别墓底部中央有腰坑，坑内殉葬有狗，在墓室底部，沿四壁筑有一个小型长方大框，大的为室，小的为棺穴，二层台放置明器，说明大型墓内均有木质棺、椁，中小型墓葬只有棺室或棺穴。车马坑亦作长方竖穴式，但东西长、南北短，与人葬坑形同异向，坑不深，无墓道，坑底不光平。在严重盗

---

① 石璋如：《李济先生与中国考古学》，杜正胜、王汎森编著，《新学术之路——"中央历史研究院历史语言研究所"七十周年纪念文集》，"中央历史研究院历史语言研究所"1998 年版，第 142~144 页。
② 郭宝钧：《浚县辛村》，科学出版社 1964 年版，第 3 页。
③ 郭宝钧：《浚县辛村》，科学出版社 1964 年版，第 3~5 页。

掘的随葬品残余中,仍有珍贵的器物出土,如以鼎为代表的礼器,以戈、矛为代表的兵器,以及以斧、凿为代表的生产工具和以辖、轴、当卢为代表的车马器等,另有陶器、原始瓷器、玉器、骨角器、蚌饰、贝和木器。①

浚县辛村的发掘与研究,首功应推郭宝钧。郭宝钧根据铜器铭文、墓葬分布排列规律,结合文献记载,考证其为西周卫国的贵族墓地。辛村墓地在淇水滨,正好作为卫先人的墓地,"况且辛村墓地中又明明出有'卫㽵'的甲泡,点明是卫地",且墓地宏大,随葬品丰富,M2 出土有"侯"字戟,M8 出土了"白(伯)矢"戟,M60 的侍从墓尊铭说明其人曾跟从卫公到过宗周,这些"公""侯""伯"的称谓,说明墓主人是卫国的贵族。而从墓葬埋葬的早晚和随葬物的形制,可得出"大致是西周时代到东周初年卫国贵族的埋葬地"。② 辛村墓地的发现与发掘,不仅为研究西周卫国的历史提供了重要的实物资料,而且对研究西周时期的青铜铸造工艺也有重要价值。这是新中国成立前唯一经过科学发掘的西周墓地,摸索了西周墓葬与车马坑发掘的经验,这也是中国考古学的重要标志性事件,在中国考古学史上占有重要地位。而近几十年来,随着寻根热潮的兴起,卫姓、康姓后人,根据郭宝钧等人的研究,将浚县辛村视为寻根祭祖的圣地,也可以说是浚县辛村考古发掘的意外收获。

三、汲县山彪镇和辉县琉璃阁考古

山彪镇位于汲县(今卫辉市)境内,距故汲城西北 5 里,为大片的战国墓葬区。1928 年,当地村民挖渠引水,曾破坏几座战国时期的小墓,获得铜带钩、小玉环等文物,引发盗墓潮。郭宝钧等人前往调查,发现盗墓破坏严重,曾建议政府禁止盗掘。由于"中央研究院历史语言研究所"忙于殷墟发掘,无暇顾及,致使盗掘依旧盛行。在 1935 年,当地村民李奠探到一座大墓,为墓葬四周鹅卵石积压所累,盗墓不成。河南省博物馆许敬武、段凌辰前往发掘,获得文物 1016件。同样因为解决不了鹅卵石堆积问题,报知"中央研究院历史语言研究所"设

---

① 郭宝钧:《浚县辛村》,科学出版社 1964 年版,第 7~8 页。
② 郭宝钧:《浚县辛村》,科学出版社 1964 年版,第 72~74 页。

法处理。"中央研究院历史语言研究所"遂派郭宝钧、王湘与河南古迹研究会赵青芳及河南大学代表、河南省博物馆代表等一同参与发掘。发掘时间自8月5日至9月12日,发掘大墓1座,小墓7座,车马坑1座。① 发掘文物在抗战期间辗转多地,新中国成立前夕大部分被运至台湾,1959年郭宝钧依据残稿,补撰而成《山彪镇与琉璃阁》,得以窥其概貌。

大墓M1在墓区西北,小墓分布在大墓的东南两侧约100米处,墓的形制多为长方竖井,无墓道。大墓的墓底铺一层石块,上置木椁,椁周填石子,外层又填木炭,椁内放棺,棺内有尸骨及衣物出土。木棺之外有大量明器,其四周葬有4个殉葬人。明器之外有另一层木,木之外有大量的积石,积石之外垫有炭,炭层的上面则是封土层,也有可能是高坟堆积。出土青铜器1447件,其中有礼器、乐器、兵器和车马器四类。礼器有列鼎、壶、鉴等16类,乐器有编钟两组,兵器有戈、矛、剑、戟、镞等,车马器有车马饰等。尤以用红铜丝镶嵌的水路攻战图铜鉴最佳,驰名中外,为战国青铜器中的佼佼者。器表面分了三层画像图案,有人以舟和鱼等图像,组成徒卒战、舟师战、短兵交手战、长枪大战、佯攻战、云梯战和投石战、旗鼓相当的阵地战等画面,生动逼真,是东周战况的真实写照。还出土有陶器、玉器、石磬、石尺和海贝等。② 此墓主人无疑是战国时贵族集团成员。其他墓葬,疑似一、二号墓实为车马坑,7座小墓与大墓时代接近,都是长方形竖穴,有棺木,人骨都头向北仰卧呈伸肢状,应属平民墓之列。这批出土文物为研究古代音乐、战争史和青铜器镶嵌工艺、列鼎制度等提供了重要资料。

琉璃阁位于辉县市东南郊,地下文物遗存丰富,据郭宝钧等人调查,有殷代遗址、墙址、墓葬以及战国时代墓葬等。1935年12月"中央研究院历史语言研究所"派郭宝钧、王湘、赵青芳、周光普及孟长禄等人前往,对发现的M1和几座汉墓进行发掘,重点对固围村墓地进行了调查。1936年,河南省博物馆派许敬参、郭育才等人前往发掘,时间为9月4日至11月5日,发掘了墓甲和墓乙。墓甲为长方形竖穴土坑墓,坐东向西,东西长11米,南北宽约10米,深约11米,墓室无棺痕,有一题凑椁室,椁室内四周出土了大批青铜器、玉器和陶器,大致有乐器编钟、石磬等,铜礼器鼎、鬲等,车器环、辖、马衔等,玉器有佩玉环、瑗等。

---

① 郭宝钧:《山彪镇与琉璃阁》,科学出版社1959年版,第2~3页。
② 郭宝钧:《山彪镇与琉璃阁》,科学出版社1959年版,第7~46页。

墓乙亦坐东向西，长方形竖穴土坑墓，与墓甲整齐并列，相距约3米到4米，长约9米，宽8米，深约11米，规模略小于墓甲，出土青铜器与玉器亦少于墓甲，青铜器无乐器，礼器有鼎、鬲等，玉器为圭、璋、璜等。① 墓甲与墓乙均为贵族墓无疑，二者可能是祔葬关系。其后在1937年春，"中央研究院历史语言研究所"第二次到琉璃阁进行发掘，发掘由郭宝钧主持。工作人员有李景聃、赵青芳、周光普及孟长禄等。发掘战国大墓5座，小型墓葬44座，汉代及其以后的墓葬20余座。出土文物数千件。② 新中国成立后，中国科学院考古研究所在琉璃阁进行了两次发掘，1950年秋季一次，1951年秋季一次，共发掘商代和汉代墓葬109座、战国时期墓葬27座及车马坑1座。③ 琉璃阁整个墓地的墓葬大多坐东向西，且有东早西晚的规律。三处五次发掘，共有战国墓葬75座，其中坐东向西排列有序的62座，从属的车马坑5座。坐北朝南的墓葬11座，坐西向东的墓葬2座，其中属于早中期的墓葬40座，属于晚期、更晚期的墓葬35座。整个墓地分为5期。第一期位置最东，以墓甲、墓乙为主，M139、M130为从属。第二期位置在黄家坟东，以M80、M55为主，M229、M230、M231为从属。第三期位置居中，在黄家坟附近，以M60为主，M129、M214、M240为从属。第四期位置在黄家坟西，以M1、M75、M76为主，以M56、M59、M105、M108、M111等为从属。第五期墓向改变，多数头向北，主要分布在西部，也有在中部、东部的，如M62、M49、M64、M65、M37等。④ 琉璃阁墓地出土器物分为青铜礼器、乐器、兵器及玉器、陶器、石器等，种类异常丰富，但新中国成立前出土的文物绝大部分被运往台湾。

琉璃阁墓葬的形制和随葬品情形，从河南省博物馆发掘的甲、乙二墓可窥一斑。甲、乙二墓为异穴祔葬墓，均为坐东朝西的长方形竖穴墓。甲墓东西长约11米，南北宽10.3米，深约11米。墓底部无棺痕，以柏木制成一题凑椁室。甲墓出土的青铜礼乐器品类齐全，计有蟠螭纹环形提手盖鼎、蟠螭纹附耳升鼎、镬鼎、蟠螭纹方座簋、漆蟠螭纹盖豆、瓿、蟠螭纹簠、敦、罍等。青铜乐器计有四套，可分为甬钟、镈钟、钮钟，另有石磬等石质乐器。兵器有青铜戈、矛、戟、斧、矛形器等。另外还有车马器多件。玉器有玉佩、玉璇、玉虎、玉螭等。还有包金

---

① 郭宝钧：《山彪镇与琉璃阁》，科学出版社1959年版，第69~72页。
② 郭宝钧：《山彪镇与琉璃阁》，科学出版社1959年版，第53页。
③ 中国科学院考古研究所：《辉县发掘报告》，科学出版社1957年版，第32~46页。
④ 郭宝钧：《山彪镇与琉璃阁》，科学出版社1959年版，第54页。

铜贝、骨贝及真贝数千枚。其中亦有一些尚不明用途的小型金饰件与杂器。乙墓长约9.1米,宽约7.6米,深11米余,亦以柏木为椁。乙墓出土的青铜礼器有列鼎、簋、素面鬲、甗、簠、豆、方壶等,玉器有圭、璋、环、玦而无佩玉。甲墓与乙墓并列,而墓制与出土器物有着明显的等级差别。在此两墓附近,当时已经探明有一大型车马坑,这是两周时期贵族大墓随葬之常例。①

辉县琉璃阁战国墓地规模大,墓葬数量多,规格高,出土文物丰富,对研究战国时期历史文化具有特别重大的意义。但由于历史的原因,出土文物也分散在海峡两岸。2001年,河南博物院和台北历史博物馆对辉县甲乙墓的资料进行了交流和审定,并对河南博物院与台北历史博物馆合作研究辉县甲乙墓拟定了日程表。2011年,《辉县琉璃阁甲乙二墓器物图录》出版,成为近年来两岸学者共同研究河南"运台"文物取得的重要成果。另外新中国成立以后对辉县琉璃阁战国墓地又进行了两次发掘,取得较为丰硕的成果。② 相关情况在后文中介绍,而有关辉县琉璃阁战国墓地的研究工作,也是在新中国成立后逐步展开并取得了较为丰硕的成果。

第四节　田野考古理论在河南的初步实践与影响

河南历史悠久,历史文化遗迹众多,自19世纪末期不断有甲骨发现以来,因自然因素和人为盗墓,陆续有不同时期的古墓葬和青铜器、墓志等文化遗物被发现,使得20世纪早期来中国的地质学家、考古学家和中国第一批考古学者的目光始终关注着河南,河南成为中国早期考古活动的肇始地与实践地。20世纪20年代,中国现代考古学正处于序幕阶段,尽管有些遗址、遗物被发现,但大部分是在初步调查时被发现的,真正进行过发掘的遗址少之又少。考古发掘技术与理论有所体现的首先是安特生在河南仰韶村的发掘,而李济在殷墟主持发

---

① 郭宝钧:《山彪镇与琉璃阁》,科学出版社1959年版,第69~72页。
② 郭宝钧:《山彪镇与琉璃阁》,科学出版社1959年版,第72页。

掘工作以后,则是考古学田野理论在中国独立发展与实践的开始。

一、考古理论在河南的实践

(一)地层学理论的应用与实践

考古地层学,是借用地质地层学对地层的研究原理,在田野考古发掘中科学地取得研究资料的方法,也是考古学研究中最基础的方法之一,主要是指在考古发掘中依据土质土色的变化并参考包含物的变化及遗迹现象等,准确地将不同时期的人类文化堆积层次划分开来,并确定它们在时间上的先后关系。[1] 首先关注河南历史文化遗迹的外国学者是安特生等人。虽然安特生并非专业的考古学家,但其在中国进行的一系列考古发掘和研究工作却为中国现代田野考古奠定了初步基础,尤其在田野考古的发掘工具、发掘程序与方法、出土文化遗物提取等方面为中国后来学者提供了一套比较成功的可资参考的经验。

首先,安特生为中国现代田野考古带来了较为先进的发掘工具,如铁镐、铁钩、手铲、毛刷等。这些工具在河南史前考古调查和发掘中发挥了重要的作用,并成为其后中国考古学界常用的发掘工具。其次,安特生将地质学知识运用于考古学之中,注重对遗址地区的地质地貌的分析并注重对地形的测量和调查。安特生在仰韶村遗址发掘时,认为当时的地貌跟史前的地貌发生了很大的变化,从地形地貌上看,当时仰韶人应该居住在平原上,而当时的河流比现在的冲沟要高很多,仰韶人用水也比较方便。[2] 注意到地形地貌变化后,安特生在仰韶遗址发掘过程中,进行了详尽的地形测量及调查,这也成为其后特别是新中国成立后进行遗址调查常用的方法。安特生不仅绘制了大比例的总的遗址分布图以及河阴、渑池等县的区域遗址分布图,而且也绘制了小比例的仰韶遗址南部的等高线图及地形剖面图。另外,袁复礼也绘制了仰韶遗址的地形图。这些地形图对于当时了解古代的自然环境和人类活动的情况起了很大的作用,为中

---

[1] 陈星灿:《中国史前考古学史研究(1895—1949)》,生活·读书·新知三联书店1997年版,第78页。
[2] 安特生著,袁复礼译:《中华远古之文化》,《地质汇报第五号》,农商部地质调查所印行1923年版,第13~14页。

国考古学者留下了极其宝贵的资料。再次,安特生在仰韶村遗址发掘过程中首次运用了基本的地层学方法。安特生在发掘中注意到地层的叠压关系,为了调查地层及遗物的出露情况,以探沟法了解遗址文化层的叠压情况;同时在发掘中特别注意地层和遗物出土的情形,并根据发掘进程详细记录了出土文化遗物的数量、种类和特征。这种方法今天在我们看来有许多不足之处,比如:只记录出土遗物所在的地层深度而没按土质土色划分层次;采取水平层位的逐层发掘而忽略了文化遗迹复杂的叠压关系;发掘过程中没有严格的坐标,因而无法对地层进行细致观察;采集文化遗物无科学的地层依据;等等。但这种发掘方法在当时来说无疑是难能可贵的,可以说是地层学在中国现代考古学中的首次尝试。

基于安特生在中国现代考古学上的开拓之功,中国现代考古学的田野发掘技术在"中央研究院历史语言研究所"主持的殷墟发掘过程中不断探索而逐渐成熟并完善。事实上到 1928 年冬,董作宾主持第一次殷墟发掘时,由于受传统金石学观念的束缚,田野发掘在技术层面做得并不理想。李济到达殷墟,看到这些工作状况后,在私人信件里曾这样描述:"此次董君挖掘,仍袭古董商陈法,就地掘坑,直贯而下,唯检有字甲骨,其余皆视为副品。虽绘地图,亦太简略,且地层紊乱,一无记载。故就全体论之,虽略得甲骨文(约四百片),并无科学价值。"[1]李济在来殷墟之前,在山西发掘了西阴村遗址,在考古地层学方法上积累了一定的经验。在西阴村遗址发掘中,李济的突出方法是采取了探方的发掘方法,在发掘过程中为了掌控地层变化和发掘深度,并为发掘后整体了解地层的叠压情况,创新地使用了原始的隔梁法,即在每个探方的交界处都留有一个圆柱形的土柱以控制发掘地层的变化。在发掘过程中,李济还注意到了上下文化层打破及扰乱的现象而引起的土质土色的变化。尽管他的方法在今天看来仍有严重的不足,比如:采取水平层位的发掘方法并未发现文化层本身的打破关系;虽按土质土色划分地层,但又划分过细,造成了主次不分;另外,发表的遗物绝大部分没有注明地层关系,使人难以从中来判明其相互先后关系。[2] 不过不

---

[1] 王汎森:《什么可以成为历史证据——近代中国新旧史料观点的冲突》,《中国近代思想与学术的系谱》,河北教育出版社 2001 年版,第 362 页。

[2] 陈星灿:《中国史前考古学史研究(1895—1949)》,生活·读书·新知三联书店 1997 年版,第 235 页。

可否认的是,李济在西阴村遗址的发掘在当时是相当科学的,它代表了当时发掘的最高水平。

到1929年春,李济主持了第二次殷墟发掘。这次发掘中充分利用了在西阴村遗址发掘中积累的经验,注意到小屯的地理状况,因地制宜地分别采取不完全相连的探坑发掘法。对于面积比较小的遗址面,则采用角度不同的探坑;对于面积较为开阔的遗址面,则探方与探坑两种方法兼用。这次发掘,可以说是中国考古学家在地层学理论上的初次实践,具体工作采取以下步骤:"1.雇用一个有才干的测量员对遗址进行测绘,以便准确绘出以小屯为中心的详细的地形图。2.继续在遗址内许多地点以挖探沟的方法进行试掘,主要目的是清楚了解地表下地层情况,以便找到包含未触动过的甲骨的堆积特征。3.系统地记录和登记发掘出的每件遗物的确切出土地点、时间、周围堆积情况和层次等。4.每个参加发掘的主管人员坚持写关于个人观察到的及田野工作中发生的情况的日记。"①这次发掘注意到了地层的区分,自下而上分别为:最底下一层为殷商文化层,第二层为隋唐文化层,第三层为现代文化层。第三次殷墟发掘中,在遗址布方上又有所改变,开始使用探沟法,即把探坑连成线发掘,南北向的叫作纵沟,东西向的叫作横沟。②其后在城子崖的田野发掘中更是将纵横线的发掘改进成分区挖掘。第四次殷墟发掘的时候,利用发掘城子崖的经验,对发掘的方法进一步加以改进,进行分区发掘。由于小屯的地下普遍有古代遗存,无须试探,所以开始以每10米见方为一个单位,即所谓的探方法。先在这个单位内,用等距离、等长度的探坑来挖掘,后来是探沟的挖掘再到大面积揭露,此后的殷墟发掘仍都采用这一方法,直到现在的田野考古依旧沿用这一方法。石璋如说:"嗣后田野考古的人员每遇一个新的遗址,即实行他的四个步骤;那便是先作点的探找,次作线的观察,再作面的揭露,最后作体的发掘。"③在第二次殷墟发掘过程中,李济进一步吸取了西阴村的工作经验。首先采用坐标法确定出土遗物在探坑中的坐标点(即具体位置)。在每一发掘坑内确立三点立体坐标,这

---

① 李济:《安阳——殷商古都发现、发掘、复原记》,中国社会科学出版社1990年版,第48页。
② 陈星灿:《中国史前考古学史研究(1895—1949)》,生活·读书·新知三联书店1997年版,第237页。
③ 石璋如:《李济先生与中国考古学》,《新学术之路——"中央研究院历史语言研究所"七十周年纪念文集》,"中央研究院历史语言研究所"1998年版,第147~150页。

样坑内的出土物就可以根据立体坐标的三点来确定所在的方位。其次加强对地层学的运用。注意地层的变化,但这时还不是根据地层的自然变化来进行描绘记录的,而是采用等距离分层法。从第四次殷墟发掘开始,地层学实践方面又取得了进步,梁思永等人在后冈发现后冈三叠层标志着地质地层学被考古地层学所取代。梁思永在后冈的发掘,依旧采用探坑发掘法,但与安特生、李济以前的工作相比有以下几点进步:一是清楚地揭露了遗址中的文化自然层的叠压状况,同时他特别注意到各自然层的界限,二是依文化自然层进行出土遗物的统计,三是根据遗物的特征将数种不同的自然层次分别合理并入小屯、龙山与仰韶三个大的文化层中,从而在繁杂的文化堆积状态中归纳出有规律性的人类文化埋藏情况,四是通过精细的发掘工作,发现了大量的白灰面,这是中国考古学史上第一次发现的龙山文化房屋遗迹。[1] 梁思永采用的田野发掘方法,使得我们基本上可以认为后冈发掘结束了中国考古学者以往水平层位的发掘方法,而开启了以文化层为单位的发掘历史。可以说后冈的发掘在方法上给后来的中国田野考古方法发掘树立了典范,不仅为了解中国史前文化打下了年代学基础,而且也为发掘方法的更新开拓了前景。[2]

梁思永在后冈的发掘方法,被中国的考古学者所沿用,其后在浚县大赍店、安阳侯家庄、高井台子、同乐寨等地的发掘都采用这种方法,有效地发现了不同时代的文化层的堆积关系。中国现代考古学从1921年拉开序幕,到1931年以后逐渐放弃旧的地理地层学依水平层划分地层的方法,从而在考古地层学方面走上了健康发展的道路。到抗日战争前夕,中国的田野考古发掘水平尤其是地层学方法的运用已经逐渐成熟。李济在1947年第2期《中国考古学报》的前言中对此有简单的评述:"那时的田野考古,就组织及训练上说,均渐臻完备。"[3] 抗日战争爆发后,一批留学国外的考古学者吴金鼎、裴文中、夏鼐先后归来,他们在推进地层学进步上作出了突出贡献。

---

[1] 陈星灿:《中国史前考古学史研究(1895—1949)》,生活·读书·新知三联书店1997年版,第234页。

[2] 陈星灿:《中国史前考古学史研究(1895—1949)》,生活·读书·新知三联书店1997年版,第236页。

[3] 李济:《中国考古学报》前言,1947年第2期。

（二）类型学理论初步出现与实践

考古类型学是比地层学更具特色的考古学方法。考古学中的类型学可以说是受生物分类学的启发衍生而来，又称器物形态学或标型学。考古类型学主要用来研究遗迹和遗物的形态变化过程，找出其先后演变规律，从而结合地层学判断年代，确定遗存的文化性质，分析生产和生活状况以及社会关系、精神活动等。[1] 正是这样，由于许多物品的形态变化需要在归纳成不同的类别和型别以后，各自的发展序列才能清楚，所以把它称作类型学。[2]

在河南仰韶村遗址及其以后的发掘整理工作过程中，安特生为中国现代考古类型学方面作出了开创性的贡献。他首先正确归纳区分了基本的出土器物类型。在有关仰韶村遗址发掘的初步报告中把石器分成石刀、石斧、石镞等不同种类，把陶器分成陶鼎、陶碗等种类，并进一步把陶器按质地分成细泥陶和粗陶，运用类型学的理论推断仰韶文化为中国的史前文化。其次安特生还运用类型学理论，利用对比的方法把流传于世的历史时期的文化遗物与仰韶村出土的陶器进行了对比，并进行时代特征的归纳与断代。这在一定程度上弥补了考古地层学上认知的不足，从而把仰韶文化甘肃期和仰韶文化河南期区别开来，为进一步断定仰韶文化的性质奠定了基础。当然，在 20 世纪 20 年代，安特生在中国作的一系列的考古调查和发掘只是初浅的尝试性考古活动，其所进行的类型学归纳也仅是一些简单的分类和对比，只能说是中国现代考古学之类型学的雏形。

李济是向中国考古学界介绍考古类型学的先行者。"中央研究院历史语言研究所"通过较规范的田野发掘尤其是殷墟发掘，获得了大量有重要学术价值的出土文化遗物。在此基础上，李济等人并没有就此罢手，而是组织人手进行了精密的室内整理研究工作，开创了中国对出土文化遗物室内整理的先河，同时具有中国特色的考古理论——"标型学"，即类型学雏形出现了。研究殷墟出土的文化遗物，李济曾认为最好是在甲骨文中找出它的名称或用途，可惜甲骨

---

[1] 陈星灿：《中国史前考古学史研究（1895—1949）》，生活·读书·新知三联书店 1997 年版，第 151 页。

[2] 俞伟超：《关于"考古类型学"问题》，《考古类型学的理论与实践》，文物出版社 1989 年版，第 1 页。

文和考古发现中可以寻找线索的资料有限,很难确定器物的名称与用途。除去甲骨文以外,用出土陶器作为旁证来考定铜器也是一项比较有效的措施,因为铜器的原型是陶器,在发展过程中才有分化现象,如果铜器中又找不到旁证,就最好考察陶器的用途,然后定名。这就是所说的"标型学",即类型学。类型学器物的名称界定,实际是借鉴了中国从宋代开始流行的金石学有关古器物命名与用途研究的成果。李济主持的室内整理工作,不仅起到了示范作用,使中国现代考古学在研究程序上更为合理,而且还探索了类型学等考古学研究方法,对其后的考古研究工作产生了广泛而深远的影响。

室内整理工作首先是将发掘出土的文化遗物进行分类编号,然后是给原物照相,最后是绘制遗物线图。这套程序,目前中国考古学界基本也还在沿用。在《历史语言研究所十七年度报告》中就曾提到史语所考古组移居北平后整理殷墟出土文化遗物的情形,描述了当时室内整理的具体程序与方法。① 这套方法对我国考古学者的室内整理工作可谓影响深远,虽然在不断的考古工作探索中,工作方法经历了数十年的改进,但其基本程序依然能见到开创时的影子。

在室内整理过程中,李济改进并完善了安特生带有极浓的地质学色彩的器物类型学理论。到1929年春,殷墟前三次发掘刚结束,李济发表了《殷商陶器初论》一文,对陶器的名称、制法、用法、形制、年代几个方面加以考察,提出了三个重要的观点:其一,陶器的命名可有三种途径,即"以古字形比较实物形,而定它们名实的关系"②,"由铜器的名称,推定陶器的名称"③,上述"两条路都不能走的时候……用普通名称……"④。其二,对出土器物的研究,可采用埃及学者的办法,即"就那陶器形制,按着次序,重编名目。将同样形制的器物,都编成一个目,分成时代,互相比较,由此定那形制的演化,再由形制的演化,转过去定那时代"⑤。其三,对出土于不同地层的陶器进行类型学比较时,应集中于三个方面,即制法、陶器形制的有无、共有器物的形态。根据此三种命名原则,李济结

---

① "国立中央研究院"文书处编:《历史语言研究所十七年度报告》,《"国立中央研究院"十七年度总报告》,1928年版,第229页。
② 李济:《殷商陶器初论》,《李济考古学论文选集》,文物出版社1990年版,第311页。
③ 李济:《殷商陶器初论》,《李济考古学论文选集》,文物出版社1990年版,第312页。
④ 李济:《殷商陶器初论》,《李济考古学论文选集》,文物出版社1990年版,第312页。
⑤ 李济:《殷商陶器初论》,《李济考古学论文选集》,文物出版社1990年版,第312页。

合传统金石学对古物的命名方法,将殷墟出土的陶器分成鼎、尊、鬲、甗、釜、壶、罍、瓿、簋、甑、洗、罐、爵等不同类别并定出名称。这些陶器名称一直沿续至今,成为中国现代考古学陶器分类,尤其是先秦时期陶器分类的基础。从器物分类的内容可以看出,李济基本上抓住了器物分类排队和器物间类型学逻辑演化对比范围的核心问题,标志着中国考古类型学实践真正的开端。[1] 这些初步尝试和重要的认识,为下一阶段出现的器物类型学奠定了基础。[2]

伴随室内整理工作的深入进行,李济对考古类型学逐步有了更深入的认识并进行了创新。根据对殷墟陶器形制的共同特征的认识,他将其分为几组,并在陶器图录安排上确立了两个全新的指导思想:一、放弃了参考埃及古物学者的想法,采用独具特色的新的器物形制排序方法;二、决定把在小屯和侯家庄发掘的所有殷商及前殷商的陶器都计算在内,分为史前时期、商朝初期、殷商时期。这主要是因为出土器物缺乏地层上的支持,把器物的年代分割十分清楚几乎是不可能的,所以不得不把全部收集品作为一个整体进行分析研究。[3] 后来,李济在《记小屯出土之青铜器》中更是吸取了他在研究殷墟陶器过程中的经验教训,选择出土单位明确、器物关系清楚的墓葬器物作为研究对象。[4] 根据出土器物形状的异同点进行分类,用符号或数字表示不同的类别和级别,注意到同一出土单位内各种器物的"共存的现象"和"有机的联系"[5]。其后,李济在《中国古器物学的新基础》一文中总结器物类型学方法时说:"大体说来,一种器物的形态表现,也同一种生物一样,有它的'生命史';形态的演变是随各器物存在的年岁依次显露出来的;把时代展进的秩序与形态演变的阶段——两者相依的关联,有系统地说明出来,实在是现代古器物学家的中心课题。"[6]

我们回过头来看,李济类型学理论的总结主要跟殷墟出土器物有关,这无疑与殷墟出土文化遗物种类丰富有关,尤其是陶器与铜器,倾注了他大量的心血。按他自己的话说是出土器物分类,实际上没有脱出金石学研究的内容,只

---

[1] 孙祖初:《考古类型学的中国化历程》,《文物世界》1998年第4期。
[2] 陈雍:《关于中国考古学的思考》,《文物世界》1997年第2期。
[3] 李济:《安阳》,河北教育出版社2000年版,第146页。
[4] 李济:《记小屯出土之青铜器》,《李济考古学论文选集》,文物出版社1990年版,第565页。
[5] 陈雍:《关于中国考古学的思考》,《文物世界》1997年第2期。
[6] 李济:《中国古器物学的新基础》,《李济考古学论文选集》,文物出版社1990年版,第69页。

是运用现代考古学中地层学理论进行了斧正,因此又不同于传统的金石学,属于我们通常所说的器物类型学的范畴,而这种类型学既不同于安特生的地理地层学,也不同于西方所谓现代考古学中的类型学,而具有了中华传统文化尤其是金石学的基因。基于梁思永等对西阴村、城子崖进行类型学整理的经验,再根据自身的经验,李济一直坚持把器物的形制、制造方法、铭文、纹饰、功能、名称等作为独立的分项进行研究的类型学思想,实际上就是把器物的形制作为分类器物的唯一标准。这一思想对我们现今的考古研究仍有着积极的参考意义。当然,李济在安阳殷墟发掘整理过程中所创造的器物类型说,把记录器物形态差别的方法,同寻找器物形态逻辑演变规律的目的完全分割开,过于烦琐而不利于实际操作。但这些瑕疵,不能否定李济的类型学是其后中国考古类型学的基石。尤其是他将小屯遗址保存较好的七座墓进行甲、乙分类,甲类墓又被分为有早、晚关系的一至四列(式)。分类的标准是墓葬间随葬品类别的差异,而分列的标准则是同类器物的形制变化。这种分类已突破了金石学"古器物学"的范围,而进入了遗址内部结构分析和分期的新阶段,即遗址类型学领域。其后苏秉琦在此基础上,更有突破发展创新成为考古学文化的区域类型学。

总之,李济对中国现代考古类型学的贡献是多方面的。尽管其后考古学人对他的序数分类法提出过极为中肯的批评①,但他中西考古学理论相结合,尤其是立足于传统的金石学底蕴,重新认定并命名了许多器物或器物某些部位的名称,为中国类型学的健康发展打下了坚实的基础。他所创立的考古类型学体系则构成了新中国考古类型学方法论的坚实基础。

20世纪三四十年代,在河南考古工作中促进中国考古类型学发展的另一位重要人物是梁思永。梁思永在刚开始对西阴村出土器物进行整理研究时就运用了类型学的方法。我们可以从他在《山西西阴村史前遗址的新石器时代的陶器》一文中所使用的陶器分类系统看到他在类型学方面的研究情况。② 梁思永研究陶器时,最基本的指导思想是将陶器分解为三个相对独立的部分:一为陶质陶色,二为器形,三为纹饰。三大部分由不同元素构成,又各自区别对待。梁

---

① 俞伟超:《关于"考古类型学"问题》,《考古类型学的理论与实践》,文物出版社1989年版,第4页。
② 梁思永:《山西西阴村史前遗址的新石器时代的陶器》,《梁思永考古论文集》,科学出版社1959年版,第2~18页。

思永从器物的自然结构出发，如陶器的口缘、腹部、器底及把手附件，对它们进行了专门的研究。仅此一点，梁思永就完全打破了千余年来的金石学传统，把中国的传统的器物学研究引上了具有很强操作性的类型学研究的轨道上来。《山西西阴村史前遗址的新石器时代的陶器》发表后，梁思永的陶器分类思想和类型学与地层学的结合方法及表示方式都对中国考古学产生了深远的影响。① 梁思永的类型学相对于李济的类型学，最大的区别在于简单，类别明晰，但器物的递进演变逻辑过程还不甚明了。

梁思永在考古类型学上的最大贡献，是将类型学与地层学紧密结合，进行综合考察。梁思永主持的安阳后冈遗址，清理出著名的后冈三叠层，这既可认为是中国考古地层学运用的革命性变化，也是考古类型学方法在我国考古实践中的一次成功的运用。张忠培对梁思永在类型学领域的贡献曾这样评价："他发掘后冈遗址不是像当时许多人那样按深度计分地层，而是以土色区分地层的。同时，在整理材料时又能结合地层正确地进行类型学研究"，即"采取从早到晚按地层或按单位的整理办法，从掌握年代最早的遗存的面貌入手，自早至晚逐步地消除那些混入后期堆积的早期遗物"。② 梁思永运用类型学原理把后冈众多的地层归入三个大的文化层中。他把从上部三个小层发现的众多的素灰色、灰色绳纹等带各色纹饰的陶片和牛头、鬹络等凸饰、"将军盔"等残片，以及卜骨、青铜器残片等遗物与小屯遗存相比较，认为与小屯文化层相似，并将之归入小屯文化层；把中间的几个自然层中发现的"鬼脸式"三鼎足、尖鬲足、甑底等遗物与城子崖下层遗物相比较，认为是城子崖下层最常见或最特殊的文化遗物，从而推断中层属于龙山期；中层以下的两个文化层出土的带红彩的红陶片，红边灰腹的光面陶片和大口平底钵，高脚、短脚鼎等遗物则与仰韶村遗址的文化遗物相似而归入仰韶文化层。③ 通过这样的归纳，后冈遗址文化层的早晚关系就相当清晰了。

梁思永将小屯出土的陶器分为三种：一为纯粹龙山式的陶器，二为由龙山式陶器演化出来的陶器，三为龙山文化所没有的陶器。这里梁思永所谓的"式"

---

① 孙祖初：《考古类型学的中国化历程》，《文物世界》1998年第4期。
② 张忠培：《梁思永先生与中国现代考古学》，《中国考古学：走进历史真实之道》，科学出版社1999年版，第9~10页。
③ 梁思永：《小屯、龙山与仰韶》，《梁思永考古论文集》，科学出版社1959年版，第92~93页。

其实就是指的不同的陶器群,"式"之间的区别既是对文化性质的区分,也是对相对年代的判断。① 同样,梁思永把在小屯下面的两个自然层中发现的带红彩的红陶片、红边灰腹的光面陶片等文化遗物与仰韶文化相对比,认为应当归入仰韶文化,甚至属于仰韶文化早期。②

除此之外,20世纪40年代,另一位在中国现代考古类型学领域作出重大贡献者是长期在陕西斗鸡台从事考古与整理工作的苏秉琦。苏秉琦选择陶鬲作为研究基点和突破口,根据陶鬲的基本形制即全器的结构、腹足的形式,将之分为四种类型,又根据陶鬲形式、纹饰、制作,将之分成五种形制。其遵循的原则是根据观察得出同一种器物往往有不同的形态变化轨道,就把不同的轨道区分为不同的类,在每一类内又寻找其演化过程,按其顺序,依次编号。用阿拉伯数字表示器类或遗存类别,用英文大写字母表示型别,用英文小写字母表示式别。苏秉琦还跨出一步,根据地层叠压关系,结合墓形墓制、器类(即他所说的项)的差异,把宝鸡斗鸡台的82座墓分成三大组,再根据出土文化遗物共存关系进行分期,找出陶鬲的发展规律。"然后再试把其他各地发见的瓦鬲与斗鸡台的发见物互相比较观察……最后再对各种类型的谱系问题试加探讨。"③或许这是苏秉琦"陶鬲"类型学的核心,也是优于李济类型学的关键所在,既简便明了又更符合出土器物发展的逻辑规律,涵盖领域更广,器物的谱系研究直接与历史上不同人类集团之间的错综复杂的关系联系起来,从而大大提高了考古类型学解决重大历史问题的能力。新中国成立后在洛阳中州路(西段)进行的考古发掘与整理研究,尤其是苏秉琦在《洛阳中州路(西段)》结语中将这一理论进行了进一步的拓展,影响深远。

张忠培在回顾中国现代考古地层学与类型学的发展历程时这样描述:"回顾二三十年代考古学使我们欣喜地看见的是,从中国考古学起步始,就以研究历史为目的,自安阳发掘起,便以重建古史作为学科的最终追求。同时通过发掘、整理及研究的实践,开始确立了层位学和类型学的基础,而且,在田野工作

---

① 陈星灿:《中国史前考古学史研究(1895—1949)》,生活·读书·新知三联书店1997年版,第241页。
② 梁思永:《小屯、龙山与仰韶》,《梁思永考古论文集》,科学出版社1959年版,第92~93页。
③ 苏秉琦:《陕西省宝鸡县斗鸡台发掘所得瓦鬲的研究》,《苏秉琦考古学论述选集》,文物出版社1984年版,第112页。

中已掌握了适合遗存堆积特性的发掘技术。"①殷玮璋在《殷墟考古在中国考古学中的地位》一文中指出:"几代考古家在田野调查、考古发掘、整理修复,或者在文物收藏与保护方面,都总结出一套有效的方法。例如根据土色土质区分文化层;依据地层叠压关系或遗迹间的打破关系对出土物进行分析、排比,进而进行分析或分期;在遗迹现象的处理、标本提取、器物修补与复原整理等方面,在不断积累与总结经验的基础上形成了一整套方法。"②

(三)中国考古语言(术语)在河南形成

河南早期的考古工作,对中国早期考古学术语言的形成产生了重要的影响。通过仰韶遗址的考古,安特生为中国引入了一批有关陶器和考古学理论方法的语言(术语)。在殷墟遗址的发掘和研究过程中,李济等人从金石学中借用一批描述铜器、玉器的语言(术语),并因地制宜地自创出一批有关墓葬、田野发掘的语言(术语)。通过辛村墓葬的考古发掘和研究,郭宝钧借用金石学的术语,进一步完善了墓葬和铜兵器、车马器的语言(术语)。经过20多年的努力,以李济、郭宝钧为代表的中国第一代考古学家,已经基本构建了中国考古学语言(术语)体系。新中国成立以后,中国考古学使用的语言(术语),正是在这个体系基础上不断完善发展而形成的。

安特生在发掘渑池仰韶村遗址之后,出版了《中华远古之文化》,该著作对中国早期语言(术语)的影响很深,尤其是在陶器与考古理论方法语言(术语)方面。陶器的命名,中国学者无从自金石学中借用,因为在金石学中陶器从来没有占据过重要位置。③ 安特生参考西方考古学家的考古报告,用一批西方考古学中常用的语言(术语)记录了仰韶村遗址出土的陶器的纹饰、色彩、质地、制作技术,在中国考古学上首次以考古的方式报告了出土陶器的资料,其后虽然有改动,但基本沿用至今。如篮印纹、绳印纹等,被简称为席纹、绳纹等。安特生还是第一位在考古学中采用金石学器名命名陶器的学者,将形态相近的陶器命名为瓦制之尊、瓦鬲、陶鼎等。安特生在报告中还首次使用旧石器时代、新石

---

① 张忠培:《关于中国考古学过去、现在与未来的思考》,《传统文化与现代化》1999年第1期。
② 殷玮璋:《殷墟考古在中国考古学中的地位》,《考古学集刊》第15集,文物出版社2004年版。
③ 李济:《殷商陶器初论》,《安阳发掘报告》第一册,"中央研究院历史语言研究所"1929年版,第49页。

器时代、铜器时代等语言(术语),尤其是当时中国学术界还比较陌生的石铜时代,使得它们迅速成为中国考古学的基本语言(术语)。安特生采取"取本地之名而名之"的命名方法,命名了中国第一个考古学文化——仰韶文化,这种方法至今依旧是中国考古学界遵从的主要命名方法。在研究遗存过程中,他还运用了类型学的"相似原则"等方法,引入了"型""式"等相关语言(术语)。

  金石学在中国有近千年的历史,和考古学在研究对象上有部分重合。李济等人在殷墟发掘过程中,有效利用了金石学中的宝贵资源,将以部分器物名称为主的金石学语言(术语)借用到考古学中,为青铜器、陶器、玉石器等命名了考古学语言(术语),影响深远。李济对殷墟出土的青铜器,借鉴《考工记》《殷周礼乐器考略》等金石学著作,确定了戈、爵、觚等铜器名称,并用金石学的语言(术语)流、尾、柱等来描述其形态。① 李济的方法得到了学界的认可,其后郭宝钧在《浚县辛村古残墓之清理》②、徐中舒在《当涂出土晋代遗物考》③等文章中,将更多的金石学语言(术语)引入到考古学中。李济还专门讨论过陶器的命名问题,提出"以古文字形比较实物形,而定它们名实的关系"和"把它的形式与铜器比较,由铜器的名称推定陶器的名称"两种方法④,并由此命名了陶器中的釜、壶、簋、洗等器物名。殷墟中的石、玉器等命名也大部分借用于金石学语言(术语)并得到了学界的认可。另外李济、石璋如等,在殷墟发掘过程中,还独创一批具有中国考古学特色的语言(术语)体系。如李济称仰韶文化为彩陶文化,梁思永称龙山文化为黑陶文化;殷墟遗址发掘后,李济最初称之为殷商文化、后徐中舒称之为小屯文化,继而李济又称之为殷墟文化等。关于殷墟中的遗迹形态的名称,他们更是自创了不少的专门语言(术语)。如李济的"俯身葬""屈肢葬",高去寻的"直肢葬",石璋如的"跪葬"等。石璋如还命名了墓葬中墓底突

---

① 李济:《俯身葬》,《安阳发掘报告》第三册,"中央研究院历史语言研究所"1931年版,第34页。
② 郭宝钧:《浚县辛村古残墓之清理》,《田野考古报告》第一期,1936年版。
③ 徐中舒:《当涂出土晋代遗物考》,《国立中央研究院历史语言研究所集刊》第三本第三部分,1932年版。
④ 李济:《殷商陶器初论》,《安阳发掘报告》第一册,1929年版,第49页。

出的土台为"二层台"①,李济将殷墟中发现的坑状遗迹统一命名为"灰坑"②。另外还有诸如众多的"生土""熟土"等语言(术语)体系很多延续至今。

辛村发掘首次发现商周时期的大型墓葬、车马坑,发现较多的兵器,首次发现车马器等。在描述辛村墓葬的复杂结构中,郭宝钧将文献记载中的墓道、羡道、耳室、棺、椁等名称引入考古语言(术语)体系③,除羡道外,大部分被考古学界一直沿用。墓葬出土的青铜兵器,郭宝钧、李济等参考金石学著作,将之一一命名,如李济将殷墟出土的戈、矛、钩、镞等命名并对各部分作出解释④。郭宝钧首度对辛村墓地中出土的青铜兵器进行了命名和描述,并对兵器的各部分进行了进一步的命名⑤,这些命名已经成为当今中国考古学中不可或缺的考古语言(术语)。影响最深的是,郭宝钧在参考《考工记》的基础上,逐渐熟练掌握了古车构件的名用,对浚县辛村出土的车马器进行比较详细的考订和命名。⑥ 当今中国考古学关于殷周车制上的定名,多数皆出自郭宝钧,而其根源则在于传统的金石学。⑦

(四)考古学术刊物的出现

殷墟发掘的成果推动了专门性考古学刊物的出版。"中研院史语所"遵照《历史语言研究所十七年度报告》"历史语言研究所设置意义"条中所说的"使本所为国内外治此两类科学者公有之刊布机关"⑧,除将史语所有考古学的研究性著作发表在《中央研究院历史语言研究所集刊》上,还特别将殷墟发掘报告以专刊的形式出版。史语所迁台前,在大陆共出版考古学刊物如下:

---

① 石璋如:《河南安阳后冈的殷墓》,《国立中央研究院历史语言研究所集刊》第十三本,1948年版,第26页。
② 李济:《安阳最近发掘报告及六次工作制总估计》,《安阳发掘报告》第四册,"中央研究院历史语言研究所"1933年版,第571页。
③ 郭宝钧:《浚县辛村古残墓之清理》,《田野考古报告》第一期,1936年版。
④ 李济:《小屯地面下情形分析初步》,《安阳发掘报告》第一册,"中央研究院历史语言研究所"1929年版。
⑤ 郭宝钧:《浚县辛村古残墓之清理》,《田野考古报告》第一期,1936年版。
⑥ 郭宝钧:《殷周车器研究》,文物出版社1998年版,第1页。
⑦ 邹衡:《殷周车器研究·序》,载郭宝钧《殷周车器研究》,文物出版社1998年版,第1页。
⑧ "国立中央研究院"文书处编:《历史语言研究所十七年度报告》,《"国立中央研究院"十七年度总报告》,1928年版,第215页。

《安阳发掘报告》，这是史语所第一种专刊，专门对安阳殷墟的发掘情况、发掘报告和研究作品予以刊登发布。从1929年第一册出版到1933年6月第四册，共刊载34篇论文。

　　《田野考古报告》，其性质与《安阳发掘报告》大致相同，只是研究范围不再局限于安阳。《田野考古报告》在抗战前只出版了第一册，抗战胜利后，《田野考古报告》改名为《中国考古学报》，并将先前所出的《田野考古报告》追认为《中国考古学报》第一册。《中国考古学报》将范围扩展得更大，不只局限于田野考古报告。到史语所迁台前，《中国考古学报》共出版了3册，共有17篇文章。另外这一时期出版有《中国考古报告集》，如1934年出版的《中国考古报告集》第一本《城子崖》。对于第二本《小屯》，考古组最初打算分为四本，每本再分若干编，每编再分若干集，但"中研院史语所"迁台前只是在1948年出版有《殷墟文字甲编》，其他报告迁台后才陆续出版。[①]

二、新中国成立前河南考古的特点

（一）河南的考古开展时间早

　　渑池县仰韶村遗址、安阳殷墟、浚县辛村遗址分别是中国境内最早发掘的新石器、商代遗址和西周时期的墓葬。殷墟发掘始于1928年，仅比北京周口店的发掘晚一年，但比陕西斗鸡台的发掘早5年。当时国内考古一片空白，考古工作开展越早，越受到国内外关注，影响越大。

（二）河南的考古发掘规模大

　　新中国成立前，考古活动能够大规模开展，唯有河南。考古发掘规模越大，意味着可能会有更新、更全面的发现，越能搞清楚遗址的布局结构，考古成果越丰富。如1934年到1937年，同样是发掘墓葬，北平研究院在斗鸡台遗址东区发掘了不到1000平方米（约占墓地面积的十分之一），发现墓葬104座，而"中

[①] 石璋如：《李济先生与中国考古学》，《新学术之路——"中央研究院历史语言研究所"七十周年纪念文集》，"中央研究院历史语言研究所"1998年版，第154~157页。

研院史语所"考古组仅仅在 1934 年到 1935 年,在殷墟西北冈发掘了 3 次,发掘面积 2 万多平方米,发掘出 10 余座大墓和 1000 多座小型墓葬,发现远比斗鸡台遗址丰富,其影响自然更大。

(三)河南的考古成果特色鲜明

中国考古学缘起于 20 世纪初西方地质学的引入,最初关注点在史前部分乃至旧石器时代,与地质学知识密不可分,包括安特生等人在内本都是地质学家。人类在旧石器时代,因为工具的材料均为石器,使用的技术相对简单、会制造的遗迹稀少,所以世界各地考古遗存具有很大的相似性,周口店北京人遗址的发现在人类起源发展史上具有轰动效应,但它并无中华文化鲜明特征。殷墟与浚县辛村的发掘,发现的中国殷商与两周考古遗迹,具有强烈而鲜明的地域特征,充分体现了早期中华文明特色,最终催生了具有中国特色的现代考古学的诞生与发展,产生了巨大的影响。

(四)河南本地的学者贡献突出

河南作为中国现代考古学兴起的中心区域,以董作宾、郭宝钧为代表的河南本地的学者作出了突出的贡献。董作宾是河南南阳人,最先受"中央研究院历史语言研究所"所长傅斯年指派调查殷墟,是殷墟首次发掘的实际负责人,其后多次主持或参与殷墟发掘,随后专门从事甲骨文字的研究,成为举世闻名的甲骨学大家,为中国甲骨学的发展作出了巨大贡献。郭宝钧也是河南南阳人,多次主持或参与殷墟发掘,纠正了以往将夯窝误当作"波浪遗痕"的说法,肯定了殷墟"文化层中的聚凹纹"是版筑的建筑遗迹,为寻找殷墟宫殿遗址作出了重要贡献。郭宝钧还主持了浚县辛村和辉县琉璃阁等地的考古工作。尹达是河南滑县人,以他为代表的河南大学师生包括马元材、石璋如等人都积极参与殷墟发掘和河南古迹研究会的考古活动,并取得了很大成绩。另外河南人赵青芳、王湘等也多次参与殷墟发掘工作,为殷墟考古作出了贡献。

(五)河南的考古成果刊发及时

中国早期的考古活动,能否产生影响,影响的大与小与考古成果能否及时刊发有很大的影响。河南的部分考古成果被及时刊发是产生重大影响的主要原因。"中研院史语所"考古组发掘殷墟的次年即开始出版《安阳发掘报告》，到 1949 年前共出版了 4 册《安阳发掘报告》和 4 册《田野考古报告》(后改为《中国考古学报》)。这些刊物在报道殷墟发掘的同时，将李济等人田野考古实践经验与理论方法也进行了广泛的宣传，引起了国内外相关机构的高度关注，对其他的考古机构产生了重要影响。而北平研究院考古组由于没有及时、也没有专门的刊物发表陕西考古的资料，又受到战争的影响，直到 1948 年才出版了《斗鸡台东区墓葬》，因此对中国早期考古活动影响甚微。

三、新中国成立前河南考古的成就与影响

(一)河南考古拉开了中国现代考古工作的序幕

1921 年，瑞典学者安特生在河南仰韶村的发掘，揭开了中国考古的序幕。1921 年安特生在河南渑池县仰韶村发现了新石器时代文化遗存，并与袁复礼等人先后对仰韶村遗址进行了发掘。安特生在河南等地的早期考古活动之所以被中国考古学界重视与推崇，在于他为中国现代考古学的发展作出开创性的贡献。首先，安特生为中国地质学的开创和发展作出了重要贡献，促进了中国现代考古学的萌芽。中国考古学的萌芽与地质学的发展有着紧密联系。安特生来华时，中国地质学几乎是一片空白，考古学的工作方法更是无从谈起。在仰韶村遗址的发掘中，安特生把地质学领域的地貌学、地层学方法引进到野外考古发掘中。事实证明，他的选择是完全正确的。其后李济在山西西阴村的工作方法是在安特生方法基础上的改进，这无疑是中国考古学工作方法的首创。其次，安特生发现仰韶文化对中国考古学乃至世界考古学都具有革命性的意义，宣告了中国无石器时代论的结束。自 19 世纪末期以来西方考古学家、传教士和探险家在中国不止一个地区发现石器，但直到 20 世纪初，中国是否经历过史前石器时代还是一个疑问。仰韶文化的发现用事实推翻了中国无石器时代的假说。再次，安特生引入了一套欧洲较先进的田野考古发掘方法。从遗址发掘必须进行的测量、绘画、记录到采集标本，以及对发掘资料进行质地、动物、植物多学科技术鉴定方法，至今仍为中国考古学家所沿用。李济称赞安特生："实际

上是第一个通过自己的成就在中国古文物调查中示范田野方法的西方科学家。"①中国著名考古学家陈星灿也撰文指出:"正是安特生在中国北方的一系列考古活动,揭开了中国现代考古学的序幕。"②当然安特生作为一个地质学家,其使用的工作方法对考古学来说具有明显的地质学色彩,因此局限也非常明显。如在仰韶村调查发掘过程中,依照水平地层法来进行发掘而忽视了土质土色和打破关系,造成了文化层出土物的混乱,也干扰了他对仰韶文化时代的判断。由于这些局限性,从考古学方法论即地层学与类型学上来说,安特生对仰韶村遗址的首次发掘,其意义还只是象征性的,因此只能说是拉开了中国考古学的序幕。

(二)河南殷墟的发掘是中国现代考古学诞生的标志

河南殷墟的发掘并不是中国最早的考古发掘,但是对于中国考古学而言,殷墟无疑被确认为中国现代考古学诞生的标志。首先,虽然中国境内的第一次考古发掘是1921年由瑞典地质学家安特生主持的河南渑池仰韶村发掘,其后又有李济第一次对山西夏县西阴村的调查发掘等,但在殷墟发掘之前,田野技术、考古技术和考古理论相对来说都非常肤浅而粗糙,甚至带有浓厚的地质学色彩。所以在学术史意义的追溯上,殷墟发掘始终被认为是中国现代考古学的基石。其次,因为殷墟发掘是由当时中国政府资助,由国家学术权威机构组织的首例具有目的性、系统性的考古活动。殷墟发掘目的及工作倾向都非常明确,要在当时的历史背景下寻找殷商历史的新资料,建立所谓的"新史学"。再次,李济、梁思永等前辈学者主持了安阳殷墟15次的考古发掘,建立起了中国一整套科学的考古发掘和研究方法,促进了中国考古学基础理论地层学与类型学的发展与完善,培养出一大批考古发掘和研究人才,对中国现代考古学的发展起到了重要作用。最后,以殷墟发掘作为中国现代考古诞生的标志,从历史传统上更加顺理成章。20世纪初的中国学术界,在相当长的时间里,殷墟所代表的殷商文明耳熟能详,考古学家和古史学家都宁愿使用传统史学色彩较重的

---

① 李济:《安阳的发现对谱写中国可考历史新的首章的重要性》,《李济考古学论文选集》,文物出版社1990年版,第789页。
② 陈星灿:《安特生与中国史前考古学的早期研究——为纪念仰韶文化发现七十周年而作》,《华夏考古》1991年第4期。

"殷墟"一词指在安阳发现的商代遗存。① 而"石器时代"对于大多数学者来说仍然是一个新概念,自周口店和西阴村出现的石器和陶片在旧有的编年体系下如何解释一时无法得出定论,不免有尴尬的感觉,一时难以适应。当然也有学者认为,仰韶村、周口店的发掘标志着中国考古学的诞生,以重建古史为目标的殷墟发掘为中国考古学的发展。② 事实上,仰韶村、周口店的考古发掘和研究均是由外国人主持的,主要采用的是古生物学、地质学、体质人类学等自然科学的方法。因此,从严格意义上说,由中国人自己主持的大规模、有目的、科学的考古发掘应是安阳殷墟,新中国成立前殷墟发掘的过程,其影响更无可替代,将之作为中国现代考古学正式诞生的标志,是比较合适的。

(三)河南考古开辟了一代史学新领域——甲骨学

河南殷墟甲骨的发现,引发了一批中国学者对甲骨文的浓厚兴趣。刘鹗、罗振玉、王襄等人相继注意并收购甲骨,而这批资料虽然珍贵,但不是第一手出土的资料,在考古学的地层年代上无法判断,具有很大的局限性。而在1928年后,经过科学发掘获得了大量的殷墟甲骨,为甲骨学的发展提供了一批第一手的宝贵的科学资料。这次发掘完全是由中国学者主持和参加的,改变了以往考古工作受外国人控制而不能独立对资料进行整理研究的局面。同时,通过殷墟的发掘,还锻炼和培养了一大批考古学家和以董作宾、胡厚宣为代表的甲骨文学家,为甲骨文研究奠定了学术基础。这一时期甲骨文研究的最大成就,在于甲骨学作为一门学科已基本形成。这表现在三个方面:第一是甲骨学分期断代理论的建立,代表人物是董作宾。在1931年、1933年两年的时间内,董作宾分别发表了《大龟四版考释》和《甲骨文断代研究例》。董氏创建的"五期法"和提出的"十项标准",至今仍是国内外甲骨学界普遍使用和承认的基本方法,董氏的理论为甲骨学分期断代奠定了基础。第二是甲骨文文字考释理论的建立,代表人物是唐兰和于省吾。唐兰于1934年出版了《殷墟文字记》,1935年出版了《古文字学导论》,提出了"对照法""推勘法"和"偏旁分析法"③,从而开辟了一

---

① 徐坚:《追寻夏文化:二十世纪初的中国国家主义考古学》,《汉学研究》2000年第1期。
② 张忠培:《关于中国考古学的过去、现在与未来的思考》,《传统文化与现代化》1999年第1期。
③ 唐兰:《古文字学导论》(增订本),齐鲁书社1981年版,第65~69页。

条研究古文字的新途径。于省吾考释古文字的成就,集中在《双剑誃殷契骈枝》一书中,于氏在《双剑誃殷契骈枝续编·自序》中指出:"考名识字必须先定其形,形定而音通,形音既确,其于义也则六通四辟,玻诸文理与辞例自能诉合无间矣!"①于氏考释古文字,简练、精到、严谨,在学术界有重大影响。第三是利用甲骨文研究古史获重大进展,代表人物是郭沫若和胡厚宣。此前王国维等学者在这方面已有良好的开端。郭沫若在此期间先后出版了《殷契粹编考释》《甲骨文字研究》《中国古代社会研究》等一系列著作。他自觉地以唯物史观为指导,奠定了中国马克思主义史学基础。胡厚宣则对甲骨资料"作一全面的彻底整理",研究了商代的方国、农业、气候、婚姻家庭、封建制度、天神崇拜等。这些成果集中在他的《甲骨学商史论丛》一书中,在学术界有重大影响。

(四)河南考古打下殷商为信史研究的基础

殷墟发掘的考古学成果对殷商历史研究起到了极大的推动作用。首先,确认了殷商时期使用的甲骨文,很大程度上提升了传统文献有关殷商记载的可信度。殷墟发掘前后,有些学者对于地下出土的甲骨金文等地下文字材料抱着将信将疑的态度,但殷墟发掘出土的甲骨,证实了传世甲骨的相对可信性。而那些经过科学发掘出土的甲骨文对当时学者们的史料观和具体史实的认识,更是产生了巨大的冲击,如李济所说:"小屯十二次发掘所获的有字甲骨,据史语所最近一次的估算为二万四千九百一十八片;这样就彻底消除了对甲骨文真实性的怀疑。……就这样,随着安阳发现的公开,那些疑古派们也就不再发表最激烈的胡话了。章炳麟晚年在得知这些新发现后,曾私下试读过罗振玉论甲骨文的著作(《殷虚书契》),尽管他从未公开承认此事。不管怎么说,他不再指责罗振玉在这个独特项目上是伪造者了。"②殷墟发掘出土的甲骨文不仅证明了传世甲骨文的相对可信性,也从材料和方法上支持了王国维"二重证据法"的可行性,使这一代的古史学家对大量早期文献的可靠性逐渐恢复了信心,并对未经科学田野发掘的甲骨文和金文的使用采取了谨慎的态度。③例如,韩奕琦就对

---

① 于省吾:《双剑誃殷契骈枝 双剑誃殷契骈枝续编 双剑誃殷契骈枝三编》,中华书局2009年版。
② 李济:《安阳》,河北教育出版社2000年版,第438~439页。
③ 李济:《安阳》,河北教育出版社2000年版,第435页。

未经过科学考古发掘所得到的金文的精确性表示怀疑:"虽然金文也能当做史料,但未经科学的发掘和严格考订整理,用时危险极多;即使考订正确,为数也有限。"①其次,弄清了殷墟作为商代中晚期都城宫殿的基本布局与建筑技术。殷墟通过15次发掘,在小屯发现了数十座宫殿基址,并初步搞清了部分宫殿的功能与性质。通过殷墟建筑基址的发掘,对中国建筑早期的发展,也得到了若干基本的认识。②第十三、十四、十五次发掘重点针对建筑基址进行了发掘,更是了解到了殷墟建筑的全貌。其后李济曾指出:"故殷墟的发掘,就现代考古学的立场说,最基本的贡献实为殷商时代建筑之发现;亦即夯土遗迹之辨别,追寻与复原之工作。"③再次,大致弄清了殷商时期的墓葬制度与结构。1934—1935年,在西北冈进行了三次发掘(即第十次到第十二次发掘)。共发掘了带墓道的大墓10座,分布在东西二区,大墓周围有1000多座祭祀坑,东区有大量的小型墓葬,可能为平民和奴隶墓葬。这样的发掘为研究殷商时期的墓葬制度奠定了坚实的基础。

(五)河南考古奠定了新中国考古学几大重要领域的基础

20世纪20年代到新中国成立前在河南进行的考古活动,主要涉及新石器时期、殷商时期及两周时期。这几个历史阶段的调查与发掘成果为新中国成立后大规模的考古调查与发掘提供大量线索,奠定了良好的基础,同时殷墟的发掘也间接刺激了考古学者寻找夏文化的激情,使得河南的新石器考古、殷商考古、两周考古以及寻找夏文化成为中国相关考古领域的重中之重。新石器时代考古方面,新中国成立伊始的50年代初,就对渑池仰韶村遗址再次进行了调查发掘,确认了仰韶文化与龙山文化地层的存在,理顺了二者的地层关系。20世纪30年代调查过的巩县、广武、荥阳一带发现的青台、秦王寨等仰韶文化遗址,大赍店仰韶、龙山的地层叠压关系,安阳后冈发现的龙山文化城墙,永城市造律

---

① 韩奕琦:《中国上古史之重建》,《斯文》1942年第2期。
② 殷墟建筑的复原工作依然是当今商代考古学的热点之一,详见石璋如:《殷墟建筑遗存》,"中央研究院历史语言研究所"1959年版;杨鸿勋:《宫殿考古通论》,紫禁城出版社2001年版;杜金鹏:《殷墟宫殿区建筑基址的发掘与研究综述》《殷墟乙一基址及其相关问题》《殷墟乙三、乙四、乙五基址研究》,载《夏商周考古学研究》,科学出版社,2007年;杜金鹏:《殷墟乙二十一基址等建筑遗存研究》,《考古》2009年第11期。
③ 李光谟:《李济学术文化随笔》,中国青年出版社2000年版,第310页。

台、黑孤堆、曹桥等龙山文化遗址等成为新中国成立后新石器考古发掘与研究的关注热点。殷墟发掘成为新中国殷商考古的核心，在新中国成立前15次发掘与研究的基础上，在20世纪六七十年代陆续又对殷墟的宫殿区和墓葬区进行了持续不断的发掘工作，发现大量的殉葬墓、商族人墓，贵族大墓妇好墓，成片的手工业作坊区，在甲骨方面也有不少新的收获。更在此基础上，在郑州、登封、洛阳等地发现了商代早期文化遗址，更大的成就是郑州商城遗址的发现。两周考古方面，新中国成立前进行的浚县辛村墓地、山彪镇与琉璃阁墓地的发掘，乃至新郑李家楼青铜器的发现与保护，为新中国成立后相关考古工作奠定了良好的基础，著名的辉县发掘与新郑郑韩故城的调查，都是这些工作的继续与延伸。新中国成立前有学者将仰韶文化、龙山文化遗址作为线索，来寻找夏文化，也为新中国成立后寻找夏文化的工作作了铺垫，而20世纪50年代发现的商代早期文化遗址，更加点燃了考古学者在河南探索夏文化的热情，于是才有徐旭生的豫西"夏墟"调查和二里头等遗址的发现。这些成就的取得，显然与新中国成立前在河南所做的考古调查与发掘工作紧密相关。

（六）河南考古是造就中国最早考古学家的摇篮

自1921年安特生在河南仰韶村进行发掘起，河南的考古活动就有袁复礼等中国学者的身影出现。尤其是殷墟发掘成为中国首批考古学家成长的摇篮，这其中也有河南学者郭宝钧、尹达等人的成长足迹。殷墟发掘开始于1928年，持续了近十年的考古发掘最终因日本的侵华战争而中断。殷墟发掘是"中央研究院历史语言研究所"在中国进行的最重要的田野考古工作。在具有专业训练的考古学者的主持下，长达十五次的发掘使殷墟成为中国考古学家最初的培养基地。中国第一批考古学家李济、梁思永、董作宾、郭宝钧、尹达、石璋如和高去寻等都是在这里奠定了他们事业的基础。殷墟考古发掘过程被迫中断以后，考古发掘者对殷墟的遗迹、遗物进行了整理和研究，大部分参与者著作等身，成为一代大家。梁思永、石璋如、高去寻等投身于田野发掘报告的编写，李济潜心于出土的青铜器、陶器的研究，董作宾、胡厚宣致力于出土甲骨文字的研究，成果都十分显著，成为影响中国一个时代的考古学开拓者。

董作宾曾8次主持或参加殷墟的发掘，随后专门从事甲骨文字的研究。殷墟发掘的实践使董作宾掌握了大量的甲骨文第一手资料，从而使他在甲骨学研究方面取得突破性进展,成为一代甲骨学大师。殷墟十五次发掘共获得甲骨24918片,董作宾经过整理研究,选择其中的13047片编成《殷墟文字甲编》和《殷墟文字乙编》。1933年董作宾发表了甲骨学史上划时代的里程碑著作《甲骨文断代研究例》,提出甲骨文分期的十项标准,依据十项标准把甲骨文划为五个时期。董作宾提出:断代研究,本应该以每个帝王为一代,如称兄甲、母己,可以定盘庚至小乙时卜辞;称父己、兄辛,可定为庚丁时卜辞之类。[①] 不但各个帝王应有区分,就是每一帝王,仍有时期早晚的不同,根据这样的原则,一个研究甲骨文的新方法已经提供出来了,标准有了,就可以把所有出土的材料统统荟萃起来,然后用这标准、这方法,去整理和研究甲骨文,以完成殷代的一部信史。后来董作宾经十余年的时间,完成甲骨学史上又一里程碑著作《殷历谱》,分为上、下二编,上编包括殷历鸟瞰、历谱之编制、祀年、殷之年代四卷,下编包括年历谱、祀谱、交食谱、日至谱、闰谱等,比较系统而全面地论及殷代历法,提出了自己对古史年代的看法,对今天古史年代的研究极具参考价值。学界把他与罗振玉(号称雪堂)、王国维(号称观堂)及郭沫若(号称鼎堂)合称"甲骨四堂"。

郭宝钧多次参加和主持小屯村一带的殷墟发掘,写出了《B区发掘记之一》《B区发掘记之二》等发掘报告,肯定了殷墟宫殿建筑的遗迹,修正了前人殷墟"漂没"说等错误认识。他把以前考古发掘仅限于寻找遗物,转向重视寻找遗迹,并纠正了以往将夯窝误当作"波浪遗痕"的说法,肯定了殷墟"文化层中的聚凹纹"是版筑的建筑遗迹,认为殷墟的居室有半穴居和宫室两种建筑形式,并指出甲骨卜辞是堆积物,而非漂浮物,否定了有人提出的"殷墟来源于多次洪水淹没、冲积而形成的"错误论断,使安阳殷墟发掘从此开始步入了一个新的阶段。这次发掘在小屯发现了宫殿遗址。所以郭宝钧参加的殷墟第四次发掘,在殷墟考古史上占有重要地位。由于观念的更新,有力地推动了殷墟考古工作的向前发展。[②] 在紧张的殷墟发掘之余,他曾先后参加了山东城子崖、河北磁县、河南浚县与辉县等地的调查发掘工作,参与或主持编写了《城子崖》《浚县辛村》《山彪镇与琉璃阁》等考古报告。在城子崖报告中,首次提出了"龙山文化"这一概

---

① 董作宾:《甲骨文断代研究例》,《庆祝蔡元培先生六十五岁论文集》上册,《国立中央研究院历史语言研究所集刊》外编,1933年版。
② 杨宝顺:《安阳殷墟考古与前瞻》,《中州今古》1999年第5期。

念。新中国成立后,他主持了1950年春季的殷墟发掘,这是殷墟发掘中断多年后的重新开始,这次发掘发现了著名的武官大墓。著有《中国的青铜器时代》《关于新郑莲鹤方壶的研究》《洛阳西郊汉代居住遗迹》《陶器与文化》《殷周车制研究》《殷周的青铜武器》等。

石璋如在1934年从河南大学完成研究生学业后,即留在"中研院史语所"为助理研究员。经过严格的专业培训和第一线的田野考古实习锻炼,他逐渐成为优秀的考古学家。从1931年初次参加殷墟发掘,此后"历次发掘他都无不参与。第十五次发掘,更是他亲自主持,可以说他的大半生时间都是和殷墟发掘相始终的。由于多次亲自参加发掘,石璋如已经成了一部殷墟发掘的'活档案'"①。著有《殷墟建筑遗存》《殷墟墓葬》《考古年表》《中国的远古文化》等。

尹达和石璋如一样,从河南大学毕业后,即多次参加殷墟的发掘工作,逐渐成为优秀的考古学家。1950年,尹达任中国人民大学研究部副部长兼中国历史教研室主任。1953年任北京大学副教务长,后协助郭沫若筹办中国科学院历史研究所,任副所长。1954年创办并主编《历史研究》,并参与编辑《考古学报》,还兼任中国科学院考古研究所副所长、所长。20世纪60年代写成的长达5万多字的《新石器时代研究的回顾与展望》,强调要尊重考古学自身规律,使考古研究走上马克思主义的科学轨道。

总之,新中国成立前的二三十年内,河南是中国现代考古活动的主要肇始地,是中国现代考古史的一个缩影。安特生在渑池仰韶村的发掘拉开了中国现代考古的序幕,以"中央研究院历史语言研究所"李济、董作宾、郭宝钧为首的学者在河南安阳殷墟持续15次的考古实践活动,是中国现代考古学诞生的标志。新中国成立前在河南进行的考古工作,尤其是安阳殷墟、浚县辛村、辉县琉璃阁发掘以及新石器遗址的调查活动,使得中国现代考古学基础理论逐渐成熟,为新中国成立后考古工作的开展奠定了比较扎实的基础。

---

① 郭胜强:《石璋如对殷墟考古的贡献》,《殷墟申报世界文化遗产名录特刊》,2006年版。

第二章 河南考古的发展时期（1950—1976年）

1949年10月,新中国成立以后,河南的考古步入了一个新天地,调查和发掘不同时代的文化遗址就达几千处。随着田野考古发掘上人力物力的大量投入,历年来不断有重要的考古新发现。1950年到1952年进行的辉县发掘,开启了新中国大规模田野考古的序幕。这次发掘,既是第一次发现了早于殷墟的商文化遗存,第一次成功清理出战国车马坑,并搞清了战国车马坑的形制,还第一次发掘清理了战国王室贵族大墓,对研究战国时期贵族墓葬形制有重要意义,并且第一次成批出土了战国中晚期的铁质生产工具,更突出的成就是编写了新中国第一本大型田野考古报告《辉县发掘报告》,创立了具有中国特色的田野考古报告编写范例。[①] 辉县发掘是中国考古学的新起点和里程碑,标志着中国考古工作进入了一个新阶段。

　　除辉县发掘之外,20世纪50年代,河南还发现了震惊全国的"仰韶文化庙底沟类型"和"庙底沟二期文化",填补了仰韶文化与龙山文化之间的空白;1959年徐旭生到豫西寻找"夏墟",二里头遗址的发现,拉开了夏文化考古探索的序幕;同时郑州商城被发现与发掘,殷墟武官村大墓的发掘,开创了殷商文化考古的新局面。这一阶段考古新发现层出不穷,很多重大发现填补了中国现代考古学的空白。20世纪60年代到70年代中叶,填补空白的考古发现不多,但夏商考古在50年代基础上取得了重大的突破,二里头宫殿遗址的发掘,更加确认了其都城的地位,郑州商城宫殿遗址的发掘引起对其性质的研究与讨论,同时有关考古学地层学、类型学理论更加成熟,一些学术热点开始出现,尤其是新石器与夏商周考古与河南考古息息相关,为20世纪80年代学术"百家争鸣"格局的形成奠定了初步基础。

---

① 张新斌:《中国考古学的新起点和里程碑》,《河南文物工作》1991年第3期。

第一节　史前遗址的大量调查与发掘

新中国成立初期,考古工作者主要从事文物调查、发掘和保护。旧石器遗物偶有发现,并进行了少量的遗址调查工作,主要工作在于新石器时代遗址的调查与发掘。据粗略统计,1956年前黄河水库考古队在三门峡地区发现了新石器遗址近100处[1],加上河南其他区域调查发现的新石器时代文化遗址100余处,合计有近200处。同时随着调查的深入,新石器田野考古发掘工作逐步有序开展和推进。

一、河南旧石器文化的初步发现与调查

新中国成立前,河南旧石器考古是一个空白,旧石器文化遗物与遗迹几乎没有发现,也没有引起足够的重视。20世纪40年代,河南确山县刘店乡农民在后胥山一带的喀斯特残丘开山取石时,曾发现过许多"龙骨"(哺乳动物化石),但一直未能引起有关部门重视。直到新中国成立后的多年内,河南才陆续发现了部分旧石器文化的线索。

1954年,在治淮工程中,有关人员在新蔡诸神庙晚更新世地层中曾发现了一批哺乳动物化石。裴文中曾对这批材料进行研究,从中找到一件有人工割剁痕迹的鹿角。[2] 这块有人工痕迹的鹿角的发现,是首次在河南境内找到了古人类活动的踪迹,它的发现把原始人在河南的活动,提前到万年以前,从而揭开了河南省旧石器文化研究的序幕。[3] 1957年中国科学院古脊椎动物研究室太原

---

[1] 安志敏:《黄河三门峡水库考古调查简报》,《考古通讯》1956年第5期。
[2] 裴文中:《河南新蔡的第四纪哺乳类动物化石》,《古生物学报》1956年第1期。
[3] 张森水:《河南省旧石器考古》,《洛阳考古四十年》,科学出版社1996年版,第51~75页。

工作站的王择义在渑池县的任村和青山村发现的石制品,则是河南省首次发现的旧石器时代的石制品,从而把河南境内人类的历史提前到距今 10 万年以前。① 与此同时,中国科学院古脊椎动物研究室配合三门峡水库建设进行了新生代地质、考古调查,在陕县张家湾附近发现两个旧石器地点,年代约为旧石器时代中期,但部分也不排除属于晚期的可能性。② 50 年代,有人在三门峡附近采集到 1 枚古人类的臼齿化石,表明豫西一带确有古人类化石的存在。③ 1960 年,中国科学院考古所安志敏、傅新民等主持发掘了安阳小南海旧石器时代遗址,这是河南境内首次正式发掘的旧石器时代文化遗址。这次发掘发现了 5 个层位清晰的文化层。洞穴遗址中出土了石制品 7700 余件,是当时发现的河南境内出土石器最多的遗址。除了石器,还发现红烧土块和灰烬层、烧骨、炭粒等大量用火遗迹。此外,还出土 17 种哺乳动物化石。④ 小南海旧石器时代遗址是新中国成立以来中国在华北首次发现的旧石器时代晚期的洞穴遗址,为旧石器时代考古研究提供了一份新资料。在 1963 年秋,中国科学院古脊椎与古人类研究所和河南省文物工作队合作,对豫西的渑池、新安等地的旧石器地点进行了调查,黄慰文等人在豫西发现了多个新的旧石器遗址点,并于三门峡郊区的会兴沟、水沟采集到 100 余件石制品。⑤ 石器制作工艺同丁村文化有诸多相似之处,所以说,水沟、会兴沟石器的发现,使人们更加清楚地看到黄土地区远古人类文化的面貌。到 1965 年秋,村民在许昌灵井挖水塘时发现了文化遗物和化石,材料由周国兴采集和整理。据记述,文化遗物和化石出自距地表 10 米深处的灰色粉砂土和橘黄色细砂土里,采集并进行研究的材料包括 1353 件石制品、12 种哺乳动物化石。⑥ 1973 年,中国科学院古脊椎动物与古人类研究所工作人员在南阳市淅川县发现 13 颗古人类牙齿化石,可能分属于直立人和早期

---

① 贾兰坡、王择义、邱中朗:《山西旧石器》,《中国科学院古脊椎动物与古人类研究所甲种专刊第四号》,科学出版社 1961 年版,第 3~5 页。
② 贾兰坡、王择义、邱中朗:《山西旧石器》,《中国科学院古脊椎动物与古人类研究所甲种专刊第四号》,科学出版社 1961 年版,第 4~8 页。
③ 河南省文物考古研究所:《河南文物考古工作五十年》,《新中国考古五十年》,文物出版社 1999 年版,第 247 页。
④ 安志敏:《河南安阳小南海旧石器时代洞穴堆积的试掘》,《考古学报》1965 年第 1 期。
⑤ 黄慰文:《豫西三门峡地区的旧石器》,《古脊椎动物与古人类》1964 年第 2 期。
⑥ 周国兴:《河南许昌灵井的石器时代遗存》,《考古》1974 年第 2 期。

智人。① 其中 2 颗属于较早的直立人,7 颗属于较晚的直立人,2 颗属于介于直立人与早期智人之间的人,2 颗属于早期智人。以上古人类化石都是在征集的"龙骨"中发现的,无法确认具体的出土地点。

二、河南地区仰韶文化遗址的发掘与研究

1951 年 4 月,夏鼐率中国科学院考古研究所河南调查团,会同河南省文物管理委员会,包括安志敏、王仲殊、马得志等人在郑州一带调查了白庄、青台、点军台、敖顶(陈沟)、秦王寨、牛口峪、池沟寨等几处史前遗址,并对点军台和青台遗址进行了发掘。② 其后河南文物工作队第二队相继做了些许工作,提出了郑洛地区仰韶文化分期的可能性,认为存在仰韶期、仰韶晚期两类遗存。③

1951 年 5 月,夏鼐、安志敏等又对河南省渑池县仰韶村遗址进行了试掘。发掘区域与安特生发掘地点邻近甚至重合。发掘采用探沟方式,发掘了一条探沟和一个灰坑,发现了排列较为稠密的墓葬 9 座,出土文物资料丰富。同时,又在仰韶遗址的断崖处发掘了 10 个灰坑。出土有红底黑彩、深红彩的陶罐、小口尖底瓶、碗,以及龙山时期的磨光黑陶瓶、压印方格纹灰陶罐、绳纹灰陶鬲和带流陶杯等。"在第二层的原来文化堆积中,我们发现了仰韶式的陶片(例如红底黑彩或深红彩的罐或碗,小口尖底的红陶瓶,灰褐夹砂的陶鼎等),但也发现龙山式的陶片(例如薄片磨光黑陶,压印方格纹灰陶,压印篮纹灰陶,残豆柄,内褐外黑的陶片,绳纹鬲,带流的陶杯等)。此外又有磨光小石锛,有孔石刀,打制石器,泥制弹丸,残陶环等。食物残余的畜骨也有几块,似乎是猪骨。这些出土物证明这里的仰韶和龙山的遗物,确是混在一起。"④ 发掘者经过研究提出了"仰

---

① 吴汝康、吴新智:《河南淅川的人类牙齿化石》,《古脊椎动物与古人类》1982 年第 1 期。
② 中国科学院考古研究所河南调查团(夏鼐):《河南成皋广武区考古纪略》,《科学通报》1951 年第 7 期。
③ 河南文物工作队第二队孙旗屯清理小组:《洛阳涧西孙旗屯古遗址》,《文物参考资料》1955 年第 9 期。
④ 中国科学院考古研究所河南调查团(夏鼐):《河南渑池的史前遗址》,《科学通报》1951 年第 9 期。

韶和龙山混合文化"概念,其后的考古证明这一概念显然是不正确的。但这次发掘证明了仰韶村遗址包含有仰韶文化和龙山文化的文化因素甚至是文化层,纠正了安特生对仰韶村遗存的错误认识。

1956年,由中国科学院和中华人民共和国文化部联合组成的黄河水库考古工作队在河南陕县发掘了庙底沟和三里桥遗址。① 这是新中国成立以来在河南首次发掘的新石器时期的大型遗址,先后发现了被命名为仰韶文化庙底沟类型、庙底沟二期和龙山文化三里桥类型的遗存。庙底沟仰韶文化遗址发掘出仰韶文化房基、窖穴、墓葬等。房基可复原为四角锥形的房子。窖穴可分为圆形和椭圆形两种。出土各类陶器中最有代表性的是彩陶。彩陶纹饰多样,主要有条纹、三角涡纹、涡纹、圆点纹等,其中最突出的是类似植物花卉的图案,还有蛙纹和鸟纹图案。值得注意的是,在尖底瓶的耳部和附加堆纹上发现有麻布的印纹,可能是制作陶器时垫耳压印的痕迹。在尖底瓶的底部还发现有席纹,可能是制作附件时放在席子上压印的。这从侧面反映了当时已有了纺织和编织技术。另外有陶制、石制、骨制生产工具甚至角器与蚌器等。仰韶文化层上面叠压有龙山文化最早期堆积,后来被称为庙底沟二期文化。这类文化层实际上包含仰韶文化与龙山文化两种文化因素,可称之为仰韶文化与龙山文化的过渡阶段。三里桥仰韶文化遗址发掘出仰韶文化的陶窑、窖穴和墓葬。陶窑的形制相同,结构很简单,可分为窑室和火膛两部分,前者近圆形,后者成为半圆筒形,灰坑多为椭圆形,少量为圆形;墓葬都是长方形的浅竖穴,仰身直肢葬,没有随葬品;发现的仰韶文化遗物不是很多,彩陶数量很少,而且花纹也较简单,还有陶制、石制生产工具和骨针、骨锥等生活用品。② 三里桥遗址的仰韶文化遗物,有一些接近于西安半坡遗址,有不少接近于近在咫尺的庙底沟遗址,而其时代可能晚于西安半坡遗址,而又早于庙底沟遗址,介于二者之间。因此,在仰韶文化研究中占有重要地位。庙底沟和三里桥文化遗址不仅提供了解决仰韶文化和龙山文化本身性质及其分期的线索,而且部分地解决了仰韶文化和龙山文化的关系问题。2001年"河南陕县庙底沟新石器时代遗址的发掘"被列入"中国20世纪100项考古大发现"之中。

---

① 中国科学院考古研究所:《庙底沟与三里桥》,科学出版社1959年版,第1页。
② 中国科学院考古研究所:《庙底沟与三里桥》,科学出版社1959年版,第67页。

1958年,中国科学院考古研究所安阳队在河南安阳发掘后冈、大司空遗址,结合新中国成立前的调查与发掘,发现二者的仰韶文化面貌有很大的差异。报告中提出将豫北地区的仰韶文化划分为两个类型,即"后冈类型"和"大司空类型"[1]。后冈类型典型遗址有安阳后冈、高井台子、大赉店,同乐寨可能属于此一类型,调查发现卫河、漳河流域为其主要分布区域。后冈遗址从1931年第一次发掘以来,半个世纪中进行了多次发掘,一直没有大的突破,只发现了少量残破的房基和墓葬。1971年清理了1座九人合葬的墓葬以及一些灰坑。[2] 总的来说后冈类型的其他文化遗址发现很少。我们根据当时的发掘材料,可大致看出后冈类型的文化面貌:泥质红陶为主,泥质灰黑陶次之,白陶、黑陶极少,彩陶较少,常见纹饰有平行竖纹、波形纹、同心圆纹,陶器常见"红顶碗"、锥刺纹盆、大口小底罐、小口细颈大腹瓶等。大司空类型以大司空遗址为代表,安阳大正集、大寒南岗、鲍家堂遗址等可能属于其中,调查发现分布范围也在卫河、漳河流域。文化面貌与后冈类型的差别在于:砂质灰陶为主,泥质灰陶次之。彩陶较后冈类型为多。纹饰有弧形三角纹配平行线纹、S纹、W纹、螺旋纹、水波纹等。陶器常见窄沿折腹彩陶盆、无沿直口折腹盆、敛口彩陶钵等。[3]

1959—1960年,北京大学考古实习队在邹衡、严文明、夏超雄、李仰松等带领下对洛阳王湾遗址进行了两次发掘。王湾遗址新石器时代文化层堆积厚达3米,发掘出房基9座,窖穴179座。其中窖穴分布密集,多重叠打破,说明它延续时间长。依其堆积层次、各层文化遗物的差别,以及遗址相互叠压打破关系,可以划分为三个阶段,即王湾一期、王湾二期、王湾三期。其中王湾一期文化在下层,属于仰韶文化。王湾三期文化属于"河南龙山文化",二期则介于一期与三期之间,具有过渡性质。王湾仰韶文化层发现了房基7座,可分大、中、小型三种,均为地上建筑。发掘的窖穴可分为锅形、袋形和直筒形,坑内多有生活用具和兽骨等。有的坑壁上还有明显的工具痕迹。王湾一期墓葬有70余座,多为单人仰身直肢二次葬,头向西北,大多数墓葬均无随葬品。人头骨涂朱现象较普遍。王湾遗址的发掘尤其是第一期仰韶文化层的发现,首次从地层上确立

---

[1] 中国科学院考古研究所安阳发掘队:《1958—1959年殷墟发掘简报》,《考古》1961年第2期。
[2] 中国科学院考古研究所安阳发掘队:《1971年安阳后冈遗址发掘简报》,《考古》1972年第3期。
[3] 中国社会科学院考古研究所:《新中国的考古发现和研究》,文物出版社1984年版,第52页。

了洛阳及其周围地区各类仰韶文化的相互关系与相对年代,为深入研究郑洛地区的仰韶文化打下了基础。其后在伊河、洛河、汝河等流域的调查过程中,普遍发现了仰韶文化遗存。[1] 到20世纪70年代,郑州大河村仰韶文化遗存的发现,可以进一步推断郑洛地区在仰韶时代可能是一个大的文化区。

1971—1974年,河南省博物馆等单位对淅川下王岗遗址进行了发掘,发现仰韶、屈家岭、龙山文化等遗存。新石器时代文化遗存从下到上初步分为五期。早一期仰韶文化层,石器分打制和磨制两种,陶器多红色素面,器形以鼎、罐、钵、壶为主,具有仰韶文化早期特征。有一些单人仰身直肢葬土坑墓。早二期的仰韶文化遗存中,灰陶和棕色陶较多,素面为主,有红衣黑彩、灰衣红彩和白衣彩陶。重要的是发现一处以二次迁葬墓为主的大片墓地,为多人的合葬墓,部分墓葬有随葬陶器。中期为屈家岭文化层,发掘出成排房门向南的双间式房基,残存有墙壁、柱洞、火烧地坪和铺席痕迹。[2] 下王岗遗址的发掘,进一步证实了当地仰韶文化、屈家岭文化与龙山文化三者的早晚关系。早二期大批二次迁葬墓和中期成排双间式房基的发现,对于研究丹江沿岸新石器时代文化的内涵和发展提供了重要资料。

1972—1975年,郑州市博物馆等单位对大河村遗址进行了七次发掘,新石器时代遗存可分为六期,前四期为仰韶文化,后二期为龙山文化。大河村仰韶文化遗存最引人瞩目的是彩陶和聚落中的房基。彩陶文化郑洛地区自成一体,陶色与纹饰具有地方色彩。一、二期彩陶与王湾一期相近,与庙底沟类型有较多的相似因素,主要有带状纹、弧线三角纹、直线纹、圆点纹、月牙纹、月亮纹、三角圆点纹等。三、四期与王湾二期接近,文化面貌相似,具有向龙山文化过渡的性质。彩陶盛行白色陶衣和红黑或红棕双色彩绘,出现锯齿纹、同心圆纹、六角星纹、太阳纹等。第四期吸收了较多的东方大汶口文化和南方屈家岭文化因素。大河村发现仰韶时期房基10座,第二期发现一座方形地面建筑,第三期出现了连间地面方形建筑F1—4、F17—18、F19—20,第四期出现了F6—9连排等,另外还有单间的房基。[3] 大河村的房基遗存为以后的史前聚落研究保存可贵的

---

[1] 中国科学院考古研究所洛阳发掘队:《1959年豫西六县调查简报》,《考古》1961年第1期。
[2] 河南省文物研究所等:《淅川下王岗》,文物出版社1989年版,第134~149页。
[3] 郑州市博物馆:《郑州大河村遗址发掘报告》,《考古学报》1979年第3期。

实物资料,而每期的划分都有单独的地层和各具特色的文化面貌为依据,每期之间文化遗物又有明显的传承发展演变的逻辑轨迹。在地层学和类型学上,既是对新中国成立以后考古学方法实践的一次大检阅,也为河南地区仰韶文化断代研究树立了一个典型的分期标尺。

此一阶段,除了以上仰韶文化重要发现与发掘,河南地区还发现了很多包含仰韶文化的遗址,有些地区进行过试掘或小规模发掘工作。1951 年,为配合河南治淮工程中的禹县(今禹州市)白沙水库和泌阳板桥水库的兴建,河南省文物管理委员会成立了白沙水库和板桥水库两个文物工作组,分别由蒋若是、安金槐负责,韩维周为业务指导,分赴两个水库工地进行配合发掘与清理工作。这是新中国成立后河南省文物部门最早进行的考古发掘工作。对禹县白沙水库仰韶文化遗址的考古发掘取得了较大的成果。[1] 1954—1957 年,又相继对洛阳孙旗屯遗址和郑州林山寨遗址进行发掘,均发现有丰富的仰韶文化遗存。[2] 1957 年,又发掘了渑池县西河庵村仰韶文化遗址。[3] 河南文物工作者发掘了郑州后庄王遗址,出土有仰韶文化的房基、灰坑和大批瓮棺葬。[4] 1958 年发掘陕县七里铺[5]、鲁山邱公城[6]。同年,还发掘了南阳黄山、唐河寨茨岗[7]、社旗茅草寺[8]、镇平赵湾[9]等新石器时代遗址,以及南召二郎岗遗址[10]等,除发现有屈家岭文化遗存之外,还发现不少仰韶文化遗存。同年,河南省文化局文物工作队发掘了著名的汝州大张仰韶文化遗址。[11] 此外,还发掘了淅川下集遗址[12],有仰韶

---

[1] 安金槐:《河南省文物研究所四十年来发展历程的回顾》,《华夏考古》1992 年第 3 期。
[2] 河南省文化局文物工作队:《1957 年郑州西郊发掘记要》,《考古通讯》1958 年第 9 期。
[3] 河南省文化局文物工作队:《河南渑池西河庵村新石器时代遗址发掘简报》,《考古》1965 年第 10 期。
[4] 河南省文物研究所:《郑州后庄王遗址的发掘》,《华夏考古》1988 年第 1 期。
[5] 黄河水库考古队河南分队:《河南陕县七里铺第一、二区发掘概要》,《考古》1959 年第 4 期。
[6] 河南省文化局文物工作队:《河南鲁山邱公城古遗址的发掘》,《考古》1962 年第 11 期。
[7] 河南省文化局文物工作队:《河南唐河寨茨岗新石器时代遗址》,《考古》1963 年第 12 期。
[8] 河南省文化局文物工作队:《河南唐河茅草寺新石器时代遗址发掘简报》,《考古》1965 年第 1 期。
[9] 河南省文化局文物工作队:《河南镇平赵湾新石器时代遗址的发掘》,《考古》1962 年第 1 期。
[10] 河南省文化局文物工作队:《河南南召二郎岗新石器时代遗址》,《文物》1959 年第 7 期。
[11] 河南省文化局文物工作队:《河南临汝大张新石器时代遗址发掘简报》,《考古》1960 年第 6 期。
[12] 汤文兴:《淅川下集新石器时代遗址发掘报告》,《中原文物》1989 年第 1 期。

文化和屈家岭文化遗物出土。1975 年发掘禹县谷水河①、淅川马岭②等遗址，均发现有具仰韶、屈家岭文化特征的遗存。

三、河南地区龙山文化遗址的调查与发掘

河南地区的龙山文化因与山东地区的龙山文化文化面貌差别较大而被学术界称为河南龙山文化，经过新中国成立后二十多年的调查发掘，逐渐搞清了其分布范围是以河南为中心，涉及关中东部、山西西南部、河北南部、山东西部以及安徽西北部。河南境内的典型遗址众多，陕县庙底沟、洛阳王湾、安阳后冈、淅川下王岗、永城王油坊等遗址的发现与发掘影响最大。

庙底沟遗址二期文化，1953 年发现于河南陕县东南青龙涧南岸的庙底沟，1956—1957 年进行了较大规模的发掘工作。庙底沟遗址二期文化的遗存发掘出房屋 1 座，大致可以复原为半地下圆形尖锥状顶房屋。窑 1 座，为半球状的窑顶。窖穴 26 座，分为圆形、椭圆形两类。墓葬 145 座，为仰身直肢长方形竖穴墓。陶器以灰陶为主，泥条盘筑慢轮修整而成，有碗、盆、杯、罐、灶、豆等。③ 其中大口深腹罐、鼎、小口尖底瓶和彩绘菱形带状纹罐等具有仰韶文化向龙山文化过渡的性质。④ 三里桥发现龙山时期窖穴 1 座，形制与仰韶时期相近。陶器灰陶为主，纹饰绳纹最多而彩陶绝迹，似乎晚于庙底沟的龙山文化。⑤ 从器形上分析，我们可以看出庙底沟二期出土的陶器早于常见的龙山文化，是河南龙山文化较早的发展阶段。因此，当时定名为庙底沟二期文化。庙底沟二期文化的发现是 20 世纪五六十年代河南乃至全国新石器考古的重要收获，它承袭仰韶文化发展而来，发展成为河南地区介于仰韶文化与龙山文化之间的一种过渡期文化，而河南的龙山文化，则是在庙底沟二期文化基础上发展而来。这一发现解决了仰韶文化与龙山文化的过渡环节，填补了中国古代文明起源的空缺。

① 河南省博物馆：《河南禹县谷水河遗址发掘简报》，《考古》1979 年第 4 期。
② 安金槐：《河南省文物研究所四十年来发展历程的回顾》，《华夏考古》1992 年第 3 期。
③ 杨育彬：《河南考古》，中州古籍出版社 1985 年版，第 32 页。
④ 中国社会科学院考古研究所：《新中国的考古发现与研究》，文物出版社 1984 年版，第 69 页。
⑤ 杨育彬：《河南考古》，中州古籍出版社 1985 年版，第 34 页。

王湾遗址作为郑洛地区史前文化地层清晰的史前遗址,王湾二期、三期的发现更加有力证明了庙底沟二期文化为仰韶文化与龙山文化的中间环节。王湾遗址第三期为典型的河南龙山文化遗址,共清理灰坑78个,大多为袋形灰坑,其中3个灰坑底部有人骨架,长方形竖穴墓葬4座。根据出土器物可分为早晚两段。早段灰陶篮纹、方格纹为主,有少量绳纹,典型器物有敞口平底碗、双腹盆、深腹罐、单耳杯、甑等,晚段黑陶增加,篮纹较深,方格纹增大,典型器物有碗、双腹盆、平底盆、深腹圈足甑等,鼎、鬶、鬲、大口平底盆少见。[①] 王湾龙山文化遗存出土的陶器在中原腹地具有典型性,其后学术界一般称为河南龙山文化王湾类型。[②] 虽然王湾类型的内涵和分布范围学术界至今有争议,但不可否认它是河南龙山文化最具影响力的一个文化类型。20世纪70年代发掘的洛阳矬李[③]、孟津小潘沟[④]、临汝煤山[⑤]等龙山文化遗址,文化面貌与王湾三期都有较多的相似性。尤其是临汝煤山遗址,最下层是河南龙山文化,上二层是二里头一、二期文化,河南龙山文化层中出土房基2座,长方形竖穴墓1座,被认为是河南龙山文化中最晚的文化遗址。一般认为煤山龙山文化遗址是河南龙山文化向二里头文化的过渡阶段。[⑥]

安阳后冈遗址在"中央研究院历史语言研究所"进行殷墟发掘过程中首次由梁思永发掘并发现了著名的"三叠层"[⑦],新中国成立前发掘了4次。新中国成立后,中国科学院考古研究所安阳工作队先后于1958—1959年、1971—1972年又进行了几次发掘。1972年发掘的灰坑中出土大量完整的陶器。[⑧] 陶器纹饰以绳纹为主,其次为篮纹和方格纹,多见鬲、甗、盆式斝或罐式斝、罐形鼎、大口鼓腹小平底罐、直口鼓腹双口罐、双腹盆、大口平底盆、鸟头式鼎等器物。[⑨] 安

---

① 严文明:《从王湾看仰韶村》,《仰韶文化研究》,文物出版社1989年版,第33页。
② 中国社会科学院考古研究所:《新中国的考古发现与研究》,文物出版社1984年版,第69页。
③ 洛阳博物馆:《洛阳矬李遗址试掘简报》,《考古》1978年第1期。
④ 洛阳博物馆:《孟津小潘沟遗址试掘简报》,《考古》1978年第4期。
⑤ 洛阳博物馆:《河南临汝煤山遗址调查与试掘》,《考古》1975年第5期。
⑥ 中国社会科学院考古研究所:《新中国的考古发现与研究》,文物出版社1984年版,第74页。
⑦ 梁思永:《后冈发掘小记》,《梁思永考古论文集》,科学出版社1959年版,第101~102页。
⑧ 中国科学院考古研究所安阳工作队:《1972年春安阳后冈发掘简报》,《考古》1972年第5期。
⑨ 中国社会科学院考古研究所安阳工作队:《1979年安阳后冈遗址发掘报告》,《考古学报》1985年第1期。

阳后冈出土的龙山文化器物在豫北及周边地区被广泛发现,对其文化类型解读很多,一般称之为河南龙山文化后冈类型。① 20 世纪 60 年代,中国科学院考古研究所安阳发掘队发掘的安阳大寒南冈遗址②、70 年代发掘的汤阴白营遗址③等一批豫北地区龙山时代文化遗址,都可以纳入这一类型的文化范畴。其后在 1976—1977 年,安阳地区文物管理委员会对汤阴白营遗址进行了发掘,清理房基 62 座,灰坑 87 个,水井 1 口,房基地面有夯打痕迹,涂抹有较厚的白灰面。器物与后冈有较多相似之处,文化层清晰,为河南龙山文化分期提供了线索。

河南的豫西南和豫东南的新石器考古发掘工作在新中国成立以后的 20 年左右时间内,一直所做工作不多,直到 70 年代这一局面才改观。豫西南最重要的发现是淅川下王岗遗址,淅川下王岗龙山文化可分为早晚二段,早段(晚一期)文化的陶器中,包含有一些龙山文化的因素。晚段(晚二期)是具有明显地方特点的龙山文化遗存,陶器多呈灰黑色,以饰篮纹、方格纹和绳纹为主,常见器形有鼎、罐、瓮、豆、鬶与盉形器。发现一些成人墓和儿童瓮棺葬,有的陶瓮形制之大是罕见的。④ 淅川下王岗龙山文化遗址出土的器物代表了豫西南龙山文化的特色,称之为下王岗类型比较合适。

除此之外,此一时期由河南文物工作者为主发掘的龙山文化遗址有泌阳板桥水库荆树坟、郑州二里岗、郑州牛砦⑤、郑州旭旭王⑥、巩县小訾殿、偃师灰嘴、济源原村等。

四、其他文化遗址的调查发掘与文化传播交融的初步探索

新石器时代,河南境内不同时期主要分布的是仰韶文化和河南龙山文化,但同时又有周边不同史前文化的渗入和分布,尤其是新石器中晚期,豫西南的

---

① 中国社会科学院考古研究所:《新中国的考古发现与研究》,文物出版社 1984 年版,第 75 页。
② 中国科学院考古研究所安阳发掘队:《安阳洹河流域几个遗址的试掘》,《考古》1965 年第 7 期。
③ 安阳地区文物管理委员会:《河南汤阴白营龙山文化遗址》,《考古》1980 年第 3 期。
④ 河南省文物研究所等:《淅川下王岗》,文物出版社 1989 年版,第 139 页。
⑤ 安金槐等:《郑州牛砦龙山文化遗址发掘报告》,《考古学报》1958 年第 4 期。
⑥ 《郑州旭旭王遗址发掘报告》,《考古学报》1958 年第 3 期。

屈家岭文化和豫东南的大汶口文化分布明显。河南文物工作者在 20 世纪五六十年代就注意到此类不同类型的文化并加以区分和研究。

屈家岭文化是 1954 年在湖北京山屈家岭首先发现的一种古代原始文化。它以江汉平原为中心,西到四川东部,东达湖北的东部及江西修水一带,南逾长江到湖北,北抵河南西南部地区,分布地域辽阔,是长江流域一支重要的新石器时代晚期文化遗存,距今约 5300 余年到 4200 余年之间。河南屈家岭文化遗存的发现也可上溯到 20 世纪 50 年代。在泌阳三所楼[1]、唐河寨茨岗[2]、信阳阳山[3]、社旗茅草寺[4]、镇平赵湾[5]和南召二郎岗[6]诸遗址的发掘中,都包含有屈家岭文化的遗存。1966 年发掘的淅川埠口、李家庄、雷嘴、桐柏庙等[7],均发现以屈家岭文化为主的遗存。到了 60 年代和 70 年代初,又在淅川黄楝树(龙山岗)、下王岗等遗址发现了仰韶文化、屈家岭文化的叠压层。

1965 年,河南省文物局文物工作队发掘淅川黄楝树(龙山岗)遗址,发现在仰韶文化层上面叠压着丰富的屈家岭文化层。这在河南考古发掘中,第一次从地层上确立了这两种文化的发展序列。黄楝树遗址发掘出庭院式布局的 25 座屈家岭文化房基,都是方形或长方形的地上建筑。其中 18 座房基为单间,有 7 座房基为双间。房基布局较有规律,北排房 5 座,为西北—东南向,东排房 17 座,为东北—西南向,二者垂直构成长方形村落庭院的东北角。另有 2 座位于东排房西南端处,构成庭院的两个西南角,还有 1 座位于庭院中部。房子面积一般为 10 平方米左右,个别有 20 平方米的。除房基之外,还发掘出屈家岭文化的灰坑 18 个,有很规整的圆形,还有圆袋形、椭圆形及个别的长方形坑,另外发掘长方形竖穴土坑墓 18 座。黄楝树(龙山岗)遗址文化遗物非常丰富,陶器有敞口折沿平底凿状足盆形鼎,敛口鼓腹平底罐,敞口斜壁平底钵,深盘高柄圆

---

[1] 河南省文化局文物工作队:《河南泌阳板桥新石器时代遗址的调查和试掘》,《考古》1965 年第 9 期。
[2] 河南省文化局文物工作队:《河南唐河寨茨岗新石器时代遗址》,《考古》1963 年第 12 期。
[3] 河南省文化局文物工作队信阳发掘小组:《河南信阳市阳山新石器时代遗址试掘记》,《文物参考资料》1955 年第 8 期。
[4] 河南省文化局文物工作队:《河南唐河茅草寺新石器时代遗址》,《考古》1965 年第 1 期。
[5] 河南省文化局文物工作队:《河南镇平赵湾新石器遗址的发掘》,《考古》1962 年第 1 期。
[6] 河南省文化局文物工作队:《河南南召二郎岗新石器时代遗址》,《文物》1959 年第 7 期。
[7] 安金槐:《河南省文物研究所四十年来发展历程的回顾》,《华夏考古》1992 年第 3 期。

形镂孔豆,高柄直口或敛口杯,直口高领鼓肩彩陶壶,覆盘形器盖,以及甑、瓮、澄滤器等。①

1971—1974年河南省博物馆等单位发掘的淅川下王岗遗址也发现了丰富的屈家岭文化层。发现了一些遗迹和遗物,其中有房基1座,为东西两间并列的一组地上建筑,房门朝南,房基周围有土墙和柱洞,屋内地坪经过火烧加工,十分坚硬;发掘出灰坑35个,平面有圆形、椭圆形、长方形、不规则形多种;土坑墓3座,均为长方形或椭圆形竖穴土坑墓;陶器包括陶鼎、钵、豆、碗、器座、支垫等屈家岭文化器物。②

此一阶段在河南发现的屈家岭文化重要遗址还有1975年发掘的禹县谷水河③、淅川马岭等遗址,均发现具有仰韶、屈家岭文化特征的遗存。这些发现对研究中原地区新石器时代文化与江汉地区新石器时代文化的关系,研究同时期不同文化之间的相互交流与影响,以及探讨楚文化的发展渊源,都提供了重要资料。

大汶口文化因1959年首先发现于山东泰安大汶口遗址而得名,这是一种主要分布在以山东省为中心的黄河下游及东部沿海地区的新石器时代文化。河南境内大汶口文化的发现可追溯到1936年永城黑孤堆遗址发掘出土的施篮纹的鼎和圈足罐等。④ 到20世纪50年代在郑州荥阳点军台遗址⑤、郑州林山寨遗址⑥、信阳阳山遗址⑦的考古发掘中也有发现。而首次发现的成组大汶口文化遗物则是1962年中国科学院考古研究所洛阳发掘队在发掘偃师滑国古城墓葬之内出土的,主要有高领罐、高柄杯、觚形杯、背壶、器盖等。⑧ 20世纪70年代

---

① 长江流域规划办公室考古队河南分队:《河南淅川黄楝树遗址发掘报告》,《华夏考古》1990年第3期。
② 河南省文物研究所:《淅川下王岗》,文物出版社1989年版,第22页。
③ 河南省博物馆:《河南禹县谷水河遗址发掘简报》,《考古》1979年第4期。
④ 李景聃:《豫东商丘永城调查及造律台黑孤堆曹桥三处小发掘》,《中国考古学报》1947年第2期。
⑤ 中国科学院考古研究所河南调查团(夏鼐):《河南成皋广武区考古纪略》,《科学通报》2卷7期,1951年版。
⑥ 河南省文化局文物工作队:《郑州西郊仰韶文化遗址发掘简报》,《考古通讯》1958年第2期。
⑦ 河南省文化局文物工作队信阳发掘小组:《河南信阳市阳山新石器时代遗址试掘记》,《文物参考资料》1955年第8期。
⑧ 中国科学院考古研究所洛阳发掘队:《河南偃师"滑城"考古调查简报》,《考古》1964年第1期。

在驻马店、平顶山、郑州等地均发现含大汶口文化因素的遗址。1976年平顶山地区发现类似大汶口文化的墓葬。① 这一时期没有发现有太多以大汶口文化因素为主的遗址，但大汶口文化因素对中原地区渗透的证据已经比较明显。如在郑州大河村第三、四期的仰韶文化晚期遗址中出土的大汶口文化陶器，陶质以红陶为主，其次为灰、黑陶。器形有背壶、敛口尊、敛口盉、高领罐、浅盘豆、敛口罐和深腹罐等。禹州谷水河遗址中，第一、二期文化为仰韶文化，第三期具有仰韶文化向龙山文化过渡的性质，而其中的镂孔高柄豆、宽肩壶、陶鬹，均与山东大汶口晚期墓葬的某些同类器物相类似。②

五、新石器文化属性、文化谱系与年代学初步研究

新中国成立后到20世纪70年代中叶，河南境内的旧石器考古工作虽然已经开展并取得了一定的成绩，如中国科学院古脊椎动物研究室在豫西进行的调查、中国科学院考古所对安阳小南海的考古发掘等，但所做的研究工作有限，史前考古与研究工作的重头戏在新石器领域。

这一时期，仰韶文化的研究是河南考古主要热点之一。20世纪50年代，河南地区先后大规模发掘了庙底沟、三里桥、王湾、后冈等新石器遗址，加上同时期邻省陕西西安半坡、华县元君庙和泉护村、山西芮城东庄村和西王村等诸多遗址的发掘，迅速增加的考古材料使得仰韶文化在内涵、分期、分类型和性质等问题上获得一些突破性进展。仰韶文化的基本面貌得以初步认识：豫西及邻近地区仰韶文化早于龙山文化，并存在着过渡性的庙底沟二期文化，王湾遗址发现了从仰韶早期到龙山晚期的多时期文化堆积，仰韶文化向龙山文化的过渡更加清晰；至1963年，重新认识了仰韶村遗存，得知这里存在着仰韶、龙山两大阶段的遗存，澄清了以往关于该遗址内涵的模糊认识。③ 总的来说，庙底沟、三里桥、王湾、大河村遗址的发掘，各遗址清晰的地层关系使河南地区史前仰韶文化

---

① 张脱：《河南平顶山市发现一座大汶口类型墓葬》，《考古》1977年第5期。
② 山东省文物管理处等：《大汶口新石器时代墓葬发掘报告》，文物出版社1974年版，第138页。
③ 严文明：《从王湾看仰韶村》，《仰韶文化研究》，文物出版社1989版，第113页。

到龙山文化各自历程有了较细的分期。

仰韶文化的分期主要立足于河南、陕西、山西的考古材料。夏鼐于1959年发表《关于考古学上文化的定名问题》①,定义了考古学文化,初步划分了考古学文化的标准,并就考古学文化定名条件、时机及如何定名等问题发表了卓有见地的见解。张忠培在20世纪90年代曾撰文说:"这篇文章的发表,推动了考古学文化及考古学文化划分类型的研究,尤其是仰韶文化区分类型的探索,使这类著作日益增加起来。同时,考古学文化分期的思考,特别是黄河流域史前遗址的考古学文化的分期研究,开始出现了,且愈益发展起来。"②正是在新石器考古遗址大量发现和文化内涵逐渐丰富的学术背景下,20世纪50年代后期安志敏、石兴邦等学者把仰韶文化区分为半坡类型和庙底沟类型。③ 实际上这是中国考古学界对仰韶文化分期、分类型的首次尝试。其后考古工作者在配合黄河水库工程对三里桥遗址进行大面积的发掘工作时,进一步揭示出龙山文化在上、仰韶文化在下的层位关系和这两类遗存的大量资料。河南的龙山时代的遗存,最早见于仰韶村遗址及不招寨遗址等地,而搞清楚仰韶文化、龙山文化二者的层位关系、文化特征与面貌,当是继"客省庄二期文化"之后,再次被确认出来的龙山时代的另一种文化遗存。至于河南的仰韶文化,虽然已经确认河南是其中心文化区域,但各区域之间地域文化类型的界限与相互关系,都还不甚明了。至于豫西的仰韶文化遗存,《庙底沟与三里桥》认为它"和半坡可能是比较接近的,或可以暂归于同一种类型"④。

安志敏、石兴邦等首次把仰韶文化区分为半坡类型和庙底沟类型之后,考古学界出现了对仰韶文化划分类型和分期的研究热潮。但是,考古学人对于半坡类型和庙底沟类型年代早晚的意见存在很大分歧,持半坡类型早于或晚于庙底沟类型和二者同时并行观点的都有不少学者。1962年杨建芳等在全面检讨仰韶文化文化层的基础上,讨论仰韶文化的类型与分期,认为可分两期五个类

---

① 夏鼐:《关于考古学上文化的定名问题》,《考古》1959年第4期。
② 张忠培:《中国考古学史的几点认识》,《中国考古学:走进历史真实之道》,科学出版社1999年版,第67页。
③ 安志敏:《试论黄河流域新石器时代文化》,《考古》1959年第10期;石兴邦:《黄河流域原始社会考古研究上的若干问题》,《考古》1959年第10期。
④ 中国科学院考古研究所:《庙底沟与三里桥》,科学出版社1959年版,第114页。

型,即西阴村、秦王寨、后冈、三里桥、半坡类型,其中西阴村类型为早期的代表,而其余四个类型均为晚期的代表。① 到20世纪60年代初,张忠培、严文明等人发现以往学者在作仰韶文化面貌的概括时,总是在单个遗址或遗址的某大期文化之间进行比较,对一些文化面貌的基本概念的理解颇不相同。为了克服这种以特例遗址为单位做比较带来的弊端,便潜心从基础工作做起,开始了对典型遗存的细致分期工作。他们的方法是从层位关系出发,以房址、墓葬、灰坑等为比较研究的基本单位,先后重新整理半坡、庙底沟、三里桥、王湾、西阴村、东庄村、西王村和北首岭等诸多以仰韶文化为主的重要遗址的材料,对出土器物的器形及彩陶花纹等进行较深入的分型定式研究,对比研究各遗址的分期和每期的文化性质,对个别典型性更强的如王湾、庙底沟等遗址在原先分期之内还做出了更细的一些分期甚至是分段,从而为深入研究相关问题奠定了扎实基础。如三里桥的性质与年代、庙底沟的分期等文章就是这样写成的。② 三里桥就像一条重要的纽带,把半坡类型和庙底沟类型联结起来。③ 1965年,苏秉琦总结新中国成立前后阶段性考古工作,对仰韶文化的分期、类型、与相邻原始文化的关系及其社会性质等问题进行了全面的探讨。他认为:"仰韶文化在其长期发展过程中必然会形成的阶段性和差异性,是两类不同性质的问题。我们对仰韶文化的文化类型和年代分期两问题的研究应该加以区分,而不应把它们混为一谈。"④苏秉琦通过对出土器物进行类型学的型式分析,把仰韶文化最主要的分布区域划分为关中至晋南豫西和陇东、豫北、洛阳、鄂北、河套等区域类型,并对其文化面貌进行了概括,尤其是对河南豫西与关中地区的仰韶文化进行了较详细的对比与研究,同时又根据研究得出的仰韶文化的时代早晚,结合不同阶段文化面貌,深入地分析出仰韶文化的前期还处在原始氏族制的上升阶段,而后期则已经越过了这个阶段。俞伟超、张忠培等学者在评价这篇文章时说:"现在,时间又过去了近二十年,新增加的材料,仍然表明不宜对这几个区域类型的

---

① 杨建芳:《略论仰韶文化和马家窑文化的分期》,《考古学报》1962年第1期。
② 张忠培、严文明:《三里桥仰韶遗存的文化性质与年代》,《考古》1964年第6期;严文明:《论庙底沟仰韶文化的分期》,《考古学报》1965年第2期。
③ 严文明:《论庙底沟仰韶文化的分期》,《考古学报》1965年第2期。
④ 苏秉琦:《关于仰韶文化的若干问题》,《苏秉琦考古学论述选集》,文物出版社1984年版,第158页。

划分作较大变动。但这篇文章的重要意义,远远超出了对仰韶文化的类型所作的具体划分,而是在于寻找到了一条考察各种考古学文化的正确途径:划分区域类型,按类型寻找来龙去脉,依期别分析社会面貌的变化。"①

此一时期,由于仰韶文化已有了一系列聚落遗址和墓地材料,研究河南乃至全国仰韶文化的社会性质基本成为可能。20 世纪 50 年代末,中国考古学领域与考古专业的大学生们开始提出要建立马克思主义考古学体系的口号。② 不久学术界便认为已经摸索出了一条通过考古遗存来探讨社会组织和社会性质的有效途径。③ 社会性质研究逐渐成为仰韶文化研究的又一关注热点。有关仰韶文化社会性质的讨论,当时的主流观点是"仰韶母系说",只有很少的人主张"仰韶父系说"。时任河南省文物工作队队长的许顺湛不畏权威,1960 年率先发表了《关于中原新石器时代文化的几个问题》④,提出了三个不同凡响的观点:中原龙山文化源于仰韶文化;仰韶文化为父系氏族社会;二里头下层文化为夏文化。因而他成为较早提出中原龙山文化源于仰韶文化的学者,也是第一个提出仰韶文化为父系氏族社会、二里头文化为夏文化的人。尤其是仰韶文化为父系氏族社会的观点,后来被称为"仰韶文化父系说"。可以说许顺湛是"仰韶文化父系说"的首倡者。然而这篇文章当时并没有在学术界引起足够的重视。1962 年许顺湛再次发表《"仰韶"时期已进入父系氏族社会》⑤一文,高高举起"仰韶父系说"的大旗,与"仰韶母系说"展开学术辩论。遗憾的是由于"仰韶父系说"曲高和寡,这场争论还没有真正地展开,便在一片反对声中偃旗息鼓。当时,大部分学者认为仰韶文化时期仍是母系氏族社会,"仰韶父系说"缺乏必要的论据。⑥ 然而,在"仰韶母系说"的一潭死水里,"仰韶父系说"一石激起千层

---

① 俞伟超、张忠培:《苏秉琦考古学论述选集·编后记》,《苏秉琦考古学论述选集》,文物出版社 1984 年版,第 313 页。
② 李水城:《考古学发展史的回顾与思考》,《庆祝苏秉琦考古五十五年论文集》,文物出版社 1989 年版,第 71 页。
③ 张忠培:《关于根据半坡类型的埋葬制度探讨仰韶文化社会制度问题的商榷》,《考古》1962 年第 7 期。
④ 许顺湛:《关于中原新石器时代文化的几个问题》,《文物》1960 年第 5 期。
⑤ 许顺湛:《"仰韶"时期已进入父系氏族社会》,《考古》1962 年第 5 期。
⑥ 杨建芳:《仰韶时期已进入父系氏族社会了吗》,《考古》1962 年第 11 期;周庆基:《对〈"仰韶"时期已进入父系氏族社会〉一文的意见》,《考古》1962 年第 11 期。

浪,活跃了学术氛围,促进了研究的深化,在当时考古发掘工作繁重,深入研究刚刚起步的时代,无疑是件有意义的事,这一时期不同的争论为20世纪80年代有关仰韶社会性质继续争鸣奠定了基础。

此一时期关于龙山文化的分类和来源等问题的讨论也比较热烈。有关龙山文化的分类问题,由于有关遗址发现增多,龙山文化的范围越划越大,在梁思永将龙山文化分成三区的基础上,因对彼此区域的所谓龙山文化内涵理解不同,产生了很多不同的划法。安志敏提出河南龙山文化的概念,并将其分为豫东、豫北、豫西三区,并对龙山文化的来源及与周围文化的关系进行分析指出:龙山文化是继仰韶文化之后的一个发展阶段,其分布范围基本上在黄河流域,周围的若干文化则可视为它的变体。① 杨子范、王思礼等人认为,所谓陕西龙山文化不应作为龙山文化的一支,只有中原地区的龙山文化和山东地区的龙山文化可能是两支独立发生和发展的不同文化体系。② 这些观点对此后河南龙山文化的研究具有十分重要的价值和意义。在此基础上河南龙山文化的文化类型研究开始进一步细化,成为河南新石器研究的一个重要热点。关于龙山文化的来源,学者们首先注意到的是庙底沟二期文化。庙底沟二期文化因同时具有仰韶和龙山的因素,被认为是一种从仰韶到龙山之间的过渡文化。其后考古工作者通过陕县庙底沟、洛阳王湾、淅川下王岗、郑州林山寨等遗址的发掘,找到了由仰韶文化向龙山文化发展的过渡阶段的文化层。这种文化层所包含的遗物既有仰韶文化的成分,又有河南龙山文化的因素,因而在地层叠压关系上往往介于上述两种文化之间。这种现象表明中原地区的仰韶文化和龙山文化是一脉相承的新石器时代文化。许顺湛较早提出中原龙山文化源自仰韶文化。③ 当时人们已注意到龙山文化有不同的区域特征,已经将山东龙山文化、河南龙山文化、陕西龙山文化区别开来。另外开始将河南龙山文化进一步划分小区类型的尝试,如河南龙山文化中的豫东、豫北、豫西之差别。同时,仰韶文化也可分成若干区域类型,所以如果笼统地说龙山文化是源于仰韶文化或是其直接继承者的观点,已经不仅无法适应研究的需要,更不可能说明龙山时期诸区类型遗

---

① 安志敏:《中国新石器时代的物质文化》,《文物参考资料》1956年第8期;安志敏:《试论黄河流域新石器时代文化》,《考古》1959年第10期。
② 杨子范、王思礼:《试谈龙山文化》,《考古》1963年第7期。
③ 许顺湛:《关于中原新石器时代文化的几个问题》,《文物》1960年第5期。

存的真正来源。这些问题的解决,有待于其后考古资料的积累和研究的深入。

在解决河南龙山文化起源的同时,对其去向的问题也获得了重要线索。首先是 1957 年,在郑州西郊洛达庙遗址发现一种早于二里岗商文化的新型文化,当时称为"洛达庙类型"文化。① 1958 年,通过对洛阳东干沟遗址的发掘与研究,发现该遗址主要文化层出土的遗物"与郑州商代遗存比较,这些器物显然与洛达庙所出的较为接近",应属于洛达庙类型文化,而这一层文化不仅"压在龙山灰坑的上面",并且"两者间在文化联系上亦有不少线索可寻,值得进一步加以探讨"。② 尽管这些线索还是模糊的,但对河南龙山文化的完整认识来说,也是弥足珍贵的。

总之,这一时期考古工作者在河南新石器时代考古方面基本解决了两个重要问题:一是基本搞清楚了河南龙山文化与仰韶文化的承袭关系,二是开始对河南境内的仰韶文化、河南龙山文化进行类型划分的尝试,为以后的河南新石器考古与研究工作奠定了良好的基础。

第二节　夏商周考古的陆续展开

夏商周考古历来是河南考古的重头戏,也是全国考古活动最重要的内容之一。根据历史文献的记载,中国在商代之前,曾存在过以夏族为主体的夏王朝,它是中国进入有文献记载历史的第一个王朝。然而,这些相关记述究竟是信史还是纯属神话传说,在近代以来的史学界一直存在着巨大的争议。20 世纪 20 年代兴起的疑古学派,受所谓西方现代史学治学方法的熏陶,对国史典籍进行了全面的梳理、检讨和研究。但在中国古史尤其是夏朝的认识上,疑古学派可说是有破而未立,并没有得出相对科学可信的结论,甚至引起了史学研究更大

---

① 河南省文化局文物工作队第一队:《郑州洛达庙商代遗址试掘简报》,《文物》1957 年第 10 期。
② 中国科学院考古研究所洛阳发掘队:《1958 年洛阳东干沟遗址发掘简报》,《考古》1959 年第 10 期。

的混乱。直到殷墟发掘,找到商文化存在的实证,也为探索夏、商、周文化树立了新的标尺。当然,新中国成立前河南殷墟的发掘,只代表了新中国成立前河南考古的辉煌成就。而新中国成立后的二十多年的时间内,夏商周考古新发现全面开花,成果层出不穷,比之过去已经不可同日而语,重点在夏商周文化遗址乃至夏商都城的发现都有了重大突破。

一、寻找夏墟与夏文化

(一)夏文化探索的序幕

夏文化的探索在中国有着较长的历史,但是由于受时代的局限,在相当长的时间里没有什么进展。进入20世纪30年代,随着中国现代考古学的产生,考古工作者在安阳小屯发现了晚商时期的殷墟文化,继之又在安阳后冈发现了殷墟文化、龙山文化和仰韶文化的三叠层,从而为探索夏文化提供了可资比较的科学资料。当时的学者颇属意于仰韶文化为夏文化[1],也有人提出龙山文化是夏文化之说[2]。不过这两种文化刚被发现,整个文化面貌与具体时间界限并不清楚,虽然二者比殷墟文化要早,但是早到什么时候还不得而知。所以在20世纪三四十年代,学术界对于夏文化的探索基本上尚处于初步的推测阶段。新中国成立后,随着田野考古工作的大规模开展,在河南地区发现了一系列新的考古学文化,从而推动夏文化的探索获得突破性的进展。到1950年,考古工作者在郑州东南郊的二里岗,首先发现一种新的古代文化遗存,现今被学术界称作"二里岗文化"[3]。依据可靠的地层关系,以及对出土文化遗物内涵的分析,可知二里岗文化存在着上下两层即早晚两期文化堆积,时代早于安阳殷墟。二里岗文化的发现可说是填补了中国商代前期考古学上的空白,在学术上的重要地位是不言而喻的。二里岗文化相对年代的确定,对于夏文化的探索也有着重

---

[1] 徐中舒:《再论小屯与仰韶》,《安阳发掘报告》第三册,1931年版。
[2] 范文澜:《中国通史简编》,新知书店1947年版,第123页。
[3] 赵全锻:《河南几个新石器时代遗址》,《新史学通讯》1951年第1卷第1期;赵全锻:《郑州二里岗的考古发现》,《新史学通讯》1953年第6期;河南省文物工作队:《郑州二里岗》,科学出版社1959年版。

要意义。就在二里岗文化发现后不久,考古工作者又在郑州及其附近相继发现了两种新的古代文化遗存,其一是"洛达庙类型"文化,其二是"南关外类型"文化。"洛达庙类型"文化 1953 年首先在河南登封县(今登封市)玉村发现①,1956 年在郑州西郊洛达庙村又有较大规模的发现,曾先称之为"洛达庙类型"文化②,也即现今所称作的二里头文化;"南关外类型"文化是 1956 年在郑州南关外所发现的一种早于二里岗的文化③。二者各有自己独特的文化面貌,都被郑州二里岗文化层所叠压,且又都与二里岗文化有着较多的联系。此外 1958 年和 1959 年三次发掘了洛阳东干沟遗址。④ 回过头来看这些文化遗址的发现历程我们发现,如果说二里岗文化的发现大大缩短了探索夏文化距离的话,那么这些新的考古学文化遗址的发现,则可能使考古学者似乎更近地接触到了某些夏文化的因素。

(二)寻找夏墟与二里头文化遗址的发现

二里岗文化和"洛达庙类型"等文化的发现激起学术界在河南探索夏文化的巨大热情。1959 年,中国科学院考古研究所徐旭生首先率领助手方酉生、丁振海、郭柳圻、段守义等人亲赴田野进行夏文化的考古调查。调查的重点区域,他们"觉得有两个地区应该特别注意:第一是河南中部的洛阳平原及其附近,尤其是颍水河谷的上游登封、禹县(今禹州市)地带;第二是山西西南汾水下游(大约自霍山以南)一带"⑤。徐旭生把调查重点放在这两个地区,身体力行,首先沿颍水河谷溯流而上,开始了第一个区域的调查,实地调查和考察了登封、禹县、巩县和偃师(今偃师市)四县。在登封发现了告成王城岗遗址。当他们由颍水河谷进入洛阳平原上的伊洛河谷地带时,在偃师西南洛水南岸的二里头村,发现一处大型的"洛达庙类型"的文化遗址,也就是现在著名的二里头文化遗址。徐旭生通过调查,"看见此遗址颇广大",认为"很像古代一大都会"。⑥ 究

---

① 韩维周等:《河南登封县玉村古文化遗址概况》,《文物参考资料》1954 年第 6 期。
② 河南省文化局文物工作队第一队:《郑州洛达庙商代遗址试掘简报》,《文物》1957 年第 10 期。
③ 赵霞光:《郑州南关外商代遗址发掘简报》,《考古通讯》1958 年第 2 期。
④ 中国社会科学院考古研究所:《洛阳发掘报告(1955—1960 年洛阳涧滨考古发掘资料)》,燕山出版社 1989 年版,第 137~142 页。
⑤ 徐旭生:《1959 年夏豫西调查"夏墟"的初步报告》,《考古》1959 年第 1 期。
⑥ 徐旭生:《1959 年夏豫西调查"夏墟"的初步报告》,《考古》1959 年第 1 期。

竟是什么时代的都会呢？学者们回顾起来觉得十分有趣与巧合。徐旭生此次调查的目的是来"夏墟"调查夏文化，但在洛阳平原当他发现大型的二里头文化遗址时，则根据文献记载，推测认为该遗址应是成汤所都西亳的遗迹，就是说找到的是一处"商墟"。这个结论的得出，引起了后来二里头文化性质的大讨论，二里头遗址究竟属于夏文化还是商文化，成为中国现代考古史上争论时间最长的一个学术难题，尽管大部分学者偏向于其属于夏文化，但至今尚无定论。二里头遗址被发现后，1959年中国科学院考古研究所洛阳发掘队根据徐旭生的调查线索立即对该遗址进行了试掘。与此同时，河南省文物工作队为了探索夏代文化遗存，在许顺湛的组织下也曾根据文献记载与有关夏代都城的传说，对该区域进行了一次较大规模的考古调查，并在偃师二里头村一带发现了与洛达庙文化遗存类同的文化遗存。通过试掘发现偃师二里头遗址比郑州洛达庙遗址的内涵更为丰富，更具有洛达庙期文化的代表性。此后，二里头遗址的考古工作主要由中国科学院考古研究所洛阳发掘队（后为二里头工作队）承担。结果发现这里存在着四层文化堆积：最上层为二里岗文化，其下叠压着"洛达庙类型"的早、中、晚三期（也称为一、二、三期）文化堆积。二里头遗址"洛达庙类型"的早期接近于河南龙山文化，中期已基本演变为"洛达庙类型"文化，晚期则为典型"洛达庙类型"文化，并且晚期文化层内发现了不少房基和墓葬，文化遗物也比较丰富。关于晚期文化的内涵与性质，考古学界观点不一，如《1959年河南偃师二里头试掘简报》认为："有些考古工作者认为是河南龙山文化之后，郑州二里岗商文化之前的这一阶段，时间上大致相当于历史上的夏代，因而推测这一类型的文化遗址可能属于夏文化，根据文献记载，传说偃师是汤都西亳，而此遗址内以晚期文化层分布最广，这是值得注意的，或许这一时期相当于商汤建都这一阶段。"[①]这个观点和徐旭生的主张是一致的。

  二里头文化遗址的发现，是徐旭生此次考古调查的重要收获之一，也可以说是夏文化考古探索在河南的切入点和新突破。除此之外，徐旭生此次考古调查活动本身也具有重要意义。尤其是在调查中所提出的探索夏文化的两个区域，至今仍为考古工作者在探索夏文化过程中所重点关注的区域。徐旭生主张

[①] 中国科学院考古研究所洛阳发掘队：《1959年河南偃师二里头试掘简报》，《考古》1961年第2期。

把文献记载和实物资料、室内研究和田野考古工作密切结合,并且运用现代考古学方法,以田野考古工作为主要手段去有目的有计划地探索夏文化,这可说是中国考古学领域的一个创举,为后来考古学人的考古工作树立了典范。

进入20世纪60年代,中国科学院考古研究所洛阳发掘队对二里头遗址进行了系统的发掘,取得重大突破,发现了大型手工业作坊基址和一号宫殿基址。清理出大量的陶器和小件青铜器,并发现了成群的灰坑、墓葬和多座房基。晚期文化层内还发现了冶铜、制骨和制陶等手工业作坊基址,而最引人注目的是在遗址的中心发现一处大型夯土台基。台基面积约1万平方米,台基面上有成排的柱洞,显而易见它是一座大型的建筑基址。① 后来的研究证明可能是二里头一号宫殿遗迹。一号宫殿遗迹可能由堂、庭、门等组成。② 1972—1974年,中国科学院考古研究所二里头工作队对二里头一号宫殿遗址进行了全面的揭露,逐渐清理发现基址中部有殿堂,四周有廊庑,南部有大门的痕迹。在宫殿基址四周同期的文化层中发现有房基、窖穴、水井、窑址、道路和灰坑,出土了大量的陶器、石器、骨器、蚌器和少量的铜玉器,还有铸铜陶范、坩埚碎片、石料、骨料和半成品等,当为手工作坊遗物。在同期的文化层中还清理出一些小型墓葬,出土了一批随葬器物。这次发掘进一步弄清了宫殿基址的布局。特别是还在基址上面发现了一个新的文化层,即所谓的"二里头四期"③。"二里头四期"具有二里头三期(即晚期)和二里岗下层的双重文化因素,因此这期文化的发现,加强了二里头文化和二里岗文化的密切联系。另外,中国科学院考古研究所洛阳发掘队还于1975年在基址以北清理出几座二里头三期的墓葬,墓中出土一批精美的玉器和青铜器,青铜器计有铜戈、铜戚、铜爵和镶嵌绿松石的圆形铜器等,铸造复杂,造型精致,是中国当时所发现最早的一批完整的青铜器。④ 以上发掘中取得的巨大成果,证实了二里头遗址出土遗物已经属于青铜器时代的文化遗物。由于二里头遗址所发现的"洛达庙类型"文化较之洛达庙遗址的文化

---

① 中国科学院考古研究所洛阳发掘队:《河南偃师二里头遗址发掘简报》,《考古》1965年第5期。
② 赵芝荃:《二里头考古队探索夏文化的回顾与展望》,《中原文物》1978年第3期。
③ 中国科学院考古研究所二里头工作队:《河南偃师二里头早商宫殿遗址发掘简报》,《考古》1974年第4期。
④ 中国科学院考古研究所二里头工作队:《偃师二里头遗址新发现的铜器和玉器》,《考古》1976年第4期。

内涵更加丰富和更具典型性,因此在1962年,夏鼐将之与洛达庙、东干沟诸遗址改称为"二里头类型文化"①。1977年改称为"二里头文化",并得到了考古学界的认可。二里头文化晚期丰富的文化内涵和大型宫殿基址的发现引起学术界的强烈兴趣,对其性质的研讨成为学术界的一个热点。

二里头遗址在夏商考古中具有无可替代的地位。它的发现,对于中国古代文明的起源与形成、国家的产生与发展、夏商历史文化等课题的研究,具有十分重要的学术价值与意义,对中国考古学科的发展与完善也产生了重要而深远的影响。2001年"河南偃师二里头村二里头文化遗址的发现与发掘"成为"中国20世纪100项考古大发现"之一,被誉为夏商考古的"圣地"。

(三)其他类似的夏文化遗址的发现

除了二里头遗址的发现,河南的考古工作在寻找二里头文化与河南龙山文化之间的关联方面做出了不懈努力。考古工作者在1970年终于在河南临汝县(今汝州市)煤山遗址发掘出三层文化堆积,上层为二里头文化中期,中层为二里头文化早期,最下层具有新的文化特点,它既早于二里头文化早期,又晚于原来所说河南龙山文化晚期的"王湾类型",根据其新的特点,学术界把它称为"煤山类型"②。煤山类型文化的发现,把二里头文化和河南龙山文化进一步衔接起来,确定了它们之间一脉相承的关系,并且填补了河南龙山文化和二里头文化之间、二里头文化和二里岗文化之间的缺环。大约与此同时,考古工作者还在晋南一带,即文献记载的夏人另一个活动中心区进行了考古调查和发掘。就在1974年,发掘了夏县东下冯遗址,该遗址面积约25万平方米,包含着三层文化堆积,上层为二里岗文化,下层为晋南龙山文化,中层则具有新的文化面貌,学术界现称之为"东下冯类型"③。"东下冯类型"文化与二里头文化中隔黄河南北相望,年代大致相同,二者有着较多的共性,也有着明显的差异,学术界对其性质争论颇多,而二者与夏文化有关是学术界的基本共识。

---

① 夏鼐:《新中国的考古学》,《考古》1962年第9期。
② 洛阳博物馆:《河南临汝煤山遗址调查与试掘》,《考古》1975年第5期。
③ 东下冯考古队:《山西夏县东下冯遗址东区、中区发掘简报》,《考古》1980年第2期。

(四)夏文化初步研究

夏文化的研究,在 20 世纪三四十年代逐渐引起学者的注意。徐中舒、翦伯赞、范文澜等人对当时发现的仰韶文化、龙山文化进行初步研究,认为有可能是夏文化。虽然这种观点仅仅是推测,但对研究夏文化无疑是一种有益的尝试。

新中国成立后的二十多年时间内,中国的考古工作得到了迅速的发展,河南更是有突出的考古发现与发掘成果。20 世纪 50 年代中期,安志敏开始把分布于中原地区的龙山文化命名为河南龙山文化,并将其与夏文化联系起来。20 世纪 50 年代末,徐旭生认为龙山文化与夏文化有很深的关系,从而在豫西地区进行了"夏墟"调查,可以说这是夏文化研究的新起点。徐旭生最大的贡献是根据文献记载与考古发现,指出夏人活动的具体范围特别值得注意的是豫西和晋南地区[1],最大的收获是偃师二里头遗址的发现。可惜在 20 世纪五六十年代,除石兴邦、夏鼐等少数人将二里头、洛达庙、东干沟等遗址与夏文化挂钩进行了初步探讨,大部分考古工作者并没有在徐旭生指出的区域去努力寻找更多的所谓夏文化遗址,也没有对二里头文化进行全面系统的研究,而是将主要精力放在二里头文化的年代确认上。邹衡总结指出:当时有人认为其年代相当于商代早期,因为晚于它的二里岗商文化的年代是所谓的"商代中期"文化,所以二里头文化应该是早商文化;有人认为二里岗商文化的年代已是商代早期,那早于它的二里头文化自然相当于夏代了;其文化性质或称之为先商文化,或直接称其为夏代的文化。另有一种意见认为二里头文化的年代大概跨越夏、商两代,其文化性质也应一分为二:一部分属早商文化,另一部分有可能属夏代的文化。所有这些论点几乎都没有经过周密的论证,当时在学术界的影响并不是很大。[2] 出现这种情况的原因,同当时的客观条件紧密相关,一是 20 世纪 60 年代有关夏文化的文化遗址发现与发掘的并不多,缺少充分的对比材料,二是二里头遗址及相关联遗址新发现的材料来不及消化,研究不够深入,认识不够全面。

---

[1] 徐旭生:《1959 年夏豫西调查"夏墟"的初步报告》,《考古》1959 年第 1 期。
[2] 上述观点转引自邹衡的《夏文化研讨的回顾与展望》,《中原文物》1990 年第 2 期。

二、郑州商城的发现与殷墟考古的继续

(一)先商文化的探索

先商文化的考古学探索可追溯到20世纪30年代中期。1936年,李景聃依据古籍有关南亳的记载赴豫东商丘、永城等县进行考古调查和发掘。[①] 新中国成立初期,郑州二里岗期商文化逐渐被发现,为寻找殷墟商文化的源头提供了线索,考古工作者进而探索早、中商甚至是先商文化。20世纪五六十年代河南境内的考古发掘中,多次发现了先商文化遗存,如1950年发掘了辉县琉璃阁遗址H1[②],邹衡认为其包含物丰富,是先商文化辉卫型的典型代表[③]。1958年发掘的新乡潞王坟遗址下层遗存[④],1962年试掘的安阳大寒村南岗遗址"漳河类型"遗存[⑤]等,都有可能与先商文化有关。尽管这一时期对发现的先商文化遗存认识不清,但这些发现为其后进行的先商文化研究,特别是先商文化类型的划分提供了第一手材料,直到今天仍然具有参考意义。

(二)郑州商城的发现

1950年秋,郑州市一个小学教员(实为考古人员)韩维周首先在郑州城东南郊一个名叫二里岗的高地上发现了商代的陶器和石器。随后河南省、郑州市文化部门的文物机构以及中国科学院考古研究所对二里岗和郑州的其他地方进行了考古调查,这是对郑州商城进行调查发掘的开端。1951年春,中国科学院考古研究所河南调查发掘团来到郑州对该遗址进行调查,后根据采集到的标本,进一步推断这里为重要的商代遗址。[⑥] 新中国建立初期,中国专业的考古人员稀缺。1952年夏,文化部社会文化事业管理局、中国科学院考古研究所和北

[①] 李景聃:《豫东商丘永城调查及造律台黑孤堆曹桥三处小发掘》,《考古学报》1947年第2期。
[②] 中国科学院考古研究所:《辉县发掘报告》,科学出版社1956年版,第71页。
[③] 邹衡:《试论夏文化》,《夏商周考古论文集》,文物出版社1980年版,第78页。
[④] 河南省文化局文物工作队:《河南新乡潞王坟商代遗址发掘报告》,《考古学报》1960年第1期。
[⑤] 中国社会科学院考古研究所安阳队:《安阳大寒村南岗遗址》,《考古学报》1990年第1期。
[⑥] 夏鼐:《河南成皋广武区考古纪略》,《科学通报》1951年第7期。

京大学联合举办了全国第一届考古人员训练班。经过3个多月的培训,全体师生分批到郑州、洛阳两地进行实习,河南省文化局文物工作队参与其中并进行了辅助性工作。实习队由郭宝钧领导,安志敏、白万玉、钟少林、王仲殊等辅导,郑州实习分队以二里岗遗址为重点进行了试探性的发掘。同年秋,安志敏、李仰松、杨建芳、徐连成等对二里岗进行了科学的试掘,发现一批龙山文化与殷商文化的遗迹与遗物。① 自此以后,郑州商代遗址考古进行了一系列的发掘工作。为配合郑州二里岗的基建工程,1953年秋,河南省文化局文物工作队对二里岗遗址进行了较大规模的发掘,发现了丰富的商代遗迹和遗物。发现了一段夯土墙,夯土是一段略呈东北—西南向的夯土墙基,发掘者推测这段夯土墙基的时代可能属于商代二里岗期,当时并没有同城址联系起来。另外发现了两片甲骨文和凿痕龟甲一片。此次考古工作钻探出古代墓葬445座,后发掘了212座,其中绝大部分为战国墓。发掘后安金槐将二里岗商代文化层和这批墓葬遗址资料进行了整理,并编写出《郑州二里岗》一书。其中根据商代文化地层叠压关系,又将之分为两个阶段,即较早的二里岗期下层和较晚的二里岗期上层,并称之为"二里岗期文化"②。得出了二里岗期文化早于小屯殷墟文化的科学结论,揭示了二里岗期商文化的面貌。关于二里岗商代遗址的分期为考古界长期沿用,促进了商文化考古与研究。

1954年春,郑州市城市基本建设工程全面开展,安金槐带领考古工作者在二里岗一带开展了大规模的考古发掘工作。这次发掘发现了密集的商代墓葬群,共清理出商代墓葬上百座,但绝大多数是小型土坑墓,极个别为中型墓。在这些规模较大的墓葬中出土了大量的随葬品,包括铜器、玉器、陶器、原始瓷器、石器和象牙器等。1955年秋,在白家庄配合基建发掘中,安金槐等人经过科学缜密的考古工作,发现了商代夯土城墙,夯土城墙一端由白家庄沿城东路西侧向南延伸,与郑州老城东城墙的夯土连在一起;另一端从白家庄西侧向西延伸,又沿杜岭街东侧折而向南,与郑州老城西城墙内的夯土相接。这四面相连接的夯土,组成了一座规模巨大的近似长方形的城垣,经发掘证实,这是比安阳殷墟

---

① 安志敏:《一九五二年秋季郑州二里岗发掘记》,《考古学报》1954年第2期。
② 河南省文化局文物工作队:《郑州二里岗》,科学出版社1959年版,第2页。

还要早的商代早、中期城址。①

为搞清郑州商城内外分区结构,河南考古工作者付出了巨大的努力。到1954年,在郑州商城北城墙外,即今新华通讯社河南分社院内,又发现了一座磨制骨器的作坊遗址,出土了上千件骨器的成品、半成品、骨料和废料,还有一批磨制骨器用的砺石等。② 1954—1956年,发掘出两处铸造青铜器的作坊遗址。一处在郑州商城以南,即今南关外陇海马路南侧;另一处在郑州商城以北,即今河南饭店一带。③ 所出青铜器反映出郑州商城先进的青铜铸造水平。另外,在二里岗、铭功路、白家庄、杨庄、东里路、张寨南街、北二七路、人民公园和南关熊耳河等许多地方,出土了一大批商代中期青铜器。1974年9月,河南省文物工作队在郑州商城西城墙外张寨南街发掘出土两件大型铜方鼎,通高分别为1米和0.87米。④ 这是当时发现的最早装饰饕餮纹与乳钉纹的礼器,反映了商代中期发达的青铜工艺水平。1955年在郑州商城西郊即今铭功路西侧,发现一处较大的商代制陶作坊遗址。⑤ 在约1400平方米的范围内,发掘出14座排列有序的陶窑,出土几十件陶拍子和陶印模等制陶工具及大量的各类陶器,反映出商代中期发达的陶器制造工艺和生产水平,尤其是多达70多个的陶文符号和带釉的原始瓷器,更是引起学术界的高度关注。带釉的原始瓷器,多半是瓷尊一类,而在郑州商城西城墙外商代墓内出土的一件原始青瓷尊,更是代表了当时陶瓷工艺的最高水平,把中国制造瓷器的历史提前到3000多年前。⑥ 1973年,为了寻找郑州商代宫殿遗迹,考古队在郑州商城内展开了全面的考古钻探与试掘。他们在城东北部发现了许多大小不等的商代夯土建筑基址。其中有多处规模宏大,不同于一般的建筑房基,被确定为宫殿基址所在地。另外,郑州商城的考古工作还发现大量的商代中小型墓葬,出土了一批精美的玉器和不少的卜骨和少量卜甲,只是少见甲骨卜辞。可以说到20世纪70年代末期,郑州商城

---

① 河南省博物馆等:《郑州商代城遗址发掘报告》,《文物资料丛刊》1977年第1集。
② 河南省文化局文物工作队第一队:《郑州商代遗址的发掘》,《考古学报》1957年第1期。
③ 河南省文化局文物工作队第一队:《郑州商代遗址的发掘》,《考古学报》1957年第1期;廖永民:《郑州市发现的一处商代居住与铸造铜器遗址简介》,《文物参考资料》1957年第6期。
④ 河南省博物馆:《郑州新出土的商代前期大铜鼎》,《文物》1975年第6期。
⑤ 安金槐:《郑州地区的古代遗存介绍》,《文物参考资料》1957年第8期。
⑥ 郑州市博物馆:《郑州铭功路西侧的两座商代墓》,《考古》1965年第10期。

考古工作已经基本搞清宫殿区、手工作坊区、平民生活区和墓葬区的大致分布情况。

郑州商城范围很大,北城墙长约 1690 米,西城墙长约 1870 米,南城墙和东城墙均长约 1700 米,周长近 7 公里。在四周城墙上共发现 11 个缺口,有些可能是城门的遗存。郑州商城是用版筑法分段分层进行夯筑的,在每层夯土面上,布满密集的圆形尖底或圆底的夯窝,由于夯层薄,夯窝密,所以城墙十分坚硬。郑州商城内外遗迹十分丰富。在城内中部偏北和东北部一带,有大范围的宫殿遗址区,其他区域则有一些小奴隶主和平民居住区。手工业作坊区大多集中在城外靠近城墙的区域。北城墙外有一座铸造青铜器的作坊遗址和一座磨制骨器的作坊遗址,西城墙外有一座烧制陶器的作坊遗址,商城南郊也有一座铸造青铜器的作坊。城外有多处聚落区,如二里岗遗址。在城东北角的白家庄附近,城东南隅的杨庄一带,以及城南的郑州烟厂和城西的北二七路、人民公园、铭功路等地方,则是比较集中的墓葬区。

郑州商城的发现是新中国成立以来首次考古发现的商代早、中期具有一定规划布局的都城遗址,是中国迄今为止发现的时代较早、规模较大的王朝都城遗址之一,对中国夏商考古具有里程碑意义和影响。"夏商周断代工程"将其确定为夏商分界的界标,并由此建立了商代前中期的时空框架。由于郑州商城的特殊地位,1961 年 3 月被国务院公布为第一批全国重点文物保护单位。2001 年"河南郑州商代遗址的发现与发掘"成为"中国 20 世纪 100 项考古大发现"之一。2004 年 11 月,中国古都学会联合郑州市人民政府在古都郑州召开了郑州商都 3600 年学术研讨会暨中国古都学会 2004 年年会。与会专家肯定了郑州作为商代早中期王都的历史事实,对郑州商城在历史上的地位也予以充分肯定,一致认为郑州商城建设规模之大、都城规划布局之严整、内涵之丰富、气势之宏伟,从世界历史来看,一座城市有如此丰富的内涵是不多见的,堪称当时世界之最。由此专家们一致认为郑州在中华文明起源与发展的早期具有政治中心的巨大作用,名列中国八大古都应当之无愧。

郑州商城的考古发掘工作,历半个世纪至今依旧在进行,河南的考古工作者前赴后继,默默奉献。尤其是"新中国河南考古第一人"安金槐和他的队友们作出了巨大贡献。1952 年秋,安金槐参加第一届全国考古人员训练班后,到郑州二里岗作考古实习,确定了二里岗为商代文化遗址,并发现在商文化遗址的下层，还堆积着龙山文化层。1953年，为配合郑州市基本建设迅速发展的需要，河南省文物管理委员会决定在郑州成立文物工作组，安金槐任组长，从开封来到郑州积极筹建。不久，郑州市文物工作组改为河南省文物工作队第一队，他又被任命为主抓业务的副队长，从此开始主持对郑州商代遗址的保护与发掘工作，郑州商城考古的奠基工作可以说都与安金槐分不开，以他为代表的河南省老一辈考古学者都参与了这项工程并奉献了心血和汗水。

（三）殷墟考古的继续

新中国成立前，殷墟的发掘工作即已展开，并挖掘出宫殿基址、陵墓以及大批青铜器、甲骨文等重要遗迹遗物。新中国成立后到20世纪70年代，殷墟的发掘持续不断。1950年郭宝钧等对安阳武官村商代晚期大墓的发掘，揭开了殷墟考古的新篇章，20世纪70年代对妇好墓的发掘是这一时期殷墟考古最突出的成就。

1950年4月，中国科学院考古研究所以郭宝钧为首，平原省文物管理委员会（1952年与河南省文物管理部门合并）协助，赵铨、马得志、安志敏等人参加，重点发掘了西北冈王陵区的武官大墓和祭祀坑，同时在五道沟、四盘磨西北及花园庄西北地发掘了殷代遗址，为新中国成立以来的首次殷墟发掘。这次发掘最大收获是武官村大墓的发掘。墓葬整体为"中"字结构。墓室平面呈长方形，南北长14米，东西宽12米，内有大型椁室，与墓壁构成二层台。北墓道长15米，南墓道清理了长约6米的区域（并没有完全清理完毕）。后在1976年，中国社会科学院考古研究所和安阳地区文化局合作，在发掘武官村北祭祀坑的同时，将该墓的南墓道作了完整清理，南墓道长约15米。[1] 墓葬内殉葬79人，动物52只。二层台上随葬有按一定次序排列的殉葬人并有一定的随葬品，发掘者推测随葬者可能是跟墓主人关系很近的侍从与姬妾。随葬动物主要有马，大多在南北墓道的马坑之中。其他动物有猴、鹿等。大墓中随葬有一批青铜器、玉器、白陶器和石器。其中有一件虎纹石磬，最有特色。武官大墓规模宏大，有

---

[1] 中国社会科学院考古研究所安阳工作队：《武官大墓南墓道的发掘》，《安阳殷墟奴隶祭祀坑的发掘》（附录），《考古》1977年第1期。

类似王陵的规制。①周围有附属的 4 排 17 座排葬坑和 8 座散葬坑,为人祭坑。坑内被屠杀的奴隶达 209 人。② 这可能是商王室用于祭祀王陵内的死者及其祖先的场所。武官村大墓的发掘过程中还发掘了四盘磨的部分商代墓葬。从墓葬形制、规模、葬具、随葬物等方面观察,整个西北冈墓区的墓葬可分为四个等级:一是王陵大墓,二是贵族墓,三是平民墓,四是排葬坑和散葬坑。③ 本次发掘,为研究商代墓葬制度提供了新中国成立以来首批可信的实物资料,也为了解商代的奴隶社会提供了生动具体的资料。

除了武官村大墓的发掘,此一时期最引人瞩目的考古发掘是妇好墓的发掘。1976 年,中国社会科学院考古研究所安阳工作队在郑振香主持下,在小屯村北进行夯土房基考古工作,在发掘过程中,钻探发现房址 F1 下有大型墓葬,妇好墓逐渐露出真面目。妇好墓的形制呈长方竖井形,南北长约 6 米,东西宽 4 米,深约 7 米。东西两壁各有一个长条形的壁龛,壁龛内有殉葬的狗和人。墓底有熟土组成的二层台,墓底腰坑内有一人和一狗殉葬。有棺椁葬具,棺内无人骨,墓主人葬式不明。椁顶部有殉葬人骨架多具。随葬品丰富,主要分布在五个部位。一是墓室填土中,由上而下约分为六层,其中第六层随葬品最丰富。主要是陶器、兵器与玉石雕塑。二是椁顶上层,主要是青铜礼器与乐器等。三是椁顶,主要是玉器,如玉簋等。四是椁内棺外,主要是青铜重礼器。五是棺内,主要是玉质礼器与海贝。妇好墓随葬品总数达 1900 余件,此外有海贝 6800 余枚,另有少见的阿拉伯纹绶贝、红螺等。青铜器以礼器和武器为主,其中礼器 200 余件,类别有炊器、食器、酒器、水器等。礼器中有铭文的 190 件,铭文凡九种,其中铸"妇好"或单一"好"字铭文的共 109 件,占有铭文铜器的半数以上,且有较多的大型重器和造型较新颖的器物,如偶方彝、三联甗、鸮尊等。妇好铭文的铜礼器多成对,或数件成组。妇好墓内的青铜礼器群是殷代礼制的展现,妇好铭文的铜礼器是一个比较完整的礼器群,大概是妇好生前主持祭祀时用的一套礼器。铸"后母辛"铭文的铜礼器显然是子辈为其所做的祭器。其他各种铭文的礼器基本上都是酒器,大概是贵族或方国贡献的祭器,也从一个侧面体现

---

① 郭宝钧:《一九五〇年春殷墟发掘报告》,《考古学报》1951 年第 5 册。
② 中国社会科学院考古研究所安阳发掘队:《安阳殷墟奴隶祭祀坑的发掘》,《考古》1977 年第 1 期。
③ 段振美:《殷墟考古史》,中州古籍出版社 1991 年版,第 142 页。

出殷代的礼制。墓内所出武器有130多件,有钺、戈、矛和镞等,以戈为数最多,是主要的武器,镞也较多。钺是重要武器,也是权力的象征,妇好铭文的两件大铜钺,非常具有震撼力。墓内随葬玉器750多件,以深浅不同的绿色为主,褐色的占一定比例,白玉很少。其类别有礼器、武器、工具、用具和装饰器等。装饰品为数最多,动物形玉饰最为生动传神。此外,还出土3件精美的象牙杯,堪称国宝。①

妇好墓的发现,是殷墟第一次发现并能与甲骨文记载相印证,以判断墓主和年代的殷代王室墓。由于这座墓保存完好,而且有铭文判断年代,对研究殷代王室的葬制及陵墓的分期有重要意义。墓内所出的铜礼器群和武器,以及大量玉石器等,大体上反映了武丁前后商王朝礼器群的类别和组合,是研究商代礼制的重要资料。大型青铜礼器、武器和大量的玉器、象牙器也显示了商王朝的兴旺和手工业的发展水平。妇好墓的发现与发掘,在中国考古史、殷商史领域具有里程碑式的意义。

此一时期的殷墟发掘,除了发掘了大型的商族墓葬,在大司空村、苗圃北地、后冈、殷墟西区、戚家庄、刘家庄等地都发现了商族中小型墓葬。其中以殷墟西区的墓地规模最大。1969—1977年,在殷墟西区孝民屯南地近30万平方米的范围内,发掘出900余座小型墓葬,其中带有一条墓道的较大型墓5座,另有车马坑5座,死者绝大多数是殷代社会的平民,有规律地分布在8个墓区内,各个墓区之间有一定的界限,各个墓区的墓葬在埋葬习俗、随葬陶器组合及铜器铭文等方面,都各具有一定的特征。② 一个墓区可能就是商人一个支族的墓地。根据先秦史料和甲骨文的记载,商代社会中还保留着部分原始社会所残留的族的组织形式,殷人在从事生产活动或军事活动时,往往是以族为单位进行的。他们生时聚族而居,合族而动,死后同族而葬。这些分区的平民墓,从考古资料上为历史文献记载提供了佐证。

殷墟发现的祭祀坑已有多处。在后冈发现的一个圆形祭祀坑内,埋有不少的人头和被砍去头颅的人骨架,约70个个体,出有一件铜鼎,铸铭30余字,内

---

① 中国社会科学院考古研究所:《殷墟妇好墓》,文物出版社1980年版,第11~76页。
② 中国社会科学院考古研究所安阳工作队:《1969—1977年殷墟西区墓葬发掘报告》,《考古学报》1979年第1期。

有"戍嗣子鼎"铭。① 这是殷墟出土的铜器中铸铭最多的一件,对研究商代青铜器铭文的发展有其重要价值。1976年在王陵还发现一批祭祀坑,其中东区的祭祀坑埋有许多人骨,南北向祭祀坑埋砍头的青壮年男性,东西向祭祀坑埋全躯女性。② 西区祭祀坑则埋有兽骨,以马为多,余为象、牛、猪、狗、猴之类动物,这对研究商代的祭祀活动具有重要价值。

殷墟因甲骨而被发现,新中国成立后的二十多年内,殷墟又发现了大量的甲骨。1971年冬,安阳考古工作站在小屯西地发现一批完整的卜骨,共21枚,其中有刻辞卜骨10枚。这批卜骨堆放有序,排列有致,可分为三组。③ 而1973年在小屯南地挖出的甲骨更是让人叹为观止。初步统计,共发现卜甲、卜骨7150片,其中5000余片为刻字甲骨,内容非常丰富,包括有祭祀、天象、田猎、旬夕、农业、征伐、王事等。④ 这批甲骨有些是故意埋入地下的,有的则是当作废料倒入窖穴之中。它们的出土,不仅为甲骨研究增添了丰富的实物资料,而且这批甲骨有明确的出土地层,根据地层证实过去出土的"自组卜辞"属武丁时期,为甲骨文的分期提供了地层根据。⑤ 对甲骨文的分期研究,具有很高科学价值。

(四)商代其他遗址的发现与发掘

此一阶段,在河南发现的商代遗址达200余处。重要的遗存还有很多,如1950—1952年的辉县发掘过程中,在辉县琉璃阁发现一批商代的墓葬和灰坑。其中琉璃阁H1是当时发现最早的先商文化遗存,琉璃阁北、中区的墓葬则是最早发现的早商墓地,南区的墓葬为殷墟之外发现的第一个晚商墓地。⑥ 琉璃阁早商墓葬中出土的铜鬲、爵、觚等造型和纹饰与殷墟的晚商青铜器有较大差异,为郑州二里岗出土的青铜器的识别提供了可靠的参照物;晚商墓葬的俯身葬和出土的青铜器鬲、簋等实物,初步印证了殷墟之外还有大量的晚商文化存在,

---

① 中国社会科学院考古研究所编:《殷墟发掘报告》,文物出版社1987年版,第113页。
② 中国社会科学院考古研究所安阳工作队:《安阳殷墟奴隶祭祀坑的发掘》,《考古》1977年第1期。
③ 段振美:《殷墟考古史》,中州古籍出版社1991年版,第191页。
④ 杨育彬:《建国四十年来河南商代考古的发现与研究》,《中原文物》1989年第3期。
⑤ 中国社会科学院考古研究所编:《小屯南地甲骨》,中华书局1980年版,第78页。
⑥ 张新斌:《辉县发掘:中国考古学发展的转折点》,《平原大学学报》1990年第4期。

"南区墓葬相当于安阳的小屯期"[1]。辉县琉璃阁商代遗址的发现,对商代考古意义重大,"由于琉璃阁遗址的发掘启示了郑州商城遗址的发掘,所以,在某种意义上可以说,琉璃阁的发掘把中国信史向前提早了二三百年"[2]。

除此之外,此一时期发掘的商代遗址大致还有郑州上街[3]、临汝(今汝州市)夏店[4]、新乡潞王坟[5]、陕县七里铺[6]、渑池鹿寺[7]、南阳十里庙[8]及偃师灰嘴、洛阳东干沟岔河、获嘉同盟山等一大批文化遗址,发现有商代的文化层和房基、窖穴、墓葬,出土有青铜器、玉器、陶器、石器、骨器、蚌器和其他的一些遗物,其中不少是非常重要的发现。

(五)商文化考古研究

新中国成立后到20世纪70年代中叶,河南的商文化研究,实际上与夏文化探索是紧密相连的。新中国成立前与新中国成立初期,就先商文化部分学者曾经做过初步探讨。20世纪70年代,偃师二里头夏商文化分界问题,自始至终都是学术界的热点。郑州二里岗、登封玉村、郑州洛达庙、郑州商城等文化遗址的发现,为商文化研究提供了较多的考古材料。这一阶段河南的商代考古研究主要集中在三个方面:一是商代遗址的分期与年代,二是商代城址的性质研究,三是殷墟甲骨的研究。

商代遗址的分期与年代主要建立在以郑州和殷墟遗存的分期基础上。郑州商代文化的分期从20世纪50年代开始。1956年,邹衡发表了《试论郑州新发现的殷商文化遗址》,首次谈到郑州商代文化分期,初步确认了郑州商文化早于殷墟早期。根据二里岗和人民公园两个遗址发掘的地层关系及陶器特征的变化,邹衡将郑州商代文化遗存分为早、中、晚三期,同时也将小屯殷墟文化分

---

[1] 中国科学院考古研究所:《辉县发掘报告》,科学出版社1956年版,第31页。
[2] 邹衡:《新乡地区夏商时期的考古工作在学术上的意义》,《牧野论坛》1989年第1期。
[3] 河南省文化局文物工作队:《河南郑州上街商代遗址发掘报告》,《考古》1966年第1期。
[4] 倪自励:《临汝夏店发现商代文化遗址》,《文物》1961年第1期。
[5] 河南省文化局文物工作队:《河南新乡潞王坟商代遗址发掘报告》,《考古学报》1960年第1期。
[6] 黄河水库考古队河南分队:《河南陕县七里铺商代遗址的发现》,《考古学报》1960年第1期。
[7] 河南省文化局文物工作队:《河南渑池鹿寺商代遗址试掘简报》,《考古》1964年第9期。
[8] 游清汉:《河南南阳市十里庙发现商代遗址》,《考古》1959年第7期。

为早、中、晚三期,并与之进行对比。① 而 1957 年《郑州商代遗址的发掘》发表,除初步公布了 1955 年以前的发掘资料,也谈到了文化分期,大致将郑州商代遗址分为二里岗期与人民公园期。② 到 1959 年,《郑州二里岗》发掘报告出版,根据二里岗上下层出土的陶器标本进行了分类排比,并依据地层和上下层陶器特征的不同,推测其演变规律,认为二里岗下层和上层是代表早、晚两个不同时期的文化遗存,从而初步树立了二里岗陶器分期和年代早晚的标尺。至于殷墟文化的分期,也是从 20 世纪 50 年代开始的。邹衡首先把殷墟文化分为早、中、晚三期。③ 其后李济提出五期之分,即殷墟初期、早期、中期、晚期、末期。④ 到了 60 年代,邹衡根据 30 年代和 50 年代初发掘资料,参考各期包含的甲骨文和铜器铭文,将殷墟文化重新分为四期 7 组。⑤ 自 20 世纪 60 年代以来,中国科学院考古研究所安阳工作站根据新的发掘资料,着重于对典型遗址进行分期。1962 年将梅园庄和大司空村两个遗址的发掘资料分别进行分期,各分两期,即梅园庄一、二期和大司空村一、二期。⑥ 1964 年再次发掘大司空村,依据新的发掘资料,把大司空村遗存从两期重新扩展为四期,对各期的绝对年代均作了估计,并根据苗圃北地的发掘资料,判断推定在二、三期之间尚有缺环。⑦ 这四期之分,奠定了其后殷墟文化分期的基础,此后新增加的发掘资料,基本上都是以此为依据,并对大司空村的四期分法作了修正、补充和完善。到 70 年代末期,虽然对郑州、殷墟商文化的分期在认识上还不一致,但大体相近。这两个典型遗址的分期,已成为各地商文化分期研究的标尺。

商代城址的性质研究主要集中在郑州商城上,其年代和性质的相关问题早在 20 世纪 50 年代初就被提出来了。当郑州商代遗址被发现后,有学者就把它和商代仲丁所居的隞地联系起来,推测郑州商代遗址有可能是仲丁时期的隞地,当城墙发现之后,有学者又提出郑州商城很可能"就是文献所说的仲丁迁徙

---

① 邹衡:《试论郑州新发现的殷商文化遗址》,《考古学报》1956 年第 3 期。
② 安金槐等:《郑州商代遗址的发掘》,《考古学报》1957 年第 1 期。
③ 邹衡:《试论郑州新发现的殷商文化遗址》,《考古学报》1956 年第 3 期。
④ 李济:《笋形八类及其纹饰之演变》,《历史语言研究所集刊(台湾)》,第三十本上册,1959 年版。
⑤ 邹衡:《试论殷墟文化分期》,《北京大学学报(人文科学版)》1964 年第 4 期。
⑥ 中国科学院考古研究所安阳发掘队:《1958—1959 年殷墟发掘简报》,《考古》1961 年第 2 期。
⑦ 中国科学院考古研究所安阳发掘队:《1962 年安阳大司空村发掘简报》,《考古》1964 年第 8 期。

的商代京城"①。20世纪60年代初,安金槐发表《试论郑州商城的年代和性质》一文,比较系统地论述了郑州商城的性质和年代。他根据20世纪50年代发表的资料,认为郑州商城是属于二里岗文化时期的城址,并结合文献记载,力主郑州商城为仲丁所居的隞都。自郑州商城隞都说提出之后,有人也曾提出过质疑,但并未提出新说,故直到70年代末,这一观点基本上被认同。1978年,邹衡发表《郑州商城即汤都亳说》一文,明确地指出郑州商城非仲丁隞都而是商汤的亳都。②自此,这两种主张各有一批支持者,展开了长时间的争论与研讨。此一时期,对于郑州商城的年代和性质,虽然认识有分歧,但所说各自观点的提出及所展开的讨论,对商文化考古与研究无疑是富有成效与意义的进展。

殷墟甲骨的研究,是殷商文化研究的一个重要方面。甲骨文材料收录方面,胡厚宣编集出版了《战后宁沪新获甲骨集》《战后南北所见甲骨录》(上、下)、《战后京津所获甲骨集》和《甲骨续存》(上、下)等四部甲骨文著录书,开创了著录甲骨文资料的新体例,采取了分期分类的编排方法,把董作宾五期分期学说中的三、四两期合为一期,从而把全部甲骨文材料分成四期,然后在每期甲骨材料中再依材料的内容性质分为若干门类。这一体例得到了学术界的一致好评与效仿。甲骨文的文字考释、分期断代成就也十分显著,陈梦家的《殷墟卜辞综述》,被认为是甲骨文研究方面的百科全书,在甲骨的整治与书刻、甲骨文的出土与研究、甲骨文的构造与文法、殷代的历史断代、天文历象、方国地理、政治区域、农业生产、宗教文化等方面,进行了系统的阐述与研究。于省吾的《甲骨文字释林》是关于甲骨文字考释方面的扛鼎专著,对一些字形字义提出了独到的见解,共考释出三百多个甲骨文字。

总之,新中国成立以来的二十多年内,河南商代考古与研究成果比较显著:先后出版了《郑州二里岗》《殷墟发掘报告》《殷墟妇好墓》《辉县发掘报告》等一批考古专刊;出版了《殷墟卜辞综述》《殷墟玉器》《郑州商城初探》《河南出土商周青铜器》《商代社会经济基础研究》《灿烂的郑州商代文化》等学术专著;发表了60余篇有关河南商代的考古报告、简报等。

---

① 赵全嘏:《郑州商代遗址的考古发掘及其时代关系》,《史学月刊》1957年第3期。
② 邹衡:《郑州商城即汤都亳说》,《文物》1978年第2期。

三、两周考古初步展开

(一)西周墓葬发掘

周武王灭商之后,在洛邑大兴土木,营建成周,以安置殷商遗民,并安置军队监视东方诸侯,所以西周时期洛邑居民数量较多,居住了大量的周人军队和殷商遗民。新中国成立后在洛阳进行的考古调查,似乎也证明了这一点。洛阳的西周墓地,明显可分为周人墓葬和殷商遗民墓葬。[1] 而西周分封在中原地区的诸侯墓地,也部分露出了端倪。

经调查与发掘,洛阳西周墓大量分布在瀍河两岸的塔湾、马坡、庞家沟、北窑村及老城东关一带,涧河两岸也有西周墓发现。主要发现有1952年在洛阳东郊发掘的西周墓[2],1953年在洛阳市郊发掘的带成组铅明器的西周墓[3],在洛阳东郊铁路局工地发现的西周墓[4],在北窑发掘的西周墓[5],1954年到1955年发掘的中州路西周墓[6],1964年以来在瀍河西岸邙山南麓庞家沟发掘大量的西周墓[7]等。周人墓尤以庞家沟西周墓地为著,墓地面积约2500平方米,发掘墓葬300座,大多数被盗。墓葬可分为四类:一类为带南北墓道的特大型墓2座。其他三类形制为长方形竖穴土坑墓,分为大、中、小三型,大墓长5米以上,中墓长3~5米,小墓长3米以下,中型墓葬最多。大中型墓葬有棺椁,填土经过夯打,有殉葬狗等;小型墓葬有棺无椁甚至无棺。青铜器等随葬品都出自大中型墓葬中,残存有青铜礼器、兵器和车马器。部分青铜器有铭文(如M410出土的青铜器),涉及的人名有太保、毛伯、平伯等,推测庞家沟西周墓地为周人的贵族墓地。[8] 部分墓葬随葬有原始瓷器(如M202所出),这是中国陶瓷史上的重要

---

[1] 杨育彬、袁广阔:《20世纪河南考古发现与研究》,中州古籍出版社1997年版,第410页。
[2] 郭宝钧等:《一九五二年秋季洛阳东郊发掘报告》,《考古学报》1955年第1期。
[3] 河南省文化局文物工作队第二队:《洛阳的两个西周墓》,《考古通讯》1956年第1期。
[4] 傅永魁:《洛阳东郊西周墓发掘简报》,《考古》1959年第4期。
[5] 洛阳博物馆:《洛阳北窑西周墓清理记》,《考古》1972年第2期。
[6] 中国科学院考古研究所:《洛阳中州路(西工段)》,科学出版社1959年版,第54页。
[7] 洛阳博物馆:《洛阳庞家沟五座西周墓的清理》,《文物》1972年第10期。
[8] 杨育彬、袁广阔:《20世纪河南考古发现与研究》,中州古籍出版社1997年版,第410页。

发现。①另外下窑村以及泰山庙附近也发现了类似的周人墓葬。庞家沟周人墓地还发现了6座马坑,其中下窑村M151号车坑和M152号马坑,分别葬车6辆和马6匹,为研究西周时期的车马葬制提供了重要的实物资料。殷商遗民墓葬则主要发掘了洛阳老城东郊一带和北窑村一带。1952年在老城东关的上窑村、东大寺等地发掘20余座西周墓葬,从发掘结果来看具有明显殷商文化特征。如墓底设腰坑,有殉葬狗等。墓葬形制为长方形竖穴土坑墓,其中5座墓葬带南北墓道,有棺椁,较大的墓葬甚至有二层台,随葬青铜器具有明显殷商晚期特点。②洛阳中州路西工段发掘的多座墓葬均为长方形竖穴土坑墓,带腰坑,大多有殉葬狗。③1959年在洛阳东郊钢铁厂工地发掘的小型长方形竖穴墓葬更是出土了带有商人族徽的青铜器。④1973年至1974年,在北窑村发现的300多座殷商遗民墓葬,大型墓葬带墓道(如M14),小型墓葬则无葬具,出土一批青铜器,判断依据也是发现了带商人族徽铭文的青铜器。⑤

西周在中原地区封国的墓地,在此一时期也略有发现,如虢国墓地等。虢国墓地在三门峡市上村岭,1956年到1957年,为配合三门峡水利枢纽工程建设,中国科学院和文化部联合组成黄河水库考古队,由夏鼐、安志敏率领,对三门峡库区上村岭北部进行了大规模的考古调查和发掘,从此,拉开了虢国墓地发掘和研究的序幕。首次发掘,共发掘墓葬244座及3座车马坑和1座马坑,出土文物9000余件,确认其为虢国墓地。⑥其中发掘出土一座大型墓葬(M1052),墓室呈正斗形,口大于底。墓长5米余深13米余,葬具为一棺多椁,棺内遗骸几乎无存。随葬器物分布的情况大致是:石戈放在外椁盖上,内外椁间在人体相应的位置,耳部有玉玦,颈部有一组鸡血石串饰,胸部有石璧等,东北角放铜器皿和钟,西北角放车马器,东西两侧放置兵器,该墓共出土各种文物970多件,其中青铜礼器26件,其中外椁室出土的2件铜戈上铸有"虢大子元徒

---

① 洛阳博物馆:《洛阳庞家沟五座西周墓的清理》,《文物》1972年第10期。
② 郭宝钧等:《一九五二年秋季洛阳东郊发掘报告》,《考古学报》1955年第1期。
③ 中国科学院考古研究所:《洛阳中州路(西工段)》,科学出版社1959年版,第54页。
④ 傅永魁:《洛阳东郊西周墓发掘简报》,《考古》1959年第4期。
⑤ 洛阳博物馆:《洛阳北窑村西周遗址1974年度发掘简报》,《文物》1981年第7期。
⑥ 中国科学院考古研究所:《上村岭虢国墓地》,科学出版社1959年版,第2页。

戈"铭文,推知墓主人身份为太子。① 紧挨其墓西10米处,是一个葬有10辆车、20匹马的大型车马坑(M1051),为随葬车马坑,发掘者认为其年代在西周晚年宣王前后。② 在太子墓的墓道的东南方向,另有一个规格低于虢太子陪葬车马坑的车马坑(M1727),此车马坑在当时中国科学院院长郭沫若的建议下得以完整保存下来。车马坑内有10匹马、5辆车,车子木结构涂漆,木质已腐朽和土结合在一起。这5辆车从北向南排成一队,每辆车下都压着2匹马,独辕双轮,辕头朝北,在第三、第五辆车里还葬有狗,成为非常珍贵的研究材料和展览对象。整个墓地排列有次序,有规划和安排,应该为严格礼制的体现。其他中小型墓葬分布较有规律,墓葬全部都是竖穴土坑墓,墓坑大小不一;人骨及葬具大部分已腐朽;随葬器物埋葬有序:棺外的二层台上多放置陶器,棺椁间多放置食器、兵器、车马器、陶珠、石贝和铜鱼等,棺椁盖上多放置石戈,棺内多放置玦和串饰一类装饰品。③

这次考古发掘的意义在于确认了虢国墓地的位置,并为两周之际的考古及研究工作提供了一批资料,成为当时轰动国内外学术界的重大考古发现。嗣后,所有的发掘成果由中国科学院考古研究所编成《上村岭虢国墓地》一书,以汉、英、俄三种文字于1959年10月正式出版,使这一辉煌的发掘成果走向世界。1963年虢国墓地被评选为全国首批重点文物保护单位。

20世纪50年代到70年代,除了洛阳西周墓葬和虢国墓地,在河南其他区域也有部分西周墓葬被发现。如1976年1月在襄县霍庄发掘的一座西周墓葬,出土一批青铜器,其中5件带铭文的青铜器尤为可贵。④ 1976年底,新郑唐户清理了39座两周墓葬,其中12座西周墓,1座车马坑,一座墓葬(M3)出土2件带铭文青铜器。⑤ 此一时期在河南发现发掘的西周墓葬,具有较大的考古价值和历史意义,首先青铜器铭文为鉴定墓葬主人族属提供了依据,也印证了历史文献记载的西周洛邑与中原封国社会状况,同时墓葬随葬器物的形制,也为

---

① 中国科学院考古研究所:《上村岭虢国墓地》,科学出版社1959年版,第14~37页。
② 林寿晋:《〈上村岭虢国墓地〉补记》,《考古》1961年第9期。
③ 中国科学院考古研究所:《上村岭虢国墓地》,科学出版社1959年版,第77~97页。
④ 河南省博物馆:《河南省襄县西周墓发掘简报》,《文物》1977年第8期。
⑤ 开封地区文管会等:《河南新郑县唐户两周墓葬发掘简报》,《文物资料丛刊》第二辑,文物出版社1978年版,第34页。

这一时期中国商周分界时期的墓葬断代提供了参考依据。

(二)辉县发掘与东周墓葬考古

东周时期,中央政权衰微,诸侯逐鹿中原,礼崩乐坏。新中国成立后20多年内,在河南发现了大量的东周墓葬,尤其是1950年到1953年的辉县发掘,发现了较多的战国时期墓葬,尤其是固围村大墓的发掘,是当时最有代表性的春秋战国考古成就。而在东周洛阳城遗址范围内外,发现了大量的东周墓葬,在洛阳之外则发现了较多诸侯国墓葬,尤其是楚国王墓,成为这一时期东周考古的一大特色。

1.辉县战国墓葬发掘

新中国成立后,中国科学院考古研究所在辉县境内连续进行了3次发掘。当时是1950年8月,中国科学院考古研究所刚刚成立,考古研究所以"中央研究院历史语言研究所"考古组和北平研究院史学研究所的留守人员为班底,所长由文化部文物事业管理局局长郑振铎兼任,梁思永和夏鼐为副所长,负责实际所务工作。考古研究所成立伊始,所面临的主要问题是人员不足,急需培训专业人员,扩大研究队伍。为此,考古研究所于1950年10月组团前往河南辉县(当时属平原省)开展发掘工作。发掘团由夏鼐任团长,郭宝钧为副团长,苏秉琦为秘书长,另有技术人员和技工多人。发掘团的主要任务是继续新中国成立前对辉县的考古调查与发掘工作,加强对考古研究所年轻成员安志敏、石兴邦、王伯洪和王仲殊等人的田野考古培训。辉县发掘实际上是新中国成立后第一次以培训为主要目标的田野考古发掘,考古成果涉及殷商、东周与汉代,影响最大的则是战国的墓葬。

发掘经过为:1950年10月至1951年1月进行了第一次发掘,工作区域主要集中在琉璃阁与固围村两处。琉璃阁区域发掘了殷商遗址及墓葬、战国墓葬及车马坑和一些汉墓,第一次发现了早于殷墟的商代文化遗存。固围村发现了战国时期的大墓3座,小墓2座,墓葬形制宏伟,出土随葬品丰富。1951年10月至1952年1月进行了第二次发掘,工作区域依旧在琉璃阁及百泉和赵固村三地,琉璃阁发掘了商代小墓42座,战国墓8座,汉墓2座,百泉发掘了俗称"大皇冢"的大型东汉墓,但收获较小,赵固村发掘了新石器时代遗址1处及战国墓葬7座,其中一座出土了大批铜器。1952年春进行了第三次发掘,工作区域主要在褚邱村,发掘了部分新石器遗存,战国墓葬 15 座,汉代墓葬 8 座,是三次发掘中规模最小的一次。①

这三次发掘战国时期的文化遗迹收获颇丰,可以根据四个区域概括为琉璃阁区、固围村区、赵固村区、褚邱村区。琉璃阁区共计发掘战国墓葬 27 座,另有 1 座车马坑。墓葬规格低于新中国成立前发掘的同期墓,葬具有一棺一椁或有棺无椁。随葬品有青铜器、陶器。青铜器可分为礼器、兵器、车马器、服饰器、杂器等。随葬品规格、数量亦低于新中国成立前所发掘墓葬中的随葬品。车马坑面积 150 平方米,葬车 19 辆,夏鼐亲自主持了对车马坑的清理工作。车分南北两列,南列 8 辆,北列 11 辆;北列东端 1 号车是该车马坑中唯一有铜饰的车,发掘者称之为"鸾车",其他车辆依规格可分作大、中、小三号;工作前期曾因经验不足而没有分辨出马车辕木和横衡的部分朽腐木质,后来采用石膏灌注的方法保留住腐化的木质物形状,剥开四周土块后,就显示出清晰的木车痕迹。② 该车坑车制种类多样,保存基本完整,对研究战国时期车制具有重要价值。这也是新中国成立后首次成功地清理出了朽烂的木制马车,反映出中国考古学者的田野发掘技术水平,为其后虢国墓地、淅川下寺楚墓等车马坑的发掘工作提供了经验,树立了典范,标志着中国田野考古水平的极大提高。

固围村区主要工作是发掘了三座大墓,这也是辉县发掘工作中的重点,另外发掘了 2 座小型墓葬。三座大墓东西并列,依照建造的先后顺序应该是自西向东依次排列,位于中间的 2 号墓最大。三墓葬均遭受严重盗掘,均用鹅卵石或石板砌筑成方围形墓口,其中 1 号墓形制由墓室和南北墓道组成,南墓道宽于墓室,北墓道与墓室同宽。墓壁经过多次加工,墓底夯打铺沙加工。葬具为重椁单棺,内椁放棺并随葬器物。墓顶有享堂,根据享堂基址残存的柱础推测,这座享堂原可能是七开间四角攒尖顶的方形瓦顶建筑。依推测南墓道可能遗留有守墓人居住的痕迹。出土物有残存的铜器、陶器等随葬品。1 号墓、3 号墓形制与 2 号墓形制大体相同,都有规模较大的享堂。残存随葬品亦很少,1 号墓相对较多,出土主要为带暗纹的磨光黑陶仿铜礼器。器形有 9 件一套的带盖鼎,还有壶、鉴、盘、匜等。另外在南墓道出土有错金银马头形车辕饰等车器,在

---

① 中国科学院考古研究所:《辉县发掘报告》,科学出版社 1956 年版,第 1~2 页。
② 中国科学院考古研究所:《辉县发掘报告》,科学出版社 1956 年版,第 46~51 页。

享堂东南部的散水下面,发现了两个瘗埋祭玉的小坑,出土有玉简策、玉圭及玉璜、玉环、琉璃珠、石圭等随葬品。① 另外固围村战国墓葬中还出土了一批铁质的铲、锄、犁等生产工具,被夏鼐誉为"划时代的铁质生产工具的发现"②。

赵固村区主要发掘了 7 座战国墓葬,其中 1 号墓收获较大,其他几座墓葬均可能为薄葬。1 号墓为无墓道长方形竖穴土坑墓,墓室底部有二层台。棺椁腐朽,随葬器物分布在棺椁内外,详细情况不甚清楚,出土有青铜器、玉器、金箔、海贝之类的文化遗物。其中宴乐射猎图案刻纹铜鉴最为难得,实为珍品。③

褚邱村区主要发掘了 15 座战国墓。墓葬形制均为长方形竖穴土坑墓,不见壁龛与二层台,用棺椁情况不明晰,但随葬品陶器多,铜器玉器少,规格较低。④ 显然褚邱村区墓葬可能是战国时期一处普通墓地。⑤

辉县境内的三次发掘,史称辉县发掘,标志着新中国田野考古发掘工作的大幕正式拉开。先后发现的大批战国墓葬和车马坑,为研究战国时期的墓葬形制、埋葬习俗等问题提供了重要资料,对战国时期车制的研究具有重要的意义。其后于 1956 年,根据辉县发掘的战国墓葬材料,由夏鼐、梁思永、郭宝钧、苏秉琦领衔主编的《辉县发掘报告》成为新中国成立以后第一部正式的田野考古发掘报告,开创了田野考古发掘工作结束后一定时期内就出版考古报告的先河,确立了中国田野考古发掘报告编撰的体例。报告中"地点为经、年代为纬"的编写模式,完整揭示了遗迹与遗物之间的关系、遗迹与遗迹之间的关系,对后来遗址点发掘资料的整理、考古报告的编写及其广泛应用都具有非常重要的指导意义,对其后的田野发掘报告的编写影响深远。辉县考古发掘在新中国考古史上有深远影响和特殊意义。1990 年 11 月 26—27 日,在辉县举行的"纪念辉县发掘四十周年学术座谈会"上,与会专家认为:"辉县发掘是新中国考古学家进行的第一次大规模综合发掘。通过发掘不仅第一次发现了早于安阳殷墟的商代文化遗存,第一次搞清了战国车马坑的形制,第一次发掘出土了至今中原最高级的三晋贵族墓葬,第一次成批出土了战国中晚期的铁工具并成功编写了具有

---

① 中国科学院考古研究所:《辉县发掘报告》,科学出版社 1956 年版,第 69~103 页。
② 中国科学院考古研究所:《辉县发掘报告》,科学出版社 1956 年版,第 108 页。
③ 中国科学院考古研究所:《辉县发掘报告》,科学出版社 1956 年版,第 110~120 页。
④ 中国科学院考古研究所:《辉县发掘报告》,科学出版社 1956 年版,第 125~132 页。
⑤ 杨育彬、袁广阔:《20 世纪河南考古发现与研究》,中州古籍出版社 1997 年版,第 470 页。

国际影响的新中国第一号田野考古报告——《辉县发掘报告》,在中国文明史和商周考古研究方面具有重要意义,是中国考古学发展的重要里程碑。"①2016年12月22日,"新中国考古从这里走出"——纪念《辉县发掘报告》出版60周年学术座谈会在北京召开,与会专家再次高度评价辉县发掘在新中国考古史上的地位与历史意义,强调辉县发掘培养了新中国第一批考古专家,进一步完善了田野考古的理论与方法,开创和奠定了田野报告的编写体例,可以说新中国的考古工作始于辉县发掘,意义非凡。中国考古学会理事长王巍评价说:"如果说辉县发掘启动了新中国的田野考古工作,《辉县发掘报告》的出版则开创了新中国考古报告编写、出版的先河。同时,发掘结束后就要立刻着手考古报告的整理、公布和出版,这成为其后中国田野考古中不断被重申、强调的学术要求。"②

2.洛阳东周墓葬考古发掘

洛阳是东周墓葬分布的一个重要区域。1954年中国科学院考古研究所与河南省文物工作队第二队等单位在洛阳中州路清理出大量东周墓葬。其中中国科学院考古研究所由郭宝钧带队,苏秉琦、安志敏、马得志等人参加,发掘墓葬260余座。③ 墓葬大多为长方形竖穴土坑墓,多为单棺单椁或无椁,南北向居多,90%为屈肢葬。根据随葬器物的种类,墓葬可分为四类:第一类墓葬9座,随葬青铜礼器、兵器和车马器;第二类墓葬19座,随葬青铜兵器和成组陶器;第三类墓葬140余座,只随葬陶器;第四类墓葬90座,不见随葬品或仅见极少数随葬品。1959年,根据洛阳中州路发掘的东周墓葬材料编写而成的《洛阳中州路(西工段)》,开创了考古报告编写的一些范例,尤其是类型学原理在出土器物分型定式中的运用,从而为进行分期断代提供了依据,具有典型意义。苏秉琦等发掘者根据随葬品组合等情况,依据类型学原理,进行了分期研究。认为中州路东周墓葬跨越了整个东周时期,可分为七期,第一、二、三期相当于春秋早、中、晚三期,第四期为战国初期,第五、六期相当于战国中期,第七期为战国晚期。④ 由于中州路墓葬位于汉河南县城的中部,与周王城关系密切,该区域墓葬的发掘,不仅为探索东周王城的位置及平面布局提供了重要的实物资料,更重

---

① 张新斌:《纪念辉县发掘四十周年学术讨论会在辉县召开》,《中原文物》1991年第1期。
② 付丽丽:《新中国考古从哪里迈出第一步》,《科技日报》2017年1月6日第5版。
③ 中国科学院考古研究所:《洛阳中州路(西工段)》,科学出版社1959年版,第60~124页。
④ 杨育彬、袁广阔:《20世纪河南考古发现与研究》,中州古籍出版社1997年版,第450页。

要的是墓葬的分期,为河南乃至全国东周墓葬的分期断代建立了重要的标尺。① 而本报告类型学原理的精湛运用,影响深远,考古学界后来的学人在运用类型学分析具体遗迹遗物时,大多奉此报告为圭臬。在其潜移默化的影响下,考古类型学在中国逐渐演绎成一套缜密的解释系统。

此一时期,在洛阳周围考古发现的成片的东周墓葬亦不少见。1953 年在王城东北角的烧沟墓地,发掘了 59 座战国墓。② 墓葬形制为土坑竖穴墓 43 座,洞室墓 16 座。墓区可分为 3 大区域,其中东区 24 座,南区 28 座,西区 7 座。3 个墓区彼此相邻,各区墓葬在形制、器物组合、时代归属等方面均无大的差异,可能属于同族较大的墓地。1955 年在涧西发掘的 300 余座古墓葬中,有较多的东周墓葬。③ 1956 年亦在涧西发现多座周代墓葬④等。

除了洛阳中州路等区域成片的东周墓葬的发现与发掘,洛阳地区还发现了很多有价值的其他东周墓葬。1957 年在王城中部发现 4 座相比邻的"甲"字形大墓,其中一号墓墓道与墓室底部经过夯打,四壁和墓道两侧残留有红、黑、白、黄等颜色彩绘而成的图案,反映出墓主人的高贵身份,出土的白色石圭片上有墨书"天子",为确定墓主人身份提供了有价值的线索。⑤ 其余几座在王城内发现的大墓形制与一号墓基本相同。如同年发现的四号墓,虽然曾遭三次严重盗掘,但仍发现了残留文化遗物 1600 余件,是新中国成立以来考古发掘出土遗物最多的东周墓葬,椁盖顶上的屋脊状木结构建筑为中原地区首次发现,出土的彩色玻璃珠为古代中亚、中东地区常见,或表明东周时期,中原腹地与中东、中亚地区的文化交流就已经存在。⑥ 1956 年发掘的位于中州路以南的"甲"字形积石积炭墓⑦与 1974 发掘的位于西工区凯旋路北侧、紧靠洛阳市政府西南的积石积炭墓⑧也各具特色,为研究东周时期大型墓葬形制提供了实物资料。洛阳

---

① 中国科学院考古研究所:《洛阳中州路(西工段)》,科学出版社 1959 年版,第 60~124 页。
② 王仲殊:《洛阳烧沟附近的战国墓葬》,《考古学报》1954 年第 2 期。
③ 河南省文物工作队:《洛阳涧西地区发掘出战国墓葬》,《文物参考资料》1955 年第 10 期。
④ 王与刚、赵国璧:《河南洛阳涧河西岸发现周代古墓群》,《考古》1956 年第 6 期。
⑤ 中国科学院考古研究所洛阳发掘队:《洛阳西郊一号战国墓发掘记》,《考古》1959 年第 12 期。
⑥ 洛阳市文物工作队:《洛阳西郊四号墓发掘简报》,《文物资料丛刊》第九辑,文物出版社 1986 年版,第 57 页。
⑦ 冯蕴华:《河南洛阳战国墓清理记》,《考古通讯》1957 年第 6 期。
⑧ 洛阳博物馆:《河南洛阳出土"繁阳之金"剑》,《考古》1980 年第 6 期。

出土的带青铜铭文的墓葬也不少,1966 年在王城东北部的洛阳玻璃厂发掘了 10 座东周墓,其中一座墓葬出土的一件青铜器带有几十个铭文,墓主人可能是哀成叔,具有珍贵的学术价值。① 1975 年在王城北墙外发掘的一座东周墓,出土青铜器铭文表明可能与申伯氏或申之伯氏有关。② 1957 年在洛阳地区孟津县平乐乡发现一批随葬青铜礼器的东周墓。③ 其中一座墓葬出土一件青铜鉴,有铭文 5 行 26 字,表明是齐侯嫁女于周的礼物,其后又发现不少墓葬,此地可能是东周王室的一处重要的墓地。④

3. 楚国墓葬考古发掘

此一时期,河南东周墓葬考古能够引起人们注意、成果较多的除了辉县固围村大墓,比较突出的是楚墓的调查与发掘。该区域先后有信阳长台关楚墓等被发现与发掘。

信阳长台关楚墓位于信阳市长台关西北小刘庄后土岗上,于 1956 年发现,1957 年河南省文化局文物工作队与信阳有关部门共同成立古墓发掘委员会对 1、2 号楚墓进行了发掘。⑤ 两墓形制、规格基本相同,均为带单侧墓道的"甲"字形墓,斜坡式墓道位于墓室东部。1 号楚墓墓室四壁自墓口往下至椁顶依次缩小成阶梯状土台,共计 4 层,墓室底部有腰坑,墓室埋葬站立状小鹿 1 只。椁室中央为主室,置木棺;周围为放置随葬品的边箱。随葬品分布为:前室放竹简(类似墓志铭)、乐器编钟及生活用具等,左侧室有冥车,右侧室放漆器和陶器,后室有镇墓兽,左后室放竹简(遣册)、工具箱、床等,右后室放漆器等。随葬品中有铜编钟一套 13 枚,形制相同,依次减小,另有木质钟架和 3 件木瑟,一件木瑟彩绘精美的作乐、狩猎、宴会图案,堪称中国古代一幅优秀的艺术杰作。另外还出土了 2 件木鼓及 1 座木雕伏虎形鼓座。这套乐器构成了楚王室宴饮时的高档奏乐乐器。在 1957 年除夕,该编钟演奏的《东方红》,经过中央人民广播电台播放传送至全世界,引起轰动。随葬品中还引人瞩目的是出土了竹简 148 根,这是探讨楚人日常生活及丧葬礼俗的珍贵资料,对思孟学派思想的研究也

---

① 洛阳博物馆:《洛阳哀成叔墓清理简报》,《文物》1981 年第 7 期。
② 洛阳博物馆:《河南洛阳春秋墓》,《考古》1981 年第 1 期。
③ 河南省文化局文物工作队:《洛阳兴修中州大渠工程中发现珍贵文物》,《文物》1960 年第 4 期。
④ 洛阳博物馆:《齐侯鉴铭文的新发现》,《文物》1977 年第 3 期。
⑤ 河南省文物研究所:《信阳楚墓》,文物出版社 1986 年版,第 3~68 页。

有参考价值。墓中出土大批生活漆器，这是楚墓的一个典型特征。2号墓形制与1号墓相近。随葬品分置于7个不同的侧室内，随葬器物以漆木器居多，是与1号墓最大的区别，其中出土了一套木质编钟，编钟有13枚，另外有钟架、钟槌、木质编磬18枚及磬架、木瑟、木鼓等，其中凤虎鼓座及鼓杖最有特色。[①]

信阳长台关楚墓的发现与发掘，是新中国成立后楚文化考古在中原地区的首次重大发现，是20世纪50年代中国考古史上空前的发现，对先秦史特别是楚文化历史研究具有重要意义。出土遗物中成组的乐器、彩绘漆木器、镂雕精巧的玉器、编织细密的竹器、丝织品等引起国内外学术界的轰动。特别是竹书是当时发现的最早的战国竹书实物，一经公布便引起学界高度重视。半个多世纪以来，学者们就竹简的文字、竹书性质、遣册名物、墓主身份、墓葬年代、随葬器物等多方面展开了深入的研究，取得了许多重要成果。

4. 郑、韩两国墓葬考古发掘

新中国成立后二十多年，通过调查发掘能够确定属于郑、韩两国的墓葬多分布于郑韩故城及其周边地区，此一时期发掘的郑、韩两国墓葬，都为中小型墓葬，尚未找到郑韩王室的墓葬区。在郑韩故城内外的仓城、三里岗、暴庄、胡庄、苗庄、蔡庄、河李、李家、马家、周庄等地，都曾先后发现有春秋时期墓葬分布。1963年在东城外发掘一座战国时期空心砖墓，出土铜盘等3件铜器。[②] 西城外南部的烈江坡墓地，多为小型土坑墓及空心砖墓，除少数几座墓出土青铜器外，大部分随葬品为仿铜陶礼器，推测为平民墓葬。西城外西部周庄、李马墓地亦多为中小型墓，发现有小型车马坑，随葬品多为陶器。[③] 1976年发掘的唐户墓地，发现19座春秋墓葬。其中9座出土有青铜器，M9出土器物最为丰富。M9为长方形竖穴土坑墓，墓口长约4米，宽约3米，单棺单椁，随葬有鼎3、簋4、壶2、盘1等。[④] 这是这一时期发掘的比较大的郑韩墓葬。另外在郑韩故城的邻近区域的禹县，1952年在白沙发掘了43座战国墓葬，均为长方形竖穴土坑墓，为

---

① 河南省文物研究所：《信阳楚墓》，文物出版社1986年版，第86~92页。
② 孟昭东：《河南新郑出土的战国铜器》，《考古》1964年第7期。
③ 转引自杨育彬、袁广阔：《20世纪河南考古发现与研究》，中州古籍出版社1997年版，第473页。
④ 开封地区文管会等：《河南新郑县唐户两周墓葬发掘简报》，《文物资料丛刊》第二辑，文物出版社1978年版，第61~65页。

小型墓,随葬品为陶器,推测为较大型的韩国平民墓。①

5.其他诸侯国墓葬

东周时期,中原地区群雄并立,诸侯国众多。除了上述魏、郑、韩、楚等诸侯国墓葬外,还发现了一些不能确定国别的墓葬。如在郑州及其附近,也发现了数批东周时期墓葬,20 世纪 50 年代在郑州市区西北部的岗杜清理了 47 座东周墓葬②,1955 年在郑州西郊碧沙岗清理了 145 座东周墓葬③,1953 年在郑州东南部的二里岗发掘了 212 座战国墓葬④。其国别目前尚存争议。

(三)西周洛邑的考古探索

西周建立伊始,为镇压殷遗民的反抗,全面控制中原地区,在今洛阳市曾大兴土木,修建洛邑。洛邑具体位置在哪里,《尚书·洛诰》曾明确记载在涧水与瀍河之间。20 世纪 50 年代初,郭宝钧依据文献提供的线索,在今洛阳市区涧、洛两河交汇处的三角地带,发现并确定了始建于春秋早期的东周王城遗址和汉河南县城遗址,为西周洛邑城址的考古探索拉开了序幕。⑤ 20 世纪 70 年代中叶,洛阳已发现的西周文化遗存,主要集中于老城区东部,如在老城以北北窑村西的瀍河两岸发现了西周初期至中期的铸铜遗址;瀍河两岸邙山南麓发现西周贵族墓地和平民墓区;瀍河以东至塔湾一带发现殷遗民墓葬百余座。这些西周遗存的发现为研究寻找西周洛邑城址提供了重要的线索。现在一般认为西周洛邑的位置,最大的可能就是在洛水以北的瀍河两岸。但是,上述范围内西周建筑遗存发现较少,关键性的重要遗存尚未发现,因此对洛邑城址的位置有几种推测,认识还未能完全统一。

(四)东周王城和诸侯国城址的调查发掘

东周时期王城在洛阳,同时河南地区有大量的诸侯国。为适应大规模战争

---

① 中国科学院考古研究所:《河南禹县白沙的战国墓葬》,《考古学报》1954 年第 1 期。
② 河南省文物工作队第一队:《郑州岗杜附近古墓葬发掘简报》,《文物参考资料》1955 年第 10 期。
③ 河南省文物工作队第一队:《郑州碧沙岗发掘简报》,《文物参考资料》1956 年第 3 期。
④ 河南省文化局文物工作队:《郑州二里岗》,科学出版社 1959 年版,第 189 页。
⑤ 郭宝钧等:《一九五二年秋季洛阳东郊发掘报告》,《考古学报》1955 年第 1 期。

的需要,各诸侯国都大兴土木,修建城邑。根据文献记载和田野调查,中原地区的城邑遗址有几十处甚至上百处,其中引人关注的有东周王城、郑韩故城等。这些城址是研究东周时期城市史的珍贵材料。

1954 年,中国科学院考古研究所洛阳发掘队在洛河以北的涧河两岸经过详细的勘探调查,找到东周王城遗址的基本范围。① 东周王城平面近于不规则的方形,夯土城墙以北墙保存较为完整,南城墙东端破坏严重。城墙圈范围内外经过调查发掘有丰富的东周文化层堆积。宫殿建筑基址主要发现于东周王城的西南隅、涧河入洛河处的瞿家屯一带。发现有大型夯土建筑基址以及和基址平行、东西长达数百米的城墙,墙外有城壕。② 城壕的发现有可能改变对东周王城"只有一个大城圈而非城郭制城市布局"的认识,并进而廓定了东周王城宫城区的范围。1970 年在宫殿区的东侧发现了 80 余座战国时期的大型地下仓窖③,仓窖大体排列整齐,已经探出有 74 座粮窖,已发掘 6 座粮窖。粮窖形制为口大底小的圆形,口径一般在 10 米左右,深亦在 10 米左右,为夯筑挖掘而成,窖穴内有防潮设备。窖穴地表部分可能有圆锥形土木建筑。62 号窖穴中出土遗物丰富,有大量的陶器、铁器、铜器,包括车马器部件,空首布及"三川""东周""安周"等多种钱币。这组粮窖群显然和宫廷日用饮食有关。这是中国保存下来的最早的大型地下粮仓,对研究战国时期储粮管理制度和农业经济的发展状况都具有重要的价值。在东周王城内的西北隅发现了大规模的战国时代烧制陶器的窑场遗址。在窑场的周围,还发现有骨料、制铜器的陶范、制玉的作坊,从发掘的情况看,这里集中了制陶、玉、石、骨、铜等多种手工业作坊。在城中部、东北隅和城外发现有多处墓地,发掘了数以千计的东周时期的墓葬、车马坑等。④

1923 年,在新郑李家楼附近发现了一座春秋时期贵族大墓,出土大批精美青铜器⑤,引起全国轰动,使得国内外学术界开始关注新郑郑韩故城。1964 年下半年,河南省文化局文物工作队在李德保等人带领下,根据上级文物主管部

---

① 中国科学院考古研究所洛阳发掘队:《洛阳涧滨东周城址发掘报告》,《考古学报》1959 年第 2 期。
② 中国社会科学院考古研究所:《洛阳发掘报告》,北京燕山出版社 1989 年版,第 69~84 页。
③ 洛阳博物馆:《洛阳战国粮仓试掘纪略》,《文物》1981 年第 11 期。
④ 杨育彬、袁广阔:《20 世纪河南考古发现与研究》,中州古籍出版社 1997 年版,第 435 页。
⑤ 蔡全法:《新郑李家楼青铜器钩沉》,《海峡两岸春秋郑公大墓青铜器学术研讨会》(内部资料),2000 年 6 月,第 89~98 页。

门的指示,开始对郑韩故城进行调查和试掘工作。到 20 世纪 70 年代末期,基本搞清郑韩故城的范围、框架等。郑韩故城平面略呈不规则长方形,城址中部有一道南北向夯土墙将故城分隔成东西两部分。西城平面呈长方形,北墙保存较好,东墙为故城的隔墙,西墙和南墙被河水毁坏。在西城的北中部(今阁老坟村)发现大量夯土建筑基址,推测可能是郑、韩两国的宫殿区。其附近尚发现一处地面夯土高台建筑遗存(俗称梳妆台)。① 西城曾经发现大量的夯土建筑群,东城平面为不规则长方形,为手工业作坊集中分布区,先后钻探出铸铜遗址、制骨作坊遗址以及铸铁作坊遗址。铸铜遗址在东城东部的小吴村一带,制骨作坊在东城偏北的张龙庄附近,铸铁作坊遗址在东城西南部仓城村南。1971 年在东城东南部的白庙范村发现一座铜兵器坑,出土戈、矛、剑等铜兵器 180 件,其中 70 件有铭文。② 这批铜兵器及铭文对研究战国时期郑、韩两国的历史地理、文字演变、冶铸官署设置、兵器形制及铸造工艺都具有重要意义。郑韩故城内外,发现大量东周时期墓葬,西城内东南部和东城内西南部一带,可能有春秋郑国贵族墓葬区,李家楼春秋贵族墓就位于西城南部。在郑韩故城的外围河李、南关、马家、周庄、蔡庄等地都曾钻探出东周时期的墓葬。1968 年,文物工作队曾经在后端湾村发掘一座春秋时期墓葬,出土一对青铜器壶,这是新中国成立以后首次在郑韩故城范围内发现大型春秋战国时期的青铜礼器,具有十分重要的研究价值。

到 20 世纪 70 年代中期,河南地区经过初步调查或勘探的东周时期的城址还有春秋战国阳城③、蔡国故城④、郑州东周管城⑤、潢川黄国故城⑥、淮阳陈楚故

---

① 河南省博物馆新郑工作站等:《河南新郑郑韩故城的钻探和试掘》,《文物资料丛刊》第三辑,文物出版社 1980 年版。
② 郝本性:《新郑"郑韩故城"发现一批战国铜兵器》,《文物》1972 年第 10 期。
③ 中国历史博物馆考古调查组、河南省博物馆登封工作站等:《河南登封阳城遗址的调查与铸铁遗址的试掘》,《文物》1977 年第 12 期。
④ 尚景熙:《蔡国故城调查记》,《河南文博通讯》1980 年第 2 期。
⑤ 安金槐:《河南省文物研究所四十年发展历程的回顾》,《华夏考古》1992 年第 3 期。
⑥ 杨育彬、袁广阔:《20 世纪河南考古发现与研究》,中州古籍出版社 1997 年版,第 435 页。

城①、偃师滑国故城②、鄢陵故城③、辉县共城④、濮阳戚城⑤、舞阳东不羹城⑥、西峡楚析邑城⑦、荥阳故城⑧等。这些东周时期的城址虽然面积大小不一，但依然有些共同点：一是都处于河流边的台地上，便于城市居民用水；二是城址平面为长方形或方形；三是夯筑技术更加成熟和流行；四是城址功能比较完善，城墙、城壕防御设施齐备，居民区、手工业作坊区分工明显。显然这些城址的勘察与试掘，为中国东周城址的形制、性质和社会生活研究提供了充分的实物资料。

（五）周文化考古研究

周代考古实际上与商代考古紧密相联，新中国成立后的二十多年内，河南的两周考古发掘工作主要集中在城址的调查与墓葬的发掘，加上部分手工业遗址的发现，而研究的成果主要集中在墓葬与青铜器研究领域，主要是通过发掘两周时期大型的墓葬，对发掘材料进行科学整理与研究，形成了考古报告撰写的范例，对其后的考古研究工作产生了深远的影响。

此一时期，有关两周时期的墓葬国属与出土青铜器相关问题研究是重点。尤其是山彪镇与琉璃阁墓葬的时间与国属，是发掘以后乃至新中国成立以后很长时间研究的一个重点问题。关于山彪镇一号墓及墓地出土器物丰富及人马殉葬的情况，郭宝钧认为"说明战国时代，厚葬的风气，日盛一日"⑨。关于墓葬的主人，则称魏王不可能葬在此地，郭宝钧将错金鸟虫书戈铭文释为"大坨铸戈"，联系到有鋬三角援戈"周王戈"，认为是周王对魏公子"大坨"的赠予，有可能是魏国贵公子的墓葬，"愚意把它看作是一座魏国贵公子的墓，如信陵君之流或尚相当"⑩。山彪镇一号墓的年代，郭宝钧认为，"至于这墓的埋葬时代，它不

---

① 曹桂岑：《楚都陈城考》，《中原文物》1981年特刊。
② 中国科学院考古研究所洛阳发掘队：《河南偃师"滑城"考古调查简报》，《考古》1964年第1期。
③ 刘东亚：《河南鄢陵县古城址的调查》，《考古》1963年第4期。
④ 崔墨林：《共城考察》，《中原文物》1983年特刊，转引自杨育彬、袁广阔《20世纪河南考古发现与研究》，中州古籍出版社1997年版，第445页。
⑤ 廖永民：《戚城遗址调查记》，《河南文博通讯》1978年第4期。
⑥ 朱帜：《河南舞阳北舞渡古城调查》，《考古通讯》1958年第2期。
⑦ 周维衍：《河南西峡县古城遗址的考证》，《考古》1961年第8期。
⑧ 秦文生：《荥阳故城新考》，《中原文物》1983年特刊。
⑨ 郭宝钧：《山彪镇与琉璃阁》，科学出版社1959年版，第51页。
⑩ 郭宝钧：《山彪镇与琉璃阁》，科学出版社1959年版，第46页

能早于墨子时,因为墨子的节葬篇,还没有对积石积炭的批判。也不早于赵武灵王时,因为赵武灵王胡服骑射,服用带钩,在公元前302年,此墓中出琵琶式带钩八枚,是必在武灵王变法带钩服用已成风气之后",因而定此墓的绝对年代"应在公元前300—前240年之间"。①

郭宝钧有关山彪镇一号墓的研究观点,引起学界不小的争论。学者最早对山彪镇一号墓年代表示意见的是原在"中央研究院历史语言研究所"工作后来去了台湾的李济,他认为墓中句兵"形制与琉璃阁战国墓所出甚近,据其同墓出土之其他实物综合判断,时代亦在战国期间"②。其次是考古学家高去寻,他根据"周王戈"的形制和书体,认为是"西元五六世纪"的作风。③ 周法高对于"周王戈"的考证与高去寻不同,认为该戈时代约在公元前594年前后数十年之间,属于春秋时期。④ 大陆的高明在1962年撰文则认为,山彪镇一号墓其年代应该在战国初年。⑤ 郭宝钧在《山彪镇与琉璃阁》中认为由早到晚,时代全部属战国时期,并限定在公元前445年(魏文侯立国)至公元前225年(秦灭魏之年)。⑥ 对于报告的这一判定,学者多认为从东到西,由早到晚的结论是对的,但时代定得太晚,尤其是对最西一组墓是否进入战国有分歧,对其他墓没有太大分歧,基本都定在春秋中晚期。如俞伟超、高明认为"墓甲与M60是春秋中、晚期之际的墓",墓乙时代略晚于墓甲,M76属春秋末年。⑦ 邹衡则将墓甲、墓乙、M80、M55和M60定为春秋中期。⑧ 关于琉璃阁大墓的国属,原报告认为属魏,且推测其为魏国贵公子的墓地,"因为战国时此地属魏有,他国人不得葬此;且含物丰富,人民不可能有此,而格局气象,又不似魏王墓规模伟大,M80戈铭'虎□丘君',

---

① 郭宝钧:《山彪镇与琉璃阁》,科学出版社1959年版,第46~47页。
② 李济:《豫北出土青铜句兵分类图解》,《历史语言研究所集刊(台湾)》第二十二本,1950年版。
③ 转引自陈昭容:《论山彪镇一号墓的年代及国别》,《中原文物》2008年第3期。据说高去寻并未正式撰文讨论,他的意见保留在周法高的论文中,见周法高:《周王戈考释》,《金文零释》,"中央研究院历史语言研究所"1951年版,第102~112页。
④ 转引自陈昭容:《论山彪镇一号墓的年代及国别》,《中原文物》2008年第3期;周法高:《周王戈考释》,《金文零释》,"中央研究院历史语言研究所"1951年版,第107页。
⑤ 高明:《略论汲县山彪镇一号墓的年代》,《考古》1962年第4期。
⑥ 郭宝钧:《山彪镇与琉璃阁》,科学出版社1959年版,第73页。
⑦ 俞伟超、高明:《周代用鼎制度研究》(上、中、下),《北京大学学报(哲学社会科学版)》1978年第1、2期,1979年第1期。
⑧ 北京大学历史系考古教研室商周组:《商周考古》,文物出版社1979年版,第258页。

正说明墓地主人的身份"①。俞伟超、高明把这些大墓定在春秋中晚之交到春秋末年,又据文献记载,认为自春秋中期以来,"晋公室弱,六卿强,各占大片领地,辉县一带便归范氏所有",琉璃阁墓地"非范氏卿族的墓地莫属",并进一步指出"墓甲和 M60 的墓主,当为某两个范子"。② 到 20 世纪 80 年代,李学勤将辉县琉璃阁墓认定为卫国墓葬,"辉县琉璃阁的墓地,是卫国都于楚丘后开辟的。这里没有发现证明属于卫国的文字材料,但根据历史地理和墓葬规模,肯定是卫国贵族的墓地",还认为甲墓当属卫君,乙墓可能属其夫人,M80 和 M55 是卫国公子墓等。③ 总结起来,目前学界有关琉璃阁大墓的国属的主张大致有三种,即魏国说、范氏说与卫国说。

新中国成立后第一次大规模田野发掘在辉县进行,在琉璃阁、固围村等地都有颇为丰富的发现,尤其是在固围村发掘了三座规模很大的春秋战国时期墓葬,由于盗墓破坏严重,其年代与国属成为学术界讨论的焦点。关于其年代问题,《辉县发掘报告》称:"因为我们对于这一地带从战国晚年到西汉初年的考古材料和知识还很贫乏,所以我们还不会十分精确地断定这几座墓葬的绝对年代。我们暂时定它们属于战国晚年,即公元前第 3 世纪。这年代的误差大概不会超过几十年。"④ 俞伟超、高明认为"从各器形态看,墓属战国中期"⑤,而非战国晚期。关于固围村大墓的国属问题,主要是魏国与赵国之争,一直延续到今。学术界一般认为,固围村大墓出土的梁正币系公元前 361 年魏惠王迁都大梁后所铸,可作为判定固围村大墓系战国中晚期魏王陵的重要依据。20 世纪 80 年代李学勤认为,"固围村 1、2 号墓都出有魏国货币带'梁'字的圆跨布,无疑为魏惠王迁都以后所制……可推定为公元前 300 年左右的墓葬。从规模、年代来看,有可能是魏惠王(卒于公元前 319 年)或魏襄王(卒于公元前 296 年)的陵墓",不过此地"距魏都大梁较远,墓主的问题还需要进一步研究"。⑥ 王世民认

---

① 郭宝钧:《山彪镇与琉璃阁》,科学出版社 1959 年版,第 73 页。
② 俞伟超、高明:《周代用鼎制度研究》(上、中、下),《北京大学学报(哲学社会科学版)》1978 年第 1、2 期,1979 年第 1 期。
③ 李学勤:《东周与秦代文明》,文物出版社 1987 年版,第 185~187 页。
④ 中国科学院考古研究所:《辉县发掘报告》,科学出版社 1956 年版,第 109 页。
⑤ 俞伟超、高明:《周代用鼎制度研究》(下),《北京大学学报(哲学社会科学版)》1979 年第 1 期。
⑥ 李学勤:《东周与秦代文明》,文物出版社 1984 年版,第 97~99 页。

为固围村大墓为"战国中期大墓,在已知的魏国墓葬中规格最高,是魏国王室的异穴合葬墓地……固围村大墓无疑是三晋地区目前所知身份最高的贵族冢墓"①。黄展岳则认为固围村大墓为战国中期的赵国大墓②,杨锡璋、李经汉等人持这一观点③。20世纪90年代,张新斌从固围村大墓的形制与邯郸赵王陵极为接近,从出土器物比较中,可将固围村年代"推定在战国前期",梁正币未必是魏都大梁之后所铸,"其年代或可前移"等五个方面对固围村大墓"魏陵说"提出质疑,认为赵都中牟期间,"王陵区应在中牟南数十里地今辉县市境内"。④固围村大墓的国属显然有待于考古的进一步发现来进行甄别,而《新中国的考古发现和研究》将固围村大墓采用"魏陵说"⑤,可能考虑到与固围村所在地的属地及梁正币的产地有关。

除此以外,虢国墓地与出土楚墓相关问题也引起了当时学术界的关注。《上村岭虢国墓地》作者认为山西平陆之虢与河南陕县之虢为同一之国,并根据出土青铜器的分期与铜器组合情况并结合地层关系推断墓地的年代为西周晚期到东周早期,下限是公元前655年。⑥ 林寿晋在《〈上村岭虢国墓地〉补记》中进一步推断为宣王时期或其前后。⑦ 郭沫若认为,墓地出土的虢季氏子铜鬲与传世的虢文公子鬲与鼎为同一人所作,时代约为周宣王时期。⑧

此一时期出土的楚墓相对较多,讨论也较多。关于信阳长台关两座楚墓的年代,学术界观点也不一致。发掘者根据对墓葬形制、出土物等的综合分析,认为应在战国早期。郭沫若根据1号墓编钟铭文与文献结合考证认为应属于春秋晚期。⑨ 另有学者则认为,信阳楚墓的遗物与江陵望山楚墓有诸多相似之处,

---

① 王世民:《中国春秋战国时代的冢墓》,《考古》1981年第5期。
② 黄展岳:《我国古代的人殉和人牲——从人殉、人牲看孔丘"克己复礼"的反动性》,《考古》1974年第3期。
③ 杨锡璋、李经汉:《从考古学上看秦和东方各国的社会差别》,《考古》1974年第5期。
④ 张新斌:《河南鹤壁鹿楼古城为赵都中牟说》,《文物春秋》1993年第4期。
⑤ 中国社会科学院考古研究所:《新中国的考古发现和研究》,文物出版社1984年版,第292页。
⑥ 中国科学院考古研究所:《上村岭虢国墓地》,科学出版社1959年版,第78页。
⑦ 林寿晋:《〈上村岭虢国墓地〉补记》,《考古》1961年第9期。
⑧ 郭沫若:《三门峡出土铜器二、三事》,《文物》1959年第1期。
⑨ 郭沫若:《信阳墓的年代与国别》,《文物参考资料》1958年第1期。

因而认为二者年代应该相近,在战国中晚期。①

夏商周考古是河南考古最核心的部分之一,从新中国成立之初到20世纪70年代中叶,是河南考古史乃至中国考古史的重要阶段。辉县发掘开启了新中国考古工作的新时代,中国考古工作水平全面提高,偃师二里头与郑州商城的发现,是夏商考古的全新收获,殷墟武官村大墓的发掘等则是殷墟考古的新突破,虢国墓地、楚国大墓等发掘是两周考古的重要成就。这一系列的考古工作都是中国考古史上的奠基和开拓之作,为以后尤其是20世纪八九十年代的考古发掘与研究工作奠定了良好的基础。

第三节 秦汉魏晋考古的开展

新中国成立以后,秦汉魏晋考古也是河南考古的重头戏,其中在陵墓、都城、城址、手工业作坊遗址的调查、发掘与研究逐步展开,尤其是在两汉时期的城址与墓葬的调查与发掘,成果颇丰。

一、秦汉魏晋墓葬的发现与研究

(一)河南地区秦墓的初步发掘

秦朝是中国历史上第一个统一的中央集权制国家,但由于国运短暂,河南地区的秦代考古在新中国成立后的二十多年内发现较少,主要发现与发掘了一些秦朝的墓葬。20世纪六七十年代前后在三门峡、洛阳等豫西地区发现了一部分具有明显秦文化特征的墓葬。尤其是上村岭、后川村一带分布最为集中。

---

① 中山大学中文系古文字研究室楚简整理小组:《江陵昭固墓若干问题的探讨》,《中山大学学报》1977年第2期。

1956—1958 年中国科学院考古研究所在陕县铁路区、后川村清理秦墓 92 座。[1] 此一阶段发现的秦墓,以陕县铁路区、后川村清理的秦墓最为典型。从这些墓葬中,可看出分布在河南地区的秦人葬俗与关中地区大体相同。这批墓葬从形制上可分为两种:竖穴土坑墓和竖穴墓道土洞墓,土洞墓数量占多数。墓葬方向多数向西。竖穴墓道土洞墓的墓道平面开口绝大部分为长方形(个别墓葬呈方形),部分墓道设置有生土二层台,墓道内填土有的经过夯打。墓道与墓室之间大多不见墓门。墓室均作长方形,墓室顶为平顶或拱形顶。多数墓道宽且长于墓室。少数墓道则与墓室同宽但比墓道略长。还有少数墓带有单耳室或双耳室。葬具都用木棺,少数墓还使用木椁。双棺合葬墓很少,大多墓葬为单棺葬。可辨别的葬式中,大多为屈肢葬,部分为直肢葬。部分墓无随葬品。在出土有随葬器物的墓葬中,因墓的大小不同,随葬器物的多寡也不一致。随葬器物有陶器、铜器、漆器及玉石玛瑙等。

(二)两汉时期的墓葬调查与发掘

此一阶段考古发掘的两汉墓葬,以洛阳、南阳、郑州较多,影响也最大。最著名的如洛阳烧沟汉墓[2]。除此之外,还有洛阳金谷园村汉墓[3]、新安古路沟汉墓[4]、郑州南关外东汉墓[5]、郑州二里岗汉墓[6]、碧沙岗公园汉墓[7]、巩义叶岭村汉墓[8]、南阳百里奚村汉墓[9]、桐柏万岗汉墓[10]、舞阳冢张村汉墓[11]等。此一时期,河南发现的汉墓有 1500 座以上,发掘了数百座之多。

洛阳烧沟汉墓是一处自西汉中期延续至东汉晚期的大型墓葬群区,墓地面

---

[1] 中国社会科学院考古研究所:《陕县东周秦汉墓》,科学出版社 1994 年版,第 114~158 页。
[2] 中国科学院考古研究所洛阳区考古发掘队:《洛阳烧沟汉墓》,科学出版社 1959 年版。
[3] 中国科学院考古研究所洛阳发掘队:《洛阳西郊汉墓发掘报告》,《考古学报》1963 年第 2 期。
[4] 郭建邦:《河南新安古路沟汉墓》,《考古》1966 年第 3 期。
[5] 刘东亚:《郑州南关外东汉墓的发掘》,《考古通讯》1958 年第 2 期。
[6] 安金槐:《郑州二里岗空心砖墓介绍》,《文物参考资料》1954 年第 6 期;赵世纲:《郑州二里岗汉画象空心砖墓》,《考古》1963 年第 11 期。
[7] 陈立信:《河南郑州碧沙岗公园东汉墓》,《考古》1966 年第 5 期。
[8] 刘东亚:《巩义叶岭村汉墓发掘经过》,《考古通讯》1956 年第 3 期。
[9] 刘兴长、张居超:《河南南阳百里奚村汉墓的调查》,《考古通讯》1957 年第 6 期。
[10] 裴明相、曹桂岑等:《河南桐柏万岗汉墓的发掘》,《考古》1964 年第 8 期。
[11] 游清汉:《河南舞阳冢张村汉墓发掘简报》,《考古》1958 年第 9 期。

积达27万多平方米,墓葬总数可能在千座以上。1952—1953年,中华人民共和国文化部、中国科学院考古研究所、河南省文化局等单位先后发掘清理了200余座墓。考古发掘者发现墓葬的排列大体是自东而西,越往西边时代越晚。墓葬都是洞室墓,有墓室和墓道。多数为土洞墓,少数在土洞中用砖砌筑成砖墓。砖墓根据建筑材料不同,分为空心砖墓和小砖墓两种。砖墓和土洞墓在形制的发展变化上是一致的。具体来说墓葬可分为五大类型:第一类为平顶墓,主要特征为墓室为平顶,包括平顶空心砖墓与土圹墓;第二类为弧顶墓,主要特征为墓顶为弧形,包括空心砖墓与土圹墓;第三类为单穹隆顶墓,主要特征是不论砖墓还是土圹墓,墓室前部都高起出一个穹隆顶;第四类为砖室双穹隆与土圹抛物线顶墓,主要特征为双穹隆的砖室,同时代的土圹墓的形制受到砖室墓形制的影响;第五类为前堂横列墓,主要特征为无论墓葬有无后室,墓门之内均开成宽大的前堂,横长比径深大,墓室与墓道垂直。墓葬大多铺有地砖,葬具为木棺。随葬品中陶器的数量最多,共4700余件,主要有罐、壶、仓、鼎、盆、耳杯、灶等,还有铜器、铁器、铅器、金银器、漆器、玉石器、琉璃器和骨蚌器等2000多件,钱币11200余枚。陶器、铜镜和钱币是该墓葬群分期的重要依据。墓主人的身份,除东汉晚期几座较大型的墓可能属于当时的豪门贵族外,多数墓葬的墓主应为一般官吏及其眷属。从出土的铜印和陶器上的文字考察,墓主还有张氏、赵氏、商氏、吴氏和肖氏等,说明该墓地可能存在若干家族的茔域。[①] 这批墓葬的发掘和研究,给建立洛阳以及中原地区汉墓年代的序列提供了可靠的资料,并对研究汉代的社会生活和物质文化具有重要的意义,成为20世纪中国100项考古大发现之一。

河南地区出土很多汉代墓葬,其中最有特色的是壁画墓与画像石墓。河南地区的壁画墓主要分布在洛阳及其周围地区。洛阳地区的汉代壁画墓是分布最密集和发现最早的汉代壁画墓群。早在1916年,洛阳地区就有壁画墓中的壁画被盗卖到美国、法国等地。[②] 新中国成立后到20世纪70年代中期,中原地区主要发掘了两座汉代壁画墓:一是1957年河南省文化局文物工作队发掘的

[①] 中国科学院考古研究所洛阳区考古发掘队:《洛阳烧沟汉墓》,科学出版社1959年版,第79页。
[②] 苏健:《美国波士顿美术馆藏洛阳汉墓壁画考略》,《中原文物》1984年第2期。

洛阳烧沟61号西汉壁画墓①；二是1976年洛阳市博物馆发掘的卜千秋壁画墓。壁画内容有天汉图、神话、墓主升仙、车骑出行和历史故事等。这些壁画雄健浑厚、奔放有力，反映了两汉时期的社会生活、宗教信仰与科技水平，显示了很高的艺术成就，尤其是卜千秋壁画墓更是蜚声中外。此墓由墓道、主室、左右耳室三部分组成。在墓的门内上额、顶脊、后壁山墙正中等处皆绘有壁画，画有仙人王子乔、女娲、仙翁、仙女、伏羲、方相氏的形象，以及彩云、月亮、太阳、双龙和墓主人乘凤升仙等。壁画主要内容是男女墓主人分别乘龙持弓、乘三头凤鸟捧金乌，以持节仙翁为前导，在各种神兽的簇拥下飘然升仙的情景。天界神灵有人首鳞身的伏羲和女娲，以金乌为标志的太阳和以桂树蟾蜍为标志的月亮，代表天地四方的青龙、白虎、朱雀和玄武四神。此外，还有主"索室驱疫"的方相氏、人首鸟身的仙人等。绘画之前，先在砖上涂一层白粉，然后着墨上彩。卜千秋墓壁画的所在位置及其幅面款式，与其他汉墓壁画有所不同。它的主体部分画在屋脊处由20块特制的小型长方形空心砖并列拼成的狭长带状平面上，画面朝下，与墓的底面平行，狭长带状画面的两端，至前后两山花处，分别折而向下。其折向后壁山花的一段，幅面向左右扩展，而呈梯形。② 整幅画保存完整，内容新奇，绘画技艺高超，是研究汉朝历史文化艺术的珍贵资料，在中国和世界美术史上也有着重要的地位，是罕见的国宝珍品。

闻名中外的汉代画像石墓，河南地区最集中于豫南的南阳地区，其次较多的是豫中地区，再次是豫东地区，在豫北地区也有少量的发现。③ 南阳汉代画像石是在20世纪20年代被认识的。1923—1924年间，南阳人董作宾、杨章甫等人首先在南阳城附近发现了一些画像石刻，并认定为汉代遗物，但不知其出处和用途。孙文青在《南阳汉画访拓记》中讲道："南阳汉画像石不见于著录。民国十二三年间，邑人董彦堂、杨章甫等始有发现，尝以未能一睹其概为憾。"④ 虽然当时的汉代画像石散见于南阳各地，董作宾、杨章甫等人的发现也可能只是零星的，但是正是由于他们的开创之功，随后搜集和研究南阳汉画像石的学者逐渐

---

① 河南省文化局文物工作队：《洛阳西汉壁画墓发掘报告》，《考古学报》1964年第2期。
② 洛阳博物馆：《洛阳西汉卜千秋壁画墓发掘简报》，《文物》1977年第6期。
③ 孙广清：《河南汉代画像石的分布与区域类型》，《华夏考古》1991年第3期。
④ 孙文青：《南阳汉画访拓记》，转引自张春玲：《中国汉画第一馆：南阳汉画馆》，《东方收藏》2010年第9期。

多起来。经过学者们的努力,终于使以前默默无闻的南阳汉画像石呈现于世人面前。南阳汉画馆创建于1935年10月,是中国早期艺术博物馆之一。南阳汉画馆是第一座专门收集、陈列汉代画像石刻的馆所,填补了中国博物馆种类的空白。20世纪70年代中叶以前发现的汉画像石主要有南阳七里园①、杨官寺②、李相公庄③、唐河针织厂④和襄县茨沟⑤等。其特点是浅浮雕,题材广泛:有日食、月食、太阳黑子、牛郎星、织女星等天文图像;有舞乐百戏等艺术画面;有豪强地主生活写照;有远古神话和历史故事及辟邪祥瑞图像;等等。这些画像石内容,为研究汉代政治、经济、思想、文化、民俗和天文观测等方面提供了十分形象的重要资料。尤其是唐河新店的汉画像石墓有"天凤五年"的题记,襄县茨沟汉画像石墓有"永建七年"的题记,南阳李相公庄画像石墓有"建宁三年"的题记,都有明确的纪年,这为南阳乃至河南地区汉画像石墓的断代分期,提供了极好的参考。

　　河南地区集壁画与画像石艺术大成的汉墓可能就是新密打虎亭汉墓⑥。打虎亭汉墓东西两墓并列,西为画像石墓,东为壁画墓。1960—1961年,河南省文化局文物工作队对其进行了发掘,发现两墓结构相似,两座墓都有长而宽的斜坡墓道,均由墓门、甬道、前室、后室、南耳室、东耳室和北耳室组成。两墓建筑形式和结构基本相同,都是用巨大的石块和大青砖砌券而成。西边画像石墓甬道及前室刻有"迎宾送客图",南耳室、甬道北壁刻有"车马图",南壁刻有"收租图",东耳室刻有"庖厨图",北耳室刻有"宴饮图"。东边壁画墓长近20米,宽18米多,中室顶高6.7米,墓内彩色壁画达190多平方米。除后室外,其余各室都画有色彩鲜明、内容丰富的壁画。甬道和前室绘有"迎宾图",在中室的北壁绘有"宴饮百戏图",南壁绘有大型"车马出行图",尤其是其中的"相扑图"更为珍贵;南耳室绘有"家畜饲养图"。各室以墓门雕刻最为精致。石门中央浮雕铺首衔环,四周阴刻云气缭绕,在云纹中间刻有各种珍禽异兽和人物等。墓门四周刻朱雀、玄武、青龙、白虎四神组成的花边图案,雕刻生动活泼、栩栩如生。画

---

① 河南省文化局文物工作队:《南阳汉代石刻墓》,《文物参考资料》1958年第10期。
② 河南省文化局文物工作队:《河南南阳杨官寺汉画像石墓发掘报告》,《考古学报》1963年第1期。
③ 南阳市博物馆:《南阳发现东汉许阿瞿墓志画像石》,《文物》1974年第8期。
④ 周到等:《唐河针织厂汉画像石墓的发掘》,《文物》1973年第6期。
⑤ 河南省文化局文物工作队:《河南襄县茨沟汉画象石墓》,《考古学报》1964年第1期。
⑥ 河南省文物研究所:《密县打虎亭汉墓》,文物出版社1993年版。

面构图精细,布局合理,富于层次,整个石门显得壮重美观。根据墓葬规格,墓主的身份都应是当时的高级官吏。打虎亭汉墓被中外专家誉为"中华东汉第一墓",其规模之大、保存之完整、文化艺术价值之珍贵全国仅有。地宫中保存的彩色壁画200多平方米,画像石刻300多平方米,构成一座色彩绚烂的汉代艺术宫殿和藏品丰富的历史博物馆。打虎亭汉墓绘画、雕刻巧夺天工,其中"宴饮百戏图"是汉代墓葬壁画的艺术精品,图中人物众多,且惟妙惟肖,其画幅之长、场面之大,为汉画之最。"相扑图"中人物英勇威武,动作栩栩如生,说明汉朝已有相扑运动,也证实了海外相扑发源于中国的传说。"戏车图"是镇馆之宝,它展示了中国汉代最高雕刻艺术,是世界雕刻史上的一绝,对研究中国汉代文明历史、绘画、雕刻艺术具有重要价值,是中国乃至世界文化史上的璀璨明珠。1988年打虎亭汉墓被宣布为中国重点文物保护单位。

除了汉壁画墓与画像石墓,此一阶段还出土一批各具特色、极具艺术价值与研究价值的汉代墓葬。1969年,河南省博物馆在济源枳城发掘了一批汉墓。[①] 其中一座汉墓中出土的陶风车和舂锥模型,为中国研究农业机械史提供了可靠的资料。另一座汉墓中则出土了通体施釉的陶树,即古代传说中的桃都树,极具研究价值。1970年,郑州市博物馆在郑州新通桥附近发掘了一座汉画像砖墓,墓由133块空心砖砌成,空心砖上有40多种模印图案,除一些常见的几何花纹外,还有乐舞、骑射、出行、械斗、驯牛、斗鸡、乘龙等内容,构图简练,栩栩如生,代表了河南地区汉画像砖的文化特点,反映了这种独特艺术形式的成就。[②] 1972年,河南省博物馆在灵宝张湾发掘一批东汉时期弘农杨氏豪强地主的墓葬。[③] 墓内出土了永元六年(94)的铜弩机和十分罕见的陶桌、六博陶俑,铜弩机有铭文36字。更难得的是出土了一批建筑模型,一座一端起楼的绿釉陶楼及硬山、悬山、四阿等中国传统的部分木构建筑形式。这些建筑模型结构复杂,形式多样,同时在多层建筑中已使用平座的结构和一斗三升的承托技术,表现了河南地区古代劳动人民杰出的创造能力。1964年,在偃师西大郊发掘出522座东汉刑徒墓。[④] 墓葬为南北向土坑墓,东西成排,墓主的脊椎骨都有明显

---

① 河南省博物馆:《济源泗涧沟三座汉墓的发掘》,《文物》1973年第2期。
② 郑州市博物馆:《郑州新通桥汉代画象空心砖墓》,《文物》1972年第10期。
③ 河南省博物馆:《灵宝张湾汉墓》,《文物》1975年第11期。
④ 中国科学院考古研究所洛阳工作队:《东汉洛阳城南郊的刑徒墓地》,《考古》1972年第4期。

的劳损痕迹,墓砖铭文上刻有墓主名字、刑名、监狱名甚至郡县名,从中可得知这些死者生前是被各地官府判罪后征调到洛阳附近服劳役。这些墓葬对研究东汉时期的刑罚、劳役制度具有重要的参考价值。

(三)魏晋南北朝墓葬初步调查与发掘

魏晋南北朝时期,原先活动在边远地区的少数民族陆续内迁,造成了中原地区各民族的大融合,前后达三个世纪之久。在这样漫长的岁月中,各民族在河南地区留下了大量的文物遗迹,其中较多的就是墓葬。新中国成立后的二十多年内,魏晋南北朝的考古工作尤其是墓葬的调查与发掘工作也逐步开始并取得了一定成果。

1953—1957年,在洛阳发掘了54座晋墓,其中有34座单室墓,20座双室墓,其中大型墓有1号墓、8号墓和22号墓。[1] 1号墓和8号墓均为砖砌单室墓。1号墓甬道有一道石门,8号墓甬道有两道石门,22号墓为双室带耳室墓,3座墓都有墓志。这批晋墓的发掘与研究,为其他地区晋墓发掘提供了参考标尺。1955年,郑州发现了一座形制与洛阳晋墓相似的墓葬。[2] 1957年,河南省文化局文物工作队在巩义石家庄发掘了一座晋墓,形制亦与洛阳晋墓近似。[3] 1974年,在安阳孝民屯发现了5座晋墓,其中M154出土了中国目前发现的唯一一套鎏铜马具,马具包括鞍具、銮饰等123件,可能具有鲜卑人特色。[4]

关于洛阳北魏墓葬的调查发掘工作,对拓跋宏(孝文帝)的长陵和其皇后高氏即文昭皇后陵位置的确定,是一项重要的收获。新中国成立以前的30年间,洛阳地方盗墓之风盛行,因此,北邙山出土元氏墓志较多,为寻找长陵提供了一些线索。尤其是1966年由郭玉堂交给河南省文化局文物工作队的魏文昭皇太后山陵志石,对探索长陵的位置有很大的帮助。河南省文化局文物工作队以此为契机,根据实地调查并结合文献,最终确认孟津官庄附近的两个土冢为长陵和文昭皇后陵。[5] 这一成果为北魏陵墓考古拉开了序幕。1965年,洛阳市博物馆在邙山发

---

[1] 蒋若是等:《洛阳晋墓的发掘》,《考古学报》1957年第1期。
[2] 河南省文化局文物工作队:《河南郑州晋墓发掘记》,《考古通讯》1957年第1期。
[3] 赵国璧:《河南巩县石家庄古墓葬发掘简报》,《考古》1963年第2期。
[4] 中国社会科学院考古研究所安阳工作队:《安阳孝民屯晋墓发掘报告》,《考古》1983年第6期。
[5] 河南省文化局文物工作队:《洛阳北魏长陵遗址调查》,《考古》1966年第3期。

掘了北魏常山郡王元邵墓,最有价值的是出土了一批陶俑,可分为文吏俑、武士俑、侍从俑、伎乐俑等,还有动物俑类,形象生动。① 反映了墓主人出行的盛大仪仗场面,与同时代壁画墓中的"出行图"类似,对研究当时的社会习俗服饰制度具有很高的史料价值。1974 年,洛阳市博物馆调查发现了北魏江阳王元乂墓,墓顶的"星象图"规模大,星数多,对研究古代天文学具有很大的实物价值。②

1955 年,河南省文化局文物工作队在邓州学庄发掘出一座南北朝时期彩色画像砖墓。③ 画像内容有墓主出行、历史故事和一些神禽怪兽。最大的画像砖画像内容左为"人头鸟身"图像,中饰忍冬花叶纹,右为"兽头鸟身"图像,砖体边框为凸线,外沿饰莲花、忍冬纹样图案。图案造型艺术高超,是南北朝时期中国绘画的艺术珍品。1958 年春,在河南濮阳河砦村西北发现北齐车骑将军李云夫妇合葬墓,得到内容丰富的墓志,更难得的是出土的四件青瓷罐,从造型和釉色来看,应是北朝青瓷中的精品。④ 1971 年,河南省博物馆在安阳发掘北齐范粹墓,出土了一批精美瓷器,尤其是其中的黄釉瓷扁壶及绿彩、菊黄釉彩瓷,对于研究中国的陶瓷工艺和乐舞发展史提供了宝贵的资料。⑤

(四)秦汉魏晋时期的墓葬考古研究

这一时期,秦汉魏晋时期的墓葬发现很多,其中两汉时期的墓葬最多,画像砖墓与画像石墓影响最大,魏晋时期墓葬相对较少,大型王陵墓葬发现和发掘极少。这一时期的墓葬研究主要集中在两汉墓葬的分期和画像砖、画像石墓葬的初步研究上。

1. 两汉墓葬的分期

《洛阳烧沟汉墓》是汉代墓葬研究的一个典范。这是一部针对洛阳烧沟225 座汉墓的考古报告,但它并非以墓葬为单位来写考古报告,而是以类型学方法,分别对墓室的形制与结构,以及陶器、铜器、铁器、钱币等 10 大类、120 多个小类的随葬品进行详细的分类,根据形制和组合的变化,将这批汉墓分为六期,

---

① 洛阳市博物馆:《洛阳北魏元邵墓》,《考古》1973 年第 4 期。
② 洛阳市博物馆:《河南洛阳北魏元乂墓调查》,《文物》1974 年第 12 期。
③ 河南省文化局文物工作队:《邓县彩色画像砖墓》,文物出版社 1958 年版,第 22~26 页。
④ 周到:《河南濮阳北齐李云墓出土的瓷器和墓志》,《考古》1964 年第 9 期。
⑤ 河南省博物馆:《河南安阳北齐范粹墓发掘简报》,《文物》1972 年第 1 期。

为中原地区的汉墓建立了一个基本的年代序列,并与历史学研究成果相互印证,考察了汉代的社会等级、厚葬等现象在墓葬上的体现,还通过生产工具的类型变化考察了汉代农业、冶炼等方面的发展情况。可见,这部报告带有明显的以墓葬证史或补史的倾向,墓葬材料被视为文献之外的另一类历史学研究素材,反映了老一辈考古学者明显的史学倾向。[1]

《洛阳烧沟汉墓》根据墓葬形制以及墓中所出陶器等主要随葬品的组合和类型的演变情况,可划分为六期:第一期属西汉武帝时期,第二期属昭帝时期,第三期属宣帝至新莽及其稍后,第四期为东汉早期,第五期为东汉中期,第六期为东汉晚期。第一期墓室为平顶,一般面积较狭小。部分墓的墓室由空心砖砌筑而成,大多则为土洞墓,墓道为长方形竖井式,墓门多数向南,部分墓室前端的一侧凿有简陋的耳室。葬式为直肢,部分墓尚存木棺痕迹。第二期墓室亦为平顶的,墓室面积一般较宽大。空心砖墓较多,少数墓的墓室用小砖铺地或为土洞构成。墓室前端两侧或一侧有简陋的耳室。墓门多数向北。葬式亦为直肢,多数墓尚存木棺痕迹,漆棺较少。第三期墓室顶部绝大多数为弧形顶,只有少数为穹隆顶或平顶。墓室中有两棺或三棺以上合葬者,除夫妇合葬外,有的有子女祔葬的情况。墓室多用小砖铺地或用小砖券筑,但也有少量土洞墓,这种情况空心砖只用作部分墓的墓门栏额。耳室增多,从一个至四个不等,不少耳室平面为丁字形,这一期是墓葬中耳室最发达的时期。部分墓葬在墓道与墓室之间有甬道。墓门方向不一致。葬式为直肢,约 50%的墓中有木棺遗痕,其中少数还有铁棺钉,个别木棺髹漆。第四期墓室有前室和后室两部分,前室呈穹隆顶,后室仍为弧形顶。前室大多为土洞,后室多用小砖铺地或用小砖砌筑。部分墓葬小砖封门。耳室多相对为两个,个别墓有两个以上的耳室。墓道和墓室之间都有甬道,墓道仍为竖井式。部分墓的墓道,在竖井之前,加凿一道斜长的阶梯,这是墓道形制的新发展。葬式多为直肢,棺内往往铺一层白灰,木棺已普遍使用铁钉。第五期墓葬形制多数和第四期相同。个别墓的前室附有侧室,前室和后室都为穹隆顶,甚至前室加宽成为横室。第六期多为土洞墓,前室平面大多为横长方形。墓道和墓室之间建有甬道,墓道有斜坡式、竖井式或竖井

---

[1] 李梅田:《墓葬的考古学意义——〈南方文物〉"生死观的文明史"专栏开篇词》,《南方文物》2008 年第 4 期。

附阶梯式。墓门南北向居多。木棺普遍使用白灰及铁钉垫底。墓葬前室的四角还发现染有朱砂的卵石,可能作镇墓用。

陶器、铜镜和钱币是两汉墓葬分期的重要依据。洛阳烧沟汉墓第一、二期的墓葬中,陶器有罐、壶、鼎等类,其中以罐为最多,罐的形制变化成为判断分期的一个重要依据,铜镜是重要参考。如第一期的铜镜以星云纹镜、草叶纹镜为主。第二期依旧以星云纹镜为主,但出现了日光镜、昭明镜和西汉五铢。第三期随葬品中陶器种类大量增加,铜镜新出现了四螭纹镜和变形四乳镜等,钱币以西汉五铢和王莽钱为主。第四期墓葬的随葬品中,案、杯、盘、勺成为主要组合,铜镜出现规矩镜和四乳镜等,钱币以东汉五铢为主,其次为王莽钱。第五期墓葬中出现了家禽、家畜的陶器模型,如鸡、狗、猪等,铜镜主要是云雷纹镜。第六期陶器组合与第五期差别不大,但铜镜以长宜子孙镜最为流行。此外,还有铁镜,铜钱新出现了东汉晚期所铸半两、五铢等,并有铁钱。从洛阳烧沟汉墓随葬器物的变化上分析,编者认为,西汉中期以前河南地区基本上还是沿袭周秦的旧制,随葬的陶器是战国以来常见的鼎、敦、壶等礼器;西汉中期稍后,新增加了与日常生活有关的陶模型器仓、井、炉、灶等;王莽时期及其以后,又出现了一套杯、案、盘、勺等用来祭奠的陶制品,可能开始了汉晋以来在墓中设奠的习俗。

《洛阳烧沟汉墓》最大的亮点是类型学研究,将出土的陶器进行了不同类别组合分类,建立起洛阳汉墓年代的出土器物的类型序列,并为中原各地汉墓编年提供了可资借鉴的标尺。其后洛阳乃至整个中原地区出土的汉代墓葬的分期都以此为参照,《新中国的考古发现和研究》对洛阳地区汉墓的编年亦采用这一标尺,将整个洛阳地区汉墓分为七期。[1]

2.两汉墓葬壁画、画像的初步研究

关于墓葬壁画收录与研究,尤其是两汉时期的壁画,早在20世纪初期就已经开始。在洛阳"八里台"汉墓壁画流出国外之后,就引起了国外学者的关注。根据汤池翻译的《今藏美国波士顿的洛阳汉墓壁画》一文的记录[2],就可窥一

---

[1] 中国社会科学院考古研究所:《新中国的考古发现和研究》,文物出版社1984年版,第413~414页。

[2] 汤池:《今藏美国波士顿的洛阳汉墓壁画》,转引自苏健:《美国波士顿美术馆藏洛阳汉墓壁画考略》,《中原文物》1984年第2期。

斑。20世纪80年代以前,虽然发现的壁画墓数量不多,但还是引起了学术界的注意,特别是洛阳地区出土的几座壁画墓,更是引起有关学者的讨论。关于1957年在洛阳发掘的壁画墓[①],郭沫若曾经专门撰文进行讨论,认为墓室中的壁画表现的分别是"二桃杀三士""鸿门宴""苛政猛于虎"的内容[②]。该文对壁画的考释,似乎并没有将壁画内容放到墓室的布局与两汉墓葬文化的整体氛围和语境中进行思考,而是单独对壁画的某部分内容进行解读,割裂了墓葬壁画与墓葬文化之间的内在联系,无法正确还原和重构壁画所要表达的内容和当时的墓葬文化。70年代,孙作云对郭沫若的解读提出了异议[③],认为研究壁画或是画像石,应该重视该壁画或是画像石在墓葬建筑中的具体位置和布局,壁画与壁画之间、壁画与墓葬建筑之间,应该统一起来考察。该文注意到了从整体角度来研究壁画的重要性,不同的位置可能具有不同的意义,这个主张可以说对汉代及其以后的壁画、画像研究具有很强的指导意义。具体到1957年出土的壁画墓,孙作云认为整个壁画表现的应该就是打鬼图而非其他。另外,夏鼐也对此壁画进行了研究[④],认为原报告对星象图作出的解读有失误之处,原报告根据西洋星座说来对照壁画中的星象图,这样显然不符合西汉的天文学观。夏鼐根据文献记载的西汉天文观,对天象图中的12幅分图进行了详细的解读,但并没有对墓葬中为什么会出现天象图以及天象图在墓葬中布局及具体位置进行详细说明,这应该是个遗憾。1976年卜千秋壁画墓被发现后,引起了学术界的关注,陈少丰、陈昌远、王元化等学者从壁画体裁的考释、艺术风格的解读、绘制技术的讨论以及墓主身份的探析等方面进行较为详细的研究讨论,而在70年代孙作云的《洛阳西汉卜千秋墓壁画考释》是其中比较早的一篇。作者根据文献记载来印证壁画中的具体内容,认为该壁画墓与1957年出土的壁画墓内容的主题有异,该主题不是打鬼而是升仙,并认为打鬼和升仙是汉代的主要迷信观念,两者相辅相承,打鬼是手段,升仙是终极目标。[⑤] 这种观点,作者在其

---

① 河南省文化局文物工作队:《洛阳西汉壁画墓发掘报告》,《考古学报》1964年第2期。
② 郭沫若:《洛阳汉墓壁画试探》,《考古学报》1964年第2期。
③ 孙作云:《洛阳西汉壁画墓中的傩仪图——打鬼迷信、打鬼图的阶段分析》,《郑州大学学报(哲学社会科学版)》1977年第4期。
④ 夏鼐:《洛阳西汉壁画墓中的星象图》,《考古》1965年第2期。
⑤ 孙作云:《洛阳西汉卜千秋墓壁画考释》,《文物》1977年第6期。

后 80 年代有关的汉壁画文章好多次提到,对后来的研究者也有一定的影响。综观这一阶段汉壁画墓研究的学者,都擅长依文献记载来考证壁画中的具体内容,但大部分学者都局限于壁画的内容而似乎忽视了两汉整体的墓葬文化特点。

汉画像石的相关研究也起源于 20 世纪二三十年代。1927 年冬,南阳籍著名的教育家、方志学家、河南省通志馆编修张中孚奉命回宛赈灾。工作之余,他偶然发现一些墙基所用的画像石刻与山东所发现的汉代画像石相类似,前后得到"四十石之多"。随后,张中孚把访问拓到的数十幅汉画拓片带回开封,由时任河南省博物馆馆长的关百益选取 40 幅编成《南阳汉画像集》①一书。这是介绍南阳汉画像石的第一本图集。自此南阳汉画像石开始引起全国学术界的关注,一些著名的学者如鲁迅、腾固、高鲁等人开始着手搜集南阳汉代画像石拓片。1933 年 9 月,孙文青撰写的研究南阳汉画的文章《南阳汉墓中的星象及斗兽图》一文发表在《科学画报》第一卷;10 月,孙文青写的《南阳草店汉墓享堂画像记》发表在《国闻周报》第十卷第四十一期。孙文青的这两篇文章揭开了南阳汉代画像石的出处和用途的迷雾,使南阳汉代画像石作为建墓材料的功能第一次得到了认定。新中国成立后,南阳汉画像石研究的进程大致可分为三个阶段:1950—1970 年,这 20 年间着重于搜集、保护、著录、陈列等基础性工作,研究文章甚少,尚未进入科学研究的轨道;1970—1980 年,研究工作开始起步,除个别综述文章外,研究领域较为狭窄,考古发掘报告、考证性文章多于研究论文;1980 年以后,科学研究已经初步形成了历史、考古、美术、美学、文学及天文学等学科多元研究的大好局面。②

二、汉魏洛阳城与其他城址调查

(一)汉魏洛阳城初步考古调查与研究

汉魏时期,河南地区是全国的政治、经济、文化中心。汉魏洛阳城遗址是东

---

① 关百益:《南阳汉画像集》,上海中华书局 1930 年版。
② 韩玉祥:《南阳汉画像石的收藏研究概述》,《南都学坛》1990 年第 5 期。

汉、曹魏、西晋、北魏的都城遗址。汉魏洛阳城位于洛阳盆地,背靠邙山,南临洛河,地理位置险要。城址始建于西周初年,废弃于唐初。汉魏洛阳故城是中国所有都城遗址中历代定都总时间最长、规模最大且遗迹埋藏较为完整的古城遗址,对后来都城的建筑形制、设计规划影响达千年之久。

对汉魏洛阳故城的考古调查,早在20世纪20年代就已经开始进行。1924年,北京大学文科研究所对汉魏洛阳城遗址进行了首次调查。① 新中国成立后,相关的调查、勘探工作逐步持续展开。1954年,中国科学院考古研究所就对汉魏洛阳城进行过调查。② 1962年夏,中国科学院考古研究所洛阳工作队进行了田野勘查工作。初步探明了大城的垣墙、城门、街道、护城河和大城西北隅的金墉城的范围和布局,东北角的殿台仓厩等遗存,还探明了永宁寺和宫城范围及其部分宫殿基址;在南郊初步探出了汉魏时期的"三雍"遗址范围和一些殿台遗址,1972年又进行了重点发掘,进一步搞清楚了洛阳作为东汉、魏晋、北魏都城的基本情况。③

东汉都城洛阳(雒阳城)全城平面略呈长方形,南北长约汉代九里,东西长约汉代六里,故称"九六城"。城墙用土夯筑,厚约14～25米。东、西、北三面城墙遗迹尚存,南面城墙因洛河改道被冲毁,但仍可复原其位置。初步搞清了城墙城门的位置和大致名称,全城共设12个城门,城内主要大街都通向城门。大街互相交叉,分隔成24段,这可能便是文献记载中所说的"洛阳二十四街"。考古工作者经过勘探,大致确认宫城坐落于大城的中北部,位置适中略偏西,它与大城形制相仿,呈南北长的矩形,宫城的四面垣墙保存尚好,面积占了大城面积的十分之一左右,是都城里最重要的中心建筑区,可能是东汉南宫、北宫所在地。在其西部,1965年考古工作者清理了一座方形夯土台遗迹④,可能是《永乐大典》记载的东汉、曹魏、西晋时期的"清暑殿"。

曹魏在东汉洛阳城的废墟上重建了都城,其规模不超过东汉。西晋时城的形制和布局亦无多大的改变,但是魏明帝曹叡仿效其祖父曹操在邺城西北部筑铜雀台等"三台"的经验,在洛阳城的西北角也建筑了金镛城。据考古勘

---

① 夏鼐主编:《中国大百科全书·考古学》,中国大百科全书出版社1986年版,第418页。
② 阎文儒:《洛阳汉魏隋唐城址勘查记》,《考古学报》1955年第9期。
③ 中国科学院考古研究所洛阳工作队:《汉魏洛阳城初步勘查》,《考古》1973年第4期。
④ 冯承泽、杨鸿勋:《洛阳汉魏故城圆形建筑遗址初探》,《考古》1990年第3期。

探,金镛城分隔为三部分,各有门道相通。它实际上是军事性的城堡,由于北依邙山,地势高亢,可俯瞰洛阳全城,具有制高点的作用,在西晋末年"永嘉之乱"的洛阳争夺战中,是双方必争之地,当时称为"洛阳垒"。勘探发现,由于魏晋时战乱频仍,出于军事上的需要,在洛阳城的西北城墙外壁和金镛城的外壁设置了许多墩台,其形制和效用如同后世的"马面",这是中国古代城制上的一个创新。

北魏在洛阳建都,仍利用东汉、魏晋的城墙。东汉以来的 12 个城门大多在魏晋或北魏时改了名,多个城门都在汉代的旧址上重建,仅西阳门从汉代的雍门旧址北移约 500 米。此外,孝文帝初到洛阳时,在西城墙北端靠近金镛城处新开了承明门,从而使城门增为 13 个。① 北魏洛阳城最重要的改变是废除了东汉以来南北两宫的制度,建立了单一的宫城。据勘探,宫城的位置在全城的北部略微偏西,是在汉魏北宫的基础上兴建的。平面呈长方形,四面筑墙,东墙和西墙各长 1400 米,南墙和北墙各长 660 米。在南墙近西端处,有一巨大的门址,便是宫城的正门——阊阖门的遗址。正殿太极殿在宫城的前部,与阊阖门对直,其基坛南北长约 60 米,东西宽约 100 米,规模甚大。② 宫城南则是北魏著名的永宁寺遗址。北魏洛阳城内部大部分遗址布局在 20 世纪 80 年代前只经过大略的调查,重点的发掘工作到 80 年代后才逐渐展开。1961 年,汉魏洛阳故城被国务院公布为第一批全国重点文物保护单位。

汉魏洛阳城在新中国成立后二十多年内经过多次的勘探与调查,自阎文儒发表《洛阳汉魏隋唐城址调查记》始,先后发表了《汉魏洛阳城初步勘查》《汉魏洛阳城南郊的灵台遗址》等相关的考古发掘简报,基本搞清了东汉洛阳城、魏晋洛阳城的分布范围和大致布局,除灵台遗址、永宁寺遗址外,详细的宫殿遗址、城门遗址的勘探与研究等工作基本没有进行,而有关汉魏洛阳城形制与历史地位的研究工作也很少。阎文儒发表的《洛阳汉魏隋唐城址调查记》可以说是对汉魏洛阳城调查研究的开篇之作,初步确定了汉魏洛阳城的规模,推断了金墉城与洛阳小城的基本位置,确定了北魏宫城在洛阳城的正中,甚至框定了太学

---

① 夏鼐主编:《中国大百科全书·考古学》,中国大百科全书出版社 1986 年版,第 182 页。
② 中国科学院考古研究所洛阳工作队:《汉魏洛阳城初步勘查》,《考古》1973 年第 4 期。

灵台与白马寺的大致所在。① 虽然由于没有进行大规模的调查,对城址的规模与布局的推断有不少错误之处,但其得出的初步结论对其后的调查、勘探与研究工作有较大的影响。关于汉魏洛阳城城内布局,有些学者根据文献记载与走访调查,作出了一定的研究。早在1948年劳干根据《洛阳伽蓝记》等文献记载,初步对北魏洛阳城的布局进行了复原。② 陈寅恪在《隋唐制度渊源略论稿》"都城建筑"部分提到,北魏洛阳城对隋唐城市布局影响很大,隋唐长安城承袭了北魏洛阳城平面呈横长方形的形制,并承袭了北魏洛阳的里坊制,而且更加规整,排列井然有序,在主要居民区设置固定市场,"夫北魏洛都新制其所以殊异于前代旧规之故,虽不易确知,然东魏邺都南城及隋代大兴即唐代长安之都邑建置全部直受北魏洛都之影响"③。1965年,台湾学者何炳棣也根据《洛阳伽蓝记》归纳出北魏洛阳的区划情况:城内北半部大体是宫苑区;南半部是官员居住场所,还有一些寺院;统治阶级集中居住在东郭的晖文等六里……一般居民及工商业者,居住在东郭偏北部的建阳等三里,其结论是"北魏洛阳坊里制中呈现出相当严格的阶级与身份的区分"④。宿白根据文献记载与考古材料,综合研究后认为,北魏洛阳城沿袭了魏晋时期在城西北角兴建防御设施金墉城的做法,但革新了城址的布局,集中全部宫廷于旧城中部偏西的北侧兴建的宫城之中,彻底改变了汉魏洛阳城南北宫的分散设计,使得汉魏旧城从南到北逐步为宫城、衙署、寺院和高官宅第所占据,成为北魏都城中最核心的部分。洛阳郭城布局特点:一是规整的一里见方的里坊最为突出;二是市的设置有计划地选择在坊里密集的居民区;三是城内外遍布佛寺。可以说北魏洛阳城的形制与布局,与两汉以来的都城相比,出现了划时代的变革,而为此后隋代大兴城、唐代的长安城和隋唐的洛阳城开创了先例。⑤

---

① 阎文儒:《洛阳汉魏隋唐城址勘查记》,《考古学报》1955年第9期。
② 劳干:《北魏洛阳城图的复原》,《国立中央研究院历史语言研究所集刊》第二十本上册,1948年版。
③ 陈寅恪:《隋唐制度渊源略论稿》,中华书局1963年版,第70页。
④ 何炳棣:《北魏洛阳城郭规划》,《庆祝李济先生七十岁论文集(上)》,(台北)清华大学出版社1965年版,转引自洛阳市文物局、洛阳白马寺汉魏故城文物保管所:《汉魏故城研究》,科学出版社2000年版,第446页。
⑤ 宿白:《北魏洛阳城和北邙陵墓——鲜卑遗迹辑录之三》,《文物》1978年第7期。

(二)汉魏其他城址的调查

汉魏时期,河南境内诸侯王国都与郡治、县城近百个,因此这一历史时期的古城址很多,但至 20 世纪 70 年代止,除汉河南县城、南阳宛城、荥阳故城等之外,真正进行过考古调查、勘探的并不多。

汉河南县城位于洛阳东周王城中部,是 20 世纪 50 年代在寻找东周王城的考古调查过程中被发现的。① 到 1960 年,前后进行了 4 次较大规模的发掘。勘探发现的汉河南县城可能是在西汉中期在东周王城废墟的基础上建立起来的,规模较小,平面呈方形,只有西城垣随涧河的曲折流向而向内凹。城墙夯土建筑而成,墙基宽 6 米以上。考古发现充分证据证明其为汉河南县城。出土有"河南太守章""史守印信"等一类的封泥。②

南阳宛城在春秋战国时期是楚国的重镇,西汉时期是全国五大城市之一,著名的冶铁中心,有众多的春秋战国和两汉时期的遗迹。1959 年在城内发现了瓦房庄冶铁遗址③,1963 年在东城墙发现汉代半两钱范及炼渣,1964 年在城北部发现"契刀五百"和"大泉五十"钱范。1963 年前存北墙、东墙、南墙各一段。北墙长约 800 米,高 4~6 米,东墙长约 600 米,高 5~7 米,南墙长度待考,残高 1~6 米。墙基宽约 10 米,夯层 8 厘米,平夯堆筑。遗址内存春秋、战国及汉代陶片,城垣外有宽约 50~80 米的护城河遗址。④

荥阳故城在秦汉之际以重要的战略地位著称,楚汉战争时期,是双方反复争夺的战略要冲。新中国成立后,曾对荥阳故城进行多次勘探。城垣略呈长方形,大部尚存。自古荥镇西北隅南伸至纪公庙村以东,临索须河折向东至古城村又北折百米左右。北城墙东到钓鱼台村拐向南与古城村城墙相接。东墙已被济水泛滥冲没,仅存东北、东南两个拐角。故城南北长约 2000 米,东西宽约 1500 米,周长 7000 余米。残存城墙最高处 20 米,上宽 10 米,基宽 30 米。城墙

---

① 中国科学院考古研究所洛阳发掘队:《洛阳涧滨东周城址发掘报告》,《考古学报》1959 年第 2 期。
② 黄展岳:《一九五五年春洛阳汉河南县城东区发掘报告》,《考古学报》1956 年第 4 期;黑秉洋:《汉河南县城内发现水沟》,《考古》1960 年第 7 期。
③ 河南省文物研究所:《南阳北关瓦房庄汉代冶铁遗址发掘报告》,《华夏考古》1991 年第 1 期。
④ 杨育彬、袁广阔:《20 世纪河南考古发现与研究》,中州古籍出版社 1997 年版,第 522 页。

系版筑而成,层次分明,夯窝清晰。西城墙有3处缺口,当为城门遗迹。城外发现了汉代河南郡的大型冶铁遗址①。

除此之外,经过初步调查的城址大致还有汉霸王二城、东汉许昌城、山阳古城等。

三、秦汉魏晋南北朝农业、手工业遗存调查、发掘与研究

(一)农业的考古发现

秦汉魏晋南北朝时期,河南农业发展迅速,农业生产活动留下了大量的遗迹遗物。农具出土较多,在巩义铁生沟、郑州古荥镇、南阳宛城冶铁遗址中发现大量的铁口犁铧和铧范,鹤壁出土了长方形犁镜与铁口犁铧②。播种农具耧铧、耧足都有发现③,谷物加工工具出现了陶碓和陶风车④。在打虎亭汉墓壁画中出现了制作豆腐的石磨,这可能是中国最早的豆腐制作工具。农田水利方面发现最多的是灌溉用的水井,仅仅《烧沟汉墓》中就收录了水井模型97件,水井由井架、滑轮、陶水斗、水槽等设施组成。考古发现农作物种类丰富,有稻、粟、大麦、小麦、豆、麻、高粱等,洛阳烧沟汉墓的陶仓印记有"麦万石""稻万石""麻万石"等,出现了大量的粮食仓储工具,《洛阳烧沟汉墓》收录的陶仓有983件。这些考古实物的发现说明,河南在汉魏时期就是中国农业主产区,生产的粮食作物和耕作生产工具都是古代中国农业生产的缩影。

(二)冶铁遗址的调查与发现

自1950年代到1976年前后,河南先后发现并发掘了巩县(今巩义市)铁生

---

① 郑州市博物馆:《郑州古荥镇汉代冶铁遗址发掘简报》,《文物》1978年第2期。
② 河南省文化局文物工作队:《河南鹤壁市汉代冶铁遗址》,《考古》1963年第10期。
③ 河南省文化局文物工作队:《从南阳宛城遗址出土汉代犁铧模和铸范看犁铧的铸造工艺过程》,《文物》1965年第7期。
④ 河南省博物馆:《济源泗涧沟三座汉墓的发掘》,《文物》1973年第2期。

沟[1]、郑州古荥镇[2]、南阳瓦房庄[3]、温县招贤村[4]、鹤壁鹿楼冶铁遗址[5]、渑池铸铁作坊[6]等冶铁遗址,其中铁生沟冶铁遗址、古荥镇汉代冶铁遗址、瓦房庄冶铁遗址、渑池铸铁作坊遗址等最有代表性,获得了足以代表秦汉魏晋南北朝时期河南乃至全国的冶铁业技术水平的考古发现。

铁生沟冶铁遗址位于今巩义市孝义镇南铁生沟村南地。距遗址不远的南、北和西南山区都有铁矿并有采矿井、巷道等古代采矿场遗迹。遗址南北长约120米,东西宽约180米。1958年到1969年,河南省文化局文物工作队在此发掘2000平方米。清理出的冶铁遗迹有炼炉、锻炉、炒钢炉、退火脱碳炉、烘范窑、多种用途的窑、配料池、废铁坑、房基等,还有铁器及铁料、铁范、鼓风管残块、少量泥范和熔炉壁残块、陶器等出土遗物。

郑州古荥镇汉代冶铁遗址位于郑州市西北汉代荥阳故城的西墙外,是一处兼具冶铁和铸造的汉代大规模官营冶铁作坊遗址。1965年和1966年,郑州市博物馆曾对该遗址作过调查和试掘。经初步钻探,该遗址南北长400米,东西宽300米。1975年对该遗址进行了部分发掘。在发掘范围内,最重要的发现是清理出两座冶铁高炉炉基。以炉基为中心还清理出大积铁块、炉渣堆积区、矿石堆以及与冶炼有关的水井、水池、船形坑、烘范窑、四角柱坑等,出土了一批耐火砖和铸造铁范用的陶模,还有铁器、陶器、石器等。这两座炉基是当时发现的年代最早、规模最大、结构保存最完整的,并且是首次经过科学、系统的考古发掘的椭圆形冶铁竖炉炉基。还发掘清理出与竖炉冶炼有关的、较为完整的冶铁遗存,使得人们对汉代发达的冶铁手工业的发展水平有了全新的认识,为这项研究提供了珍贵的实物资料。

瓦房庄冶铁遗址位于今南阳市汉冶路北侧,在汉代宛城小城以北、大城以内的手工业作坊区内,其东南是冶铜遗址,东北为制陶作坊。河南省文化局文

---

[1] 中国科学院考古研究所:《巩县铁生沟》,文物出版社1962年版。
[2] 郑州市博物馆:《郑州古荥镇汉代冶铁遗址发掘简报》,《文物》1978年第2期。
[3] 河南省文物研究所:《南阳北关瓦房庄汉代冶铁遗址发掘报告》,《华夏考古》1991年第1期。
[4] 河南省博物馆、《中国冶金史》编写组:《汉代叠铸——温县烘范窑的发掘和研究》,文物出版社1978年版,第27~39页。
[5] 河南省文化局文物工作队:《河南鹤壁市汉代冶铁遗址》,《考古》1963年第10期。
[6] 渑池县文化馆、河南省博物馆:《渑池县发现的古代窖藏铁器》,《文物》1976年第8期。

物工作队通过1959年和1960年两次发掘表明,该遗址属于汉代铁器铸造与加工作坊遗址。发掘清理出的属于西汉时期的遗迹有熔炉基址、地面铁器范、水井、水池、勺形鼓风机械基址等;遗物分熔炉壁残块、鼓风管残块、范块和110件各种铁农具和工具。属于东汉时期的遗迹有熔炉基座、烘范窑和锻炉、退火脱碳炉窑、炒钢炉、水井、火烧槽、范坑、灰坑、瓦洞等;遗物分炉壁残块、鼓风管残块、铸模和铸范,还有近千件的各种铁器。

温县招贤村冶铁遗址位于温县故城外,1974年由河南省博物馆调查时发现。遗址面积约1万平方米,遗址北部有东汉前期的烘范窑一座。窑内整齐放置叠铸泥范500余套,是全国不可多得的重要考古发现。这些陶范以车马器泥范为主,有革带扣、马衔、连接链、各种轴承等36种器形。铸范都用金属模盒翻制成范块或范片,然后叠合成套。由一个垂直的总浇口把各层空腔串联起来,金属液自上而下逐层流灌型腔。一般一次可铸6~10层,每层2~6件。最多的是革带扣,有14层,每层6件,一次可铸84件。可见东汉时期中国冶铁铸造工艺的先进水平。

渑池铸铁作坊遗址位于火车站附近,是一处东汉至北朝时期的铸铁作坊遗址。遗址南北长250米,东西宽220米。遗址北部发现大约为北魏时期的铁器窖藏坑。坑为圆袋形,坑内窖藏铁器4000余件,比较完整的1300件,器类60种以上,有铁范、铁器、铁材等,其中部分铁范上有铭文"渑""津""阳成"等,铁器分为手工业工具、农具、兵器以及生活用具,铁材包括除合金铸铁以外当今所有的品种。可以认为是中国早期钢制用具和工具的一次重要发现,反映了秦汉魏晋南北朝时期冶铸技术的发展和进步。

(三)窑址与瓷器的考古初步调查

河南是中国陶瓷器源头区域之一,郑州商城曾经发现中国最早的原始瓷器,秦汉魏晋南北朝时期,陶瓷业有了进一步的发展,陶窑构造和陶瓷烧制水平得到了进一步的发展,其中尤其以洛阳及其周边区域最为发达。

1974年,洛阳市文物部门在洛阳王城东北部的金谷园两侧和西城西南部发现秦汉之际和西汉时期的古窑18座。[1] 其中秦汉之际的古窑2座,形制相同。

---

[1] 洛阳市文物工作队:《洛阳东周王城内的古窑址》,《考古与文物》1983年第3期。

窑室平面呈椭圆形,由上下道、烧坑、窑门、火膛、窑床、排烟孔、烟道组成,形态保存完整。其产品主要是筒瓦,其次为井圈等。西汉时期的古窑有 16 座,窑室平面分为椭圆形和方形两种,可分为前后两期。前期窑有 4 座,分别为瓦窑、烘范窑、陶窑和烧俑窑。瓦窑平面为椭圆形,火膛平面呈等腰梯形,窑床为马蹄形。出土大量的筒瓦、半瓦当和圆瓦当。烘范窑为长方形,窑室较小,方形不少半两钱的陶范。陶窑为长方形窑室,主要产品为陶制生活用具等。烧俑窑为椭圆形,火膛平面呈长方形,窑室较大,出土大量陶俑。后期陶窑 12 座,主要特点是窑室均为方形,窑门规整,火塘平面为半圆形,窑床多为长方形,后壁底部的烟孔通入后壁内 3 个筒形火道后相汇于中部烟道,形制上有并列与对开式两种。这批发现的陶窑,代表了秦汉时期陶窑烧制的水平,在烟道、窑室、火膛上结构更加简单,但在储温节能方面有了较大改进与提高,为秦汉陶器的质地、硬度提升提供了保障。

河南秦汉魏晋南北朝时期陶器制造非常发达,种类分为生活用具、随葬品、建筑用品等,尤其发现了大量的陶俑、陶建筑明器及画像砖,显示出此一时期高超的陶器烧制工艺,对研究当时的社会生活、建筑构造有极高的参考价值。河南也是中国最早发现原始瓷器的地区之一,郑州商城西城墙外商代墓内出的一件原始青瓷尊,更是代表了当时陶瓷工艺的最高水平,把中国制造瓷器的历史提前到三千多年前。[1] 秦汉时期,河南地区也发现了一些瓷器。洛阳汉河南县城遗址调查过程中[2]曾经发现瓷罐残片,洛阳烧沟汉墓 147 号墓葬中[3]也曾出土一件瓷罐,洛阳中州路 708 号汉墓中出土了一件瓷罐[4]。魏晋南北朝时期,发现了更加精美的瓷器,在河南濮阳河砦村西北发现北齐车骑将军李云夫妇合葬墓,得到一批工艺精美的瓷器,更难得的是出土了四件青瓷罐精品[5]。在安阳发掘北齐范粹墓,出土一批精美瓷器,其中包括黄釉瓷扁壶及绿彩、菊黄釉彩瓷。[6]

---

[1] 郑州市博物馆:《郑州铭功路西侧的两座商代墓》,《考古》1965 年第 10 期。
[2] 黄展岳:《一九五五年春洛阳汉河南县城东区发掘报告》,《考古学报》1956 年第 4 期;黑秉洋:《汉河南县城内发现水沟》,《考古》1960 年第 7 期。
[3] 中国科学院考古研究所洛阳区考古发掘队:《洛阳烧沟汉墓》,科学出版社 1959 年版,第 111 页。
[4] 中国科学院考古研究所:《洛阳中州路(西工段)》,科学出版社 1959 年版,第 132 页。
[5] 周到:《河南濮阳北齐李云墓出土的瓷器和墓志》,《考古》1964 年第 9 期。
[6] 河南省博物馆:《河南安阳北齐范粹墓发掘简报》,《文物》1972 年第 1 期。

遗憾的是,汉魏时期尽管发现了一些精美的瓷器,这一阶段却没找到相关的瓷窑遗址。而南北朝时期,位于安阳市北郊的相州窑址,1974年的试掘表明,可以上溯到北齐时期,与河北磁县贾北村窑产品相近。李云夫妇合葬墓、北齐范粹墓出土的一批青瓷器产品,可能是相州窑制造的早期产品。相州窑可能继承了汉晋时期青瓷制造工艺,从北齐开始有了长足的发展,并形成新的流派,与南方青瓷齐头并进,为隋唐时期的窑口兴起打下了基础。

(四)手工业的初步研究

汉魏南北朝时期,河南地区的手工业越来越发达,尤其是冶铁与陶瓷业。新中国成立后的二十多年内,河南地区发现了一定数量的汉代及其以后的冶铁遗址,瓷窑虽然没有发现,但在魏晋时期的墓葬中发现了此一时期的瓷器,这也是中国瓷器初步发展的重要时期。此一阶段,关于冶铁和瓷器尤其是冶铁技术的研究相对多一些。

河南汉代冶铁遗址发掘以后,发表了一批相关遗址的简报,对了解汉代冶铁遗址的分布、规模、生产水平和生产时间有一定的帮助。其中最著名的是1962年中国科学院考古研究所主编、河南省文化局文物工作队负责编著的考古学专刊《巩县铁生沟》[①]。《巩县铁生沟》资料丰富,内容翔实,科学严谨,不仅介绍了出土的炼炉、作坊、采矿、加工遗址及各种生产工具,还详尽地揭示了汉代冶炼技术和铸造生产工艺,并结合历史文献记载进行分析探讨,确定铁生沟冶铁遗址就是文献记载中的"河三"冶铁工场(河南第三冶铁场)。同时,根据发掘资料进一步分析确定了铁生沟遗址的历史原貌和历史地位,弥补了文献记载的不足,在考古界和历史界都具有相当重要的科学价值。另外,1974年河南省博物馆等单位在温县发现一座东汉时期的铸铁遗址,出版了《汉代叠铸——温县烘范窑的发掘和研究》,编者运用通俗的语言和对比的手法,图文并茂,从温县烘范窑的发掘开始,结合历史文献、考古资料,联系一些现代工厂的生产实际,对叠铸工艺作了比较深入的探讨,认为中国"至迟在战国晚期出现了先进的

[①] 中国科学院考古研究所:《巩县铁生沟》,文物出版社1962年版。

叠铸技术"①。该书是粉碎"四人帮"以后出版的一部科技考古专著，反映了中国古代铸造技术方面的重要成就。② 另外，河南省博物馆、《中国冶金史》编写组等编写的《河南汉代冶铁技术初探》认为，在汉代，高炉炉型和熔炼技术的改进，铁范、叠铸、韧性铸铁的推广使用，新的制钢方法的发明发展等，标志着汉代冶铁技术在战国、秦的基础上，有了质的飞跃。特别是生铁炒炼成钢（或熟铁）这一崭新的高效率的先进技术的出现，改变了整个冶铁生产的面貌，在钢铁史上具有划时代的意义。③《从南阳宛城遗址出土汉代犁铧模和铸范看犁铧的铸造工艺过程》则是从南阳出土的犁铧模具出发，分析了当时先进的泥模铸铁范，反映了两汉时期农业生产工具犁的制作过程和铸造工艺水平。④

此一时期，涉及汉魏南北朝的瓷器研究成果并不多，主要探讨了青瓷、白瓷的相关问题，周到的《河南濮阳北齐李云墓出土的瓷器和墓志》认为，墓中出土的四件青瓷罐，从造型和釉色来看，应是北朝青瓷中的精品⑤，为北方青瓷起源等问题研究提供了可贵的实物资料。李知宴的《谈范粹墓出土的瓷器》提出，范粹墓中出土的黄釉瓷扁壶的舞乐场面的浮雕，是中原和西域文化联系在瓷器上的生动反映，对研究中国瓷器的断代、纹饰的内容及其来源有一定的意义，更有价值的是出土的三系罐、长颈瓶、四系罐等器物与研究白瓷的起源有密切的关系，为解决白瓷起源问题增添了可靠的新资料。⑥

总的来说，秦汉魏晋南北朝时期，中国既经历了两汉长期的统一繁盛时期，也经历了魏晋南北朝时期较长时间的国家分裂和民族大融合过程。这一历史阶段的社会经济、文化一直在向前发展，遗留在河南境内的文化遗物十分丰富。新中国成立后到 1976 年，河南考古研究主要集中在两汉墓葬分期、墓葬壁画与汉魏洛阳城布局结构及相关手工业发展等方面，相对 80 年代以后来说，此时的研究是基础性、尝试性的研究。

---

① 河南省博物馆、《中国冶金史》编写组：《汉代叠铸——温县烘范窑的发掘和研究》，文物出版社 1978 年版，第 2 页。
② 马世之：《评〈汉代叠铸——温县烘范窑的发掘和研究〉》，《中原文物》1980 年第 2 期。
③ 河南省博物馆、《中国冶金史》编写组：《河南汉代冶铁技术初探》，《考古学报》1978 年第 1 期。
④ 河南省文化局文物工作队：《从南阳宛城遗址出土汉代犁铧模和铸范看犁铧的铸造工艺过程》，《文物》1965 年第 7 期。
⑤ 周到：《河南濮阳北齐李云墓出土的瓷器和墓志》，《考古》1964 年第 5 期。
⑥ 李知宴：《谈范粹墓出土的瓷器》，《考古》1972 年第 5 期。

第四节　隋唐以降考古工作的起步

隋唐宋元及其以后时期,中国经历了封建社会从最巅峰到逐步衰落的过程,隋唐时期是中国封建社会最鼎盛时期,宋代经济文化发达,而国力出现危机。元明清时期,商品经济虽然有进一步的发展,但封建社会却逐步走向衰落。这一历程也是河南从经济、政治、文化中心逐渐走向没落的过程。新中国成立初期到1976年的考古初步成果,从隋唐洛阳城勘探到明清墓葬考古,似乎也能反映河南在这一历史时期经济社会状况的变化。

一、隋唐以降陵墓、墓葬发掘与研究

(一)隋朝墓葬的发掘与研究

隋朝历史很短,但上承南北朝,下启盛唐,具有较重要的历史地位。新中国成立之初,河南发现的隋代墓葬不多,但部分有墓志或者纪年,因此具有较高的史料价值。

安阳隋墓的发掘,可以追溯到20世纪20年代。1929年秋,在安阳小屯北地发掘出隋仁寿三年(603)的卜仁墓;出土了一批青瓷器。[①] 据初步统计,新中国成立前在小屯一带共发现隋唐时期的墓葬170余座,其中大多数为隋墓。[②] 新中国成立后,在安阳地区先后发掘一批隋代墓葬,出土不少陶、瓷、石、铁、铜等各类随葬品,尤以随葬的大量陶俑和青瓷器引人注目。这些隋墓均为单室土洞墓,一般由墓道和墓室两部分组成,其中少数有甬道。墓道为斜坡式或竖井

---

① 宋伯胤:《卜仁墓中的隋代青瓷器》,《文物参考资料》1958年第8期。
② 赵志文:《河南隋唐五代考古发现与研究》,《华夏考古》2012年第2期。

斜坡式,墓室大多为拱形顶,少数作穹隆顶。① 这些墓葬为河南地区隋代墓葬的断代分期提供了参考。

此一时期,出土的较为重要的墓葬有宋循墓和张盛墓,这两座墓葬是隋墓的典型代表,其中出土的墓志史学价值尤为珍贵。宋循墓位于安阳县北,为单室土洞墓,墓道呈现斜坡状,墓室平面呈长方形,四角略为弧形。墓门在墓室南壁中部,墓室偏西处砌有南北向的棺床,葬有人骨架一具,随葬品有四系罐等瓷器,单耳瓶等陶器,另外还有武士俑、风衣俑等陶俑,出土题"隋故骠骑将军遂州使君宋君墓志铭"墓志1块。② 张盛墓位于安阳市内,为砖砌单室,墓室平面近方形,四边外弧,东西两侧各有1个耳室,墓室北部有东西向砖砌棺床,木棺已朽,上有两具人骨架,为一座夫妇合葬墓,出土随葬品有俑类、生活用具、日用器物模型及石墓志1块。石墓志盖篆书"张君之铭"四字,志文记载张盛生平甚详。③ 张盛墓保存完整,随葬品丰富,墓主人身份明确,为研究隋代丧葬方面的等级制度提供了准确的资料。其中的白瓷俑、象首壶、兽环壶、围棋盘都有若干青瓷的特征,或许是白瓷源于青瓷的有力证据。难能可贵的是,发现的瓷器围棋盘可能还是世界上现存最古老的19道围棋盘,也是世界围棋史上一件珍贵的实物资料。

河南发现的其他比较重要的隋朝墓葬还有:1956年,为配合三门峡水库建设工程,在陕州(今三门峡市陕州区)刘家渠发现的刘伟、刘穆兄弟墓葬④,出土了一批重要文物,其中两枚银币系波斯萨珊王朝库思老一世时期的遗物,是中原地区和西方文化交流的实证之一。1975年10月,在洛阳市凯旋路东段,发现一座隋末唐初王世充割据政权郑开明二年(620)的长方形土洞墓,出土有白瓷唾壶、黄釉瓷钵、红陶罐、四神铜镜、金饼。墓内有灰方砖墓志一块,志文墨书,墓主为裴氏,墓志记载去世时间为郑开明二年。⑤ 因此,该墓出土的白瓷唾壶和黄釉瓷钵或许均可以作为隋末唐初的标准器物,为隋唐墓葬断代分期提供了

---

① 中国社会科学院考古研究所安阳工作队:《安阳隋墓发掘报告》,《考古学报》1981年第3期。
② 安阳县文教局:《河南安阳隋墓清理简记》,《考古》1973年第4期。
③ 中国科学院考古研究所安阳发掘队:《安阳隋张盛墓发掘记》,《考古》1959年第10期。
④ 黄河水库考古工作队:《一九五六年河南陕县刘家渠汉唐墓葬发掘简报》,《考古通讯》1957年第4期。
⑤ 曾亿丹:《洛阳发现郑开明二年墓》,《考古》1978年第3期。

参考。

(二)盛唐墓葬的调查与初步发掘

20世纪上半叶,社会动荡不安,洛阳邙山地区大量唐墓被盗,仅张钫在河南新安私邸建造的"千唐志斋"就收藏唐代墓志1209件。① 据不完全统计,新中国成立以来到1976年正式发掘清理的唐墓在数百座以上,主要有洛阳唐墓②、陕县唐墓③、安阳唐墓④、郑州唐墓⑤、禹县唐墓⑥、上蔡唐墓⑦、扶沟唐墓⑧、偃师唐墓⑨、温县唐墓⑩等,正式发表资料的约占三分之一,墓主人绝大多数为中下级官吏或中小地主等。它们反映了河南各地唐代不同时段墓葬的特点,为研究唐代的政治、经济、文化、丧葬制度提供了实物资料。

此一时期发现的唐墓最大的特点是规模都较小。洛阳是河南地区发掘唐墓最多的区域,土洞墓为主。洛阳涧西16工区发掘的唐墓有18座,皆为土洞墓,全墓由墓室与墓道组成,墓室与墓道相通,墓道有竖穴与阶梯两种。其中M76规模较大,较有代表性。墓葬为土圹洞室墓,墓室南部有阶梯墓道,墓室有两具木棺。随葬品陶器与瓷器置于墓室后壁的耳室之中,明器放在过洞中间,陶器有罐、碗以及马、猪、牛、羊等陶塑;瓷器有酱色带系罐、白釉罐、豆青釉碗、黄釉碗。金属器放在棺木之中,有铁剪、铜镜、铜钱等,出土的"高士饮宴螺钿

---

① 河南省文物研究所、洛阳地区文物管理处:《千唐志斋藏志》,文物出版社1984年版。
② 河南省文物工作二队:《洛阳涧西附近发现唐墓》,《考古通讯》1956年第4期;河南省文物工作二队:《洛阳16工区76号唐墓清理简报》,《文物参考资料》1956年第5期;河南省文物工作二队:《洛阳十六工区清理唐墓一座》,《文物参考资料》1956年第12期;《洛阳涧西16工区发掘简报》,《考古通讯》1957年第3期。
③ 黄河水库考古工作队:《一九五六年河南陕县刘家渠汉唐墓葬发掘简报》,《考古通讯》1957年第4期。
④ 马得志:《安阳大司空村的一个唐墓》,《考古通讯》1955年第4期。
⑤ 河南省文化局文物工作队:《郑州上街区唐墓发掘简报》,《考古》1960年第1期;张静安:《郑州市孙庄唐墓清理记》,《考古通讯》1958年第7期;河南省文化局文物工作队第一队:《郑州罗新庄唐墓清理记》,《考古通讯》1957年第6期。
⑥ 陈公柔:《白沙唐墓简报》,《考古通讯》1955年第1期。
⑦ 河南省文化局文物工作队:《河南上蔡县贾庄唐墓清理简报》,《文物》1964年第2期。
⑧ 郭建邦:《河南扶沟县唐赵洪达墓》,《考古》1965年第8期。
⑨ 黄士斌:《河南偃师唐崔沈墓发掘简报》,《文物参考资料》1958年第8期。
⑩ 杨宝顺:《河南温县唐代杨履庭墓发掘简报》,《考古》1964年第6期。

镜"较为珍贵。出土了208枚开元通宝,其中20枚系鎏金通宝,应该是开元通宝中的珍品。墓志放于过洞之中,据其中记载可断定此墓为唐墓,这也是新中国成立初期在洛阳首次发掘的有纪年的唐墓,出土器物可作为洛阳地区唐墓鉴别的标准器。① 1965—1971年,洛阳博物馆在洛阳市关林发掘了唐墓300多座。其中M59保存比较完整,形制为刀形土洞墓,分墓室和墓道两部分。② 墓室平面,南宽北窄为梯形。墓顶为拱形,四壁修饰平整,墓门处有砖坯封门的迹象。该墓葬随葬品种类可谓河南地区唐墓的代表,随葬器物大多数井井有条地立置于墓室东侧,从墓门向后至北壁大体可分为三组。第一组位于墓门附近,是作为保卫墓葬象征的文吏俑、镇墓兽、天王俑;第二组挨近第一组,是作为物质和精神生活享受之用的侏儒俑、跪拜俑、灶、井、猪、羊、鸡、鸭等;第三组位于墓室东侧的后半部,是作为运载的骆驼、马以及储藏器罐子等。在随葬器物中,尚未见到胡俑,但骆驼背上放置的货物和食品皆为中原内地所产,反映了唐人西出经商的情景。在墓中用这样的陶制品随葬,无疑是说明当时中西贸易已成为人们所崇尚的事业。该墓所出的玉石罐和三彩器是一批珍贵文物。制作简朴的玉石罐为我们研究中原地区古代石雕工艺提供了新的材料。造型生动、施釉鲜润的三彩器,更是一批令人注目的唐代艺术品。它集中地体现了中国古代陶瓷手工业在造型、施釉方面的高超技艺和优秀传统。另外,黄河水库考古工作队1956年4月到10月在陕县刘家渠发掘了唐墓110余座。③ 墓葬都是小规模的土圹单室墓,多为土洞墓,均有斜坡或阶梯墓道,少量为砖室墓,这点跟洛阳及豫西其他地区相似。10余座墓葬有墓志,随葬有陶器、瓷器、铁器以及其他金属装饰器等。这批唐墓有一个特色,即陶俑很少而瓷器较多,尤以白瓷为多。M1042中出土的一件绞釉不绞胎的瓷枕,较为有特色,另外出土的银头饰亦具有浓郁的唐代风格。

与豫西洛阳、三门峡不同,禹县(今禹州)等地区流行砖室墓,1952年6月,中国科学院考古研究所发掘队配合治淮工程,在河南禹县白沙水库区发掘17

---

① 河南省文物工作二队:《洛阳16工区76号唐墓清理简报》,《文物参考资料》1956年第5期。
② 洛阳博物馆:《洛阳关林59号唐墓》,《考古》1972年第3期。
③ 黄河水库考古工作队:《一九五六年河南陕县刘家渠汉唐墓葬发掘简报》,《考古通讯》1957年第1期。

座砖室唐墓。① 墓道可分为长斜坡式、长方竖井式、阶梯斜坡式三种,砖室墓有方形、方底圆顶形、长方形、椭圆形、覆斗形、穹顶形几种。其中 M171,主室用砖砌成,耳室是土壁的。墓内有一斗三升的斗拱设施和东、西、北三壁上的浮雕。随葬品有大口陶罐、小口细颈陶罐、陶碗、陶盘及附莲座的四系罐等,瓷器有带白釉碗、瓷提壶、瓷器座等,铜器有铜杯、铜镜等。根据斗拱简单、门楼较矮、墓室内壁上又有浮雕、出土会昌开元钱的情况来看,推测是唐末向北宋砖室墓的过渡形式。

(三)五代时期墓葬的调查

唐亡以后,历史进入了五代十国时期。地处中原的河南在短短的 50 多年里,先后经历了后梁、后唐、后晋、后汉、后周五个相互更迭的朝代。由于战乱频仍,所留下的遗迹遗物不多,仅仅发现少量的墓葬,其中包括大型的陵墓和中小型墓葬。

后周历太祖、世宗、恭帝三个皇帝,后周皇陵位于新郑市城北约 18 千米郭店附近,现存陵墓 4 座,分别为嵩陵、庆陵、顺陵和懿陵。② 20 世纪 70 年代初进行过初步调查,嵩陵是周太祖郭威的陵墓,位于郭店南 1 公里周庄村南,墓冢周长 103 米,高 9 米。陵前没有石人石兽,与《五代史·周书·太祖纪》或相吻合。庆陵是周世宗柴荣的陵墓,位于郭店北 1 公里陵上村西,墓冢周长 105 米,高 20 米,墓前砖砌祭坛,陵前石碑林立,现存明清时期御制祭文碑 44 通,时代从明宣德元年(1426)至清宣统元年(1909)。顺陵是周恭帝柴宗训的陵墓,位于郭店村东北约 200 米,墓冢周长 40 米,高 4 米。

五代时期的中小型墓葬,具有明确纪年的后晋墓发现两座,墓葬形制和随葬品都比较简陋。1956 年在洛阳市西北郊邙山坡上清理的一座为横室土洞墓。③ 墓内随葬白瓷碗、陶罐和陶砚台各 1 件。陶砚台底部和右边刻有"天福八年八月营造证之"。1957 年在伊川县窑底乡西南发现的一座为砖室墓④,墓室平面近圆形,墓室周壁用砖砌仿木建筑斗拱和屋檐及家具等。随葬器有陶罐 2

---

① 陈公柔:《白沙唐墓简报》,《考古通讯》1955 年第 1 期。
② 新郑县文化馆:《新郑县后周皇陵》,《河南文博通讯》1979 年第 4 期。
③ 高祥发:《洛阳清理后晋墓一座》,《文物参考资料》1957 年第 11 期。
④ 侯鸿钧:《伊川县窑底乡发现后晋墓一座》,《文物参考资料》1958 年第 2 期。

件、陶盘 1 件、"开元通宝"铜钱 1 枚和墓志 1 方。据墓志知墓主为李俊。

（四）宋陵调查与白沙宋墓等发掘

相对于位于河南的唐陵，宋陵也进行了初步调查。1959 年 10 月，为撰写《中国建筑简史》，中国建筑科学研究院张驭寰及南京工学院郭湖生赴巩县（今巩义）调查部分宋陵。其后因撰写《中国古代建筑纲要》，又由中国建研院历史室南京分室戚德耀、李容淊及郭湖生等两次去巩县对全部北宋陵墓作了调查。另外，在 1961 年发掘了一座陪葬的英宗第四子魏王墓。墓葬由斜坡墓道、砖砌甬道、石砌墓门和圆形墓室组成。墓道长约 14 米，宽约 6 米，墓门砖券高约 2 米，宽约 3 米，在门额上砌有三组斗拱，斗拱上涂有朱色。墓门由青石质的材料组成，甬道两侧有耳室。墓室为穹隆顶，石板铺地，未见棺床，仅仅发现两方墓志《宋皇叔故魏王墓志铭》和《宋皇叔益端献王妻魏越国夫人墓志铭》。[①] 这两块墓志详细记录了魏王夫妇生平和埋葬过程，有助于宋陵陪葬制度的研究。

除了宋陵的调查，此一阶段河南还发掘一些比较大型的墓葬，最著名的是白沙宋墓。1950 年，淮河流域遭遇空前水患，在淮河的重要支流颖水上游修建水库成为治淮工作的关键一环。为配合水库修建工程，中国科学院考古研究所由宿白负责，率领考古工作者赶赴河南禹县白沙镇，对库区内的古代遗址和墓葬展开发掘。从 1951—1952 年，考古工作者先后发掘了自新石器时代至战国时期的遗址数十处，以及自战国至明代的墓葬 300 余座，白沙宋墓亦在其中。白沙宋墓是北宋末年赵大翁及其家属的墓葬，共 3 座。[②] 一号赵大翁墓为前后室大墓，二、三号为单室墓。赵大翁墓为砖室仿木建筑结构墓，墓门正面是仿木建筑门楼，上砌斗、檐椽和瓦脊，室墓门两侧画持骨朵的护卫。墓内各壁亦砌出柱和斗，斗为单抄单昂重五铺作。前室和过道作宝盖式顶藻井，后室作宝盖式截头六瓣攒尖顶。仿木建筑上有彩画。甬道两壁画身背钱串和手持筒囊、酒瓶，以及牵马的侍者。前室呈扁方形，墓顶为叠涩式顶，东西壁有壁画，东壁为奏乐舞蹈，西壁为墓主人在欣赏舞蹈，人物浮雕式，是典型的开芳宴题材，从壁画上可看出北宋高桌椅出现，器物造型也相应发生变化。后室为六角形，中间

---

① 周到：《宋魏王赵颢夫妻合葬墓》，《考古》1964 年第 7 期。
② 宿白：《白沙宋墓》，文物出版社 2002 年再版。

有过道相通,过道连接前后室,两壁各砌一破子棂窗,东壁下部有纪年题记"元符二年赵大翁"。墓门正面有仿木建筑的门楼,墓内墙壁也砌出柱和斗拱。仿木建筑上多有彩绘,墓室四壁绘有彩绘壁画,后室的北壁还砌成妇人开门状的场景,西北、东北两壁砌破子棂窗,西南壁画对镜着冠的妇人,东南壁画持物侍奉的男女婢仆,表现墓主人内宅的生活情景。后室的棺床上置迁葬的人骨两具,有元符二年(1099)朱书买地砖券,随葬品很少。无棺椁,是典型的二次葬,用木头匣子装人骨,随葬品是一堆铁器和白瓷片。另两墓并列于赵大翁墓北,都是平面六角形的单室墓,也是仿木建筑结构,壁画题材与赵大翁墓相同而略简化,棺床上置两具人骨,也都是夫妇合葬墓,随葬品也很少,其时代则较赵大翁墓稍晚,约在徽宗时期。这种仿木建筑的雕砖壁画墓流行于北宋末年中原和北方地区。白沙宋墓是这类墓葬中保存较好,结构最复杂、内容最丰富的一座墓葬。白沙宋墓为研究北宋仿木建筑的雕砖壁画墓提供了重要资料,被列入中国 20 世纪 100 项重大考古发现。

  河南发现的其他宋墓有近百座,大致可分为石室墓、砖室墓和土圹墓。砖室墓又可分为仿木结构雕砖墓和长方形砖券墓,土圹墓可分为土洞墓和竖穴土坑墓等几种形式。河南发掘的宋墓随葬品较少,一般有用石棺作葬具和随葬买地券的习俗。1976 年发现的王拱辰墓为石室墓[1],由 3 个墓室并列组成,主室为正方形,出土三块墓志,可知墓主为王拱辰和其二位夫人。砖券墓主要发现了方城县的北宋尚书左丞范致虚家族墓和郏县"三苏坟"旁边的苏适墓。1958年在方城县盐店村发现的强氏墓和 1971 年 2 月在方城县金汤寨发现的范通直墓[2],分别为范致虚父母墓葬。墓葬均为单室砖券长方形墓。强氏墓室内棺床四周用花纹砖镶嵌,其上有 30 多块铭文砖。范通直墓墓壁上镶嵌隶、篆、楷三种文体的铭文砖,形同墓志,出土了多种形态各异的石俑[3]。苏适墓位于"三苏坟"南,为砖券双室并列墓,苏适墓室居北,其妻墓居南,随葬品仅剩两盒墓志、苏适铜印与白瓷碗 1 件。墓志详细记录了苏适的生平,确证了郏县"三苏坟"的真实性,为研究北宋苏轼家族提供了新资料。[4] 仿木结构雕砖墓是宋墓中最有

---

[1] 洛阳地区文物工作队:《北宋王拱辰墓及墓志》,《中原文物》1985 年第 4 期。
[2] 河南省文化局文物工作队:《河南方城盐店庄村宋墓》,《文物参考资料》1958 年第 11 期。
[3] 刘玉生:《河南省方城县出土宋代石俑》,《文物》1983 年第 8 期。
[4] 李绍连:《宋苏适墓志及其他》,《文物》1973 年第 7 期。

特色的一种形态,一般为单墓室,由竖穴或台阶式墓道、仿木结构门楼、砖券甬道和墓室4部分组成。墓室内壁由常见的砖雕或彩画装饰,内容为宴饮、庖厨、梳妆、散乐和杂剧以及孝子故事等。此一阶段发现的典型墓葬除了白沙赵大翁墓外,还有安阳天禧镇王用墓,该墓平面为方形,墓室左右和后壁都彩绘有人物壁画,内容为"散乐图"、墓主人夫妇对坐和送行图等。"散乐图"内容较为有特色,可能表现的是跟宋朝民俗有关的小型散乐团体。墓葬中还出土有墓志,记载了墓主的生平,对研究宋代河南地方史有参考价值。[1] 宋代是中国戏剧发展的重要时期,在仿木结构雕砖墓的壁画中除了常见的"散乐图",还有一种比较常见的形式杂剧在墓葬中也有一定的发现,主要分布在洛阳及其附近地区。早在新中国成立前偃师曾经出土一块雕刻宋代著名杂剧演员丁都赛形象的雕砖,这一雕像是我们迄今所能见到的戏曲艺人最早的一个艺术形象。[2] 偃师酒流沟水库宋墓出土了3块杂剧砖雕,构成一组完整的表演程序。[3] 上蔡县出土的一座宋墓,砖雕壁画表现的是夫妇洗帛和女子抱婴嬉戏的生活场景。[4] 土洞墓和竖穴土坑墓相对发现较少,土洞墓主要分布在豫西山区,墓室横列。洛阳涧河两岸的土洞墓,墓室多偏于墓室一侧,平面呈靴子形。常见的随葬品有灰陶小罐、黑釉双耳罐、小瓷碗和铜钱等,个别随葬有石砚台和墨等文具。[5] 竖穴土坑墓在郑州、洛阳和南阳有所发现,郑州发现的一座宋墓有木棺葬具和随葬的瓷人、瓷壶、瓷铃和铜钱等[6]洛阳涧河的宋墓则以西北向居多,有木棺葬具和少量随葬品。南阳市东郊发现的宋墓则可能属于迁葬墓。[7]

(五)金元明清时期墓葬的初步调查与发掘

1976年以前,发现的宋代以后墓葬总体不太多,相对来说金明时期的墓葬较多。

河南的金墓平面主要以八角形或长方形的仿木结构雕砖墓为特色,土洞墓

---

[1] 《河南文化局调查安阳天禧镇宋墓》,《文物参考资料》1954年第8期。
[2] 刘念兹:《宋杂剧丁都赛雕砖考》,《文物》1980年第2期。
[3] 董祥:《偃师县酒流沟水库宋墓》,《文物》1959年第9期。
[4] 杨育彬:《上蔡宋墓》,《河南文博通讯》1978年第4期。
[5] 何凤桐:《洛阳涧河两岸宋墓清理记》,《考古》1959年第9期。
[6] 河南省文化局文物工作队:《郑州南关外发现一座宋墓》,《文物》1965年第8期。
[7] 魏仁华:《河南南阳发现宋墓》,《考古》1966年第1期。

发现较少。其中仿木雕砖墓上承北宋,下启元代,有的墓葬形制与宋、元几无区别。武陟发现的小董金墓为比较典型的金代仿木结构雕砖墓。① 墓室平面为八角形,墓壁装饰以四抹格子门雕砖,在门之两边配以盆花,西北和东北两壁还各有四块雕砖拼成的庖厨、侍女等画面,为金代砖画中的精品。在此一阶段全国比较少见,对了解、研究金代戏剧的演出形式有重要的参考价值。此一时期土洞墓很少,仅仅在安阳郭家湾墓地发现5座小型墓葬,间距3米左右,为单室土洞,墓道为长方形竖井,用小砖封门,双人合葬墓平面呈刀形,单人葬墓为长方形,墓葬为平民墓,随葬品很少。②

河南的元代墓葬发现很少,加上与金代墓葬在形制上有很大的相似性,由于当时考古认识的局限,如果没有明确的纪年,可能也将部分元墓划归到金墓之中。较有特色的是洛阳的王述墓③。由于墓志明确记载了王述的生平,可知王述为元朝官员,该墓为单室土洞墓,墓室平面近方形,四角为弧形,随葬品大多放在墓室东侧的空心砖上,主要为仿古的陶鼎、敦、尊、爵等。与后来发现的元代墓葬比较,这种情况比较少见,可谓是元墓中的特例。此外,信阳地区也发现了3座元代的墓葬,墓葬破坏严重,但随葬有10件瓷器,个别墓葬中出土了铜镜和铜钱,以及日常生活用品,反映出浓郁的地方特色。④

明代大肆封王,在河南就有卫辉潞王、开封周王、洛阳伊王与福王等。20世纪70年代经过调查发掘的有潞简王墓⑤。潞简王墓俗称"潞王坟",为全国重点文物保护单位。位于今新乡市北凤凰山南麓,依山坐岭,气势磅礴,雄伟壮观,是明代散布于各地藩王陵墓中至今保存较为完整的一座。陵墓分东、西两部分,东为潞简王墓,西为其次妃赵氏墓,俗称"娘娘坟"。潞简王朱翊镠及其王妃两墓左右并列,坐北朝南,占地16万平方米。潞简王墓区分为前后两组,前组为神道部分,自前面的石刻仪仗群至坟园正门;后组自正门至"宝城",是主体部分。"娘娘坟"赵氏墓建筑结构布局与潞简王墓大体相同,但墓冢较潞简王墓略小。潞简王墓由于被盗,随葬品破坏殆尽,仅剩墓志以及少量的金银玉器等。

---

① 河南省博物馆:《河南武陟县小董金代雕砖墓》,《文物》1979年第2期。
② 周到:《河南安阳郭家湾小型金墓》,《考古通讯》1957年第2期。
③ 洛阳市博物馆:《洛阳元王述墓清理记》,《考古》1979年第6期。
④ 河南省博物馆:《河南信阳发现元代残墓》,《考古》1966年第4期。
⑤ 河南省博物馆、新乡市博物馆:《新乡市郊明潞简王墓及其石刻》,《文物》1979年第5期。

潞简王墓虽然遭到盗墓破坏,但仍以其宏大规模受人注目,且以其众多精细的石雕为人赞赏。这一时期除了潞简王墓,发现的明代墓葬还有郏县前冢王村明墓[1]、临汝夏店南营明墓[2]等。

(六)隋唐以降墓葬的初步研究

此一阶段,发现的隋唐时期的墓葬尤其是唐代墓葬较多,又以洛阳地区为最,在全国与西安地区并列。河南发现的隋唐墓葬大多为中小型墓葬,部分有墓志等纪年文物出土,如隋代的宋循墓和张盛墓等。洛阳涧西与关林出土大量的唐墓,部分墓葬也出土有墓志,为判断墓葬的年代提供了依据。可惜虽然出土墓葬数量较多,但此一时期对河南隋唐墓葬年代分期和墓葬制度研究的文章几乎为空白,无从查询,只在发掘简报或者报告中稍有涉及,如《洛阳16工区76号唐墓清理简报》《洛阳关林59号唐墓》《白沙唐墓简报》等,对墓葬年代和随葬品多寡与墓主人身份的关系等问题作了粗略的辨析。相对来说,西安地区在隋唐墓葬分期研究领域走在了全国的前列。自20世纪50年代开始,即有学者开始对西安地区的唐墓进行分期研究,1962年曾经把西安地区的唐墓分作三期。[3] 其后有人细化为三期:第一期,隋至初唐(6世纪晚期至7世纪晚期);第二期,盛唐(7世纪晚期至8世纪中期);第三期,中晚唐(8世纪中期至10世纪初期)。[4] 这种研究或许对河南隋唐墓葬分期研究有所启发,到20世纪80年代,河南地区隋唐墓葬的分期研究逐步展开。[5]

宋、金、元墓葬尤其是两宋时期发现的墓葬较多,但墓葬分期研究很少。由于发现较多的随葬墓志,部分墓葬的年代也较为容易判明,如"三苏坟"、赵大翁墓等,但由于金、元两代存在时间较短,而河南发现的金、元墓葬部分与宋墓在形制和随葬品上有相似性,一度成为判断墓葬年代的困难。此一时期对宋元时期的砖雕墓和壁画墓研究相对较多,禹州白沙赵大翁墓最有代表性,宿白曾经出版有《白沙宋墓》一书。该书除对本次发掘的三座墓葬材料进行专业细致的

---

[1] 河南省郏县文化馆:《河南郏县前冢王村明墓发掘简报》,《考古》1961年第2期。
[2] 王良钦:《临汝县发现一个明代陶棺》,《文物参考资料》1957年第8期。
[3] 中国科学院考古研究所:《新中国的考古收获》,文物出版社1961年版,第178页。
[4] 中国科学院考古研究所:《西安郊区隋唐墓》,科学出版社1966年版,第163~167页。
[5] 徐殿魁:《洛阳地区隋唐墓的分期》,《考古学报》1989年第3期。

介绍之外,又将其与周边地区发现的其他相关材料进行比较分析,从而描绘了仿木建筑结构及墓葬装饰在这一时期的变化趋势,对墓葬仿木建筑结构和墓葬装饰的一些细节部分进行了分析总结,为仿木建筑结构宋墓的时代划分提供了较好的参考结论。尤其是根据三座仿木建筑宋墓中的许多细节与成书于熙宁年间的《营造法式》所记载的内容是否相符来断定该墓的年代,以及为了确定另外两座没有纪年铭文的墓葬的相对年代而涉及的一些仿木建筑细节的时代演化特征,为仿木结构宋墓的时代判定提供了参考。本书对于墓葬壁画的研究也具有重要价值,根据掌握的历史文献知识和壁画反映出的社会生活信息,得出了一些重要的结论,如注释中将桌椅上人物对坐的壁画定名为"开芳宴",并认为此壁的画面应该与相对壁面上的伎乐图合观而构成完整的"开芳宴"场景,得到了学者的认同。而在研究过程中,编者还将考古学研究与古代的历史和社会研究相结合,对于许多相关的宋代社会史问题提出了重要的看法,认为"壁面所砌或绘出之事物,也同样反映当时居室内部的情况"[1],引起了学术界的关注。宋元墓葬砖雕、壁画中的戏剧元素也受到了学术界的关注,徐苹芳对白沙宋墓中杂剧砖雕的内容进行了详细解读,认为杂剧是北宋时期最为流行的一种戏曲形式。[2]

明清墓葬发掘数量不多,但新乡潞简王墓的调查,对了解明清藩王陵寝制度很有裨益。此一阶段对此的研究也非常有限,《新乡明潞简王墓调查简报》与《新乡市郊明潞简王墓及其石刻》对陵园布局与明代陵寝制度作了粗略的阐述。

二、隋唐洛阳城相关调查、发掘与研究

隋唐洛阳城兴建于隋炀帝大业元年(605),唐时又不断扩大,由郭城、皇城、宫城组成,逐渐形成拥有百万人口的东方大都会。先后在这里建都的有隋、唐、后梁、后唐,作为陪都的有后晋、后汉、后周、北宋等,共计 500 多年。新中国成立以来,参与隋唐洛阳城考古的单位主要有中国科学院考古研究所、北京大学

---

[1] 宿白:《白沙宋墓》,文物出版社 2002 年版,第 114 页。
[2] 徐苹芳:《白沙宋墓中的杂剧雕砖》,《考古》1960 年第 9 期。

历史系、河南省博物馆等。1954 年中国科学院考古研究所对隋唐洛阳城进行勘查。① 1959 年调查了宫城、皇城及周围诸小城的平面布局,确定一些门址的位置,并发掘了皇城南墙的右掖门。② 1960—1965 年继续调查了街道、里坊及市场的位置,同时发掘了宫城。③ 1969 年,河南省博物馆与洛阳市博物馆联合调查、钻探和发掘了含嘉仓城。④

隋唐洛阳城郭城平面近方形,南宽北窄,城墙系夯筑而成,墙体两侧用砖包砌,墙外加筑有鹅卵石散水和较宽的砖道。大多城门位置已经探定,但没有进一步考古发掘。经过考古发掘的右掖门是东都洛阳城保存最好的一座城门。该门址宽 24 米,有一门三道,城门残高 2 米有余。门向内开,门扉设在门道中央,门扉为木制。在最中间的柱础石处有结构完整的门框石、门砧石,门槛下面平铺石板三方。宫城居皇城之北,与皇城南北毗连,西隔郭城西壁与禁苑为邻,东接东城,前临洛河,后置曜仪、圆璧二城。宫城平面近长方形,墙体用土夯筑,内外有砖壁包砌。勘探出的城门包括正门(南门)、应天门和北门玄武门。宫城中部以南、正对应天门,分布着主要宫殿遗址。曜仪、圆璧二城南北相邻,前者为长方形,后者为梯形。东城紧接皇城之东,北墙、东墙大致长度已经勘出,南墙未探出,东墙之北为含嘉仓城。皇城、宫城及诸小城以外的城内区域为居民区,城内街道大部分已经探明,据统计洛河以南已经探出的街道数量估计要超过文献记载的"城内纵横各十街"的数目。已探明的街道之中,通城门各街较宽,应是城中主干街道,其中定鼎街从郭城定鼎门通往皇城正门,可能是最主要的街道。洛阳城内坊的布局很规整,坊内有十字街道,周围筑坊墙,平面略为方形。隋唐洛阳城有三市,其位置可推知,但没有进行具体的勘探。⑤

1971 年,河南省博物馆、洛阳博物馆对隋唐洛阳城内一处重要的遗址含嘉仓进行了详细钻探和发掘,从而再现了该仓城的基本轮廓。含嘉仓城位于隋唐

---

① 阎文儒:《洛阳汉魏隋唐城址勘查记》,《考古学报》1955 年第 9 期。
② 中国科学院考古研究所洛阳发掘队:《隋唐东都城址的勘查和发掘》,《考古》1961 年第 3 期。
③ 中国社会科学院考古研究所洛阳工作队:《"隋唐东都城址的勘查和发掘"续记》,《考古》1978 年第 6 期。
④ 河南省博物馆、洛阳市博物馆:《洛阳隋唐含嘉仓的发掘》,《文物》1972 年第 3 期。
⑤ 中国社会科学院考古研究所:《新中国的考古发现和研究》,文物出版社 1984 年版,第 577~580 页。

东都东城的北部，曜仪城、圆璧城的东侧，在今洛阳老城区的北侧。仓城平面呈长方形，南北长 710 米，东西宽 612 米，总面积 43 万平方米，四周的城墙用土夯筑，仓城内分作管理区和粮窖区两部分。管理区位于仓城西北部，面积有 6 万多平方米，北面有德猷门可直通隋唐洛阳城的郭城外，南、东面有隔墙与粮窖区分开。粮窖区已探出粮窖 287 个，按其分布情况推测应有 400 多个。粮窖均为圆形竖穴式，口大底小，平底，窖口直径 8～16 米，最大粮窖直径 18 米，深 5～7 米，最深者达 11.7 米。在 160 号粮窖内还保留有大半窖已经炭化的谷子，推测该窖当年储存谷子达 50 万斤左右。粮窖内出土了许多铁制生产工具和陶瓷器，此外还出土带字铭砖多块。铭砖上文字详细记载了每个粮窖的位置，储粮的来源、品种和数量，以及入库时间和经手人等。这些铭砖的年代多数是武则天时期，最晚为唐玄宗开元元年（713），说明含嘉仓从隋大业元年（605）创建到唐安史之乱以前是其发展和兴盛时期。含嘉仓的储粮品种主要是南方的大米和北方的粟（谷子）。[①] 铭砖中记载的储粮来源地点大多在大运河流域两侧，说明储粮主要是靠漕运进入洛阳的，由此可知隋唐大运河的开凿在历史上所发挥的巨大作用。与含嘉仓相邻，有常平仓。1974 年洛阳市文物工作队在含嘉仓西墙外，发现了 32 座地下粮窖，并对其中 3 座进行了发掘，发现其通过仓门与含嘉仓相通，以便于管理。[②] 这一发现，对研究唐代粮食管理制度具有重要的参考价值。

隋唐洛阳城作为中国古代著名都城，见证了中国封建社会最辉煌的一段历史，包含着丰富的文化内涵，是研究中国古代都城建制、城市布局、社会生活等方面的宝贵资料，在中国古代都城发展史上具有重要地位，其平面布局、建筑形制对后世影响深远，甚至影响到东亚各国。在新中国成立后的二十多年内，曾经多次进行过调查、勘探与初步发掘，经过《洛阳汉魏隋唐城址勘查记》《隋唐东都城址的勘查和发掘》《"隋唐东都城址的勘查和发掘"续记》等简报的研究与刊发，基本搞清了皇城、宫城及街道的大体布局，如《"隋唐东都城址的勘查和发掘"续记》中较准确地画出已探得道路的位置和大致宽度，对其后的进一步研究

[①] 河南省博物馆、洛阳博物馆：《洛阳隋唐含嘉仓的发掘》，《文物》1972 年第 3 期。
[②] 方孝廉：《四十年来洛阳隋唐以降的考古发现与研究》，《洛阳考古四十年》，科学出版社 1996 年版，第 47 页。

有很大的裨益。有关隋唐洛阳城形制和功能分区的研究成果并不多见,关于洛阳宫城、皇城置于外郭城西北隅的原因,阎文儒撰文认为地理形势使然,自然地理条件决定了隋唐洛阳城的宫城和皇城的布局形式。① 宿白认为是都城形制的等级差异,相比西安长安城,隋唐洛阳城在等级上要稍逊一筹,决定了洛阳城在形制上没有长安城规整成熟。② 宿白还曾经专门对长安城和隋唐洛阳城进行对比研究,复原了隋唐长安城(大兴城)与隋唐洛阳城的布局,认为相对于长安城,洛阳城布局更加有利于防御与戒备;里坊制度强化了对居民的控制;增加了市的设置,利于商业繁荣。这两座都市的设计规划,既影响了当时国内新建和改建的地方城市,也影响了一些地方政权甚至邻近国家的都城兴建,尤其是对日本都城布局的影响十分明显。③ 这些研究是在当时考古工作进行得并不是十分充分、材料相对不足的情况下进行的,而且提出了一些重要的和具有前瞻性的观点,对其后的都城、城市形制与布局的研究产生了重要的影响。

三、隋唐以降窑址的初步调查、发掘与研究

(一)安阳相州窑的试掘

安阳古称相州,地近东魏和北齐的都城(邺城)。相州瓷窑址位于安阳市北郊安阳桥附近,北临洹河。据调查窑址范围南北长 350 米,东西宽 260 米,面积达 9 万平方米。这里的瓷片堆积层厚 1 米左右,是北方地区发现的隋代青瓷窑址中规模最大的一处。1974 年发现并进行了小面积试掘。④ 这也是此一阶段河南陶瓷考古一次正式的发掘之一。

相州窑的产品可以上溯到北朝时期,发现的窑炉上大底小,窑体呈圆形,窑壁用耐火土建筑而成。出土的窑具有齿形支烧、三叉支烧、筒状支烧等。烧制的器物除青瓷碗、壶、高足盘等生活用具外,还有一些人物俑、动物俑和各种明

---

① 阎文儒:《隋唐东都城的建筑及其形制》,《北京大学学报(人文科学)》1956 年第 4 期。
② 宿白:《隋唐城址类型初探(提纲)》,《纪念北京大学考古专业三十周年论文集(1952—1982)》,文物出版社 1990 年版。
③ 宿白:《隋唐长安城和洛阳城》,《考古》1978 年第 6 期。
④ 河南省博物馆等:《河南安阳隋代瓷窑址的试掘》,《文物》1977 年第 2 期。

器装饰品。其中深腹碗、高足盘和四系罐,在北方地区隋墓中出土较多,是当时北方青瓷中有代表性的典型器物。所见俑类有男侍俑、武士俑、文吏俑,均为模制。骆驼则为捏制,形象生动,有较高的艺术水平。施釉一般薄而均匀,器物里外施釉,外部一般只施半截釉,有垂釉现象,釉面多有细小冰裂纹。釉呈青色透明的玻璃质,光泽较强,透过釉层可以窥见胎面。已采用叠烧技术,但尚未使用匣钵,在碗、盘类器物里面均留有支烧痕迹。装饰手法有刻花、划花、印花和贴花多种,纹饰题材以莲瓣纹居多,常饰于器盖的顶部、碗心的中央、瓶的肩部和器座的表面。此外,还有忍冬纹、草叶纹、三角形和水波纹等,这可能是受了北朝佛教艺术的影响。北齐建都邺城(今河北临漳),安阳相州窑的勃兴,应与当时冀南、豫北地区所出现的社会安定分不开。

(二)巩县黄冶三彩窑的试掘

    河南的唐三彩发现可上溯到19世纪末20世纪初,1899年在洛阳的一座唐墓中发现大批"三彩"器。[①] 1956年俞伟超在陕县刘家渠发掘唐墓时,在M46中发现一件三彩小盂,这是新中国成立后在河南发现的首件三彩器。[②] 其后在洛阳附近的唐墓发掘中,陆续有唐三彩出土。1957年河南省博物馆和巩县文管会在大小黄冶村之间发现"唐三彩窑址"之后,多次进行了调查采集工作,据调查得知大、小黄冶村附近的窑址以烧"唐三彩"为主。大、小黄冶的"三彩"窑址分布很广,产品的品种繁多。作坊分工细致,小黄冶村西大队猪场一带出土模具很多,可能是烧造范模的地方。采集品中有用高岭土烧制的口哨范、贴花范、猴背猴范、佛像范、鸟范等。动物和佛像之类多为合模,贴花之类均为单模。造型的题材丰富,雕造技术精湛,动物形象生动逼真,具有很高的艺术水平。1976年7月,河南省博物馆和巩县文管会对此窑址进行了钻探和试掘。[③] 从这次试掘出土的"三彩"器中可以看出,巩县大、小黄冶窑址从隋代到唐代早期烧制青釉、白釉、黑釉、鳝鱼黄三彩而发展到盛唐专制烧冶唐三彩的"三彩窑群"。这次试掘的面积很小,未发现墓葬中常见的三彩马、骆驼俑,不过"三彩"三足炉、罐、盘

[①] 阎存良:《唐三彩》,百花文艺出版社2005年版,第13页。
[②] 黄河水库工作队:《1956年河南陕县刘家渠汉唐墓葬发掘简报》,《考古通讯》1957年第4期。
[③] 郭建邦、刘建洲:《巩县黄冶"唐三彩"窑址的试掘》,《中原文物》1977年第2期。

等生活用器出土的数量颇多,这种现象说明这一窑址可能是专门生产贵族日常生活用器的。

(三)河南钧窑的调查与发掘

钧窑为宋代五大名窑之一,亦称"钧州窑""均窑",创烧于唐代,兴盛于北宋,经历宋、金至元代。以后历代都有仿造。属于北方青瓷系统,首创了在釉中添加氧化铜作为呈色剂的新工艺,使瓷器表面出现紫色的斑块,为中国的陶瓷美学开创了一个崭新的领域。禹州境内有窑址近100处,禹州神垕镇一带从赵家门的唐代花釉兴起直至刘家门窑,都有窑址分布,大部分在今禹州市的钧台与八卦洞附近,大约以刘家门窑历史最早、最为精致。钧窑的兴起和唐代鲁山花瓷的烧制成功与发展密切相关。经过晚唐和五代十国的发展,陶瓷工艺有了进一步的提高,特别是到了北宋,随着生产的恢复与发展,农业技术的不断改进,促进了手工业的进步。尤其是北宋的都城汴京(今开封)是当时全国政治、经济和文化的中心,国家的统一与生产的发展使钧瓷手工业有了迅速的发展。新中国成立以前,很多人认为钧窑建于金代后期。1964年,故宫博物院派冯先铭、叶喆民到禹县(今禹州市)神垕镇进行调查,对刘家门、刘家沟、上白峪(张庄)、上白峪(苗家门)等窑址进行了调查与标本采集,对钧窑有了初步了解。[1] 1974年到1975年,河南省考古工作者对该窑址进行了大规模的发掘,清理出窑炉、作坊等制瓷遗址,出土了上千件瓷器标本。从窑址中发现的一件用瓷泥制作的"宣和元宝"钱范来看,钧窑最迟始烧于北宋末年。[2]

钧窑的窑炉为长方形双乳状火膛窑,样式较为奇特,结构科学新颖。窑炉为横长方形的窑室,前有两个东西并列的乳状火膛,其中东火膛仅留一个圆形气孔,西火膛留有窑门,上有方形烟囱。在窑室后壁中间和两角处,还有三个扇形烟道。这种结构的瓷窑不见于其他地方,可能有助于钧瓷的还原焰烧成,从而产生特殊的窑变现象。钧窑的产品有各类花盆、盆托、鼓钉洗、尊、炉、钵、碗等;钧釉色大体上分蓝、红两类,具体的可呈现月白、天青、天蓝、葱翠青、茄色紫、玫瑰紫、海棠红、胭脂红、丁香紫、火焰红等。釉面常有蚯蚓起泥纹或开片,

---

[1] 叶喆民:《河南禹县古窑址调查记略》,《文物》1964年第8期。
[2] 赵青云:《河南禹县钧台窑址的发掘》,《文物》1975年第6期。

在花盆类底部还刻有一列从一到十的数字,经过确认,这些数字是按照器物的大小顺序进行编排的。由于钧瓷极负盛名,金元时期全国各地竞相仿制。据考古调查,仿制的地方有河南境内的汝州、郏县、许昌、新密、登封、宝丰、鲁山、内乡、宜阳、新安、焦作、辉县、淇县、浚县、鹤壁、安阳、林州及河北省磁县、山西省浑源县和内蒙古自治区呼和浩特市等。

钧瓷数百年之盛烧不衰是因为有其独特的工艺特征和风格,钧瓷的窑变艺术更是技高一筹,有着极高声誉,享有"纵有家产万贯,不如钧瓷一件""钧瓷无对,窑变无双""入窑一色,出窑万彩"等说法。钧瓷铜红釉的烧制成功是中国古代劳动人民的伟大创造,在中国陶瓷工艺美术发展史上谱写了光辉的篇章。

(四)汝窑的初步调查

汝窑也是宋代五大名窑之一,汝窑遗址在哪里,一直是汝瓷研究中的一大问题。研究者以往根据文献记载,以为窑址应在临汝县境内(今汝州市),然而虽然找到了一些窑址,但都是烧制民窑产品的窑址,多与钧窑系或耀州窑系有关。[1] 可以说在临汝并未找到确切的汝窑遗址点。那么它是否与定窑遗址不在定县而在曲阳的情况相似呢?受此启示,河南考古工作者在汝州所辖范围内的其他地区进行过多次调查。早在20世纪30年代,日本人原田玄讷去临汝实地进行了调查。新中国成立以后,故宫博物院、河南省洛阳专区文管会及河南省文化局文物工作队曾先后做过三次调查。1956年10月,洛阳专署派工作组调查了严和店、枣园两处遗址。[2] 1958年3月,河南省文化局文物工作队又在严和店、轧花沟、大堰头、枣园、陶墓沟、陈沟、东沟、黄窑、龙王庙沟九处遗址作了调查,并在大堰头进行了窑基的发掘。[3] 1960年陈万里在严和店、陶墓沟、刘庄、岗窑、大峪店东沟、叶沟及黄窑七个遗址上作过短暂的调查,采集了30片标本,发表了有关观点。[4] 三次调查共发现了12处遗址,为研究汝窑提供了很好的线索。1964年3月,故宫博物院再派冯先铭带工作组到河南临汝、禹县复查

---

[1] 中国硅酸学会:《中国陶瓷史》,文物出版社1982年版,第255页。
[2] 洛阳专区文物管理委员会:《汝窑址调查简报》,《文物参考资料》1956年第12期。
[3] 河南省文化局文物工作队:《汝窑址的调查与严和店的发掘》,《文物参考资料》1958年第10期。
[4] 陈万里:《汝窑的我见》,《文物参考资料》1951年第2期。

汝窑、钧窑遗址,复查了 11 处遗址,其中包括严和店、轧花沟、下任村 3 处汝窑系遗址,采集到 429 件标本,其中印花刻花盘、碗标本占 360 件,可以明显看出这一窑区是以烧制带有花纹的盘、碗等器皿为主,360 件中印花则又占显著优势,8 处钧窑系遗址包括蜈蚣山、陈沟、桃木沟、岗窑、东沟、陈家庄、黄窑、石板河,发现一批宋元代的瓷器和瓷窑。① 遗憾的是,这次调查依旧没有解决汝窑具体位置的问题。因此,1976 年故宫博物院有关工作人员在调查河南宝丰清凉寺窑址时,曾采集到与故宫博物院藏汝窑瓷器相同的典型标本,并进行了两次科学化验,结果与 50 年代故宫博物院提供给上海硅酸盐研究所的清宫收藏宋妆窑洗的化验数据相同,只是由于标本数量太少,不足以作全面的说明②,但为 20 世纪 80 年代寻找汝瓷遗址的努力提供了明确的方向。

(五)鹤壁集窑的发掘

鹤壁集窑属于北方的磁州窑系,磁州窑系是宋元时期北方地区窑址数量最多、分布最为广泛的民间窑系。河南地区主要发现有禹州扒村窑、新密窑沟窑与鹤壁集窑等,前二者没有进行具体的发掘工作。鹤壁集古瓷窑遗址是河南省文化局文物工作队在 1954 年进行文物普查中发现的③,1956 年故宫博物院陈万里亦曾作进一步的勘查④。1963 年为了彻底搞清楚鹤壁市境内瓷窑遗址的分布情况,河南省文化局文物工作队又派人前往该市进行了一次周密的调查,这次调查收获较大,仅在汤、淇两河的沿岸即发现瓷窑址十余处。1963 年底对鹤壁集窑遗址进行了发掘。⑤ 本次发掘共得残、整瓷器 3700 余件,器类有白釉刻花碗、小口短颈白釉瓶、黑釉盆、罐、素面白瓷碗、豆形器、白釉注子等。此外还有各种窑具,如圆盘式的器托、漏斗状的匣钵和各种支垫等。产品种类繁多,白釉刻花瓷器笔画流畅,黑釉瓷器釉面漆黑发亮,白地黑花瓷器线条简练,充分显示出鹤壁集窑先进的制瓷工艺和高超的绘画技法。在一些瓷器上刻画或者墨

---

① 冯先铭:《河南省临汝县宋代汝窑遗址调查》,《文物》1964 年第 8 期。
② 叶喆民:《钧窑与汝窑》,《河南钧瓷、汝瓷与三彩——中国古陶瓷研究会、中国古外销陶瓷研究会一九八五年郑州年会论文集》,紫禁城出版社 1987 年版,第 8~12 页。
③ 杨宝顺:《汤阴县鹤壁古瓷窑遗址》,《文物参考资料》1956 年第 7 期。
④ 陈万里:《鹤壁集印象》,《文物参考资料》1957 年第 10 期。
⑤ 河南省文化局文物工作队:《河南省鹤壁集瓷窑遗址发掘简报》,《文物》1964 年第 8 期。

绘有"杨""赵""张""刘""李"等窑主或工匠的姓氏,以及"刘家瓷器""赵一盘"等商品标记,说明当时瓷业生产中还存在着激烈的商品竞争。

(六)其他窑址的调查

巩县(今巩义市)窑发现于1956年[1],是首先在河南省发现的唐代白瓷窑址。巩县白瓷窑发现后,有人认为"河南贡白瓷"的具体产地可以推断就在巩县[2]。具体窑址位于县城以南,其中以铁匠炉村遗址为最大,该窑址隋代烧制青瓷,以烧制大小平底碗和高足盘为主,形制与河南安阳窑大致相同。胎厚呈灰白色,釉色为透明玻璃质。唐代改烧白瓷,以盘数量为多,也有少量罐、壶、枕。小黄冶遗址发现碎片以白釉为多,三彩次之,单色蓝彩、黑褐色釉、绿彩又次之。白河乡遗址地面散布较多瓷片,也以白釉为主,黄绿色彩陶器次之。据调查,巩县窑烧制的白瓷器有碗、盘、壶、瓶、枕等类,尤其以碗、盘最多。窑具有匣钵、支烧工具等。

密县、登封唐宋窑址调查始于1961年,河南省文化局文物工作队在对两地进行文物普查登记时,发现一些唐宋时期的瓷器和瓷片,遂根据线索对密县西关和窑沟村遗址及登封的曲河窑址进行调查,随后故宫博物院冯先铭也对两地的窑址进行了调查。[3] 以密县西关窑址采取的瓷器、瓷片最有代表性。密县西关窑址采集的瓷器有瓷钵、瓷碗、瓷盘、瓷盒、瓷壶、三彩器、高足杯、瓷豆等,窑具有匣钵、碗笼及支烧工具,还发现残破的窑口。根据采集的瓷器标本,发现密县西关窑为代表的密县窑品种较多,釉色有白釉、黄釉、黑釉和青釉珍珠地划花。生产瓷器的年代在唐至宋初,唐、五代以白釉为主,黑釉、黄釉次之。白瓷器以碗、碟、壶等生活用具为主,晚唐五代时期可能使用珍珠地划花装饰,把唐代金银器上的钻花装饰应用到瓷器上,西关窑为最早。西关窑址的各种窑具大体上与巩县窑相似,是河南省继巩窑之后新发现的另一处唐代窑址。这处窑址的发现对于研究唐代中原地区的民间瓷窑业有着重要的意义。窑沟瓷窑址的范围比较大,遗物比较丰富。根据这处窑址出土的瓷器来看,主要是白釉,其次

---

[1] 冯先铭:《河南巩县古窑址调查记要》,《文物》1959年第3期。
[2] 冯先铭:《中国陶瓷》,上海古籍出版社1994年版,第330~331页。
[3] 安金槐、贾峨:《河南省密县、登封唐宋窑址调查简报》,《文物》1964年第2期。

是黑釉,白地黑花的瓷片也不少。这些瓷器的形制、釉色、花纹和禹县扒村、当阳峪等地的白地黑花瓷有许多相近之处,因而时代也比较接近。登封曲河窑则多产乳白瓷器,继承了密县西关窑址的珍珠地划花装饰风格,密县发现枕、碗、罐上有此装饰;登封曲河窑则发现珍珠地划花装饰大瓷瓶最多,腰圆瓷枕次之。此窑上限约相当于晚唐到五代,兴盛期为北宋,金元时衰落。

20世纪30年代,英国人曾经对修武当阳峪窑进行过调查,随后北京古董市场开始贩卖当阳峪窑的碎瓷片,从此引起人们注意,窑址因而遭到严重盗掘破坏。20世纪50年代曾发现一块崇宁四年(1105)的碑记,碑文涉及当阳峪窑与耀州窑的关系及当阳峪窑烧瓷工艺问题,是国内仅有的三块宋代瓷窑碑记之一。[1] 对于研究宋代北方瓷窑诸问题有一定的参考价值。对于此窑,有关考古工作者曾经先后进行两次调查,所获得的瓷器标本有限,大致可推断属于磁州窑系,白地釉下彩绘划花是其代表性作品,绞胎瓷则是其地方特色产品。[2]

扒村窑位于禹县(今禹州市),该区域瓷窑有100多处,一般只提及钧窑而无人知晓扒村窑,1950年扒村窑被发现,60年代叶喆民等到禹县调查古窑址,扒村窑的烧瓷历史与烧瓷品种逐渐为世人所知。[3] 瓷器大多为白地绘黑花,属于磁州窑系,同时发现部分钧瓷瓷片。产品有白地釉下黑彩的瓶、罐、盆、枕、盘、碗等,纹饰笔调粗放简练,瓷盆多绘大花瓣为特色。

除了以上窑址,20世纪六七十年代初步调查过的瓷窑还有宝丰窑、宜阳窑、新安城关窑、内乡大窑店窑、郏县窑等,这些瓷窑的产品多与磁州窑、钧窑、耀州窑产品有关联之处,对研究北方瓷系风格特点具有一定参考价值。

(七)隋唐以降瓷窑相关研究

自20世纪50年代开始,随着对河南地区瓷窑遗址调查工作的逐渐展开,多个著名的窑址逐一被发现,调查简报大多阐述了窑址的分布范围、主要产品形制特征,并就烧制年代沿革与相邻窑的关系提出初步的看法,为后续研究奠定了较为坚实的基础。"唐三彩"是中国陶瓷考古界关注的一个热点,自冯先铭

---

[1] 陈万里:《谈当阳峪窑》,《文物参考资料》1954年第4期。
[2] 中国硅酸学会:《中国陶瓷史》,文物出版社1982年版,第247页。
[3] 叶喆民:《河南禹县古窑址调查记略》,《文物》1964年第8期。

对河南巩义古窑址进行调查始,拉开了对河南地区"唐三彩"研究的序幕。宋代河南的著名瓷窑很多,有关汝窑、钧窑等学术界有所涉及。早在1930年,日本人原田玄讷经过调查认为,汝瓷是俗称丽水窑的产品。1937年,特维德在《汝窑考》中提出,汝瓷完全不同于北方的青瓷,而是接近宋官窑的优秀青瓷,首次将汝瓷与北方青瓷区分开来。陈万里在20世纪50年代发表的《汝窑的我见》是一篇开拓性作品,阐述了汝窑早期产品的特征,否定了俗称丽水花窑的刻花、印花青瓷是史称的汝窑产品,解释了汝窑地区烧造钧瓷的原因,结合北宋徐竞的《宣和奉使高丽图经》中提到的"汝州新窑器"一段话意,推断认为汝窑烧造官器的时间在北宋哲宗元祐元年(1086)至宋徽宗崇宁五年(1106)之间。[1] 其后冯先铭、叶喆民等为代表的陶瓷专家对汝窑进行了进一步调查与研究。冯先铭调查了河南的大量窑址,做了大量基础性工作,对20世纪80年代最终发现汝窑窑址作出有益的探索性贡献。冯先铭在《河南省临汝县宋代汝窑遗址调查》一文中指出:"汝窑是由两个部分构成,一部分专为宫廷烧制的瓷器,烧制时间短,生产数量少,而质量则很精美;一部分是为民间烧制的瓷器,现在称它'临汝窑',这是汝窑的主要部分,其烧造时间长,生产数量多,质量也比较好。"[2]这个观点在后来的考古研究中证明是正确的。另外,河南省文化局文物工作队发表的《汝窑址的调查与严和店的发掘》,对汝窑址的分布有了明确的认识,并确认了10余处窑址,对其产品有了较为清晰的认识,并认为汝窑生产青瓷的时间可能始于北宋初年,甚至更早。[3] 关于钧窑,由于北宋文献对于同属名窑的钧窑只字未提,钧窑的始烧年代成为关注的热点之一。20世纪30年代,出现的两部陶瓷专著《瓷器概说》和《中国陶瓷史》,都主张钧瓷北宋说。1935年故宫博物院瓷器馆馆长郭葆昌的《瓷器概说·历代名窑》云:"北宋名窑最多。定、钧、东、汝、官、龙泉、哥弟诸窑南北互峙,后先辉映。"[4]新中国成立后,冯先铭等人通过多次调查考证,纷纷发表了自己的观点,冯先铭认为"神垕镇钧窑的始烧年代应

---

[1] 陈万里:《汝窑的我见》,《文物参考资料》1951年第2期。
[2] 冯先铭:《河南省临汝县宋代汝窑遗址调查》,《文物》1964年第8期。
[3] 河南省文化局文物工作队:《汝窑址的调查与严和店的发掘》,《文物参考资料》1958年第10期。
[4] 郭葆昌述,王维周记:《瓷器概说·历代名窑》,民国24年(1935年)影印本。

在北宋,而不始于金"[1]。叶喆民认为"证知钧窑始烧于宋",并说从唐钧花瓷残片中,"进一步看到钧窑的前身"[2]。赵青云认为"从这次发掘来看,钧瓷创烧于北宋初期",并说"钧瓷的兴盛之日,大约是宋徽宗时期"[3]。而此一时期,关于钧窑始于宋代说,也有不少质疑的声音,20 世纪 50 年代,陈万里《中国青瓷史略》、关松房《金代瓷器和钧窑问题》等也提出过钧窑始于金代的观点。童书业、史学通也主张"钧瓷是金代所建"[4]。除了钧窑、汝窑,也有学者论及到当时比较有影响的名窑,陈万里论及当阳峪窑认为,当阳峪窑可与定窑、汝窑相媲美,其剔花最有特色,年代可能始于唐代。[5]

关于此一时期河南的陶瓷考古与研究,冯先铭在总结新中国成立后三十年内陶瓷考古成就时提到河南发现的巩县窑、密县窑、登封窑、郏县窑、鲁山窑、宝丰窑、禹县窑,总结了各窑的主要特点与相互关系,特别提到钧窑的始烧年代及产品问题,可以说是对河南瓷窑考古特别是隋唐以降瓷窑考古探索的一次精彩总结。[6]

四、隋唐以降的其他考古调查与发现

(一)三门峡漕运遗迹的调查

1955 年,为了配合三门峡水库建设,以中国科学院考古研究所为主,联合了其他文物考古部门人员组成的黄河水库考古工作队,由考古所夏鼐任队长,俞伟超任黄河水库考古工作队第一组组长,进行了多年的考古调查和发掘工作,发现了秦汉至隋唐时期的古栈道、开元新河遗迹和河壁上的摩崖题记,找到了唐代的陆道、集津仓、盐仓等遗迹,为中国漕运史研究提供了丰富的资料。[7]

---

[1] 冯先铭:《河南省临汝县宋代汝窑遗址调查》,《文物》1964 年第 8 期。
[2] 叶喆民:《河南禹县古窑址调查记略》,《文物》1964 年第 8 期。
[3] 赵青云:《河南省禹县钧台窑址的发掘》,《文物》1975 年第 6 期。
[4] 童书业、史学通:《中国瓷器史论丛》,上海人民出版社 1958 年版,第 127 页。
[5] 陈万里:《谈当阳峪窑》,《文物参考资料》1954 年第 4 期。
[6] 冯先铭:《三十年来我国陶瓷考古的收获》,《故宫博物院院刊》1980 年第 1 期。
[7] 中国科学院考古研究所:《三门峡漕运遗迹》,科学出版社 1959 年版。

三门峡古栈道开凿在三门峡人门的左岸,一般开凿在靠近水面的断崖上,底部侧壁开凿平整,顶部呈弧形,侧壁上方凿有牛鼻形鼻孔,可能是在各孔间横系绳索,以备纤夫们牵引船只时把持用力。古栈道侧壁最下部凿有方形壁孔,各孔间距2米左右,用来安放一种横置的木梁,与方形壁孔相对应,在古栈道底部向下开凿有底孔,用以固定横置的木梁。古栈道侧壁上,保存有30多处摩崖题记,记述了古栈道的开凿和行船的情况。题记早到东汉和平元年(150),晚至大唐垂拱四年(688)等,反映出此古栈道最迟可能在东汉桓帝时期已经开凿,魏晋时期可能已经完成,隋唐时期继续沿用并修造。除了古栈道,考古调查还发现了一条渠道,为唐朝开元时期开挖的运河。考古调查还发现了新运河两岸唐、宋、金、明各时期的大量摩崖石刻。在开元新河两岸的人门岛上发现两处建筑基址,可能是殿堂建筑遗迹。唐朝时期为躲避水运灾害,还在三门北岸凿山开道18里,并在东端设置集津仓,西端设置盐仓,从陆路运送漕粮。经过考古调查,发现了集津仓与盐仓遗迹及两者之间的陆路旧道。

三门峡漕运遗迹考古调查以后,1957年俞伟超等人开始编写名为《三门峡漕运遗迹》的勘察报告,这部考古报告被列为《黄河水库考古报告集》的首号,成为新中国研究黄河漕运的开山巨著。

(二)龙门石窟的保护与研究

龙门石窟开凿于北魏孝文帝年间,之后历经东魏、西魏、北齐、隋、唐、五代、宋等朝代连续大规模营造达400余年之久,南北长达1公里,今存有窟龛2200余个,造像10万余尊,碑刻题记2800余品。其中不乏中国书法的精品,如《龙门二十品》是魏碑书法的精华,褚遂良所书的"伊阙佛龛之碑"则是初唐楷书艺术的典范。龙门石窟唐代造像几乎占三分之二,最有代表性的有潜溪寺、奉先寺、万佛洞、看经寺等。[①] 1961年被国务院公布为全国重点文物保护单位。2000年11月30日,联合国教科文组织世界遗产委员会宣布龙门石窟入载"世界文化遗产名录",这是国际社会对中国这一历史文化遗存内在资质及其资源价值最具权威的确认。

1953年4月,经中央文化部批准,成立了龙门文物保管所,这是在洛阳成立

---

① 龙门文物保管所:《龙门石窟》,文物出版社1980年版,第10~11页。

最早的专门性文物保护机构。龙门石窟的文物在历史上曾受到自然和人为的双重破坏,损坏极为严重。特别是20世纪30年代的大肆盗凿破坏,致使龙门石窟文物受到极大的损害。美国人杰尼、普爱伦等人勾结国内的奸商岳彬等,疯狂地盗窃龙门石窟的珍贵文物,据1965年初步统计,龙门石窟雕刻被盗遗迹达800余处,可见龙门石窟文物被盗之严重。[①] 20世纪60年代,北京大学历史系及中央美术学院美术史系会同龙门文物保管所对龙门石窟一些主要洞窟进行了考古学测绘,并对两山窟龛试行分区编号,这是中国高等学府第一次对龙门石窟进行的资料性工作实践。20世纪70年代,龙门文物保管所对龙门东西两山的碑刻题记进行了普查和拓印。在当时的条件下,共收集、拓印碑刻题记2800余品,其中包括702件刻有绝对纪年的题记,这为相关造像的形制特征提供了年代学标尺。与此同时,洛阳市建筑设计部门测绘了1∶200的龙门西山立面图。[②] 同时龙门石窟进入了现代科学技术保护阶段,利用现代技术、现代材料对龙门石窟的造像、洞窟及所在岩体进行加固和防破坏处理,取得了明显的效果。2001年"河南洛阳龙门石窟的调查"成为"中国20世纪100项考古大发现"之一。

龙门石窟作为河南地区最负盛名的佛教遗迹,自古受到有关学者的关注。有关龙门石窟的研究,开端于两宋金石之学,其中如欧阳修《集古录》、赵明诚《金石录》都有记录。近代意义的龙门石窟调查研究,则始于西欧、东洋一批从事佛教艺术遗迹考古的专家。20世纪初叶以来,他们率先对龙门石窟进行了较为系统的田野调查与资料的结集。上述国际学者中,最具代表性的有法国的鲁勃兰斯·兰格、沙畹,瑞典的阿斯瓦德·西兰,日本的伊东、常盘大定、冢本、平子、泽村、岩田、水野清一、长广敏雄、关野贞。他们的报告或著作分别见于《亚细亚学报》《华北考古图谱》《东洋学艺杂志》《支那雕刻》《支那美术史》《支那佛教史迹》《龙门石窟的研究》等,均为东方学界了解龙门文化提供了极大的方便。在此期间,中国学者致力于龙门石窟文物资料的收集。如河南省博物馆的关百益,将多年寻访踏察的结晶,于1935年出版了一部专门的图籍《伊阙石刻图表》。这部专著以龙门石刻造像和碑刻题记为选材主体,编纂了龙门石窟遭

---

① 刘景龙:《龙门石窟保护四十年》,《中原文物》1993年第4期。
② 张乃翥:《龙门石窟学术研究百年》,《洛阳工学院学报(社会科学版)》2001年第1期。

受社会性损坏以前的大量宝贵的图像和拓片。为了观览检阅的便利,该书又为读者编排了造像题记的编年序列。新中国成立后,有关龙门石窟的研究逐步展开,涉及宗教考古、考古分期、石窟保护等诸多方面。20世纪50年代,王去非撰有《关于龙门石窟的几种新发现及其它有关问题》的论文,论证了盛唐之际龙门曾有佛教女尼一再瘗葬的史实,这为人们认识龙门石窟的宗教内涵增加了崭新的素材。[1] 70年代,中国社会科学院世界宗教研究所丁明夷对龙门石窟的唐代窟龛造像进行了分期与分类,通过对造像分型定式,得出造像变化可分为高宗时期、武则天时期和玄宗时期,为考古学研究奠定了初步基础。[2] 梁思成的《闲话文物建筑的重修与维护》[3]和陈明达的《关于龙门石窟修缮问题》[4]则为龙门石窟的建筑修复提供了颇有价值的方案。同一时期,中国学者陈明达、温庭宽、王子云、常任侠、金维诺和付天仇等不断有研究龙门石刻艺术的论著问世。学者们以敏锐的艺术眼光,论证了作为西方美术东渐产物的龙门石窟,其艺术形态中已经融合了中国传统文化的因素。1973年河南龙门文物管理所出版了《龙门石窟》[5],采用图文并茂的形式,较详细地介绍了龙门石窟的历史与窟龛现状,是新中国成立以后重要的有关龙门石窟的综合性资料文献。

除此之外,由于河南省文化局文物工作队对佛教等宗教遗迹调查的深入,相关的调查资料也相继问世,《巩县石窟寺》以大量图录的形式,介绍了魏、唐时期河南地区又一个具有重要影响的石窟的历史。[6]

综合来看,河南在新中国成立初的二十多年内,隋唐以降的主要考古工作集中在隋唐、宋元的墓葬和手工业方面。另外,包括隋唐洛阳城的勘探与初步发掘、有关佛教等宗教遗迹的调查,相关的研究也不外乎这几个领域。

---

[1] 王去非:《关于龙门石窟的几种新发现及其它有关问题》,《文物参考资料》1955年第2期。
[2] 丁明夷:《龙门石窟唐代造像的分期与类型》,《考古学报》1979年第4期。
[3] 梁思成:《闲话文物建筑的重修与维护》,《文物》1963年第7期。
[4] 陈明达:《关于龙门石窟修缮问题》,《文物》1959年第3期。
[5] 河南龙门文物管理所:《龙门石窟》,河南人民出版社1973年版。
[6] 河南省文化局文物工作队:《巩县石窟寺》,文物出版社1963年版。

第五节　河南考古学时空框架的初步形成与学术影响

新中国成立之初,国家在河南进行了多项国家重点工程建设项目,为配合大规模经济建设的开展,河南在国家的组织下由多个单位,主要是由中国科学院考古研究所和河南省文化局文物工作队等相关单位乃至全国的考古学家协同调查、发掘了除旧石器时代以外的很多遗址,初步摸清了不同历史阶段遗址的分布状况,初步形成了河南地区的考古学文化的时空框架,积累和完善了具有中国特色的考古学基础理论,对河南考古工作乃至全国的考古学发展产生了较为深远的影响。

一、河南考古学时空框架的初步形成

河南考古工作以安特生在渑池仰韶村遗址进行发掘为开端,到 20 世纪 70 年代中期,已发掘了不同时代的遗址多处,初步形成了自新石器时代开始到明清时期不间断的考古学时空框架。

在三门峡黄河水库的建设中,河南发现了不少新石器时期的文化遗址,最有影响的是庙底沟与三里桥遗址,庙底沟遗址作为仰韶文化的一个类型被命名确定,庙底沟二期的发现则首次解决了仰韶文化与河南龙山文化的过渡环节问题,王湾遗址的发掘既是发现了豫西地区仰韶文化的又一地方类型,同时王湾三期的发现再次证明庙底沟二期文化是仰韶文化与龙山文化之间的过渡环节的问题。大河村类型则是豫中地区影响力最大的仰韶文化的地方类型,丰富的文化层与出土器物可谓是对新中国田野考古理论实践的一次大检阅。同时在豫南发现了淅川下王岗仰韶文化类型。龙山文化在河南的分布比仰韶文化更加广泛,在安阳后冈、汤阴白营、陕县庙底沟与三里桥、永城王油坊、淅川下王岗等遗址中都发现了典型的河南龙山文化,并被初步尝试划分为不同的地方类

型。同时在豫东还发现了大汶口文化,在豫西南等地发现了屈家岭文化的踪迹。

夏商周考古是河南在新中国成立二十余年来收获最丰硕的领域。豫西调查为寻找夏文化提供了丰富的线索,二里头遗址与王城岗遗址的发现是夏文化考古的重大突破。二里头文化一到四期上承龙山文化,下启早商郑州二里岗文化,中间基本没有缺环,虽然对夏文化上下限和二里头属性的认识在当时不一致,但对二里头一、二期属于夏文化则在当时是共识。商代考古是此一时期河南考古的重头戏,殷墟考古继续了新中国成立前的辉煌,发掘了武官村大墓和妇好墓以及大批殉葬墓(坑),新获得了大批的甲骨文和青铜器,郑州商城的发现则是商代早中期考古的最重要成就,并拉开了关于亳都与隞都的热烈论战的序幕。两周考古河南也很热闹,继续新中国成立前对两周墓葬的发掘是重头戏,辉县发掘是新中国考古学界的牛刀初试,影响深远;三门峡虢国墓地是新中国成立后首次在河南发现的西周封国墓地,引起世界瞩目;洛阳中州路东周墓的发掘与分期则为河南乃至全国东周墓的分期树立起了标杆;豫南特别是豫西南的楚墓发掘好戏连台,信阳长台关楚墓的编钟与墨书竹简轰动世界。西周洛邑城调查、东周王城的勘探、新郑郑韩故城等城址的考古调查取得阶段性丰硕成果。

汉魏南北朝考古内容丰富,成果显著。汉魏洛阳城的勘探与发掘是其中一项重要内容,中国科学院考古研究所先后多次进行了调查与发掘。初步探明了两汉、魏晋不同时期洛阳城布局沿革,基本摸清了城垣、门阙、街道、护城河、西北金墉城、宫殿区、衙署的范围和布局,清理出永宁寺塔基等,是这一时期河南较为重要的考古成果。同时汉魏时期河南以南阳宛城、登封汉阳城为代表的其他城邑调查勘探也成果颇丰。汉魏墓葬的发掘,是此一阶段考古的重头戏,包括发现少量的秦时期的墓葬。洛阳烧沟汉墓的发掘,建立起洛阳汉墓年代的表型序列,并为中原各地汉墓编年提供了可资借鉴的标尺。东汉洛阳城发掘的刑徒墓,对研究两汉时期的刑罚制度具有重要价值。两汉的画像墓考古发掘成果丰硕,以著名的洛阳西汉卜千秋壁画墓与新密打虎亭东汉墓为代表的壁画墓和画像石、画像砖墓群为研究两汉社会生活提供了丰富的资料,南阳汉画像石由此闻名。魏晋南北朝时期,壁画墓依然盛行,邓县学庄村发现的南朝画像砖墓是研究南朝社会生活、舆服制度、雕塑艺术的珍贵资料。洛阳北魏墓葬的调查研究工作中,对孝文帝拓跋宏的长陵和其后高氏的文昭皇后陵位置的确定,是一项重要的收获。郑州古荥镇、南阳瓦房庄、温县招贤村、鹤壁鹿楼冶铁遗址、登封告成阳城冶铁遗址、渑池铸铁作坊等冶铁遗址的大量发现,是手工业考古的突出成就。而安阳北齐范粹墓、濮阳北齐李云墓中出土的北朝青瓷器,在中国陶瓷史上占有一定的地位。

隋唐以降的考古内容作为河南考古的重要组成部分,内容依旧十分丰富,在隋唐洛阳、隋唐以降各时期的墓葬考古以及唐宋瓷窑考古中取得了较为突出的成绩。隋唐洛阳城也经过了多次的调查与试掘,基本摸清了城邑的范围、宫城位置与街道布局,特别是含嘉仓的发掘对研究隋唐时期官府的仓储制度具有重要意义。墓葬考古成就突出,隋代卜仁墓、张盛墓、宋循墓等有墓志或纪年遗物出土,对隋唐墓葬分期有重要的指标意义,而出土的随葬瓷器对研究中国北方瓷器发展史也具有重要的参考价值。此一时期发掘的唐代墓葬多为中小型墓葬,对了解唐代中下层社会的墓葬制度十分有益。宋陵的调查,搞清了宋陵的布局和基本构成,为研究宋代陵寝制度提供了初步的资料。两宋的墓葬,出现了白沙宋墓为代表的较多的雕砖壁画墓,为研究宋代社会历史提供了实物资料。宋朝是中国戏剧发展的重要时期,河南发现的砖雕壁画墓中有大量反映戏剧尤其是杂剧的内容,是研究中国戏剧发展史的重要资料。元明清时期发现的有影响有价值的墓葬材料不多,但明代新乡潞简王陵的调查,为研究明代陵寝制度提供了丰富的实物资料。隋唐以降,瓷窑考古最能代表手工业考古的成就,在汝州、巩义、宝丰、禹州、登封、新密、鹤壁、安阳等一些地方,调查或发掘了相州窑、黄冶窑、钧窑、汝窑、集窑、当阳峪窑等,对相关窑址及其产品特色有了相当的了解。

二、中国考古学理论在河南的实践与完善

地层学与类型学是考古学车之两轮,缺一不可。地层学经过新中国成立前中国第一批考古学家于20世纪二三十年代在河南等地不断的摸索与实践,尤其是梁思永在安阳后冈发掘时发现的"三叠层",说明地层学理论逐渐臻于成熟,而类型学则依旧在不断摸索完善中。

新中国成立后,大规模的建设工作为河南乃至中国考古学的发展提供了前所未有的契机,如何把发掘出来的大量考古资料科学而全面地公诸于世,成为考古学家所面临的主要问题之一。这在当时说到底就是一个如何在考古报告中准确、简明地贯彻层位学与类型学原理的问题。20世纪50年代以前,考古简报、报告和研究论文在类型学的使用上都宁繁勿简,这固然没有违反类型学的基本原理,但也显然不能适应新中国成立初期考古发掘遍地开花、考古资料堆积如山的现实,更不能科学、翔实地反映遗址发掘资料的真实情况。怎样规范考古报告的写作,急需一个科学的写作范例,《辉县发掘报告》在此时应运而生。

辉县发掘完全遵循和实践了考古学地层学和类型学原理,尤其是在地层学上有比较充分的运用。辉县发掘主要使用探方法对墓葬、灰坑等文化单位进行全面、彻底的清理,并在考古地层学原则上依据土质、土色及内容物划分文化层。以琉璃阁第一号灰坑为例,考古所将深约11米的灰坑划分为16层,每层的厚度和高度都不同,出土遗物差异很小。在同一文化单位出土文化遗物差异不大的情况下,将地层进行细致划分,这项工作在其后的考古实践中证明可以稍微粗略,但在当时恰好证明了田野地层工作的细致。遗物的采集与记录沿用中国考古学传统习惯,发掘的墓葬、灰坑和探沟以工作地名的罗马字拼音缩写为标识,M表示墓葬,H表示灰坑等。遗憾的是记录方法中并没有强调出土地层,这可能与此次发掘重视独立的文化单位而非文化层有关。到王湾发掘和大河村发掘的时候,地层划分已经非常规范而准确,每期的划分都有单独的地层和各具特色的文化面貌为依据,每期之间文化遗物又有明显的传承发展演变的逻辑轨迹。在地层学上是对新中国成立以后考古学理论实践的一次大检阅,标志着地层学的运用在河南乃至全国考古学界已经完全成熟。

回过头来看《辉县发掘报告》,虽然报告编写在地层学记录方面有些缺陷,但瑕不掩瑜,该报告是具有国际影响的新中国第一号田野考古报告,开创了田野考古发掘工作结束后的一定时期内就出版考古报告的先河,开创了中国田野考古发掘报告编撰的体例。报告编写首先对发掘过程进行系统描写,其次逐一对遗物进行初步分析,这一编写体例为日后田野考古发掘资料整理和编写树立了范本,至今仍是考古报告编写所遵循的原则之一。新中国成立前考古报告编写并没有特定先例可循,对发掘过程和出土遗物的描述未免不全面,如《安阳发掘报告》第四期中参与的工作人员分别对不同的问题撰写独立的文章。《辉县发掘报告》参照了郭宝钧《浚县古残墓之清理》的体例,即关注发掘地概况、发掘过程、墓制、葬法、遗物、年代判定及结论,以多人合作的撰写方式,对发掘过程进行系统的描写,对遗物进行初步分析,后来这样的写作体例被大体沿用。报告中"地点为经、年代为纬"的编写模式,将整个发掘区分为琉璃阁区、固围村区、赵固区、褚邱区来进行描述。每个区的文化遗迹则按年代进行,以探方为单位,采取地层关系分析、器物类型学等方法来分期断代,并详细对所获遗物进行介绍与描述,对不同的地区出土、类型及时代不同的文化单位中的遗物分类作分析,如陶器、铜器、铁器、石器、骨、贝等,综合逻辑分析来判定该文化遗物、文化单位的年代,并尽量与相邻地区相近历史时期的文化遗存作对比,最后总结出大致的绝对年代区间。如按照地层叠压打破关系与器物类型学逻辑演变规律,对铜器、陶器、石器等来分型定式,判断辉县战国墓葬大致可分为三期:"就大体而言,琉璃阁墓地是早期和中期,褚邱是中期至晚期,固围村和赵固是晚期。葬式早期以仰身直肢为主,中期和晚期则绝大多数为屈肢葬。"① 《辉县发掘报告》将出土器物与安阳殷墟、郑州二里岗出土器物进行了对比。如安阳小屯殷墟出土的遗物是辉县发掘中殷代遗址出土文化遗物时代与功用的重要参照,1952 年考古所发掘郑州二里岗后,二里岗遗物也被用作与辉县遗址中文化遗物的对比,并影响了二里岗遗址的发掘与整理。《辉县发掘报告》中总结得出辉县的殷代遗址比安阳小屯的遗存更早,辉县的殷代墓葬分为二期,早期殷墓为琉璃阁小型墓,与郑州殷商早期及中期文化时期相近;晚期殷墓集中在琉璃阁南区,墓葬的阶级分化加剧,器物的形制大致相当于郑州殷商晚期文化与安阳殷墟。② 这样邻近区域相近时代文化遗物通过对比研究,似乎更容易科学地判断文化遗址的年代与性质。《辉县发掘报告》综合运用地层学与类型学的方法,对后来多地的发掘资料的整理、考古报告的编写及其广泛应用都具有非常重要的指导意义,对其后的田野发掘报告的编写影响深远。

这一时期,在河南考古工作中,对中国考古类型学发展有进一步推动作用的要算洛阳中州路发掘。洛阳中州路(西工段)发掘了仰韶、殷代、西周、东周与汉代的墓葬等遗迹。其后编写的《洛阳中州路(西工段)》采用了与《辉县发掘

---

① 中国科学院考古研究所:《辉县发掘报告》,科学出版社 1956 年版,第 145 页。
② 中国科学院考古研究所:《辉县发掘报告》,科学出版社 1956 年版,第 144 页。

报告》相似的体例，但类型学的运用更加成熟。苏秉琦在《洛阳中州路·结语》中，将对一种器物（陶鬲）的研究，提升到了对一类遗迹（东周墓葬）的研究。在这里，他将260座东周墓根据地层与陶器、铜器、玉器组合，分成四大组，大、中、小三型墓葬和七个期别，即将每一座墓当作一个整体来分型、分式，不仅找到了演化顺序，还看出了墓主身份的差别，分析每个类型墓葬出土的特征与演化规律，并结合历史文献知识给出令人信服的年代判断，可看出严密的逻辑性。"从中揭示出东周时期仿铜礼器使用情况及其所反映的社会等级状况的变化，并从各期变化程度的巨细中，发现春秋战国之际是发生重大社会变革的阶段，这就把年代学研究上升到探索社会关系及其变化的高度。"[1]"从器物形态学中分型分式法的使用到寻找期别之间巨大变革的比较法和墓葬分类研究法的发生，标志着中国考古类型学的奠基及其发展。"[2]如果说类型学本是为了寻找考古学遗存形态逻辑演变规律而出现的，发展到一定阶段上升到了可以探索人类社会关系的高度，这应该是考古类型学的一大进步。在新中国考古学"摸着石头过河"的大背景下，可以想见《洛阳中州路（西工段）》在方法论上的开拓之功。其所确立的研究模式引领中国考古学逐步走向科学规范，为中国考古学的学科完善起到了重要的作用，因而备受尊崇。在此后相当长的一段时间里，考古学科众多研究人员在运用类型学分析出土遗物时大多奉此报告为圭臬。在其潜移默化的浸淫中，考古类型学在中国逐渐演绎成一套独具特色的缜密的解释系统。

通读《郑州二里岗》《洛阳烧沟汉墓》等可称为范例的考古学报告，可见对新中国成立初期大多数的考古学者而言，他们自觉或不自觉地尝试并实践着一条把李济与苏秉琦有关早期的类型学研究体例相结合并尽力简化的道路。通常的做法是，首先根据质地将出土文化遗物进行分类，列为陶器、石器、铜器等，其次再根据用途把陶器、铜器分成容器和非容器两大类。陶容器下又按陶质、陶色分成不同的陶系，陶系下面则分出不同的器类，器类下面再分出一至两个层次。铜器分类除了没有质地这一层次外，其余的分类法则大多同于陶器。这一分类系统跟李济运用类型学区分殷墟青铜器的原则是一脉相承的。但新中国成立后考古报告的编写过程中，苏秉琦类型学的思想也得到了程度不等的贯

---

[1] 郭大顺、高炜：《苏秉琦年谱》，《苏秉琦先生纪念集》，科学出版社2000年版，第63页。
[2] 俞伟超、张忠培：《苏秉琦考古学论述选集·编后记》，文物出版社1984年版，第308页。

彻,即放弃烦琐的序数分类法而采用苏秉琦的型式分类方法,这种型式分类法对其后中国考古类型学影响巨大,至今我们仍基本沿袭了这种方法。其最大的好处就是尽量反映出出土文化遗物在历史进程中实际的分化与演进过程,从而完成遗址分期断代及器物谱系逻辑演化关系分析的学术目的。诚然,由于不同的遗址文化内涵丰富程度不一,而考古报告编写者对李济、苏秉琦二人的类型学方法理解与偏好不同,以至于其后不同的报告和研究文章的论述风格不尽相同。现在看来,我们认为《洛阳中州路(西工段)》的型式划分较为科学,在苏秉琦类型学思想的影响下,编写者结合层位关系,对相关的文化遗存出土物和墓葬等遗迹单位进行了卓有成效的型式划分和分期。同样,20世纪50年代初期发现的郑州殷商文化遗址的分期与洛阳中州路的分期有着异曲同工之妙,邹衡采用类似的方法很快便将之成功地分为三期。邹衡首先分析了郑州已经发掘的可靠的地层关系包括灰坑单位,选其典型地层单位将之分为五层,并注意到每层中包含的文化遗物,然后以典型地层单位出土的陶器为主要依据,进行分型定式,根据共存关系、组合关系将殷商文化层分为早、中、晚三期。① 这种分期法显然也充分地反映出中国考古类型学的进步。

  苏秉琦对考古类型学的进一步发展,体现在1965年发表的《关于仰韶文化的若干问题》一文中。此时,他进一步找到了对考古学的文化划分区域类型,再按类型划分期别,依期别来分析社会面貌的方法。这种方法揭示出了考古类型学具有为寻找中国史前文化前进轨道和社会发展规律作好基础准备的能力。这种理论观点的得出,与河南的新石器考古学文化紧密相关。苏秉琦认为,确定文化类型的基础是对于若干重要遗址文化特征利用类型学的方法进行对比分析,而讨论一个文化的年代分期问题则首先应对一些重要遗址的文化遗存进行分期研究。他用类型学的方法,将仰韶文化的半坡类型与庙底沟类型进行对比,认为在没有外力影响的情况下,半坡类型的杯口尖底瓶不可能变成庙底沟类型的双唇尖底瓶,半坡类型彩陶的鱼纹、宽带纹等,也不会变为庙底沟类型的鸟纹和圆点弧线勾叶纹,两者文化因素的相似之处是同时相互影响的结果,半坡类型与庙底沟类型是并列发展而成的仰韶文化地方类型,"半坡类型和庙底沟类型是仰韶文化在其长期发展过程中形成的诸变体中两种主要的变体,而不

---

① 邹衡:《试论郑州新发现的殷商文化遗址》,《考古学报》1956年第3期。

是'仰韶文化先后发展的两个阶段'"①。从这种论述中,可以看出中国考古学文化区系结构论的雏形,对其后考古报告的编写与考古学研究影响深远。有学者这样评论:"但这篇文章的重要意义,远远超出了对仰韶文化的类型所作的具体划分,而是在于寻找到了一条考察各种考古学文化的正确途径:划分区域类型,按类型寻找来龙去脉,依期别分析社会面貌的变化。"②到20世纪70年代前期,就全国范围来说,完全称得上是中国考古的又一次大发现时期。重要的考古发现纷纷涌现,急需新的理论与方法来指导相关的室内整理与考古报告的编撰工作。尤其在河南乃至陕西、山东等地,随着考古工作的深入开展,考古学家开始从新的角度来审视中国考古学文化的时空结构以及不同区域时空框架所体现的社会意义。在这一视域下,从区系的高度来把握类型学发展的方向,是苏秉琦的突出贡献。而其基础是对比河南、陕西史前文化遗物,再推而广之到长江流域、松花江流域而得出的结论。其后的考古证明,从区域的角度,运用类型学原理解剖中国历史文化的区系结构,既是中国考古类型学面临的一个新课题,也是研究方法的一个创新。区系类型学理论的出现,显然与河南的考古工作与考古学文化紧密相关。这种理论随着苏秉琦在20世纪80年代发表的《关于考古学文化的区系类型问题》而引起热烈讨论,既凝聚着几代考古工作者艰辛的劳动,也体现了中国考古学家们集体的智慧,标志着中国考古类型学成熟期的到来。

三、本阶段河南考古的特点

(一)河南考古调查发掘具有广泛性

新中国成立以后,河南地区作为华夏文明的主要发源地,配合基本建设的考古发掘任务十分繁重,因此,这里开展的考古工作最多且最深入。仅在被誉为"中国考古学的黄金时代"③的这一段时间内,经过调查和发掘的新石器时代

---

① 苏秉琦:《关于仰韶文化的若干问题》,《苏秉琦考古学论述选集》,文物出版社1984年版,第173页。
② 俞伟超、张忠培:《苏秉琦考古学论述选集·编后记》,文物出版社1984年版,第313页。
③ 夏鼐:《三十年来的中国考古学》,《考古》1979年第5期。

遗址就达近千处。在夏商周考古领域，自徐旭生"夏墟"调查开始，从龙山文化晚期遗址入手，前后调查发掘近二百处遗址，取得了找到偃师二里头、郑州商城等关键节点遗址的重大突破；对古都洛阳进行了十数次的重点勘探与试掘，对西周、东周、两汉、魏晋南北朝、隋唐洛阳城的布局与结构有了初步的了解，并对东周、两汉不同时期的城邑进行了大量的调查。发掘了汉魏、隋唐、宋元以下各时期墓葬数千座，对了解不同时期社会结构与社会生活起到了很大的促进作用。据不完全统计，从《文物参考资料》《考古学报》《考古》等公开发表的考古简报、报告来看，河南在新中国成立后的二十多年时间内，调查发掘的遗址数量在全国首屈一指，覆盖了几乎所有的历史时期，为河南考古学构建了初步的时空框架。

（二）河南考古工作具有持续性

河南在新中国成立前就是中国考古活动的中心区域，经过调查的遗址数量较多，为新中国成立后河南的考古工作奠定了较好的基础。新中国成立后相当部分的调查发掘是新中国成立前考古工作的延续，具有承前启后的作用。1951年，夏鼐带队对渑池仰韶村遗址进行了试掘，证明仰韶村遗址包含有仰韶文化和龙山文化的遗存，纠正了安特生对仰韶村遗存的错误认识，并对新中国成立前调查过的青台、点军台、秦王寨等遗址进行了进一步的调查，弄清了巩义、荥阳之间史前文化的分布状况。1950年到1952年在辉县琉璃阁、固围村等地进行的发掘，是对20世纪30年代在琉璃阁进行考古发掘的继续，发现数座大墓和车马坑，搞清了该地区战国墓葬的分布与形态结构，对研究春秋战国墓葬制度具有十分重要的意义。新中国成立后对汉魏洛阳城、隋唐洛阳城的调查与试掘持续不断，逐渐搞清了城址的规模与走向、宫城的位置与街道、城门的布局。殷墟发掘则是中国历时最久的考古活动，新中国成立前进行了15次发掘，获得了甲骨卜辞、宫殿遗址以及大量墓葬等考古材料。新中国成立后殷墟考古进一步深入，在二十多年时间内又取得了辉煌成就，发掘了武官村大墓、妇好墓、大量的商族墓葬、手工业作坊遗址以及数量可观的甲骨，至今殷墟考古依旧是河南乃至全国商周考古的最重要内容之一。

（三）河南考古工作具有开创性

河南的考古工作在田野考古发掘方法、田野考古报告的编写、考古学术研究等诸多领域具有开拓性,影响巨大。1950年开始的辉县考古发掘是新中国成立后中国大规模考古活动的开山之作。新中国成立伊始,全国考古力量薄弱,如何开展考古工作,如何将考古成果尽快公布于世,成为河南考古界乃至全国考古工作面临的最大难题。辉县发掘在遵循地层学基本方法的同时,对考古方法进行了不断的创新。如在琉璃阁殷代墓葬区首次成功地保留古代木车痕迹的发掘活动,在经验与技术上对后来同类车马坑遗迹的清理产生了深远影响。考古发掘刚结束,立即由梁思永制定考古报告编写体例,由发掘团成员分头进行考古报告的编写,开创了田野考古发掘工作结束后的一定时期内就出版考古报告的先河,开创了中国田野考古发掘报告编撰的体例,报告中"地点为经、年代为纬"的编写模式,完整揭示了遗迹与遗物之间的关系、遗迹与遗迹之间的关系,对后来多地点发掘资料的整理、考古报告的编写及其广泛应用都具有非常重要的指导意义,对其后的田野发掘报告的编写影响深远。在考古学术研究领域,河南的考古学人敢为人先,提出创新性的观点,20世纪60年代,学术界一般认为仰韶文化时代为母系社会,河南省考古学者许顺湛不畏权威,提出仰韶文化时代父系社会说,为中国仰韶社会父系说第一人,导致了一场长达二十多年的关于仰韶文化社会性质的全国性大讨论。几乎在同一时期,在郑州商城考古发掘过程中,安金槐首先提出郑州商城"隞都说",一石激起千层浪,也引起了其后长时间的有关郑州商城文化属性的大论战。

(四)河南考古成果刊发具有及时性

新中国成立后,随着经济建设的进行,河南开始大规模的基础设施建设。配合基建,河南考古调查与发掘也大规模展开,取得了大量重要遗址的发掘成果,并比较及时地将具有较大影响的田野发掘成果进行了刊发。1950年到1952年进行的辉县发掘,1956年在科学出版社结集刊发了发掘成果,《辉县发掘报告》成为中国田野考古报告集第一号。1953年发掘的洛阳烧沟汉墓、1953年到1954年发掘的郑州二里岗遗址、1956年发掘的庙底沟和三里桥遗址、1954年到1955年发掘的洛阳中州路(西工段)等遗址考古发掘资料都受到《辉县发掘报告》的影响,很快编写完成并刊出,1959年由中国科学院考古研究所牵头推出了《庙底沟与三里桥》《郑州二里岗》《洛阳烧沟汉墓》《洛阳中州路(西工段)》《上村岭虢国墓地》等一批代表河南田野考古水平的中国田野考古报告集,使学界对河南考古发掘材料有了及时的了解。

总之,由于经济建设的大规模开展及专业人员队伍的迅速扩充,新中国成立初期的河南田野考古工作有了较大规模的发展,尤其是在20世纪五六十年代,很多发掘工作在国家特别是中国科学院考古研究所的组织下由多个单位甚至是全国的考古学家协同进行发掘。虽然在"文革"十年中考古工作受到很大的冲击,大部分工作甚至停止,但依旧有不小的发现。此一时期,河南考古形成了鲜明的特点。

四、本阶段河南考古的成就与影响

(一)拉开了新中国考古工作的大幕

新中国成立之初,百废待兴。为重启中国考古工作的大业,1950年10月到1952年春,中国科学院考古研究所以中央研究院史语所考古组和北平研究院史学研究所的留守人员为班底,在河南辉县境内的琉璃阁区、固围村区、赵固村区、褚邱村区内连续进行了3次发掘。这次发掘是新中国成立后第一次有计划有目的的田野考古活动,锻炼了考古人才队伍,取得了丰硕考古成果,尤其是对商周考古具有极其重要的意义,被誉为"新中国考古从这里走出"的出发点,史称"辉县发掘"。而在此之前的1950年4月,中国科学院考古研究所以郭宝钧为首,还在安阳殷墟西北冈王陵区进行了武官大墓的发掘工作。这些发生在河南境内的考古工作,对新中国的考古事业产生了深远的影响,标志着新中国田野考古发掘工作的大幕正式拉开。

(二)开创了新中国考古事业的新局面

新中国成立以前,河南考古工作取得了较大的成就,尤其是殷墟考古引起世界瞩目。但无论是史前考古还是夏商周考古领域,所进行的考古工作大部分都是尝试性、基础性的工作,没有确立河南乃至全国考古文化的谱系与时空框架。新中国成立后的二十多年内,这项工作取得了较大的成果。新中国成立初期在三门峡黄河水库的建设中,集中了全国主要的考古专业力量对水库淹没区进行全面的调查和发掘,发现一批重要的古文化遗址和墓葬,命名了以仰韶文化庙底沟类型、庙底沟二期和龙山文化三里桥类型为代表的不少新的考古学文化,深化了对中国史前文化特别是仰韶文化的认识,逐渐构架了河南乃至全国史前文化谱系的框架。偃师二里头、郑州商城遗址的发现与发掘,是掀起河南夏商考古热潮的导火索与重要标志。武官村大墓、妇好墓以及数量可观的甲骨卜辞的发现,使得殷墟考古持续深入。夏商考古成为学术界长期的热点与关注点,河南成为夏商考古的中心区域。三门峡虢国墓地、淅川下寺楚墓、信阳长台关楚墓的发掘,是河南两周考古的最重要发现,在国内外引起了广泛关注。汉魏洛阳城、隋唐洛阳城、汉魏与隋唐墓葬考古等也都取得了丰硕的成果,产生了巨大的影响。

(三)形成了考古学界艰苦奋斗的好风气

河南在新中国成立伊始就成为中国考古工作的中心区域,受到全国考古学界的关注,夏鼐、郭宝钧、苏秉琦等老一辈考古学家长期在河南从事一线考古工作,刻苦钻研的精神和脚踏实地、不怕困难的工作作风影响了河南乃至全国年轻的考古学者。在辉县、洛阳、郑州等地的考古工作影响尤其突出。在辉县发掘中,老一辈考古学家长期与青年学者一起从事田野发掘工作,展示了扎实、高超的田野发掘水平。在长期的考古工作中,他们不畏酷暑严寒和生活条件艰苦,始终将考古工作摆在第一位。发掘过程中,夏鼐成功剔出战国时期的车马坑,是新中国成立后首次成功清理出完整的车马坑,展示了老一辈学者高超的发掘技术与严谨科学的工作态度。这种工作作风长时间在全国的考古学者身上得到了充分的体现和发扬。

(四)培养了一批新中国早期的考古学家与领军人物

如果说新中国成立前殷墟发掘是中国首批考古学家诞生的摇篮,曾经培养出了著名的"考古十兄弟",那么以辉县发掘为代表的河南考古活动则是新中国成立后首批考古学家诞生的摇篮。辉县发掘的主要目的之一是培养青年考古学者,并采用了导师制,在田野考古实践中使青年学者迅速成长起来,这就是著名的"辉县模式"。其中梁思永指导安志敏,夏鼐指导王仲殊,郭宝钧指导王伯洪,苏秉琦指导石兴邦。其后四人都成为各自研究领域的领军人物,王伯洪成为商周考古专家,安志敏是著名的史前考古和商周考古专家,王仲殊则成长为汉代考古权威,石兴邦成为陕西考古界的翘楚。为培养更多的考古人才,1952年夏天,文化部社会文化事业管理局、中国科学院考古研究所和北京大学联合举办了全国第一届考古人员训练班,辉县发掘团队成员成为授课老师,经过3个多月的培训后,全体师生分批到郑州、洛阳两地进行实习。实习队由郭宝钧领导,安志敏、白万玉、钟少林、王仲殊等辅导。到1955年,考古人员训练班先后举行了四届,河南是重要的考古实习地,老一辈考古学家多次亲临指导,为河南及全国培养了大批考古实干人才。河南的许顺湛、安金槐等人都是全国第一届考古人员训练班的成员,经过培训学习与长期的考古实践,成为河南考古学界的领军人物。

(五)奠定了河南在全国考古工作的中心地位

河南的考古活动有诸多重要发现,产生了重大而深刻的影响。河南的考古工作从开始就走在全国前列,是中国考古学界的风向标。由于河南发现的文化遗址众多,成果显著,影响突出,中国科学院考古研究所(今中国社会科学院考古研究所)主持或参加了河南地区很多重要遗址的调查与发掘工作,考古学者长期跟踪了相关重大学术课题的研究工作。河南的文物机构与工作人员也相应地进行了大量配合和独立的考古工作,从中受益匪浅,大大提高了河南地区在新中国成立初期的考古工作水平。为了进一步推动河南考古工作的开展,中国科学院考古研究所在安阳、洛阳两地专门设立了工作站,前者负责以商代晚期都邑殷墟遗址为中心的考古发掘及资料整理、报告编写与研究工作,后者负责偃师二里头、汉魏故城、洛阳唐城考古等的考古发掘及资料整理、报告编写与研究工作。这是中国科学院考古研究所除西安以外,绝无仅有的研究分支机构的设置,可见河南考古在全国考古工作的中心地位与重大影响力。

总的来说,新中国成立后的二十多年内,河南的考古工作重点在于配合基建进行大规模的田野调查与考古发掘,主动进行科学考古与系统研究相对较薄弱。河南考古的重头戏与成就亮点则是新石器考古与夏商周考古,秦汉魏晋以后的考古发现与成就虽然不少,但与前者相较,就影响力来说则要稍逊色一些。

第三章 河南考古的振兴时期（1977—1991年）

1977年上半年,在河南登封县城东南东周阳城故址西侧的王城岗上,发现了一座河南龙山文化中晚期的小城堡。为此,1977年11月,国家文物局在河南登封主持召开了一次"河南登封告成遗址发掘现场会",与会代表围绕王城岗告成遗址的发掘对夏文化进行了探讨。这是我国首次在考古发掘现场探讨夏文化的盛会,为今后进一步研究夏文化打下了良好的基础。这也是我国第一个夏文化研讨会,与会学者百家争鸣,畅所欲言,充分阐述了自己对这处遗址和夏文化的看法。"河南登封告成遗址发掘现场会"是夏文化探索历程中具有里程碑意义的一次学术会议,是"文革"之后考古学界举行的第一次大规模学术会议,它不仅极大地推动了夏商文化研究,更以求实创新的精神迎来了中国考古学的春天[1],标志着河南考古进入了一个新的时代。20世纪80年代以来,河南的考古工作进入全面发展的新时期,考古新发现以几何数量级增长,各个时代的遗迹遗物层出不穷。在考古学的理论与方法上也有了许多新的突破和进展,考古机构和人员队伍的数量和构成都发生了很大的变化。1980年12月,河南省考古学会成立,标志着全省文物考古工作迈出了新的步伐。许多高校培养的考古学专业毕业生走上工作岗位。总的来看,这一阶段河南省的考古事业呈现出勃勃生机,考古发现的数量和研究成果都非常丰硕。

---

[1] 孙庆伟:《考古学的春天:1977年"河南登封告成遗址发掘现场会"的学术史解读》,《南方文物》2014年第1期。

第一节 史前考古成果丰硕

20世纪70年代后期以来,河南的考古学取得长足的发展,新发现层出不穷,史前考古的发现尤其丰富。一批研究成果问世,许多新的理论问题开始讨论,成果丰硕。旧石器考古发现了许多新的地点,让我们对河南地区的旧石器文化有了更深入的了解。新石器文化的谱系研究更加深入,基本上建立起了河南地区新石器文化的区系类型。聚落考古也作为一个新石器时代考古的主要切入点而被考古工作者所广泛关注。在此基础上,一些更高层次的理论问题,诸如史前时期的意识形态、社会性质、文明起源等重大课题都成为学者关注的焦点。可以说,这一阶段河南史前考古呈现出多层次同步发展的态势,考古发现数量众多,研究手段多元化,特别是环境考古的引入,使得河南考古研究如虎添翼。诸多新发现和研究成果的问世,让河南考古在华夏考古的版图中占据了绝对的优势。

一、旧石器考古的发现与研究

河南历史悠久,文化丰富,是中华民族的发源地之一。早在旧石器时代人类就在这里生活栖息。人类从出现到现在已有二三百万年的历史了,其中旧石器时代占整个人类历史的99.8%。因此,我们要研究人类的历史,研究河南的历史,就不能不首先研究河南的旧石器时代考古学。

1978年9月,考古工作者在南召杏花山发现一枚猿人右下第二前白齿化石。10月又在出人牙化石的地点发现同时期的21种哺乳动物化石。[1] 同年在卢氏发现2枚人牙化石和枕骨碎片,经鉴定属于智人化石。1979年,在卢氏县

---

[1] 未化:《南召县发现猿人牙齿化石》,《河南文博通讯》1979年第2期。

横涧乡锄沟峪发现2颗古人类牙齿化石和4块人类头骨碎片,距今约有10万年,"很可能是晚更新世后期的智人化石",这是河南旧石器时代晚期一大重要考古发现。[①] 1979年,在洛阳市凯旋路市建筑公司机械施工处院内施工时,发现了一批动物骨骼化石,由洛阳市博物馆文物工作队采集收藏。同年秋天,裴文中、张森水访问洛阳,应邀协助鉴定化石。在清理象骨化石时,发现其中夹有石制品,有数十件之多。基于其重要性,张森水曾两次到化石出土地点考察,并对化石和石器作了研究[②],填补了洛阳旧石器考古中大时间段的缺环。

1982年,张维华在西峡、镇平和临汝等县市发现多处旧石器地点,并采集到石制品和少量动物化石,其中,在西峡县城东、城南共有8个地点,石制品类别有石核、刮削器、砍砸器、三棱尖状器等。石制品上或多或少带有石皮,呈块状,制作比较粗糙。[③] 1980年和1987年考古工作者分别在南召小空山下洞和上洞进行发掘,各获石制品100余件。前者发掘的遗存被认为是旧石器早期;后者的发掘,经石器对比研究,被认为上、下洞的遗存均属旧石器晚期。[④] 1989年4、5月间,河南省文物研究所和灵宝县文管会在灵宝营里发现一处旧石器地点,石器埋藏于距地表18米深的马兰期黄土等两条古土壤之下,共获石制品82件,器类有石片、石核、砍砸器、刮削器、三棱尖状器等。[⑤] 其中三棱尖状器同丁村出土的同类器物具有更多的共性,反映了文化上的亲缘关系。但包括尖状器在内的多数石器采用砾石加工,其制作工艺受汉水流域石器制作技术的影响,又反映了南北文化交汇的一些特点。

细石器文化的发现和研究是旧石器时代考古的重要内容,20世纪六七十年代在许昌灵井发现了细石器,然而灵井细石器缺乏地层根据和测年数据,阻碍了对其更进一步的研究。1989年舞阳大岗发现的细石器则弥补了上述的不足。大岗位于舞阳市侯集乡大岗村北的自然岗地上,河南省文物研究所于1989—1990年两次对细石器地点进行发掘,共获得石制品327件,主要是细石器及其

---

① 季楠、牛树森:《河南省卢氏县发现人类化石》,《人类学学报》1983年第4期。
② 张森水等:《洛阳首次发现旧石器》,《人类学学报》1982年第2期。
③ 张维华:《河南新发现的旧石器地点和人类化石》,《中原文物》1986年第2期。
④ 南阳地区文管会:《南召县小空山发现旧石器时代文化》,《中原文物》1982年第1期;小空山联合发掘队:《1987年河南南召小空山旧石器遗址发掘报告》,《华夏考古》1988年第4期。
⑤ 河南省文物研究所、灵宝县文管会:《河南灵宝营里旧石器地点调查简报》,《华夏考古》1990年第2期。

制品。大岗细石器地点出土的器类有细石核、细石叶,多种形制的刮削器、尖状器等。此外,还出土一件磨刃石片,显示了比旧石器更为先进的磨制技术。① 所以大岗细石器的发现,对于研究新、旧石器文化的交替过程显得尤为重要。大岗细石器出土于大岗地点第四层,而第三层是裴李岗文化层,这种地层叠压关系反映了文化上的前后继承关系。大岗细石器同华北下川系统(以山西沁水下川为代表的几个文化地点,如下川、薛关、柴寺等)的细石器文化有着渊源关系,二者所属区域虽然不同,文化面貌上却比较相近。可以说大岗文化继承了华北细石器文化的传统,代表了细石器文化的最高发展阶段。

此一时段,河南省的旧石器文化研究工作也取得了相当的成就。而张森水的《河南省旧石器新线索及管窥》一文对河南省几十年来的古人类化石、旧石器文化研究进行了较为系统的总结:"河南地处我国中部,是旧石器文化交流的重要地区,南来北往,东播西传,都难以越过中州沃野。最早的人类及其文化是由南向北传播的。难以想象,猿人历尽艰险,越秦岭而北传,而可能是经南阳通道而北来,这是一条有利于人类文化扩散的'坦途'。人类进入旧石器时代中期,有向西发展的趋势,豫西和八百里秦川无疑是这个时期文化发展和传播的重要地区,由此不难看出,河南旧石器文化研究,在我国旧石器文化研究中,特别是时空相互关系的研究,有着何等重要的地位!"张森水还提出了河南省旧石器考古未来的工作方向,他认为,在豫西黄土区寻找旧石器文化有着非常重要的意义。他推断,豫东和豫东南地区的更新世地层虽然埋藏于地下,但是近来一定会有新的发现。豫北和豫南有许多洞穴,这些地方找到完整的古人类遗址的可能性比较大。在文章里,张森水还交流了自己的工作经验:"在黄土区工作,重点放在黄土层中的或其下的砂砾层,河流的第二、三级阶地是调查的主要对象。此外,两河汇合口应多加留意,因为已发现的国内旧石器地点,不少就埋在这样的地貌位置上。有经验表明,埋藏石器或化石地点的地层常常有点'反常',这是由于杂物受阻梗或有机物污染周围堆积所造成。"②这些经验对野外工作来说,具有重要的参考价值,也极大地推动了河南旧石器考古工作的发展。

---

① 张居中、李占扬:《河南舞阳大岗细石器地点发掘报告》,《人类学学报》1996年第2期。
② 张森水:《河南省旧石器新线索及管窥》,《中原文物》1986年第2期。

二、新石器文化谱系的完善与研究

(一) 裴李岗文化
1. 裴李岗文化的发现

裴李岗文化是以1977年起发掘的河南省新郑县裴李岗遗址为代表而得名。实际上,早在1958年,河南省文物工作队在配合漯河市火电厂的发掘中就发现了裴李岗文化遗存,但一度把该文化归入仰韶文化的范畴而未能独立。1959年曾在洛阳偃师涧沟发现石磨盘一套。① 1965年,河南省文物工作队在新郑县裴李岗又发现了石磨盘、石磨棒。1975年夏,原河南省博物馆文物工作队在登封县告成镇双庙沟一带的乱石灰华层中发现有比仰韶文化稍早的新石器时代早期的陶片、兽骨和木炭屑等遗物,并进行了试掘。发掘出土的木炭碎块经中国社会科学院考古研究所碳-14测定,距今7000年左右,从而证明这是当时河南境内发现的一处较早的新石器时代文化遗址。1977年,夏鼐在其所撰写的《碳-14测定年代和中国史前考古学》一文中,就把登封双庙沟发现的新石器时代文化遗址排列在中原地区已发现的新石器时代文化遗址的最前面。② 1977年,开封地区文管会和新郑县文管会又在裴李岗村发现了舌形石铲和泥质红陶双耳壶,初步认识到这是有别于仰韶文化的史前遗物。同年,上述两单位开始对裴李岗遗址进行第一次小型发掘。③ 1978年再次发掘,发掘面积约500多平方米,发现了32座墓葬、1座陶窑和一些灰坑,并且发现了一批石器和陶器。出土的陶器均为手制,多是火候较低而又质松易碎的红陶,形制较特殊,如球形壶、筒形罐、高足碗形鼎等;石器磨制精致,具有固定造型,如四足鞋底形石磨盘、圆柱形石磨棒、锯齿状石镰、断面呈椭圆形的石斧、两端均磨有圆弧刃的石铲等,还有少量打制细石器。此外,遗址内还出土有猪、羊骨骼和陶猪、陶羊等原始艺术品。而邻近的密县(今新密市)莪沟遗址也有相同情况。早在1965年

---

① 赵世纲:《裴李岗文化的几个问题》,《史前研究》1985年第2期。
② 夏鼐:《碳-14测定年代和中国史前考古学》,《考古》1977年第4期。
③ 开封地区文管会等:《河南新郑裴李岗新石器时代遗址》,《考古》1978年第2期。

该遗址中也发现了石磨盘和陶片。1977年密县莪沟遗址在平整土地的过程中又发现了石磨盘和陶片。河南省博物馆等单位对该遗址进行了初步发掘,出土了陶器、石器及房基、窖穴、墓葬等。另外出土有麻栎、枣、核桃等果核,以及猫骨、鹿角和其他一些兽骨,其文化面貌与裴李岗遗址大体一致,具有特征明显的器物群。① 基于裴李岗遗址及其周边同时代遗址的文化面貌具有独特的风格,在学术界引起了极大的重视。

1979年上半年中国社会科学院考古研究所又对裴李岗遗址进行了发掘,挖掘面积2175平方米,取得了重要的收获。在裴李岗氏族的公共墓地,又发现了82座墓葬和一批陶器,进一步肯定了对裴李岗文化面貌的认识。② 1979年开封地区文物管理委员会等发掘巩县(今巩义市)的铁生沟遗址,发现类似的裴李岗文化遗存。③ 1978年至1980年长葛石固遗址的发掘,首次发现仰韶文化叠压裴李岗文化的层位关系。④ 由裴李岗文化进一步发展为仰韶文化,在长葛石固遗址中有明确的文化层位叠压关系和器物演变发展关系,故石固遗址是研究裴李岗文化和仰韶文化之间发展关系的极其重要的遗址。裴李岗文化遗址的诸多发现,加上碳-14测定的年代,使考古学者认识到它是早于仰韶文化的新的文化类型,大约在20世纪70年代末期,考古学界提出了有关裴李岗文化的命名问题。

此后,又有一批典型的裴李岗文化遗址被发现。沙窝李遗址,1981年9月进行试掘,1982年春进行正式发掘。沙窝李遗址上层墓出土的小口圆领环形耳近圆球形平底壶和泥质黑陶口外敞折肩小桥状耳浅腹大平底壶,以及与上层墓同时的灰坑出土的喇叭口大平底黑陶杯等器物是裴李岗遗址、莪沟北岗遗址所罕见的。沙窝李下层墓出土的器物与裴李岗上层墓出土的器物相同,说明沙窝李下层墓与裴李岗上层墓的时代是相同的,而沙窝李上层墓的年代比裴李岗上层墓稍晚一些。⑤

舞阳贾湖遗址是20世纪80年代以来新发现的最重要的新石器时代早期

---

① 河南省博物馆等:《河南密县莪沟北岗新石器时代遗址发掘简报》,《文物》1979年第5期。
② 中国社会科学院考古研究所河南一队:《1979年裴李岗遗址发掘报告》,《考古》1982年第4期。
③ 开封地区文管会等:《河南巩县铁生沟新石器早期遗址试掘简报》,《文物》1980年第5期。
④ 河南省文物研究所:《长葛石固遗址发掘报告》,《华夏考古》1987年第1期。
⑤ 薛文灿:《沙窝李新石器时代遗址调查》,《中原文物》1982年第2期。

遗址。1983—1987 年,河南省文物研究所对该遗址进行了发掘。这是一处新石器时代早期的聚落遗址。贾湖遗址的前六次发掘,共揭露面积 2400 多平方米,发现房基 30 多座、灰坑 300 余座、陶窑 10 余座、墓葬 300 多座,出土遗物数千件。其中所出的骨笛和契刻符号等为世人关注。贾湖裴李岗文化遗存在整体上与裴李岗文化相同,但其自身特点明显,故发掘者称之为裴李岗文化"贾湖类型"。在贾湖遗址中还发现了大量的猪、鹿、狗、貉、鱼的骨骼和鱼鳞、蚌壳、螺蛳壳、炭化果核等,少量的牛、鸡、鳄鱼、野兔、龟、鳖的骨骼和牙床等。还发现有炭化的稻米,经检验是人工培养的稻,证明贾湖时期人们已经种植水稻,将中原地区水稻栽培的历史大大提前。① 郏县水泉遗址于 1976 年发现,中国社会科学院考古研究所河南一队曾先后进行两次调查,于 1986 年 11 月进行试掘,确定此遗址的文化属性为裴李岗文化遗址。1987—1989 年间,该队先后进行了 4 次发掘。根据水泉遗址的地层关系和器物演变,可以分为三期,在第三期中出土的敛口钵、假圈足碗、深腹盆,以及两侧有缺口的石刀、无齿石镰和石敲砸器等都为仰韶文化所继承。在三期中出土的两件陶祖,均出于一个灰坑,分别长 10.3 厘米、7.2 厘米。这是中原地区发现最早的陶祖,可能反映出裴李岗文化晚期阶段在意识形态上的某些变化。② 汝州中山寨遗址早在 20 世纪 50 年代即已发现,当时定为仰韶文化遗址。此后又进行过多次调查,采集到一批裴李岗文化和仰韶文化的遗物。③ 1984 年秋,中国社会科学院考古研究所河南一队对该遗址进行了试掘,在仰韶文化层下发现有裴李岗文化遗存。④ 1985 年和 1986 年春又进行了两次发掘,对遗址中裴李岗文化遗存的面貌有了全面的了解。⑤ 出土的陶器火候比一般的裴李岗文化陶器火候稍高,器形特征与裴李岗遗址出土的有较大的不同,有些具有仰韶文化早期的因素,所以,可以认定为裴李岗文化晚期的遗存。从层位关系上看,裴李岗文化层之上是仰韶文化层;从器形演变规律来看,裴李岗文化是仰韶文化的源头。

---

① 河南省文物研究所:《舞阳贾湖遗址的试掘》,《华夏考古》1988 年第 2 期;河南省文物研究所:《河南舞阳贾湖新石器时代遗址第二至六次发掘简报》,《文物》1989 年第 1 期。
② 中国社会科学院考古研究所河南一队:《河南郏县水泉新石器时代遗址发掘简报》,《考古》1992 年第 10 期。
③ 方孝廉:《河南临汝中山寨新石器时代遗址》,《考古》1978 年第 2 期。
④ 中国社会科学院考古研究所河南一队:《河南临汝中山寨遗址试掘》,《考古》1986 年第 7 期。
⑤ 中国社会科学院考古所河南一队:《河南汝州中山寨遗址》,《考古学报》1991 年第 1 期。

1985—1989 年,舞阳县博物馆原馆长朱帜在大岗发现汉墓群和裴李岗文化遗址。1989 年 8 月,河南省文物考古研究所张居中前往调查,发现在裴李岗文化层下有细石器遗存。为了解该遗址细石器遗存和裴李岗文化的性质、内涵及相互关系,河南省文物考古研究所和舞阳县博物馆于当年 10—12 月和次年 5 月在该遗址南部和北部先后进行了两次发掘,揭露面积 290 平方米,大岗遗址发现的裴李岗文化层直接叠压在细石器文化层之上,是一个值得注意的现象。① 1986 年 10—11 月南阳地区文物工作队对大张庄遗址进行了调查与试掘,清理出 14 个灰坑和一批石器和陶器等遗物。从陶器的器形特征来看,大张庄遗址可能是属于从裴李岗文化向仰韶文化过渡时期的遗存。②

2. 裴李岗文化的研究

学术界对裴李岗文化的认识和定名,经过了一个长期的探索过程。早在裴李岗文化发现之初,学术界就初步认识到了这是一个具有一定特色的考古学文化,此后对它的认识经历了一个不断变化的过程。

早在裴李岗遗址试掘之后,根据发现的 8 座墓葬的葬式、葬俗和仰韶文化墓葬的葬式、葬俗的不同,出土的陶器、石器特征与仰韶文化的陶器、石器特征也有区别,因此,初步认识到裴李岗新石器遗存与仰韶文化不同。所以,在试掘简报中就建议把裴李岗的新石器遗存命名为裴李岗文化。这一建议,《考古》编辑部在发表第一次试掘简报时把它删掉了,因为裴李岗遗址只经过试掘,获得的资料有限,文化内容和文化面貌还没有获得比较全面的了解,文化分布状况也不是很明了,在这种情况下提出裴李岗文化命名为时尚早。③ 在裴李岗遗址第一次简报发表之前,河北武安磁山遗址发掘资料已经发表④,待裴李岗遗址试掘资料发表之后,将二者进行比较,很明显地显示出两地的新石器遗存在文化面貌特征上比较接近,但也有区别,因此有人认为,磁山和裴李岗的新石器遗存,同属一种新石器文化,并将两者合起来命名。

严文明首先认为:"裴李岗的器物特征与磁山大同小异,陶器的质地、火候、

---

① 张居中等:《河南舞阳大岗细石器地点发掘报告》,《人类学学报》1996 年第 2 期。
② 南阳地区文物工作队:《河南方城县大张庄新石器时代遗址》,《考古》1983 年第 5 期。
③ 李友谋:《裴李岗文化》,中州古籍出版社 1992 年版,第 15~17 页。
④ 邯郸市文物保管所等:《河北磁山新石器遗址试掘》,《考古》1977 年第 6 期;河北省文管处等:《河北武安磁山遗址》,《考古学报》1981 年第 3 期。

颜色和制法可说基本上与磁山相同","比较两地的石器,也可看出基本相同或相似的情况。石器制法几乎完全相同","主要器形也基本相同","鉴于裴李岗的文化面貌与磁山基本相同,而且同一类型的遗址正在不断地被发现……共同的时期、共同的地域和共同的文化面貌把它们联系在一起,应该划为一个考古学文化",并"建议称为磁山文化"[①]。20世纪70年代以来,陈旭也把裴李岗和磁山遗址的内涵和器物特征进行比较研究,认为裴李岗和磁山遗址是属同一种文化的两个不同类型,并建议把这一文化暂称为裴李岗文化,两个类型称为裴李岗类型和磁山类型。[②] 其后许顺湛也认为裴李岗文化遗存和磁山遗存面貌相似,属同一种文化,并称为裴李岗文化。[③] 同意这种观点的还有唐云明、魏京武[④]。李绍连在研究莪沟北岗的文化遗存后,认为裴李岗和莪沟的文化遗存同磁山文化有很多相同之处,也有不同之点,两者属同一种文化。裴李岗文化遗存的遗址多,时代比磁山早,延续的时间比磁山长,应称为裴李岗文化,两者的不同是地域不同所形成的,应属于裴李岗文化的两种不同类型:裴李岗类型和磁山类型。[⑤] 夏鼐对磁山和裴李岗遗存的定名问题,也提出另一种意见。他在论述新中国成立后30年来中国考古学取得的成就时说:"最引人注意的是七十年代中发现的早期新石器文化:在黄河流域中游有比仰韶文化更早的'磁山·裴李岗文化'。"[⑥]

在1978年4月,裴李岗遗址又进行了第二次发掘,获得一些新资料,1977年冬至1978年春密县莪沟的发掘,又获得一批房基、灰坑、墓葬,出土了更多的器物,而且这种文化遗存在河南多处发现,符合文化定名的条件,李友谋建议把裴李岗遗址为代表的文化遗存,命名为裴李岗文化。[⑦] 安志敏在调查了磁山和

[①] 严文明:《黄河流域新石器时代早期文化的新发现》,《考古》1979年第1期。
[②] 陈旭:《仰韶文化渊源探索》,《郑州大学学报(哲学社会科学版)》1978年第4期。
[③] 许顺湛:《论裴李岗文化》,《河南文博通讯》1980年第1期。
[④] 唐云明:《略论"磁山"和"裴李岗"的有关问题》,《考古与文物》1981年第1期;魏京武:《李家庄·老官台·裴李岗——关于黄河中游地区新石器时代早期文化的几个问题》,《考古与文物》1981年第4期。
[⑤] 李绍连:《关于磁山·裴李岗文化的几个问题——从莪沟北岗遗址谈起》,《文物》1980年第5期。
[⑥] 夏鼐:《三十年来的中国考古学》,《考古》1979年第5期。
[⑦] 李友谋等:《试论裴李岗文化》,《考古》1979年第4期。

河南境内的部分裴李岗同类型的遗址,并对磁山和裴李岗的器物进行比较研究后认为:从文化遗物的性质上观察,裴李岗和磁山颇有共同之处,但不同之处也比较显著。建议暂时分别命名为裴李岗文化和磁山文化。[1]

20世纪80年代以来,随着考古工作的不断深入,新的遗址不断发现,人们对裴李岗文化的认识也逐渐深入。杨肇清在对裴李岗和磁山两地的遗存进行研究后认为:"裴李岗与磁山遗址中出土的遗迹和生产工具、生活用具的常见的器形、纹饰都各有自己的特点。磁山最常见的器物不见于裴李岗遗址;而裴李岗常见的器物,在磁山是少见的。在豫中已发现五十余处文化的早期遗址中的陶器群体大致是相同的,与磁山遗址出土的器物群体有显著的区别,反之亦然。""磁山遗址的遗物中骨器占三分之一以上,裴李岗遗址的骨器则少得可怜(只有八件)。磁山常见的石器是石斧,裴李岗则是石铲;磁山的盂、支架占陶器的55.87%,在裴李岗根本不见。裴李岗的三足钵、小口壶、侈沿罐占89%以上,而磁山仅占21.6%。两处遗址常见的纹饰、陶质大部是不同的。就是一些相似的器物,它们的差异还是较大的。假定它们是一种文化共同体,它们之间的差异如此悬殊,这种现象又如何解释呢?鉴于裴李岗和磁山的遗迹、遗物存在着明显的区别,要把它们统称一种文化,或一种文化的两种类型都是与客观实际不相符合的。我们认为还是分别管它们称为'裴李岗文化'和'磁山文化'为好。"[2]

经过多年的研究以及新的遗址的不断发现,学术界逐渐认识到裴李岗文化是一个具有特定分布地域,具有区别于其他文化的鲜明文化特色的考古学文化。它既不同于磁山文化,也有别于仰韶文化,是河南地区一支独立发展的考古学文化。裴李岗文化遗存,根据各地经过试掘和发掘的遗址公布的资料看,文化内涵和文化面貌特征都不尽相同,在有些遗址中,文化面貌的共性明显而突出,差异性比较小;可在某些遗址中,其文化面貌特征的差异又显得比较明显和突出,共性则比较少。可以看出在裴李岗文化的发展过程中,已经发生不同程度的变化,有的变化小,有的变化比较大,其原因,有的是发展年代的不同,也有的是地方性的差异。在研究过程中,根据这些变化,把裴李岗文化分为不同

---

[1] 安志敏:《裴李岗·磁山和仰韶——试论中原新石器文化渊源及发展》,《考古》1979年第4期。
[2] 杨肇清:《关于裴李岗·磁山文化的定名及其年代问题的探讨》,《华夏考古》1987年第1期。

的类型是必要的。80年代以来有些学者对此进行了研究,提出了不同的划分类型的意见。在80年代初,李绍连就认为:裴李岗与磁山文化遗存"年代相近,同处于一个社会经济形态阶段,有共同的(或毗连的)分布地域,具有共同的器物群,我们认为它们应属于一个文化"。"裴李岗和磁山遗址之间,在某些方面则有明显的差别。……我们认为它们仍属于一个文化,只是地区不同文化类型不同而已。"故分别称之为磁山·裴李岗文化、裴李岗文化类型和磁山文化类型[1]。当时,这两地的文化遗存才发现不久,由于发掘资料公布较少,对其文化内涵并不十分明了,据当时已公布的资料,提出一种文化、两种类型,这种大胆的探索,对开展这种文化遗存的研究起了一定的推动作用。随着考古工作的开展,资料的积累,对其文化内涵有了深入的了解,这种认识已不符合客观实际了。1985年,赵世纲根据裴李岗文化已公布的资料结合调查材料进行综合性对比研究,发现分布在浅山区的裴李岗遗址和分布在平原地区的漯河翟庄遗址,在遗址面积、文化内涵上都有一定的不同,提出裴李岗文化可分为两种类型:裴李岗类型和翟庄类型。前者以裴李岗、莪沟北岗为代表,分布在浅山区和丘陵地区;后者以漯河翟庄、舞阳贾湖为代表,这种类型主要分布在平原地区。[2] 郑乃武把裴李岗文化分为裴李岗类型和中山寨类型。前者以裴李岗和莪沟为代表,后者以汝州中山寨为代表。二者的陶器火候、质量有着显著的不同。[3] 张居中提出贾湖类型,指出贾湖遗址的文化面貌和嵩山周围的裴李岗、莪沟北岗之间的文化面貌既有不少共同因素,又有许多差异,贾湖二、三期与它们处于同一历史发展阶段,两者为并列关系。贾湖一期的文化因素则不同于其他遗址。贾湖遗址内涵丰富,具有一定的典型性,故将贾湖为代表的这类文化遗存称为"贾湖类型"[4]。丁清贤认为莪沟北岗晚期文化遗存与莪沟早期有很大的区别,建议将莪沟晚期遗存称为莪沟类型。[5] 裴李岗文化各个遗址器物群的基本特征是相同的,因此称为一种考古学文化,但是这种文化经历的时间长,分布的地域广,各遗址之间

---

[1] 李绍连:《关于磁山·裴李岗文化的几个问题——从莪沟北岗遗址谈起》,《文物》1980年第5期。

[2] 赵世纲:《裴李岗文化的几个问题》,《史前研究》1985年第2期。

[3] 郑乃武:《略谈裴李岗文化的类型及其与仰韶文化的关系》,见"中国考古学"编委会编:《中国考古学研究》,文物出版社1986年版,第1~9页。

[4] 张居中:《试论贾湖类型的特征及与周围文化的关系》,《文物》1989年第1期。

[5] 丁清贤:《裴李岗文化的发展阶段》,《中原文物》1987年第2期。

的文化面貌既有相同之处,又有一些不同之处。因此,一些学者提出的裴李岗文化的各种类型都有一定道理。有的已得到学术界的认同,有的尚待进一步研究。

关于裴李岗文化的经济形态和社会发展阶段,学术界普遍认为,这一时期以农业为主,人们的生活资料主要来自农业,而农业已经度过刀耕火种的时代,进入了比较发达的阶段。随着农业的发展,家畜饲养业在裴李岗文化时期已经普遍存在。经过鉴定确定为家畜的有狗、猪。可能还有羊、鸡。其中猪的数量最多,其次是狗,其他的较少。在石固发现的猪骨较多,并有整只猪埋入坑中,可见石固的裴李岗人饲养猪是比较多的。猪的饲养与农业发展相关,也可进一步说明裴李岗农业发展水平是较高的。在莪沟北岗的发掘报告中,发掘者认为:"他们过着共同劳动、共同享受劳动果实的氏族制生活,就社会发展阶段来说,我们认为已进入母系氏族社会比较繁荣的时期。"[1]此后,不少学者对裴李岗文化所处的社会发展阶段做过探讨,大多数学者认为裴李岗文化属母系氏族社会阶段,这主要是因为裴李岗文化墓葬的随葬品女性墓比男性墓丰富,由此反映出女性的社会地位普遍较高,故提出"裴李岗人处在母系氏族社会"的见解。[2] 然而,在裴李岗文化的发展过程中,男性和女性随葬品数量的对比也发生了一些变化。有的男女性墓随葬品数量相等,也有男性超过女性的现象。这种变化是因为男性在生产领域内占据重要地位,特别是男性是农业生产的主力军,女性则从农业退居辅助劳力的地位,成为加工粮食、管理家务的主人。可以说在母系氏族内部有了新的因素在萌芽中。特别是在郏县水泉第三期裴李岗文化中发现两件陶祖[3],可能当时已产生男性生殖崇拜,这种崇拜是与求神保佑多生子女有关。总之,裴李岗文化时期所处的社会阶段,从墓葬方面反映出具有母系氏族社会的特点,到后来男女两性随葬品数量差别不大,反而还出现男性墓随葬品多于女性墓的现象,反映男性的社会地位有一定程度的提高,表明

---

[1] 河南省博物馆等:《河南密县莪沟北岗新石器时代遗址》,《考古学集刊》第1辑,文物出版社1981年版,第26页。
[2] 朱延平:《裴李岗文化墓地初探》,《华夏考古》1987年第2期;朱延平:《裴李岗文化墓地再探》,《考古》1988年第11期;朱延平:《关于裴李岗文化墓葬的几个问题》,《考古》1989年第11期。
[3] 中国社会科学院考古研究所河南一队:《河南郏县水泉新石器时代遗址发掘简报》,《考古》1992年第10期;中国社会科学院考古研究所河南一队:《河南郏县水泉裴李岗文化遗址》,《考古学报》1995年第1期。

在母系氏族社会中有新的社会因素在萌芽。

对裴李岗文化源流的探索,也是一个重要的研究课题。20 世纪 80 年代以来,学者们对此问题也多有探讨。此一阶段在中原地区比裴李岗文化更早的新石器文化尚未发现,故而学者们在讨论裴李岗文化源头的时候往往去旧石器时代寻找线索。许顺湛在 1983 年出版的《中原远古文化》一书中谈到裴李岗文化的来源。他说:"关于裴李岗文化的渊源问题,我们在中原地区目前只有从下川文化、小南海和灵井文化中去找,但是这三处文化还属于旧石器时代晚期,没有陶器,没有磨制的生产工具。尽管如此,有些石器还是可以看出它们之间的关系。例如小南海和灵井发现的长条刮削器,如果加工磨制不就成了裴李岗文化的石刀吗!发现的弧背长刮器,不是裴李岗文化石镰的坯型吗!下川文化中的石锯与裴李岗文化的锯齿镰当有一定的关系。灵井发现的砍砸器和厚刃斧状器,与裴李岗发现的石斧当有一定的因缘关系。小南海和灵井发现的尖状器,有的是用于挖掘植物的块根,后来用于农业生产松土播种的石铲,可能是从这类尖状器演变而来。下川文化中的研磨盘和磨制骨器的砺石,对裴李岗文化都会有一些影响。虽然我们可以看到这些点滴的渊源关系,但是它们并不是直接衔接的,中间的缺环是明显地存在着。"同时,又进一步认为山西怀仁鹅毛口发现的早期新石器遗存,与裴李岗文化的渊源关系更近。他指出:"晋北鹅毛口文化的发现,对我们寻找这个缺环是一个极大的启发。鹅毛口文化属于新石器时代早期文化,出土的石斧、石锄、石镰,虽然基本上还是打制的,但是它当属于原始的农业氏族文化。鹅毛口遗址中发现三十八件打制的石斧,二十三件龟背状斧形器,这与小南海和灵井的石器相比,向裴李岗文化靠近了一步。其实鹅毛口文化中还有更接近裴李岗文化的器物,例如发现了二十六件厚身长柱形的打制石斧,特别是还有一件磨光的石斧,基本形态和裴李岗的石斧相似,断面也近似椭圆形。还有打制的石镰,有背有刃,如经加工磨制,就会成为类似裴李岗文化的石镰。尤其是打制的石锄器形呈长方形,大型的长 193、宽 90、厚 32 毫米,小型的长 106、宽 50、厚 19 毫米,这不等于是磨制石铲的坯型吗!根据这些情况,鹅毛口石器与小南海和灵井的石器相比较,不只是前进了一步,而是大大的前进了,它与裴李岗文化的距离不会太远了。但是鹅毛口文化中还没有陶器,从这一点来说,它与裴李岗文化之间还有一定的距离,还有缺环。"①舞阳大岗在裴李岗文化之下,发现了细石器,也是用燧石、石英石、石炭石为原料打制而成的。石器以石片石为多,器形有尖状器、刮削器、砍砸器,其形状与裴李岗文化的细石器相同,它们之间有渊源关系。

赵世纲认为,裴李岗文化与鹅毛口的早期新石器遗存有渊源关系,裴李岗文化中的许多石器与鹅毛口的石器相似:"鹅毛口遗址中的椭圆形手斧,长柱形石斧,长方弧刃石铲与裴李岗文化中同类器物极为相似。尖状器和裴李岗文化中出土的齿刃石镰形状也大致相同。"故推测"裴李岗文化可能就是从上述鹅毛口的'大石片砍砸器——厚尖状器'系统发展而来。但它们之间明显地存在着缺环"。②故裴李岗文化不大可能与鹅毛口文化遗存有直接的渊源关系。

关于裴李岗文化的发展去向,学术界大多认同其为仰韶文化所继承的观点,也有部分学者认为裴李岗文化与东方的青莲岗文化或大汶口文化也有渊源关系。总体来说,裴李岗文化与仰韶文化是有渊源关系的。裴李岗文化的发展为仰韶文化所承袭,这不仅在文化面貌上表现出来,而且在考古层位关系上也已经获得证明。

关于裴李岗文化与大汶口文化的渊源关系。许顺湛考察了裴李岗文化与大汶口文化的关系,他认为裴李岗文化与大汶口文化也有渊源。他指出:裴李岗文化与大汶口文化虽然年代距离较大,文化面貌也有很大的差距,但它们之间还是存在着密切的关系。在大汶口文化中能够看到裴李岗文化的影子,在裴李岗文化中能够找到某些器物的渊源。③张居中在整理贾湖的资料时,就发现贾湖遗址的文化遗存与大汶口文化具有更多的相似因素和特征,由此认为大汶口文化在形成过程中曾受到贾湖类型的一定影响④。从上述的各项论述得知,对裴李岗文化的发展去向有各种不同的见解和看法,一般认为它与仰韶文化有直接的渊源关系,而仰韶文化又有多种类型,与哪种类型有直接关系,看法又不相同,但总的倾向与豫中的大河村类型更为密切,是直接的继承者,对下王岗类型影响也较大,对后岗类型也有一定影响。

---

① 许顺湛:《中原远古文化》,河南人民出版社1983年版,第60~62页。
② 赵世纲:《关于裴李岗文化若干问题的探讨》,《华夏考古》1987年第2期。
③ 许顺湛:《论裴李岗文化》,《河南文博通讯》1980年第1期。
④ 张居中:《试论贾湖类型的特征及其与周围文化的关系》,《文物》1989年第1期。

关于裴李岗文化与磁山文化的关系。20世纪80年代以前,由于发掘材料的限制,一些学者认为二者属于同一种文化的两种不同类型。80年代以来,不同的声音逐渐多了起来。有的研究者指出:在黄河流域新石器时代诸文化中,最接近裴李岗文化的是磁山文化,它们之间既有"相同的因素",又"表现出明显的不同……反映出它们之间在文化上的联系是比较密切的……在发展过程中彼此互相交流、互相影响、互相融合而产生的共同因素"。[1] 随着裴李岗文化试掘、发掘的资料日益增多,杨肇清综合这些资料并与磁山的遗存对比研究后认为:"裴李岗文化与磁山文化分布的区域不同,陶器的陶质、陶色、纹饰、器形都有显著的差别,它们应是分布在不同地区的两种文化。……裴李岗下层墓的年代比磁山第一文化层(下层)早,裴李岗上层墓及其晚于上层墓的灰坑的年代与磁山文化大致相同。从目前的材料看,裴李岗文化还比磁山文化延续的时间长。"[2]由于磁山文化第一文化层出土的器物与裴李岗文化相同的极少,到第二文化层时的器物如小口双耳壶、三足钵、侈沿深腹罐与裴李岗相同的同类器物数量有所增加,但在陶器中所占比例一直较小,磁山文化常见的陶盂、支架、直筒杯在裴李岗文化至今未见。这两种文化在相互交流中,裴李岗文化一直起主导作用,故对磁山文化影响较深。两种文化常见的器物群在各自的文化中仍占绝对优势,代表各自的文化特征,形成不同的器物群体。它们之间互相影响、互相促进,又推动中原地区远古文化的发展,形成光辉灿烂的中原远古文化。[3]

关于裴李岗文化与老官台文化的关系问题,有的学者认为:裴李岗文化同陕西关中地区的老官台文化也有比较密切的关系,老官台文化实际上是介于裴李岗文化和仰韶文化之间的文化遗存,它向上继承裴李岗文化,向下发展为半坡仰韶早期文化。[4] 根据目前的资料来看,裴李岗文化与老官台文化不是继承关系,是同时分布在黄河流域的并行发展的并互相影响的两种文化。老官台文

---

[1] 许顺湛:《论裴李岗文化》,《河南文博通讯》1980年第1期。
[2] 杨肇清:《略论裴李岗文化与磁山文化的关系》,《磁山文化论集》,河北人民出版社1989年版,第60~69页。
[3] 杨肇清:《略论裴李岗文化与磁山文化的关系》,《磁山文化论集》,河北人民出版社1989年版,第60~69页。
[4] 许顺湛:《论裴李岗文化》,《河南文博通讯》1980年第1期。

化的早期应是大地湾一期文化[1],晚期看来是北首岭下层类型[2],由老官台文化发展为半坡早期是对的。总之,裴李岗文化与老官台文化之间的差异是主要的,它们有各自的分布地域,年代相近,地域相邻,是关系密切、互相影响的两种不同的考古学文化。

(二)仰韶文化

1.仰韶文化的新发现

1978年,在对临汝阎村遗址进行调查过程中,发现了一些仰韶文化的彩陶,其中最著名的是仰韶文化时期的鹳鱼石斧缸。陶缸的外壁用深浅不同的棕色和白色,绘出一只鹳鸟口衔一条大鱼,其旁边立着一件带柄石斧。这幅画既是原始社会的一幅生活画,也可能是一幅古老氏族的图腾图;既是我国美术史上光辉的一页,也为探索当时氏族部落组织及其相互关系提供了新资料。[3]

20世纪80年代以来,随着我国经济建设的大规模展开,一些大型基础建设工程的上马,仰韶文化考古取得了累累硕果,如1989年河南省文物研究所在配合焦枝复线的建设中发现了汝州洪山庙遗址,在那里发掘出了仰韶文化最大的瓮棺合葬墓。[4]

濮阳西水坡遗址是仰韶文化的重大发现。1987—1989年发掘,该遗址主要包含有仰韶文化后冈类型的遗存,其中发现的仰韶文化时期三组用蚌壳摆塑的龙虎等图案十分罕见,引起学术界广泛关注,这是研究仰韶文化时期部落内部出现的祭祀活动和图腾崇拜意识的重要资料,这无疑也是河南省20世纪80年代重要的考古新发现。西水坡遗址的考古收获,对于弄清濮阳地区古文化序列、探索龙的起源、探索中国文明的起源等有关重要问题,都有不可低估的学术意义。[5]自遗址发现以来,国内外许多学者对这处遗址出土的蚌壳摆成的龙虎遗迹非常重视,大家对这处遗址的社会性质等有关学术问题非常关注。为了审慎地做好这处遗址的发掘工作,濮阳西水坡遗址考古队于1988年7月9—13

---

[1] 甘肃省博物馆:《甘肃秦安大地湾新石器时代早期遗存》,《文物》1981年第4期。
[2] 张朋川、周广济:《试论大地湾一期文化和其它类型文化的关系》,《文物》1981年第4期。
[3] 临汝县文化馆:《临汝阎村新石器时代遗址调查》,《中原文物》1981年第1期。
[4] 河南省文物考古研究所:《汝州洪山庙》,中州古籍出版社1995年版,第24页。
[5] 濮阳市文物管理委员会等:《濮阳西水坡遗址发掘简报》,《华夏考古》1988年第1期。

日,在濮阳市召开濮阳西水坡遗址发掘现场会,就这处遗址出土的蚌壳摆成的龙虎图案以及如何做好今后的发掘工作广泛征求意见。国家文物局、中国社会科学院考古研究所、中国历史博物馆、北京大学考古系、郑州大学历史系考古专业、河南省文物事业管理局、河南省文物研究所、濮阳市文化局、濮阳市博物馆等单位的专家、学者和文物工作者在会上作了热烈的发言。①

郑州荥阳青台遗址发现于1922年,1981年、1982年进行发掘,清理出房基30余座,陶窑7座,灰坑200余座,成年人墓葬180余座,儿童瓮棺500余座。国家文物局1981年发掘出土的二、三期木炭标本测定结果表明,二期文化遗址存在的年代距今5300多年,三期距今5100多年。从文化类型看,青台遗址是仰韶文化中期一直延续到晚期的文化遗存,它是仰韶文化庙底沟类型中带有郑州地区特点的文化遗存。它的一期约相当于或稍早于庙底沟早期,二期约与秦王寨类型早期相近,三期则与秦王寨类型晚期相同。青台遗址在史前遗址中占有重要的地位,成为研究仰韶文化不可缺少的资料。② 汝州阎村遗址所出陶器,多为红陶、素面,灰陶较少,而且纹饰也比较单一。彩陶有白衣红褐色和红底黑色彩陶两种,其中以白衣彩陶稍多。彩陶图案有方格纹、圆点纹、弧形三角纹,以及弯曲的涡形纹等。器形有陶缸、尖底器、尖底罐、三足形陶盆、釜形鼎、小陶碗等。③ 荥阳点军台遗址,文化层可分为四期,出土有房基、瓮棺、陶窑、灶坑、灰坑等遗迹和遗物。其中属于一期的四座长方形房基,东西排列,保存较好。房基长5.15~6.04米,宽5.12~5.40米,墙厚20~32厘米,墙壁保存最高处为45厘米。房内中部正对门道有边长2.1米左右的方形火塘。四角有较大柱洞,东西各有一道挡风墙。房基内外均被火烧成红色,非常坚硬。其中3号房基出土木炭经测定距今5370±130年,是目前郑州地区发现的时代最早的房基。在房基周围,出土14个瓮棺葬,1座陶窑。房基东部发现一个直径1.9米的圆形坑,坑内有互相叠压杂乱埋葬的10具人体骨架,其中有儿童、青年和成年。遗址文化内涵丰富,出土的生活用具以陶器为主,分泥质和夹砂两大陶系。④

---

① 《濮阳西水坡遗址发掘现场会发言摘要》,《华夏考古》1988年第4期。
② 杨育彬、袁广阔:《20世纪河南考古发现与研究》,中州古籍出版社1997年版,第146~147页。
③ 临汝县文化馆:《临汝阎村新石器时代遗址调查》,《中原文物》1981年第1期。
④ 郑州市博物馆:《荥阳点军台遗址1980年发掘报告》,《中原文物》1982年第4期。

2.仰韶文化研究

由于前仰韶诸文化的陆续发现,20世纪70年代仰韶文化的一项重要研究成果是对于其来源的初步认识。陈旭的《仰韶文化渊源探索》一文对此作了比较详细的探讨,认为仰韶文化可能发源于裴李岗文化。[①] 80年代以来,关于仰韶文化的研究也成果颇丰。有学者认为,仰韶文化时期已进入军事民主制时期。仰韶文化与裴李岗文化相比,不仅遗址的面积大,文化层堆积厚,农作物的品种多,耕作精细,而且家畜的个体大,数量也多,说明当时的农业和畜牧业有了更大的发展。由于农业和畜牧业的发展,原始的手工业也迅速地发展起来,仰韶时期有制陶、制石、制骨、木作、皮革、纺织、缝纫、酿酒等十几种。从当时手工业的发展分析,有些产品的制作比较简单,作为家庭手工业是可以完成的,有些则比较复杂。仰韶文化时期西安半坡、临潼姜寨等居住区外围的大型壕沟,正是军事民主制时期防御外族掠夺的产物。[②]

随着考古资料的增加、研究的进一步深入,人们发现河南省的三门峡地区、郑洛地区、豫北地区、豫西南地区仰韶时代的文化面貌各不相同,均有一定的差异。有学者认为三门峡地区的文化传统和文化面貌似乎与关中地区的联系更为密切,而与郑洛地区区别较为明显,应属于典型仰韶文化庙底沟类型的范畴。以嵩山为中心的郑、洛、汴、许地区的文化,具有较为清晰的发展脉络,应为单独的考古学文化,有人以最具代表性的大河村遗址命名为"大河村文化"。豫东、豫东南地区的同时期文化与大汶口文化的关系更为密切,应属于大汶口文化的范畴。豫北地区的后冈一类遗存和豫西南地区的下王岗一类遗存显然与大河村文化有一定差异,但也有许多相似之处,均构不成独立的发展体系,应该为大河村文化的两个地方类型。豫北地区以釜、灶、盂、支架为代表的一类遗存和大司空一类遗存则应属另一文化序列,可以把具有代表性的下潘汪遗址命名为"下潘汪文化"。豫西南地区的下王岗类型之后,则为屈家岭文化的分布范围。[③]

由于仰韶文化分布广泛,延续时间长,再加上族属的不同、地域的差异,故

[①] 陈旭:《仰韶文化渊源探索》,《郑州大学学报(哲学社会科学版)》1978年第4期。
[②] 丁清贤、曹静波:《仰韶文化社会性质的讨论及我见》,《论仰韶文化》,《中原文物》1986年特刊。
[③] 张居中:《仰韶文化时代刍议》,《论仰韶文化》,《中原文物》1986年特刊。

仰韶文化内涵十分丰富而庞杂,有的共性大,而有的则差异性较明显。人们在研究中发现,在原认为属仰韶文化的一些类型中具有相对独立的分布区域,具有一定独特的文化面貌,独自的来龙去脉,不是仰韶文化概念所能容纳的,应另行命名一种考古文化。如有的学者将庙底沟的仰韶文化遗存称为"庙底沟文化",将后冈一期遗存称为"后冈一期文化"[1],将大河村仰韶文化遗存称为"大河村文化"[2],还有人将秦王寨的文化遗存称为"秦王寨文化"[3]等。

从目前材料分析,河南省三门峡地区、郑洛地区、河南中西部、豫北地区、豫西南地区仰韶文化的面貌不全相同,均有一定差异,有的差异程度较大。三门峡地区的文化传统和文化面貌似乎与关中地区联系更为密切,而与郑洛地区区别较为明显,可又与半坡一期文化有较大的差异。有学者将与庙底沟类型有相同之处,又有较大的差异的王湾仰韶文化遗存称为庙底沟类型的东方变体[4];将以熊耳山以东,嵩山、平顶山西侧,龙门山以南,伏牛山以北在仰韶文化时期存在着的独立的考古学文化称为"阎村类型"[5];将豫北地区的仰韶文化称为"后冈类型"和"大司空类型"[6];将郑洛地区的仰韶文化遗存称为"大河村类型";将豫西南地区的仰韶文化遗存称为"下王岗类型"[7]。

关于仰韶文化的聚落研究,许多学者在这方面作出了努力。20世纪80年代以来,仰韶文化遗址大量发现,对于其聚落形态的研究逐渐受到学者们的重视。仰韶中期具有代表性的聚落有邓州八里岗、汝州洪山庙、汝州阎村、淅川下王岗等。仰韶晚期具有代表性的聚落主要有郑州大河村、郑州西山、濮阳西水坡。西山遗址位于郑州市北郊23公里处的古荥镇孙庄村西,地处季节性河流枯河北岸的二级台地边缘,北距黄河约4公里,遗址面积约10万平方米。1992—1996年,国家文物局第七、八、九期"考古领队培训班"先后在此举办,经

---

[1] 张忠培等:《后冈一期文化研究》,《考古学报》1992年第3期。
[2] 张居中:《仰韶文化时代刍议》,《论仰韶文化》,《中原文物》1986年特刊。
[3] 孙祖初:《秦王寨文化研究》,《华夏考古》1991年第3期。
[4] 郭引强:《论庙底沟类型东方变体和秦王寨类型》,《论仰韶文化》,《中原文物》1986年特刊。
[5] 严文明:《略论仰韶文化的起源和发展阶段》,《仰韶文化研究》,文物出版社1989年版,第122页;袁广阔:《阎村类型研究》,《考古学报》1996年第3期。
[6] 唐云明:《试谈豫北、冀南仰韶文化的类型与分期》,《考古》1977年第4期;杨锡璋:《仰韶文化后冈类型和大司空村类型的相对年代》,《考古》1977年第4期。
[7] 杨育彬:《关于河南地区仰韶文化的两个问题》,《论仰韶文化》,《中原文物》1986年特刊。

过4年的发掘,共揭露面积6385平方米。遗存第一期属仰韶早期,第二期属仰韶中期,第三期属仰韶晚期,在西山遗址的仰韶文化晚期发现目前国内年代最早的城址之一,大约兴建于公元前3300—前3200年,使用时间约500年,在城内共发现房屋200余座,分为两组。在房屋底部的垫土中,常埋有1件或数件陶鼎、罐等,部分陶器内有婴儿骨骼,这种现象在城墙底部也有发现,是建筑过程中具有特殊意义的奠基活动遗存,西门内侧发现有一长14米、宽8米的扇形夯土建筑,其周围有数座房基环绕,在此建筑的北侧是一个面积达数百平方米的广场,有学者认为西山古城的兴建和废弃,与该地区与黄河中游和黄河下游大汶口文化的冲突以及实力变化有关,也有学者认为是社会发展的必然结果。

关于仰韶文化的葬俗研究,濮阳西水坡M45的龙虎图案成为热点,不少学者进行了研究。有的学者认为:"龙的形象在中国史前时代是多源的,但是,以西水坡的蚌龙为最古老,可以称为'中华第一龙'。"从这一点可以证明,黄河流域是中国古代文明的摇篮。① 对墓主人的身份有种种推测:有的人认为墓主人为伏羲、炎帝、黄帝或颛顼;有人认为M45和其他蚌图是坤道;有人认为墓主人是巫觋或龙师,甚至有人认为人骨架和蚌图同坑是一种巧合。学术界普遍的看法,蚌图是宗教巫术活动的遗迹,而墓主人为巫觋。② 李学勤撰文首先指出:考虑到丧葬是古人社会生活中的大事,M45墓室中龙虎相配必反映古人的一定的思想观念。从墓室中蚌图和主人布列位置(墓主人头向南,龙在东,虎在西)以及主人足边由人胫骨和蚌壳摆成的勺形图案来分析,M45是不是天文四象中的青龙白虎北斗星呢?③ 有人认为龙诞生于中国古代的原始社会,是远古的先民因生产之需观察星象的想象物。西水坡龙虎图形,暗示当时通过观测星宿已确信春秋两季。龙为春神、生神,虎为秋神、死神,从而得出结论:"古人关于青龙白虎的观念,即对二十八宿的认识,至迟在6000年前已经相当成熟了。"④有的研究者还认为,M45中龙、虎蚌塑与公元前5世纪曾侯乙的漆箱星象图案比较,

---

① 《濮阳西水坡遗址发掘现场会发言摘要》,《华夏考古》1988年第4期。
② 孙德萱等:《濮阳西水坡蚌壳龙虎图案研究述评》,《河南文物考古论集》,河南人民出版社1996年版,第17~23页。
③ 李学勤:《西水坡"龙虎墓"与四象的起源》,《中国社会科学院研究生院学报》1988年第5期。
④ 胡昌健:《论中国龙神和虎神的起源——兼论濮阳龙虎和墓主人》,《中国文物报》1988年6月24日。

则发现两者极为相似:"蚌塑的龙位于墓主东侧,虎位于墓主西侧,布列方位与东、西二陆一致。""墓主北侧布有蚌塑三角形图案,紧接蚌塑三角图案的东侧横置两根人的胫骨。这毫无疑问是北斗的图象。……全部构图与真实天象完全吻合。"还认为星象五宫的发展中曾有过三宫阶段。[1] 此论点得到天文学者伊世同和庞朴等教授的认同。有学者指出,西水坡 M45 生动地反映了 6000 多年前我国天文学四象起源时期的真实情景。[2]

20 世纪 70 年代后期至 80 年代中期,随着考古材料的增加,对仰韶文化时期社会性质的讨论又热烈起来。主张仰韶时期是父系氏族社会的人逐渐增多,有的父系说者又重申了自己的主张。[3] 有的人则从少数民族的火塘分居制来证明仰韶早期已经处于父系氏族社会阶段。[4] 同时又有人提出了新的观点,如认为仰韶时代早期正是处于母系氏族社会的繁荣阶段,而中晚期正是由母系氏族公社向父系氏族公社转化的阶段。这种转化可能达到相当高的程度,有的地区可能已经跨入了父系氏族公社的门槛。[5] 同时下潘汪、大河村、东庄村与西王村几个发掘报告的执笔者或以轮制陶器的出现,或以多间房屋的出现,或以相互对比的方法等理由也都提出了先母系后父系的观点。

在 1985 年渑池仰韶文化学术讨论会上,对社会性质进行了热烈的讨论,会后出版了论文集《论仰韶文化》,收集了各方面观点的论文,可以说是仰韶文化发现 65 周年的学术总结。[6] 许顺湛在开幕词中就提出:"仰韶文化上下几千年……分布这样大的面积,要笼统说是父系、母系不科学。""对于仰韶文化的社会性质问题,一定要承认它的不平衡性,具体问题要具体分析。"[7] 田昌五指出:"仰韶文化分早、中、晚三期。我觉得早期可能是母系家族……中期已转向父

---

[1] 冯时:《河南濮阳西水坡 45 号墓的天文学研究》,《文物》1990 年第 3 期。
[2] 孙德萱等:《濮阳西水坡蚌壳龙虎图案研究述评》,《河南文物考古论集》,河南人民出版社 1996 年版,第 17~23 页。
[3] 许顺湛:《中原远古文化》,河南人民出版社 1985 年版,第 487 页。
[4] 黄崇岳:《从少数民族的火塘分居制看仰韶文化早期半坡类型的社会性质》,《中原文物》1983 年第 4 期。
[5] 巩启明:《试论仰韶文化》,《史前研究》1983 年第 1 期。
[6] 河南省考古学会:《论仰韶文化》,《中原文物》1986 年特刊。
[7] 许顺湛:《纪念仰韶村遗址发现 65 周年学术讨论会开幕词》,《论仰韶文化》,《中原文物》1986 年特刊。

系,由父系家族构成氏族社会了……晚期共产制父系家族开始转变为分财别居的家族,至龙山文化转变完成,社会为之大变。"①巩启明在会上仍坚持仰韶文化"早期是母系氏族社会,中、晚期可能是向父系氏族社会过渡,有的地区已经达到了父系氏族社会"②。张学政认为:"仰韶文化早期只能是母权制的后期,不是母权制繁荣期","中期的庙底沟时期,是母权制向父权制的过渡。仰韶晚期从大地湾发现的情况来看,是父权制发展到相当高的阶段了"。③严文明则主张首先要考虑从生产力和生产关系的状况来分析社会组织形式,而不要单从世系出发。经分析认为,从仰韶前期到后期确实发生了一系列的变化,而这种变化是与它的社会性质或社会发展阶段有关系的,又提出将原始公社所有制划分为原群公社、氏族公社和家庭公社三个阶段。而半坡类型应属于氏族公社的高级阶段。在这个阶段出现了家庭,同时因氏族本身的增殖又出现胞族。公有制的经济基础进一步扩大,氏族公社的所有制仍然是基本的方面,同时又有以家庭为基础的公有制和以胞族为基础的公有制,甚至还有少量部落所有制。氏族公社时期的血统可以母系为主,特别是农业发达的地区如此,但不妨碍有些地方实行父系,这种父系制并不一定以母系制为其必要的前提。④ 另外,还有个别论者提出仰韶时期已出现第二次大分工的萌芽,出现了私有制、战争掠夺及产生奴隶,出现军事首领和战士,出现了防御性设施,出现文字萌芽等理由,认为仰韶时期已是军事民主制的社会。⑤

《淅川下王岗》的整理者在分析下王岗全部仰韶材料后认为,下王岗一期时,男性在经济生活中已经占主导地位,并具有父系氏族社会的一些特征,退一步讲,至少也已由母系氏族社会向父系氏族社会过渡,下王岗仰韶二期进入父系氏族社会已无疑问。⑥ 濮阳45号墓的发现,又有人认为仰韶时期不仅进入父系氏族社会,而且已经发展到军事民主制阶段,产生了文明的因素,出现了文明

---

① 田昌五:《仰韶文化研究与中国文明的起源若干理论问题——田昌五先生在纪念仰韶村遗址发现65周年学术讨论会上的演讲》,《论仰韶文化》,《中原文物》1986年特刊。
② 巩启明:《陕西新石器时代考古研究概况》,《论仰韶文化》,《中原文物》1986年特刊。
③ 张学政:《论黄河流域仰韶文化区系类型》,《论仰韶文化》,《中原文物》1986年特刊。
④ 严文明:《纪念仰韶遗址发现65周年》,《仰韶文化研究》,文物出版社1989年版,第345~349页。
⑤ 丁清贤:《仰韶文化后岗类型的来龙去脉》,《中原文物》1981年第3期。
⑥ 河南省文物研究所等:《淅川下王岗》,文物出版社1989年版,第338页。

的曙光。[①] 有的学者不同意这种说法,认为可以对这群遗迹的宗教意义及其所反映的社会意义进行种种推测,都无法同文明起源拉上关系。[②]

20世纪80年代以来,河南地区仰韶文化时期的生态环境研究成果越来越多。其中一项工作是对郑州地区全新世地层划分及古气候与古环境演变的研究。立论者经过对大河村遗址18块孢粉样品分析后得知,在仰韶时代所处的全新世中期,郑州地区的植被特征是乔木植物(50%~90%)占优势,草本和灌木植物(27%~48.5%)较少,其中下段阔叶树植物花粉(52.1%)多于松属花粉,草本植物中水生的 *Nymphoides*(莕菜属)最多(占29.4%),其次是 *Artemisia*(艾属)、*Labiatae*(唇形科)、*Ranunculaceae*(毛茛科)、*Polygonaceae*(蓼科)和 *Chenopodiaceae*(藜科)。又经对郑州地区大李、大河村、圃田、京水、祭城几个地层剖面的研究后得知,在地层剖面中还发现有介形类化石、软体动物化石等。仰韶层的沉积物主要特征是以灰黄色和灰黑色淤泥质亚沙土为主,在大河村遗址仰韶层中,考古发掘出土有大量的动物骨骼,其中有竹鼠、水牛、野猪、鹿、轴鹿、兔、家猪、狗、羊、鸡、环颈雉、龟、鳖、鲤、蚌、螺等。[③]

(三)河南龙山文化的发现与研究

20世纪70年代中期,河南发掘的龙山时代的最有影响力的重要遗址是登封的王城岗遗址。1959年,为寻找"夏墟",考古学家徐旭生对河南登封告成镇与八方村之间的遗址进行了考古调查,发现了王城岗遗址,当时称之为"八方遗址"。随后,为探索夏文化,河南省文物考古工作者持续30年对该遗址进行考古调查发掘。1977年河南省博物馆文物工作队、中国历史博物馆考古部等单位指派安金槐、李京华等人在此进行大规模发掘,发现一座小型城址。王城岗城址为东西并列两座,东城因五渡河西移被冲毁,只剩下南墙西段,残长约30米,西墙南段残约65米,西城的夯土城轮廓基本清楚,四面城墙基础多有保存。西城垣略呈正方形,周长约400米。西城的东墙也就是东城的西墙,南墙长约82.4米,西墙长约92米,北墙东段因水冲损,残长约29米。在城址内还残留着

---

① 丁清贤等:《从濮阳蚌壳龙虎墓的发现谈仰韶文化的社会性质》,《中原文物》1988年第1期。
② 严文明:《略论中国文明的起源》,《文物》1992年第1期。
③ 严富华等:《据花粉分析试论郑州大河村遗址的地质时代和形成环境》,《地震地质》1986年第1期。

与城墙同期的夯土建筑和其他遗存,如"奠基坑"和窖穴等。已发掘的几个"奠基坑"内共出土有7具完整的骨架,这些死者与"奠基"有关。遗址内还出土大量的陶器、石器、骨器等生活用具和生产用具。陶器多砂质与泥质,陶色多灰色,并有棕陶与黑陶。表面多饰有篮纹和方格纹,并有指甲纹和弦纹,另外还发现有早期青铜器遗物。[①] 这是新中国成立以来首次发现河南龙山文化晚期的城址。夏鼐、邹衡、安金槐等一批著名专家学者对王城岗城址的性质问题进行了热烈讨论。城址地望近于"禹居阳城""禹都阳城"的范围。因此王城岗城址的考古发现,对探索夏王朝统治中心区域的文化,是一次较大的突破。[②]

20世纪80年代以来,新发现或持续发掘一批重要的龙山文化遗址:郑州站马屯、荥阳点军台、登封王城岗、临汝煤山、汝州李楼、郾城郝家台、辉县孟庄,龙山文化资料大幅度增加,为研究工作的进一步深入提供了坚实的基础。与此同时,中国科学院考古研究所、河南省文物工作队、洛阳市文物工作队都分别对豫东与豫西的伊河、洛河、汝河等流域进行了大规模的考古调查,上千处龙山文化遗址被调查出来,学术界对龙山文化的研究又有了进一步的深入。人们发现,冠以现今省级行政区名称的考古学文化命名方法,所存在的诸多弊病已日益显露出来。豫西地区"河南龙山文化"实际上包括山西南部大部分同类遗存,后岗第二期文化的特征只能代表以豫北为中心地区的龙山文化时期遗存,并不能概括全河南省范围内的同时期遗存的全部特征。豫北地区的"河南龙山文化"只分布于太行山东麓地区;豫南地区的"河南龙山文化"与长江中下游地区同时期的文化遗存应是同一文化类型;豫东地区的"河南龙山文化"分布在豫东、鲁西南的广大地区。在如此广大的范围内,所谓的"河南龙山文化"完全失去了它应有的文化内涵,实际存在的只是一个时代概念。因此,人们将上述各地区的文化划分出不同类型来加以区别,诸如"王湾类型""王油坊类型""后岗二期文化""下王岗类型",而事实上这些所谓的不同类型,又与同一文化中所划分的不同类型有着千差万别。[③] 对此,严文明曾作过全面的论述,并第一次明确地把郑

[①] 河南省文物研究所、中国历史博物馆考古部:《登封王城岗遗址的发掘》,《文物》1983年第3期。
[②] 河南省文物研究所等:《登封王城岗与阳城》,文物出版社1992年版,第214页。
[③] 杨育彬、袁广阔:《20世纪河南考古发现与研究》,中州古籍出版社1997年版,第227~228页。

州以西的以嵩山为中心的豫西地区龙山文化时期的遗存命名为"王湾三期文化"[①]。"河南龙山文化"包含着若干不同的文化类型,已经逐渐成为学术界的共识。

20世纪70年代以来,随着河南省田野考古工作的深入开展,一批新的龙山文化遗址的发现,学者们对河南境内的龙山文化早期遗存有了进一步的认识。第一,人们认识到庙底沟二期文化不是仰韶文化向龙山文化的过渡期,原来认识的具有过渡特点的陶器,实为仰韶文化西王村三期文化遗存,它早于庙底沟二期文化。庙底沟二期文化是龙山文化早期遗存,是由仰韶文化西王村类型发展来的。[②] 其次,人们认识到庙底沟二期文化阶段,河南境内存在着不同于庙底沟二期文化面貌的其他文化遗存,如偃师二里头遗址内发现的龙山早期遗存、郑州大河村五期文化等。《新中国的考古发现与研究》将河南地区的龙山早期文化分作两个区,一个是以潼关为中心的晋豫陕三省交界地区,另一个是以洛阳、郑州为中心的地区,并指出两个地区的陶器有一定的差别,反映了其地区特征。[③]

龙山文化中晚期,即严文明所说的"龙山时代"。这一时期为河南龙山文化的发展和繁荣阶段,也可以说是河南龙山文化的兴盛时期。河南各地发现这一时期的遗址有上千处,主要集中分布于太行山东麓、黄河两岸、伊洛河流域、嵩山周围以及豫东淮河及其支流地区。已经考古发掘过的遗址有:黄河以北的安阳后冈、大寒、淇县王庄、汤阴白营、濮阳程庄、辉县孟庄、新乡络丝潭、武陟大司马、济源苗店、庙街等;豫东地区的有永城王油坊、鹿邑栾台、商丘坞墙、杞县鹿台岗、段岗、淮阳平粮台等;豫中地区的有郑州大河村、旮旯王、牛砦、站马屯、郾城郝家台、上蔡十里铺等;豫西地区的有洛阳王湾、东干沟、矬李、孟津小潘沟、偃师高崖、伊川南寨、北寨、白元、登封程窑、王城岗、汝州煤山、李楼、禹州瓦店、阎砦、新密新砦、陕县三里桥等;豫西南地区有南阳叶胡桥、淅川下王岗等。这些遗址的面积较大,一般都在上万平方米以上,大的遗址可达30万平方米,文化层堆积较厚,一般厚度在1~3米间,出土物十分丰富。河南各地龙山文化的

---

① 严文明:《龙山文化和龙山时代》,《文物》1981年第6期。
② 卜工:《庙底沟二期文化的几个问题》,《文物》1990年第2期。
③ 中国社会科学院考古研究所:《新中国的考古发现与研究》,文物出版社1984年版,第68页。

内涵差异很大,自20世纪80年代以来,国内不少学者根据各地文化面貌的不同,将其划分为三里桥、王湾、后岗、煤山(或郝家台)、王油坊等几个不同的类型。近年来随着田野考古工作的进一步开展,一批新资料的出现,使人们对类型的划分更为细致一些。

(四)中原考古文化的外来因素

每一支考古学文化都不是独立发展的,不同文化之间的交流和融合一直都是客观存在的。河南境内的屈家岭文化,是自20世纪50年代逐渐被发现和认识的。20世纪70年代到80年代以来,随着豫中地区考古工作的深入开展,在豫中的禹州谷水河、汝州北刘庄、郑州大河村、洛阳王湾、驻马店上蔡、平顶山等地的仰韶晚期文化遗址中也发现有屈家岭文化的因素。这些发现对研究中原地区新石器时代文化与江汉地区新石器时代文化的关系,探讨同时期不同文化间的相互交流与影响,提供了重要资料。河南境内发现的屈家岭文化,主要集中在河南西南部的南阳、信阳的低山丘陵地区,主要分布于汉水支流的丹江、唐白河流域。南面和江汉平原的屈家岭文化连成一片,向北以伏牛山、方山为界,向东在信阳地区也发现有屈家岭文化遗存。湖北屈家岭文化是继承江汉地区大溪等文化发展而来的,豫西南的屈家岭文化则是典型屈家岭文化向豫西南扩张的结果。豫南地区较多的屈家岭文化因素是受江汉地区及豫西南屈家岭文化影响的结果。豫中仰韶文化晚期遗存中出土的具屈家岭因素的遗物说明:此时江汉地区屈家岭文化的强大,向北直接影响到黄河南岸的广大地区;地处中原腹地的仰韶文化,利用其特有的地理位置,吸收融合周边各地区的文化精华,不断地丰富和充实自身的文化内涵,使之不断发展,在我国历史上展示出灿烂的远古文化。[①]

与地缘相对应,河南境内的大汶口文化中心在豫东地区。1979年河南省博物馆在河南禹县(今禹州市)谷水河遗址发掘中,发现了比较典型的大汶口文化器物。同年郑州市博物馆在大河村遗址发掘过程中,也发现了大汶口文化因

[①] 杨育彬、袁广阔:《20世纪河南考古发现与研究》,中州古籍出版社1997年版,第204~215页。

素。驻马店也发现了大汶口文化遗址。① 随着考古资料的不断丰富,河南东部地区发现的大汶口文化引起了考古学界的广泛重视,学术界对这一地区的文化性质、年代、族属以及与仰韶文化的关系等方面进行了深入的探讨。

关于这一地区的大汶口文化的族属问题,严文明对山东及豫东地区的考古材料进行了分析,指出传闻中的"太昊的时代应在大汶口文化晚期",因为根据"陈,太昊之虚也",其地"在今河南淮阳县","只有这时大汶口文化才分布到淮阳一带。而太昊的后人既多在山东,说明有北迁的趋势"。② 杜金鹏也认为豫东"颍水类型"很可能就是古代太昊族之文化遗存。③ 关于文化性质问题,段宏振认为豫东地区相当于仰韶晚期的遗存应归入大汶口文化系统,商丘地区及周口地区东部所发现的少量仰韶文化遗物有鼎、平行条纹内填褐彩网纹的折沿罐等,与大河村三、四期遗存较相似,是仰韶时期的典型器物,这类遗存与当地的大汶口文化晚期遗存共存,其文化系统应归入大汶口文化系统为妥。④ 到了庙底沟二期,山东大汶口势力大大后退,豫东地区基本上已脱离了大汶口文化系统。这个时期的文化遗存也多有发现,如郸城段寨、永城黑孤堆下层、鹿邑栾台、安徽萧县花家寺等。这类遗存的主要文化特征是:陶器以泥质和夹砂的棕褐色陶为主,另有不少夹蚌壳末的陶器,陶胎较厚,火候较低,颜色也不均匀。器表以素面磨光占大多数,其次为宽线横篮纹,另有少量的细绳纹和附加堆纹。器形以高领篮纹罐、圈足篮纹深腹罐最具特色。另有侧装足圜底鼎、鬶等。其时代与庙底沟二期和大汶口最晚期相当。由于目前这类遗址以段寨发现的较早并且集中,可称之为段寨类型。杜金鹏将河南的大汶口文化称为"大汶口文化颍水类型"。指出"大汶口文化遗存在颍水中、上游和伊洛河下游地区的分布是广泛而密集的",向南有可能南抵淮河岸畔,并依其地层关系及出土遗物可分两类:A 类与仰韶文化晚期遗存共存,B 类与仰韶文化、龙山文化的"过渡期"及早期龙山文化共存。颍水类型除了与当地的仰韶文化、龙山文化产生关系外,

---

① 尚景熙:《上蔡发现五处新石器时代文化遗址》,《河南文博通讯》1979 年第 3 期;河南省驻马店地区文管会:《河南上蔡十里铺新石器时代遗址》,《考古学集刊》第 3 辑,中国社会科学出版社 1983 年版,第 69~80 页。
② 严文明:《东夷文化的探索》,《文物》1989 年第 9 期。
③ 杜金鹏:《试论大汶口文化颍水类型》,《考古》1992 年第 2 期。
④ 段宏振、张翠莲:《豫东地区考古学文化初论》,《中原文物》1991 年第 2 期。

其触角向西达到秦岭脚下,向南进入江汉地区,甚至渡长江直抵江南。① 李伯谦指出永城黑孤堆遗址下层、胡道口遗址、郸城段寨、商水章华台,从文化面貌看多与大汶口文化类似,基本上应属大汶口文化的范畴,不过它也有一些地方特点。这些遗址年代有早有晚,从段寨墓葬及灰坑出土的陶器形制来看,约可分为连续发展的三段:一段属大汶口文化晚期偏早,约相当于仰韶晚期;二段属大汶口文化晚期偏晚,相当于庙底沟二期;三段出土器物以篮纹居多,方格纹较少,似亦早于造律台类型。由此可见大汶口文化在该地区是经过长期发展的,在造律台类型形成之前,这里一直居住着大汶口文化的居民。龙山文化造律台类型或王油坊类型陶器中有不少器物是承袭当地大汶口文化而来的。②

河南境内的大汶口文化与山东境内的大汶口文化联系紧密,其墓葬特征、埋葬习俗及出土陶器、石器等均十分接近。在遗物方面,陶器种类、形制也多与山东大汶口文化陶器相同或接近。如在河南大汶口文化陶器中大量棕红陶的存在,经常出现的背壶、鸭嘴形足的鼎、豆、杯类的高柄镂孔等都是山东大汶口文化的典型特征。但二者之间也存在着一定差异,如大汶口文化中墓葬里随葬猪头、龟甲、象牙或骨雕饰品,死者手握獐牙或獐牙勾形器等习俗,陶器中的钵形鼎、折腹鼎、双腹豆、圈足盉、双耳瓶等器物在河南大汶口文化中至今尚未发现或发现较少。两种文化内涵主体十分接近,决定了河南境内的该遗存实属大汶口文化范畴,表现出的一些不尽相同之处,应是因地域关系的差异。在大汶口文化中期,中原地区相当于仰韶文化晚期的时代,东部海岱民族的势力逐渐强大,向东、南扩展,其势力范围已达颍河流域,并融合了当地的土著文化,形成了河南境内的大汶口文化。大汶口文化早期是受了仰韶文化的影响并吸收了仰韶文化的某些因素的。大汶口文化中期以后又反过来影响了仰韶文化,某些器形特征又被仰韶文化所吸收。郑州大河村、禹州谷水河等遗址中出土的一些富有大汶口文化特征的陶器,正是这种影响和融合的结果。③

---

① 杜金鹏:《试论大汶口文化颍水类型》,《考古》1992年第2期。
② 李伯谦:《论造律台类型》,《文物》1983年第4期。
③ 杨育彬、袁广阔:《20世纪河南考古发现与研究》,中州古籍出版社1997年版,第218~223页。

三、聚落考古学的兴起与研究成就

中国的聚落考古或聚落形态的考古学研究,大致是从20世纪50年代西安半坡遗址的发掘开始的。30年代对安阳殷墟的发掘虽然也是对作为都城的聚落进行考察,但那时还没有形成聚落考古的意识,更没有一套相应的作业方法,只能算是聚落考古的萌芽。50年代至60年代是中国聚落考古的早期阶段,那时曾较大规模地发掘了几处新石器时代的村落遗址和墓地,并试图对其居民的社会形态进行复原。20世纪80年代以来,聚落考古受到普遍重视。保存较好的新石器时代村落遗址继续有所发现,类型也渐趋复杂化,通过聚落的形态结构来探讨当时的社会形态和社会组织结构的工作有所进展;陆续发现了一大批龙山时代的城址,夏商时期的城址也有新的重要发现,从而大大推动了中国文明起源和早期发展的研究;在研究中把聚落遗址的形态分类与地理分布同自然环境的考察紧密结合起来,推动了环境考古学在中国的发展。①

中原地区史前文化聚落的地理分布,如果按水系划分,可以分为三大部分:以伏牛山、外方山、嵩山为界,北半部属黄河流域,以今黄河为主干,包括洛河、伊河、沁河等支流,以及卫河、漳河等古黄河的支流;以伏牛山、外方山、桐柏山、大别山为界,东南部属淮河流域,以淮河为主干,包括颍河、汝河、贾鲁河、涡河等支流;西南部属长江水系的汉水流域,以汉水为主干,包括丹江、白河、唐河等支流。若具体划分,则大致可分为豫中、豫北、豫东、豫西、豫南五个地理单元。其中,豫中地区包括郑州、许昌、漯河、平顶山等地市,地势西高东低,山地、丘陵、平原各占其一。豫北地区包括新乡、焦作、济源、安阳、鹤壁等地市,西北高,东南低,该地区主要是由黄河及古黄河支流卫河、漳河等冲积物堆成的冲积扇平原。地势大致由西北向东南倾斜,海拔多在100米以下。地表覆盖有很厚的马兰黄土。历史上,豫东地区包括开封、周口、商丘等地市,处于黄淮冲积平原,地势由西北向东南倾斜,有荥泽、圃田泽、大野泽、雷夏泽等大泽地。豫西

---

① 严文明:《近年聚落考古的进展》,《考古与文物》1997年第2期。

地区包括洛阳、三门峡等地市,为山前丘陵和黄土台丘陵地貌,多为山间小盆地、谷地、凹陷区。豫南地区包括信阳和南阳等地市,多山和盆地,有桐柏山、大别山和南阳盆地等。①

我们在粗略地了解了中原地区史前聚落的分布状况之后,再来看看20世纪80年代以来中国境内和河南地区聚落考古的理论与实践演变概况和研究成果。在尝试对中国积累的考古材料做聚落考古学研究方面,当首推严文明。他继1981年发表《姜寨早期的村落布局》②之后,1987年又写出了《仰韶房屋和聚落形态研究》③一文,1989年再写出《中国新石器时代聚落形态的考察》④,这是一组由点至线到面的递进式的聚落考古学研究,从一个时期的一个遗址的聚落形态研究起步,扩展到一个时代的黄河流域诸多遗址的聚落形态研究,再发展到整个新石器时代的全国诸多遗址的聚落形态研究。在尝试对中国积累的考古材料做聚落考古学研究方面,王妙发的研究应该引起足够的重视。1988年王妙发写出了《黄河流域的史前聚落》⑤一文,该文使用考古材料,运用人文地理学的方法,对黄河流域前仰韶时期、仰韶时期和龙山时期考古遗址的聚落密度、聚落选址、聚落类型、聚落规模、聚落人口、聚落结构和聚落平面形态等进行了全面的考察。

---

① 武慧华:《中原地区史前聚落分布空间模式研究》,河南工业大学硕士学位论文,2010年,第10页。
② 严文明:《姜寨早期的村落布局》,《仰韶文化研究》,文物出版社1989年版,第166~179页。
③ 严文明:《仰韶房屋和聚落形态研究》,《仰韶文化研究》,文物出版社1989年版,第180~242页。
④ 严文明:《中国新石器时代聚落形态的考察》,《庆祝苏秉琦考古五十五年论文集》,文物出版社1989年版,第24~37页。
⑤ 王妙发:《黄河流域的史前聚落》,《历史地理(第六辑)》,上海人民出版社1988年版,第73~93页。

第二节　夏商周考古的重大突破

夏商考古是河南考古最重要的组成部分。中原地区是华夏文明的核心区域,中原文明是华夏文明的原典文明。夏商考古的发现与研究,以及由此生发的中国文明起源研究是考古学研究的重点领域。20世纪70年代以来,随着考古学新材料的不断出土,河南的三代考古又呈现出蒸蒸日上的繁荣景象。

一、夏文化探索

(一)夏文化探索的历程

从考古学角度去探索和研究夏文化,开辟了一种新的思路和研究模式。20世纪50年代初期发现的郑州二里岗商代遗址,比安阳殷墟早100多年,这大大扩展了人们的视野,增加了寻找夏文化的信心。文献中关于夏人活动地域的记载,主要在豫西嵩山周围和伊洛平原一带,以及晋西南汾水下游和其他一些地方。根据这些线索,从1956年开始,考古工作者相继在河南郑州、巩义、偃师、洛阳、渑池、三门峡、汝州、登封、禹州和新密等地进行了广泛的考古调查和重点发掘,尤其是在偃师二里头与灰嘴、郑州洛达庙、荥阳上街、洛阳东干沟、汝州煤山、渑池鹿寺和陕县七里铺等地发掘出早于郑州二里岗期商代文化、晚于河南龙山文化晚期的一种新型文化——二里头文化,这是探索夏文化所取得的十分可喜的成绩。

20世纪70年代以后,随着偃师二里头、郑州商城考古新发现的增多与研究认识的深入,学界开展大规模夏文化讨论的时机逐渐成熟。1977年11月18—22日,由国家文物局牵头的"河南登封告成遗址发掘现场会"在河南省登封县(今登封市)王城岗遗址所在地召开,这是一次我国学者首次聚会一堂讨论夏文化的盛会,是夏文化探索历程中具有里程碑意义的会议。会议原本由河南省博物馆文物工作队动议,最后却由国家文物局组织召开,原计划是20人左右的小范围会议,但却引来了国内32家单位的110余位专家学者出席,参加这次会议的有中国社会科学院考古研究所、中国历史博物馆、有关省市的文物考古部门和大专院校的代表。会议缘由是1977年下半年,河南省博物馆文物工作队、中国历史博物馆的考古工作者在文献记载的禹都阳城附近,即今河南登封市告成镇西侧的王城岗,发现了一座河南龙山文化晚期的城堡基址。城堡基址不算大,但它是当时发现的我国第一座最早的城堡基址,尤其是它发现于文献记载的"禹都阳城"附近,就更为学术界所瞩目。当时许多学者应国家文物局约请,从四面八方来到这里,参观现场,听取发掘情况介绍,同时也听取了二里头遗址和东下冯遗址发掘情况介绍,然后各抒己见,进行了热烈讨论。会议中四个人起到了重要作用,安金槐是王城岗遗址发掘的负责人之一,也是本次会议的倡议者,主要负责王城岗遗址发掘情况的汇报。赵芝荃作为二里头遗址发掘的负责人,报告了二里头遗址的发掘情况。邹衡作为参会者提出了创见——二里头遗址一至四期皆为夏文化,引起了与会者热烈讨论。夏鼐对会议进行了学术总结。会议主要围绕三个议题进行讨论:一、王城岗城堡基址的性质;二、"夏文化"的定义;三、何种文化应为夏文化。最后由夏鼐在讨论的基础上作了初步总结。夏鼐指出,王城岗城堡基址属于河南龙山文化晚期遗址明确无误,至于城堡基址是否为夏都则是另一个问题,因为河南龙山文化晚期是否为夏文化意见尚不一致;退一步说,即便是夏文化,这座城堡基址是否为夏都阳城仍然不能确定。夏鼐还着重谈到"夏文化"的定义问题,指出应当从四个方面加以规定:一、它必须是夏王朝时期的;二、它必须具有夏族族属特征;三、从总体说它必须与夏王朝时期所属阶级社会属性相符合;四、它应当分布于夏族生活的地域以内特别是夏族生活的中心区域以内。把这几个方面综合起来概括为一句话,那就是夏文化"应该是指夏王朝时期夏民族的文化"。这个概括使"夏文化"第一次有了明确而且科学的含义,它得到与会者的赞同,并且对以后夏文化的探索也具有重要的指导意义。夏鼐的总结还列举了会上所发表的关于夏文化的四种不同意见:一、认为河南龙山文化晚期和二里头四期文化都是夏文化遗存;二、河南龙山晚期与二里头一、二期文化为夏文化遗存;三、二里头一、二期是夏文化,三、四期为商文化;四、二里头一至四期文化都是夏文化。这些对夏文化的观点,可以归纳为两种具有倾向性的意见。一种意见主张二里头文化应该以早、晚期即在二、三期之间划界，分为夏、商两种文化，早期即一、二期属夏文化，晚期即三、四期属早商文化。这一种意见以中国社会科学院考古研究所二里头工作队赵芝荃等为代表。另一种意见主张二里头文化基本上是一种文化即夏文化。这一种意见以邹衡为代表。由于根据当时的材料还不足以证明哪种文化就是夏文化，还需要进一步的探讨。最后夏鼐指出，要加强合作，多多交换意见，开展百家争鸣，以促进这个问题的早日解决。[1] 夏鼐对本次会议讨论的总结，实际上也就是对新中国成立以来我国学术界探索夏文化成果的总结。总结明确了"夏文化"的含义，论述了探索夏文化的现状，指出了今后的方向。本次会议之后并没有出版会议论文集，但与会专家夏鼐、邹衡、安金槐等有关夏文化的主要观点都正式发表[2]，在学术界引起了更大的反响，各家观点均被反复征引[3]。会议极大地推动了夏商文化研究，更以求实创新的精神迎来了中国考古学的春天。

　　二里头文化是介于河南龙山文化晚期和郑州商代二里岗文化之间的一种古代文化，从1959年以来，考古工作者对二里头遗址进行了数十次科学发掘，有许多重要的考古发现。[4] 地下遍布着大大小小的夯土建筑基址，还有制铜、制骨等手工业作坊遗址。出土了为数众多的陶器、青铜器、玉器、象牙器、骨器、石器、蚌器和漆器，分别用作礼器、乐器、生活用具、生产工具、工艺品、宗教用品等，它们的规格、气势、制作工艺、品种、数量均令人惊叹不已，显示了王者的气派。根据出土陶器的不同，二里头文化可分为四期：除了各种遗物外，一期的遗存有文化层、灰坑和墓葬；二期的遗存有大中型夯土建筑基址、小型房基、铸铜基址和墓葬；三期的遗存有两座大型宫殿基址、一座大墓和其他中小型墓，还有大型铸铜遗址；四期的遗存有建筑基址和小型房基、灰坑、墓葬等。从已发掘的夏商文化遗存看，二里头遗址大约延续了200多年。

---

[1] 夏鼐：《谈谈探讨夏文化的几个问题——在"登封告成遗址发掘现场会"闭幕式上的讲话》，《河南文博通讯》1978年第1期。

[2] 夏鼐：《谈谈探讨夏文化的几个问题——在"登封告成遗址发掘现场会"闭幕式上的讲话》，《河南文博通讯》1978年第1期；邹衡：《关于探索夏文化的途径》，《河南文博通讯》1978年第1期；安金槐：《豫西夏代文化初探》，《河南文博通讯》1978年第2期。

[3] 余波：《国家文物局在登封召开告成遗址发掘现场会》，《河南文博通讯》1978年第1期。

[4] 中国社会科学院考古研究所：《偃师二里头——1959年~1978年考古发掘报告》，中国大百科全书出版社1999年版。

1983年5月,中国考古学会在郑州举行第四次年会,其中心议题之一是夏文化的探索。与会代表就何种考古学文化是夏文化等问题进行了热烈讨论。对夏文化的看法,主要有三种不同的意见:其一认为河南龙山文化晚期和二里头文化一至四期是夏文化;其二认为河南龙山文化晚期不是夏文化,而二里头文化一至四期才是夏文化;其三认为河南龙山文化晚期和二里头文化一、二期是夏文化,而二里头文化三、四期属于商代早期文化。经过多年的发掘和研究,越来越多的学者倾向于第一种意见。①

1983年春天在河南省偃师尸乡沟发现一座商代早期城址。该城址略呈长方形,有内城、宫城和外城。城内发现有宫殿基址、墓葬等重要遗迹。与郑州商城相比较,两者文化特征相同、年代相近,均属于商代早期都邑。不同之处在于尸乡沟商城早商文化年代上限不早于郑州商城,面积只及郑州商城的三分之二。由于《汉书·地理志》河南郡偃师尸乡条班固自注:"尸乡,成汤所都",刚巧与横穿该城址的至今当地仍称作尸乡沟的土沟相合,这样二里头遗址为西亳的观点遂被尸乡沟商城为西亳说所代替。至此,二里头遗址为夏都、二里头文化为夏文化在考古学界大致取得共识,二里头文化是我国历史上夏王朝的遗存在考古学上得到了证明。②

青铜器的出现,标志着历史发展阶段由新石器时代发展到青铜时代,经济形态发生了根本的变化。在郑州牛砦龙山文化遗址中,发现有炼铜用的坩埚③。在郑州董砦龙山文化遗址中,也曾出土有青铜片④。汝州煤山龙山文化遗址的灰坑内,出土有炼铜用的坩埚片⑤。登封王城岗龙山文化城址的窖穴(H617)内,出土一件青铜器残片,器表有烟熏痕迹,说明为实用容器⑥。根据铜片的弧度分析,可能是鬶或斝的残片。残片左端还留有一小段合范缝,说明铸造工艺已有了一定的进步。在淮阳平粮台龙山文化城址内的一座灰坑(H15)内,发现了一块铜炼渣,呈铜绿色,长1.3厘米,断面近方形,每边长0.8厘米,显然是炼

---

① 《中国考古学会第四次年会》,《考古》1983年第8期。
② 李维明:《20世纪夏史与夏文化探索综论》,《河南大学学报(社会科学版)》2000年第3期。
③ 李京华:《关于中原地区早期冶铜技术及相关问题的几点看法》,《文物》1985年第12期。
④ 严文明:《论中国的铜石并用时代》,《史前研究》1984年第1期。
⑤ 中国社会科学院考古研究所河南二队:《河南临汝煤山遗址发掘报告》,《考古学报》1982年第4期。
⑥ 河南省文物研究所等:《登封王城岗遗址的发掘》,《文物》1983年第3期。

铜的遗存。①

文字是记录语言的书写符号,是人类社会相互交往的重要媒介,是一种特殊的社会文化现象。远在8000年前裴李岗文化时期的龟甲、骨器和石器上,就发现一些契刻符号。在登封王城岗龙山文化城址出土的陶器上,也发现有刻画文字,灰坑(H473)中的一件泥质黑灰陶薄胎平底器的外底上,就有烧造前刻画的一个"共"字,系由左右两部分组成,像双手有所执持,其字形结构与商代甲骨文和西周金文中的"共"字相似。② 安阳殷墟出土的商代甲骨文已是六书俱备、相当成熟的文字,在此之前应有一个漫长的产生与发展的过程。由此推论龙山文化晚期已有文字。基于中国文字产生的动力,不是来自经济的或贸易的需求,而是来自当时普遍、频繁、日趋强烈和制度化的宗教召唤,所以,在文字的初创阶段只被少数人掌握,因此,古文字的考古发现就非常困难。即使到了商代后期,能使用甲骨文的也只是统治集团中高层人物和贞人之类,当时文字所起的作用也只限于占卜、记录之类,用来维护王权的统治。

通过上述的考古学观察,可以看出在距今4000余年的龙山文化晚期,在中原地区出现城市,发明了文字,开始使用青铜器,产生了阶级和国家,祭祀和礼制也成了统治阶级社会地位和等级的特权象征,夏王朝应运而生。③

(二)二里头遗址的持续发掘和研究

20世纪70年代以来,二里头遗址持续进行发掘。1980—1991年,主要发掘铸铜作坊遗址、中小型房址,以及与祭祀、制骨、制陶有关的遗存和墓葬等。1980—1984年,主要发掘宫殿区以南的铸铜作坊遗址。1985年后,以配合基建的抢救性发掘为主。在此期间又发现多处二里头文化二期夯土遗存;在宫殿区以北发现与祭祀有关的建筑遗存和墓葬;发掘范围扩展至遗址西部和北部,新划定了3个工作区;积累了丰富的以陶器为主的遗物资料。夯土基址、铸铜作坊、与祭祀相关的建筑、各类墓葬的钻探和发掘,以及青铜礼器、玉器、漆器、白陶器、绿松石器、海贝等奢侈品或远程输入品的出土,都进一步显现了二里头遗

---

① 河南省文物研究所等:《河南淮阳平粮台龙山文化城址试掘简报》,《文物》1983年第3期。
② 李先登:《试论中国文字之起源》,《天津师范大学学报(社会科学版)》1985年第4期。
③ 杨育彬、袁广阔:《20世纪河南考古发现与研究》,中州古籍出版社1997年版,第300~301页。

址不同于一般聚落的都邑文化的重要内涵。①

1980年秋季中国社会科学院考古研究所二里头队在二里头遗址Ⅲ区发掘建筑遗址,同时在Ⅲ区及Ⅴ区清理墓葬三座。这次发掘,不论是遗迹还是遗物都有一些新发现。如半地穴房基(ⅥF1),契刻鱼形的骨片,两种形式的铜刀,Ⅱ式铜爵,漆器,特别是雕花漆器,还有玉器。其中有些遗物的形制以前还没有发现过。有的墓随葬器物的组合和腰坑,在本遗址也属首次发现。②

二号宫殿遗址位于二里头遗址的中部,西南距一号宫殿遗址约150米。二号宫殿遗址的发掘工作从1977年10月开始,到1978年底结束。二号宫殿遗址是包括廊庑、大门、中心殿堂、大墓的一组建筑。全组呈长方形,东西约57.5~58米,南北以东墙计长72.8米。遗址的四边包括北墙、东墙、东廊、西墙、西廊,南面为复廊和大门。北墙与三面廊围成一个广庭。广庭中央偏北是中心殿堂,中心殿堂与北墙之间有一大墓。宫殿遗址的门向南,以东墙为准方向174°。整个宫殿基址普遍夯筑,北半部特别是中心殿堂之下夯土较厚,南半部较薄,夯土质量也较差。各处的地层证明,整个宫殿是建筑在二里头二期地层之上,它的上面叠压有三期、四期的路土及略晚于四期的地层。宫殿基址夯土中所出陶片属二里头三期,因此本宫殿的始建时代在二里头三期。其废弃年代应在二里头四期偏晚或二里岗期上层偏早。二里头二号宫殿遗址是继一号宫殿遗址之后又一重要发现。它在建筑方法上与一号宫殿有许多相似之处,如宫殿基址、廊庑及部分墙的做法、柱子的立法等基本是相同的。它的规模不如一号宫殿遗址,形制、结构也有相异之处。最主要的不同点是,二号宫殿遗址北部有一与之同时的大墓,规模与殷墟妇好墓相当,这是我国迄今所知最早的大墓。它在整个建筑中所处的地位,它们之间有无主从关系,二号宫殿遗址是否属宗庙之类的建筑,都是值得我们思考的。此外,二号宫殿遗址还有不少一号宫殿遗址所没有的建筑设施,如其东、西、北三面较大型夯筑的墙,宫殿内地下水道设施,墙槽内置横木作连接柱础的做法,都加深了我们的认识。这不仅在考古学上,而且在建筑史上都是十分重要的。

---

① 许宏:《二里头遗址发掘和研究的回顾与思考》,《考古》2004年第11期。
② 中国社会科学院考古研究所二里头队:《1980年秋河南偃师二里头遗址发掘简报》,《考古》1983年第3期。

二号宫殿遗址发掘的意义不仅在该宫殿的本身,而且在它那连续不断的各期文化堆积为商文化的分期及夏文化的探索提供了新的重要资料。二号宫殿始建时间是二里头三期,它的下面是一、二期地层、夯土基址和灰坑;它的上面是三、四期路土及它废弃后所覆盖的略晚于四期的地层和打破此地层的灰坑、墓葬。从这些堆积的时间看,它们是连续不断的。略晚于四期的堆积,过去在二里头遗址发现很少,这次发现这样大面积的地层,尚属第一次。它们在地层上尽管存在打破和被打破的关系,分析陶片初步可知,这还不存在显著的分期意义。就总体来说,它们的时间相当于二里岗上层偏早的阶段。但其中 M2 显得稍晚些,而打破第三层之残灰坑仅出的大口尊(探沟 5③A:1),从其形制、纹饰等方面看则显得更晚些。①

二、商代文化的发现与研究

(一)偃师尸乡沟商城

1. 考古发现

1983 年春,中国社会科学院考古研究所在偃师县尸乡沟发现了一座大型商代城址。② 这里北依邙山,南临洛河,整个城址均覆盖在现今地面之下 1~4 米不等。城东地势隆起,当地传为"亳"地;城中有一条漫坡低凹地带,当地群众称之为尸乡沟或尸乡洼,横贯东西。整个城址略呈南北长方形,东城墙南段内收。南北长 1700 余米,东西宽度不等,最北部宽为 1215 米,中部宽 1120 米,南部宽 740 米,城周围有夯筑城墙。在四面城墙已找到 7 座城门,其中北墙正中 1 座,东墙和西墙各 3 座。由于南城压在村下,尚未找到城门。在北门处,探出路土宽 9 米,厚约 0.30 米。西城墙稍偏北的一座城门已经发掘出来。③ 门道全长

---

① 中国社会科学院考古研究所二里头队:《河南偃师二里头二号宫殿遗址》,《考古》1983 年第 3 期。
② 中国社会科学院考古研究所洛阳汉魏故城工作队:《偃师商城的初步勘探和发掘》,《考古》1984 年第 6 期。
③ 中国社会科学院考古研究所河南二队:《1983 年秋季河南偃师商城发掘简报》,《考古》1984 年第 10 期。

16.50 米，门宽 2.4 米。门道两壁各有一条紧贴城墙的夯土窄墙，墙内排列密集的柱子洞，柱洞底部大多垫有础石，门道内路土厚 0.40~0.50 米。此门经使用一段时间后，废弃不用，两端用夯土短墙封堵，城门内侧附近渐成一片墓地。东墙正中的一座门是 1984 年发掘的①，门道全长 19.40 米，门宽 2.40 米。门道两壁紧贴墙的木骨泥墙内，还残留有 16 个柱洞残迹。在门道路土下深 0.40 米处，有一条石木结构的排水孔道，宽 2 米，深 1.50 米，底部用石板呈鱼鳞状铺砌，与水流方向一致，两壁用石块垒砌，其间夹砌木柱，共同支撑上面的木盖板或圆木，其上再铺草泥土成为道路，由此组成立体排水系统。这条排水孔道向西有 800 多米长，工程构思巧妙，令人叹为观止。

城内大道纵横，已发现东西向大道 5 条，南北向大道 6 条，与城门方位基本对应。城内南半部有 3 座小城。宫城居中，平面近方形，四周有 2 米厚的夯土墙，周长 800 多米。宫城中部有一座长、宽各数十米的大型宫殿基址，其左右两侧还有几座宫殿遗迹，殿前大道两旁也有面积较小的建筑遗存。这突出了中间宫殿的主体结构，形成了相当壮观的大型建筑群。另外两座小城分别位于宫城的东北和西南，平面皆呈方形，面积稍小，边长近 200 米，四周都有 2 米厚的夯土围墙，城内布满了长条形房屋建筑，可能是武库、仓廪或防卫的拱卫城。需要指出的是，在偃师尸乡沟商城中部和南部，新发现了更早的"内城"，其平面呈南北纵长方形，南北长 1100 米，东西宽约 740 米，城墙体宽 6~7 米。这样宫城就正位于内城中轴线上了。

在宫城内已发掘两座宫殿建筑，其中 4 号宫殿东西长 51 米，南北宽 32 米。正殿面阔 36.50 米，南北进深 11.80 米，前沿有四级台阶可供上下。东、西、南三面廊庑相连。南有门道，宽 2.5 米。② 5 号宫殿情况较为复杂，其建筑遗迹包括上下两层基址，也可能就是早晚不同的两座建筑。上层建筑基址平面呈长方形，东西长 107 米，基址四周各有一排柱础石或柱洞，总计 48 个，平均间距 2.50 米，前沿下有四对狗坑，内埋狗骨架，相互间距 2.60~3.70 米。它们有规律的分布，可能与正殿台阶的位置有一定关系。正殿两侧各有长 25~28 米、宽 6~7 米

---

① 黄石林：《关于偃师商城的几个问题》，《中原文物》1985 年第 3 期。
② 中国社会科学院考古研究所河南二队：《1984 年春偃师尸乡沟商城宫殿遗址发掘简报》，《考古》1985 年第 4 期。

的北庑基址,更加衬托出正殿的宽大宏伟。殿前庭院的东西和西南亦各有庑址,南北长26.50米,东西宽约6米。下层建筑基址平面呈口字形,北面基址较宽,其余三面稍窄,整组建筑东西宽约38米,南北长约42米,构成方形庭院。东西有门道,西面有台阶,院内有两眼水井。4号宫殿和5号宫殿上、下层建筑遗迹,就其主要特征来看都是一致的,即以北边正殿为主体,东、西、南三面设廊庑,自成一封闭式的建筑。①

2.偃师商城始建年代与性质的讨论

从偃师商城发现之日起,围绕其始建年代的研究就随即展开,学者们对此问题展开了热烈的讨论。黄石林认为,偃师商城筑造于二里头三期。②李德方、张振宇二位学者认为,偃师商城始建年代之上限应为二里头文化三期,下限应为二里岗下层,城址始建之相对年代应在二里头三期与二里岗下层之际。③陈旭认为,偃师商城最早始建于二里岗下层时期。④

从偃师商城的始建年代和地望、规模、形制来看,它应该是商灭夏之后所建最早的一座都城,不少学者认为其是汤都西亳。⑤亳都地望的确定,为研究早商文化(成汤灭夏之后)、先商文化(成汤灭夏之前)以及进一步探索夏文化打下了坚实的基础,有着重大的学术意义。

邹衡先生认为偃师商城是太甲所放处"桐宫"。据《史记·殷本纪》正义汤崩条引《括地志》云:"洛州偃师县东六里有汤冢,近桐宫。"《史记·殷本纪》正义桐宫条曰:"(《晋太康地记》)云:'尸乡南有亳阪,东有城,太甲所放处也。'按:尸乡在洛州偃师县西南五里也。"并解释说,以上唐人关于桐宫所在地的两条记载,里数相近而方位不同。《括地志》为初唐的疆域志,其时的偃师县或在今新寨村一带,故言县东,张守节为开元时人,唐中期的偃师县曾迁至今老城镇,故云县西南。二说所指一地,偃师商城恰在此方位,且里数亦大体相符。因

---

① 中国社会科学院考古研究所河南二队:《河南偃师尸乡沟商城第五号宫殿基址发掘简报》,《考古》1988年第2期。
② 黄石林:《关于偃师商城的几个问题》,《中原文物》1985年第3期。
③ 李德方、张振宇:《偃师商城始建年代之管见》,《中原文物》1985年第3期。
④ 陈旭:《关于偃师商城和郑州商城的年代问题》,《郑州大学学报(哲学社会科学版)》1985年第4期。
⑤ 方酉生:《论偃师商城为汤都西亳》,《江汉考古》1987年第1期。

此,偃师商城当即亳阪东之城即太甲所放处桐宫,并把桐宫解释为"离宫别馆"①。

(二)郑州商城

1.考古发现

1973年夏到1978年春,在郑州商代城内东北部东西长约750米、南北宽约500米的范围内,发现商代二里岗期夯土台基数十处。通过部分试掘,得知它们与商代城墙大致同时修建,一些迹象证明它们是商代宫殿建筑遗存的一部分,郑州商代城东北部一带,很可能是宫殿遗址区。②

20世纪七八十年代,在郑州商代城址内东北部一带(今东里路南北两侧附近),又发现三座商代墓,出土了一批青铜器,有着相当重要的价值。三座商代墓出土的铜器包括弦纹爵2件,弦纹斝1件,饕餮纹斝1件,目纹鼎1件,弦纹盉1件。其中东里路东端北侧黄河医院商代墓的时代为二里岗期下层,该墓出土的铜斝和铜爵也与此同期,这是首次发现有确凿证据的商代中期二里岗下层铜器墓,这样就提供了一个可靠的断代标准。另外两座墓出土的铜器,与其相比较,再与郑州地区过去出土的商代青铜器相对照,也可看出其相对年代。③ 1979年9月,河南省商业局仓库在其西墙外发现铜爵、铜斝各一件,郑州博物馆派人前往调查,发现一座商代小型土坑墓。发掘中仅发现残断人腿骨及残柄形玉器一件和铜斝鋬一段。从铜爵和铜斝的形制看,属于郑州商代二里岗文化的典型器物,墓葬的时代应为商代二里岗期上层。④

20世纪80年代以来,郑州商城内外有诸多重要的考古发现。在黄河医院发掘出战国文化层,出土的部分陶豆的豆柄和豆盘上,印有三种形制的"亳"字戳记。东里路东端商代东城墙的发掘,表明城墙是建筑在沙土岗之上。河南省中医院研究所内郑州老城北城墙的发掘,证明郑州老城的北城墙修筑于东汉时

---

① 邹衡:《偃师商城即太甲桐宫说》,《北京大学学报(哲学社会科学版)》1984年第4期;邹衡:《西亳与桐宫考辨》,见北京大学考古系编:《纪念北京大学考古专业三十周年论文集》,文物出版社1990年版,第108~149页。
② 河南省文物研究所:《郑州商代城内宫殿遗址区第一次发掘报告》,《文物》1983年第4期。
③ 杨育彬等:《近几年来在郑州新发现的商代青铜器》,《中原文物》1981年第2期。
④ 王彦民、赵清:《郑州二里岗发掘一座商代墓》,《中原文物》1982年第4期。

期,唐代在城墙南侧进行了修补,宋代在城墙两侧均进行了修补。在郑州变压器厂家属院、黄委会水文局等处的发掘,发现了商代夯土基址,对了解郑州商代城布局提供了新的线索。郑州市中级人民法院内的商代灰坑,出土了更多种类的二里岗上层时期的陶器,其中一个大口尊上刻画有"目"字或"臣"字,另一个大口尊上刻画有鸟形图案。德化街商业大楼的两个商代灰坑,发掘出一批较完整的二里岗期上层和下层的器物。郑州市木材公司出土了一批石镰。新华社河南分社商代制骨作坊遗址发现了一些非正常死亡的人骨架。此外,在郑州商城之内许多地方,均发现有商代二里岗期下层或上层时期的灰坑或灰层。①

1986—1987年,河南省文物研究所分别对郑州商城南城墙外夯土墙基和西城墙外夯土墙基进行调查和试掘,发掘者对所获得的资料作了分析和研究,主要有以下收获:一、郑州商城外夯土墙基的发现。早在确认郑州商城之前的1953年,郑州老城东南郊二里岗地下曾发现一段东西向的夯土遗迹,1986年在郑州商城西南方一马路中段路东地区也发现夯土遗迹。1986年、1987年,对郑州商城以南及以西发现的夯土进行了试掘。二、郑州商城外夯土墙基的试掘。郑州商城南城墙外墙基开挖5条探沟,其位置分别在市木材公司至二轻仓库之间地段。经过调查与试掘,夯土基槽壁呈东北至西南走向,基本呈直线,自市木材公司东墙起到水磨石厂门止约900米,它与郑州商城的东南角垂直距离为890米。西城墙外夯土墙基开挖探沟5条,夯土墙基遗存呈直线,图测长890米,自郑州商城的西南角垂直距离为630米。通过对试掘资料的分析,夯土中包含的陶片特征与郑州商代城墙情况相同,年代应不晚于二里岗下层时期。夯土墙经过的地貌平坦,不曾发现有倒塌夯土的堆积情况。据此推测,此夯土墙很可能是不适用或由于其他临时变迁的原因未建成而放弃的遗迹,也可能是防护堤的遗迹。②

多年来,商代青铜器窖藏坑在郑州商城内屡有发现。1975年在西城墙北段外侧300余米处的张寨南街距地表近6米处,发掘出一座青铜器窖藏坑,前文已有详述。1982年在东南城角外的向阳回族食品厂也发掘出一座青铜器窖藏坑。坑口距现今地表5米多,平面呈长方形,东西长1.70米,南北宽1.62米。

---

① 河南省文物研究所郑州工作站:《近年来郑州商代遗址发掘收获》,《中原文物》1984年第1期。
② 河南省文物研究所:《郑州商城外夯土墙基的调查与试掘》,《中原文物》1991年第1期。

坑内有 13 件青铜器口对口并列或套装放置在一起,包括大方鼎 2、大圆鼎 1、扁足圆鼎 2、牛首尊 2、羊首罍 1、提梁卣 1、瓿 2、中柱盂 1、盘 1,其中坑的南半部有 7 件,坑的北半部有 6 件。窖藏坑的旁边还有同期的 3 个长方形坑,其中 2 个还埋有残缺牛骨架。① 这两座窖藏坑,均在城墙外侧不远处,底部都坐落在生土上,青铜器放置井然有序,且都有成双成对的大方鼎,有的坑旁还有牛骨架坑,有的还铺有朱砂,这些当与祭祀有关,而且放置时十分从容。其时代为二里岗上层早段或晚段。

2. 郑州商城性质的讨论

郑州商城是何王所都,目前主要有两种意见,一种意见认为是商汤所迁的亳都,另一种意见认为是仲丁所迁的隞都。刘蕙孙对亳都说和隞都说都进行了分析,提出:"我对两家之言,不想也不敢作左右袒,但客观材料就是这样。商城倘是隞都,对古史影响不大,倘系亳都,旧传的历史文献就要重新改写。我们并不惮改写历史,但希望两方有关同志进一步更深入的探讨,使我们学习历史的人有一个明确的认识。"②杨育彬认定郑州商城为仲丁所迁之隞都③,方酉生也认为是隞都④。

(三)安阳殷墟

1. 发掘概况

1980—1985 年,继续在殷墟西区进行发掘,除发掘带一个墓道的殷代大墓 9 座、车马坑 2 座之外,还发掘小墓约 1500 座,出土了大量的文化遗物。连同以前的发掘,殷墟西区发掘的墓葬已超过 2000 座。⑤ 1980—1984 年,在苗圃北地发掘墓葬 130 座,还有一批灰坑、水井、陶窑,出土一件反映商代筮卦的三面刻

---

① 河南省文物研究所等:《郑州新发现商代窖藏青铜器》,《文物》1983 年第 3 期。
② 刘蕙孙:《从古文字"亳"字探讨郑州商城问题》,《考古》1983 年第 5 期。
③ 杨育彬:《关于郑州商城的两个争论问题》,《中原文物》1982 年第 4 期。
④ 方酉生:《郑州商城即仲丁都隞说》,《武汉大学学报(社会科学版)》1991 年第 1 期;方酉生:《试论郑州二里岗期商文化的渊源——兼论郑州商城与偃师商城的关系》,《华夏考古》1988 年第 4 期。
⑤ 中国社会科学院考古研究所安阳工作队:《殷墟西区发现一座车马坑》,《考古》1984 年第 6 期;中国社会科学院考古研究所安阳工作队:《安阳殷墟西区 1713 号墓的发掘》,《考古》1986 年第 8 期。

有数字符号的石块。位于殷王陵区西北 2 公里的三家庄,是新发现的殷代早期遗址,为殷墟早期北界范围提供了佐证。1984 年在武官北地发掘一座带一个墓道的殷代大墓(M260),证实了司母戊大方鼎就出于此。① 1982—1984 年,在戚家庄南地进行了大规模的钻探和发掘,钻探面积 6.6 万平方米,发掘殷代墓葬 197 座,其他古墓 100 余座。其中 269 号墓出有一批青铜器和玉器。② 1985 年,在殷墟南侧的刘家庄,发掘墓葬 169 座,反映了这里为殷墟的另一处大型墓地,为了解殷墟南部的布局及文化分布提供了科学依据。③ 1985 年后,殷墟发掘又有许多重要发现。如 1989 年在小屯村北又发现一处大型宫殿基址,为三排房基连成一体。1990 年 10 月,在殷墟郭家庄西发掘出一座保存完好的商代墓葬(M160),出土青铜器就达 288 件。1991 年 9 月,在殷墟花园庄东发掘出一座甲骨坑,出土一大批甲骨文,仅刻卜辞的整甲就有 90 多版。其他重要发现还有不少。④

新中国成立后殷墟发掘的资料,编写成近百篇考古发掘报告和简报,发表在《考古》《考古学报》《考古学集刊》《中原文物》《华夏考古》等学术期刊上。还先后出版了《殷墟妇好墓》(1980)、《殷墟玉器》(1982)、《殷墟青铜器》(1985)、《安阳殷墟头骨研究》(1985)、《小屯南地甲骨》(1980、1983)、《殷墟发掘报告》(1987)等专刊。还有许多研究成果发表于《殷墟发掘》(1955)、《新中国的考古发现和研究》(1984)、《河南考古》(1985)、《殷墟考古史》(1991)等学术专著上。

1984 年 10 月,全国商史学术讨论会在安阳召开,殷墟的发现与研究是会议中心议题之一。⑤ 其后,每隔几年,分别在安阳、郑州、南昌、桓台等地召开一次

---

① 中国社会科学院考古研究所安阳工作队:《1980—1982 年安阳苗圃北地遗址发掘简报》,《考古》1986 年第 2 期;中国社会科学院考古研究所安阳工作队:《殷墟 259、260 号墓发掘报告》,《考古学报》1987 年第 1 期。

② 孟宪武:《殷墟南区墓葬发掘综述——兼谈几个相关的问题》,《中原文物》1986 年第 3 期;安阳市文物工作队:《殷墟戚家庄东 269 号墓》,《考古学报》1991 年第 3 期。

③ 安阳市博物馆:《安阳铁西刘家庄南殷代墓葬发掘简报》,《中原文物》1986 年第 3 期;孟宪武:《殷墟南区墓葬发掘综述——兼谈几个相关的问题》,《中原文物》1986 年第 3 期。

④ 王立早:《殷墟发掘一处大型宫殿基址》,《中国文物报》1990 年 2 月 22 日;《殷墟发掘一座商代墓》,《中国文物报》1991 年 1 月 20 日;《殷墟花园庄发现早期甲骨坑》,《中国文物报》1991 年 12 月 22 日。

⑤ 《全国商史学术讨论会综述》,《殷都学刊》1984 年第 3 期。

殷商文明国际学术讨论会,不少国内外学者参加。殷墟考古已从单纯的甲骨学发展为包含考古学、历史学、古文字学等多门学科的"殷墟学",也可以说,殷墟研究早已超越中国国界成为一门世界性学科。

2. 宫殿宗庙建筑基址的新发现

1989年,在乙二十、乙二十一基址的东南约87米处又发现了一座大型宫殿基址。[①] 这座宫殿基址呈凹字形,缺口东向,南北有两排并列的房基,西面有与之相衔接的房基,占地面积约5000平方米。北排房基东西长约60余米,南北宽14.50米,南排房基东西长约75米,南北宽约7.30米,两排房基间距约27米。西排房基南北长约50米,宽7.50米。三排房基紧密相连,构成统一整体。在这3座房基中,北排房基当为主要建筑,其上有东西向排列整齐的三排柱洞,并有3个各宽2米的门道。这种三排房基连成一体的建筑结构方式十分罕见,对于殷墟建筑群的再认识和商代建筑的研究具有重要价值。这一重要考古发现,扩大了殷墟宫殿宗庙的范围。

为了更好地保护殷墟,1987年安阳市有关部门经文化部文物局和中国社会科学院批准,征购了洹河之滨小屯村东北的农田100余亩(即上述的殷代宫殿宗庙区及其邻接地段),筹建殷墟博物苑,同年秋工程初具规模。目前已仿建成殷代宫殿式建筑三座(包括甲十二、乙十二和妇好墓上的F1),对于少数基址(如甲四、甲六等),在地面上也作了显著标志。同时,还在苑内广植花草,使洹河之滨的这一古老遗址面目为之一新。现在殷墟博物苑已对外开放,供国内外人士游览观光。

3. 手工业作坊遗址

苗圃北地铸铜遗址,位于小屯村东南约1公里处,南距铁路苗圃100多米,作坊的范围在1万平方米以上。遗址东部发现房基20余座,灰坑和窖穴210多个,还有烧土硬面等。房基多为地面建筑,多呈长方形,以单间为主,双间的很少。有的房基地面上存有碎陶范等遗物,少数陶范面上粘有铜渣,也有未经烘烤的范和已经烤成的范,可能是浇铸铜器或烘烤陶范的工房。半地穴房子只发现一座,平面呈方形,四角各有一个柱洞,房底有一层硬面,中部发现一套大型的长方形或方形的陶范。这里可能是专为铸大型铜器而搭建的一座工棚。灰

---

① 王立早:《殷墟发掘一处大型宫殿基址》,《中国文物报》1990年2月22日。

坑和窖穴多在房基周围,不少出有陶范。遗址东部出土一大批熔炉和坩埚的残片,这应是熔铜工具。出土铸铜的陶范和陶模约2万块。外范约占70%,器类以礼器为主,工具和兵器甚少,主要有饕餮纹、夔纹和云雷纹,其次是乳钉纹、三角形纹、鸟纹、蝉纹、蚕纹、龙纹、鳞纹、蕉叶纹、圆涡纹、弦纹和直棱纹等。内范多系残块,均为礼器内范。陶模数量很少,器类有尊、觚、卣足和提梁、鼎足、觥盖、兽头等。纹饰有饕餮纹、牛头、兽头、绳索形、弦纹和阴线纹等,也发现少量石范。此外,出土有修磨铜器的砺石,整修范、模的铜锥、铜刀和骨尖状器等。遗址西部发现20多座房基,且房内有圆形灶面,当与人的生活有关。房子周围发现灰坑近60座,但出土铸铜遗物甚少。由此推之,遗址东部为生产区,遗址西部为生活区。苗圃北地铸铜遗址规模巨大,工艺进步,产品丰富,可能是一座殷王室控制下的铸铜作坊遗址。①

4. 王陵和其他墓葬

1990年10月,在殷墟郭家庄西部发掘出一座保存完好的商代中型墓。② 墓室长4.50米,宽2.90米,深5.70米。墓底中部有腰坑,葬具有棺有椁,墓内共发现殉人4个,狗3只,分别埋于二层台、棺椁之间和腰坑中。随葬铜、陶、玉、石、骨、牙、竹等类器物349件。其中铜器288件,包括礼器、乐器、生产工具、兵器等。青铜礼器40件,器表均有精美的纹饰和族徽文字。方形器数量较多,有方尊、方彝、方鼎、方觚。墓内青铜酒器中没有常见的铜爵,而代之以角。出土的10件角和10件觚,为首次发现。还出土有造型新颖的提梁四足鼎、方形器,提梁四足鼎内还存有尚未完全腐烂的肉食,非常少见。造型奇特的方尊,腹部的四角有凸起的四个象头,各边中部饰有凸起的兽头,头顶向上伸出一对大角,角端有五个枝杈,像人的手掌。这些兽头都是单独铸造。在一件圆形铜尊内有一个圆锥状的小竹篓,用细竹篾编成,非常精巧,这也是殷墟目前发现的保存较完整的竹器。青铜兵器数量很多,有戈、矛、钺、大刀等220件,另有铜镞900多件。从墓内大量随葬的兵器和铜器的族徽文字看,墓主人可能是一位地位较高的武将。

---

① 中国社会科学院考古研究所:《殷墟发掘报告》,文物出版社1987年版,第11~60页;中国社会科学院考古研究所:《1980—1982年安阳苗圃北地遗址发掘简报》,《考古》1986年第2期。
② 《殷墟发掘一座商代墓》,《中国文物报》1991年1月20日。

5.甲骨文的发现与研究

1991年9月,在殷墟花园庄东100余米处发掘了1个甲骨坑。① 坑口呈长方形,南北长2米,东西宽1米,坑深2.50米。当发掘至坑口以下1.70米时,发现甲骨堆积层,厚达0.80米,绝大部分是龟甲(均为卜甲)。它们有的正面朝上,有的反面朝上,有的紧贴坑边,相互叠压得很紧密。已经清理了其中的三分之二,取出856片甲骨,其中龟甲839片,牛胛骨17片。在龟甲中有腹甲811片,背甲28片,其中刻辞甲骨170片。此坑甲骨以大版卜甲居多,其中完整卜甲有300多版,上刻卜辞的整甲达90多版。每版上的刻辞,少者一二字,一般数十字,多者达200余字。有的卜甲字中还填以朱红色。此坑甲骨的时代属殷墟文化一期。刻辞内容集中,主要涉及祭祀和田猎等。字体较细小、工整、秀丽,具有独特风格。花园庄东地甲骨坑是继1936年小屯北地甲骨坑和1973年小屯南地甲骨后又一次重要发现,对研究甲骨文的分期及殷商历史都有重大价值。

新中国成立后的大型甲骨文著录有《小屯南地甲骨》(中国社会科学院考古研究所编辑,上、下两册,共五分册,1980—1984年出版)。上册刊甲骨图版,收录甲骨4612片,图版之前有前言,概述甲骨出土情况、甲骨分期及小屯南地甲骨的主要收获;下册刊载甲骨释文、摹本、索引、钻凿图版、钻凿统计表及《小屯南地甲骨钻凿形态》的论文。本书编纂很有特色,发表资料很完备,集拓本、摹本、索引、释文、钻凿图版于一书。按出土单位著录甲骨,还发表了与甲骨同出的陶器,为读者提供了可与出土地层及有关遗物相互联系起来的科学资料。书中将甲骨钻凿形态的演变与分期断代联系在一起,对甲骨学断代研究的发展做出了一定贡献。另一部是《甲骨文合集》(郭沫若主编,胡厚宣总编辑,中国社会科学院历史研究所先秦研究室编辑,全书共13册,1978—1982年出版),是集大成的甲骨著录,收录甲骨41956片。本书是按期按类加以编排的,收集材料广泛而全面,选出的拓片都是科学和可靠的。它为学术界提供了全面而科学的甲骨文资料,对甲骨文和商代历史研究起了很大的推动作用。

6.有关殷墟性质的讨论

安阳殷墟的考古发现印证了一些文献记载。如《竹书纪年》载:"自盘庚徙

---

① 《殷墟花园庄发现早期甲骨坑》,《中国文物报》1991年12月22日。

殷至纣之灭,二百七十三年更不徙都。"在相当长的一段时间内,学者们都认为安阳殷墟是盘庚迁殷后商代最后一座王都。但是近年来有一些学者对此结论提出质疑,并引起了不少争论,争论的核心问题主要有以下三个方面:

其一,盘庚从未迁都到殷墟,而是迁都到偃师,只是到了武丁时才迁到小屯,殷墟始为都城。《史记·殷本纪》曰:"帝盘庚之时,殷已都河北,盘庚都河南,复居成汤之故居。"《水经注》谷水条:"阳渠又东径亳殷南,昔盘庚所迁,改商曰殷,此始也。"《帝王世纪》云:"殷汤都亳,在梁,又都偃师,至盘庚徙河北,又徙偃师也。"《括地志》云:"河南偃师为西亳,帝喾及汤所都,盘庚亦徙都之。"这在古文献上找到了根据。多数学者认为,偃师尸乡沟商城是汤都西亳,但该商城一直用到二里岗期上层时期,似乎又在考古上得到证实。安阳殷墟没有发现属于盘庚时期的甲骨文、宫殿基址、大型王陵和青铜器,亦可作盘庚未迁殷墟的佐证。[①] 对于上述看法,许多学者提出了不同意见,认为所引的文献记载,特别是时代最早的《史记·殷本纪》记载的盘庚渡河南,并未确指偃师,尸乡沟商城使用到二里岗期上层时期与盘庚纪年不符,且尸乡沟商城并没有发现盘庚时期的甲骨文、宫殿基址和大型王陵[②],而安阳殷墟发现有殷墟第一期文化的遗址和陵墓[③]。

其二,盘庚非但未迁都到殷墟,而且殷墟从来没有作为王都,只是商王武丁至帝辛时期的陵墓区和祭祀场所。[④] 安阳殷墟至今未发现有关城墙的任何迹象。殷墟没有街道、宫城和大型宫殿,不具备王都的性质。都城和陵墓应该有一定距离,不应该在一起,而殷墟王陵与宫殿仅一水之隔,甚至妇好墓就在宫殿区内,故不能视为都城。"国之大事,在祀与戎。"商代后期诸王不惜耗费大量人力、物力、财力,在距国都不远的地方建造大规模的陵墓区和祭祀场所是完全可能的,汤阴或淇县朝歌有可能是商代晚期的都城。

上述论点也有学者提出异议。据文献记载,殷墟只能距洹水不远,不可能在汤阴或淇县。因为这些地方离洹水远而距淇水近,在古代,淇水名声大于洹

---

① 彭金章、晓田:《试论河南偃师商城》,《全国商史学术讨论会论文集》,《殷都学刊》增刊,1985年2月,第411~417页。
② 孙华等:《盘庚迁都地望辨——盘庚迁都于偃师商城说质疑》,《中原文物》1986年第3期。
③ 邹衡:《夏商周考古学论文集》,文物出版社1980年版。
④ 秦文生:《殷墟非殷都考》,《郑州大学学报(哲学社会科学版)》1985年第1期。

水,司马迁不可能把洹水作为殷墟的参照地,且汤阴或淇县并没有商代重要遗迹、遗物的发现;殷墟宫殿区内的宫殿基址有大有小,最大的乙八基址长85米,宽14.50米,中间设有很多分室;宫殿区西南面围有大壕沟,大壕沟的北端和东端与洹河相接,实际上起到了宫城城墙的作用;街道也应该有,只是可能已被破坏或未清理出来;陵墓与都城相近,甚至宫殿区内有墓葬,可能是夏商都城与后世不同的特点,先秦时代不乏其例。① 至少殷墟至今未发现城墙,可能是尚未发现或已被破坏,但更大的可能是殷墟并没有城墙。② 王都不一定有城墙,有城墙的也不一定是王都。建筑城墙无非是为了防御,包括抵御外敌入侵和防止内乱,也兼顾防水患和便于城市规划。盘庚迁殷之后,殷道复兴,尤其到武丁时,国势大振,四处征伐,敌对外族根本不可能袭扰到这里,商王朝也不用过分担心内部奴隶平民起义和经常遭到洪水灾害的侵袭。因此,建筑大规模城墙没有必要,所以殷墟确无城墙。

其三,虽同意盘庚迁殷,但同时还认为淇县朝歌为殷纣的王都,迁到朝歌还在殷纣之前。③《史记·周本纪》正义引《括地志》云:"纣都朝歌在卫州东北七十三里朝歌故城是也。本妹邑,殷王武丁始都之。"又引《帝王世纪》云:"帝乙复济河北,徙朝歌,其子纣仍都焉。"《汉书·地理志》、《后汉书·郡国志》、《水经注》淇水条、《太平御览》等古书中也有相似的记载。持这种观点的学者还认为:"在卫水以北的淇县朝歌世称'商墟',虽然这里考古工作做得很少而没有重大发现,但文献明确记载它是商王朝的另一座都邑。……朝歌以南是著名的商郊牧野,武王伐纣正是在这里决战决胜,诛纣灭商,从而建立起西周王朝政权,所有这些都说明朝歌一地为商代晚期都邑是明确无误的。"④还有的学者认为安阳殷墟和朝歌是两都并存,安阳殷墟作为主都,是国王和贵族的宗庙、祭祀所在;朝歌作为辅都,是军事重镇及田猎、游乐所在。⑤

王都迁徙朝歌有许多不确定性。一部分学者认为,安阳殷墟考古遗存表明,殷墟文化年代上可追溯到盘庚迁殷之时,下可延续到帝辛甚至西周初年,中

---

① 杨锡璋:《殷墟——商代后期的都城》,中国古都学会第六次年会论文。
② 张国硕:《殷墟城墙商榷》,《殷都学刊》1989年第2期。
③ 田涛:《朝歌为殷纣帝都考》,《中州今古》1987年第1期。
④ 郑杰祥:《释滴》,《殷都学刊》1988年第2期。
⑤ 李民:《关于盘庚迁殷后的都城问题》,《郑州大学学报(哲学社会科学版)》1988年第1期。

间没有缺环,丝毫看不出中途因迁都显出的中衰现象,更证明殷墟一直作为王都未动。① 朝歌是晚商驻扎三师、宿卫殷都的军事要塞,也是帝乙、帝辛时期的离宫别馆。② 从自然条件、地理环境、矿产资源、土壤分布、河水灾患等方面进行分析,安阳作为城的条件比朝歌优越很多;从考古资料看,安阳一直是商代后期的政治、经济、军事、文化中心,而朝歌迄今尚没有与王都相符的任何考古发现。安阳与朝歌相距仅50公里,迁徙毫无意义。因此可以认为帝乙帝辛时并未迁都于朝歌。③

(四)商代的其他考古发现

除上述三座商王都之外,在河南省其他地方还发现有商代遗址或包含有商代文物的遗存点达670余处④,分别发现有商代文化层、房基、窖穴、墓葬或其他遗迹,出土有青铜器、玉器、陶器、石器、骨器、蚌器等遗物,其中有一些是非常重要的发现。

商代的大墓除了武官村大墓、妇好墓,还发掘了几座规模较大的墓葬。如1977年春季,在小屯西北地妇好墓之东约22米处发掘了18号墓,墓内出有铸"子渔"铭文的青铜礼器。⑤ 此墓为解决妇好墓的年代提供了佐证,也基本搞清了殷墟王陵区的界限。另外,1979年,在罗山后李发现一处商代墓地,发掘商墓17座。⑥ 每座墓均随葬有青铜器,有的还有殉人。发掘者根据出土的铜器判断,墓的年代相当于殷墟文化二到四期。7座墓出土的23件铜器都铸有相同的族徽,有人释之为"息"字,由此被认为是地方诸侯息国的家族墓地。⑦ 这处墓地的位置正处于商代王朝与南方方国交往的要道上,因此,它的发现对研究商代中原与南方的交往关系十分重要。

---

① 邹衡:《夏商周考古学论文集》,文物出版社1980年版,第31页。
② 戴志强、郭胜强:《试论帝乙帝辛时殷都未迁——兼论朝歌在晚商的地位》,《全国商史学术讨论会论文集》,《殷都学刊》增刊,1985年2月,第147~159页。
③ 聂玉海:《再谈帝乙帝辛未迁都于朝歌》,《安阳史志通讯》第九辑。
④ 河南省文物局:《中国文物地图集·河南分册》,中国地图出版社1991年12月版。
⑤ 中国社会科学院考古研究所安阳工作队:《安阳小屯村北的两座殷代墓》,《考古学报》1981年第4期。
⑥ 信阳地区文管会:《河南罗山蟒张商代墓地第一次发掘简报》,《考古》1981年第2期。
⑦ 李伯谦等:《后李商代墓葬族属试析》,《中原文物》1981年第4期。

三、两周考古的发现与研究

（一）西周洛邑

20世纪50年代初，郭宝钧依据文献提供的线索，在今洛阳市区涧河东岸与洛河北岸的涧、洛两河交汇处的三角地带，发现并确定了始建于春秋早期的东周王城遗址和汉河南县城遗址，为西周洛邑城址的考古探索拉开了序幕。但遗憾的是，40多年来，在这一范围内开展的多项考古调查和发掘，均未能寻找到西周的城址和同期其他有价值的信息。与此同时，在市区东部的瀍河两岸，几十年来则迭有西周遗址和墓葬不断发现。这些发现主要有：洛阳北窑西周铸铜遗址[1]，洛阳东郊、东关西周墓葬[2]，在老城、瀍河边发现的西周车马坑[3]等。这些发现涉及的地域范围，大略西起今史家沟以东，东到瀍河东岸的焦枝铁路两侧并延至塔湾村，北起陇海铁路以北的北窑村，南达洛水之畔的洛阳老城南关，东西长约3公里，南北宽约2公里。事实表明，这是一片面积广大、内涵丰富的西周遗址。

有些学者依据以上重要发现，并结合历史文献记载和实地勘查，对西周洛邑城址进行了考证。[4] 作者首先否定了自汉代以来广为流传的周公营建的洛邑分为王城和成周的"两城说"，继而根据《尚书·洛诰》所载召公卜相洛邑选定的城址的具体位置与瀍水、涧水的密切关系，从分析二水的历史变迁，确定瀍、涧二水在西周时的位置入手，确定了文献记载的洛邑城址的具体地点。作者认为，据《水经注·谷水》《洛阳伽蓝记》所记瀍水在北魏时流向，结合现在的实地考察，可知自西周以来，瀍水并无改道的历史。发掘出的大量西周早中期的墓

---

[1] 《洛阳北窑西周铸铜遗址》，《中国考古学年鉴（1990）》，文物出版社1991年版，第248页。
[2] 余扶危等：《洛阳东关五座西周墓的清理》，《中原文物》1984年第3期；《洛阳东郊西周墓》，《中国考古学年鉴（1987）》，文物出版社1988年版，第185页；《洛阳东关两座西周墓》，《中国考古学年鉴（1990）》，文物出版社1991年版，第249页。
[3] 《洛阳发现一座西周葬马坑》，《河南日报》1983年2月9日；《洛阳市瀍河西周车马坑》，《中国考古学年鉴（1985）》，文物出版社1986年版，第167页；中国社会科学院考古研究所洛阳唐城队：《洛阳老城发现四座西周车马坑》，《考古》1988年第1期。
[4] 叶万松等：《西周洛邑城址考》，《华夏考古》1991年第2期。

葬和丰厚的遗址堆积情况也表明瀍河两岸在西周之时是一处人口众多的聚居生息之地。今之瀍河当即西周时之谷水无疑。涧水则不然。据文献考证和实际考察,在洛阳平原的水系中,涧水和谷水于新安境内汇流后,其下游河道涧水、谷水二名兼称,时常难以分清。而今洛阳五女冢以下南注入洛的涧水在西周时是不存在的,很可能系《国语·周语》所载周灵王二十二年谷水(即涧水)泛滥改道逐渐冲刷而形成。西周时的涧水和谷水合流后,径流东出与瀍水交汇,经千金堰与金谷水汇流,最后流经今汉魏故城一带注入洛水。而这段水道因河床淤塞而逐渐埋圯,古河道遗迹深埋于今地表的 8.50 米深以下。长期以来,人们把今五女冢以下南注入洛的涧河即当作西周时的涧水,并据以寻找西周洛邑城址,一误再误,终无所获。其实,《尚书·洛诰》所载召公卜宅的涧水可能即指谷水。由于谷水原是一条东西流向的河道,"涧水东"则提醒我们非指谷水这条大水系,而应是位于洛阳平原上的谷水的某一条南北流向的支流。这条支流,可能即位于今洛阳老城西北不远的史家沟。据清龚松林撰《洛阳县志》卷二,史家沟水可能最晚在明代时仍被称为涧水,只是以后水源渐枯,涧中多聚居史姓居民而被"史家沟"一名所取代,这一推论,也与上述洛阳西周考古的丰富成果相吻合。在今史家沟以东的瀍河两岸发现的内涵丰富的西周遗存,为寻找记载中的西周洛邑城址提供了重要线索。当然,这一问题仍在探索之中,它的最终解决,还有赖于考古发掘和研究工作的进一步深入。

(二)西周墓葬

1.洛阳地区的西周墓葬和车马坑

洛阳地区的西周墓葬,40 余年来发掘总量约 800 余座,集中分布区域即为瀍河两岸的塔湾、马坡、庞家沟、北窑村及老城东关一带,这里的西周墓葬可分为周人墓和殷遗民墓两类。1986 年 12 月,在洛阳东郊发掘一座西周墓,随葬有鬲、簋、盆、卣、觚、爵等铜质礼器及鼎、罐、甗、簋等陶器和铜镞、玉片等。[①] 在洛阳老城东关以东的塔湾村附近,40 余年来集中发掘 90 多座遗民墓,其中数座墓出土的青铜器上带有商人的族徽符号。如 1990 年底,在塔湾机车厂生活区清理小型西周墓 20 座,均有殉狗腰坑,其中一座随葬铜鼎、觚、爵、觯各一件,觚铭

---

① 叶万松:《洛阳市东郊西周墓》,《中国考古学年鉴(1987)》,文物出版社 1988 年版,第 185 页。

为"子父已",子亦为商氏族一支,这批墓葬亦当殷遗民墓。① 除周人墓和殷遗民墓之外,洛阳还发现了多座西周车马坑。1983 年在洛阳畜产公司发掘一座马坑,葬马 10 余匹。② 1984 年 4 月,在洛阳老城东关瀍河东岸,清理 4 座长方形车马坑③,其中 2 座保存比较完整④。洛阳西周车马坑的发现,为研究西周的车马葬制及车制马具提供了重要的实物资料。

2. 三门峡虢国墓地

1956—1957 年,黄河水库考古队在三门峡市上村岭发掘了虢国贵族墓地,共发掘墓葬 234 座及 3 座车马坑和 1 座马坑。从 1990 年起,在上村岭虢国墓地 50 年代发掘区的北部,对虢国墓地进行了第二次发掘,至 1992 年止,共发掘墓葬 9 座,车马坑 4 座,乱马坑 1 座。⑤ 前后时隔 30 余年的两次发掘,出土了数万件珍贵的文物,极大地丰富了人们对两周之际历史的认识。

虢国墓地的两次发掘,引起学术界极大的关注。很多学者对通过发掘而揭示的文献记载迷乱不详的虢国历史,对这一墓地的年代与分期,先后进行了热烈的讨论,发表了许多有见地的意见。发掘找到了解开历史上虢国之谜的钥匙,完善了我们对邦国公墓制度的认识,确认了西周晚期的一批标准器群,对于研究西周时期的封国史以及当时的社会等级结构、血缘宗法关系、古代礼乐制度的形成和发展,以及研究古代冶金史、玉器工艺史等方面,无疑具有十分重要的意义。对于虢国历史和虢国墓分期等问题的讨论主要有以下一些著作和论文:郭宝钧的《商周铜器群综合研究》(文物出版社,1981);李丰的《虢国墓地铜器群的分期及相关问题》(《考古》1988 年第 11 期);俞伟超的《上村岭虢国墓地新发现所揭示的几个问题》,李学勤的《三门峡虢墓新发现与虢国史》(均见《中国文物报》1991 年 2 月 3 日第 3 版);安志敏的《虢国墓地和三门峡考古》,杜迺松的《谈虢国墓地新出铜器》(均见《中国文物报》1991 年 2 月 10 日第 3 版);马承源的《虢国大墓参观记》(《中国文物报》1991 年 3 月 3 日第 3 版);邹衡的《新

---

① 张剑:《洛阳两周考古概述》,《洛阳考古四十年》,科学出版社 1996 年版,第 17 页。
② 《洛阳发现一座西周葬马坑》,《河南日报》1983 年 2 月 9 日。
③ 《洛阳瀍河西周车马坑》,《中国考古学年鉴(1985)》,文物出版社 1986 年版,第 167 页。
④ 中国社会科学院考古研究所洛阳唐城队:《洛阳老城发现四座西周车马坑》,《考古》1988 年第 1 期。
⑤ 河南省文物研究所:《河南考古四十年》,河南人民出版社 1994 年版,第 247 页。

发现虢国大墓观后感》,张长寿的《虢国墓地的新发现》(均见《中国文物报》1991年3月17日第3版);贾峨的《关于上村岭虢国墓的几个问题》(《中国文物报》1991年3月31日第3版);等等。

3.平顶山应国墓地

应国是商周时期中原地区的一个古老封国,据《古本竹书纪年》记载,殷时已有应国。至周灭商,武王再封其弟于应地。《左传·僖公二十四年》:"邘、晋、应、韩,武之穆也。"《汉书·地理志》颍川郡父城县条下班固自注:"应乡,故国。周武王弟(子)所封。"应国的地望在今平顶山市薛庄乡原滍阳镇一带,这既为诸多的文献记载所指明,更为历年来此地出土的应国铜器及考古发掘所证实。应国墓地位于今平顶山市西约20公里的薛庄乡北滍村西的滍阳岭上,地当彭河、沙河(古滍水)之北,应河之东,今白龟山水库西北岸边。1986年以来,河南省文物研究所对这一墓地进行了全面勘探和发掘,证实这是一处应国贵族墓葬区。墓地南北长2500米,东西宽约100米,高出周围地面10余米。发掘工作持续10年,发掘墓葬300余座,出土各类文物上万件。[①] 应国墓地的发掘表明,西周初期,这里已有应国贵族下葬,在春秋早期,应国尚存。春秋中期以后,滍阳岭的应国墓地,出现了大量的楚人墓葬,推测应国可能为楚国所灭。相信随着资料的增加和研究的深入,我们对应国历史的认识会逐渐明晰。

(三)东周列国都城遗址的勘探和发掘

西周初年,大行分封,在河南境内留下了丰富的遗迹。至东周时期,中原所封列侯,见诸记载的犹存50余国。列国之间征战频繁,具有较强防御功能的都城大量出现。经过调查,河南境内现存属于东周时期的城址百余座。这些城址多是当时诸侯国的都城,是当时百里封国的政治、经济、文化中心,也有的是工商业城邑和军事重镇。对这些城址进行发掘和研究,可以更加全面地了解东周列国的政治、经济、文化和社会发展状况。

1.洛阳东周王城

20世纪80年代以来,围绕洛阳东周王城,洛阳市文物工作队做了大量工作。从20世纪80年代初开始,洛阳市文物工作队通过对王城北墙、西墙的多

[①] 王龙正等:《平顶山应国墓地发掘获重大成果》,《中国文物报》1996年9月1日。

次发掘,大致可以认为城墙的始建年代约在春秋中叶以前,战国及秦汉都不同程度地进行了修补,西汉后期以后逐渐荒废。通过发掘,对王城布局有了大致了解:在城址西南隅即今小屯村东南以及瞿家屯一带,瓦片堆积很厚,且多板瓦、筒瓦和饕餮纹、卷云纹瓦当,还发现有夯土台基遗存,应是宫殿所在地;东部是墓区;南部的中心部分应是战国时期国家粮窖所在地。洛阳战国粮窖遗址发现于1970年,80年代以后,洛阳市文物工作队又发掘了6座粮窖。粮窖为圆形,口大底小,口径和深度一般均在10米左右。其筑窖程序大致是先清除灰坑,填土夯实,然后挖窖、修壁,最后铺设防潮设施。防潮设施是在生土上涂抹一层铁锈色物质,坚硬似甲壳,形成隔水层;在隔水层上敷青膏泥;在青膏泥上铺木板;在木板上铺谷糠,有的还铺苇席或竹箔。

近年来,洛阳市文物工作队先后发掘了千余座东周墓葬,这批东周墓葬有6座出土了先秦货币。[①] 同时都伴出有组合关系的陶器,从而为洛阳先秦货币的断代提供了依据。研究表明,大型空首布主要流行于春秋至战国早期;中型空首布始铸于春秋晚期,流行于战国早中期;小型空首布只在战国时期使用;圜钱始铸于战国晚期。1988年C1M2528号东周墓出土的越王矛,其上有错金鸟篆书"越王者旨于赐"铭。[②] 1991年C1M3352号东周墓出土的吴王夫差剑,其上铭文锈蚀,仅见"攻敔王夫差自作其元用"10字。[③] 它们的出土为研究洛阳与吴、越的关系提供了重要资料。洛阳市文物工作队在东周王城遗址内发掘了300余处,发掘点几乎遍布王城的各个部位,发掘面积达数万平方米,而这些发掘点的地层和遗物几乎没有属于西周时期的。这种现象表明东周王城不是建在西周王城的城址之上,从而排除了西周在此建造都城的可能性。[④]

2.新郑郑韩故城

郑韩故城位于新郑周围的双洎河和黄水河之间的三角地带。根据文献记载,它是公元前8世纪中期至公元前230年的春秋战国时期郑国和韩国的都城。郑韩故城依双洎河和黄水河相汇处的自然地势构筑。城址平面略呈不规则长方形,东西长约5000米,南北宽约4500米,中部有一道南北向夯土墙将故

---

① 赵振华:《河南洛阳新发现随葬钱币的东周墓葬》,《考古》1991年第6期。
② 洛阳市文物工作队:《河南洛阳发掘一座战国墓》,《考古》1989年第5期。
③ 洛阳市文物工作队:《洛阳C1M3352出土吴王夫差剑等文物》,《文物》1992年第3期。
④ 叶万松:《近10年洛阳市文物工作队考古工作概述》,《文物》1992年第3期。

城分隔成东西两部分。

1987年,河南省文物研究所配合基建钻探25.6万平方米。发现东周时期夯土台基6处。面积约1130平方米。发掘夯土基址2处,其中一处属于春秋时期的大型建筑基址,面积800平方米左右;另外一处位于西城宫殿区内,从其平面形状看,似为一段东周夯土墙基残垣。清理东周墓葬13座,春秋时期车马坑2座,灰坑59个,水井14眼,窖藏2座,陶窑2座。

后端湾春秋墓区发现的2个车马坑,是郑韩故城近年考古工作中的重大收获之一。1号车马坑长3.96米、宽3.56米,葬车2辆、马8匹;2号车马坑长4.9米、宽4米,也葬2辆车、8匹马。两坑中都发现1殉狗。车马坑形制保存基本完好,时代当为春秋时期。

考古工作者还对郑韩故城周围的大型墓葬进行了综合调查,钻探面积在15万平方米以上。探出并确定了战国晚期大型墓葬27座。这些墓葬很可能与韩国王陵有关。墓葬周围还探出有陪葬墓(或车马坑)390余座。[①]

西城内最重要的发现是位于宫城西北部的地下冷藏建筑遗存。[②] 这处地下冷藏室的形制为口略大于底的长方形竖穴式。由冷藏室内出土较多的板瓦筒瓦残片看,冷藏室地面原应有木构瓦顶类的建筑设施。冷藏室填土中出土有大量战国时期的陶器、砖、瓦残片以及铜、铁、骨器等。填土中出土的禽兽骨骼约占整个出土遗物总数的一半,以牛、猪骨最多,马、羊骨次之,并有少量鹿、鸡骨。大量禽兽骨骼的出土,充分说明这一冷藏建筑以储藏肉类食物为主。郑韩故城内的这一处地下冷藏建筑,时代属于战国晚期。其位置南距宫城遗址仅200余米,推测当是战国时期韩国王室专用的地下冷藏建筑设施。其周壁规整,出入走道狭窄,地面平坦整洁,封闭性较好,便于保持室内低温及冷藏物品的清洁卫生,建筑设计科学,对于研究我国古代建筑史及古代食品的冷藏技术都具有重要价值。

东城是手工业作坊的集中分布区。东城内还发现有制作玉器的手工业作坊的线索。近年来,在东城东南部发现有战国晚期的储粮窖穴,在铸铜遗址内

---

① 宋国定:《新郑县郑韩故城遗址》,《中国考古学年鉴(1987)》,文物出版社1988年版,第187页。
② 河南省文物研究所:《郑韩故城内战国时期地下冷藏室遗迹发掘简报》,《华夏考古》1991年第2期。

发现有布币陶范和印制铜兵器铭文的石模,在东城的西北部发现了大面积的夯土遗存。这些都为研究郑韩故城的城内布局及东城性质增添了新的资料。

在郑韩故城内外,均发现有春秋战国时期的墓地分布。其西城内东南部和东城内西南部一带,可能有春秋郑国的贵族墓葬区。在郑韩故城外围的新郑卷烟厂、烈江城村、蔡庄、河李、南关、李家、马家、周庄、靳洞等处,均有春秋战国时期的墓葬发现。就大致的分布规律看,春秋时期郑国贵族墓地多在城内,春秋战国时期的一般墓葬区多在城外,战国时期韩国王陵区目前已有一些线索。①

3. 潢川黄国故城

黄国故城位于江淮之间的河南省东南部潢川县城西约 6 公里的隆古乡一带。② 故城平面呈长方形,东墙长 1650 米,南墙长 1800 米,西墙长 1550 米,北墙长 1720 米,墙宽 10~25 米,基宽 59 米,残存高 5~7 米。可以确认的有 3 处城门遗迹。黄国故城内外曾有多批重要青铜器出土。尤为重要的是,在春秋早期黄君孟夫妇合葬墓③、春秋黄季佗父墓④中出土的大批精美铜器、玉器、漆木竹器和陶器,不仅证明黄国故城西南 20 公里的光山宝相寺、天常墩一带是春秋早期的黄国王室墓地,而且对研究春秋时期中原文化与楚文化的关系都是一批弥足珍贵的资料。

4. 淮阳陈楚故城

豫东平原上的淮阳县,曾是文献记载中的"太皞之墟",西周春秋时期陈国都城所在地。至公元前 478 年,楚惠王灭陈,陈地属楚,成为楚国北上争霸中原的一座军事重镇。公元前 278 年,秦将白起攻破郢都,楚顷襄王"东北保于陈城",以陈为楚最后的国都达 38 年。故淮阳陈城亦当称"楚故城"。1980 年曾对淮阳陈楚故城进行调查和试掘⑤,证明这座城址的始建年代为春秋晚期或稍早一点,后曾数次修复,其中以战国晚期修复的规模最大。城内情况因现代建筑覆压及环城湖水面淹没已很难明了。

---

① 蔡全法、宋国定:《新郑县辛店许岗东周墓调查简报》,《中原文物》1987 年第 4 期。
② 杨履选:《春秋黄国故城》,《中原文物》1986 年第 1 期。
③ 信阳地区文管会等:《春秋早期黄君孟夫妇墓发掘报告》,《考古》1984 年第 4 期。
④ 信阳地区文管会等:《河南光山春秋黄季佗父墓发掘简报》,《考古》1989 年第 1 期。
⑤ 曹桂岑:《楚都陈城考》,《中原文物》1981 年特刊。

（四）东周墓葬

1.洛阳王城内外的东周墓葬

在王城内中部、东北部和城外东部、西部，多年来发现并发掘了大批的东周墓葬。1982年4月，距小屯发现的东西一线排列的4座大墓约30米处，发现了一座战国时期的陪葬坑。[①] 发现铜鼎一套10件，铜编钟一套9件，另有石编磬一套23件。这是洛阳考古史上一次重要的发现。联系到新郑郑韩故城近年来多次发现的大型礼乐器祭祀坑，或许可以想见这座陪葬坑的性质及其与相近主墓的关系。在以上大墓周围还发现数座重要的战国墓葬。位于西工中州路北侧的八一路与唐宫路交叉口处的一座墓葬，是1983年发掘的。[②] 墓中随葬品铜、陶礼器结合，正显示了战国晚期礼制的衰落和在长期战争中新兴阶层的兴起。1981年在西工八一路东侧发掘了一座战国初期墓[③]，难能可贵的是这座墓未遭盗扰。墓内随葬品有鼎、豆、壶等铜礼器15件，乐器铜甬钟一套16件，另有铜跪俑4件，石磬6件，这其中的4件铜壶的颈腹部均以红铜镶嵌构成狩猎纹图案，为战国时期珍贵的艺术精品。1991年8月在东周王城东北部发掘的一座战国早期墓，出土有陶器、铜兵器和车马器。[④] 其中的一件铜剑上有铭文两行，因锈蚀，可辨7字："敔王夫差其元用。"剑通长48.8厘米，宽4.2厘米，其形制较之河南辉县、湖北襄阳出土的吴王夫差剑略同，其文字风格、排列次序亦与上述二剑相同，因此，剑铭完整亦当10字，应为："攻敔王夫差自作其元用。"夫差剑当铸于春秋末期，此剑如何流转至东周王城内且随葬于一普通战国早期墓中，尚难以定论，但无疑这是研究春秋战国之际周王室与吴国之间关系的有价值的资料。

东周王城的东墙外，是东周墓葬分布又一集中地带。1983年在东墙外50~80米处，发掘了18座东周墓葬。[⑤] 其中土坑竖穴墓17座，洞室墓1座。前者均

[①] 《一批珍贵文物在本市出土》，《洛阳日报》1982年9月22日。
[②] 洛阳市文物工作队：《洛阳市西工区203号战国墓清理简报》，《中原文物》1984年第3期。
[③] 张剑：《洛阳两周考古概述》，《洛阳考古四十年》，科学出版社1996年版，第14~26页。
[④] 张剑：《洛阳两周考古概述》，《洛阳考古四十年》，科学出版社1996年版，第14~26页；《中国考古学年鉴(1992)》，文物出版社1994年版，第242页。
[⑤] 中国社会科学院考古研究所洛阳唐城队：《1983年洛阳西工区墓葬发掘简报》，《考古》1985年第6期。

为中小型墓葬。以墓口计,最大者长4.40米、宽3.20米,最小者长2.20米、宽1.30米。深度最深者9.75米,最浅者2.60米。墓室近底部多有生土二层台。7座墓葬掏挖有壁龛。葬具就朽痕观察,8座单棺单椁,1座重棺单椁,7座单棺无椁,1座无任何葬具。葬式屈肢葬11座,直肢葬3座,另3座葬式不明。一座洞室墓由刀把形墓道和开凿于墓道西侧、平面为长方形、顶略弧拱的洞室组成,室内置一木棺,随葬品丰富。有4座墓葬无任何随葬品。这里发现的一座重棺单椁墓,系在椁室内并列两具棺木,两棺用生土台相隔,是战国中期用于夫妇合葬的一种新葬式。18座东周墓葬的绝对年代,属于春秋中晚期的2座,战国早期3座,战国中期6座,战国晚期1座,其余因无随葬品难以判定绝对年代,仅可知为东周时期墓葬。1983年在东城墙外500米处即洛阳市委招待所,还发掘了一座中型墓[1],系单棺单椁,随葬有鼎、簠、豆、罍、壶、舟等青铜礼器和18件一套铜编钟及10件一套石编磬。

2. 魏国墓葬

汤阴战国时期地处魏赵两国交界点。1982年上半年,在汤阴县城西五里岗发现一处古墓群,在20余万平方米的范围内发现墓葬4000多座,墓葬分布密集,东西成列,排列有序。已发掘的210座墓,均为土坑竖穴墓,其内出土了大批铜、陶、铁、玉料器等。经鉴定死者多系男性青壮年,有些死者身上尚穿有铜镞,有些则具有明显的刀砍痕迹,他们的身份当为一批战死者,这里或为一处战国晚期的阵亡将士墓地。[2]

3. 郑、韩两国墓葬

战国时期韩国王室的大型陵墓目前经调查已经获得一些线索。[3] 位于郑韩故城外西部约10公里的许岗村东部,东西一线原4座墓冢并列,现存一冢高约7米,其他已遭夷平。经钻探,墓葬均为夯土封冢,有南北向墓道,其中一座长达160米,当为"中"字形大型陵墓。墓室内填充积石,其侧分布有车马坑和陪葬坑,气势雄伟,不亚于辉县的固围村大墓。显然系战国时期韩国高级贵族墓葬,抑或是王陵。在暴庄、胡庄、仓城、王行庄、苗庄、冢岗等地,均存有经调查确认

---

[1] 叶万松、余扶危:《洛阳市180号战国墓》,《中国考古学年鉴(1984)》,文物出版社1985年版,第134页。

[2] 杨育彬:《河南考古》,中州古籍出版社1985年版,第190页。

[3] 蔡全法、宋国定:《新郑县辛店许岗东周墓调查简报》,《中原文物》1987年第4期。

属战国时期的巨大封冢或墓葬发现。这些遗存的真实内涵,仍有待于考古发掘的进一步证实。1988年在告成镇肖家沟清理的一座墓葬属战国晚期。① 这是一座空心砖墓。底、顶分别用7块空心砖并排平铺,南北两壁各并列侧立2块,东西两壁各用4块空心砖侧立两两重叠放置。随葬品计有铜洗、铜璜共5件,陶瓮等3件,陶瓮的肩部和残陶碗底部各有一阴文"公"字戳记。

4.楚国墓葬

淅川下寺楚墓发现于1977年秋,由于丹江口水库水位下降,古墓(后编为M36)露出水面,出土大批青铜器。河南省博物馆文物工作队在1978年对此一区域进行了调查,发现大小春秋墓葬24座,确认为楚国墓地。清理了M1、M2、M3等3座大型墓葬。1979年对墓地进行了全面发掘,共发掘大中型墓葬9座、小型墓葬15座以及车马坑5座。该墓葬区可分为甲、乙、丙三组。②

甲组包括M7、M8和M36以及M8CH、M36CH两座车马坑,墓葬形制均为长方形竖穴土坑墓。M8重棺单椁,椁室四周有二层台,两棺南北并列。残存随葬品铜器占大多数,其中部分青铜器有铭文。如戟铭"以邓之用戟""以邓之戟"。M7与M8南北并列,形制类似,可能为异穴合葬墓。M36遭破坏,收集到的出土随葬品铜器占绝大多数,其中一件戈上有铭文"鄳子妆之用",对研究鄳国历史有重要价值。两车马坑为长方形,内葬2车8马。乙组位于整个墓葬区的中部,是墓地中规格最高、最为重要的一组。包括M1、M2两座大型墓葬,M3、M4两座中型墓葬和小型墓葬15座。4座大中型墓葬南北并列,M2居中,M1在南,M3在北,墓主为一男二女,可能为一夫多妻三人异穴合葬。M2规模大,规格最高,有二层台,葬具为一椁重棺,两棺并列。随葬品有铜器、玉器和少量石、骨等器物,其中以青铜器和玉器为主。青铜礼器不少有铭文,如一套"王子午升鼎",其中最大的鼎有铭文,记载可能为王子午作鼎的用途和生平。一件铜禁形体高大,做工精细,为中国青铜器中的珍品。出土的"王孙诰"甬钟一套26枚,每枚钟之上都有铭文,内容为王孙诰铸钟缘由、用途以及歌功颂德的文字,是研究楚国历史与中国古代音乐史的珍贵资料。其他随葬青铜器、玉器、石器、骨器

---

① 河南省文物研究所登封工作站:《河南省登封县肖家沟战国墓发掘简报》,《华夏考古》1990年第4期。
② 杨育彬、袁广阔:《20世纪河南考古发现与研究》,中州古籍出版社1997年版,第475页。

等也各具特色。不幸的是 M2 的随葬车马坑遭到破坏,残存有南北排成横列的随葬车、马等遗物。M1 规模比 M2 稍大,形制相似,为重棺单椁,随葬品较丰富,以铜器、玉器为主,未见兵器与车马器,甬钟一套 9 枚。M3 为重棺单椁,葬 2 人,随葬品亦以青铜器、玉器为主,但无编钟、编磬等乐器随葬。15 座小型墓分布在 M2、M3 大墓南北两侧,显然为从葬。葬具为有棺无椁,随葬品少。丙组墓葬位于墓区的最北部,包括 M10、M11 及两座车马坑。两墓均为长方形竖穴土坑墓,一椁双棺。随葬品都以青铜器为主。M10 随葬有甬钟一套 9 枚,上有铭文,另有车马器与石磬等。M11 随葬品主要放在墓室的东部,亦以青铜器为主。M10、M11 都有从属的车马坑,只是被破坏较为严重。[①]

淅川下寺楚墓的考古发现是河南楚文化研究中一次极为重要的发现,这是一处完整的楚国贵族墓地。对于研究楚国埋葬习俗并进而全面揭示楚国政治、经济、军事、文化等的发展历程,具有重要价值;墓葬中出土的丰富的随葬器物,特别是大量青铜器铭文,是楚文化研究的珍贵实物资料,对于楚文化研究乃至楚国与周边诸侯国的关系具有重要价值。铜器群组合年代明确,在铜器断代上意义重大,是春秋时期楚铜器群中十分重要的一批标准器。淅川下寺墓葬的发掘,对中国古代冶金史、音乐史、文字史等的研究,也都具有重要的意义。1991 年 10 月,根据发掘资料,由河南省文物研究所、河南省丹江库区考古发掘队等编著的《淅川下寺春秋楚墓》详细地介绍了发掘内容,具有重要的参考价值。

1990—1991 年,在距下寺楚墓不远的和尚岭、徐家岭一带,又有一批重要的楚国贵族墓葬发现。[②] 和尚岭楚墓西距下寺楚墓仅 400 米。1990 年 3 月,在这里发掘清理 4 座古墓葬。[③] 徐家岭南距和尚岭约 2 公里,1991 年,在这里发掘大型楚墓 10 座,车马坑 1 座。由其出土铜器铭文看,它与下寺、和尚岭或应同属一个家族的墓地。1991 年,在淅川吉岗清理了一批中小型楚墓。[④] 这些墓葬出土物多为陶器,间或有少量铜器和玉石器。墓葬年代春秋、战国时期的均有,它们反映出楚国下层文化的另一种面貌。

---

① 河南省文物研究所等:《淅川下寺春秋楚墓》,文物出版社 1991 年版。
② 曹桂岑:《丹江口水库发现楚国贵族墓》,《中国文物报》1992 年 8 月 30 日;曹桂岑:《河南淅川和尚岭·徐家岭楚墓发掘记》,《文物天地》1992 年第 6 期。
③ 河南省文物研究所:《淅川和尚岭春秋楚墓的发掘》,《华夏考古》1992 年第 3 期。
④ 胡永庆:《淅川吉岗楚墓群》,《中国考古学年鉴(1993)》,文物出版社 1995 年版,第 183 页。

淮阳春秋时为西周始封的陈国故都。公元前478年,楚惠王复灭陈,置陈县。至前278年,秦将白起攻破郢都,楚顷襄王"东北保于陈城",以陈为临时国都达38年,直至前241年再迁于寿春。20世纪80年代初,在陈楚故城东南的马鞍冢、平粮台一带发掘清理了一批重要的楚国墓葬。①

马鞍冢因两冢相连、南北并列、形如马鞍而得名。经调查确认为两座大型合葬墓,并在墓之西边发现两座与之对应的祔葬的大型车马坑。平粮台4号楚墓也是一座"甲"字形墓,因被破坏,墓葬形制及棺椁葬具不详。残存遗物有铜鼎1、"越王剑"1及其他一些铜饰件、陶器等。"越王剑"剑身铭为"工人工冂工人工人冂"9字,剑格正面铭曰"王戉戉王",背面有铭作"隹匠冂"。字体错金鸟篆。此前,淮阳县文物部门曾征集到两把"越王剑",与此出土铜剑略同,不失为研究战国时期楚越关系的有价值的资料。"越王剑"何以流落至陈,且一地如此之多,是一个值得探讨的课题。

(五)东周重要铜器的发现与研究

1983年在确山县竹沟镇西发现了一批青铜器②,计有鬲、盘、匜各1件,时代当属春秋早期。其中鬲沿面铸铭因磨损锈蚀严重,多已不能辨识。匜内底部铭为"▨伯□夷自作旅匜其万年无疆子子孙孙永宝用享"。对铭文第一字的隶释颇有异议。报道者将首字释读为"道",并考定为淮汝之间的姬姓小国——道国遗物。据《左传》记载,鲁昭公十一年(前531)楚灵王曾将道国迁于荆,昭公十三年(前529)楚平王即位,又得以复国,后则不得其详。道国所在,多记在确山县境。距此青铜器出土点东南约1.5公里处,即存有一座东周时期古城址,唯城址实际内涵待考。这批铜器出土后,有作者撰文认为其铭文第一字应解读为"嚣"。③按嚣伯即隞伯,春秋初期的嚣地,应是商代嚣地地名的延续。嚣(即敖或隞)的地望,一般认为在今河南荥阳境。嚣伯匜在确山境内出土,显系铜器流传所至。嚣伯匜的出土,至少说明春秋时期确有嚣地存在。这对于研究河南古

---

① 河南省文物研究所等:《河南淮阳马鞍冢楚墓发掘简报》、《河南淮阳平粮台十六号楚墓发掘简报》,《文物》1984年第10期。
② 李芳芝:《河南确山发现春秋道国青铜器》,《中原文物》1992年第2期。
③ 夏麦陵:《嚣伯匜断代与隞之地望》,《考古》1993年第1期;刘钊:《谈新发现的敖伯匜》,《中原文物》1993年第1期。

国史,进而探讨商代器之地望并确认郑州商城的性质都是一个重要的发现。在河南其他地区,如永城、商水、西华、郸城、尉氏、叶县、宝丰、灵宝、桐柏、新蔡、辉县、淇县等地,均有数量不等的东周青铜器出土。它们极大地开阔了人们对东周文化认识的视野,推动了东周考古学研究的深入发展。

第三节　秦汉考古取得新成就

20 世纪 70 年代以来,河南秦汉考古有了许多新发现,汉墓考古和手工业考古是此时期河南考古的亮点,发现遗迹数量较多,研究成果也颇为丰富。由于东汉定都洛阳,开国皇帝刘秀的家乡在南阳,因此河南成为全国的政治、经济和文化中心。相比较秦代和西汉考古,河南的东汉考古发现数量众多,成绩斐然。东汉洛阳城、画像石和画像砖墓、冶铁遗址的发现和研究都取得了很大的成就。

一、秦代考古

(一)泌阳秦墓

泌阳秦代属南阳郡,地处南阳郡的东隅。1988 年,在泌阳县城西南 1.5 公里的大曹庄发现一座秦墓。[①] 大曹庄发现的秦墓为长方形竖穴土坑双棺合葬墓,墓口残长 3.17 米,宽 3.58 米。墓穴内置双棺,南北并列。南棺内有一纵向木板隔出一个边箱,专放随葬品,有铜器、陶器等。铜器有鼎、钫、盘、熏炉、铜镜各 1 件,陶器有圭 4 件。棺的另一半安放死者,头部有 2 件铜带钩,中部和两侧各有 1 枚玉石印章和玉带扣。在钫、蒜头壶、盘、熏炉上都镶嵌有方形小铜块,多已脱落。北棺北侧置随葬品,有铜蒜头壶、铜盘、铜鼎、铜勺、铜壶、木漆盒各 1 件,陶罐 2 件,南侧有 1 件玉玦。该墓共出土随葬品 23 件,以铜器为主,兼有少

---

① 河南省文物研究所等:《河南泌阳县发现一座秦墓》,《华夏考古》1990 年第 4 期。

量陶器、漆器和玉器。出土的两枚玉印章,一枚为小篆体,印文"姚章",另一枚为大篆体,印文为"亻爱"。北棺内出土的铜蒜头壶的圈足内有凸出的铭文"千金"。该墓为夫妻合葬墓,南棺内为男性,北棺内为女性。

(二)三门峡秦墓

1988年,三门峡市文物工作队在三里桥北的河南第二纺织器材厂建设工地发掘清理67座秦墓。这批墓葬可分为竖穴土坑墓和洞室墓两大类。原报告根据墓葬形制的变化、墓葬间的叠压打破关系以及器物特征,把这批墓葬分为三期。第一期墓葬年代为秦末汉初。第二期墓葬除一座为双室墓外,余均为大墓道小墓室的洞室墓。多数为仰身屈肢,具有陕西秦墓的特征。陶器的基本组合为鼎、坛、罐、甑或罐、釜、盆、甑,"与陕西常兴汉墓早期的器物组合相同,且特征也相似;出土的A型半两钱与秦半两钱特征相同,B型、C型半两钱与汉初半两钱特征相同。因此,第二期墓葬的时代当在西汉初期"。第三期墓葬的器物组合为陶罐、陶坛、陶甑、铁釜,还有铜蒜头壶、铜盆、铜釜、陶茧形壶等。"这期墓葬的形制、器物组合与关中小型汉墓第一期相似",其年代当在西汉初期,略晚于第二期。① 该期墓中普遍出现了铁釜。三里桥秦墓无论从墓葬形制上,还是从时代上看,其分布均有一定的规律。属于第一期的竖穴土坑墓分布于墓地的西部和西北部,洞室墓分布于北部;第二期的洞室墓分布于北部和东北部;第三期的分布于中部和南部。从时间上讲,按自东向西、由北向南的墓葬顺序有早晚之别。墓葬形制从竖穴土坑墓向洞室墓演变,洞室墓的墓道和洞室也分别由浅向深、由短小向狭长演变。在埋葬习俗上,属于从秦末到汉初的过渡,既晚于洛阳中州路战国墓,又早于烧沟汉墓。

(三)洛阳孙旗屯秦墓

1986年10月至1987年3月,在洛阳市孙旗屯先后发掘清理秦墓3座。② 3座墓皆为洞室墓。根据3座墓的陶器组合及形制,推断其年代应在战国晚期。据《史记·周本纪》载,周赧王五十九年(前256)秦昭王灭西周,"西周君尽献其

---

① 三门峡市文物工作队:《三门峡市三里桥秦人墓发掘简报》,《华夏考古》1993年第4期。
② 洛阳市第二文物工作队:《洛阳孙旗屯秦国墓葬》,《中原文物》1987年第3期。

邑三十六，口三万"。"后七年（前249）秦庄襄王灭东周，东、西周皆入秦。"孙旗屯一带战国时属西周，说明自公元前256年起，这里已经归秦，此时离秦统一六国尚有35年。加之从墓葬形制和出土物特征分析，推测这3座墓为战国末期的秦国墓葬。

（四）其他地区秦墓及文物的发现

1980年4月，在洛宁县西南50公里的寻峪乡故县村东南的洛河西岸发现一座秦墓。① 该墓为长方形竖穴土坑墓。墓口略大于墓底。墓口长4.40米，宽3.60米，墓底距地表5.30米。填土经过夯打，夯层约0.16米。墓室底部南、北、西三面皆有生土二层台，二层台上皆有圆木腐朽后的灰粉，显然是用圆木铺盖在二层台之上作为椁盖。东面有一个弧形顶头龛，龛的平面近正方形，与椁室相连。椁室呈长方形，长3米，宽1.70米。四角及东、西壁上各挖有凹槽以安装椁板。棺木置于椁室中部偏西，东部棺椁之间留有0.65米宽的空间，可能为随葬品器物箱。葬式为屈肢葬。随葬品放置于头前、棺椁之间及头龛内，计有铜鼎1、瓢1、铁釜1、陶鼎1、壶1、罐1、敦1、瓮2、甑1。洛宁县战国时属韩。《史记·韩世家》记载："秦王十七年（前230），内史腾攻韩，得韩王安，尽纳其地，以其地为郡，命曰颍川。"到公元前207年秦亡，秦统治韩地时间为23年。该墓为蜷曲特甚的屈肢葬，根据器物组合和特征分析，其年代大致同于湖北云梦睡虎地秦墓，约当始皇帝三十年（前217），其下限不会晚于西汉初年。

1981年3月，淅川县宋湾乡马川村北发现清理了一座秦墓。② 该墓为长方形竖穴土坑墓，现存墓口长3.45米，宽2.14米，深2.70米。周围有生土二层台。葬式为仰身直肢葬。随葬品分别放在死者头部和脚部的左侧，共9件，有铜鼎1、铜蒜头壶2、铜缶1、铜甑1、铜盆2、铁器1、陶瓮1。其中一件蒜头壶的底部有铭文"一千斤"3字。该墓出土的2件蒜头壶是秦时期的典型器物。铜壶、铜缶等遗物与湖北云梦秦墓出土的同类器物相似，故这座墓的年代应在秦统一六国后。

1987年，宝丰县商酒务乡古城村出土了一件秦统一六国后的诏书衡器——

---

① 洛阳地区文管会：《洛宁故县秦墓发掘简报》，《中原文物》1985年第4期。
② 淅川县文管会：《淅川马川秦墓发掘简报》，《中原文物》1982年第1期。

铁权。[1] 铁权为生铁所铸,形若半球,重30公斤,底径25.7厘米,通高15厘米。环绕铁权腹部一周,有秦始皇统一度量衡的诏书。诏书铭文共20行40字,字体为小篆阳文:"廿六年,皇帝尽并兼天下诸侯,黔首大安,立号为皇帝,乃诏丞相状、绾,法度量则不一歉疑者,皆明一之。""廿六年"应是秦始皇执政秦国的第二十六年,即秦统一六国的第一年(前221),说明秦统一后即颁发了统一度量衡的命令。但从铭文中可以看出,秦统一后也立即在全国推行了统一的文字——小篆。铭文中有些与小篆体还有差异,表明秦始皇虽然在文字方面作了重大改革,但在原六国辖区内,秦初仍有沿用旧字的现象。因此,秦代铁权的发现,不仅为研究秦的度量衡制度提供了资料,也为研究秦国文字和其他六国文字的演变提供了重要佐证。[2]

二、西汉考古

(一)西汉城址

西汉时期,我国城市已经发展到一个较高的水平。城市里的手工业、商业活动的繁荣和发达是城市发展水平的重要标志,体现了当时的经济发展程度以及城市功能的日益完备和复杂化。在当时河南境内主要大城市有洛阳、宛城以及众多的郡城、县城等。其中洛阳、宛城名列西汉五都之中。

汉河南县城位于洛阳东周王城中部,是20世纪50年代在寻找东周王城时发现的。到1960年秋,先后进行了四次较大规模的发掘。1991年,在城内中部偏西处发现一条汉代道路,清出路面60余米。路呈东西向,宽5.6~6米,路土可分上下两层,路面上有车辙4条,每条宽0.10~0.20米,深0.05~0.10米。辙壁光滑,4条车辙可分南北二组,每组二辙间距均1.17米,据此可推测出当时的车轨宽度。1987年曾在城内西北部发现一条同样的道路,分上下5层,反映了5个使用时期。路面由下而上逐层增宽,说明了路面使用年代的长久和使用范

---

[1] 邓城宝:《宝丰发现秦始皇诏书衡器——铁权》,《中原文物》1988年第2期。
[2] 杨育彬、袁广阔:《20世纪河南考古发现与研究》,中州古籍出版社1997年版,第508~520页。

(二)西汉墓葬

西汉中期画像砖墓较前增多。郑州乾元街墓为长方形土洞单室空心砖墓。砖上画像为模印变形鸟纹、虎纹、树纹、格斗、轺车从骑、山中狩猎及同心圆乳钉纹、菱形纹、几何波折纹等。[②] 宜阳牌窑墓为竖穴空心砖洞室墓,墓室用彩色画像砖,模印图案有马、树、虎、雁、青龙、仙人骑龙等。[③] 西汉晚期画像砖墓不仅数量增加,发现的地域也由郑州、洛阳地区扩大到许昌、周口、南阳等地。[④] 该时期的画像内容十分丰富,有反映现实生活的,还有动物画像、建筑图形以及神话故事、历史故事和吉祥用语等。河南空心画像砖从形制到内容都非常丰富,因时代早晚、表现手法的差异和地域的不同可分为郑州、洛阳、南阳三种类型。[⑤] 关于河南画像砖墓的收集、整理与著述也甚为丰富。

西汉壁画墓可以分为早、中、晚三期,在洛阳、永城等地都有发现。永城西汉梁国王陵发现的柿园壁画墓,是西汉早期壁画墓仅有的一例[⑥],在国内外产生了很大的影响。柿园汉墓位于保安山东南,距梁孝王墓约 500 米。它与梁孝王及王后墓一样,也是"凿山为室"的形制。该墓门向西,由墓道、甬道、主室、耳室、过道等组成,在墓道内出土陶俑 43 件,有守门俑、女侍俑、骑马俑等。俑的前、中、后分别排列着铜质鎏金、鎏银和铁质车马饰件,以及弩机、承弓器、铜镞、带钩及其他装饰品共约 1 万余件。墓门两侧塞石下发现钱窖,有榆荚钱、半两钱共约 225 万枚,重 1 万余斤。该墓主室长 9.50 米,宽 5.50 米,高 3 米,在室顶西半部分用黑、白、红、蓝等各种颜色绘一巨幅彩画,南北长 5.50 米,东西宽 3.50 米。壁画中间绘一条头东南、尾西北的巨龙。龙首高昂,巨口欲吞,顶有长长的双角。通身弓曲,瘦长劲利,以点彩的方法绘有鳞片。龙作腾云驾雾状。在龙

---

① 朱亮:《新中国建立以来洛阳秦汉魏晋北朝考古的发现与研究》,《洛阳考古四十年——一九九二年洛阳考古学术研讨会论文集》,科学出版社 1996 年版,第 29 页。
② 郑州市博物馆:《郑州市乾元北街空心画像砖墓》,《中原文物》1985 年第 1 期。
③ 洛阳地区文物管理委员会:《宜阳牌窑西汉画像砖墓清理简报》,《中原文物》1985 年第 4 期。
④ 刘海旺:《河南秦汉考古发现与研究概要》,《华夏考古》2012 年第 2 期。
⑤ 吕品:《河南汉代画像砖的出土与研究》,《中原文物》1989 年第 3 期。
⑥ 阎道衡、谷文雨:《芒砀山又发现一座西汉梁王墓》,《光明日报》1988 年 11 月 13 日。

的上方，有一朱雀随龙腾跃；在龙的下方，绘有一身饰条纹的白虎。虎头高昂，前腿奋力跃起，拖长尾，颇有上山虎的气势。龙首前方，有一弓曲的小型鸟首、蛇身、双尾的动物，作上升状，似挡住了龙的去路，与龙怒张巨口作欲吞状相呼应。此外，还有1978年洛阳市博物馆发掘的金谷园新莽壁画墓。①

1991年下半年，为了配合三门峡火电厂的工程建设，在其厂区钻探发现有大批墓葬。三门峡市文物工作队对这批古墓葬分批进行了抢救性发掘，发掘报告报道了M21和M25的发掘情况。② 两墓都是带长方形墓道的竖穴土洞墓。M21随葬器物比较丰富，且多为铜器，主要有鼎、钫、壶、甗等。壶为蒜头状小直口，细长颈。玉器有印章、璜、璧等。陶器有缶、茧形壶等。M25随葬器物亦比较丰富，主要有铜器、玉器、银器、铁器、陶器共28件。铜器主要有钫、鼎、蒜头壶、甗、铜镜、鍪等。在M25∶22铜钫底座一侧边缘处阴刻有2行篆体铭文，上一行仅1字，为"辛"字；下一行14字："容四斗五升重十七斤五两十二铢"。两行铭文应分别是该器物的编号、容量、重量等。在Ⅰ式铜鼎（M25∶17）腹部凸弦纹下及鼎盖边缘，分别镌刻有篆体铭文。鼎腹上一行有"乙亥六斤五两容一斗七升"，铭文内容应分别为器物编号、容量等。鼎盖上的铭文为"重二斤六两家"。Ⅱ式鼎（M25∶13）盖上及腹部多处有铭文，由于刻得非常细浅，仅能借反光看出。鼎盖上有铭文二处，一处3行，右一行为"右"字，中间一行为"私官六"。汉代私官可以是皇后的食官，也可以是太后或公主的食官。左一行四字："一斗半斗"，应为容量。鼎腹有6处铭文，一处有"少宫"2字。从两座墓内出土的器物看，其年代为西汉初，但所出铜鼎、铜蒜头壶、铜盆等分别与湖北云梦睡虎地十一号秦墓、河南泌阳秦墓M3等出土的同类器物相似。由于时代与秦相近，可能仍用秦代器物随葬。随葬品的组合、数量、质量相比其他同类墓葬中都是少见的，说明墓主人生前的社会地位较高，很可能是贵族。

---

① 洛阳博物馆：《洛阳金谷园新莽时期壁画墓》，《文物资料丛刊》第9辑，文物出版社1985年版，第163页。
② 三门峡市文物工作队：《河南三门峡市火电厂西汉墓》，《考古》1996年第6期。

三、东汉考古

(一)东汉城址

许昌故城,在今许昌市张潘镇东。东汉末年,董卓之乱之后,曹操迎献帝"都许",即此。该城为长方形,分内、外两城。外城仅存垣基,略高于地面。内城位于外城的东南部,现为一座高约2米的土台,呈方形,周长约3里。外城筑于汉献帝都许以后,即东汉末年。内城西南角的毓秀台,传说是汉献帝祭天的地方。[①] 故城出土有覆盆形石柱础、方形石柱础、长方形龙纹栌斗等建筑构件。另外在故城内的盆李村,出土一青石碑额,上残留有"汉故新""尉郭君"等文字[②],此碑似属东汉末期遗物。

山阳故城位于焦作市郊区。山阳在汉代为县治,建安二十五年(220),献帝禅位,魏王曹丕曾封献帝为山阳公,献帝死在那里,青龙二年(234)葬于禅陵。故城呈不规则长方形,尚存北墙1850米,东墙1350米,西墙1000米,南墙破坏较为严重。城墙宽14~16米,残高4~6米,夯土筑成。城门9个:北门5个,西门2个,东门1个,南门1个。城址内外,汉代遗迹丰富。城内西北隅散存不少汉代瓦片和瓦当;城垣曾发现铜镞和被镞穿过的人头骨;城西汉墓中出土的陶罐,肩部环刻8组"山阳"陶文。[③]

(二)东汉墓园遗址

东汉墓园遗址位于洛阳汉魏故城西的白马寺镇附近,1985—1988年发掘。根据钻探和发掘资料复原出的墓园整体呈长方形,东西190米,南北135米,四周有夯筑土垣。周垣四隅,垣体增高,并附设房舍类设施。墓园之内分为东、西二区,东区营建墓侧建筑群,西区修造墓葬。墓侧建筑群面东,由东、西毗连的三进院落组成,以大型殿基F1为主体建筑。建筑群的布局是:由大型殿基西北

---

① 陈有志:《许昌城址考》,《中原文物》1985年第1期。
② 黄留春:《许都故城出土晕首碑额》,《中国文物报》1987年3月6日。
③ 邵文杰主编:《河南省志·文物志》,河南人民出版社1993年11月版,第147页。

角向北筑土院墙一道,在距墓园北垣13.60米处折向东,在距墓园东垣10.80米时再折向南,构成建筑群的总院墙。西墙和北墙外皆有砖铺散水。东墙外附建面东房舍一座,北墙外也有附属建筑。在北院墙围成的长方形区域内,筑南北向夯土墙两道,将院内分成东西相毗连的三重院落,并在各个院落内(Ⅰ~Ⅲ号院落)建造殿堂廊舍。墓园西半部中间偏东为墓园主人墓。墓上封土为夯土,平面呈圆形,直径48米。由墓道、甬道、横前室、耳室、后室5部分组成,是一座有横前室的多室砖券墓。墓早年被盗,耳室内残存的有陶动物模型鸡、狗等,陶器有壶、瓮、罐、碗、奁等,通道内有小铜铃和铜钱。横前室内出有小铜铺首、铜扣等,后室内出有少量的墨玉质玉衣残片。

关于墓葬及墓园建筑基址的年代,原报告根据墓葬形制和出土遗物分析,参照《洛阳烧沟汉墓》的分期标准推断,大致相当于洛阳烧沟汉墓的第六期,约当汉桓帝至汉献帝时期,其绝对年代为147—160年。关于墓主人身份,原报告根据墓葬的形制为"三室之制",又使用玉衣等,推断其身份至低应为二千石官秩的地方豪右,进而通过对墓园建筑遗址的探讨,并结合文献考释"推想汉皇之早殇稚女同此东汉墓园可能存在着某种联系"①。

(三)东汉墓葬

东汉壁画墓,多集中在郑州、洛阳周围地区。见于报道的有荥阳苌村、密县(今新密市)打虎亭和后士郭、偃师杏园、洛阳朱村、洛阳北郊、洛阳西工等十余处。其中墓葬规模较大、壁画内容较丰富的有苌村、打虎亭、偃师杏园等几处,洛阳周围地区墓葬形制一般都较小。

杏园壁画墓是1984年春季清理的,是一座前后室大型砖券墓,有墓门、前甬道、前室、后甬道、后室,全长35米,最宽处达8米。墓内被盗掘,残存的陶器有瓮、盒、案、盘、碗、樽、猪圈、鸡、狗等。在墓室前堂的南壁、西壁和北壁都绘有壁画。壁画宽0.60米,前后总长12米。全部壁画围绕一幅车马出行图来展开,画面上有9乘安车、70余个人物、50余匹奔马。从车马前后排列情况可知,这是一幅比较完整的车马出行图长卷,大致可分3个画段,即前导属吏组、墓主组

---

① 中国社会科学院考古研究所洛阳汉魏故城队:《汉魏洛阳城西东汉墓园遗址》,《考古学报》1993年第3期。

和随从组。这一幅珍贵的车马出行图,无论对研究东汉车骑导从制度,还是研究东汉的乘舆服饰状况都是一份极为生动的实物资料。①

东汉早中期是画像石发展的繁荣时期,不论从出土画像石数量,还是从画像的内容以及分布区域都超过了西汉。东汉画像石墓可以分为 3 期,即东汉早期(光武—章帝)、东汉中期(章帝—顺帝)和东汉晚期(顺帝—献帝)。②

四、秦汉农业、手工业的考古发现与研究

(一)水利灌溉与肥料的发现

在汉代遗址中还发现一些井、管道等水利设施,在墓葬中也出土许多水塘和水井模型。从这些遗迹与遗物本身也可窥见汉代农田水利之一斑。河南省遂平县小寨汉代村落遗址中清理出的水井群,共有水井 28 眼。③ 这些水井的直径小,同时又靠沙河,一般掘 2 米左右见水,深的可达 3 米见井底。在泌阳板桥和洛阳汉河南县城遗址发现的东汉砖井旁还附有陶管道或砖砌的水道,此类设施显然与灌溉有关。水井模型在西汉中期以后的墓葬中也是常见之物,仅《洛阳烧沟汉墓》一书就收录水井模型 97 件。这些模型多有井架、滑轮、陶水斗、水槽等设施。水井模型所反映的水井及附件用途可能是多方面的,有水槽和管道的水井与井水灌溉有一定的联系。特别是 1981 年在淮阳于庄汉墓中出土的陶庄园,庄园的西部为田园模型,田园南部是旱田,共 22 垄,中间有灌溉沟和土埂。向北有一井,并设有水沟可以灌溉,向北共 4 节,流向两边畦内。水沟的垄埂高出地面,其北端尚有一下水孔。在庄园东部的庭院内还设有多座厕所和猪圈,有的厕所和猪圈相连。④ 这一田园模型的发现,反映出我国在西汉前期的田园耕作状况和利用井水灌溉的事实。大量的厕所和猪圈的发现,给我们以古人重视农家肥的提示。

---

① 中国社会科学院考古研究所:《杏园东汉墓壁画》,辽宁美术出版社 1995 年版。
② 杨育彬、袁广阔:《20 世纪河南考古发现与研究》,中州古籍出版社 1997 年版,第 561 页。
③ 河南省文物研究所:《河南遂平县小寨汉代村落遗址水井群》,《考古与文物》1986 年第 5 期。
④ 周口地区文化局文物科等:《淮阳于庄汉墓发掘简报》,《中原文物》1983 年第 1 期。

(二)汉代冶铁遗址的发现与研究

汉代是我国古代冶铁业发展的重要时期,目前所知道的我国古代主要的钢铁冶炼技术,绝大部分在汉代已经达到较高的水平。其中包括高炉炉型的熔炼技术的改进,铁范、叠铸、韧性铸铁的推广使用,尤其是生铁冶炼成钢这一高效率先进技术的出现改变了整个冶铁生产面貌,极大地促进了生产力的提高,对汉代社会生活的各个方面都有重大的推动作用。汉代考古中的冶铁遗址的发现与研究,在河南考古工作中占据重要的地位。河南省境内发现的汉代冶铁遗址分布密集,规模普遍较大,是汉代冶铁业的一个重要地区。巩县铁生沟[1]、郑州古荥镇[2]、南阳瓦房庄[3]和温县招贤村[4]是具有代表性的几处遗址,它们的发掘,为复原汉代冶铁技术提供了多方面的重要依据。研究方面,《河南汉代冶铁技术初探》[5]一文从炼铁技术、铸铁技术、铸铁柔化和生铁制钢等方面对汉代河南的冶铁技术成就进行了深入探讨。

(三)秦汉窑址

河南的秦汉窑址发现多处,其中以洛阳及周围地区发现最多,在新乡也有发现。按窑的功能可分为砖瓦窑、陶窑、烘范窑和烧俑窑等几种。

1985年,在洛阳老城东北发现东汉窑址一处,清理砖瓦窑2座。两窑相对而置,共用一个操作坑。窑室上部以砖结顶,后部的排烟孔直通后壁的半漏斗状烟室,烟室上部收缩为筒形烟囱。[6] 1988年,在涧河西岸的汉河南县城西发现汉代砖瓦窑场遗址。[7] 发掘有烧窑、坯棚、排水设施、以石镶边的水坑、蓄水池、砖垛、瓦砾堆等一系列与烧窑有关的遗迹、遗物。烧窑发掘两座,两窑东西相对,皆由工作坑、窑门、火膛、窑室、排烟系统5部分构成。坯棚平面近方形,

---

[1] 河南省文化局文物工作队:《巩县铁生沟》,文物出版社1962年版。
[2] 郑州市博物馆:《郑州古荥镇汉代冶铁遗址发掘简报》,《文物》1978年第2期。
[3] 河南省文物研究所:《南阳北关瓦房庄汉代冶铁遗址发掘报告》,《华夏考古》1991年第1期。
[4] 河南省博物馆等:《河南省温县汉代烘范窑发掘简报》,《文物》1976年第9期。
[5] 河南省博物馆等:《河南汉代冶铁技术初探》,《考古学报》1978年第1期。
[6] 朱亮:《新中国建立以来洛阳秦汉魏晋南北朝考古的发现与研究》,《洛阳考古四十年——九九二年洛阳考古学术研讨会论文集》,科学出版社1996年版,第36页。
[7] 洛阳市第二文物工作队:《洛阳轴承厂汉代砖瓦窑场遗址》,《中原文物》1995年第4期。

保存有西、北、南三面矮墙体，东墙无存。整个坯棚的地势西高东低，从四周残存的柱础看，当时坯棚上部或有棚顶之类设施。排水设施由进水石槽、陶水管道、砖槽和土沟组成，全长近20米。蓄水池为一圆形竖穴坑。砖垛残存两处，从残存的情况看，当时烧制的砖均为小砖，瓦有板瓦和筒瓦。从发现的遗址、遗物看，此处是一烧制砖瓦的窑场作坊遗址。作坊区以坯棚为中心，南置烧窑，东为排水设施接以石镶边的水坑等，北边设蓄水池，其布局较清楚。此次突破了以前大部分只是清理烧窑本身的情况，对作坊遗址有一个全面的了解，可以说是历年来洛阳发掘汉代窑址收获较丰的一次。

1988年冬至1989年春，在偃师县翟镇西罗洼村西北，即东汉洛阳城遗址的东南郊发现一处汉魏时期的烧瓦窑遗址区。[①] 在东西1.5公里、南北约2公里的范围内发现了大量的烧窑遗址。这批窑址大多数属于东汉时期，也有少量的属北魏时期。从已发掘的3座窑址看，结构相近，且无一不是以煤作为燃料。以往发现的汉魏时期窑址很多，但有确切迹象为砖砌券顶的窑址则较少，这批窑址的发掘为这种结构的窑址提供了一些较完整的资料。它显然是当时一种普通的结构形式。从窑址地层堆积中出土的砖、瓦残件及窑内所烧制的筒瓦等遗物特征看，窑址使用时代为东汉。联系到东汉初期都城建筑之需要以及附近区域发现的窑群范围很大，分布密集，数量很多，这批窑址应为官窑无疑。其产品显然是供东汉洛阳城建筑所需。从文献记载及遗址特征分析，原报告推论该手工业遗址可能是东汉管理砖瓦生产的官署——南甄官署管辖下的作坊区。窑址中发现的大量煤及煤渣，表明窑址群使用的燃料显然是煤。这是目前发现的将煤用于烧制砖瓦较早的一个实例，而且据观察似是直接用散煤，这显然是与大规模使用煤做燃料相适应的。

1988年11月，新乡市东干道发现一座保存较为完好的西汉对称双火膛烧陶窑[②]，又为西汉的烧窑增加了一个新的类型。陶窑为半地穴式，由窑门、火膛、窑床、烟道、烟囱等部分组成。其结构是中间为一长方形窑床，东、西两侧对称各有一个漏斗状火膛和窑门，在窑床的南、北两侧各有三个烟道和烟囱。窑内残存的遗物有空心砖、陶容器、空心陶球等。从出土遗物推测该窑的烧造年代

---

① 中国社会科学院考古研究所：《汉魏洛阳城发现的东汉烧煤瓦窑遗址》，《考古》1997年第2期。
② 贺惠陆：《河南新乡市东干道发现西汉陶窑》，《考古与文物》1994年第4期。

为西汉中期。两个火膛的陶窑,从目前的资料看其形制和结构还是少见的,它比一个火膛的陶窑具有优越性,它使窑床内的器物可以充分加热,得到较高的温度,且受热均匀。

第四节 魏晋南北朝考古的主要收获

魏晋南北朝时期是一个政治上动荡分裂的大变革时期,河南地区都城、墓葬、佛教等相关遗存的发现都比较多。这些遗存的发现与研究,反映了当时动荡不安、政权频繁更迭的历史事实。

一、北魏洛阳城

1985 年以来,为配合城乡基本建设,在北魏洛阳西郭城内,阊阖门外御道和西阳门外御道之间进行了大面积的考古钻探和发掘。[1] 这一地区分布着东汉以来著名的寺院白马寺和北魏洛阳最大的商业市场"大市"。钻探和发掘发现了一些坊间道路和不同类型的房舍、窖穴,为进一步勘察里坊布局和手工业作坊提供了线索,并清理出一大批有价值的古代文物,其中北朝瓷器和釉陶尤为重要。北朝瓷器有青瓷、黑瓷两种。青瓷有杯、壶、碗、盏、盏托、钵、盘、盂、多足砚等。黑瓷有碗、杯、盂等。釉质透明度差,少数釉质清亮,施釉以满釉和蘸釉为主。青瓷上饰弦纹、三角纹、莲瓣纹,为先刻花后挂釉。黑瓷饰弦纹。这批北朝瓷器是近年来考古发掘中所见北方瓷器的一批精品。从产品质量看,北方烧瓷技术已趋成熟,同时已可看出北方制瓷业的进一步发展趋势,即由烧青瓷向白瓷转化。它们地层关系清楚,时代准确无误,应为产自北方的民用瓷。同时出

---

[1] 中国社会科学院考古研究所洛阳汉魏故城队:《北魏洛阳城内出土的瓷器与釉陶器》,《考古》1991 年第 12 期。

土的釉陶有碗、杯、盏、罐等,有单色釉,有两彩釉陶。特别是釉下彩釉陶,色泽鲜明,花色较多,釉质莹润明亮,工艺精湛,其纹饰结构及风格仿波斯萨珊玻璃器,但从釉陶胎、形制看则可定为本地所产。釉陶的出土,为研究古代中外文化交流提供了珍贵资料。其中两彩釉陶,从其陶胎、施釉方法、釉色的组成看,似与唐三彩之间有渊源关系。

二、魏晋南北朝墓葬

(一)西晋皇陵

文献资料对西晋皇陵的记载非常简略,能够获得的有效信息相当有限。除宣帝(司马懿)高原陵外,其他四陵,即景帝(师)峻平陵、文帝(昭)崇阳陵、武帝(炎)峻阳陵、惠帝(衷)太阳陵,均只有陵名而方位不明,而且筑陵时"不坟不树",经过了历朝历代,湮灭无闻。凡此种种,使得寻找西晋帝陵变得极为困难。1917年和1930年,晋中书侍郎荀岳墓志、晋武帝贵人左棻墓志相继出土,为确定崇阳、峻阳二陵的地望提供了重要依据。

1982年秋,为适应国家基本建设和文物保护工作的需要,中国社会科学院考古研究所洛阳汉魏故城工作队集中时间和人力,对西晋帝陵进行实地勘察。勘察工作于1982年10月中旬开始,1983年1月中旬告一段落。在这三个月里,先后做了三件事:一、地面调查和访问;二、钻探峻阳陵墓地和枕头山墓地;三、发掘枕头山墓地之4号、5号墓,为解开晋陵之谜奠定了基础。

左棻墓志出土于南蔡庄北地的鏊子山一带,考古工作者在这一带进行勘探,在南蔡庄以北的山坡上发现一处西晋墓地。这里有墓葬23座,均坐北朝南,墓地内墓葬布局主次分明,排列有序,显示出死者生前的尊卑关系。研究者将这里的考古发现与左棻墓志和文献相联系,又注意当地的地理条件,初步认定这个俗称"峻陵儿"的墓地就是峻阳陵。关于荀岳墓志,原传出自南蔡庄附近,后经多方调查,证实出自邙山脚下的潘屯至杜楼一带。依此新线索,在潘屯、杜楼以北的枕头山找到一处西晋大型墓地。在此地共探出墓葬5座,均为坐北朝南,墓的形制、布局等都与峻阳陵墓地相同。墓地周围残存有陵垣及建筑遗迹。东陵垣长384米,北陵垣长330米,西陵垣长330米,南陵垣未见痕迹。

在陵区内探出两处建筑遗迹,皆与陵垣关系密切。一处位于东垣最北端,居墓地东北角,为一长方形夯土台;另一处位于西垣南侧,由3块夯土基址组成。从其位置看,这两处建筑遗迹与陵区守卫有关。研究者认为此墓地与峻阳陵墓地处于同一时代同一级别,也应当属于帝陵一级。综观这些材料,可以认为枕头山墓地即晋文帝的崇阳陵。由于基本确定了峻阳陵和崇阳陵之所在,这为进一步勘察西晋宣帝高原陵、景帝峻平陵、惠帝太阳陵奠定了基础。[①]

(二)洛阳魏晋墓

洛阳魏晋墓包括曹魏和西晋两部分。曹魏墓目前发现还不多,以偃师杏园6号墓和涧西正始八年(247)墓为代表。杏园6号墓,1984年发掘,由墓道、前甬道、前室、南北耳室、后室、后甬道等组成。墓道宽大,前后室平面均呈较窄的长方形,前室两侧设耳室。随葬陶器有壶、鼎、奁、案、盆、盘、耳杯及仓、灶、猪圈、鸡等明器。原报告认为"此墓的形制、结构和出土物与曹魏正始八年墓相似,故其时代应与正始八年墓相当"[②]。1989年冬,考古工作者在洛阳市东郊清理了两座西晋墓(M177、M178)。[③] M178是一座单室土洞墓。它由墓道、甬道、墓室3部分组成。墓室平面近方形,结顶为穹隆状。墓内出土有双耳罐、双耳壶、奁、空柱盘、碗、武俑、侍俑、动物及用具模型、帐座、铜镜、铜带钩等。该墓形制与洛阳的太康八年墓相近,出土的灶、井、奁、猪圈等与洛阳曹魏正始八年墓出土的同类器物相似,但该墓出土的空柱盘、双耳壶、武俑、低圈足碗等少量器物又不见于洛阳地区的曹魏墓中。这说明该墓的随葬品具有从曹魏墓向西晋墓过渡性的形态,其年代应为曹魏晚期至西晋早期。东郊M177是一座双室砖券墓,前室平面近正方形,四隅设有曲折砖柱。后室的平面呈长方形。墓内随葬有陶质生活用具、俑类、模型明器、帐座等。该墓形制与杏园34号墓相近,从随葬品的器形变化看,该墓晚于东郊M178,其年代与杏园34号墓接近,为西晋中晚期。1980年,在洛阳涧西拖拉机厂发现的晋墓中,也有四系陶罐、瓷鸡头

---

① 中国社会科学院考古研究所洛阳汉魏故城工作队:《西晋帝陵勘察记》,《考古》1984年第12期。
② 中国社会科学院考古研究所河南二队:《河南偃师杏园村的两座魏晋墓》,《考古》1985年第8期。
③ 洛阳市文物工作队:《洛阳市东郊两座魏晋墓的发掘》,《考古与文物》1993年第1期。

壶、五铢铜钱。其中的瓷鸡头壶洛阳发现很少,这种青瓷鸡头壶多见于南方,在北方地区少见,由此说明当时江南地区和中原地区间的交往和联系。①

关于洛阳魏晋墓的分期,通过对典型墓葬的形制、典型随葬品的类型等方面进行分析研究,有学者将洛阳地区的魏晋墓分为三期四段,有着明显的发展演变轨迹。第一期墓葬以偃师杏园 M6 为代表,"其前堂后室,两侧对称耳室的基本形式,显然承袭着汉墓的风格。随葬品的种类和形制更是汉风犹存"。"由此表明该墓的年代晚于东汉不远,约当曹魏前期。"但墓葬形制与东汉晚期相比已出现了较明显的差异,即由横列前堂墓发展到顺室墓,随葬品器形也少有变化。第二期分早、晚两段,分别与曹魏后期和西晋早期对应。对于正始八年墓(涧西 M2053),以前根据铭文认定为曹魏时期的墓葬,该文认为铭文只能断定其上限,"从类型学角度观察……该墓应划在第二段晚期,即西晋早期"。第三期墓葬的主要形制和随葬品虽然在第二期已经出现,但至本期才趋于完善和制度化,若干纪年墓葬的出现为准确判断年代提供了可靠的证据,约当西晋中晚期。②

(三)洛阳北朝墓

在配合洛阳首阳山电厂基建过程中,中国社会科学院考古研究所河南二队在偃师县杏园村一带又清理了 4 座北魏墓。③ 其中有洛阳刺史元睿墓,该墓由墓道、甬道、墓室三部分构成。从墓志志文可知,元睿出身皇族,为昭成皇帝之后。其他 3 座墓时代与元睿墓时代相当。在 M4031 内出土一朱书镇墓罐,文字为:"父正始五年六月廿二日未时,使□司州河南郡洛阳县……生魂入墓……"正始五年应为 508 年,这种朱书镇墓罐,显然承袭了东汉晚期墓中的一些丧葬习俗。1983 年,在洛阳涧水东岸发现一座北周墓。④ 该墓为土洞墓,出土有陶罐、铜饰、铜带钩、铁削和"五行大布"钱 2 枚。据《周书·武帝纪》,"五行大布"

---

① 侯鸿钧:《洛阳出土西晋鸡头壶》,《中原文物》1983 年第 3 期。
② 朱亮、李德方:《洛阳魏晋墓葬分期的初步研究》,《洛阳考古四十年——一九九二年洛阳考古学术研讨会论文集》,科学出版社 1996 年版,第 289 页。
③ 中国社会科学院考古研究所河南二队:《河南偃师县杏园村的四座北魏墓》,《考古》1991 年第 9 期。
④ 洛阳市文物工作队:《洛阳涧水东岸发现一座北周墓葬》,《中原文物》1984 年第 3 期。

钱铸于武帝建德三年(574)。北周历时短暂,此期的墓葬在洛阳地区发现甚少,故此墓的发现或可填补此地区北周墓葬的空白。

三、魏晋南北朝佛教文物的发现与研究

(一)嵩岳寺塔天地宫与宝山灵泉寺塔林

1.嵩岳寺塔天地宫

嵩岳寺塔位于登封市城北 6 公里的嵩山南麓。该塔建于北魏正光年间(520—524),是我国现存时代最早的密檐式砖塔。1985 年,为了维修嵩岳寺塔,对该塔进行了较详细的勘测,获得不少考古新发现。①

1986 年,经物理探测发现地宫。1988 年对地宫进行了清理。② 地宫位于塔基中,由甬道、宫门、宫室三部分组成。宫室位于塔内中部稍偏西北,平面近方形,边长为 2.04~2.08 米,残高 1.30~1.50 米,从结构看,原应为穹隆顶。四壁绘有壁画,分上、下两层布置,上层为云纹,下层有仿木结构建筑的柱枋斗拱及人物,在人像侧面有隐约可见的墨书题记,似为人名。地宫中共清理出造像、建筑构件、生活用品、石刻、铜钱等遗物 70 余件。其中以释迦像及其背光后面刻的发愿文中有"大魏正光四年岁……四日丁未佛弟子向□□释加像一躯愿名……养长生仕官日□□……从心"最为重要,所记年款当为北魏孝明帝正光四年(523),恰为嵩岳寺塔建造前后,是研究该塔创建年代的珍贵实物资料。这是地宫中发现的唯一有年号的佛像。地宫壁上有 3 处纪年题记,最早的是唐开元二十一年(733),另两处是清雍正二年(1724)和乾隆八年(1743)。这应是后人进入宫室内留下的墨迹。

1989 年,在塔刹内发现了两座天宫。③ 塔刹由基座、覆莲、须弥座、仰莲、相轮、宝珠组成。第一号天宫位于宝珠的中部。平面外部呈圆形,中间用扇形砖砌筑一周,形成平面为六角形的宫室。宫室高 0.21 米,径 0.32 米,宫室内放置瓷舍

---

① 河南省古代建筑保护研究所:《登封嵩岳寺塔勘测简报》,《中原文物》1987 年第 4 期。
② 河南省古代建筑保护研究所:《登封嵩岳寺塔地宫清理简报》,《文物》1992 年第 1 期。
③ 河南省古代建筑保护研究所:《登封嵩岳寺塔天宫清理简报》,《文物》1992 年第 1 期。

利罐1件,罐下垫1瓷盘,罐口盖1瓷盘,罐内有银塔1件、瓷葫芦2件及舍利子等。第二号天宫位于相轮的中部,高0.36米,径0.70米,底径0.48米,宫室下部偏南方砌筑一方形小龛,龛内放瓷舍利罐1件,银环、铁环各1件,舍利罐内除舍利子外,还有瓷瓶1件。通过这次修缮和一、二号天宫的发现,进一步证实嵩岳寺塔创建于北魏,后世曾经过整修,两座天宫的建造年代应在唐末宋初之际。

2. 宝山灵泉寺塔林

宝山寺亦名灵泉寺,位于安阳西南30公里的宝山东南麓。[1] 据碑文记载,宝山寺创建于东魏武定四年(546)。隋文帝时改宝山寺为灵泉寺。在寺院附近以宝山为主的崖壁上,有大量的摩崖塔龛及其他窟龛,其中的北齐双石塔已为世人所重视。[2] 北齐建造的道凭法师塔是东西并列的两座石塔,位于宝山寺旧址西侧的台地上。两塔皆为单层石造墓塔,造型大体相同,平面都呈正方形。塔身正面开拱券门,塔檐用石板叠涩挑出。用大型石块垒建成高大的塔基,高度占全塔的二分之一。西塔门楣刻楷书"宝山寺大论师道凭法师烧身塔"的题铭,塔门东侧前壁刻有"大齐河清二年三月十七日"的楷书题记。道凭系当时宝山寺大法师,其主要事迹在《续高僧传》中有明确记载。该双塔的发现,对于了解东魏、北齐邺城一带的佛教活动和道凭的生平事迹,以及佛塔建筑史的研究提供了有价值的资料。

(二)石窟寺

1. 义马鸿庆寺石窟

鸿庆寺石窟位于义马市东16公里的石佛村(原属渑池县),石窟开在村西北白鹿山东端岩石壁上,1985年经过系统的调查。石窟依山势高下而凿,南北横向排列。经发掘探明原有洞窟6个,其中2个没于土中,南端的一个已风化。现存的4个洞窟,门皆向东,计造佛龛46个,大小佛像120余尊,浮雕佛传故事4幅,碑碣8通。按由北向南顺序依次编号为一、二、三、四窟。第一窟平面为方形,设中心方柱。该窟内容以大型佛传故事为主,间以释迦、释迦多宝与小巧的

---

[1] 河南省古代建筑保护研究所:《安阳宝山寺考古收获》,《中原文物》1987年第4期;《河南安阳宝山灵泉寺塔林》,《文物》1992年第1期。

[2] 杨宝顺等:《河南安阳宝山寺北齐双石塔》,《文物》1984年第9期。

世俗供养人。第二窟内南、北、西壁各有造像一铺。第三窟正壁雕释迦结跏趺坐,两侧为二弟子、二菩萨,空间有许多小佛龛。第四窟正壁雕坐佛5尊,空间雕有罗汉和比丘,左壁龛内坐佛3尊,龛上5尊坐佛。鸿庆寺石窟各窟均为平面方形,单室结构,是北魏晚期窟龛形制的特点。研究者从窟龛形制、题材与布局、形象与服饰、装饰图案等几个方面综合分析,认定它的开创年代不会晚于北魏景明年间(500—503)。鸿庆寺石窟以完整的布局、出色的雕造艺术,代表了北魏晚期中原地区小石窟的艺术成就,是北魏晚期重要的佛教造像遗存。[①]

2. 水泉石窟

1984年和1986年,文物工作者两次对偃师水泉石窟进行勘测。水泉洞窟仅存1座,门北侧有小龛4个。从此洞的形制、立佛的形象以及碑文等看,水泉石窟开凿于孝文帝迁都洛阳之后的太和年间(477—499),完工于景明、正始年间(500—507),是一处重要的大型石窟。[②]

3. 孟津石窟

1984年文物普查时,在孟津县谢庄村附近发现一小型石窟。石窟上方有建筑痕迹,原有木构前室。石室没有纪年,就其风格看,属北魏迁都洛阳初期营造。石窟和佛龛的形制及布局,颇具云冈石窟后期遗风,而造像风格已开始向龙门风格过渡。初步推断,此窟造像略早于龙门宾阳中洞造像,具有承前启后的意义。近年来,文物工作者对黄河小浪底水库淹没区调查时,在孟津县煤窑乡谢家庄发现一处有纪年的北魏石窟。[③] 造像计有一佛二菩萨、护法狮子、飞天、出行图等。另有题记若干处,右壁题记有"正光十四年三月二十日",左壁见"小本教"三字。"小本"是天台宗对阿弥陀经的称谓,故此窟可能是天台宗的作品。这座有纪年的北魏石窟的发现,为研究中原地区北魏石窟造像特征及佛教史增添了新的资料。

4. 新安西沃石窟

1984年,在新安县正北40公里的西沃乡发现石窟一处。[④] 石窟开凿于黄河南岸的垂直峭壁间,自东而西依次是浮雕石塔4座、石窟2座,在塔与石窟间还

---

① 河南省古代建筑保护研究所:《鸿庆寺石窟》,《中原文物》1987年第4期。
② 温玉成:《洛阳市偃师县水泉石窟调查》,《文物》1990年第3期。
③ 王国奇:《孟津发现一处有纪年的北魏石窟》,《中国文物报》1988年1月1日。
④ 温玉成:《河南省新安县西沃石窟》,《考古》1986年第2期。

有若干小佛龛。石塔为楼阁式方塔,属北魏末期之作。一号窟是该石窟的主要洞窟,窟内正壁有一坐佛、二弟子、二菩萨。左、右两壁各雕一立佛、二菩萨。窟顶作穹隆状,雕饰为一个宝盖。从窟内的四段题记中知,该洞窟开凿于孝昌元年(525),完工于建义元年(528)。二号窟主像是帷幕龛下释迦佛,结跏趺坐,说法印。两侧为二弟子、四菩萨夹侍。据左壁刻造像题记,该洞于普泰元年(531)四月廿九日建成。西沃石窟是黄河中下游岸边的唯一一处北魏石窟,为我国石窟寺艺术研究增添了一份新资料,为确认北魏末期石刻佛像型式建立了年代学上的依据。

5. 安阳灵泉寺与小南海石窟

灵泉寺位于安阳市西南30公里的太行山支脉宝山的东麓。在灵泉寺东西两侧的石灰岩断壁上,开凿有洞窟200多个,其中以寺院东侧的大留圣石窟和宝山西侧的大住圣石窟规模最大,时代较早,雕刻内容最丰富。大留圣窟门前,原刻有东魏时期的窟名及开凿年代题记。据《安阳县志》记载推定,大留圣窟开凿于东魏武定四年(546)。小南海石窟位于灵泉寺东南5公里,面临洹水。石窟现存洞窟3座,均开凿于北齐天保年间(550—559)。西窟内造像皆为高浮雕,后壁有释迦牟尼佛和二胁侍弟子,南北两壁各有胁侍菩萨和弟子立像3尊。中窟,西壁有本尊立佛和二菩萨,北壁为该窟造像主体,通体布局是高浮雕一佛二弟子像。东窟,北壁正中及左右两侧为释迦牟尼佛和二菩萨,东西两壁各雕菩萨造像3尊。[①]

有人指出:安阳小南海石窟,不仅东窟为一佛二菩萨,东西两壁造像亦均为一佛二菩萨,并进一步认为东西两壁的本尊应为弥勒和阿弥陀佛,而后壁本尊是卢舍那佛,同时认为西窟的三壁三佛情况与中窟和东窟相同,为卢舍那、弥勒、阿弥陀三佛。三壁三佛是北齐最主要的造窟形制和造像题材,因此,小南海三佛名的确定是研究北齐石窟和当时佛教信仰情况的重要依据。[②]

6. 鹤壁五岩寺石窟

五岩寺石窟位于鹤壁市五岩山南麓的崖壁上。分5处开凿,共有窟龛41个,造像154尊,护法狮子48个,造像题记12则。其中记载最早的开凿时间为

---

① 河南省古代建筑保护研究所:《河南安阳灵泉寺石窟及小南海石窟》,《文物》1988年第4期。
② 刘东光:《有关安阳两处石窟的几个问题及补充》,《文物》1991年第8期。

东魏兴和四年(542),最晚的开凿年代为武定七年(549),没发现晚于东魏的造像和题记,这些题记为鉴定东魏时期石窟造像提供了断代的标准依据。①

另外,在河南境内发现的北朝石窟和造像,还有林县洪谷千佛洞石窟、宜阳县虎头寺石窟、嵩县铺沟石窟以及密县石龛、方城古襄州摩崖造像等。

(三)北朝造像

1.郑州及附近地区造像

郑州市发现的两批石刻造像,一是在须水乡红石坡,计有赵安香造像、正光二年(521)扈豚造像等4尊;一是在郑州市区磨盘街,计有天保七年(556)韩克智造像、正光二年口德何造像、三菩萨造像、永熙二年(533)造像等。这两批北朝的石刻造像,体现了民间工匠比较纯熟的雕刻技艺。② 在新郑市收藏的北齐石刻造像中,有天保三年(552)造像、天保十年(559)造像碑、天统二年(566)造菩萨像。这些造像题记书法为魏碑,又接近楷书,是南北朝魏碑向唐代楷书演变过渡的例证。

2.洛阳造像

洛阳北朝造像碑,以偃师县和洛阳市郊区分布较广,现存实物较多。

1984年,在偃师发现的北魏正光四年(523)扫逆将军翟兴祖等人的造像碑,当为北魏京都宝明寺的遗物,从该碑的题榜姓氏还可看到北魏的民族融合情况。③ 发现于孟津翟泉的北魏常岳等一百余八造像碑、造像刊经碑、交脚弥勒菩萨造像等,北齐的天保五年(554)造像碑、道民大都宫主马寄造像碑等,这些碑当与龙门石窟有密切关系。北魏皇帝笃信佛教,除开凿窟龛、广修寺院外,还在为数众多的寺院里,供奉圆雕石佛像、浮雕造像碑等。其"秀骨清像"式的风格占主导地位。④ 这是孝文帝改制学习东晋南朝的结果。东魏、北齐出现复古的鲜卑化倾向,造像又渐趋胖状。北齐不少造像碑上有些造像形貌奇特,装束似佛似道,甚至恢复胡装,反映出佛道合流向世俗化发展的趋势。

---

① 河南省文物研究所、鹤壁市博物馆:《鹤壁五岩寺石窟》,《中原文物》1989年第2期。
② 郑州市博物馆:《郑州市发现两批北朝石刻造像》,《中原文物》1981年第2期。
③ 李献奇:《北魏正光四年翟兴祖等人造像碑》,《中原文物》1985年第2期。
④ 宫大中:《洛阳北朝造像碑》,《洛阳考古四十年——一九九二年洛阳考古学术研讨会论文集》,文物出版社1996年,第305页。

第五节　隋唐五代考古的重要收获

隋唐时期,中国封建社会发展到一个前所未有的高度,经济繁荣,文化发达。河南省的隋唐考古成就卓著,东都洛阳城址的勘察与发掘,安阳相州窑、巩义三彩窑等重要陶瓷窑址的发现,以及出土丰富随葬品的贵族墓葬等,都是这一时段河南考古的亮点。

一、隋唐东都洛阳城的勘察与发掘

1981年,洛阳玻璃厂在隋唐东都洛阳城的夹城和宫城范围内进行基本建设。为了进一步弄清夹城和宫城内的建筑布局,洛阳市文物工作队于3月至5月底进行了有计划的发掘工作。在夹城的发掘中,发掘了东部和西部的一些地方。获得了夹城东墙(亦宫城西墙)和西墙(外郭城西墙)的结构、修筑方法、时代关系等资料,以及夹城内的排水设施及郭城外的护城壕沟等遗存。[1] 宫城各门址已经勘探清楚的有南面的应天门、明德门、长乐门,以及西面的嘉豫门和北面的玄武门。应天门是宫城的正南门,也是隋唐东都城规模最大的门址,位于今洛阳市周公庙与洛阳日报社之间,现存有东、西两个夯土门阙遗迹。门址的两侧有向外凸出的两堵夯土墙,东西相距83米,这应是史料中所载的"左右连阙"。1980年和1991年分别对西阙和东阙遗迹进行了发掘,从而了解到隋唐时期门阙的形制和结构。[2] 通过对东、西门阙的揭露,可知应天门是一组由门楼、垛楼、东西阙楼以及连接门楼、垛楼、阙楼的廊庑组成的平面呈凹字形的巨大建

---

[1] 洛阳市文物工作队:《1981年河南洛阳隋唐东都夹城发掘简报》,《中原文物》1983年第2期。
[2] 洛阳市文物工作队:《隋唐东都应天门遗址发掘简报》,《中原文物》1988年第3期;中国社会科学院考古研究所:《宫城应天门东阙遗址重见天日》,《中国文物报》1991年1月20日。

筑群，表现了中国封建社会鼎盛时期雄伟壮观的都城建筑风格。崇庆门遗址位于宫城南墙的西部，门址宽 6.30 米，门道宽 4.40 米，进深 10.30 米，为单门道结构。门道两侧各有柱础坑 5 个，排列整齐，也是在门道两侧立柱上架过梁、顶部筑门楼的建筑形式。在门洞内路面上遗有车辙痕 2 条，轨距 1.4 米。①

历年来考古工作者配合洛阳市市政建设工程，在宫城内的中轴线上相继发现 6 处大型夯土殿基。② 一号台基南距宫城应天门 234 米，位于今中州路与定鼎路相交的东南角，即洛阳市建筑公司院内。台基东西长约 160 米，南北宽约 36 米，距地表深 0.90~1.25 米。1988 年 10 月至 11 月的发掘表明，整座台基自南而北分为 3 部分。中部基址宽 25.20 米，为主体建筑基址，其上可能建筑小型殿阁或门楼；南部基址宽 8 米，北部基址宽 19 米，是根据地形和中部建筑的需要增筑的辅助地面。根据史书记载和一号基址的所处位置，应是乾元门的门址所在。③ 二号台基南距一号台基约 135 米，即武则天的明堂遗址。三号台基位于二号台基之北约 16 米，现在洛阳市印刷厂院内后部。台基呈长方形，东西长约 102.50 米，南北残宽 42~47 米，北侧中部向外凸出 5 米，长约 40 米，夯土厚度达 4 米以上。该台基规模宏大，夯筑坚实，很可能就是武则天的天堂遗址。④ 四号台基位于三号台基的东北，现在洛阳市唐宫路煤厂院内。此台基为一组建筑，由 4 排东西向长方形台基和台基两端的东西廊房组成。北部的 3 排台基东西长为 38~42 米，南北宽均为 5 米；第四排台基东西长 36 米，南北宽 14 米。在 4 排基址两端有廊房相连，东廊房宽 4.30 米，西廊房宽 4.50 米。五号台基位于四号台基之北 14.50 米，台基呈凸字形，东西长 48 米，南北中部最宽处宽 30.80 米。南部凸出部分，中心部位东西长 18 米，收进 1.20 米；其次两边各长 9 米，又收进 1.20 米；最后两边各长 7 米，宽 28.40 米。六号台基位于三号台基的西北，与五号台基相对称，现在洛阳市纺织品联合仓库院内。台基平面呈长方形，东西长 47 米，南北宽 29 米。上述四号、五号、六号夯土台基因位于宫城中轴线两

---

① 中国社会科学院考古研究所洛阳唐城队：《洛阳隋唐东都城 1982—1986 年考古工作纪要》，《考古》1989 年第 3 期。
② 中国社会科学院考古研究所洛阳唐城队：《洛阳隋唐东都城 1982—1986 年考古工作纪要》，《考古》1989 年第 3 期。
③ 中国社会科学院考古研究所洛阳唐城队：《唐东都乾元门遗址发掘简报》，《考古》1994 年第 1 期。
④ 王岩：《关于唐东都武则天明堂遗址的几个问题》，《考古》1993 年第 10 期。

侧,应与宫城内正殿旁的配殿有关。

明堂为武则天垂拱四年(688)在乾元殿旧址上建造。《旧唐书·礼仪志》载,明堂"凡高二百九十四尺,东西南北各三百尺。有三层:下层象四时,各随方色;中层法十二辰,圆盖,盖上盘九龙捧之;上层法二十四气,亦圆盖。亭中有巨木十围,上下通贯……明堂之下施铁渠,以为辟雍之象。号万象神宫"。武则天执政时期,曾在此宴飨群臣,接受朝贺,发布政令。武则天去世后,唐玄宗于开元二十七年(739)毁明堂上层,改修下层为新殿,次年又改新殿为乾元殿。明堂遗址位于今中州路与定鼎路相交的东北角,1986年进行了考古发掘。① 殿基用红褐土夯筑而成,已揭露部分东西长54.70米。殿基平面呈八边形,在中心位置发现一圆形大柱坑,坑口直径9.8米,坑底直径6.16米,深达4.06米。坑底由4块大青石构成巨型柱础,柱础石上刻有细线两周,中心处有一方形柱槽。该殿基的位置、形制和建筑特点,与文献记载的明堂颇相符合。殿基中心的大型柱坑,应是明堂立中心柱的位置;夯土基础呈八边形,可能是唐玄宗拆明堂建造的新殿遗迹。

九洲池是宫城内的一座宫廷花园,遗址位于宫城的西北部,陶光园南250米处,东西长约205米,南北宽约130米。在池北面东西两侧各有一条宽约5米的渠道向北延伸,可能是九洲池的进水口;池的南面东南角也有一条渠道遗迹,可能是九洲池的出水口。在九洲池现有范围内,已探出5座小岛,其中3座岛上分别发现亭台建筑遗址各1处。在九洲池周围陆续发现过不少建筑基址。20世纪60年代初在池的东南部清理亭式建筑和廊房遗址各1处。1982年在池的东侧清理殿亭基址和亭式建筑各1处,殿亭基址呈方形,坐北朝南,残存部分南北长为10.50米,东西宽7.60米;亭式建筑略呈方形,南北长8.23米,东西宽7.50米,四角保存有石柱础或柱础石坑。1987年在池的西南部发掘一处廊房基址,廊房建筑呈东西向,南北两座并列,其间以4条砖铺甬道相连。在两座廊房的东端,还发现两条并列的砖砌下水道,从东北方向进入九洲池。②

---

① 中国社会科学院考古研究所洛阳唐城队:《唐东都武则天明堂遗址发掘简报》,《考古》1988年第3期。
② 中国社会科学院考古研究所洛阳唐城队:《洛阳隋唐东都城1982—1986年考古工作纪要》,《考古》1989年第3期;王岩:《洛阳唐东都宫城内九洲池畔大型廊建筑》,《中国考古学年鉴(1988)》,文物出版社1989年版,第193~194页。

此外,粮仓遗址也是一项重要的发现。1988年秋至1989年1月,洛阳市文物工作队为配合洛阳铁路分局的基本建设,对含嘉仓城原钻探编号G180、G194、G195、G198号4座仓窖进行了发掘。其中G194、G195、G198位于仓城的中部偏东,G180位于仓城中部偏西。这次发掘的4座仓窖的口部均呈圆形,口大底小,整体呈缸形。窖口北部一般都比南部高出10~15厘米,说明仓城的自然地势北高南低。在4座仓窖的填土中,出土了一些唐代遗物,有居住材料、生活用具、刻铭砖和钱币等。①

二、隋唐陶瓷窑址的发现

(一)巩义黄冶三彩窑

黄冶三彩窑遗址位于巩义市站街镇大、小黄冶村附近,两村相距约2.5公里,遗址散布在两村之间的黄冶河两岸的台地上。1976年以来进行过多次调查和考古试掘,发现有丰富的窑具、模具和三彩器。② 黄冶窑址中虽然以烧制唐三彩器为主,但也生产白瓷器。出土的一件白瓷蛋丸胎质洁白,轻薄透明,显示了制瓷工艺的高度成就。1987年1月,在大黄冶村还出土一件金代纪年绿釉瓷枕,枕底墨书"正隆己卯末春□□日扑成"③,表明迟至金正隆四年(1159),黄冶三彩窑仍在烧造三彩器。20世纪80年代初,河南省轻工业厅曾在巩义窑采集到一批青花瓷片,其中一件唐代白釉高温釉下蓝彩壶,为单纯的点彩和大面积的蓝釉彩。据测试,其胎釉化学成分和巩义窑白彩相类同,蓝彩的呈色剂为钴、锰、铁和镍。

(二)鲁山段店窑

段店瓷窑遗址位于鲁山县城北9公里的梁洼乡段店村。该村坐西向东,面临小河,正坐落在窑址上面。窑址分布范围颇大,南北长1000米,东西宽60~

---

① 洛阳市文物工作队:《洛阳含嘉仓1988年发掘简报》,《文物》1992年第3期。
② 傅永魁:《河南巩县大小黄冶村唐三彩窑址调查报告》,《考古与文物》1984年第1期;巩义市文管所:《巩义市大小黄冶唐代三彩器窑址调查》,《中原文物》1992年第4期。
③ 刘洪淼:《金代纪年绿釉陶枕》,《中国文物报》1993年12月12日。

120 米,面积达 10 万平方米。废品堆积随处可见,一般厚 2 米左右,最厚处达 5 米以上,由此可以想见当年的窑业盛况。该窑址发现于 1950 年,随后曾作过多次调查,1990 年下半年河南省文物考古研究所进行了首次试掘[1],发现有炕房、窑炉和澄泥池等遗迹。炕房内残留有两个方形石柱础和炉渣铺垫的地面,地面上保存有比较完整的砖砌火道,火道东西长达 17 米,在东端作环形弯道与窑炉相连。窑炉砖砌,由工作坑和燃烧室等组成,工作坑内还遗留有烧煤痕迹。澄泥池平面略呈方形,是在土坑内用残匣钵或石块垒砌四壁。该窑址分布面积大,延续时间长,从唐代创烧以来,历经宋、金、元代生产一直未间断,这在我国北方窑址中尚不多见。

三、隋唐五代墓葬的发掘与研究

(一)隋代墓葬

1983 年和 1986 年,安阳市文物工作队清理隋代砖室墓两座。两墓均由墓道、墓门、甬道、墓室 4 部分组成,墓室平面近正方形,四壁略外弧。两墓均遭盗掘,其中一座出土器物 89 件,仅陶俑就有 70 件,石墓志残留志盖一块。另一座墓内随葬品位置多未扰乱,放置极有规律,共出土随葬品 161 件,包括瓷器、陶俑、厨房明器和铁器,以瓷器为大宗,计 29 个品种 140 件。[2]

(二)唐代墓葬

1.偃师李弘恭陵

恭陵是唐高宗李治第五子、武则天长子李弘的陵墓,位于今偃师市缑氏镇罈滹村南景山上。1985 年,考古工作者对陵园主要遗迹进行了实测和钻探。[3] 陵园坐北朝南,平面呈正方形,边长 440 米。四周原有神墙围护,现存夯土墙基宽 1 米。神墙四隅建有角阙,现存基址长、宽各 10 余米,高 3~4 米。四面神墙

---

[1] 孙新民:《鲁山县段店唐至元代瓷窑址》,《中国考古学年鉴(1991)》,文物出版社 1992 年版,第 237 页。
[2] 安阳市文物工作队:《河南安阳市两座隋墓发掘报告》,《考古》1992 年第 1 期。
[3] 中国社会科学院考古研究所河南二队等:《唐恭陵实测纪要》,《考古》1986 年第 5 期。

的中部各置神门,门外土阙犹存,左右分列石狮一对。灵台位于陵园中部,现呈覆斗状,东西长150米,南北宽130米,高22米。在灵台封土东北50米处,有一方锥形土冢,底边长40~50米,高13米,系李弘之妃哀皇后墓。这种帝、后同茔而不同墓的合葬方法,显然是仿照了西汉帝陵的埋葬制度。神道在南神门外正南方向,南北长227米,东西宽50米。在神道两侧分别排列有石像生5对,自南而北的次序是:望柱1对、天马1对、石人3对。尽管恭陵的石雕像数量与陕西关中唐十八陵相比较少,但唐代在陵墓前设置天马以恭陵为最早,恭陵身着裲裆铠甲、足蹬云头高靴、脚踏仰覆莲花的石人造型,也不见于唐十八陵。在东侧南起第一、第二石人之间置有石碑一通,碑额刻飞白书"孝敬皇帝睿德之纪"8字,碑文楷书,为唐高宗李治自撰并亲书。恭陵陵园布局严谨,石像生雕刻精细,是研究唐初"号墓为陵"规制的一处完整实例。

2. 洛阳安菩夫妇墓

1981年发掘的唐定远将军安菩与其妻何氏的合葬墓,位于洛阳龙门东山北麓。[①] 该墓为单室土洞墓,由斜坡墓道、石构墓门、甬道和墓室组成。墓室平面略呈横长方形,东西两边各有一个以石条包边的棺床。在墓门的一对门扉上,各刻有一个门吏;门额中部刻两只大鸟,门楣上刻一对狮形兽,门框和门墩上刻以花草图案。棺床的正面则刻有十二生肖像,两边饰以莲花和卷草纹。墓内出土墓志一合,盖上楷书"大唐定远将军安君志"9字。根据志文可知,墓主安菩为西域"昭武九姓"之一的安国大首领,原依附于东突厥。唐太宗贞观四年(630),唐王朝击破东突厥,安菩率"衙帐百姓归中国",受封定远将军,同京官五品,首领如故。安菩逝于麟德元年(664),先葬长安龙首原南平郊,景龙三年(709)与其夫人何氏合葬于洛城南敬善寺东。安菩夫妇墓保存完整,随葬器物十分丰富,分别置于甬道两侧和棺床上。随葬品中包括50件三彩器和61件单彩器,另外还有陶瓷器13件,以及铜镜、铜钱、玛瑙珠和东罗马金币等。墓中出土的三彩器,胎质坚硬,施釉匀润,色彩鲜艳,装饰华丽,具有很高的艺术价值。该墓三彩器数量之多,形制之大,造型之精美,在河南地区同类唐墓中实属罕见,为洛阳唐三彩的断代分期提供了可靠依据。从三彩器中的各种胡人形象,身负肉食、水壶和丝绸的骆驼俑,以及东罗马皇帝福克斯所铸的金币,可以看出

---

① 洛阳市文物工作队:《洛阳龙门唐安菩夫妇墓》,《中原文物》1982年第3期。

唐代洛阳在中西交通史上所占的重要地位,洛阳应该是古代丝绸之路东端的起点站。

3.偃师杏园唐墓

杏园村位于偃师市西2公里处,这里北倚邙岭,南瞰洛伊,坡度平缓,土层深厚。1983年以来配合洛阳首阳山电厂建设工程,考古工作者陆续发掘唐代墓葬69座。其中37座出土有墓志,按墓志纪年,时间最早者为武周长寿三年(694),最晚者为僖宗中和二年(882)。这批墓葬除1座为单室砖券墓外,其余均为单室土洞墓,分别由墓道、甬道和墓室3部分组成。这些墓的墓主人生前以八品、九品官为主,最高官阶不过四品,但墓室保存完整,随葬品较为丰富,反映了唐代中下层官吏的社会生活和墓葬习俗,为唐墓的分期提供了断代的标尺。在这批唐墓中出土了一批工艺精湛的金银器皿,风韵不俗的三彩陶俑,刻工精湛的玉盘杯盒,稀世瑰异的金银平脱器,十分引人注目。其中1902号唐墓中出土一枚金戒指,这在两京地区的唐墓中尚不多见。戒指环体厚重,上嵌椭圆形紫色水晶,水晶上浅刻两个横书文字,文字为中古时期巴列维语。据考证,这枚金戒指是作为印章来使用的,从镶嵌水晶的手工艺上观察,更接近西亚、波斯、阿富汗在金银器上的制作风格。李景由墓和郑洵墓各出土1件蛤形鎏金银盒,尤以后者器体厚重,工艺精细,外表錾刻一对鸳鸯呢喃于花叶丛中,无疑是唐代妆奁器皿中的佳作。郑洵墓还出土金银平脱铜镜两面,其中鸿雁衔花镜的镜背用平脱工艺将银箔修剪成一对相互追逐飞舞的鸿雁,雁嘴中衔一只花叶;另用金箔修剪成4只石榴果实,填补于鸿雁之间,并用大漆粘合。金箔与银箔的厚度仅在0.2~0.3毫米之间,工艺娴熟,构图秀丽,黄白交相辉映,是唐代金银平脱工艺精良的实物见证。[①]

4.孟津西山头唐墓

孟津西山头唐墓位于洛阳市区以北的邙山岭上。"北邙山头少闲土,尽是洛阳人旧墓。旧墓人家归葬多,堆着黄金无买处。"唐人王建的这首《北邙行》

---

① 中国社会科学院考古研究所河南第二工作队:《河南偃师杏园村的两座唐墓》,《考古》1984年第10期;中国社会科学院考古研究所河南第二工作队:《河南偃师杏园村的六座纪年唐墓》,《考古》1986年第5期;中国社会科学院考古研究所河南第二工作队:《河南偃师市杏园村唐墓的发掘》,《考古》1996年第12期;中国社会科学院考古研究所汉唐考古研究室:《考古研究所汉唐宋元考古二十年》,《考古》1997年第8期。

诗,形象地道出了洛阳北邙地势轩然,风景绝佳,权贵势要争相占据一席宝地的事实。1991年,为配合310国道高等级公路建设工程,考古工作者在孟津段东迄三十里铺村、西至朝阳乡长仅10余公里的线路范围内,发掘出历代墓葬百余座,昔日文人笔下"邙山墓多,无卧牛之地"的形象比喻,今日被考古发现所证实。其中唐代墓葬近20座,尤以天授二年(691)屈突季札墓和大足元年(701)岑氏墓保存较好,出土了一批珍贵文物。① 两墓的墓葬形制和结构相近,均为单室土洞墓,由墓道、甬道和墓室组成。在斜坡墓道的北段设有天井和壁龛,墓室平面作方形或长方形,均在墓底的西半部铺砌一层平砖以作为棺床。屈突季札卒时年仅13岁,出生于名将高官之门,其曾祖屈突长卿、祖屈突通、父屈突诠在两《唐书》中均有记载。该墓出土随葬品92件,有精美的三彩器、彩绘陶、瓷俑类,以及各种明器。随葬品中以三彩器为主,所出三彩器不仅量多类繁,而且胎质洁白坚硬,造型生动华丽,施釉匀润,色彩鲜艳,具有很高的艺术价值。岑氏为清菀公刘府君夫人,其曾祖岑善方、祖岑之象,在《周书》和《北史》中均有记载;岑氏之父岑文照,系唐太宗重臣岑文本之弟,亦见于《旧唐书》中。该墓出土随葬物46件,分为彩绘俑及动物模型、瓷器、陶器、铁器和石墓志。其中6件女乐俑和2件女舞俑雕绘精细,造型准确,比例协调,身姿优美,呈现出逼真的动态,可谓不可多得的古代艺术珍品,为研究盛唐时期的服饰、化妆、音乐和舞蹈等提供了宝贵的实物资料。

5.伊川唐齐国太夫人墓

唐齐国太夫人墓位于伊川县鸦岭乡杜沟村,1991年发现并发掘。② 该墓规模宏大,结构复杂,南北全长45.5米,由长斜坡墓道、3个过洞、3个天井和甬道、墓室组成。甬道长5.50米,宽1.50~1.80米,南端与墓道相连处有石门两扇,石门上线刻人物花草;北端与墓室相接处有木质墓门,现留木框和铁门饰。墓室为长方形土洞,长4.50~4.60米,宽3.30~3.70米,距地表深8.25米。该墓曾两次被盗掘,但仍清理出各类文物1659件(片)。其中金银器21件,金银饰300件,玉石器36件,宝石饰1200件,骨雕35件,铜饰24件,铜器6件,铁器12件,

---

① 310国道孟津考古队:《洛阳孟津西山头唐墓发掘报告》,《华夏考古》1993年第1期;310国道孟津考古队:《洛阳孟津西山头唐墓》,《文物》1992年第3期。
② 洛阳市文物工作队:《伊川鸦岭唐齐国太夫人墓》,《文物》1995年第11期。

钱币12枚,陶瓷器9件,石刻4件。在一个墓中随葬金银器、玉石器和宝石饰器数量之多,为河南地区唐墓所罕见。这批金银器种类齐全,有饮食器、盛容器、药具和杂器,纹饰中凤纹、莲花纹、鱼纹、雁纹等具有中国传统风格的图案占主流。双鱼纹海棠花形金盏和双鱼大雁纹鎏金银盏托都保存完好,制作精美,是这批金银器中的佼佼者。此墓主人齐国太夫人濮阳吴氏,是唐成德军节度使王承宗之母、王士真之妻,卒于长庆四年(824),享年61岁,生前曾两次受诰命为太夫人。王氏家族在晚唐地位显赫,王承宗、王士真在两《唐书》中均有传。吴氏墓志提供了有关王氏家族及藩镇割据的材料,可与史籍相互印证。

(三)五代陵墓

据《五代会要》记载,梁太祖朱温葬宣陵,在洛京伊阙县;唐庄宗李存勖葬雍陵,在洛京新安县;唐明宗李亶葬徽陵,在洛京洛阳县;晋高祖石敬瑭葬显陵,在洛京寿安县;汉高祖刘知远葬睿陵,在洛京都城县;周太祖郭威葬嵩陵,在郑州新郑县;世宗柴荣葬庆陵,恭帝柴宗训葬顺陵,皆在郑州管城县。① 其中朱温宣陵、刘知远睿陵、郭威嵩陵、柴荣庆陵和柴宗训顺陵,至今尚保留有陵墓和石雕像等地面遗迹。另外,在洛阳、伊川等地曾发掘了数座五代时期的纪年墓葬,也具有一定的地方特色,从中可以窥见当时的社会生活和文化面貌。

后梁教坊使高继蟾墓发掘于1986年7月。② 该墓位于洛阳北郊瀍河东岸、邙山南麓,南距隋唐东都外廓城北墙约1公里。该墓为土洞墓,由墓道、甬道和墓室组成。墓道为竖穴式,长2.58米,宽0.62~1.20米,深7.20米。甬道为过洞式,宽1.20米,进深1.90米,高1.66米。墓室平面作长方形,拱形顶,长3.60米,宽2米。墓内随葬器物93件,包括陶、瓷、铜、铁、银、铅、石等多种质地。其中五曲葵口青瓷碗和宽折沿平底青瓷盆,器形规整,施釉均匀,当为越窑产品,胎薄质细、洁白润泽、带"新官"款的白瓷碗无疑是定窑产品。青石志盖盝顶,四刹阴刻四神图案;志文四边阴刻文吏12人,十二生肖动物形象分饰于每人冠顶。墓主高继蟾,史书无传。据墓志,其为渤海郡人,生前任教坊使,封银青光禄大夫,勋上柱国,开平三年(909)卒于洛京,葬河南府河南县平乐乡朱杨村。

---

① 〔宋〕王溥:《五代会要》卷一,影印文渊阁四库全书本。
② 洛阳市文物工作队:《洛阳后梁高继蟾墓发掘简报》,《文物》1995年第8期。

志文详细记述了墓主人家世,可补史书之阙。

1985 年夏,在洛阳市东郊史家湾村发现一座后唐墓葬。[①] 该墓为一长方形竖穴土坑墓,深约 2.50 米,砖棺位于墓坑中央,用长方形青砖铺摆而成。墓内出土 1 件瓷罐和 1 件雕印经咒。经咒长 38 厘米,宽 29.5 厘米,为雕版印刷而成。丝麻质纸,质地柔软,薄而半透明,韧性较强。经咒内容分为两部分,右侧绝大部分为经文及画像。正中端坐一菩萨,头戴花冠,身披缨络,身体左右两侧各有四臂,手中均持有法器,跌坐于莲花之上。经文为梵文,有内外两组,均为回旋式刻写。内外组之间饰有 4 个相对称的供养飞天。最外部饰双栏,栏框四边正中均饰一坐佛,四大天王立于四角。左侧为汉文题记。汉文题记后墨书有"天成二年正月八日徐殿弟子依佛记"字样,表明此经咒为五代后唐明宗天成二年(927)雕印而成,为研究我国古代雕版印刷业的发展和五代雕版印刷技术水平提供了重要实物资料。

四、隋唐时期的佛教考古

石窟寺是佛教传入中国后的产物,是僧侣和信徒礼佛做佛事活动的场所。隋唐时期是我国石窟寺开凿和石窟寺艺术发展的第二个高潮,河南地区有 10 余处石窟寺是唐代开凿或增凿的。其中陕县温塘摩崖造像、沁阳市玄谷山摩崖造像、浚县浮丘山千佛洞、浚县大伾山摩崖造像等开凿于唐代,而洛阳龙门石窟、巩义石窟、偃师水泉石窟、林州洪谷寺千佛洞、安阳宝山石崖等虽始凿于北朝,但唐代均曾大规模增凿龛像。1976 年在荥阳市东郊发掘出土的近 40 件石刻造像群和 1983 年在洛阳龙门发现的神会和尚身塔塔基,也是隋唐时期重要的佛教史迹。

1983 年 12 月,在洛阳龙门西山北麓原唐宝应寺旧址内,发现了唐代名僧禅宗七祖神会身塔塔基。[②] 该塔基系石砌单室,平面近正方形,长 1.25 米,宽 1.13 米,高 1.20 米,室顶上距地表 0.90 米。全室用 13 块经过打磨的石板、石条垒砌

---

① 洛阳市文物工作队:《洛阳出土后唐雕印经咒》,《文物》1992 年第 3 期。
② 洛阳市文物工作队:《洛阳唐神会和尚身塔塔基清理》,《文物》1992 年第 3 期。

而成,犹如一个完整的石砌椁室。其中在东壁的第一块石板内侧刻有"身塔铭",西壁石板上墨书有"南东头"3字。该塔基随葬遗物有铜、银、铁、陶器4类,其中铜器有净瓶、盒、长柄手炉、勺、箸、条6种;银器仅银盒1件;陶器有陶钵3件;铁器有残器4件。塔铭系阴刻楷书,共17行,满行24字,记述了神会和尚的生卒年月和生平事迹。神会号荷泽大师,乾元元年(758)五月十三日坐化,享年75岁,系禅宗中的南宗七祖,在南宗取代北宗的活动中起有关键作用。塔基内出土的陶钵、铜盒、净瓶等法器,当为神会生前传道所用。《建身塔铭》系神会门人慧空所撰,法璘书,是关于神会生平的最可凭信的记述,不仅澄清了过去对神会生卒年岁的误解,而且为研究禅宗的早期历史提供了可靠的资料。[①]

第六节 宋金元明考古的发展与收获

20世纪70年代以来的宋金元明考古,以北宋两京的发现和发掘为核心,瓷窑遗址的发现和研究也是这一时期考古学的亮点。众多宋金墓葬的发掘也为我们探索这一时段的历史面貌提供了丰富的资料。

一、北宋两京城址

(一)东京开封城

开封为北宋王朝的首都,时称东京,是当时全国的政治、经济和文化中心,也是当时世界上最大和最繁荣的城市。北宋东京城改变了汉唐以来的封闭式里坊和市场规划,形成了开放式的大街小巷,刺激了城市工商业的发展和繁荣,在我国城市发展史上起着承前启后的作用。宋人孟元老的《东京梦华录》和张择端的《清明上河图》,向人们展示了东京城城楼高耸、店铺林立、人来人往、商

---

① 李学勤:《禅宗早期文物的重要发现》,《文物》1992年第3期。

业繁盛的景象。从1981年5月开始,河南省文物研究所和开封市博物馆联合组成开封宋城考古队,先后勘探和试掘了城垣和城内的一些重要遗迹,取得了重大收获。①

北宋东京城地处豫东大平原,在地理位置上缺乏长安(今陕西西安)的"关中之险"、洛阳的"山河之固",因此北宋统治者十分重视城市的防御设施,在平面布局上设有外城、内城和宫城,三重城垣大小相套。

外城,又称新城、罗城,是京师防御的第一道屏障。外城始建于周世宗显德三年(956),北宋时曾多次加以重修、增筑和扩展。城墙高4丈,宽5丈9尺,"每百步设马面战棚,密置女头,旦暮修整,望之耸然"。经考古勘探,外城位于今开封明清砖城外四周1.3~2公里处,平面呈南北稍长、东西略短的长方形。其中东墙长7660米,西墙长7590米,南墙长6990米,北墙长6940米,合计四周总长29120米左右,折合宋里约50余里,与宋神宗熙宁八年(1075)至元丰元年(1078)重修都城的"城周五十里百六十五步"基本吻合。城墙皆掩埋于地下,一般在地表下3~5米,墙宽15~20米不等。在西墙南段的试掘表明,外城城墙系用夯土版筑而成,夯土的层次明显,每层厚8~12厘米,其夯窝密集均匀,结构坚实。城墙现存顶部宽4米,底部宽34.2米,高8.70米。城墙外的护城壕宽约40米,距今地表深11米。

据《东京梦华录》记载,外城共有城门12个、水门6个。这次勘探在城墙的东、西、南三面计发现10处缺口,其北墙由于被破坏较甚和地下水位太高,尚未能确定城门的具体位置和形状。已发现的10处缺口中,按照分布位置,南墙的3处分别为南薰门、戴楼门和蔡河水门,东墙两处可能为新曹门和汴河下水门旁边的拐子城,西墙的5处应为新郑门、汴河上水门、固子门、万胜门和金水河水门。南薰门为外城南墙的正门,瓮城门址东西长130米,南北宽80米,瓮墙厚15米。新郑门为外城西墙的正门,瓮城门址南北长165米,东西宽120米,在已探明的门址中规模最大。汴河东水门南距外城东南角730米,瓮城门址南北长130米,东西宽100米,在瓮城墙外探出大量砖块,证明瓮城墙外壁用砖包砌。

---

① 开封宋城考古队:《北宋东京外城的初步勘探与试掘》,《文物》1992年第12期;开封宋城考古队:《北宋东京内城的初步勘探与测试》,《文物》1996年第5期;孙新民:《略谈北宋东京外城的兴废》,《华夏考古》1994年第1期;丘刚:《北宋东京三城的营建和发展》,《中原文物》1990年第4期。

上述3座瓮城的瓮门与城门呈直线对应,与《东京梦华录》所载的正门皆"直门两重"相一致。西墙的万胜门和东墙的新曹门皆属外城侧门,瓮城门均为"屈曲开门",平面呈半圆形,瓮门位于瓮城右侧。万胜门南北宽105米,东西进深60米;新曹门南北宽108米,东西进深50米,较南薰门和新郑门的规模略小。

内城,又称里城、阙城或旧城,为东京城的第二道城垣。内城主要为商业和居民区,也是京师最繁华的地方。内城为唐汴州节度使李勉重筑,北宋时屡有增修。内城遗址位于今开封市区内,南墙在大南门以北约300米的东西一线,北墙在龙亭大殿以北500米的东西一线,东西墙则被叠压于明清砖砌城墙之下。内城平面略呈正方形,周长约11.5公里,面积较周长14公里的明清开封城略小。内城城墙现淤埋于地下4米,系用两种土质交替夯筑而成:一种为深黄色黏性土,夯层较厚,一般厚8~15厘米;另一种为灰黄色杂土,夯层较薄,一般厚6厘米。在墙基底部,往往还垫有一层厚30厘米的碎砖瓦层。

皇城,又称宫城、大内,是北宋帝王生活、议政的场所。皇城原为唐代汴州节度使衙署,后梁改为建昌宫,后晋改为大宁宫,后周加以营建。宋太祖建隆三年(962),扩充皇城东北一带,并按洛阳宫殿图样修建。皇城遗址位于内城西北部,即今开封市区潘、杨湖一带,平面略呈东西短、南北长的长方形,周长约2500米。东墙在今东华门街西侧;西墙北起电视塔,向南经杨家湖一带到麻刀厂门前;南墙在今午朝门的东西一线;北墙位于今龙亭大殿后墙的东西一线。皇城城墙是先垫一层碎砖瓦,再填一层灰土后夯筑而成,每层厚10厘米,夯土内外均用砖包砌。皇城的位置和规模,与《宋史·地理志》"大内据阙城之西北,周回五里"的记载相吻合。皇城原有城门6座。南面3门:中为乾元门(又改宣德门),东为左掖门,西为右掖门。东门为东华门,西门为西华门,北门为拱宸门。皇城正南门上的门楼称宣德楼,因门楼上雕有5只凤凰,又名五凤楼或丹凤楼。整座门楼雕梁画栋,巍峨壮观,显示出特有的皇家气派。在皇城前面发现的两处门址:一处在今午朝门石狮处,门址缺口宽30米;另一处在今新街口附近。

东京城的街道规划整齐,有4条主要干道通往外城的正门,其他大小街道与4条干道互相贯通,形成了城内四通八达的交通网络。其中最主要的街道称为御街,北起皇宫宣德门,向南通过里城朱雀门,直达外城南薰门,是东京城的南北中轴线。另外3条干道,一条从州桥往西直达新郑门外,一条从州桥往东直达新宋门外,一条从相国寺东侧往北直达新封邱门外。1984年8月,在今开封市中山路中段的市皮鞋厂门前路面下 4.30 米处,发现了古州桥遗址。州桥,又名天汉桥,是东京城内御街上横跨汴河的一座重要桥梁。该桥为南北向砖石结构的拱形桥,南北长 17 米,东西宽 30 米,保存基本完好。桥面系用青石板铺砌,石板下衬砖两层。桥洞为青砖三圈三栿砌就,跨度 5.80 米,券高 6.50 米。桥墩由青石条砌筑,河底铺有石板,石板下衬有至今保存完好的方木。该桥可能是明代在宋州桥的基础上重修而成,这为复原北宋东京城又增添了一个可靠的坐标。

(二)西京洛阳城

北宋时洛阳改称西京。西京因袭隋唐东都旧址,北宋曾经过多次修葺,其规模并不逊于东京开封。新中国成立以来,配合洛阳市市政建设,考古工作者在发掘隋唐东都城时,均发现有宋代西京建筑遗存,其中主要有宋代的夹城、宫殿基址、衙署、庭园和砖瓦窑场遗址等。

宋代的夹城,是 1981 年配合洛阳玻璃厂基本建设而发掘的。[①] 夹城的东墙即宫城西城墙,是在隋唐东都宫城西墙的基础上,经过整修加筑而成。夯土内含不少砖瓦。紧贴城墙外侧挖一包边砖的基槽,而内侧不见这种基槽设施,表明宋代的宫城仅在外侧包砌砖面。夹城的西墙即西京西城墙,直接沿用了隋唐外郭城的西城墙,只是在外侧加以增筑。宋代利用了隋唐夹城,并驻扎有左右禁军,显然也与护卫宫城有关。

在西京的宫城内,发现有大型夯土台基、矩形房屋和廊房建筑基址等。[②] 大型夯土台基 8 处,皆位于宫城的中轴线上,用一层夯土、一层河卵石相叠筑成,建筑坚固。其中 1 号、2 号、3 号、5 号、6 号台基平面呈长方形。1 号台基位于宫城应天门北约 480 米,两端与 5 号、6 号台基相连,东西长 115 米,南北宽 15 米。2 号台基位于 1 号台基北约 105 米,东西长 86 米,南北宽 42 米。3 号台基位于 2 号台基北约 21 米,东西长约 80 米,南北宽约 33 米。4 号台基位于 3 号台基北约 17.50 米,是一组庭院式建筑,前后两座大型台基,左右以廊房相连。前面的

---

① 洛阳市文物工作队:《1981 年河南洛阳隋唐东都夹城发掘简报》,《中原文物》1983 年第 2 期。
② 中国社会科学院考古研究所洛阳唐城队:《洛阳隋唐东都城 1982—1986 年考古工作纪要》,《考古》1989 年第 3 期。

台基呈东西向长方形,长约80米,宽约34米;后面的台基东西最宽约80.5米,南北最长89米;左右的廊房均南北长约54米,东西宽约11.50米,两座廊房间距约57米。5号台基南北长约334米,东西宽约14.50米。6号台基残长约250米,宽约14.50米,与5号台基东西对称。7号和8号台基位于4号台基两侧,左右对称,形制相同,皆为一组院落式建筑,由北部的3座"品"字形台基和南部的曲尺形台基组成,在布局上自成一体。经考证,上述1号台基为西京宫城内第一座建筑太极门的基址,2号台基为宫城内的正殿太极殿基址,3号台基应是太极殿后的天兴殿基址,5号、6号台基则是太极门和太极殿两侧的东、西两廊。①

矩形房屋建筑基址坐北面南,平面呈曲尺形,用一层土、一层瓦片夯筑而成,夯土外砌有包边砖。其中南部东西长21.65米,南北宽10.85米,发现东西向的磉墩4排,南北向的磉墩为6排,共计24个。北部已掘部分南北长12米,东西宽11米,清理出磉墩4个。磉墩近正方形,边长0.80~1.50米不等,磉墩上的柱础坑呈正方形,边长0.50米,深为0.10~0.45米。廊房建筑基址坐西向东,南北残长32.5米,东西宽17米,为黄褐色土夯筑而成,东西两侧用砖包砌,砖外铺有散水设施。在基址上发现南北向磉墩3排,东西向磉墩为7行,残留有17个。磉墩近正方形,边长1.40~1.60米。该建筑基址规模较大,前面出廊并设有檐柱,应是一处重要殿址的配房。

砖瓦窑场遗址位于西京城西郊,今洛阳纱厂路西段,发现砖瓦窑两座和作坊工作面3处,并出土了大量建筑材料。② 两座窑东西并列,相距仅3.46米。其中3号窑窑门向西,由工作面、窑道、窑门、火膛、窑室5部分组成,全长9.34米。窑室平面略呈圆形,周壁砖砌,直径3.69~3.85米,残高0.80米。火膛位于窑床前部,南北长1.10米,东西宽0.75米。火膛外为窑门和窑道,与最前面的工作面连接。此窑未见烟室,出烟孔可能建在窑室的顶部。与3号窑形制不同,4号窑的窑室平面呈半圆形,进深2.80米,横宽4.22米,窑壁残高0.75~1.18米。在窑床后端设有平面略呈半圆形的烟室,烟室与窑床之间的砖砌隔墙上留有3个烟孔。此窑的形制和结构,与北方地区的马蹄形瓷窑颇有相似之处。在该窑址中,发现了各种砖瓦建筑材料和制作瓦当、脊饰的范模等。其中部分板

---

① 杨焕新:《略论北宋西京洛阳宫的几座殿址》,《中原文物》1994年第4期。
② 洛阳市文物工作队:《洛阳纱厂路北宋砖瓦窑场遗址发掘简报》,《中原文物》1984年第3期。

瓦上有"内西王福官工工""内西蒋兴官工工"等印文，筒瓦上的印文除"内西蒋兴官工工"外，还有"内西刘贵官工工"等。根据瓦文推断，此窑址应是北宋时期专为宫城烧制各种建筑材料的官营窑场，这为研究北宋洛阳宫城的修葺情况提供了重要资料。

二、瓷窑址的发现与研究

宋代是河南制瓷业的鼎盛阶段，全国的五大名窑汝窑、钧窑、官窑、哥窑、定窑中前三处均在河南境内。据近年来的文物普查资料，河南先后在24个县市发现了300余处古瓷窑遗址，其中绝大多数属于宋代，烧制区域几乎遍布盛产瓷土的豫西伏牛山区和豫北太行山区。就各窑口烧造的品种来说，大致可分为汝窑、钧窑和磁州窑系。

汝窑遗址位于宝丰县大营镇清凉寺村南，规模宏大，产品丰富。1987—1989年，河南省文物研究所连续三次对该窑址进行了考古发掘，发现作坊、房基、窑炉、水井和澄泥池等与制瓷相关的遗迹，出土各类瓷器和窑具数千件，其中有御用汝瓷20余件。[1] 发掘结果表明，该窑址创烧于北宋早期，北宋晚期达到鼎盛，并为宫廷烧制御用瓷器。御用瓷器分鹅颈鼓腹瓶、盘口折肩瓶、小口细颈瓶、浅腹盘、平底洗、圈足洗、盏托、器盖和小碗等器类，造型端庄，制作精细。瓷胎呈香灰色，胎体较薄，细腻致密。釉色以天青为主，色泽莹润，视如碧玉。盘、碗、洗和平底瓶等均施满釉，采用支钉工具支烧。因此，器里、器外、口端及足际均不露胎，仅在器物底部遗留有3个或5个细小支烧痕。另外，在鹅颈鼓腹壶上还刻有折枝莲花，盏托表面刻以覆莲，为传世品中所不见，从而丰富了人们对汝窑产品的认识。

在宝丰清凉寺窑址中，与御用汝瓷同出的还有大量民用青瓷、白瓷、黑瓷和三彩器等。民用青瓷在釉色上以豆青和豆绿釉为主，器类有碗、盘、钵、瓶、盏、罐和注子等，均使用垫饼正烧，器物通体满釉，在圈足着地面处露胎，并往往粘

---

[1] 河南省文物研究所：《宝丰清凉寺汝窑址的调查与试掘》，《文物》1989年第11期；河南省文物研究所：《宝丰清凉寺汝窑址第二、三次发掘简报》，《华夏考古》1992年第3期。

连有砂粒痕。该类瓷器以花纹装饰取胜,在器物表面模印或刻画有海水游鱼、缠枝牡丹、折枝菊花和盘龙等图案,纹饰清晰生动,线条圆润有力,具有美观大方的艺术效果。三彩器除大件的枕、盘、炉、灯外,还有小马、羊头等玩具雕塑,器表先涂以黄、绿、橙三彩,再施一层透明釉,色彩淡雅清新。与唐三彩明显不同的是,宋三彩注重器表装饰,往往在枕面、盘底和炉壁上刻画或贴塑有线条流畅的花卉图案,具有浓郁的民间特色。

河南地区烧制同类民用青瓷的窑口,除宝丰清凉寺窑址外,比较重要的还有汝州严和店窑址、鲁山段店窑址、内乡大窑店窑址、新安城关窑址和宜阳西关窑址等。

汝州严和店窑址曾进行过考古发掘,发现窑炉4座。[1] 其中3号窑炉保存完整,平面呈马蹄形,由通风道、火门、火膛、窑室、吸烟孔、烟囱、望火孔等部分组成。窑室长2米,横宽3.10米,在后壁上设有8个吸烟孔,以与后端的两个长方形烟囱相通。这种窑炉属于北方典型的半倒焰式馒头窑,火焰进入窑室后,先上升到窑顶,热量遇阻向下燎烧窑底,烟气则从吸烟孔经烟囱排出窑外。这里出土的印花青瓷绝大部分是凸起的阳纹,叶脉也多以点线表现。纹饰题材以缠枝、折枝花卉为主,在有的器物底部还印有"佳""吴""同"等窑工姓氏,反映了当时各窑口自创牌号、相互竞争的情景。

鲁山段店窑是故宫博物院于1950年11月在调查临汝窑时所发现的一个窑址。[2] 新中国成立初曾经把该窑列为宋代"磁州窑"系,而文献记载,鲁山在唐代就以产"花瓷"著名。1979年到1980年,故宫博物院与河南省博物馆联合对段店窑进行了一次调查。[3] 发现段店窑有唐、宋、金、元四个朝代的产品,主要有黑釉花斑瓷器、钧釉瓷器、青釉瓷器、白釉瓷器、黑釉瓷器、酱釉瓷器、三彩陶器。从瓷器的品种上来看,可知鲁山段店窑瓷器生产与邻近诸窑在发展生产上有许多共同性,技艺交流无疑是很多而且是很成功的,反映出该窑址瓷器生产的社会性和多样性。

---

① 河南省文物考古研究所:《河南临汝严和店汝窑遗址的发掘》,《华夏考古》1995年第3期。
② 陈万里、冯先铭:《故宫博物院十年来对古窑址的调查》,《故宫博物院院刊》1960年第5期。
③ 李辉柄、李知宴:《河南鲁山段店窑》,《文物》1980年第5期。

三、宋至明代墓葬考古

（一）宋代墓葬

河南地区历年来所发现的宋墓大致可分为石室墓、砖室墓和土圹墓，砖室墓又可分为仿木结构雕砖墓和长方形砖券墓，土圹墓可分为土洞墓和竖穴土坑墓等几种形制。宋墓的随葬品数量不多，常用石棺作葬具，多随葬有买地券。

1.石室墓

石室墓仅见 2 座，分别是密县五虎庙冯京墓和伊川窑底村王拱辰墓。两墓均为夫妇多室合葬墓，墓室平面呈长方形，3 室或 4 室并列。冯京墓于 1981 年 11—12 月清理，斜坡墓道长 10.60 米，深 3.84 米，上口宽 2.30 米。墓室坐东向西，南北排列四室，各室用宽为 0.50 米的条石相隔，在隔墙中部下方各留一高 0.60 米、宽 0.50 米的通道，将 4 个墓室贯通。每室均作长方形，青石盖顶，长 3.40 米，宽 1.38~1.80 米，高 1.78 米。在墓室顶部分放有墓志四合，可知其 4 室墓主人由南及北依次为冯京续妻富氏、再续妻富氏、冯京和原配夫人王氏。除墓志外，该墓还出土有陶瓷器、铜器和石器等随葬品。[①]

2.砖券墓

此一时期发现的砖券墓主要有北宋范致虚之弟范致祥墓。1986 年 3 月，方城县古庄店乡金汤寨村民桑朝君在其家门前挖土时发现一座古墓。方城县博物馆闻讯后，立即上报南阳地区文化局，随后由地区文物队、南阳市博物馆、方城县博物馆协同前往清理。金汤寨西南距方城县城 10 公里，墓葬在村南泥河、沙河交汇处。此处三面环水，北面临岗，为河边的三级台地。墓建于台地上的龙山文化遗址范围之内。墓室为长方形竖穴，四壁砖砌，石板封顶。中部的 3 块封顶石上刻有 3 方墓志文，分别由墓主人的兄、弟、子刻石，此种做法比较

---

① 河南省文物研究所、密县文物保管所：《密县五虎庙北宋冯京夫妇合葬墓》，《中原文物》1987 年第 4 期。

少见。①

著名文学家欧阳修家族墓位于新郑市辛店乡欧阳寺村。欧阳修墓地现存石碑 10 余通,并有清代重建的祠堂大殿、门厅及东西厢房。近年曾收集到欧阳修夫人薛氏、三子欧阳棐、四子欧阳辩、孙欧阳愬和欧阳恕等人的墓志铭,为研究欧阳修墓地的埋葬情况和后裔谱系提供了可靠的依据。② 范仲淹墓祠位于伊川县万安山下,有墓冢、门楼、石坊和祠堂等建筑。现存墓祠的《文正公神道碑铭》,由欧阳修撰文,王洙书丹,碑额的"褒贤之碑"4 字系宋仁宗亲书;《文正公墓志铭》由富弼撰文,全文 3700 字,是研究范仲淹生平的可靠资料。③

3.雕砖壁画墓

仿木结构的雕砖壁画墓多为单室,一般由竖穴或台阶式墓道、仿木结构门楼、砖券甬道和墓室 4 部分组成。北宋早期较简单,只砖砌倚柱和栌斗的外形。中期有了规范,演变为一种特殊类型的雕砖墓。晚期进一步仿效木建筑中的小木作,臻于完美。

新安李村的靖康元年墓坐北面南,由墓道、墓门、甬道和墓室 4 部分组成,总长 9.40 米。墓道为斜坡阶梯式,长 4.80 米;墓门为仿木结构,通高 2.10 米,进深 0.76 米。门额部分置一斗三升斗拱,两铺作间嵌有刻写于方砖的题记:"宋四郎家外宅坟,新安县里郭午居住。砖作人贾博士、刘博士……画墓人杨彪,宣和八年二月初一日大葬记。"甬道作拱形券顶,在两侧壁面上浮雕孝子图 4 幅。墓室平面为八角形,穹隆顶,边长 1.25 米,高约 4 米。墓壁下部作须弥座,座上浮雕各种花纹、图案,角柱上置有斗拱,斗拱上彩绘牡丹和云纹。墓室各壁面上均有雕砖和彩画,主要为墓主人宴饮图、伎乐图、庖厨图和牡丹图。该墓的题记上有墓主人的名字和墓葬年月,以及砌墓工匠的名字和室内壁画的作者等,是一个颇为难得的发现。④ 题记中的"宣和八年"应为靖康元年(1126),可能是当时战乱频仍,此地百姓还不知改元一事的缘故。

---

① 南阳地区文物队等:《河南方城金汤寨北宋范致祥墓》,《文物》1988 年第 11 期。
② 乔志敏:《新郑欧阳修墓地出土墓志简述》,《中原文物》1990 年第 4 期。
③ 李秀德:《范仲淹墓祠》,《中州今古》1984 年第 3 期。
④ 叶万松、余扶危:《新安县石寺李村的两座宋墓》,《中国考古学年鉴(1985)》,文物出版社 1986 年版,第 173 页。

在仿木结构的雕砖壁画中曾发现不少杂剧和散乐资料。温县迄今已发现杂剧雕砖墓4座,前东南王村宋墓嵌砌一幅散乐图和一幅杂剧雕砖。散乐图上6人,分别在演奏拍板、方响、筝和腰鼓等乐器;杂剧雕砖上5人,似正在向观众表演,自左至右分别为末泥、装弧、引戏、副净、副末5种杂剧角色。[①] 洛宁介村宋墓出土杂剧雕砖21块,其中单个人物表演的雕砖13块,双人合演的雕砖8块,包括杂剧、散乐、伎乐、舞蹈和百戏表演计29人,是宋墓中所见杂剧雕砖数量最多的一座。在10块表现杂剧单个人物的雕砖中,有末泥、引戏、副净、副末和装弧5种,角色行当齐全。[②] 至于双人合演的8块雕砖内容,研究者认为是一组社火表演与杂剧,"具有重要的文物价值。尤其是把社火表演与杂剧表演混合在一起雕出,使我们看到当时民间的一种演出惯例"[③]。

宋代的雕砖壁画墓,其壁画题材除常见的"夫妇开芳宴"和杂剧图外,还有庖厨图、洗帛图、孝子故事等内容。荥阳司村宋壁画墓有孝子图19幅,并墨书"某某行孝"的榜题;在孝子壁画上面还彩绘有文吏12人,身着粉红色长衫,手中执笏,文静端庄。[④] 嵩县北元村宋墓在各铺作间用墨线勾画孝子图15幅,虽无榜题,但其"王祥卧冰""董永行孝""田真行孝"和"孟宗哭竹"等画面人物,几乎与荥阳司村宋墓孝子图难以区别。[⑤]

4. 土洞墓

土洞墓主要分布于豫西山区,均为竖穴墓道,墓室横列。巩义西村发现的一座土洞墓,墓道在墓室南中部,平面呈"T"形,墓室中部放置石棺一具。在墓室西壁土墙上阴刻一幅壁画,高1.80米,宽1.90米,画面上部横列帐幔,幔下两侧垂有两条飘带,中间为卷头式供案,刻工精细,刀法娴熟。[⑥] 这种在土壁上浮雕花纹图案的做法,也曾在三门峡市的3座宋墓中发现。其中的1座为带天井的砖室墓,在墓道北端和天井北壁的土壁上,自上而下浮雕有仿木结构的门窗、菱形的几何图形,以及团团簇起的花卉图案。另外2座为土洞墓,浮雕图见于

[①] 张思青、武永政:《温县宋墓发掘简报》,《中原文物》1983年第1期。
[②] 李献奇、王兴起:《洛宁县宋代杂剧雕砖试析》,《中原文物》1988年第4期。
[③] 廖奔、杨建民:《河南洛宁上村宋金社火杂剧砖雕叙考》,《文物》1989年第2期。
[④] 郑州市博物馆:《荥阳司村宋代壁画墓发掘简报》,《中原文物》1982年第4期。
[⑤] 洛阳市第二文物工作队:《嵩县北元村宋代壁画墓》,《中原文物》1987年第3期。
[⑥] 巩县文物保管所、郑州市文物工作队:《巩县西村宋代石棺墓清理简报》,《中原文物》1988年第1期。

墓道北壁,也为房屋建筑和花卉图案。① 土壁浮雕图的发现,为古代民间艺术宝库又增添了新品种。

5.竖穴土坑墓

竖穴土坑墓在河南省的郑州、洛阳、南阳、新乡和滑县等地均有发现,大致分作两类情况:一类为零星的埋葬,单人葬或双人合葬,有木棺葬具,并有随葬品。如新乡丁固城的5座宋墓,皆随葬1件瓷罐,有3座伴出有铜钱②;郑州发现的一座宋墓出土有三彩狮子枕③。洛阳涧河岸边发现的土坑墓,以西北向的居多,有木棺葬具和少量随葬品。另一类墓葬比较集中,皆为单人葬,不见随葬品,属北宋晚期的"漏泽园"墓地。

(二)金元墓葬

河南金墓主要为平面呈八角形或长方形的仿木结构雕砖墓和小型土洞墓。其中仿木结构雕砖墓上承北宋,下迄元代,有的墓葬形制结构与宋、元区别不大,极易混淆。目前所见的纪年墓有鹿邑金大定二十年(1180)墓、焦作电厂金大定二十九年(1189)墓、焦作王庄金承安四年(1199)邹琼墓、辉县百泉金崇庆元年(1212)墓和义马金贞祐四年(1216)墓5座。

鹿邑金墓为一处墓地,是在建造涡河船闸施工中发现的。④ 该墓地坐北朝南,神道宽为7米,自南向北分别置有神道碑、石虎2、石羊2和石侍吏2,已发掘的3座墓葬呈东北—西南向排列在神道之后。3座墓均为平面呈长方形的小型砖室墓,室内无壁画和仿木结构,其中M2有随葬墓碑1通。神道碑记述了墓主人丁氏家族谱系和选茔埋葬过程,并注明"按五品仪式琢石,为侍从吏者二,为羊为虎者各二",为研究金代墓葬等级制度和墓葬习俗增添了新资料。

焦作,金代属河东南路南怀州,西部属河内县,东部属修武县,是商业和文化比较发达的地区。该地曾发现多座雕砖壁画墓,金大定二十九年墓具有一定的代表性。该墓为一座仿木结构雕砖壁画墓,由墓道、墓门、甬道和墓室4部分

---

① 三门峡市文物工作队:《三门峡市北宋墓发掘简报》,《华夏考古》1993年第2期。
② 河南省文物研究所等:《河南省新乡县丁固城古墓地发掘报告》,《中原文物》1985年第2期。
③ 于晓兴:《郑州出土宋代三彩狮子枕》,《中原文物》1986年第4期。
④ 河南省文物考古研究所:《河南鹿邑涡河船闸金墓发掘简报》,《华夏考古》1994年第2期。

组成。① 墓道较窄,呈台阶式,后段为土洞,长 2.94 米,宽 1 米,高 2.28 米。墓门砖砌,宽 0.96 米,高 1.58 米,门楣上嵌正方形和菱形门簪 4 枚。甬道长 1 米,宽和高与墓门相同,东壁上用朱砂书写"大定二十九年正月"的题记。墓室平面呈不等边八角形,穹隆顶,长、宽均为 2.88 米,顶高 3.45 米。墓室下部砌成须弥座,上砌倚柱、普柏枋和单抄四铺作斗拱。斗拱上施红、白两色,拱眼壁彩绘云纹与牡丹缠枝花卉,撩檐枋以上绘云纹图案,在东北和西北部各绘一只仙鹤。墓室的壁画上皆镶嵌雕砖,其中东壁和西壁为 6 扇四抹格子门,中间两扇有一女子作启门状;东南壁和西南壁砌假直棂窗;西北壁和东北壁浮雕一高足花瓶架,架上彩绘花瓶和描花;北壁则浮雕一幅行孝故事图。该墓出土有白瓷碗、搅釉瓷罐和铜钱等随葬品。

辉县百泉发现的金崇庆元年墓,为一座仿木结构的单室雕砖墓。② 墓室平面作八角形,南北长 3.18 米,东西宽 3.14 米,墓室高 2.94 米。转角处的柱头上置有四铺作单抄重拱计心造斗拱。在该墓的北壁上部两斗拱之间墨书有"崇庆元年二月十九日□□□为父更棺在冻李茂押"的题铭。墓室各壁面均有雕砖图案,其中北壁为板门;东壁灯架,西壁桌椅;西北和东北两壁各砌 1 桌,桌上置物;西南和东南两壁皆砌格棂窗,下部分别为桌或粮仓图案。在墓室内棺床上陈有陶棺 2 和木棺 1,计葬人骨 6 具。随葬品仅见白地黑花瓷杯和白瓷片。该墓的形制结构与中原宋墓颇为相似,对于认识和研究宋金时期的同类墓葬具有重要意义。

义马市金贞祐四年墓为一座简化的仿木结构雕砖墓,墓室平面呈长方形,东西长 1.90 米,南北宽 1.58 米。③ 在墓壁上嵌砌砖雕 10 块,其中北壁的 4 块为花卉雕砖,排列于假门两侧,分别为荷花和牡丹各 2;人物雕砖西壁 4 块,东壁 2 块,每块各雕 1 人。西壁的 4 人排立于舞台之上作表演状,东壁的 2 人为一对夫妇端坐于椅上观戏,反映了墓主生前的生活现实和美好愿望。

另外,仿木结构雕砖壁画墓在武陟、禹州、登封和洛阳等地也有发现,墓室

---

① 焦作市文物工作队:《焦作电厂金墓发掘简报》,《中原文物》1990 年第 4 期。
② 新乡地区文物管理委员会、辉县百泉文物管理所:《河南辉县百泉金墓发掘简报》,《考古》1987 年第 10 期。
③ 三门峡市文物工作队、义马市文物管理委员会:《义马市金代砖雕墓发掘简报》,《华夏考古》1993 年第 4 期。

平面皆呈八角形,墓壁装饰以四抹格子门雕砖为主。禹州坡街金墓在格子门两侧彩绘狮子滚绣球和捧物的侍女,在西南和东南壁面上分别彩绘有"庭院备马图"和"客厅设宴图",以雕砖和绘画相结合,使墓室更加富丽堂皇,别具一格。①

金代的土洞墓见于报道的较少,因此孟津麻屯金天德二年(1150)墓就显得异常珍贵。麻屯金墓为单室土洞墓,斜坡墓道的北端凿一天井,甬道为过洞式,墓室平面呈长方形,长2.90米,宽1.90米。墓底铺砖,在墓室四角各放置椭圆形河卵石1块。墓内随葬白瓷瓶3件和买地券1方。买地券为灰陶质,平面呈方形,边长29.5厘米,厚6厘米,券文阴刻并涂朱。券文除干支纪年、墓主姓名、坟茔位置及范围大小为真实外,其余内容均为虚构,具有很强的迷信色彩。② 这种朱书买地券在宋金时期比较流行,嵩县姚北坡村也曾出土一方金大定二十九年(1189)董承祖买地券,券文内容与此大致相同,只是在买地券一侧还朱书有"合同"二字的半片字③,为研究金代丧葬礼俗和土地买卖制度提供了重要资料。荥阳城关发现的两座金墓,墓道呈长方形竖井,在偏南端的东西两壁上,各挖有一排供上下的脚窝。墓室呈南窄北宽的梯形,其中一墓随葬瓷碗、罐、盘和铜钱,并有铁犁铧和镂铧,比较少见。④

元代墓葬分砖室墓和土圹墓两种,砖室墓在伊川发现两座,土圹墓在洛阳、三门峡和信阳等地均有发现。三门峡上村岭的一座元墓,为单室土洞,墓室横列,平面略呈长方形,四角抹作弧形。在墓室中部有两层青砖铺垫而成的棺床,上陈柏木。随葬品计23件,皆为陶质明器,种类有仓、灶、釜、勺、壶、瓶、盘、蜡台、盒和碗等。另有朱书陶质买地券1方,可知墓葬年代为元成宗元贞二年(1296)。⑤ 买地券中把买到的墓地分为坟地和赡坟地两部分,为研究当时的墓地制度和埋葬习俗提供了资料。

---

① 河南省文物研究所、禹州市文管会:《禹州市坡街宋壁画墓清理简报》,《中原文物》1990年第4期。
② 洛阳市文物工作队:《洛阳孟津县麻屯金墓发掘简报》,《华夏考古》1996年第1期。
③ 李献奇:《河南嵩县发现金大定董承祖买地券》,《中原文物》1993年第1期。
④ 郑州市文物工作队、荥阳县文物保管所:《河南荥阳城关发现两座金墓》,《华夏考古》1990年第4期。
⑤ 洛阳地区文化局文物科:《三门峡上村岭发现元代墓葬》,《考古》1985年第11期。

(三)明代墓葬

明代大肆封王,就藩于河南地区的有开封周王、卫辉潞王、洛阳伊王与福王和南阳唐王等。迄今经过考古发掘的藩王墓,有潞简王朱翊镠墓、周定王的七世孙原武温穆王朱朝埨墓和福王家族墓等。

明福王家族墓地位于洛阳市东花坛附近,1983年春清理墓葬3座。三墓呈"品"字形排列,墓葬结构相同,均由墓道、石门、甬道、墓室等部分组成。墓室平面皆呈长方形,砖券弧顶;棺床置于墓室正中,四周用石板围护或用大砖砌成。随葬器物有金压胜钱、银币、陶灯、铁饰和铜钱,在一块刻铭砖上楷书有"大明崇祯三年三月廿二日,福府瓦匠孙尚喜、张嘉猷、孙尚进、周天梁"铭文。[①] 福王朱常洵是明神宗第三子,万历四十二年(1614)冬之藩洛阳。福王墓地过去不详,这三座墓的发现,为寻找福王墓提供了线索。

明太祖朱元璋的九世孙、郑恭王朱厚烷之子朱载堉(1535—1610),是我国明代杰出的科学家和艺术家,在舞蹈、音乐、物理和历法方面均有建树,尤其是他创造的"十二平均律",确立了他在世界文化史上的杰出地位。朱载堉墓位于沁阳市东北18公里九峰山下张坡村,墓冢原高9米。1986年,在墓前100米处发现了一块朱载堉墓碑残石。墓碑碑文字体雄健有力,系明代大书法家王铎书写。该残碑记载朱载堉的葬年为明代最后一个壬子年,即万历四十年(1612),这为研究朱载堉的生平提供了重要资料。[②]

四、宋元佛教考古

(一)宋元塔基

在佛教考古方面,塔基的清理和相关研究也是一项很重要的工作。从塔基本身的形制变化,可以看出不同历史时期民间宗教信仰的变化。

---

① 洛阳市文物工作队:《洛阳东花坛三座明代墓葬》,《中原文物》1984年第3期。
② 李秀萍、靳秦生:《沁阳市出土的朱载堉残碑》,《华夏考古》1991年第4期。

1977年，郑州市博物馆清理了郑州开元寺塔基，塔基为石砌仿木结构，内置北宋开宝九年(976)石棺，棺身两侧浮雕释迦牟尼涅槃十弟子送葬图，人物各具神态，石棺下连雕的须弥石座上，浮雕伎乐与力士，具有很强的艺术感染力。[①] 法海寺位于新密市老城西街路北，创建于宋真宗咸平年间，寺名为真宗所赐。咸平二年至四年(999—1001)，在寺内建造方形9级石塔1座，塔高13.08米。石塔四壁自下而上镌刻着《妙法莲花经》一部，计7卷，约六七万字。此外，塔身各部线雕有龙王、四面六臂观音像、阿弥陀佛像、舞乐图、摩顶图和说法图等画像。[②] 塔基用石板、青砖和红黏土掺碎瓷片分层铺垫夯实而成，石函由6块石板合砌，直接埋在地表下5米左右的夯土内，这是我国早期塔基的遗制。下层石函内长65.5厘米，宽60厘米，高59厘米，内壁上线刻画像4幅，分别为释迦牟尼、四十二臂观音、文殊和普贤菩萨等佛教人物画像。盖石的向下一面满刻施主、镌字人和石作人的姓名，并刻有"咸平二年岁次己亥八月癸酉朔二十日葬"的纪年铭文。在石函内放有三彩琉璃方塔2座和三彩琉璃舍利匣1个，以及2个瓷舍利盒、2个银舍利盒、3个铜像、50余件各种琉璃器和400余枚铜钱等。另外，在塔身第一层内，也发现一个石函，函内放置三彩琉璃方塔1座。[③]

位于邓州市城内的福胜寺塔，为7级仿楼阁式砖塔。塔身平面呈八角形，塔门向南，高38.28米。塔身每层的内外壁面上嵌砌各种雕砖2000多件，内容有坐佛、菩萨、天王、力士、罗汉、伎乐、宝装莲花和各种花纹砖饰，共计25种。该塔于1963年被公布为省级文物保护单位，1988年进行全面修葺时发现塔基地宫。[④] 地宫位于塔心室之下，距地表深4.60米，坐南向北，由宫道、大门、甬道和宫室4部分组成。宫室平面呈六角形，六角攒尖式顶，每边长0.65米，高3.45米。宫室壁面遍涂一层白灰，顶部正中嵌有铜镜一面。在宫室南中部砖砌一方台，其上置白色石质须弥座，束腰部分的北面和东面刻《地宫记》。石须弥座上置一方形石函，石函盖上东西各放铁塔1座，西侧塔体内还有2件玻璃葫芦，其

---

① 郑州市博物馆：《郑州开元寺宋代塔基清理简报》，《中原文物》1983年第1期。
② 崔耕等：《密县法海寺石塔撼遗》，《中原文物》1987年第4期。
③ 金戈：《密县北宋塔基中的三彩琉璃塔和其它文物》，《文物》1972年第10期。
④ 河南省古代建筑保护研究所、河南省文物研究所：《河南邓州市福胜寺塔地宫》，《文物》1991年第6期。

间放铜钱编织手炉1件。石函内放有金棺、银椁、玻璃舍利瓶和鎏金双龙银壶等。《地宫记》铭文楷书,14行,满行13字,落款为"大宋天圣十年二月二十五日记"。在一块封门砖上也刻有"天圣九年六月十五日雨下"11字。关于福胜寺塔的修建年代,过去很长时间内曾误称为隋塔,地宫的发掘提供了建塔的确切年代。出土的金棺、银椁、鎏金双龙银壶和紫红色玻璃葫芦等,是我国佛教文物的重要发现,它表明宋代手工业已达到相当高的水平,为古代科技史、艺术史和宗教史的研究提供了珍贵的实物资料。

(二)繁塔佛经与伎乐砖

繁塔位于开封城东南部,原名兴慈塔,因建在繁台上,俗称繁塔。据地宫出土的石碑记载,该塔始建于北宋开宝七年(974),原为9层六角形楼阁式砖塔,后上部损毁,清代又修复了塔顶。它不仅结构奇特,满壁佛砖,而且保存有190多方以北宋为主的历代碑刻。其中,塔内现存的4幅石壁佛经和栩栩如生的伎乐砖比较少见,弥足珍贵。

据统计,繁塔现存碑石199块,其中宋、明、清碑刻和题记187方。[①] 4幅石壁佛经分别位于第一、二层正南门洞的甬道两侧,每幅由6块青石组成,四周镶有雕刻精美的花边,每面石壁总长约5米,高约1.20米。石壁经文皆分上、中、下三层,自右向左依次竖行刻写,每层文字之间以双线划分。在一层甬道东壁上刻后秦三藏鸠摩罗什奉诏译《金刚般若波罗密经》,后附大唐三藏沙门玄奘译《般若波罗密多心经》。一层甬道西壁石经,前文刻唐裴休撰《十善业道经要略》,后文补刻鸠摩罗什译《佛说天请问经》。二层甬道东壁石经为罽宾沙门佛陀多罗译《大方广圆佛多罗了义经卷上》经文,西壁为下卷经文。上述一层甬道东、西两壁皆经后附文,落款有"太平兴国二年岁次丁丑十月戊午朔八日乙丑乡贡进士赵安仁""太平兴国二年岁次丁丑十月戊午朔八乙丑建乡贡进士赵安仁书"字样;二层甬道东壁经文后空白,西壁经后附文落款为"大宋太平兴国七年岁次壬午五月壬辰朔八日己亥建",无署名。但其字体与一层甬道两壁经文相似,方正庄重,浑厚有力,也应是北宋书法家赵安仁的手笔。

---

① 开生:《开封繁塔石刻记》,《中原文物》1990年第4期。

繁塔内外壁镶嵌的佛像砖近 7000 块,造型达 100 余种。新发现的一组伎乐砖,位于二层塔心室的前壁上,呈一行整齐地排列。这 20 个伎乐人全为结跏趺坐于莲花座上,均头戴宝冠,冠中正面做出佛龛,龛中端坐阿弥陀佛。伎乐人皆颈系项饰,肩披帔巾,腰束锦带,下穿锦裙,呈标准的宋代菩萨僧形象。手中所持的乐器,从左至右的排列顺序是排箫、笙、贝、铜钹、毂鼓与鸡娄鼓、羯鼓、杖鼓、琵琶、觱篥、毂鼓与鸡娄鼓、杖鼓、羯鼓、铜钹、篪、排箫、觱篥、龙首笛、都昙鼓、拍板,计 14 种乐器 21 件。上述乐器是以吹奏乐和打击乐为主,弹拨乐器仅琵琶一种。其中,贝和铜钹在宋初教坊四部乐中不用,而只有佛教音乐使用。因此,它为考证宋代寺庙音乐、乐队的组合编制和乐器的使用方法提供了重要材料。[①]

第七节 河南考古区系类型的完善与理论问题的初步探索

从 20 世纪 70 年代后期开始,河南考古进入一个全新的时代,被称为"考古学的春天"。从田野考古发掘,到室内资料整理,再到考古学文化的研究,都有了质的飞跃。新石器时代中原文化的完整谱系的逐步形成是这一时期河南考古的最大成就,标志着裴李岗文化、仰韶文化、龙山文化的发现与研究在经历了长时间的充分讨论之后,学术界对各个文化之间的关系以及其来源与去向问题逐渐达成了共识,即裴李岗文化—仰韶文化—龙山文化的前后相继的完整承续关系得以最终确立。比较遗憾的是,时至今日河南的新石器时代早期文化还没有大规模地发现,这也造成了旧石器时代文化和新石器时代文化之间有一段比较大的空白,这有待于未来田野考古的新发现。此外,对于新石器时代不同阶段所处的社会形态,学术界也进行了充分的讨论。尽管由于理论的局限性,当时的讨论基本上还局限于父系氏族社会和母系氏族社会的讨论,但毕竟已经迈出了可喜的一步,已经从纯粹对考古所见"物"的讨论上升到"人"乃至"社会"

---

① 韩顺发:《繁塔乐器砖考》,《中原文物》1990 年第 4 期。

的讨论。区域间文化交流也是当时研究的热门话题,在河南境内发现的大汶口文化、屈家岭文化、磁山文化等非本土文化因素都被清晰地甄别出来,并作为一种特殊的文化现象进行研究,不同文化之间的交流与融合是这一领域研究的核心内容。

聚落考古在20世纪80年代逐渐得到重视,可供研究的大批城址的发现,为聚落考古研究提供了资料基础,相对应的作业方法和理论体系也逐渐形成,人们在工作中开始有意识地运用聚落考古的方法去处理相关的资料,对一个区域内不同遗址之间的关系开始用聚落的方法去分析和梳理。在对以往发现的材料进行聚落考古的研究方面,以严文明为代表的老一辈考古学家起到了积极的引导和推动作用。

夏文化的探索是这一时期的重要工作。在此之前的20世纪50年代末,徐旭生在豫西对"夏墟"的调查就已经从真正意义上开始了对夏文化的实地踏查。至1977年在登封王城岗召开的现场会,把这一探索过程推向了一个高潮。在这次会议上,专家们各抒己见、畅所欲言,对王城岗城址的性质、夏文化的内涵、何种文化为夏文化等重要问题进行了讨论。本次会议虽然没有达成什么"共识",没有形成所谓的"权威观点",也没有出版会议论文集,但夏鼐、邹衡、安金槐等考古学家的观点成为后来研究者继续研究的基础,会议所倡导的求实创新的科学精神引领了一个时代,被广大考古学人视为"考古学的春天"。

(一)承上启下是这一时段河南考古的突出特点

自20世纪20年代以来,现代意义上的考古学在中国逐步兴起,科学发掘逐渐成为考古工作的主流方法。仰韶文化遗址和殷墟的发掘为后来的科学研究提供了丰富的资料。时至今日,对于仰韶文化的研究以及由此生发的河南新石器时代考古研究仍在继续,由殷墟发掘所带动的殷商时代考古继续在走向深入。以仰韶文化为支点,河南的新石器时代考古开始了为期半个世纪的区系类型的探索。20世纪70年代后期至80年代初,经过长期的田野工作和科学研究,在众说纷纭的争鸣之后,河南新石器时代的谱系逐渐为学界所接受和认可。尽管在一些具体的问题上,诸如各个文化的具体地方类型的划分问题等仍存在争议,但是裴李岗文化—仰韶文化—龙山文化一脉相承的发展序列最终被确定下来,这为后续的研究提供了理论支持和框架支撑。夏文化的探索把龙山文化、新砦期文化、二里头文化串联起来,也形成了一个初步完善的链条。以殷墟文化的研究成果为基础,商代考古也呈现出繁荣景象。偃师商城、郑州商城和安阳殷墟成为商代考古研究的"三大坐标"。凡此种种,表明这一时段考古既汲取了前一阶段考古学发现和研究的养分,又形成了许多研究成果,为下一阶段的考古学深入研究奠定了坚实的基础。

(二)理论探索迈出了坚实的脚步

在重视田野考古工作的基础上,河南考古从来也没有停止过理论探索的脚步。以许顺湛为代表的老一辈考古学家对新石器时代各个时段的社会性质的讨论,也是这一时段河南考古的一大特点。通过文化遗址的遗迹遗物考察其所处的社会性质成为当时比较热门的议题。聚落考古在这一时期也逐渐进入学术研究的视野,使得人们摆脱了对单个遗址的片面化认识,把对文化遗存的认识提高到一个新的高度,这无疑在很大程度上推动了河南考古的巨大进步。

(三)求实创新的科学精神和良好的学术氛围助推河南考古快速发展

登封王城岗考古现场会的召开,不仅仅是一次夏文化探索的盛会,其所开创的求真务实的科学精神和宽松良好的学术氛围,为未来几十年河南考古的长足发展提供了优良的学术发展土壤。从20世纪70年代后期到90年代初的十几年间,考古学人之间的基于探求真理的讨论大量地涌现。无论是对于夏文化的探索、商文化的研究,还是理论问题的争鸣,都是在一种良好宽松氛围下进行的。对于任何一个问题,都有各种不同的声音,大家都是在平等友好的气氛中进行探讨,不存在一种压倒一切的"权威"观点。让每一种有理有据的观点在良好的学术土壤中生根发芽,是这一时段河南考古的显著特点,登封王城岗会议就是这一特点的最好展示。

总的来说,20世纪70年代末到90年代初的这十几年间,是河南考古承上启下、迅速发展的时期。1949年新中国成立以后,考古学得到极大的重视,考古发掘和研究工作有了很大的进步,但是相当数量的新发现缺乏科学合理的资料整理和研究机制,一些发掘资料长期珍藏在发掘单位,一些遗址的发掘报告经历数年甚至数十年才与读者见面,这些情况都极大地阻碍了考古学的学科发展。另一方面,理论探索停滞不前,研究难以深入,而这些状况在20世纪70年代末得到了极大改观,一批新的考古报告出版,雪藏的发掘资料得以重见天日,有力地推动了考古学的发展。这十几年,也为后来的考古学研究积累了丰富的资料,一些研究实践和理论探索也为后一阶段的研究奠定了雄厚的基础。

第四章 河南考古的提升时期（1992—2008年）

1992年渑池班村遗址的发掘,标志着一个时代的开始,以开放、包容和协作为其鲜明的特色。首先,它有三个组织单位,即中国历史博物馆、中国科技大学、中科院地质研究所;其次,它对所有有助于考古发掘和研究的自然科学和社会科学都敞开大门。据统计,先后来班村工作和参与研究的国内各方面专家一共有40余人,来自全国各地14个科研与教学单位。此外,还有来自美国的考古学家3人,他们既参与了班村发掘规划的论证,也在发掘过程中亲临现场指导。毫无疑问,这么多各方面专家的到来,不仅创下了新中国考古史中众多学科专家参与单个遗址发掘的纪录,同时也大幅提升了班村发掘科学求实的质量,见证了开放的重要。如果说班村的发掘在多学科的研究中取得了经验,产生了积极的成果,那么首先就应归功于它的完全开放。① 班村遗址的发掘模式和以俞伟超为代表的一批考古学家对考古学理论前沿问题的思考和讨论,极大地促进了河南本土学者在此后的考古工作中进行更深入的探索。1992年开始的驻马店杨庄遗址的发掘,开创了河南环境考古的新时代,是多学科考古发掘与研究的又一典范。因此,以班村遗址和杨庄遗址为代表的发掘和研究模式开启了河南考古的新时代。

第一节 史前考古取得新成就

1992年班村遗址的发掘代表了一种态度、一种精神。以此为契机,河南的史前考古在未来的十几年中取得了长足的发展。旧石器时代考古持续有新发

---

① 裴安平:《怀念俞伟超,呼唤"班村"精神》,《文物》2004年第12期。

现;新石器时代考古在前一阶段区系类型完善的基础上,继续进行探究、补充和深入研究,寻找河南早期新石器文化仍然是史前考古的一个重要目标。多学科联合的研究范式逐渐得以推广,文明探源工程的推进让河南史前考古的地位更加凸显。

一、旧石器时代考古

1993年9—12月,河南省文物考古研究所对西峡丹水恐龙蛋化石点进行了抢救性发掘,从白垩纪沉积岩中清理出恐龙蛋化石10余窝176枚,另有恐龙骨骼等遗物。翌年3月在阳城乡刘营进行抢救性发掘,发现一窝保存完整的橄榄形恐龙蛋化石20枚。同时,还发现一窝圆形恐龙蛋10余枚。由此编写而成的《河南恐龙蛋化石群研究》于1998年由河南科技出版社出版,为我国古地质、古环境和古生态等领域的研究提供了珍贵资料。1995年9月,河南省文物考古研究所、河南省科学院地理研究所等单位在豫西进行第四纪古环境与古人类文化调查时,在卢氏县城以西6公里的段家窑黄土剖面上发现了18件石制品,第一次在卢氏盆地找到古人类活动的踪迹。段家窑的旧石器特点同营里的较为相似,从埋藏上看,营里的旧石器埋藏于西涧河岸边的黄土层中,而段家窑旧石器埋藏于洛河北岸的黄土层中。从时代上讲,营里和段家窑基本上都属于旧石器时代早中期。[①] 1998年在洛阳北窑发掘一处旧石器地点,获石器制品800余件。经鉴定,其年代从距今3万年至10万年不等,地层叠压关系清楚,这是河南旧石器考古的重大发现。[②]

除了发现的完整的古人类地点,在河南省的许多地方还发现了古人类化石。古人类化石的发现,对于寻找旧石器遗址具有重要的指示性意义,同时对于体质人类学的研究也具有相当大的贡献。

2004—2005年,郑州市文物考古研究所在郑州地区进行考古学调查。郑州地区旧石器地点考古调查分两个阶段进行。第一阶段主要调查新密、登封、荥

[①] 杨肇清:《二十年来河南考古发现与研究》,《华夏考古》1999年第3期。
[②] 刘富良、杜水生:《洛阳北窑黄土旧石器遗址1998年发掘报告》,《人类学学报》2011年第1期。

阳境内的溱水、洧水流域,颍河流域,氾水、索河流域等区域的河岸台地。第二阶段主要对贾鲁河流域及双洎河上游的溱水、洧水等支流的河岸台地进行调查。调查面积近 2000 平方公里,发现 200 余处旧石器地点,主要埋藏于黄土地层堆积及河湖相沉积层内。共发现石制品 1100 件、动物化石 700 余件。其中苇园、小庙咀、老奶奶庙、上田河等旧石器地点在河湖相沉积地层内,方家沟、东金店、陈窑、胡家脑等旧石器地点在马兰黄土堆积地层内。发现有较为丰富的石制品及动物化石。石制品原料以燧石、石英为主,另有石英岩、石英砂岩、硅质岩等。类型以石核、石片为主,另有少量的刮削器、砍砸器、雕刻器等。从打制方法看以锤击法为主,砸击法极少。从石器类型看,主要为石片石器。同时在登封陈窑等地发现有一批砾石石器,除了反映该地区的南北文化接触带特征,其工业系统主要属于石片石器工业。这批遗存时代跨度较大,主要为更新世中期和晚期,年代距今五六十万年至 2 万年之间。通过调查,进一步确立了郑州地区有丰富的旧石器文化遗存,为下一步进行考古发掘及对中原地区早期人类起源与文化发展模式的研究提供了翔实的第一手资料。[1]

许昌地区也是旧石器时代人类密集活动的地区之一。许昌灵井遗址的重大发现是本世纪河南考古的重要组成部分。灵井遗址位于河南许昌市西北约 15 公里的灵井镇西侧,1965 年,古人类学家周国兴从村民挖井挖出距地表深约 10 米的堆积物中采集到一批动物化石、细小石器及打制石器,认为灵井遗址为"中石器时代"的代表遗址,引起了考古界的重视,后被公布为许昌市文物保护单位。但在之后的 40 年中,灵井泉水一直处于喷涌状态,出露地层全部被水域覆盖。2005 年 4 月,附近煤矿透水,致使灵井等一批泉水断流,河南省文物考古研究所报请省和国家文物行政主管部门批准,会同许昌市文物部门对这处重要的史前文化遗址进行抢救性发掘。共发掘出旧石器时代晚期石器、骨器制品 2000 余件,其中磨制石器和骨器 15 件,并首次发现旧石器时代晚期的磨制雕刻器。灵井遗址是国内首次发掘的以泉水为中心,包括湖相、漫滩相(湿地)堆积物为背景的旧石器时代晚期遗址,是人类狩猎,肢解动物,加工兽皮、石器、骨器的工作营地,属原地埋藏类型。灵井遗址是华北地区文化遗物和包含信息最丰

---

[1] 张松林等:《郑州地区旧石器地点》,《中国考古学年鉴(2006)》,文物出版社 2007 年版,第 264 页。

富的遗址之一,它有着较大面积的原生地层和丰富的遗物,相信随着工作的深入,可能会确定该遗址在探讨某些重大学术问题中的重要地位。[1]

继 2005 年在灵井旧石器遗址进行考古发掘之后,河南省文物考古研究所又于 2006 年进行第二次考古发掘,发掘面积 218 平方米。本年度的发掘中不仅出土了 5690 余件石制品,而且还出土了数百件可以鉴定的动物化石标本、100 多件骨器和近万件动物骨骼碎片标本。石器制造有以下一些特点:其一,石器以较小的白色脉石英砾石和较大的各色石英岩为原料,脉石英石料占 97%,石英岩石料仅占 3%。较好的石器主要为脉石英石料,用石英岩石料做的石器主要是砍砸器,但数量很少,且不典型。石料可能来源于遗址西北约 7 公里的古河流砾石层,遗址主人从河滩选择采集脉石英和石英岩砾石,带到泉水附近制作石器。其二,石制品类型包括石器、锤、砧、核、石片、断块和碎屑,脉石英石器以小型为主,石英岩石器以大中型为主。其三,少量石片和石器有使用痕迹,使用痕迹和大量碎屑表明遗址系制造和使用工具的工作营地。出土石制品基本上没有冲磨痕迹,多数应属原地埋藏类型(不排除湖相沉积出土的标本有过短距离的搬运)。其四,打片以锤击法为主,少数脉石英采用砸击法打片。在脉石英石片中不完整石片多于完整石片,反映了石料性脆的特点。石器毛坯以石片和断块残片为主,两者约占工具总数的 70.6%,完整石片做工具的比例偏低。石器器形多不规则。石器组合中,脉石英石器以刮削器居多,石英岩石器主要是砍砸器,二者在工具类型上形成互补。其五,石器由锤击法加工而成,多数向背面加工,向劈裂面也占有一定比例,两面、交互和错向加工者较少。有少量标本的修理非常精致。部分石器加工粗放,修痕大而深凹,同精致修理的石器形成鲜明对照。部分石器琢制技术的应用,是国内已知的这一技术最早的出现,可能说明灵井遗址石器制造已达到相当高的水平。其六,出土的盘状石核数量多且典型,是灵井石器的一个显著特点。其七,石球的存在增加了同北方旧石器时代中期文化遗址的可比性,大型砾石石器的出现又反映了同南方砾石器制造的亲缘关系,说明灵井遗址石器具有北方石器的特点,用砾石做的砍砸器等具有南方石器制造的因素。关于灵井遗址骨器大量存在的原因,可能是这里石料短缺,在调查中找到了制作石器的原料场地位于遗址西北约 7 公里的地下河

---

[1] 李占扬等:《河南许昌灵井发掘旧石器时代晚期遗址》,《中国文物报》2005 年 9 月 23 日。

砾石层,这里的石英岩等石料不属制作石器的优质原料,所以,脉石英只能是权宜石料。优质石料的短缺可能是利用骨器的主要原因。遗址地层包括旧石器时代中晚期,经新石器时代,延伸到汉宋时期,是迄今中原地区延续时间最长、包含文化遗物最丰富的典型剖面之一,其中虽有诸如早期新石器时代地层的缺失,但它无疑为今后讨论中原地区文化序列演化,尤其是本区旧石器文化向新石器文化过渡,提供了重要的地层依据。[①]

2007年,出土动物骨骼化石和石器3000余件。现已出土的哺乳动物化石有宽吻灵猫(相似种)、熊(未定种)、中国鬣狗(相似种)、古菱齿象(未定种)、披毛犀、梅氏犀、普通马、蒙古野驴、李氏野猪、更新麂、河套大角鹿、马鹿、普氏原羚和原始牛。此外还有2个鹿科化石新种类:灵井轴鹿(新种)、许昌三叉角鹿(新属、新种)。综上所述,从灵井遗址出土的食肉目、长鼻目和奇蹄目化石共有8个种,加上已鉴定出的偶蹄目8个种,还有2种啮齿目的门齿,灵井遗址出土的已鉴定出的哺乳动物化石共有18个种。

2007年12月17日上午,在T9深5米处(下文化层下部)发现1个较完整的人类头骨化石。头骨埋藏在灵井遗址下文化层距钙板层深5米处,距地表深约8米。头骨出土于灰绿色的湖相沉积中,同层出土有丰富的动物化石和石器。头骨化石在地层埋藏中已破成十余块,散落在约两平方米的范围内,包括顶骨、枕骨、眉骨等,仅缺少的上颌部分,很可能被压在未发掘的东部隔梁中。头骨化石保存和石化程度均较好,未见变形。[②] 这一发现,填补了中国现代人类起源中的重要一环,为解开中国现代人类起源之谜带来了新的曙光。许昌市许昌县灵井旧石器时代遗址曾出土大量动物化石、骨器、细石器以及打制石器,从与其同层伴存的灭绝动物群比例和光释光测年的初步实验结果判断,"许昌人"头盖骨化石时代为距今8万至10万年。

---

① 河南省文物考古研究所:《许昌灵井旧石器时代遗址2006年发掘报告》,《考古学报》2010年第1期。
② 李占扬:《河南许昌灵井旧石器遗址出土人类头盖骨化石》,《中国文物报》2008年1月25日。

二、新石器时代考古

(一)多学科研究的典型范例

20世纪90年代以来,多学科联合考古发掘和研究以及新方法的应用渐成趋势。1992—1994年,中国历史博物馆等单位在河南渑池发掘班村遗址,该遗址包含有仰韶文化庙底沟类型和庙底沟二期遗存。这是一项多学科合作的考古发掘,对遗存所进行的考古、古环境、古动物、古植物、体质人类学、文化人类学及物理、化学等多种学科综合研究的方法是很有意义的,通过多学科的合作,不仅丰富了考古学研究,同时增进了不同学科间的了解和渗透。1992—1993年,北京大学考古系等单位对河南驻马店的杨庄遗址和党楼遗址进行了发掘。杨庄遗址包含有石家河文化、河南龙山文化、二里头文化的遗存。党楼遗址包含有党楼一期文化(其年代相当于屈家岭文化)、党楼二期文化(中原龙山文化)和二里头文化遗存。有关单位还对杨庄遗址区古环境和农业信息作了考察研究。发掘者认为,研究这一地区在地理上和文化上均属南北过渡地带的考古学文化的性质与特色,是十分有意义的。[1] 周昆叔先生对以当时的领队宋豫秦博士为首的发掘研究团队的工作方法以及研究成果《驻马店杨庄——中全新世淮河上游的文化遗存与环境信息》给予了高度评价:"'一带头'是在我国遗址发掘中率先较成功地应用了环境考古的方法与理论,这对我国运用多学科综合考古起到了示范带头作用,其结果是既坚持了考古学传统,又发扬了传统。因此,杨庄报告出版的意义非同寻常,它在我国考古学发展史上具有标志意义。"[2]

舞阳贾湖遗址为多学科发掘研究的典型范例。舞阳贾湖遗址是我国重要的新石器时代前期遗址,20世纪80年代在这里进行过6次考古发掘,有8000年前七声音阶骨笛、成组龟甲及原始契刻文字和最早的稻作农业等重要发现,并进行了10多年的多学科综合研究。2001年4—6月,中国科技大学科技史与

---

[1] 北京大学考古学系、驻马店市文物保护管理所:《驻马店杨庄——中全新世淮河上游的文化遗存与环境信息》,科学出版社1998年版;北京大学考古学系、驻马店市文物保护管理所:《河南驻马店市党楼遗址的发掘》,《考古》1996年第5期。

[2] 周昆叔:《我国环境考古的新进展——〈驻马店杨庄〉读后记》,《华夏考古》2000年第3期。

科技考古系、河南省文物考古研究所、舞阳县博物馆联合对舞阳贾湖遗址进行了第 7 次发掘。发掘期间,邀请了中国社会科学院考古研究所、中国农业大学、中国科学院植物研究所的植物考古、动物考古、农业考古和体质人类学等有关专家到发掘工地共同工作,参加实习的硕士、博士研究生也大多有地学、化学等专业背景,为多学科综合发掘积累了经验。此次发掘因重在方法的训练,故仍在遗址的西部和中部进行。这次发掘的主要收获有以下几点:1.发现了数例男女一次合葬墓,并发现了罕见的多达 23 人的二次合葬墓,为研究 8000 年前贾湖先民的社会组织形式、婚姻形态等提供了重要资料。2.发掘了三处同时并存的公共墓地,其中两处以随葬渔猎工具为主,另一处以随葬农业生产工具为主,这对研究当时的经济形态、社会分工等具有重要意义。3.发现两座厚葬的女性墓,墓主人不仅浑身上下摆满各种随葬品,而且还在眼眶内置入一至数枚绿松石装饰品,这可能是后世玉瞑目现象的萌芽形态,为研究当时的葬俗、葬仪提供了珍贵的资料。4.为了获取更多的潜在信息,采集了大量的土样标本,且采用了全面浮选的方法,对全部遗迹的填土标本进行抽样水浮和药浮,还对部分重要遗迹的填土进行全浮选,获取了大量过去无法提取的信息。经初步鉴定,植物种子中有稻米、豆类、山楂、葡萄等,动物中有大量的鱼类、龟鳖类骨骼等,对了解当时的经济形态和人们的膳食结构有重要价值。5.发现了大量稻谷和炭化米,在浮选过程中还发现有保存完好的稻谷,以及大量农业生产工具,如石铲、石镰等,对研究农业的起源,特别是稻作农业的起源,进一步确立贾湖在稻作农业起源研究中的地位也将起到重要作用。6.发现了几支骨笛,特别是一支刻画有精美图案的两孔骨笛,进一步丰富了我们对贾湖音乐文化的认识。此外,此次发掘还在土质、土色描述语言的规范化方面进行了一些尝试。发掘工作结束之后,已着手对所采集的大量标本进行多学科、全方位的综合研究。[①]

(二)南北文化交融研究

淅川沟湾遗址位于河南省淅川县上集镇张营村沟湾组村东。2007 年 7 月至 2009 年 7 月,为配合南水北调中线工程丹江口水库淹没区的建设,郑州大学

[①] 中国科技大学科技史与科技考古系等:《河南舞阳贾湖遗址 2001 年春发掘简报》,《华夏考古》2002 年第 2 期。

历史学院考古系受河南省文物管理局南水北调文物保护办公室委托,经报请国家文物局批准,对该遗址进行了考古勘探与发掘。该遗址以新石器时代堆积为主,包含仰韶文化、屈家岭文化、石家河文化和王湾三期文化晚期四个时期的遗存。[1] 其中以仰韶文化遗存为主,屈家岭文化次之,石家河文化和王湾三期文化遗存较少。沟湾遗址位于黄河与长江中游文化区联结地带的汉水中游地区,新石器时代文化堆积深厚,延续时间很长,尤其重要的是发现了年代不早于仰韶文化二期亦不晚于屈家岭文化时期的环壕,使其成为该地区继淅川下王岗、邓州八里岗遗址发掘之后的又一重大考古发现。

丹江下游是新石器时代南北文化的交汇地带,该地区史前文化遗存面貌较为复杂。龙山岗是这一地区一处具有代表性的新石器时代遗址。2008—2009年的发掘和初步整理,使我们对该遗址的文化内涵有了进一步认识,遗址中新石器时代遗存包含仰韶时代晚期、屈家岭文化、石家河文化三个时期。仰韶时代晚期遗存极为丰富,是该遗址的主体堆积。该时期遗存不仅分布范围广,而且发现有大型房址、祭祀遗存等重要遗迹。这些迹象或许表明,该遗址不是普通聚落,而是此时期该地域一定层次上的中心聚落。本次发掘表明,该遗址的兴盛始自仰韶时代晚期(朱家台文化),发掘所获新石器时代各时期遗存不仅有助于认识该遗址文化内涵,而且对研究该地域新石器时代各时期聚落形态演变及文化源流具有重要意义。另外,在发掘过程中,发掘者对考古信息进行了全面采集,多学科研究,这些都为研究聚落环境、生业形态、人类行为建立了基础。[2]

2008年9月,中山大学人类学系在配合南水北调中线文物保护工程项目中,经钻探发现并发掘了淅川县六叉口墓地。主要发现龙山时期的高台、环壕以及灰坑、灰沟等遗迹,出土大量陶器、石器、骨器和玉器等文化遗物。2009年对该遗址进行了第二次发掘。通过两次发掘和钻探,发现遗址以南北长100余米、东西宽80余米、高出周围1.5~2米的高大土台为中心,土台上有密集的窖穴,土台边缘分布有密集的瓮棺葬,土台外围环绕宽窄不等的多条壕沟,说明遗

---

[1] 郑州大学历史学院考古系、河南省文物管理局南水北调文物保护办公室:《河南淅川县沟湾遗址仰韶文化遗存发掘简报》,《考古》2010年第6期。
[2] 河南省文物考古研究院:《河南淅川县龙山岗遗址2008—2009年发掘简报》,《华夏考古》2014年第4期。

址是一处结构完整的龙山时期小型聚落。六叉口墓地是一处时代单一、堆积丰厚的龙山时期遗址,对于探讨丹江流域龙山时期的考古学文化意义重大。六叉口墓地(遗址)以高台地为中心,环绕龙山时期不同年代的环壕,该类小型聚落相比丹江流域仰韶时期、屈家岭文化时期的大型聚落是一个显著的变化,对于研究丹江流域新石器时代的聚落形态演变具有积极意义。①

邓州八里岗遗址是南阳地区一处重要的仰韶时期遗址。2000年秋,北京大学考古学系联合南阳地区文物研究所对邓州八里岗遗址进行了第7次发掘。此次发掘的位置主要在遗址的北部,发掘面积达1000多平方米,揭露清理了新石器时代晚期的灰坑和窖穴402座,房屋基址6座,墓葬63座以及圆圈形基槽等其他遗迹,获得了一批陶、石、骨和玉器等人工制品,为深入了解该遗址的堆积情况特别是仰韶文化中晚期聚落的布局提供了新的资料。② 2007年9月至2008年1月,北京大学考古文博学院、南阳市文物研究所对八里岗遗址进行了发掘。本次发掘的重要收获是首次发现了早于仰韶文化的遗存,主要是十几个灰坑,包括椭圆形袋状窖穴、圆形桶状小坑和椭圆形锅底状坑。出土遗物并不多,能够看出器形的有口下饰乳钉的鼎或釜,还有钵等。堆积物浮选发现有炭化栎果和水稻等。从出土陶器看,与裴李岗时期方城大张庄一类遗存有相似之处。这是在汉水中游地区南阳盆地腹心地区首次发现的早于仰韶文化的遗存,对早期南北文化交流以及农业起源等课题研究有重大意义。③

(三)仰韶文化的新发现与研究

1.仰韶文化新发现

1992年至1996年为配合河南省文物局和国家文物局的工作,国家文物局考古领队培训班在郑州西山进行发掘,揭露面积6700余平方米,发现仰韶文化时期第一座古城址。它兴建于仰韶文化庙底沟类型时期,废弃于秦王寨类型晚

---

① 王宏:《淅川县六叉口龙山时期遗址》,《中国考古学年鉴(2010)》,文物出版社2011年版,第289~290页。
② 张弛:《邓州市八里岗新石器时代遗址》,《中国考古学年鉴(2001)》,文物出版社2002年版,第194页。
③ 张弛:《邓州市八里岗新石器时代遗址》,《中国考古学年鉴(2008)》,文物出版社2009年版,第268~269页。

期,距今5300—4800年。城址平面近圆形,城墙上部被毁,下部尚存,西城墙残长80余米,北城墙残长180余米,东城墙残长50余米,城墙上宽4~8米,现存最高约3米。城墙采用小方块版筑法,在经过修整的生土基面逐层逐块夯筑而成。东西城垣相距约200米,南部被洪水冲毁,现存面积2万余平方米。在北城垣东端发现有城门,宽约10米,有路直通城内,路现存长25米,宽1.5米左右;西城垣中部偏北也发现一城门。该城的发现对探索中国早期城市的起源、文明的形成和发展等都具有十分重要的意义。[1]

中国社会科学院考古研究所河南新砦队于2006—2007年对郑州站马屯遗址实施了抢救性钻探和发掘。站马屯遗址的发掘,细化了郑州地区仰韶文化的分期,而且为重新审视郑州地区仰韶文化和庙底沟二期的文化谱系提供了丰富的新资料。[2]

2005年8—12月,河南省文物考古研究所对三里桥遗址进行考古发掘。此次发掘区位于上次发掘区东300~500米,从其文化遗存的特征、年代来看,二者应该属于同一个遗址。但其仰韶文化遗存从其特征看,似和20世纪50年代发掘的仰韶文化遗存有年代上的差别,此次发掘似晚于上次发掘,近于庙底沟遗址一期者;发掘的龙山文化遗存年代大体一致。根据此次发掘情况看,仰韶文化遗存分布在遗址西部,在仰韶文化沟状堆积东部,未发现仰韶文化遗存;龙山文化遗存在发掘区内东西皆有分布。沟状堆积的存在应该和该遗址仰韶文化遗存的分布范围有关,它应是三里桥遗址仰韶文化聚落的环壕的一部分。在两次发掘区之间,由于破坏严重,文化遗存几近无存。该次发掘及所获文化遗存,丰富了三里桥遗址的文化内涵,尤其是仰韶文化环壕的发现,为研究遗址不同时期的范围或遗址的水利设施等提供了重要的资料。[3]

2006年6月至10月,在郑(州)西(安)客运专线渑池段笃忠特大桥的建设工程中,河南省文物考古研究所对笃忠遗址进行了抢救性考古发掘。遗址周围系丘陵地形,峁深错综,笃忠村北一条南流的季节性小河从遗址中间穿过。20世纪60年代,中国科学院考古研究所曾对笃忠遗址进行过调查,确认这是一处

---

[1] 国家文物局考古领队培训班:《郑州西山仰韶时代城址的发掘》,《文物》1999年第7期。
[2] 中国社会科学院考古研究所河南新砦队、河南省文物局南水北调文物保护办公室:《郑州市站马屯西遗址新石器时代遗存》,《考古》2012年第4期。
[3] 李素婷等:《河南三门峡三里桥遗址发掘取得重要收获》,《中国文物报》2006年11月8日。

新石器时代遗址。初步研究表明,笃忠遗址仰韶晚期遗存与仰韶村遗址同时期遗存文化面貌基本一致。从更大的区域来说,笃忠遗址仰韶晚期的遗存与伊洛河流域的洛阳王湾遗址同时期遗存接近,而与晋东南的垣曲古城东关仰韶晚期遗存有差别。进入龙山时期,笃忠遗址的器物特征则显示出了来自北部或东部较为明显的文化影响。此次发掘,进一步补充了豫西地区仰韶晚期—龙山早期遗存的内涵,为研究豫西地区仰韶晚期—龙山早期文化的演进、聚落的布局与发展提供了新的材料,对于探讨豫西、晋东南地区的文化交流也有一定的借鉴意义。[①]

　　豫西地区的重要发现当以灵宝西坡遗址为代表。2001年到2002年的发掘中,发现了仰韶文化的1座特大型房址、3座较大型房址、2座蓄水池及灰坑等遗迹,出土大批文物标本,取得了重大收获。西坡遗址发现的大而深的灰坑,精美的彩陶,数量众多、形制多样的陶环,同时期遗址中罕见的玉环以及陶鹗面陶器装饰、陶猪头、石雕等艺术品,显示出该遗址具有非凡的气度与深厚的文化底蕴。该遗址的较大型房址保存好、面积大、数量多,具有普遍性,为其他区域遗址所不见,为我们认识仰韶文化中期房址等提供了新的资料。在仅1000余平方米的发掘范围内已发现3处蓄水池,表明此类遗迹在本遗址当有较多分布,很可能发挥着引导和存储自然降水或生活废水、调节水量、服务生活的作用,为我们提供了仰韶人的生活方式和当时环境的重要信息。特大型房址是迄今为止在整个仰韶文化中所见年代最早、结构复杂、规格高级、面积最大的房屋基址,也是中国传统的回廊式古典建筑发现最早的实例,开创了我国古代高规格大屋顶建筑的先河。这种建筑显然已非普通的居住型房屋,很可能已具有殿堂的性质。它的发现是仰韶文化研究的重大进展,为解开仰韶中期庙底沟类型所具有的强大扩张力与影响力之谜找到了一把宝贵的钥匙,使人们有必要对距今约5500年以前的仰韶文化中期的建筑技术成就、生产力水平、社会结构和组织形式等进行重新评价和认识。同时,这一发现对发生在仰韶文化中晚期中国社会复杂化过程的考察以及中国文明起源的探索均具有重要意义。2005年的发

[①] 武志江:《河南渑池笃忠遗址发掘一处仰韶晚期—龙山早期聚落》,《中国文物报》2007年5月16日;河南省文物考古研究所:《河南渑池笃忠遗址2006年发掘简报》,《华夏考古》2010年第3期。

掘,揭露仰韶文化中期墓葬22座,确认了遗址北壕沟的结构和走向。2000—2004年,联合考古队对遗址进行了4次发掘,仰韶文化中期特大型半地穴房址的发现尤其引人注目。2004年10—12月,考古队对遗址进行了全面系统的钻探,初步探明了遗址的墓葬区及南北壕沟的大体位置。根据文化堆积及其包含物初步判断,壕沟的始建年代不晚于仰韶文化中期中段,与以前揭露的特大型房址的年代相近,属于该遗址的早期阶段。发掘者推测,这批墓葬的时代大致处于以庙底沟类型为代表的仰韶文化中期向以西王村类型为代表的仰韶文化晚期过渡的阶段,与泉护村一期Ⅲ段大体相当,或可归入仰韶文化中期最晚阶段。另外,据发掘和钻探的结果初步判定,这批墓葬所在的位置很可能接近墓地的东部边沿。壕沟和墓地的发现,首先为了解西坡遗址的文化内涵、规模和聚落内部形态提供了新的资料。如果说考古调查和系统钻探得出的40万平方米遗址面积仅仅是一个模糊的规模概念,那么壕沟及墓地的确认则清晰地展现了聚落的基本布局与规模,对进一步认识西坡遗址在该地区同时期聚落群中的地位及仰韶文化中期的聚落形态具有重要价值。壕沟堆积中仰韶文化中期偏晚阶段遗存的发现表明,壕沟自兴建至废弃的时间跨度并不大。壕沟堆积中庙底沟二期文化遗存的发现,为遗址增添了新的文化内涵。墓地的确认是本次发掘的最重大收获。这是在仰韶文化中期的核心地带首次发现该时期墓地。二层台的出现、墓室封泥、风格独特的陶器、以玉器随葬,这些新鲜资料为认识仰韶文化中期的埋葬习俗、社会制度、对外文化交流提供了十分珍贵的资料。墓葬规模及随葬品出现明显差异,正与第3、4次发掘发现的特大房址相呼应,表明中原地区的史前社会结构很可能从仰韶文化中期开始出现了意义深远的复杂化倾向。这无疑对于探索中原古代文明的起源、特点、进程与动因具有重大意义。[1]

西坡遗址2001—2002年的第3次发掘中,在遗址中心部位发现外有回廊和占地面积500余平方米的特大房址F105。2004年的第4次发掘在其南50余米处发现另一特大房址F106,室内面积240余平方米,并通过系统钻探发现聚落的南北壕沟及墓地。2005年和2006年的第5、6次发掘揭露了仰韶文化中期晚段墓葬34座,这是在仰韶文化中心的核心地带第一次发现和发掘该时期墓地。

---

[1] 马萧林等:《河南灵宝西坡遗址第五次发掘获重大突破》,《中国文物报》2005年8月26日。

大型中心性聚落、特大公共性房址和缺少奢侈品的大墓,构成了仰韶文化中期复杂社会的显著特点。这些与中国其他主要史前文化区迥异的特点,对中原地区的文明化进程,对中国第一个王朝最终在中原的建立产生了重要影响。①

三门峡庙底沟遗址不仅有新发现,还应用了新技术。2002年5—12月,河南省文物考古研究所、郑州大学考古专业、三门峡市文物考古研究所的考古科研人员联合对庙底沟遗址进行了发掘。发现仰韶文化庙底沟类型及庙底沟二期文化等时期的灰坑和窖穴800多个,陶窑近20座,保存完好的房基10余座,壕沟3条,墓葬1座及残破的房基硬面数处。在所发现的遗迹中,以仰韶文化庙底沟类型时期的居多。在发掘中,还尝试了Context(系统考古单元)技术手段等,收到了较好的效果。这次大规模的发掘工作,取得了重要收获,在学术研究上也具有十分重要的意义。发现了具有防御性质的壕沟,出土了丰富的彩陶等文化遗物,从而拓展了仰韶文化庙底沟类型的文化内涵,使进一步的分期研究成为可能;而仰韶文化晚期遗存的揭露,又填补了从庙底沟类型到庙底沟二期文化之间的空白。②

2005年,河南省文物考古研究所会同鹤壁市文物工作队,邀请郑州大学、山东大学师生组成考古队对鹤壁刘庄遗址进行了考古勘探和发掘。初步勘探表明,遗址面积30余万平方米,文化堆积厚0.6~1.5米。出土遗物主要为陶器、石器、鹿角器等。骨器、蚌器极少,水生动物遗骸基本不见,与遗址紧邻淇河的地理位置极不相称。上述文化遗存和分布于豫北冀南地区的大司空类型面貌特征近同,当属大司空类型文化遗存。③

2.仰韶文化研究

为纪念仰韶文化发现80周年,孙广清撰文全面总结回顾了仰韶文化80年来的发现和研究历程,并指出,河南境内仰韶文化可分为庙底沟、大河村、后岗、大司空、下王岗等多种类型。它从裴李岗文化而来,随龙山文化而去,其间与大

---

① 李新伟、马萧林、杨海青:《河南灵宝西坡遗址发现仰韶文化中期大型墓葬》,《中国文物报》2007年2月16日;中国社会科学院考古研究所河南一队等:《河南灵宝市西坡遗址2006年发现的仰韶文化中期大型墓葬》,《考古》2007年第2期。
② 樊温泉、杨树刚:《三门峡市庙底沟新石器时代遗址和唐、宋、元墓葬》,《中国考古学年鉴(2003)》,文物出版社2004年版,第227页。
③ 赵新平等:《河南鹤壁刘庄遗址考古发掘取得重要收获》,《中国文物报》2006年1月27日。

汶口文化、大溪文化、屈家岭文化互有影响。仰韶文化经历了由母系氏族社会逐步过渡到父系氏族社会的漫长历史长河,在中国古代文明起源中具有重要意义。① 把仰韶文化纳入文明起源的范畴,是近年来仰韶文化研究的一个新思路。李友谋认为,仰韶文化分布的中原地区,是中国古代文明的发祥地。仰韶文化的发展阶段,已处于中国古代文明起源与形成时期。仰韶文化在中国古代文明的发展进程中,占有极为重要的地位。② 对于仰韶文化精神层面的探索一直是学者关注的课题,郭敏认为,仰韶文化是中华远古文化的主体之一,其分布的中心区是指关中、豫西和晋南地区。仰韶文化中心区先民从事宗教等精神活动主要在其聚落之内,由于生活方式及独特的建构方式,他们在氏族联盟的奋斗中,形成颇具内聚力的朴素而又团结向心的精神,并早已发现人类自身力量的存在,这作为一种巨大的推动力量,从内部促使其氏族制度的早熟。③ 仰韶文化聚落研究方面,许顺湛依据《中国文物地图集·河南分册》,将河南境内的仰韶文化遗址大体区分为37个聚落群,并根据每个聚落的大小,分别区分为特级聚落、一级聚落、二级聚落和三级聚落。他指出,河南仰韶文化聚落群的宏观考察,对黄帝时代文化的研究具有重要价值。④

对仰韶文化时期生态环境的研究,也取得了一些成果。对郑州地区全新世地层划分及古气候与古环境演变的研究中,研究者推测郑州地区仰韶时期的古气候和古环境,是随着气候的进一步转暖,以 Pinus（松属）为主的针叶林—草原植被逐渐被以 Castanea（栗属）、Puercus（栎属）、Carpinus（鹅耳枥属）、Uarpinus（乌尔松）、Ulmus（榆属）等阔叶树花粉占优势,Pinus 为次的针阔叶混交林所代替,林中散生有热带、亚热带乔木树种,如 Tsuga（铁杉属）、Podocarpus（罗汉松属）、Quercus（栎属）、Platycarya（代香属）、Ligudamdar、Oleaceae（榉科）和 Enporbiaceae（大戟科）这些喜暖喜热的乔木植物花粉占木本植物花粉的24.5%,草本植物中,水生的 Nymphoides（莕菜属）、Potamogetomaceae（眼子菜科）、Sparganiaceae（黑三棱科）及湿生的 Cyeraceae（莎草科）大量出现,占草本植物含

---

① 孙广清:《河南仰韶文化的发现与研究——纪念仰韶文化发现80周年》,《中原文物》2001年第5期。
② 李友谋:《仰韶文化与中国古代文明》,《中原文物》2002年第3期。
③ 郭敏:《仰韶文化中心区原始意识蠡测》,《殷都学刊》2003年第3期。
④ 许顺湛:《河南仰韶文化聚落群研究》,《中原文物》2001年第5期。

量的 37.8%。喜热和水生植物大量出现表明,仰韶时期的气候特点,与现今长江中下游的中亚热带气候相近,相当于 R. Sernander(冰后期)气候期的大西洋期。另外,*Lychnotnamnites* 等沉水植物的出现,表明东部平原区为浅水湖沼环境。①

(四)龙山文化

1.典型遗址的发现与发掘

2001 年 8—9 月,洛阳市文物工作队和新安县文物保护管理所为配合 310 国道的拓宽工程,对新安县高平寨新石器时代遗址进行了抢救性发掘。遗址文化层堆积以龙山文化堆积为主,上部有东周时期堆积,下部有庙底沟二期堆积。两座房屋以 F2 保存较好,呈长方形,房屋为双连间,属地面建筑。墙体内无夯层和夯窝。中部有一隔墙将房屋分为两间,室内地面为"白灰面"。灰坑有圆形桶状、圆形锅底状和不规则形 3 种。遗址出土龙山时期遗物较为丰富,有石器和陶器两类。石器有刀、斧、铲等。陶器有甗、双腹盆、穿孔小罐、碗、环和纺轮等,纹饰以篮纹为主,方格纹次之。该遗址的发掘,为研究中原龙山文化和庙底沟二期的房屋建筑提供了新的资料。②

新乡李大召遗址位于新乡县大召营镇李大召村北,是 1956 年新乡县在文物普查中发现的。1984 年,在河南省第 4 次文物普查中再次进行复查,认为这是一处龙山文化和商文化的遗址。新乡李大召遗址内涵非常丰富,包括仰韶文化、龙山文化、二里头文化、二里岗文化、殷墟文化、两周文化和两汉文化,前后延续达 4000 年之久。新乡李大召遗址就像一部埋藏于地下的史书,记载了从仰韶文化到东汉时期历史长河的轨迹。这与中国古代文明起源、形成和早期发展环环相扣,又与夏商周三代王国文明和秦汉帝国文明息息相通。这在其他同类文化遗址中尚不多见。新乡李大召遗址以河南龙山文化为主,为我们提供了一个河南龙山文化早期、中期、晚期完整发展的实例。距今约 5000—4000 年的河南龙山文化,是继仰韶文化之后在中原大地发展起来的一种新石器时代晚期文化。相当于父系氏族社会由发展到解体的阶段,也是私有制、阶级和国家即

---

① 石钦周等:《郑州市全新世地层划分及古气候环境演变》,"全国第三届技术考古学术讨论会"论文,1992 年 4 月,郑州。
② 李永强:《新安县高平寨新石器时代遗址》,《中国考古学年鉴(2002)》,文物出版社 2003 年版,第 253 页。

将产生或刚刚产生的历史大变革时期,可以说已进入了文明社会。李大召遗址的发掘与研究成果,为研究该遗址龙山文化的发展及与周边文化交流、融合提供了重要资料,为建立豫北卫河流域新石器时代晚期至夏商时期的文化序列提供了新资料,为揭示豫北卫河流域龙山文化内涵,探讨夏商两大文化集团的关系,研究该地区文化谱系等诸多方面具有重大历史和科学价值。与此同时,新乡李大召遗址又以河南龙山文化为主体,成为聚落考古的一个亮点。①

2. 龙山城址的发现与研究

(1)新密市古城寨龙山文化城址。河南省文物考古研究所于2000年3—6月、9—10月对该遗址进行了考古发掘。城址位于新密市东南35公里的曲梁乡大樊庄村古城寨村民组周围,1999年曾进行了试掘,揭露出龙山时代晚期大型夯土宫殿基址F1和结构复杂的回廊式建筑F4的部分,取得了史前考古的重大收获。为了弄清回廊式建筑F4的结构、形制大小以及与F1的关系,在F4的西北角进行了试掘。共开大小探方8个,发掘面积330平方米,除揭露出F4的西北角外,另清理不同时期灰坑60座、水井2眼、殉狗坑1座。此次发掘共出土鬲、盆、罐、斝、双腹盆等各时期陶器20件,斧、铲、刀、锯等石器120件,铲、簪、锥、镞、卜骨等骨器48件,为研究古城寨城址的文化分期提供了重要材料。这次发掘将回廊式建筑F4的西北角清理出来,不仅证实了这座建筑与偃师二里头遗址核心宫殿建筑渊源关系的推断,也更说明了F4与F1属同一大型宫殿建筑群,并为古城寨龙山城为都邑性质的推断提供了重要证据,具有很高的学术价值。②

(2)温县徐堡龙山文化城址。为做好南水北调建设工程的文物保护工作,洛阳市文物工作队和焦作市文物工作队组成联合考古队,于2006年8—12月对河南焦作徐堡新发现的龙山文化遗址进行了考古发掘,发现了龙山文化城址一座,揭露各时期房址、窖穴、陶窑、灰坑、水井、墓葬等各类古代遗迹200多处,出土大批陶、铜、石、骨、蚌、玉质器物以及动植物遗骸。龙山城址位于遗址的中北部,平面略呈圆角长方形,东城墙残长约200米,南城墙长500米,西城墙残

---

① 郑州大学历史学院考古系等:《新乡李大召——仰韶文化至汉代遗址发掘报告》,科学出版社2006年版。
② 河南省文物考古研究所、新密市炎黄历史文化研究会:《河南新密市古城寨龙山文化城址发掘简报》,《华夏考古》2002年第2期。

长360米,北城墙被沁河冲毁。现存城墙保存较好,距地表深1~1.7米。在西墙和东墙的中部各有一缺口,均宽约10米,疑为城门缺口的遗留。在城址中部发现一处堆筑台地,平面呈不规则长方形,东西长90米,南北宽70米,面积6000余平方米,可能为城址中的重要部位之一。整个城址现存面积约20万平方米,干渠占压面积约5万平方米。焦作温县徐堡龙山文化城址的发现,是我国新石器时代考古的又一重要发现,是目前全国所发现的龙山文化中规模较大的城址之一,在豫西北地区属首次发现,填补了豫西、豫西北、晋东南地区没有龙山文化城址的空白,具有重大的学术价值,也为研究龙山文化向夏文化过渡、史前城址聚落形态、我国文明起源、国家的形成、筑城技术等诸多问题提供了重要的实物资料。① 2007年底到2008年上半年再度发掘。除清理西城墙近30米外,还发现龙山、两周、汉代、唐宋、明清等时期灰坑200多个,墓葬10多座;陶窑2座。龙山时期城墙呈两面坡式,夯层较厚。两周时期又进行了修补,夯层较薄。本次发掘所获资料,为研究城址兴废年代和性质提供了新资料。②

(3)平顶山蒲城店龙山文化与二里头文化城址。由河南省文物考古研究所主持,与平顶山市文物局组成的联合考古队,于2004年7月至2005年6月对河南平顶山市蒲城店遗址进行了考古发掘,发现龙山文化晚期、二里头文化早期城址各一座与二里头文化罕见的成排房址,揭露各时期房址、窖穴、陶窑、灰坑、水井、墓葬等各类古代遗迹900多处,出土大批陶、铜、石、骨、蚌质器物以及动植物遗骸。二里头文化城址位于遗址西南部,保存较好,略呈东西向长方形,其中西北角与东南角略锐小,东北角与西南角较钝大。发掘中发现有二里头文化二期偏早的灰沟打破城墙的层位关系,结合城墙与城壕的出土物可知,该城址的年代大致为二里头文化一期。同时,遗址西部龙山城以西、二里头城以北,在南北宽20米、东西不足100米的发掘区域内,发现20多座二里头文化房址。蒲城店遗址龙山文化晚期城址的发现,为中原龙山文化增添了新的城址,是中原地区发现的早期城址之一,其位于豫中南部,在地理位置上是中原地区最靠南的城址之一。城内房址、陶窑、窖穴、圆形建筑基址、瓮棺葬的发现,向人们初步

---

① 毋建庄等:《河南焦作徐堡发现龙山文化城址》,《中国文物报》2007年2月2日。
② 李锋:《温县徐堡新石器时代及周代遗址》,《中国考古学年鉴(2009)》,文物出版社2010年版,第266~267页。

展示了这座古城城内南部的布局和丰富内涵。房址外活动场、陶窑工作面与烧灰坑等的发现,使更加全面地复原古人活动场景成为可能。对城内的初步勘探和发掘,相关的遗迹得以初步揭示。尤为重要的是,在同一遗址的不同部位发现2座古城,在年代上相距不远,与那种经修补在后期文化中继续使用的城址不同,其废兴过程很可能与文化演变或河流摆动环境变迁等有关。2座古城的形制、城垣与城壕的结构与修筑方法不尽相同,从而为研究我国早期城址发展史及古代文明起源提供了新的资料。龙山晚期、二里头早期遗存丰富,衔接较紧密,对之进一步分析有望深化对二者之间关系的认识。该遗址二里头文化房址分布集中、排列有序,大多多间相连,基本东西成排,处于专门规划的聚居区,并由夯土墙作为界线,其发现数量之多、内部结构与布局之复杂,都是二里头时期所首次发现,这对于探讨夏代的居住形式、聚落布局乃至家庭结构、社会组织形式都提供了弥足珍贵的实物资料。①

(4)博爱西金城遗址。2006—2008年,山东大学东方考古研究中心对河南省博爱县西金城遗址进行大规模发掘,发现龙山文化城址一座。发掘期间以恢复和复原该遗址龙山时期的人地关系演变为主要目标,积极进行了多学科研究尝试,进行了古地貌、古气候、植物、动物、石器,以及经济区划、遗址资源域、聚落考古等几方面的研究实践与探索,对研究中原地区文明起源阶段的人地关系演变具有重要意义。② 龙山文化城址位于西金城村的中东部,绝大部分压在村舍之下,城墙位于地表1.5米以下,残高2~3米。城址平面大致呈圆角长方形,唯西南角向内斜收,城内面积25.8万平方米,含城墙面积达30.8万平方米。北墙长560米,西墙长520米(含斜收部分),南墙长400米,东墙长440米,周长近2公里。北墙和西墙宽约25米,东墙宽约10米,南墙宽度介于二者之间。在西墙和南墙中部可能有城门,北墙、东墙和南墙外侧发现有小河或排水沟环绕形成的防御壕沟。发掘者根据层位关系和出土物初步判断,该城址的建筑和使用年代很可能在河南龙山文化中期前后,进入龙山文化晚期已经废弃。龙山文

---

① 魏兴涛等:《河南平顶山蒲城店发现龙山文化与二里头文化城址》,《中国文物报》2006年3月3日。
② 王青:《博爱西金城龙山文化城址的多学科研究实践与探索——兼议新形势下一线考古工作者的身份定位与转变》,《华夏考古》2010年第3期;王青:《西金城遗址发掘的多学科研究尝试》,《中国文物报》2007年9月21日。

化时期处于夏王朝建立的前夜,是中原地区社会剧烈转变的时期,城址的出现就是显著标志。西金城城址是河南省发现的第 11 座龙山文化城址,也是豫北发现的第 5 座同期城址,尤其该城址和温县徐堡龙山城南北相距仅 7.5 公里,表明豫西北和中原腹心地带的郑洛地区龙山城址均较为密集,充分显示了中原地区龙山时期社会急剧转变的历史面貌,对研究中原地区的文明起源具有重要意义。本次对该城址周围古地貌和经济生产区划的宏观恢复,也是河南省龙山城址以往考古工作的新突破,尤其小麦遗存在河南境内的龙山文化遗址中还是首次发现,对研究小麦在我国的出现和传播路线以及中原地区文明起源阶段的人地关系演变都具有重要的学术价值。[1]

(5)新密新砦城址。2002 年至 2003 年,由中国社会科学院考古研究所和郑州市文物考古研究所合作发掘的新砦遗址取得重大突破。确认新砦遗址是一处设有外壕、城壕和内壕共三重防御设施的大型城址。该城址位于新密市东南 18.6 公里的刘寨镇新砦村,整座城址均掩埋在今地表以下。城址始建于龙山文化晚期末段,废弃于二里头文化早期。城址平面基本为方形,现存东、北、西三面城墙及护城河。新砦城址的东墙和北墙是利用一条东西向自然冲沟的内壁修整、填土夯筑而成的。龙山文化晚期的护城河紧靠城墙外侧。待龙山文化晚期城墙废弃以后,新砦期的城墙直接建在龙山文化晚期城墙外坡之上且打破了龙山文化城墙外侧的护城河。新砦城址的总面积达 100 万平方米左右。城址中心区现存西、北和东三面内壕。其中,北内壕东西长约 300 米,东、西内壕的南部均遭破坏,保守计算内壕所圈占的面积当在 6 万平方米以上。在中心区中央偏北处,坐落一座东西长 50 多米,南北宽 14.5 米的大型建筑基址。新砦城址的发现,对于重新认识夏文化早期的聚落形态、确定夏文化的上限、探索夏文明的诞生等一系列重大学术问题均具有重要的意义。[2]

---

[1] 王青、王良智:《河南博爱西金城遗址发掘取得重要成果》,《中国文物报》2008 年 1 月 23 日;河南省文物管理局南水北调文物保护办公室、山东大学考古系:《河南博爱县西金城龙山文化城址发掘简报》,《考古》2010 年第 6 期。
[2] 赵春青:《新密市新砦龙山文化至二里头文化时期城址》,《中国考古学年鉴(2004)》,文物出版社 2005 年版,第 244 页。

三、聚落考古研究

严文明1997年写成《聚落考古与史前社会研究》①,对聚落考古学的发源、性质、研究内容等进行了全面的阐述,形成了体系式的聚落考古学研究。在严文明的聚落考古学研究中,依据他对聚落考古学研究内容的理解,从分析诸如房屋类单一遗迹的性质与功能入手,进而做单个聚落形态和内部结构的分析,再到一个地理单元内的聚落分布和聚落之间关系的研究,再到一个地理单元内的聚落形态历史演变的研究,最终做社会结构和人地关系的探讨。严文明的聚落考古学体系在中国的聚落考古学研究中有着广泛的影响,赵春青的《郑洛地区新石器时代聚落的演变》可以视为这一学术体系的研究成果。② 该书运用聚落考古的方法,从聚落分布、单个聚落的形态和聚落内部遗迹三个方面的相关分析入手,首次对郑洛地区新石器时代聚落的发展演变作了较为全面的梳理和考察。该书按照裴李岗文化、仰韶文化前期、仰韶文化后期、龙山文化时期四个发展阶段,描述了该地区原始聚落的形成—聚落规模的扩大,内部结构的分化—主从聚落分布格局的形成,城堡的大量出现,以及原始的民主、平等的社会组织受到冲击,直至瓦解的过程,对于新石器时代文明的发展脉络有所揭示。

在尝试对中国积累的考古材料做聚落考古学研究方面,境外学者刘莉的研究也产生了广泛的影响。1996年她的《中国新石器时代黄河中下游酋邦社会的发展——龙山文化聚落形态研究》③被介绍到中国,1998年她的《龙山文化的酋邦与聚落形态》④也被介绍到中国。在这两篇文章中,刘莉主要借用国外的两种理论和方法研究中国的龙山文化:一是借用国外的酋邦理论来对应中国的龙山文化社会发展阶段;二是借用聚落考古学的遗址空间位置分析方法,从认定遗址的面积开始,依据遗址面积的差异划分聚落等级,再依据聚落等级的数目确

---

① 严文明:《聚落考古与史前社会研究》,《文物》1997年第6期。
② 赵春青:《郑洛地区新石器时代聚落的演变》,北京大学出版社2001年版。
③ 刘莉:《中国新石器时代黄河中下游酋邦社会的发展——龙山文化聚落形态研究》,《考古学的历史·理论·实践》,中州古籍出版社1996年版,第386~403页。
④ 刘莉:《龙山文化的酋邦与聚落形态》,《华夏考古》1998年第1期。

定管理层次，再依据管理层次确定社会的复杂程度，对比酋邦理论，最终论断社会发展阶段。1998 年至 1999 年，她参与了中国社会科学院考古研究所和澳大利亚拉楚比大学考古系联组的中澳联合考古队对伊洛河下游地区进行的拉网式聚落考古调查，将其聚落考古研究方法应用于中国田野考古实践与研究。刘莉引进的这种聚落研究的空间位置分析方法和社会结构研究的酋邦理论相结合的聚落考古学方法，在中国的聚落考古学研究中有着广泛的影响。[①]

四、中华文明探源工程

中华文明起源于远古的史前时代，依托多种自然科学技术支撑的考古学自然成为探源的主要手段。经过历代考古学家及其他人文科学家和自然科学家的努力，至 20 世纪末，中华文明探源工作取得了许多重要成果，但仍然存在大量有待解决的问题。长期以来，学术界对于中华文明何时形成、如何形成、早期中华文明的特点等一系列重要问题都远没有得出一致的认识。因此，自 2001 年起，在党中央、国务院的关怀和领导下，在科技部和国家文物局等有关部委的组织、实施下，开始了多学科联合攻关的"中华文明探源工程"，目的即是充分揭示早期中华文明的丰富内涵和辉煌成就，回答中华文明形成的时间、地域、过程、原因和机制等基本问题。在此基础上，扩展视野，探讨中华文明与周边地区文明化进程的互动关系，进而通过与世界其他古代文明的比较研究，总结早期中华文明的特点及其在人类文明发展史上的地位。至 2008 年底，已经实施了"中华文明探源工程预研究""中华文明探源工程（一）"和"中华文明探源工程（二）"三个阶段的研究，并将继续进行深入的研究。[②]

（一）早期国家起源时期自然资源的开发和利用

自然资源的开发和利用是中国早期国家起源研究的关键问题之一，近几年

---

① 许永杰：《聚落考古在中国——历程·现状·问题》，《华夏考古》2009 年第 4 期。
② 科技部社会发展科技司、国家文物局博物馆与社会文物司：《中华文明探源工程文集·环境卷Ⅰ》，科学出版社 2009 年版。

开始受到学者们的关注。在众多重要的自然资源中,早期国家赖以生存的生产工具——石器及石料的来源问题,长期以来没有得到应有的重视,相当程度上影响了我们对早期国家起源问题的深入研究。围绕这个学术课题,在历年来中澳联合考古队以河南省中部伊洛河下游地区为中心的区域系统调查基础上,2002—2003年对河南省偃师市灰嘴遗址进行了小规模的试掘,试掘的主要目的之一是了解中国早期国家起源阶段石器生产的情况。目前所知,仰韶文化时期,这里虽有人类定居,也有石器生产的遗迹,但是石器的专业化生产并不存在。专业化的石器生产,是从龙山文化开始的。值得注意的是,专业石器加工很可能伴随着石灰的生产。龙山和二里头时代诸遗迹发现的大量白烧石,经鉴定多是石灰岩。如此规模的白烧石遗存,显示石灰的生产可能也不仅仅是满足本地居民的需要,它同石器一样应该是用来交换或贸易的。值得注意的是,石器加工的对象、原料、技术和形式,从龙山时期到二里头时期没有多少变化,不过二里头时期的石器加工规模明显加大,石器生产扩大到灰嘴遗址,推测很可能跟二里头中心和二里头时代对石器需求的扩大有关。灰嘴遗址的试掘,为了解中国早期国家形成时期的重要自然资源——石料和石器的来源,提供了重要线索。[①]

(二)中华文明探源工程预研究——登封王城岗遗址周围龙山文化遗址的调查

由北京大学考古文博学院和河南省文物考古研究所共同承担的"中华文明探源工程预研究——登封王城岗遗址周围龙山文化遗址的调查"专题研究于2002年展开。专题组在登封王城岗一带的告成、八方等地开展考古调查和钻探,并根据需要开展考古发掘工作。王城岗遗址经钻探得知其面积约50万平方米,发现城址1座。北城墙夯土残长370米,残高0.5~1.2米,北城壕长630米,宽约10米,残深3~8米,西城壕残长130米,宽约10米,残深1.5~2米。从所处地势和钻探看,东南城墙和城壕,可能已被毁坏。此城面积推测在30万平方米左右。另发现灰坑66个(包括窖穴、半地穴房址、取土坑等)、墓葬8座、瓮

[①] 中国社会科学院考古研究所河南第一工作队:《2002—2003年河南偃师灰嘴遗址的发掘》,《考古学报》2010年第3期。

棺1座、灰沟3条、陶窑1座、灶8个、水井1口、道路1条、房基1座。发现的遗物有陶器、石器、玉器、骨器(包括人头骨器皿)、牙器、蚌器、瓷器、铜器、铁器等。①

(三)双洎河上游地区古聚落调查

双洎河上游地区古聚落调查是中华文明探源工程预研究的小专题之一,2003年3—11月,河南省文物考古研究所在新密、新郑两市的双洎河上游地区,共调查仰韶、龙山、二里头、二里岗、殷墟各时期遗址20余处,新发现仰韶文化遗址4处,龙山文化遗址4处,新砦二期文化遗存7处,二里头遗址7处,二里岗遗址4处。本次调查梳理出仰韶文化遗址17处、龙山文化遗址15处、新砦二期文化遗址7处、二里头文化遗址11处、二里岗文化遗址9处、殷墟文化遗址5处。调查者以各遗址面积的大小,将调查的仰韶、龙山聚落面积分为五个等级,划分的标准为70万平方米以上的为特级聚落,50万平方米以上的为一级聚落,30万平方米以上的为二级聚落,10万平方米以上的为三级聚落,10万平方米以下的为四级聚落。本次调查较大的收获是基本摸清了该地区各时期古文化遗址的分布情况,以及它们的发展脉络、考古学文化特征和演变关系。采集和收集大量的文化遗物,对于各遗址确定时代和文化内涵起到了重要作用。特别是7处新砦二期文化遗址的发现,填补了长期以来这类遗址较为缺乏,影响新砦二期文化遗址分布区域,以及与二里头文化遗址的对应关系、文化关系等研究的缺憾,似乎可以推断,嵩山周围有可能是新砦二期文化孕育发展的中心区域。②

(四)河南省新密市新砦遗址聚落布局与内涵研究

中国社会科学院考古研究所与郑州市文物考古研究所合作开展的中华文明探源工程首批启动项目之一"河南省新密市新砦遗址聚落布局与内涵研究",近年来田野工作不断取得新的进展。2002年发现的位于遗址中心区的"大型建筑",经2003年、2004年的持续发掘和2005年春季的解剖,目前已基本可以肯

---

① 方燕明:《登封王城岗二里头文化至唐宋时期遗址》,《中国考古学年鉴(2003)》,文物出版社2004年版,第231页。
② 蔡全法:《双洎河上游地区古聚落调查》,《中国考古学年鉴(2004)》,文物出版社2005年版,第237页。

定这是一处新砦期晚段的多次使用的大型浅穴式露天活动场所。其规模宏大,居同时期同类建筑之首。它的发现对于探索新砦城址中心区的建筑布局、判定新砦遗址的性质、研究华夏文明的起源均具有十分重要的意义。新砦遗址中心区发现的这座浅穴式大型建筑位于整个遗址的最高处,其浅穴式的形成,总体正符合"高而入于下"的"坎"的特征。联系到在这一大型建筑附近发现有同时期的整猪骨架和盛放较多兽骨的小灰坑,或许说明这一大型建筑遗迹的确与"坎""堆"之类的祭祀遗迹有关。据钻探和试掘,在该建筑南北两侧尤其是南边数十米开外,已经发现大量的红烧土和多层垫土层等建筑遗迹。对这些相关遗迹的大面积揭露,无疑有助于最终确认这一浅穴式大型建筑的性质。[1]

(五)新密市古城寨龙山文化城址的发掘

新密古城寨龙山文化城址的发掘,是中华文明探源预研究专题之一。2003年度,在古城寨城址中部和东部开探方5个、探沟1条,揭露面积324平方米。发现龙山文化灰坑1个、墓葬1座、F4西廊庑基址1段和东墙西部墙基边沿24米,还发现二里头文化灰坑6个、灰沟1条、水井1口,二里岗文化灰坑6个,殷墟文化灰坑21个、灰沟1条、水井1口、墓葬1座,战国墓1座,汉代灰坑、陶窑各1座。以上各时期的出土物,对于了解古城寨城址内各时期的文化内涵与分期断代等都具有重要作用。

各时期文化遗存的年代分期:诸龙山文化遗存均属龙山晚期文化。东墙西部墙基、F4西廊庑基址基础坑、IVT9H172均为古城寨龙山二期文化,墓葬M4为龙山三期文化。诸二里头文化遗存,灰坑分属于二里头文化二、三、四期,G6和J10为二里头文化三期。二里岗文化的灰坑为二里岗上层二期文化。诸殷墟文化遗存,灰坑分属于殷墟文化二、三期,G1为殷墟文化三期,J4为殷墟文化二期。[2]

(六)禹州瓦店遗址的发掘与研究

2007年9月至2008年1月,"中华文明探源工程(二)——颍河中上游流域

---

[1] 赵春青等:《河南新密市新砦城址中心区发现大型浅穴式建筑》,《考古》2006年第1期。
[2] 蔡全法:《新密市古城寨龙山文化城址》,《中国考古学年鉴(2004)》,文物出版社2005年版,第240页。

聚落群综合研究——以河南登封王城岗和禹州瓦店为中心"课题组对禹州市瓦店遗址进行考古钻探与发掘工作取得丰硕成果。经钻探发现瓦店遗址是一处大型龙山文化遗址。发掘探沟4条,探方10个,发掘面积464平方米,发现有壕沟、灰坑、墓葬和瓮棺、房址、灰沟、灶、水井、路等遗迹,出土丰富的陶器、石器、骨器、蚌器等遗物,同时采集有进行多学科研究的样品。这次考古工作中最为重要的是发现了龙山文化晚期大型壕沟和大型夯土建筑基址。

在瓦店西北台地发现大型壕沟,已探明壕沟由西壕和南壕构成,壕沟呈西北—东南走向。西壕残长150余米,复原长400余米,南壕长900余米,壕沟西南角保存完好,壕沟宽约22米,残深约3米,对壕沟进行的探沟发掘表明其年代为龙山文化晚期。经对颍河古河道的探查得知,古颍河的位置几乎贴近瓦店遗址的北、东边缘,由此可以认为西壕向北可能与颍河相连,南壕向东可能亦与颍河相通。瓦店遗址西北台地的西面和南面有壕沟围护,遗址的北面和东面有颍河环绕,其防御是由人工壕沟与天然河流共同构成的。目前所知壕沟围成的面积近40万平方米。壕沟近旁是否有城墙尚待找寻。

在瓦店西北台地壕沟范围内,在其东部偏南处发现龙山文化晚期大型夯土建筑基址,其平面可能呈"回"字形,方向为西北—东南向,与壕沟的走向大体一致。在已发掘的10个探方中仅揭露出该建筑基址的局部及东南拐角,夯土建筑基址宽约5米,厚约1米,用较纯净的黄土堆筑而成,似为建筑的回廊部分。在夯土表面发现数个柱洞。在夯土中发现用于奠基的人牲遗骸数具,在"回"字形夯土建筑院落的垫土中亦发现有用于奠基的人牲遗骸。由此表明,该夯土建筑的等级较高。[1]

(七)新郑唐户新石器时代遗址调查与发掘

新郑唐户遗址是多时代的聚落群,唐户村南偏西侧是裴李岗文化遗址,到仰韶文化时期,将裴李岗遗址覆盖,聚落中心向南扩展,面积增加。龙山文化时期,聚落中心又再次南移,一直延伸拓展到遗址的南部。到龙山文化晚期以后的新砦期,则更向南,直抵九龙河与沂水的交汇处。此后的二里头文化及商、周

---

[1] 方燕明:《禹州市瓦店新石器时代遗址》,《中国考古学年鉴(2008)》,文物出版社2009年版,第272页。

文化三代遗存多经交叠,始终连绵不断,成为规模较大、年代长远而且地位重要的大型聚落群址。遗址自1976年11月以来进行过多次发掘。

为配合"中华文明探源预研究"项目,2003年和2004年先后三次对该遗址进行调查。确定该遗址包含裴李岗文化、仰韶文化、龙山文化、新砦期文化以及夏、商、周等各时期文化遗存,遗址内文化遗物丰富,文化层堆积1~2米不等。在遗址南端溱水寨村北的土坝附近和两侧的河边阶地上,发现了新砦期文化遗物、夯土和地层等,成为本次调查的新发现,也是本次调查的重要收获之一。众多文献记载,新郑是传说中的黄帝故里,该遗址的南部传为"黄帝口",其仰韶文化遗存又十分丰富,这可能与传说时代黄帝氏族的重要中心聚落有关。[①] 2006年6月,经上级主管部门批准,郑州市文物考古研究院开始对唐户遗址进行部分发掘。唐户遗址地处平原西部边缘地带,地势较高,由西北向东南呈缓坡状倾斜。其西南约3公里处为隆山,属低山丘陵区向山前洪积平原的过渡地带。从已发掘的地层堆积状况来看,晚更新世至全新世早期,本区有较大面积的浅平洼地和湖洼地,湖相沉积发育良好,是早期先民的理想生活场所。根据地层关系和出土遗物来看,发掘者认为唐户遗址裴李岗文化的相对年代当与新郑裴李岗遗址上层墓地的年代相当。总体上看,唐户遗址裴李岗文化遗存大致可分为早、晚两期。与其他遗址相比,唐户遗址裴李岗文化遗存具有以下几个特征:1.聚落规模大。唐户遗址裴李岗文化遗存面积达30万平方米,这是我国目前发现的面积最大的裴李岗文化时期的聚落遗址。2.文化层堆积较厚,为褐红色埋藏土。一般厚约0.8~1.8米,最厚处达3米以上。3.发现了大面积的居住址。根据地层叠压关系推断,这些房址具有反复建造的特征,说明当时居住环境相对稳定,房屋布局具有明显的规律,这对研究裴李岗文化时期的社会组织结构和家庭形态等具有重要价值。唐户遗址裴李岗文化遗存的独特性,是郑州地区其他裴李岗文化遗存所不具备的。从壕沟的情况及已发掘部分的迹象来看,该遗址居住区范围相当大,还应有更多房基存在。随着考古工作的不断深入,将大大丰富裴李岗文化遗存的内涵,对深入研究裴李岗文化的性质、分期及聚落

---

① 河南省文物考古研究所、新郑市文物事业管理局:《新郑唐户新石器时代遗址调查》,《中原文物》2005年第5期。

形态具有重要意义,同时也为深入研究早期房屋建筑方式增添了新资料。[1] 通过 2006 年、2007 年连续两年的考古调查和发掘,对唐户遗址的认识更进一步。唐户遗址裴李岗文化时期大面积居址的发现进一步丰富了郑州地区裴李岗文化的内涵,对深入研究新石器时代早期裴李岗文化的聚落形态、房屋建筑方式、家庭与社会组织结构及裴李岗文化的性质、分期等具有重要的学术价值。[2]

第二节　夏商周考古的新机遇

夏商周三代考古始终是河南考古的重中之重,这不仅源于河南的三代考古遗迹丰富,也源于夏商周时期中原地区在全国的核心地位。要研究三代考古,河南考古的资料是无论如何绕不开的。从夏文化的探索开始,以徐旭生为代表的老一辈学者就把目光投向了豫西。早商、中商、晚商的几乎所有重要发现都在河南。周代考古在考古工作者的共同努力下,也逐渐有了新的发现和更深入的研究,以洛阳为中心的两周考古逐渐在全国夏商周考古中占据越来越重要的地位。

一、夏商周断代工程

1996 年 5 月 16 日,时任国务委员李铁映与国家科委主任宋健在中南海主持会议,代表国务院宣布国家"九五"重大科研项目"夏商周断代工程"全面启动。李铁映发表重要讲话,指出"夏商周断代工程"将在国家政府支持下,充分发挥社会主义制度优越性,依靠专家,多学科相结合,集中力量解决千百年来一

---

[1] 河南省文物管理局南水北调文物保护办公室、郑州市文物考古研究院:《河南新郑市唐户遗址裴李岗文化遗存发掘简报》,《考古》2008 年第 5 期。
[2] 郑州市文物考古研究院、河南省文物管理局南水北调文物保护办公室:《河南新郑市唐户遗址裴李岗文化遗存 2007 年发掘简报》,《考古》2010 年第 5 期。

直处于模糊状态中的夏商周三代年代学问题。宋健作了题为《超越疑古,走出迷茫》的演讲,强调了启动"夏商周断代工程"的重要意义。中央电视台、《人民日报》、《光明日报》、《中国科技报》、《中国教育报》、《中国文化报》等新闻媒体都以头版头条显要位置报道了这件20世纪中国学术界的盛事,并先后转载了宋健的演讲提纲。一时间,夏商周断代工程全面启动的消息传遍全球,在社会各界引起了强烈反响。北京大学这所领风气之先的著名高等学府率先成立了校级夏商周断代工程领导小组和学术顾问组,并定期举办"夏商周断代工程"学术讲座和沙龙。河南、陕西、山西、河北、北京等有关省市的文博考古系统纷纷作出积极响应。支持与请战的电话与信件从全国各地纷至沓来。人们称赞:这是中国学术史上的空前盛事,这是龙的传人在寻根。夏商周断代工程是一项系统工程,广泛涉及历史学、考古学、天文学和测年技术科学等学科,通过进行多学科交叉研究,将夏商周时期的年代进一步科学化、量化。工程的目标是:西周共和元年(前841)以前包括西周早中期和晚期前半阶段,确定比较准确的绝对年代;对商代后期确定比较准确的绝对年代;对商代前期提出比较详细的年代框架;对夏代提出基本的年代框架。这不但有可能解决夏文化的始末、夏商文化的分界和商文化的相关问题,而且对提高民族凝聚力,深入研究我国古代文明起源和发展有重要意义。夏商周断代工程专家组于2000年发布的《夏商周断代工程1996—2000年阶段成果报告(简本)》[①]显示,基本取得了预期的成果,初步建立起了夏商周三代比较准确的年代学框架。在上述研究思路的基础上,夏商周断代工程推出了一份三代年表。这份年表已将我国的历史纪年由公元前841年向前推进了1200多年。其中西周已排出了10个王的具体在位年,商代后期,也排出了从盘庚到帝辛(纣)共12王的大致在位年。商代前期和夏代,在考古系列测年数据和有关天文推算、文献记录的配合下,也建立起了基本年代框架。其具体结论为:

夏代:公元前2070年—公元前1600年;

商代:公元前1600年—公元前1046年;

西周:公元前1046年—公元前771年。

[①] 夏商周断代工程专家组:《夏商周断代工程1996—2000年阶段成果报告(简本)》,世界图书出版公司北京公司2000年版。

这是基本的年代框架,而商后期诸王大致在位年为:

盘庚(迁殷后)、小辛、小乙:约公元前 1300 年—公元前 1251 年;

武丁:公元前 1250 年—公元前 1192 年;

祖庚、祖甲、廪辛、康丁:公元前 1191 年—公元前 1148 年;

武乙:公元前 1147 年—公元前 1113 年;

文丁:公元前 1112 年—公元前 1102 年;

帝乙:公元前 1101 年—公元前 1076 年。

帝辛(纣):公元前 1075 年—公元前 1046 年。

西周各王具体在位年为:

武王:公元前 1046 年—公元前 1043 年;

成王:公元前 1042 年—公元前 1021 年;

康王:公元前 1020 年—公元前 996 年;

昭王:公元前 995 年—公元前 977 年;

穆王:公元前 976 年—公元前 922 年;

(穆王在位 55 年而共王当年改元)

共王:公元前 922 年—公元前 900 年;

懿王:公元前 899 年—公元前 892 年;

孝王:公元前 891 年—公元前 886 年;

夷王:公元前 885 年—公元前 878 年;

厉王:公元前 877 年—公元前 841 年;

(厉王在位 37 年而共和当年改元)

共和:公元前 841 年—公元前 828 年;

宣王:公元前 827 年—公元前 782 年。[①]

从 1996 年到 2000 年,河南省的夏商周考古发现与研究作为夏商周断代工程的重要组成部分,发挥了巨大的作用,河南省夏商周时期考古的工作成就为断代工程的阶段成果的形成作出了卓越的贡献。夏商周断代工程的实施,对夏商考古学文化研究起到了巨大的推动作用,先后在登封王城岗遗址、禹州瓦店遗址、新密新砦遗址、偃师二里头遗址、偃师商城遗址、郑州商城遗址、郑州小双

---

① 江林昌:《来自夏商周断代工程的报告》,《中原文物》2001 年第 1 期。

桥遗址和安阳殷墟等地进行考古发掘,有许多重要的考古发现。夏商周断代工程所取得的成就,大大推动了夏商考古学文化研究,对夏的始年,夏商分界,偃师商城、郑州商城和郑州小双桥遗址的年代排序和性质,洹北商城的发现和盘庚迁殷等一系列学术问题有了全新的认识。河南作为文物大省以其得天独厚的文化底蕴,应该对此作出更大的贡献。[①]

二、夏文化研究

(一)二里头遗址的新发现

1999年秋季,中国社会科学院考古研究所二里头工作队对整个遗址做了全面测绘,从而初步掌握了遗址的保存现状。然后,在遗址边缘地区及其外围进行了系统钻探。钻探中确定了遗址的现存范围和规模。2000年春季,工作队又在遗址东部的Ⅱ区(圪垱头村北)进行了重点钻探。在近遗址东缘处发现了一条大体呈南北向而后又圆转向西的沟状堆积。2000年秋季,对这一沟状堆积进行了解剖发掘。这一沟状堆积系由一连串的大型灰坑组成,灰坑的年代属二里头文化二至四期。灰坑之间有打破关系,但其宽度与深度则大体相近,形成一条明显的灰土带。灰沟以内(以西)分布着较为丰富的二里头文化时期的堆积,以外(以东)则为生土,或仅有少量的文化遗存。就现有情况分析,这一沟状堆积应为二里头文化二期或稍早时期的取土沟,此后尤其是四期时成为垃圾集中倾倒处。考虑到沟内出土量相当大,非一般聚落建房用土可比,因此不排除用于宫殿建筑取土或大型制陶作坊采取原料土的可能,而这一取土沟附近尚未发现这类需大量用土的遗迹。由钻探结果知,这一沟状堆积与距其最近的夯土房址集中分布区之间,尚有宽100余米的堆积较薄的地带。因此,可以认为这一取土沟是经过有意规划而非随意挖成的。沟状堆积之间还有中断,因而可初步排除其作为防御性沟壕存在的可能,但它至少应具有区划的作用,是二里头遗址的东部边界。它的发现,为我们探索二里头遗址的结构与布局提供了重要线索。这一沟状堆积继续向西延伸,其总体分布状况如何,仍有待于进一步的田

[①] 杨育彬:《夏商周断代工程与夏商考古学文化研究》,《华夏考古》2002年第2期。

野工作。①

近年来,中国社会科学院考古研究所二里头工作队将探索二里头遗址宫殿区的结构布局作为田野工作的重点。循着这一思路,他们自 2001 年起对宫殿区及其附近的道路系统进行钻探,在宫殿区外围发现了纵横交错的大路。2003 年春季,对已发现的道路进行了解剖发掘,并发现了宫城城墙。截至 2004 年 4 月,基本搞清了宫城城墙及宫殿区外围道路的范围、结构和年代。② 2002 年,二里头队分两次对二里头遗址进行了发掘,将发掘工作的重点放到对宫殿区东部早期建筑及其与晚期建筑基址关系的探寻上,取得了一系列重要成果,初步揭示了宫殿区东部大型建筑基址群的结构及其演变过程,为深化二里头文化、夏商文化以及中国宫室建筑发展史的研究提供了重要的实物资料。③ 2003 年春季发掘中,在二里头遗址宫殿区发现了宫城城垣。已发掘的 1 号宫殿基址位于宫城西南部,2 号宫殿基址是利用宫城东墙建成的,说明宫殿区在晚期筑以围墙。④ 2004 年度继续钻探发掘宫城城垣,基本搞清了宫城城墙及宫殿区外侧道路的范围、结构和年代。⑤ 2005 年度的田野工作仍集中于二里头遗址中心区,主要收获有二:1.在宫城以南新发现一处大型围垣设施及一座中型夯土基址。这一围垣设施为探索官营手工业作坊区提供了重要线索。2.在 5 号墙北墙近东北角处,发现一座中型夯土基址(10 号基址)。该基址建于宫城与其南的围垣设施之间的大路上,南依 5 号墙,始建年代为二里头文化四期。确认宫城东北部二里头文化末期大型建筑基址群的存在。在 2 号宫殿基址北墙外,发现了另一处大型建筑基址群。通过解剖发掘,廓清了这一区域由二里头文化二期至四

---

① 许宏、陈国梁:《偃师二里头遗址》,《中国考古学年鉴(2001)》,文物出版社 2002 年版,第 196 页。
② 中国社会科学院考古研究所二里头工作队:《河南偃师市二里头遗址宫城及宫殿区外围道路的勘察与发掘》,《考古》2004 年第 11 期。
③ 许宏、陈国梁、赵海涛:《二里头遗址宫殿基址群》,《中国考古学年鉴(2003)》,文物出版社 2004 年版,第 230 页。
④ 中国社会科学院考古研究所二里头工作队:《河南偃师市二里头遗址宫城及宫殿区外围道路的勘察与发掘》,《考古》2004 年第 11 期;中国社会科学院考古研究所二里头工作队:《河南偃师市二里头遗址 4 号夯土基址发掘简报》,《考古》2004 年第 11 期。
⑤ 中国社会科学院考古研究所二里头工作队:《河南偃师市二里头遗址中心区的考古新发现》,《考古》2005 年第 7 期。

期经历了从垃圾堆放区到庭院再成为建筑区的演变过程。[①] 2006 年度继续发掘和解剖 6 号基址,基本搞清了它的平面布局、结构及演变过程。6 号基址区域内遗存的层位关系及出土遗物表明,该基址的建筑、使用和废毁年代均为二里头文化第四期晚段。6 号基址与 2 号基址的宽度大体相等,方向相同,均依托宫城东墙而建,西庑柱础南北一线,反映了这一区域宫室建筑布局的继承性。但始建于二里头文化第三期的 1、2 号宫殿建筑群,均是依中轴对称的理念设计建造的,始建于第四期的 6 号基址则明显不具有中轴对称的特征。它的发现提供了二里头遗址宫室建筑的又一类型。

(二)新发现的二里头文化城址——郑州大师姑城址

2002—2003 年,郑州市文物考古研究所发掘了大师姑城址。城址位于郑州市西北郊荥阳市广武镇大师姑村和杨寨村南地,发掘面积 540 平方米。城址由城垣和城壕两部分组成。城址的范围依据城壕计算,东壕南北长为 620 米,北壕长 980 米,西壕长度已发现 80 米,南壕长度已发现 770 米,总周长已发现 2450 米,复原长度 2900 米。所发现的二里头文化遗存全部集中在城垣和城壕以内,总面积约 51 万平方米。整个城址的形状呈东西长、南北窄的扁长方形。在城址东壕的北段和城址南壕的西段采用横切城垣和城壕的方法开挖了 4 条探沟。从出土物和层位关系上看,内侧壕沟时代晚于城垣,时代应属于早商时期。外侧壕沟内出土少量二里头文化陶片,时代应属于二里头文化时期,应是城址的护城壕沟。城址内部的二里头文化堆积以二里头文化二、三期和四期偏早阶段的遗存为主体,已发现有房基、墓葬、灰沟、灰坑和大量遗物。早商时期大型环壕也是这次发掘的重要收获。早商环壕位于夯土城垣和护城壕沟之间,和护城壕沟平行分布,其内侧打破叠压城垣外侧的二里头文化层,外侧打破护城壕沟。环壕内二里岗期早商文化遗存丰富,说明早商时期这里仍是一处重要的聚落。该城址是我国迄今发现的唯一一座二里头文化城址,具有十分重要的学术价值。[②]

---

① 赵海涛等:《二里头遗址发现大型围垣作坊区》,《中国文物报》2006 年 7 月 21 日。
② 郑州市文物考古研究所、荥阳市文物保护管理所:《河南荥阳大师姑遗址 2002 年度发掘简报》,《文物》2004 年第 11 期。

三、商代考古

（一）先商和早商文化遗址的发现

2005年7—9月，河南省文物考古研究所会同鹤壁市文物工作队，邀请郑州大学、山东大学师生组成考古队对鹤壁刘庄遗址进行了考古勘探和发掘，10—12月再次进行发掘，发现大批仰韶时代晚期大司空类型遗迹、遗物以及较大规模的下七垣文化墓地。夏代中原地区如此规模公共墓地的发现目前尚属首次，为先商文化的发掘研究工作填补了一项空白。这一时期的石棺墓在中原地区也是前所未见，石棺及其简化形式墓葬的发现亦提供了探讨商族起源的新线索。[①]

焦作市安阳城先商聚落遗址位于焦作市马村区安阳城乡安阳城村东北，发现了先商文化和汉代、唐代遗迹和遗物，其中先商文化遗迹最为丰富。根据发掘所见大量先商文化的遗迹、遗物，虽没发现墓葬和房址，但仍可据此认为该遗址为一先商聚落遗址。此一阶段发现的先商文化遗存，集中分布于冀南、冀中、豫北、豫中西部和豫中郑州地区。从安阳城遗址出土遗物的特征来看，与先商文化辉卫类型的"潞王坟—宋窑类"遗存和辉县孟庄、修武李固、焦作府城等先商文化遗址较为一致，其相对年代应属先商文化中晚期。同时，该遗址出土的遗物还包括数量较多的二里头文化的因素，以器盖最为典型。这为该地区的先商文化类型学研究提供了新资料，并为确立该地区夏、商的文化发展序列提供了可参考的依据。[②]

普通聚落方面，比较重要的是荥阳薛村遗址。2005年4月，在南水北调中线干渠工程中，河南省文物考古研究所对荥阳薛村遗址作了抢救性发掘。薛村遗址是黄河南岸邙山南麓的一处重要的二里头文化晚期到早商文化时期的聚落遗址。该遗址的发掘保护工作，为研究夏代晚期到早商时期聚落的层级结

[①] 赵新平等：《河南鹤壁刘庄遗址考古发掘取得重要收获》，《中国文物报》2006年1月27日。
[②] 贺辉：《焦作市安阳城先商汉唐遗址》，《中国考古学年鉴（2007）》，文物出版社2008年版，第291~292页。

构,薛村遗址聚落内部的结构、功能区的划分及其特点提供了宝贵资料。另外对进一步理解距此20多公里的荥阳广武大师姑二里头文化城址的性质和地位,与商代早期都城郑州商城的关系,探讨夏、商文化的演变态势和更替,了解夏、商政治势力的兴衰等问题有重要的学术意义和科学研究价值。[1]

此外,2008年2—4月,在郑州市管城区正商国际企业总部所在地发现一处商代聚落生活遗址。[2] 2008年5—9月,郑州市文物考古研究院在河南省委文印中心商代遗址发现一处商代早期规模较大的建筑基址。[3] 这些发现都为丰富商代早期聚落形态研究提供了新资料。

(二)偃师商城

1.偃师商城新发现

一般认为,双轮车在商代晚期已经使用,这已为考古发现所证实。而车起源于何时,却是个很有争议的重要学术问题。据我国古代文献记载,夏代已经发明了车子,并有了专管车政的官员——车正,还说商汤伐夏桀时动用了不少战车,但一直找不到实物证据。1996年5—11月,在偃师尸乡沟商城北城墙的东端近城墙内侧根部发现有与城墙平行的路土,在路面发现有两道车辙印,轨距约1.20米。[4] 这不仅证明我国商代前期已在城市中使用了双轮车,同时亦可推测夏代有车之说和商汤伐夏桀时使用战车之记载当为史实。

2000年3—12月,中国社会科学院考古研究所河南二队继续在偃师商城开展工作。本年度继续实施国家文物局"偃师商城宫城遗址复原展示"项目中的考古发掘部分,收获颇丰,丰富了早商都城的文化内涵,对于认识偃师商城宫城内建筑遗存的性质,以及研究商代祭祀制度等都有重要价值。主要发掘收获如下:1.建筑遗存。新发掘的13座大型建筑基址中,性质有的为宫殿主体建筑,有的为宫殿的附属建筑,有的为围墙基址。2.水道遗存。发现的水道遗存有石结

---

[1] 《河南荥阳薛村遗址抢救性发掘取得重要收获》,《中国文物报》2006年4月14日。
[2] 魏青利等:《郑州市正商国际企业总部商代遗址》,《中国考古学年鉴(2009)》,文物出版社2010年版,第268页。
[3] 刘彦锋等:《郑州市河南省委文印中心商代遗址与汉代墓葬》,《中国考古学年鉴(2009)》,文物出版社2010年版,第269页。
[4] 中国社会科学院考古研究所河南二队:《偃师商城获重大考古新成果》,《中国文物报》1996年12月8日。

构、石木混合结构、土木结构、木结构等。3.池苑遗存。以一大水池为中心的池苑遗存位于宫殿北部正中。水池四壁用石块垒砌。水池南岸中部,发现可能是临水的水榭类建筑遗存。引水道位于水池西侧,排水道位于东侧,两者合计总长度超过千米,皆使用石块垒砌。水自西城墙外护城河经西一城门被引入大水池,后又经东一城门排向东城墙外侧河道。4.祭祀遗存。祭祀遗存皆发现于宫殿区北部池苑遗址和宫殿建筑之间地带,分祭祀场和祭祀坑两种。祭祀场的规模比较大,延续使用时间比较长。已发现的祭祀场可分为以谷物为主要祭品的祭祀遗存,以人、牛为牺牲的祭祀遗存,以及以猪为主要牺牲的祭祀遗存等。祭祀坑则使用时间相对比较短,针对不同的祭祀对象,坑中的堆积物也不同。[1]

2001年春季,继续配合国家文物局全国大型古代遗址重点文物保护项目"偃师商城宫城遗址保护和复原展示",对位于宫城北部的祭祀区进行较大规模发掘。通过研究祭祀区的文化堆积,发掘者发现上述祭祀区域除用于祭祀活动外,还用于贮存生活废弃物。依出土物的特征判断,相对于人们日常的生活起居和饮食生活而言,这些生活废弃物应与生活起居的关系更为密切。在发掘中,于灰土堆积表面,常见有比较纯净的铺垫土,这应是祭祀前对祭祀场所进行净化处理的遗存。[2]

2007年春,偃师商城遗址保护展示工程中的西城墙工程正式启动,为配合这项工作,中国社会科学院考古研究所河南二队会同偃师市文物管理委员会分别在2007年春季和2008年春季,分两次对整个偃师商城西城墙进行了全面的复查和勘探,重新发掘了西二城门遗址,经解剖认识到西二城门实际上经过两次修建,即存在上下两层城门遗迹。对偃师商城西城墙北段(310国道向北至大城西北角)进行了钻探,发现从北面延伸过来的城墙夯土距城墙西北角约160米处斜向东折,然后南行再向西斜折与南面的西城墙相连。城墙在此处向东凹出一段,在凹出部分的南北向城墙的中部发现一处城门遗迹,编号为西三城门。门道东西长约16米,南北宽约3.35米,两侧有木骨夯土墙,近西端有南北向烧土遗迹,似为木门残迹。在探查西城墙时,将城墙中段拐折处的位置确定在尸乡沟的北岸,并在城墙拐折处进行了发掘,北来的城墙在西二城门南约200米

---

[1] 王学荣:《偃师市商城遗址》,《中国考古学年鉴(2001)》,文物出版社2002年版,第198页。
[2] 王学荣等:《偃师商城遗址》,《中国考古学年鉴(2002)》,文物出版社2003年版,第256页。

处东折,向东错开一个城墙的宽度后继续南行。小城城墙则经过切削修整后被包夹在大城城墙中间部位,与大城城墙一样先东折而后南行。大城城墙之所以在此处发生拐折现象,发掘者分析是由于先前建造的小城城墙就在此处存在拐折,后来建造大城城墙时便顺着小城城墙的走向两边加筑,修建了大城城墙。在探查西一城门外侧护城河时,在护城河的西侧发现了新的石砌水道遗迹。自护城河西岸向西延伸了 205 米后,与一条南北向古河道相连。新发现的水道不仅与护城河东侧的水道在一条直线上,而且其宽度、形制也完全一致,使用时间也相同,说明护城河两岸的水道是同时修建的,作为城内供水水源渠道,它们应当是以某种方式连通的。在西一城门外的护城河底部一条狭窄深沟的两侧,发现对称分布着 12 个柱础遗迹,推测是竖立桥桩用的柱础,在这些桥桩柱础的附近有许多大小不等的石块,应当是堆在桥桩四周起防护作用的。以窄沟西侧的 6 个柱础为例,最北面柱础中心点到最南面柱础的中心点间的距离是 9 米,由此可以估算出桥面的宽度不会少于 9 米。①

2. 关于偃师商城始建年代及性质的讨论

杨育彬认为:"偃师商城始建年代要早于商代二里岗期下层,至少是二里头四期,甚至有可能早到二里头三期。"②张锴生认为:"偃师商城城墙的始建年代不会晚于二里岗下层晚段,也早不到二里头文化三期,而应在二里头四期文化的末期,即相当于二里岗下层早段。""关于二里头文化的性质学术界认识不同,我们基本上赞成二里头文化一至四期是夏代文化的观点。所以,偃师商城建于二里头文化四期之末,正当夏桀和商汤伐桀之时,它本是一座夏代城邑而非商人所建之城。"③董琦也认为偃师商城的始建年代是二里岗下层。④ 10 年后,他再次肯定了自己的观点。⑤ 郑杰祥也赞同此说:"偃师商城的建造年代不会早于二里岗下层一期,最早当在二里岗下层一期,或在二里岗下层一、二期之间,而

---

① 中国社会科学院考古研究所河南第二工作队:《河南偃师商城西城墙 2007 与 2008 年勘探发掘报告》,《考古学报》2011 年第 3 期。
② 杨育彬:《从近年的考古新发现谈偃师商城和郑州商城的几个问题》,《中原文物》1992 年第 3 期。
③ 张锴生:《偃师商城始建年代与性质的再探讨》,《中原文物》1995 年第 1 期。
④ 董琦:《偃师商城年代可定论》,《中原文物》1985 年第 1 期。
⑤ 董琦:《再谈偃师商城年代可定论》,《考古与文物》1996 年第 1 期。

使用到二里岗上层的最晚期,说它是一座二里岗文化时期的城址也是明确无误的。"①20世纪90年代末,郑杰祥根据新出土的考古资料并结合文献记载,再次重申"郑州商城应为商初亳都,偃师商城当为商初军事重镇,考古学上的夏商分界当在二里岗文化一、二期之间,二里岗文化二期的郑州商城是其主要分界点"②。针对以上种种争论,赵芝荃发文指出:"偃师商城文化分为三期六段。偃师商城的始建年代为偃师商城文化第一期,即二里头文化第四期,其始建年代为夏商文化的分界。"③关于偃师商城性质的讨论,李绍连和张国硕都认为偃师商城和郑州商城并为"亳都"。④

(三)郑州商城

1.郑州商城新发现

1992年度的考古发掘主要收获为:(1)商城外廓城墙南墙西段的发现,为我们研究郑州商城的军事防御设施以及外廓城的形状、范围,城墙本身的营建方式、结构特点提供了十分重要的线索。(2)大型宫殿建筑基址的发现和商代水井的清理,对研究宫殿区的建筑布局特点和宫殿区生活供水问题有十分重要的意义。(3)宫殿区内石板筑蓄水设施的发现,为研究郑州商城宫殿区的供水、排水以及其他水利设施的布设提供了实物佐证。⑤ 1992年,在顺河路南侧黄委会家属院内,发掘出一座东北、西南向的长方形宫殿基址,南北长47米,东西宽11米。夯土台基面上发现有南北纵列的三排柱础槽,保存完好的有34个,柱础槽内有圆形木柱痕,其下均有柱础石。在城北路东段北侧郑州医疗机械厂西院内,发掘出一座东西长32米,南北宽11米的夯土台基,其南北边缘各有一排柱础石,在其东西两侧还各有面积较小的附属建筑,构成一组宫殿。在东里路中段南侧的郑州回民中学院内,发掘出3座夯土台基,发现有柱础槽遗存,还发现

---

① 郑杰祥:《关于偃师商城的几个问题》,《中原文物》1995年第3期。
② 郑杰祥:《郑州商城和偃师商城的性质与夏商分界》,《中原文物》1999年第1期。
③ 赵芝荃:《再论偃师商城的始建年代》,《中原文物》1999年第3期。
④ 李绍连:《郑州商城与偃师商城双为"亳"》,《中州学刊》1994年第2期;张国硕:《郑州商城与偃师商城并为亳都说》,《考古与文物》1996年第1期。
⑤ 宋国定:《1985—1992年郑州商城考古发现综述》,《郑州商城考古新发现与研究》,中州古籍出版社1993年版,第48~59页。

有排列密集的木骨泥墙柱洞。在夯土台基底部有古河道的河相堆积层,为加固基础,在古河道上先用天然石块垫筑 2 米多厚,然后再在其上修建夯土台基。在东里路东段南侧省中医院家属院内,发掘出近 10 座夯土建筑基址,多排的柱础槽址保存较好,是宫殿区中建筑最集中的地点之一。[①] 值得注意的是,在宫殿区内发现了几处相对应的大型商代石板蓄水池,其中仅在黄河医院内发现的一段就东西长 100 米,南北宽 20 米,深 150 米。底部用掺有碎料礓石的白色土铺平夯实,再用青灰色石灰岩板铺底,用河卵石加固池壁。其东段与供水管道相通,供水管道设置在夯土沟槽内,用石板砌成方腔形管道。在夯土沟槽内还有小型汲水井,平面为长方形,南部留有二层台,可能与汲取清水、清除淤泥和控制水量有关。[②] 在宫殿区内还发现多座大型水井,均为先挖一个井坑,以清除流沙,然后修建井筒,井筒下部用木结构井框,井框底部有长形木拼成的井盘,在井盘内侧,铺垫有厚 0.2~0.3 米的破碎陶片层,以过滤井水。这在当时来讲,已是很高的技术水平了。[③] 上述这种由蓄水池、供水管道和汲水井构成的供水系统,是我们祖先了不起的发明。

郑州商城宫殿分布在城内中部偏北和东北部一带,这也开了以后各个王朝宫殿布局的先河。如汉魏洛阳城、宋代东京城(开封)、明清北京城的宫殿区,都位于城内中轴线的北半部;又如唐代长安城的宫殿区除在北半部外,在城的东北部还有大明宫,在城内靠东偏北处有兴庆宫。由此可以看出郑州商城宫殿布局对后世的一些影响。

1996 年 2 月,郑州南顺城街西侧的民族食街 1 号楼工地发现一个商代青铜器窖藏坑,河南省文物考古研究所和郑州市文物考古研究所联合对窖藏坑进行了发掘。郑州南顺城街窖藏坑位于郑州商城西城墙南段外侧,应在护城河以外,它的发现不仅为探讨郑州商城的兴废及历史沿革提供了重要资料,而且为进一步探讨郑州商城的延续使用提供了一定线索。出土的 4 件大小依次相排

---

① 河南省文物研究所:《1992 年度郑州商城宫殿区发掘收获》,《郑州商城考古新发现与研究》,中州古籍出版社 1993 年版,第 98~143 页。
② 河南省文物研究所:《1992 年度郑州商城宫殿区发掘收获》,《郑州商城考古新发现与研究》,中州古籍出版社 1993 年版,第 98 页;曾晓敏:《郑州商代石板蓄水池及相关问题》,《郑州商城考古新发现与研究》,中州古籍出版社 1993 年版,第 87 页。
③ 宋国定:《试论郑州商代水井的类型》,《郑州商城考古新发现与研究》,中州古籍出版社 1993 年版,第 90~97 页。

的铜方鼎,具有列鼎性质。这些铜器的发现,对研究郑州地区商前期的王室礼制、青铜铸造工艺及这一时期的手工业发展水平具有十分重要的意义。关于该窖藏坑的年代,简报认为铜器的埋藏年代应处在晚于郑州白家庄期而早于殷墟一期之间。关于铜器坑的性质,简报认为,就其出土的一大批青铜重器本身而言,应是有非常意义的铜器窖藏坑,而且在埋藏铜器时可能举行了一定的祭祀仪式。郑州南顺城街青铜器窖藏的发现,为探讨郑州商城铜器和陶器的分期提供了新的资料。①

1998年3—9月,为配合"夏商周断代工程"考古课题科研工作,河南省文物考古研究所郑州工作站在水利部黄河水利委员会一号高层住宅楼基建工地进行抢救性考古发掘,发现一段残长24米左右的夯土墙基槽。关于这段夯土墙基的性质,报告认为它不大可能是宫城的围护墙。夯土墙基础宽8米余,更接近一道城墙的特征。对于这段夯土墙是否预示着郑州商城也像偃师商城那样在大城之前还存在一座小城等问题,还要依靠郑州商城进一步的考古发掘来解决。② 1998年9月至1999年5月,河南省文物考古研究所配合国家"夏商周断代工程",在郑州市管城区北大街农业队居民住宅楼小区基建工地进行了大规模抢救性发掘,发现商代前期宫殿建筑基址多处,在确定夏商分界和建立郑州商城宫殿区的年代学标尺方面取得重大突破。③ 2000年,配合"夏商周断代工程"的结题,河南省文物考古研究所在小双桥遗址中心区域内进行了大面积的发掘。发掘面积4500平方米,发现夯土墙基础槽1段,夯土建筑基址2座,木骨泥墙小型房基2座,燎祭遗存1处,从葬坑3座,用于祭祀或奠基的人骨架100多具。④

2.郑州商城性质的讨论

陈旭认为:"八十年代以来,河南夏商考古的新发现,进一步加强了郑亳说的观点,反之,对隞都说则增加了不能回避又难以解释的问题,因此,郑州商城

---

① 河南省文物考古研究所、郑州市文物考古研究所:《郑州南顺城街青铜器窖藏坑发掘简报》,《华夏考古》1998年第3期。
② 河南省文物考古研究所:《河南郑州商城宫殿区夯土墙1998年的发掘》,《考古》2000年第2期。
③ 河南省文物考古研究所:《郑州商城北大街商代宫殿遗址的发掘与研究》,《文物》2002年第3期。
④ 宋国定、李素婷:《郑州小双桥遗址又有新发现》,《中国文物报》2000年11月1日。

亳都说的正确,似乎已日趋明朗。"①郑杰祥②、裴明相③也认同亳都说。田昌五、方辉则独辟蹊径,认为:"早期的郑州商城既非汤都亳,亦非仲丁都隞,而是出自太甲之手,是太甲城。至于晚期的郑州商城(相当于二里岗上层),则可能与仲丁迁隞有关。"④李锋认为:"郑州商城则是拱卫都城的军事重镇。至二里岗上层一期,由于征东夷的需要,仲丁始将都城迁到郑州商城。"⑤李绍连、张国硕则支持"郑州商城与偃师商城并为亳都说"⑥。

(四)焦作府城

1998年9月至1999年4月,河南省文物考古研究所发掘了焦作西南的府城遗址,揭露面积1450平方米。该城平面为方形,城墙边长300米,面积9万平方米。北城墙和西城墙保存较好,高出地面约3米,上宽残存4~6米,下宽20余米。在城中北部发现夯土台基一处,台基长70米,宽40米。西半部经过发掘,得知为庭院式建筑,西有回廊,中间为大殿、前殿、后寝等,结构严谨,是一处宫殿基址。根据发掘资料得知,该城的始建年代最晚是商代早期,废于商代晚期。⑦ 程峰认为,焦作府城可能为先商城址。⑧

(五)安阳殷墟

2002年6—8月,中国社会科学院考古研究所安阳工作队对殷墟遗址继续进行发掘。这次发掘的甲骨集中出于1973年发掘地点的东部,并与其紧连。此次出土甲骨600余片,其中无字甲骨近400片,刻辞甲骨228片。内容包含祭祀、征伐、天象等。其中部分甲骨属历组卜辞,而历组卜辞的年代争论已久,此

---

① 陈旭:《关于郑州商城汤都亳的争议》,《中原文物》1993年第3期。
② 郑杰祥:《关于郑州商城的定名问题》,《中州学刊》1994年第4期;郑杰祥:《郑州商城和偃师商城的性质与夏商分界》,《中原文物》1999年第1期。
③ 裴明相:《郑州商城即汤都亳新析》,《中原文物》1993年第3期。
④ 田昌五、方辉:《论郑州商城》,《中原文物》1994年第2期。
⑤ 李锋:《偃师商城与郑州商城性质之我见》,《郑州大学学报(哲学社会科学版)》1996年第2期。
⑥ 李绍连:《郑州商城与偃师商城双为"亳"》,《中州学刊》1994年第2期;张国硕:《郑州商城与偃师商城并为亳都说》,《考古与文物》1996年第1期。
⑦ 袁广阔、秦小丽:《河南焦作府城遗址发掘报告》,《考古学报》2000年第4期。
⑧ 程峰:《焦作府城商城的考古学观察》,《殷都学刊》2000年第3期。

次的新材料,可能为研究这一问题提供新的证据和契机。① 2000 年底到 2001 年年初,中国社会科学院考古研究所安阳工作队对安阳殷墟花园村东约 100 米处的一处墓葬进行发掘。该墓编号为花园庄东地 54 号,东距洹河约 100 米,南距殷墟宫殿区防御沟约 50 米,向北约 390 米是宫殿区"凹"字形建筑,西北约 500 米是妇好墓,其东南 50 米处即是 1991 年发掘的 H3 甲骨坑。M54 有两椁一棺,内椁上的雕刻花纹局部保存较为完整,这在以前的殷墟发掘中是很少发现的。棺的构造方法从西南角的三角形榫卯也可窥其一斑。此次发现的贴在棺盖四周的金箔解除了以前对其作用的疑虑。M54 属大型长方形竖穴土坑墓,其墓室面积与妇好墓基本相当。共有殉人 15 个,殉狗 15 条。所出铜容器共 38 件,其中觚爵 9 套。这些反映出墓主人是当时的一名高级贵族。M54 出土大型铜钺 1 件,小型铜钺 6 件,100 多件戈、矛及众多的铜质、骨质箭头。而大型铜钺是军事统率权的象征,据此推测该墓墓主人是当时的一位高级军事首领。②

2003 年 3 月—12 月,中国社会科学院考古研究所、河南省文物考古研究所对位于殷墟西部边缘的原安阳市孝民屯村遗址进行了大规模的发掘,通过对殷墟西区大型建筑基址、祭祀场所、平民村落和墓葬的阶段性发掘,取得了许多重要成果,有些发现在殷墟尚属首次,大大丰富了我们对殷墟西部边缘乃至整个殷墟文化内涵的认识。平民村落的发现与整体发掘,在夏商周三代考古史上,是自河北藁城台西商代遗址之后的再次大发现、大揭露,其学术意义远远超出了殷墟文化范畴。铸铜遗址的发现与大规模发掘,不但进一步丰富了殷墟西区的文化内涵,而且一定程度上改进了学术界对殷墟西区的传统观点,提高了学术界对殷墟西区在商代晚期社会政治和经济等领域所处重要地位的认识。③ 2004 年 3 月至 8 月中旬,中国社会科学院考古研究所安阳工作队配合安阳豫北棉纺织厂旧厂区改造进行考古发掘,发现并清理的遗迹现象有夯土建筑基址

---

① 中国社会科学院考古研究所安阳工作队:《安阳殷墟》,《中国考古学年鉴(2003)》,文物出版社 2004 年版,第 228 页。
② 徐广德、何毓灵:《安阳市殷墟高级贵族墓葬》,《中国考古学年鉴(2001)》,文物出版社 2002 年版,第 201~204 页。
③ 王学荣:《安阳市孝民屯殷墟西区》,《中国考古学年鉴(2004)》,文物出版社 2005 年版,第 249 页;殷墟孝民屯考古队:《河南安阳市孝民屯商代铸铜遗址 2003—2004 年的发掘》,《考古》2007 年第 1 期。

群、墓葬、车马坑、窖穴、灰坑、凌阴遗址等。在对动植物标本采样时,采取了完全采样法,即对不同时期的多个窖穴的填土全部过筛取样,获取了一批动物骨骼,其中有大量的微型动物骨骼,如各种鱼类的牙齿和鸟类骨骼;对数个体积稍小的窖穴整坑提取土样,进行浮选,获得一批完整的植物标本。这些样本的提取,都为以后对此区域内商代晚期动植物群及古环境、古气候的研究提供了很好的完整资料。凌阴遗址的发现和确认也是本次发掘的一个重要收获。本次在大司空遗址发掘中发现一处这类遗迹,是在一个深达 2~3 米的窖穴底部,再向下挖一个长方形坑,此坑深达 6 米以上。长方形竖穴坑底的温度比地面温度低 6℃~10℃。应是当时夏天贮藏易腐物品之所,应属凌阴类遗迹,或可说是后代凌阴遗址的前身。①

安阳市花园庄南地制陶作坊遗址位于安阳市西区,以中州路为界,分为东(Ⅰ区)、西(Ⅱ区)两个区,面积约 6 万平方米。清理商代墓葬 80 座、灰坑 100 个、房址 22 座、陶窑 10 座、道路 3 条、生活用灶 3 个、水井 2 口,以及唐宋明清时期的土洞墓或砖室墓 5 座。2008 年度发掘最重要的发现是商代陶窑。该制陶作坊遗址的使用时间贯穿于整个殷墟时期。该遗址既是殷墟首次集中发现的陶窑区,也是殷墟迄今发现的最大制陶作坊遗址。②

(六)洹北商城

2000 年度洹北商城发掘的主要收获是:1.在对东、北两城墙进行解剖时,发现基槽上残留有 0.2~0.3 米高的墙体部分。2.在对西墙进行解剖时,在基槽主体部分清理出了明显的夯窝,这足以证明基槽内的填土是经过人工加工而成的,非自然堆积。3.城墙基槽的主体部分(即夯土部分),均采用一种黑色土,其黏性大,经夯打后硬度极高。这说明当时处理基槽时,用土是非常考究的。4.城墙基槽内出土的陶片,经过专家们观摩,均早于殷墟大司空一期。故洹北商城城墙的始建年代也应早于大司空一期。③ 2001 年 10 月至 2002 年 8 月,中国社

---

① 岳洪彬、岳占伟、何毓灵:《河南安阳殷墟大司空遗址发掘获重要发现》,《中国文物报》2005 年 4 月 20 日。
② 岳占伟、岳洪彬:《殷墟首次发现重要的商代制陶作坊区》,《中国文物报》2008 年 10 月 15 日。
③ 岳占伟:《安阳市洹北商城遗址》,《中国考古学年鉴(2001)》,文物出版社 2002 年版,第 201 页。

会科学院考古研究所安阳工作队找到了洹北商城的宫殿区。洹北商城平面略呈长方形,面积约 4.7 平方公里。工作队员在以探明布局为目的的系统钻探中,找到了洹北商城的宫殿区,并在宫殿区内探明 30 余处大型夯土建筑基址。对其中的 1 号基址进行了大面积揭露,证实该基址是迄今考古发现的规模最大的商代夯土建筑。宫殿区位于洹北商城南北中轴线南段。其范围南北长不少于 500 米,东西宽约在 200 米以上。1 号基址是所发现的 30 座基址中规模最大的一处。该基址位于宫殿区的东南部,总面积达 1.6 万平方米。宫殿区的发现,特别是 1 号基址的发掘,已将该商城确认为一处商代都邑。[1]

2005 年秋冬,为配合安阳市殷都区西郊乡政府综合办公楼的基本建设项目,中国社会科学院考古研究所安阳工作队对位于梅园庄北地和王裕口西南地的项目占地区域进行了考古勘探和发掘。本次发掘,共发现并清理墓葬 20 余座、灰坑近 30 个、房基 2 座、水井和祭祀性牛坑各 1 座,出土一批具有很高学术价值的文物,时代分属二里岗、殷墟和北朝三个时期。到目前为止,在豫北地区尚未发现明确属于二里岗时期的遗存,本次发掘填补了这方面的空白,为研究豫北冀南地区商文化的谱系序列提供了重要资料。[2] 2003 年,安阳贞元集团拟征用安阳殷墟刘家庄北地约 3 万平方米的土地用于建房。因申报世界文化遗产,该项目在 2004—2006 年期间被搁置。2006 年 5—8 月,经国家文物局批准,中国社会科学院考古研究所安阳工作队对所征地的西南隅进行了科学发掘,揭露面积为 3000 平方米。2008 年 2—10 月,在报经国家文物局批准后又进行了第二期发掘,所涉及的区域毗邻 2006 年的发掘区,面积达 4000 余平方米。通过两次发掘,揭露面积不少于 7000 平方米,发现了大量遗迹和遗物。其中 2008 年度的发掘,共发现带车辙的商代道路多条,商代房基近百座、灰坑千余座、灰沟 27 条、窖穴 40 余座、水井 30 余眼、铜器窖藏坑 1 座、祭祀遗存多处,以及历代墓葬 950 余座;出土各类遗物数千件。此次发掘,为深入研究殷墟的都邑布局、族邑分布、商代洹水流域的地下水文和古气候、晚商时期的祭祀礼仪等提供了

---

[1] 中国社会科学院考古研究所安阳工作队:《洹北商城发现大型宫殿基址》,《中国文物报》2002 年 8 月 23 日;中国社会科学院考古研究所安阳工作队:《河南安阳市洹北商城宫殿区 1 号基址发掘简报》,《考古》2003 年第 5 期。

[2] 岳洪彬、岳占伟:《安阳市梅园庄北地商代遗址》,《中国考古学年鉴(2006)》,文物出版社 2007 年版,第 279 页。

非常重要的资料。[1]

四、两周考古

(一)西周遗存

鹿邑县太清宫西周墓是一处西周初年的大型墓葬,也是近年来西周考古的重要发现。河南鹿邑太清宫是中国古代思想家、哲学家、道家学派的创始人老子(李耳)的出生地,文化底蕴厚重。1997年4月,河南太清宫考古队在鹿邑太清宫右侧的隐山遗址发掘了一座具有浓厚殷商遗风的周初大墓,出土了一大批珍贵文物。发掘者认为出土青铜器的绝大多数铭文为"长子口""子口",故墓主为长子口,命名该墓为长子口墓。该发现1998年曾获得全国十大考古新发现提名荣誉奖。[2] 长子口墓位于河南省鹿邑县太清宫镇,西距今鹿邑县城5公里,南距鹿亳路500米,北距淮河的主要支流涡河2.5公里,墓葬所在地东侧为古老小河懒乡沟的发源地。墓葬位于太清宫遗址东南部,在其周围有商代夯土、陶窑以及春秋时期的马坑等。长子口墓为大型竖穴土坑墓,平面呈"中"字形,有两个斜坡墓道,全长49.5米,最宽处7米,墓底距地表深8米,由南墓道、北墓道和墓室三部分组成。南墓道呈南宽北窄的刀形,北墓道平面为长方形,从规模、构筑方式等分析,南墓道应为主墓道。墓室为长方形竖穴,墓内随葬器物丰富。计有陶、原始瓷、青铜、玉、石、骨、蚌等各种质料的器物400多件,加上骨笄、蚌泡和贝币共计近2000件。长子口墓是淮河流域目前已发现的商周墓葬中规模最大的一座,也是我国目前所见随葬器物最为丰富、保存完整、时代特征明显的一座周初墓葬。[3] 鹿邑长子口墓属于豫东地区,地处淮河流域。从考古学上讲,这里在各地文化交流中起着十字路口的作用。商代末年,鹿邑是商王东征人(夷)方的必经之地,西周初年,这里又是中央王朝与淮夷势力犬牙交错的地带,因此,长子口大墓为研究商周之际的社会变革,研究当时方国的历

---

[1] 中国社会科学院考古研究所安阳工作队:《河南安阳市殷墟刘家庄北地2008年发掘简报》,《考古》2009年第7期。
[2] 董越:《鹿邑太清宫西周大墓墓主研究回顾和指迷》,《周口师范学院学报》2016年第4期。
[3] 河南省文物考古研究所等:《河南鹿邑县太清宫西周墓的发掘》,《考古》2000年第9期。

史、经济、文化及其与中央王朝的关系等,都提供了极有价值的新资料。

荥阳娘娘寨两周城址是河南两周考古方面非常重要的一项发现。2008年6月以来,郑州市文物考古研究院对位于郑州市荥阳市豫龙镇寨杨村西北的娘娘寨遗址进行了全面的勘探。娘娘寨遗址是郑州市文物考古研究院于2004年配合南水北调文物点调查时新发现的古城址,当时对其进行了试掘。因其文化层堆积较厚,文化内涵重要,被列入南水北调干渠先期发掘的文物点之一。娘娘寨城址的发掘具有重要的意义:一、遗址是新发现的西周时期城址。二、城址的发掘,为郑州地区乃至全国西周城址的研究提供了重要资料。三、城址的发掘是郑州地区西周考古的重大突破,证明其为西周时期的古城址,城址应是在郑州地区发现的第一座西周城址,具有重大的学术价值。四、关于城址性质的认识,可以解决一些重大历史问题。关于城址的性质,目前能够确认为西周晚期城址,而在荥阳,能够确认分封于此的西周封国为东虢国,而东虢国为西周初年封,为文王弟虢仲所封地,而西周城址在年代上与之相去甚远,不应是东虢国故址。遗址早期城墙及下层建筑以西周晚期至春秋早期为主。在两周之际发生于郑洛地区最为著名的事件就是郑桓公东迁,该城址可能与郑桓公东迁有很大关系。目前,遗址在地理位置和时代上与郑桓公东迁其民之事相合,如推测无误,城址当为郑桓公东迁其民的重要都邑。城址在东周时期仍然沿用,这对探讨郑武公灭东虢国也具有重要的研究意义。此外,根据城址的发掘情况,考古人员对郑州乃至中原地区为何西周城址发现不多有了新的认识。一方面,郑州地区远离宗周,商遗民势力庞大,商文化因素浓厚,西周文化特征不典型,一些城址在年代判断上有误。另一方面,郑州地区东周时期文化遗存丰富且战事较多,一些西周城址破坏严重或多次利用,往往被东周城址叠压而没有从东周城址中区分出来。总之,城址的发掘对西周考古研究具有重大的突破意义。[①]

洛阳地区的西周遗存相较其他地区来说多一些,洛阳市王城大道西周墓则是近年洛阳地区西周考古的重要发现之一。2004年5月,洛阳市文物工作队在配合洛阳市王城大道公路建筑项目的发掘中,在位于西小屯村的东南部清理了一座西周墓葬。该墓的发掘,为研究洛阳地区涧河两岸西周文化遗存的聚落形

---

① 张松林等:《河南荥阳娘娘寨遗址发掘出两周重要城址》,《中国文物报》2009年2月18日。

态、族属等提供了新的资料。①

（二）东周遗存

1. 洛阳东周王城

2001年7月，洛阳市文物工作队在配合黄河路改（建）工程建设中，发掘清理了一段城墙遗迹。结合前人关于东周王城的调查发掘资料，初步判断该城墙为东周王城西城墙的一段。② 2000年12月至2001年3月，洛阳市文物工作队在洛阳市唐宫路北清理东周夯土一段。从地层关系看，该段夯土被一条战国中晚期的水沟叠压，同时该段夯土又叠压在春秋中期的灰坑之上。因此发掘者推断该夯土的始建年代不晚于战国中晚期，不早于春秋中期。从夯土的走向及地理位置来看，该段夯土为东周王城的东墙北段。③ 2002年7月至2003年3月，洛阳市文物工作队为配合洛阳市东周王城广场的基本建设，对其进行了考古发掘。发掘东周墓葬208座、车马坑7座、马坑9座。这批墓葬和车马坑的发现是近年东周王城考古的重大收获。墓葬的排列之密集和车马坑的数量之多、规格之高是以往所无法比的。中区M190积石积炭，椁顶板上随葬2辆车，这在洛阳东周墓中属首次发现。中区5号车马坑规模之大、车马数量之多，这在全国也不多见。其中的一车由6匹马驾驭，根据《王度记》"天子驾六，诸侯与卿同驾四，大夫驾三，士驾二，庶人驾一"可知，其很可能即为天子的规格。这次考古发现，对研究东周时期的车制和丧葬制度、确定东周王城的王陵区和城市布局具有十分重要的意义。④

2004年2月6日至3月8日，洛阳市文物工作队对东周王城东墙遗址进行了揭露。从夯土墙的建造特点、走向、地理位置来看，应是东周王城东墙北段的一部分。此次发现对研究东周王城的修筑、使用及布局等方面问题无疑是极为

---

① 安亚伟：《河南洛阳市王城大道发现西周墓》，《考古》2006年第6期。
② 曹岳森：《洛阳东周王城》，《中国考古学年鉴（2002）》，文物出版社2003年版，第261页。
③ 安亚伟：《洛阳东周王城东城墙》，《中国考古学年鉴（2002）》，文物出版社2003年版，第262页。
④ 俞凉亘：《洛阳市东周王城》，《中国考古学年鉴（2004）》，文物出版社2005年版，第253页。

重要的。① 2006 年 3—6 月,洛阳市文物工作队在配合洛阳市唐宫路小学综合楼基本建设工程中,对该工地进行了考古钻探和发掘。发掘地点在唐宫西路北侧,处于洛阳东周王城遗址区东北部的王陵区内,东南距东周王城广场内的天子驾六博物馆约 500 米。发掘中小型古墓葬 21 座,车马坑 2 座,马坑 1 座,揭露并解剖夯土区 1 处。两座车马坑内的出土遗物主要是青铜器和骨器,在车马坑所填的夯土内也出土了少量陶器。本次发掘的 K1 中一车六马的形制是第四次发现,并且保存比较完整,所用车马器档次较高。它的发现,为研究洛阳地区东周时期的车马葬制、车制结构、车马坑特点及东周的物质文化等提供了重要的资料。② 2007 年 8—9 月,洛阳市文物工作队在配合洛阳市十三中综合楼的考古发掘过程中,发现了一南北走向的大型人工城壕,属于东周王城遗址区西南部宫殿区的范围内。该南北走向的大壕沟及夯土墙的发现无疑是东周王城考古的一个重要发现。结合以前的考古发现,有可能改变考古界传统的对东周王城"只有一个大城圈而非城郭制城市布局"的认识,并进而廓定了东周王城宫城区的范围。③

2. 郑韩故城

郑韩故城东城区内最重要的发现是近年来多座青铜礼乐器坑的发现。1993 年 6 月,在配合位于郑韩故城东城中部的金城路施工发掘中,曾发现多座青铜礼乐器坑和殉马坑,出土青铜礼乐器 60 余件。这批铜器就器物的大小、形制、装饰花纹都与 1923 年李家楼出土的铜器群基本相同,故二者年代也应相若,同属于春秋中期。④ 1996 年 12 月至 1997 年 1 月 20 日,这是郑韩故城考古史上一段永远值得纪念的日子,在位于郑韩故城东城西南部,今城关新华路中段的南侧,发现青铜礼乐器坑 10 座,殉马坑 20 余座。出土春秋时期的郑国公室青铜重器 255 件。这次发现的青铜器数量之丰富、组合之完整、工艺之精美,在郑韩故城的考古发现中均属首位。发现的 20 余座殉马坑多为长方形竖穴土

---

① 徐昭峰、马春梅:《洛阳市东周王城东墙遗址》,《中国考古学年鉴(2005)》,文物出版社 2006 年版,第 247 页。
② 洛阳市文物工作队:《河南洛阳市唐宫路战国车马坑》,《考古》2007 年第 12 期。
③ 潘付生、薛方:《洛阳市十三中东周大型人工城壕》,《中国考古学年鉴(2008)》,文物出版社 2009 年版,第 282 页。
④ 蔡全法等:《新郑郑韩故城金城路考古取得重大成果》,《中国文物报》1994 年 1 月 2 日。

坑,极个别近方形。由马骨保存现状推测,它们并不是一次殉埋的,应是分别多次而且延续较长时间埋入的。鉴于这次发现的青铜礼乐器坑和殉马坑排列有序,而周围目前并未发现墓葬,坑内礼乐器的组合颇合于同时期同等级别墓葬中的随葬品组合,因此,有关专家认为这批礼乐器坑、殉马坑或许与祭祀活动有关。[1]

近年来,围绕郑韩故城所进行的考古发掘数量很多,发现非常丰富,在郑韩故城范围内出土了遗址、墓葬、手工业作坊等遗存,极大地丰富了郑韩故城考古的内容,使我们对郑韩故的面貌有了更新的认识和更加全面的了解。新郑市热电股份公司纸箱厂西周及春秋时期遗址位于郑韩故城东城区东部。所出遗迹有窖穴、灰坑、水井、陶窑和墓葬等。出土墓葬最多,达到62座,均为土坑竖穴墓。这批墓葬资料的发现,为研究郑韩故城内春秋时期的平民丧葬制度提供了新的材料。[2] 新郑市张龙庄春秋墓地位于郑韩故城东北部,东邻东城墙,西北邻城关乡张龙庄村。为配合基建发掘,共发掘大型春秋土坑墓4座,车马坑2座。这处墓地规格很高,从其大型车马坑和夯筑墓圹的情况看,这应是一处郑国公室高级贵族墓地,其地位仅次于郑伯大墓,是郑韩故城近年来的重要发现之一,为研究郑国高级贵族葬制提供了珍贵的材料。[3]

新郑市兴弘花园遗址和墓地位于郑韩故城东城区东部,距东城墙约50米。自2003年1月开始至2005年7月,配合兴弘花园住宅小区的基建工程,河南省文物考古研究所新郑工作站先后进行了三次考古发掘,发现西周至战国时期的中小型墓葬120余座、瓦棺葬4座、灰坑60多个、水井10余口、马坑3座以及战国时期的大型夯土基址1处、房址1座。发掘的春秋墓葬,不仅数量多,而且保存完好,特别是出土了一批较完整的人体骨架,这就为我们研究此时期的人类体质提供了宝贵的资料。发掘单位和日本九州大学比较社会文化研究院合作

---

[1] 蔡全法、马俊才:《郑韩故城考古又获重大成果》,《中国文物报》1997年2月23日。
[2] 樊温泉、朱树政:《新郑市热电股份公司纸箱厂西周及春秋时期遗址》,《中国考古学年鉴(2004)》,文物出版社2005年版,第251页。
[3] 马俊才、蔡全法:《新郑市张龙庄春秋墓地》,《中国考古学年鉴(2001)》,文物出版社2002年版,第207页。

进行这方面的研究工作。①

新郑中华北路制陶作坊遗址位于郑韩故城东城区内,其北约 70 米即为城墙,四周均为农耕地。2004 年 3—7 月,河南省文物考古研究所配合基建工程,发掘面积 1100 平方米。发现春秋战国时期的灰坑 36 个、水井 1 口、炼泥池 2 个和排水沟 1 条,出土了大量带有印章的陶器和板瓦、筒瓦等。这次发掘基本搞清了这处官营作坊的大致范围,而且找到了当时作坊内用水的排水管道的走向,这就为全面解剖该制陶作坊提供了充分的条件。② 新郑市月季新城小区工地东周遗址位于郑韩故城的东城区,处在北城墙和东城墙的交接地带,其北部就是 2002 年发掘的官营制陶作坊,其他三面均为农耕地。2004 年 10 月至 2005 年 1 月,为配合月季新城小区工地的基建工程,进行了抢救性发掘。发现春秋战国时期的灰坑 400 多个、道路 3 条、陶窑 4 座、墓葬 10 座、钱币窖藏 1 座。在发掘中发现了 1 条呈西北—东南走向的道路,这条道路正好处在东墙的一段缺口处。这段路面的发现,对研究郑韩故城的城市布局、道路情况等具有十分重要的意义。钱币窖藏坑在发掘区的北部制陶作坊遗址附近。坑口比较小,直径约 0.6 米。钱币均为战国时期三晋的布币,现可粗分为桥足布和方足布两种,前者又可分为"安邑二□""安邑一□"和"梁正尚百当□"等,后者可分为"平阳"和"安阳"等。从现场的情况分析,钱币当时是一摞一摞很整齐地摆放在一块,并和铜镞、铜矛及其他铜工具放置在一起,但这些铜具则是散乱地堆放。这样的钱币窖藏,如此多的布币,在郑韩故城绝对是一个极其重要的考古发现,它不仅有很重要的历史学术价值,而且在钱币学史上也弥足珍贵。③

新郑市仓城路两周遗址位于新郑市郑韩故城东城南部,2005 年对新建的仓城路进行了考古发掘,发掘面积 2000 多平方米。发现了西周至汉代的墓葬 24 座、灰坑 148 个、水井 44 口、沟 1 条,出土了陶、铜、骨、角、玉等不同质料的文物

---

① 樊温泉、朱树政:《新郑市兴弘花园西周至汉代遗址》,《中国考古学年鉴(2004)》,文物出版社 2005 年版,第 252 页;河南省文物考古研究所:《郑韩故城兴弘花园与热电厂墓地》,文物出版社 2007 年版。

② 樊温泉、朱树政:《新郑市中华北路东周制陶作坊遗址和唐宋墓葬》,《中国考古学年鉴(2005)》,文物出版社 2006 年版,第 249 页。

③ 樊温泉、徐承泰:《新郑市月季新城小区工地东周至明清遗址》,《中国考古学年鉴(2005)》,文物出版社 2006 年版,第 250 页。

数百件。这一带是传说中国家仓储的所在地,故现今地名仍叫"仓城"。2005年发掘清理了春秋战国时期,特别是战国时期的大型窖藏坑数十个。窖藏坑的平面均为圆形,口径绝大部分都在 2 米以上,现有深度 2 米左右;坑壁及底部都有明显的加工痕迹,有的坑底经过夯打,有的坑壁涂抹一层细泥。这些窖藏坑的发现,说明早在春秋战国时期,仓城一带就是名副其实的仓储之地。①

郑韩故城中平民居住址也应该成为考古学研究中的重要内容加以关注,其对聚落、城址、考古学文化面貌的全面揭露起到不可替代的作用。2001 年 3—5 月,河南省文物考古研究所发掘了一处位于郑韩故城东城中部的平民居住遗址,清理二里岗文化时期灰坑 2 个、春秋时期灰坑 36 座、灰沟 2 条、水井 13 眼、灶 1 个、中小型土坑墓 3 座、战国时期灰坑 61 个、水井 12 眼、瓦棺葬 1 座、陶窑 1 座。出土陶器、石器、铁器、骨器等各类器物 438 件以及大量的陶器碎片和动物骨骼残片。发掘证实这是一处延续时间很长的一般居住址,春秋时期的文化遗迹最为密集,为研究郑韩故城平面布局和陶器文化分期提供了丰富的实物资料。②

3.新郑地区的其他东周遗存

新郑龙湖战国环壕是近年河南乃至全国战争遗存的重要发现。2006 年 2—9 月,在郑(郑州)石(石人山)高速公路的建设工程中,河南省文物考古研究所新郑工作站在新郑市的龙湖镇、辛店镇等地进行了抢救性发掘,清理一处战国环壕,其中惊现数十具无头人骨架及大片经火焚烧的散乱人肢骨,这一发现在河南当属首次,在全国也属罕见。环壕内共发现 40 具比较完整的人骨,但均无头骨。人骨堆放情况比较复杂,有仰身,有俯身,多数层层叠压,其中有 3 具是叠放在一个事先挖好的小土坑内。从骨架的下肢骨均极度弯曲的情况推断,当是把活人填在坑内后斩首的。还有 1 具是被焚烧的,从烧骨的保存情况看,应是死后被烧的。在所有个体中,至少有 25 个个体的骨骼上存在不同程度和不同类型的创伤。另外还发现了 4 处被焚烧的骨架和乱骨,这些多为人的肢骨,其中一处以下肢骨为主,未烧成粉的膑骨随处可见,推测这些烧骨和乱骨与

---

① 樊温泉:《新郑市仓城路两周遗址和汉代墓葬》,《中国考古学年鉴(2006)》,文物出版社 2007 年版,第 281~282 页。

② 朱树正:《新郑市小高庄西、东周遗址》,《中国考古学年鉴(2002)》,文物出版社 2003 年版,第 264 页。

肢解有关。环壕内人骨的附近出土了多枚铜镞和带铁铤的铜镞。另外还发现有 2 片带孔的铁铠甲片、1 件铁镢头及 4 枚战国"半两"铜钱。环壕内发现的人骨架,仅完整的(均无头)就有 40 多具,如果加上散乱的肢骨,初步估计总数应该在 100 具以上(实际个体数量应该更多)。在可以确定性别的 79 个个体中,均为男性,其余推测也应为男性。在可以断定年龄的个体中,多数为壮年个体(25~35 岁),身高 160~180 厘米。通过对上述人骨的综合研究,初步认为这应是一处秦灭韩国的战争遗址,环壕内的死者当是韩国战败的将士。龙湖环壕的发现,不仅填补了我国考古学史上关于战争遗址的空白,而且对于研究战国时期秦韩两国的历史,尤其是秦韩两国的交战史以及秦代的军功爵制,都具有十分重要的学术价值。[1]

新郑胡庄东周墓地位于河南省新郑市城关乡胡庄村的西北岗地上,是东周时期郑韩故城外围的重要墓地之一,东距故城西墙约 1.5 公里。墓地为南北向长方形,面积 32.76 万平方米。从 2006 年 10 月开始,河南省文物考古研究所对该墓地进行了发掘,发掘面积已超过 12000 平方米,共清理春秋中小型墓葬 36 座、战国中小型墓葬 284 座、战国韩王陵 1 处 2 墓。通过发掘与初步研究,确定了这是一处由夫妇 2 座大墓为核心的战国晚期韩国王陵。由环沟、"中"字形封土与建筑、陵旁建筑构成的陵园形态填补了韩陵发现的空白。陵体建筑、陵内临时建筑、椁室建筑揭示了韩陵文化的内涵。500 余件各类珍贵文物的发现,对研究韩国各类制度和手工业、建筑等意义重大。春秋与战国早期郑墓排列有序,对研究郑国昭穆制度和埋葬制度意义重大,为郑文化的研究提供了一批重要实物资料。战国韩墓的发掘,不仅为研究新郑地区韩墓文化提供了新资料,而且其位置多变的壁龛是韩墓的新发现。较多战国空心砖墓的发掘,为厘清战国与西汉时期空心砖墓提供了重要的新材料。[2]

4.春秋各诸侯国考古新发现与研究

虢国都城上阳城。2000 年 1 月,河南省文物考古研究所会同三门峡市文物工作队,对位于虢国墓地东南 2 公里的李家窑遗址进行了大规模的科学考古发

---

[1] 樊温泉:《河南郑石高速公路考古发现战国环壕和汉代墓葬》,《中国文物报》2007 年 1 月 26 日。

[2] 马俊才、张明立:《新郑胡庄墓地发掘获重大发现》,《中国文物报》2009 年 3 月 27 日。

掘。经过一年多的工作,终于使上阳城重见天日。城址外有城垣与城壕等防御设施,内有宫城与大型宫殿建筑,以及与宫殿区相配套的供水设施,城垣内外还分布有冶铜、制骨、制陶作坊和粮库等各类重要遗迹。① 2001年1—5月,河南省文物考古研究所会同三门峡市文物工作队,为配合基本建设继续对虢都上阳城宫城内北部进行较大规模的钻探和发掘,发现了大面积的夯土遗迹,并揭露出一处具有宫殿性质的建筑基址,从而更加丰富了周代虢国都城的城址内涵。据对宫城内中北部的铲探与发掘表明,除宫城中部偏北被一道东西向宽达30~60米汉代以后的大道破坏外,其北部自西而东均有大面积的夯土分布,夯土范围多呈方形或长方形,面积200~600平方米不等,表明位于夯土之上的建筑当有不同的规模与布局。另据不全面钻探与局部发掘,宫城内中部及东南部亦分布着夯土遗存。在该基址之上及附近与基址层位相同的遗迹内发现有大量陶瓦残块,大都为板瓦,多浅灰色,表面饰绳纹,表明此基址很可能以瓦做顶。因其规模较宏大,夯垫土较厚,柱础大而众多,且位于宫城以内,故推断该夯土基址当属宫殿性建筑。此外,在宫城内外,还发现有多座规模不等的地面式房屋建筑遗迹,其中有的面积较大,以夯土作基,显现出较高的规格,这与众多面积较小的半地穴式房基形成鲜明对比。该宫殿性基址是目前虢都上阳城发掘的面积最大的建筑基址,也是在西周考古中与城址及宫城结合在一起发掘出的罕见的同类基址。其有3个门阶,并有奠基遗存及"水准仪"性质的遗迹,尤其是"水准仪"性质的遗迹在以往的考古发掘中尚不多见,可见该建筑曾经精心营造,设施较全。它的发现,进一步增添了虢国都城的考古资料,并同城垣与城壕、宫城与环壕、陶水管道、粮库及制陶、制骨、冶铜等手工业作坊一起使上阳城的布局及内涵更加翔实与丰富。同时虢国都城又与虢国墓地一起为人们更加深入地解读两周时期这一重要方国的历史提供了条件。②

温县晋国邢邑遗址。邢邱故城位于温县东15公里的北平皋村,是春秋时期晋国邢邑所在。2002年8—12月,河南省文物考古研究所和温县文物管理所对城址进行了发掘,基本确定了城墙的筑造年代及其结构。东城发掘区距南城墙40米,是城内最高部分,高出周围地表约1.5米,为遗址的生活居住区。西区

---

① 《虢国都城上阳城重见阳光》,《中国文化报》2001年1月10日。
② 魏兴涛等:《三门峡虢都上阳城发现大型宫殿性建筑基址》,《中国文物报》2002年1月25日。

距东区约 180 米,为邢邑的陶窑作坊区。发掘面积 500 余平方米,发现陶窑 6 座,灰坑 3 座。清理出的 1 号陶窑是一座东西方向的大型陶窑窑址,窑内面积 3.5 平方米,窑室略呈方形,整体结构呈犁形。这座陶窑的重要性在于在建窑时火膛两侧各有一个对称的夹壁,夹壁内整齐排放着上下四层印有"邢公""邢"字样的陶器 40 余件,主要有罐、瓮、甑、豆、盆、钵等器物,造型精细。印鉴文字分别钤印在器物的肩部或底部。这些陶器应为建窑时特意摆放于此作为"祭窑"的"祭器",文字内容同时又标志着这座陶窑是专门烧造贵族用品的官窑。这种现象在其他各窑均无发现。另外,在火膛前侧填土中放置 6 件完整的陶豆,采用一大的陶盆倒扣盖之,可能有"封窑"的寓意,由此完成了从建窑到封烧善始善终的全过程。这种现象在国内同期遗存中尚属首次发现。此外,在这一区域还发现残窑 20 余座。在西区 1 号陶窑的北侧 6 米处是一处大型灰坑,出土带印鉴文字的陶器及陶坯 500 余件。共有 15 个器类,以"邢公"和"邢"居多,还有"仓陶""林""公""土"等字样。这一发现印证了《左传》所记载的史实,同时也匡正了诸多文献记载巫臣投晋封邢的"邢"是指河北邢台的谬误。[1]

蔡国故城墓地。上蔡故城位于今河南省上蔡县城关镇一带,是西周至春秋时期周代重要诸侯国蔡国的都城,春秋晚期至战国末年继为楚国北方军事重镇。故城内外分布着多处面积很大的周代墓地。由于近年来故城墓地屡遭盗掘,经国家文物局批准,2005 年 5 月至 2006 年 10 月,河南省文物考古研究所对上蔡故城郭庄墓地和翟庄墓地进行了抢救性发掘。郭庄墓地位于上蔡县大路李乡郭庄村东部岗地上,东距上蔡故城西垣约 3 公里,属楚据上蔡时城西楚国贵族墓地的一部分。2005 年 5 月至 2006 年 6 月,考古人员发掘了大型楚国贵族墓葬 2 座、墓葬祭祀坑 11 座、周代聚落遗址近 900 平方米。郭庄墓葬规模宏大,四角或单角阶道、近直墓壁、东向墓道等结构,体现了楚国贵族墓由春秋晚期长方形竖穴土坑墓向战国中期带墓道多层环状台阶过渡的奇特形态。墓口周围夯筑墓圹基础的方法在楚系墓葬中也是十分罕见的。密集的祭祀坑群在楚国墓葬中还属首次发现,对研究楚墓祭祀制度意义重大。众多陪葬人棺的发现,为研究楚墓陪葬制度提供了新材料。翟庄墓地位于上蔡故城内西南角。2006 年 7—10 月发掘了大型蔡国墓葬 1 座、中小型墓葬 30 座,中型楚墓 1 座。

---

[1] 李占扬:《河南温县发现晋国邢邑遗址》,《中国文物报》2003 年 1 月 22 日。

楚墓只发现一座，出土一组青铜礼器和少量铅锡器、小陶罐等。墓主身上另有龙形佩、环等精美玉器。本次发掘的最大收获是找到了寻找已久的蔡国贵族墓地，揭示了蔡国高等级贵族墓葬的形制、随葬品、陪葬特点等埋葬制度，填补了蔡国家族墓地的学术空白，为研究蔡文化墓葬分期提供了珍贵的实物资料。①

5. 楚墓的发现与研究

新蔡葛陵楚墓，位于新蔡县城西北 26 公里的李桥镇葛陵村东北，西南紧挨东周至汉时期的葛陵故城。1992 年末至 1993 年初，河南省文物研究所对这座墓进行了抢救性发掘。墓葬位于一道南北向岗脊之上，四周地势低平。地面以上原有高大封冢，1971 年已夷平。墓葬平面为"甲"字形，斜坡式墓道位于墓圹东部。葛陵楚墓的年代，发掘者认为约在战国中期前后。其墓主人可能属与楚王关系密切的楚地封君贵族。②

南阳市八一路楚彭氏家族墓地，位于南阳市八一路重化公司改造项目名门华府小区内。2008 年 6—8 月，河南省文物考古研究所、南阳市文物考古研究所为配合基建对其进行抢救性发掘。本次共发掘清理春秋到汉代墓葬 45 座、陪葬坑 2 座。尤其是发现的 4 座保存较好的春秋晚期的楚国贵族墓，出土了大量青铜礼器、兵器、车马器和玉器等。该墓地的发掘为楚国高级贵族墓地的随葬习俗、埋葬制度以及楚国申公、申县彭氏家族的研究提供了实物资料，也对南阳地区楚国历史文化的发展、青铜器的制作工艺以及古代音乐研究具有参考价值。③

信阳长台关七号楚墓，是河南省楚文化考古的一项重大发现。2002 年 10 月，河南省文物考古研究所会同信阳市文物工作队对长台关的一座大型楚墓进行了抢救性发掘，出土了铜器、玉器、陶器和漆木器等各类文物 700 余件，是近年来楚文化考古的重大发现。该墓呈"甲"字形，由长方形斜坡墓道和长方形墓室构成。长台关楚墓出土的一大批具有较高艺术价值和科学价值的珍贵文物，丰富了河南楚文化研究的内容，在某些方面还填补了考古学上的空白，是我省

---

① 马俊才：《河南上蔡周代墓地发掘获重大发现》，《中国文物报》2007 年 5 月 9 日。
② 河南省文物考古研究所：《新蔡葛陵楚墓》，大象出版社 2003 年版。
③ 乔保同等：《河南南阳楚墓发掘取得重大收获》，《中国文物报》2008 年 8 月 29 日。

多年来楚文化考古的一项重大发现。①

2005年6月至2006年12月,为配合南水北调中线丹江口水利枢纽加高工程,河南省文物考古研究所对淅川县阎杆岭墓群进行了发掘,共发掘墓葬209座,其中楚墓30余座。楚墓皆为小型平民墓葬,出土陶器基本组合为鬲、盂、豆,罐,鬲、盂、豆、壶,鼎、敦、壶、豆或加盘、匜,时代为春秋晚期至战国中期,为研究丹江流域楚国小型墓葬的葬制、葬俗等问题提供了珍贵资料。②

第三节 秦汉考古的重大发现

这一时段的秦汉考古主要集中在陵墓和居址的发现和研究方面。西汉梁孝王陵的诸多发现和研究的新突破、东汉帝陵的最新调查成果以及大量壁画墓的发现都为此时期秦汉陵墓考古增添了丰富的内容。而内黄三杨庄汉代村落的发现则为汉代居址考古增添了新的材料。三杨庄汉代聚落遗址是目前我国首次考古发现的、性质明确的大规模汉代农村类遗址,是汉代考古中的一次历史性发现。遗址的初步清理和部分考古勘探,像是为我们吹开了一幅黄沙掩盖下的汉代黄河岸边乡里田园和农耕文明的秀美画卷的一角,它初现的优美、真切的景象,无疑是令今人击节叹赏的。

一、秦代墓葬

1985年冬与1993年5月,三门峡市文物工作队为配合司法局建设工地,在

---

① 河南省文物考古研究所、信阳市文物工作队:《河南信阳长台关七号楚墓发掘简报》,《文物》2004年第3期。
② 河南省文物考古研究院、河南省文物局南水北调文物保护办公室:《河南淅川县阎杆岭楚墓发掘简报》,《华夏考古》2014年第4期。

黄河路西段南侧发掘清理54座秦人墓[①],这些墓葬分布集中,但无一定规律。根据墓葬形制可分竖穴土坑墓和洞室墓两大类。竖穴土坑墓22座,洞室墓32座,随葬品比较贫乏,有半数以上的无随葬品。有随葬品的多为陶器,另外还有铜器、铁器、玉器等。其时代可定为战国晚期。1992年春,三门峡市文物工作队在陕县大营乡西南的火电厂基建工地上,发掘清理了一批秦墓。[②] 8座墓分布相对集中,周围还分布有形制较小的竖穴土坑墓和洞室墓。这8座墓不但形制大,而且墓葬深,四周都有浅而窄的围墓沟。四周有围墓沟的墓葬是秦墓中一种新的墓葬形制,这种形制在全国其他地方也不多见。三门峡是秦墓较多的地区之一,在过去的发掘中虽曾有围墓沟现象,但没引起足够重视。在火电厂工地发现的这批墓葬,不仅数量多、分布集中,而且还出土较多的遗物,为研究这类墓葬的形制及其他问题提供了珍贵资料。

二、汉代考古发现

(一)汉河南县城及相关遗存

汉代河南郡所属的河南县城遗址,位于今河南省洛阳市西郊涧河东岸小屯村。它的前身是西周王城,平王东迁洛阳以后,王城成为东周都城。汉河南县城是在周王城故址上修建的,位于周王城中部。它的修建和使用年代应在两汉400年间。1954年,中国科学院考古研究所发现该城址,1955年在城址中部进行小规模发掘。重要发现有西汉的房址、东汉的居住区和战国时的制石场遗迹。新世纪以来,汉河南县城陆续有新的发现出土。2001年7月,洛阳市文物工作队在洛阳汉河南县城南墙外发现一段陶水管,由于这条陶水管开口于汉代层下,陶水管和井圈都具有汉代特征,所以其时代可定为汉代。该陶水管道为正南北向,南北两端由于条件所限未发掘。三个窨井的结构原理同现代井,设计科学。通过井口可以随时清理窨井内的淤土,便于疏通,井口为小口,估计当

---

① 三门峡市文物工作队:《三门峡市司法局、刚玉砂厂秦人墓发掘简报》,《华夏考古》1993年第4期。
② 三门峡市文物工作队:《三门峡火电厂秦人墓发掘简报》,《华夏考古》1993年第4期。

时还应有一块盖板,但发掘时未见。由此可以认为,这条陶水管道用于排水。该陶排水管道北端 50 米处为汉河南县城的南城墙,其应为汉河南县城南墙处的一处建筑所用。汉代的陶排水管道,在洛阳汉河南县城遗址区已发现多处,但如此类型的,在洛阳汉代考古中还是首次发现,这为研究汉代建筑的排水设施提供了十分珍贵的资料。[1]

2005 年 1 月,洛阳市文物工作队在配合全城置业王城御府工地发掘时,发现一段夯土城墙。该段夯土城墙位于中州路南约 30 米、涧河东岸约 20 米处。城墙开口于③层下,被一东汉晚期的墓葬打破;自身打破④层,叠压在几个春秋时期的灰坑上。该城墙呈南北走向,方向为 4°。墙宽 6.3 米,残存高度为 1.5 米。夯层共有 21 层,每层厚约 7 厘米,夯土质地坚硬,土色为灰褐色,夯筑方法为平夯。另外,城墙外紧靠墙根处发现一宽 0.8 米的汉代路土。夯土墙内包含物较多,大部分为东周时期的碎陶片,含有少量的外壁直绳纹、内壁布纹的板瓦残片。根据夯土的叠压打破关系及城墙夯土内的包含物推断,其始建年代应为西汉早期偏晚,其废弃年代应为东汉晚期。[2] 新的考古发现,使我们对汉河南县城的认识又进了一步。

洛阳市安泰二期工程汉代大型建筑基址是汉河南县城附近非常重要的遗存。该建筑基址位于洛阳市行署路与临涧路交叉口东南角,北距汉河南县城的西南角 150 米,西距涧河东岸 400 米。根据出土遗物的特征及与该建筑存在有打破关系的灰坑年代推测,该建筑的废弃时间应在西汉晚期至东汉早期。该夯土台基因叠压在近现代的建筑基础之下,破坏较为严重,其东、南、西三面又均超出发掘区,故对于该夯土台基的范围及整体结构还不很清楚,但从目前已发掘情况并参照以往的发掘成果看,该夯土台基应长在 35 米左右,至少面阔七间,进深三间,外环绕有廊道及散水的较大型建筑。对其性质、作用等更为具体的判断,仍需做进一步的发掘与探究。[3]

洛阳手表厂汉代砖券水渠,推测可能是汉代河南县城给排水设施。遗址位

---

[1] 洛阳市文物工作队:《洛阳汉河南县城陶排水管道发掘简报》,《华夏考古》2005 年第 1 期。
[2] 潘付生:《洛阳市汉河南县城西城墙》,《中国考古学年鉴(2006)》,文物出版社 2007 年版,第 295 页。
[3] 程召辉:《洛阳市安泰二期工程汉代大型建筑基址》,《中国考古学年鉴(2009)》,文物出版社 2010 年版,第 280~281 页。

于纱厂南路与汉屯东路交叉口的东北角手表厂院内。汉代砖券水渠呈"L"形,先东西方向,残长12米,再向南拐弯成南北方向,残长9米。自身高1.65米,券顶。底铺"人"字形砖,砖大小为39厘米×19厘米×8.5厘米。水渠直接建于生土中,底部距现在地表4.8米,顶部被汉代地层和汉代坑所叠压。内填淤土,底部西高东低。这里位于汉河南县城的东北角,当为汉河南县城的引水或排水设施。①

(二)汉代聚落

内黄县三杨庄汉代聚落遗址是近年来发现的较为罕见的村落遗址,其结构较为完整,保存程度较好。遗址位于内黄县梁庄镇三杨庄北,东北距内黄县城约30公里,西与二帝(五帝中的颛顼、帝喾)陵紧邻。这里地处黄河故道,两汉时期紧濒黄河。因当地开挖硝河引黄工程,于2003年6月24日首先在三杨庄村北约500米处的河道内发现了第一处汉代建筑遗存,接着,在1500米的河道范围内又发现了3处大面积的汉代建筑遗址,所有汉代遗迹均位于现地表4.5米以下。经过对其中的相距约500米的两处遗存的部分清理,揭露出两组庭院建筑遗迹。②

在第一组庭院建筑遗址本区域内,清理面积400余平方米,清理出的建筑遗迹有院落基础、房基、瓦屋顶、夯土墙、未使用的瓦、建筑废弃物堆积、拌泥池、灶、灰坑等。出土有一些陶器,如水槽、盆等。本区域勘探面积为3600平方米,探出古代遗存面积约1800平方米。在钻探范围内,北部发现有较大面积的夯土遗存,南部发现有古道路遗迹,宽约4米。这些遗迹均位于同一地层深度。

第二组庭院建筑遗址东距第一组基址约500米。本区已发掘清理1000余平方米。从已清理的区域情况看,这里应为一座庭院的一部分,从南向北由第一进院南墙及南门、东厢房、西门房和第二进院南墙、门房、西厢房、正房等组成。在庭院的西侧,还清理出1座直径17米的形状规范的圆形水池。出土有5个大石臼、2个小石臼、2盘石磨、1个鼓状石碓等实用石器,还有水槽、甑、瓮、

---

① 俞凉亘:《洛阳手表厂汉代砖券水渠》,《中国考古学年鉴(2002)》,文物出版社2003年版,第268页。
② 河南省文物考古研究所等:《河南内黄县三杨庄汉代庭院遗址》,《考古》2004年第7期。

盆、豆、壶等陶器，另外还出土有铁器、"益寿万岁"瓦当、"货泉"铜钱等。这一区域钻探面积约 4200 平方米，探出古代遗存面积约 1700 平方米，分布有密集的砖、瓦等遗物，还有灰坑、水沟、夯土、古墓葬等遗迹。[1]

从现在已经清理的情况，结合有关文献的记载，初步判断这是一处属西汉晚期的较大规模的聚落遗址。其是否为一处汉代的城镇或庄园、大的布局如何等情况，尚有待于进一步的考古勘探和发掘才能确定。因这里地处当时的黄河左近，各类建筑因黄河的某一次大规模洪水泛滥而被淤沙淹没深埋，而且这里又成了后来河道的一部分，因而整个建筑群的布局及部分瓦屋顶能够得以原状保存下来，并且不为后人活动所扰乱，这实为全国汉代建筑遗址中所仅见。这就可以为完整揭示汉代某一特定建筑群（比如一个庄园）的规模、布局等情况，以及各类单体房屋建筑结构与工程技术特点等的研究提供弥足珍贵的实物资料。同时，来不及搬走的种类众多的当时社会和家庭生活实用物得以在遗址内原地保留，如目前清理出的一些石臼、石磨等遗物，也为复原当时的社会和家庭实际生活、生产状况提供了难得一见的丰富实物。值得指出的是，在第二组建筑内集中出土如此众多的大小石臼和石磨，这在全国同类遗址中实属罕见。另外，该遗址的地层堆积状况等信息，也为黄河河道变迁等黄河水文史方面的研究提供了重要的考古资料。

（三）汉代墓葬

永城西汉梁国王陵位于永城县芒砀山。1990 年 10 月，河南省政协科教文卫委员会派安金槐、杨宝顺、吴清波三位专家前往芒砀山视察文物保护情况，发现文物破坏严重，呼吁政府和有关部门解决，新华社记者据此写了"保护刻不容缓，古墓危在旦夕"的内参，引起中央领导同志的重视并指示国家文物局派人调查提出保护意见。根据这一指示，国家文物局指示河南省文物局委托河南省文物考古研究所会同商丘地区文化局、永城县文物管理委员会组成调查组对芒砀山的文物分布情况进行了详细的调查，并写出调查报告，对西汉梁国陵墓的分布、结构、陵园布局、陪葬墓等都有了初步了解，为进一步的发掘工作打下了基础。

---

[1] 河南省文物考古研究所等：《河南内黄三杨庄汉代聚落遗址第二处庭院发掘简报》，《华夏考古》2010 年第 3 期。

1992年，鉴于芒砀山文物破坏严重，国家文物局指示对已遭到破坏的陪葬墓及其他难以保护的文物进行发掘，由河南省文物考古研究所负责，商丘地区文化局、永城县文物管理委员会协助发掘了陪葬墓，并调查、钻探了梁孝王陵园，发现并发掘了梁孝王寝园，同时又发掘了保安山二号墓及保安山陵园东门遗址。调查、发掘工作从1992年9月开始，到1994年7月结束，历时两年，调查面积达10平方公里，钻探面积20000平方米，发掘8600平方米。[①]

据文献记载，自梁孝王封梁至西汉末年梁国绝，共有8代9王（其中最后一代梁王立因罪废为庶人，自杀），考古调查出的西汉大型陵墓刚好是8处14座，其中同一座山上有两座以上墓的已发现5处，多为南北并列，坐西朝东，其余各处从地势及封土情况看也可能是两座墓。由此可知西汉王陵与帝陵一样，王和王后遵从"同茔不同穴"的埋葬习俗。根据勘察和考古资料，可将十几座王陵划分为3个陵区，即保安山陵区、僖山陵区、夫子山陵区。保安山陵区内发现有陵园、寝园、陵墓、陪葬墓、陪葬坑等。该陵区内埋葬着梁孝王及其王后、西汉早期的梁王墓等。其墓葬时代最早，规模最大，结构最为复杂。

梁孝王陵园的园墙将保安山围起来。经初步调查，南、北、东三面都发现夯土墙。陵园墙的修建利用山势，将墙筑在山四周的台地上，利用地形之便增加围墙的高度。根据残留的墙体及墙基，可以复原出的陵园平面近方形，南北约900米，东西750米。陵园内有梁孝王墓、王后墓、寝园、2座大型陪葬墓及众多的小型墓葬。梁孝王墓位于保安山南侧山头上，上有巨大的封土冢，周围有丰富的筒瓦、板瓦等。墓门朝东，墓葬全长90米，宽处30余米，高4米，由墓道、车马室、甬道、主室、回廊、排水设施等组成。墓内面积700平方米，容积达2800立方米。该墓早年被盗掘一空，根据墓道被叠压在唐代地层以下及墓道内出土的铜钱分析，该墓在唐代以前被盗，很可能是东汉末年。《三国志·魏书·武帝纪》记载："操盗掘梁孝王墓，破棺得金宝万斤。"可能是属实的。

梁孝王墓道口处，有梁孝王寝园。1992—1994年由河南省文物考古研究所进行发掘清理。寝园位于梁孝王墓和王后墓之间的台地上，东端距陵园东墙120米，北端距王后墓100米。整个寝园平面呈长方形，南北110米，东西60米，面积6600平方米。主要建筑集中于四面围成的寝园墙内，可分前后两部

[①] 河南省文物考古研究所：《永城西汉梁国王陵与寝园》，中州古籍出版社1996年版。

分,前后既有门可通,中间又有墙相隔,相对独立。关于寝园建造的年代,原发掘报告根据在门两侧石墙上发现的"正月己丑""二月己未""三月己未""五月壬申"等干支刻字的分析,结合梁孝王从淮阳王徙为梁王及卒年分析,推测出寝园东墙建造的年代为汉景帝前元六年(前150)。梁孝王王后墓,位于梁孝王墓北200米处,保安山北山头,发掘时编号为保安山二号墓。该墓为开凿在山岩间的大型崖洞墓,以山为陵,"斩山作郭,穿石为藏",营建而成。墓顶发现大面积建筑遗迹,墓顶南侧和西侧各发现一个陪葬坑。墓葬规模宏大,结构复杂,凿制精细,整个墓葬全部凿在山岩之中,由2个墓道、3个甬道、前庭、前室、后室、34个侧室以及回廊等部分构成了巨大的地下建筑群,墓内还有自成体系的排水设施。该墓内还出土了一部分重要的文字资料,有刻字和朱书两种。在塞石和墓壁上发现刻字万余个,朱书主要写在墓壁上,东、西甬道塞石上也有书写。刻字的内容大部分是标示塞石的排列序号,如"第×××"等;第二类则刻写墓石的长、宽、厚尺寸等;第三类表示干支记时;第四类刻写施工者身份与名字;第五类为宫室方位,如"东宫东北旁第××""西宫西北旁第××"等;第六类表示施工次序;第七类表示墓葬部位尺度;第八类为标点符号;第九类为其他刻字,如地名、人名或指代意义不明的单字等。朱书文字书写比较流畅、规整,其内容也可分干支记时、墓葬内某部位尺度、塞石排列顺序等几大类。这些文字资料,数量之多,内容之丰富,是非常罕见的,它对西汉文字的研究以及西汉政治、经济、科技、文化等方面的研究都有重要的价值和意义。关于该墓的墓葬年代,原发掘报告根据墓内出土的铜钱只有半两钱没有五铢钱推测应在汉武帝元狩五年(前118)之前。根据墓内出土的带月份的干支记时资料分析,其埋葬时间有3个年代组,即公元前140—前138年,公元前129—前128年,公元前125—前123年。大致应在西汉中期早段,具体年代根据墓主人身份加以确定。关于墓主人身份,根据墓葬规模和出土的玉衣片可以确定应是梁国王室成员;根据墓葬与梁孝王墓在同一个陵园内,陪葬坑出土的"梁后园"铜印等分析,应是梁孝王王后李后之墓。

总之,西汉梁国王陵的发现与发掘,为研究西汉诸侯王国的兴衰提供了重要的资料。如从墓葬结构、墓葬规模上看,早期的较大,较复杂,多为大型崖洞墓,晚期的多为竖穴石坑墓。从王与王后墓的距离看,也越来越近,早期的梁孝王墓与王后墓相距200米,夫子山1号、2号墓相距100米,铁角山1号、2号墓相距不到20米。通过这些变化，可以看出西汉初期诸侯王国势力强大。梁孝王之后，梁国一分为五，实力大大削弱，到武帝元朔年间，梁仅余10城。这表明西汉中央集权的逐渐加强，诸侯王势力逐渐削弱，"其后诸侯唯得衣食租税，贫者或乘牛车"，应是中期以后的真实写照。

苌村壁画墓位于荥阳城西北15公里的王村乡苌村村西约100米处。当地传说此墓为晋国的胡毛冢。1994年10月份，荥阳市公安局在破获一起盗掘古墓案中发现壁画，荥阳市文物保护管理所、郑州市文物处和郑州市文物考古研究所得知这一消息后，立即派人到现场进行了调查。该墓现存封土高出地表约10米，直径约57米，周围地势平坦，北距邙山岭约3公里，西北距黄河约2.5公里，东南1.5公里有胡固冢。壁画墓发现之后，引起国内许多专家学者的重视，评价颇高。文物部门在专家论证意见的基础上，于1994年11月份又对墓冢及四周进行了考古钻探和勘察。苌村壁画墓为砖石结构，分别由甬道、前室、东侧室和3个后室组成。甬道两侧和前室四壁及顶部满绘彩色壁画，壁画总面积达300平方米。其内容可分为楼阙庭院、车马出行、人物故事、珍禽异兽、乐舞百戏。从该墓的墓葬形制、隶书榜题以及壁画内容、技法、人物服饰等与同类墓葬比较，特别是表现墓主人仕宦经历和身份的车轿出行题材，具有东汉晚期特征。其墓葬规模之大，壁画内容之丰富，可与打虎亭二号汉墓相媲美，有些题材及墨书特题却是打虎亭汉墓所没有的。这是郑州地区汉代壁画墓的又一次重要发现，对研究汉代社会及绘画艺术、墓葬制度等方面都有较大的意义。[①]

荥阳苜蓿洼汉墓位于荥阳市豫龙镇苜蓿洼自然村东部台地上，该地古称檀山。墓地北邻310国道（郑上路），南邻中原西路。配合中原国际小商品城二期工程建设，在约1.5万平方米范围内，钻探发现古墓葬300余座，已清理290座汉代墓葬，10余座唐宋墓葬。从墓葬形制和出土器物分析，墓葬的年代比较集中，与《洛阳烧沟汉墓》第二、三期，即西汉中晚期至东汉早期（武帝之后至光武之间）的时代特征相符。该墓地汉代墓葬数量之多，分布之密集，在郑州地区尚属首次，即使在河南也不多见。墓葬分布均具有较强的规律性，按其分布规律大致可分为五大组，每组20~40座，且每组内常见六七座并列成为一排，与相邻的另外一排或墓道与墓道相向相对，或墓室与墓室相向而对，似为经过规划的

---

① 郑州市文物考古研究所等：《河南荥阳苌村汉代壁画墓调查》，《华夏考古》1996年第3期。

大型公共墓葬区,应和周围古城址有联系。根据调查,墓地附近除了古京城遗址,还没有发现其他古城址。古京城遗址北距首蓿洼墓地约3公里,据史料记载,京城始建于春秋时期,到了汉代在这里置京县,可见该城沿用时间较长,在西汉中晚期又达到了一个鼎盛期。20世纪六七十年代在京城遗址周围发现有较多的汉代空心砖墓,出土遗物时代特征与首蓿洼墓地十分接近,两者之间很有可能具有某种关系。首蓿洼墓地的发现,对研究中原地区两汉交接之际的政治、经济、文化等均具有极其重要的价值。①

2006年,为配合南水北调中线工程,文物考古工作者对位于河南省焦作市九里山乡山后村的山后墓地进行了发掘。发掘汉代墓葬7座,出土器物较少,均为陶器,墓葬年代为东汉早中期到东汉晚期。这7座墓葬均为东汉墓,从早期延续到晚期,虽然多遭到不同程度的破坏,但也出土了一些该地区东汉时期常见的随葬品,为焦作地区东汉时期的丧葬习俗提供了可研究的新资料。值得注意的是,此次发掘的M4号墓是所发掘墓葬中保存最为完好的一座。作为东汉时期流行的小砖券顶墓,其在砖券墓顶缝隙间插陶片的做法较为罕见,反映了一种独特的砖室墓券筑工艺,具有一定的地域特点和研究价值。②

2003年5月至2004年1月,河南省文物考古研究所为了配合济(源)洛(阳)高速公路建设,经国家文物局批准,对洛阳邙山陵墓群朱家仓西北汉墓群进行考古发掘工作。发掘汉墓10座,发掘面积6500平方米,其中有7座墓葬有大型封土,另外3座无封土。最大的封土底边周长约120米,封土高约9米。墓室最大的M8规格为15米×15米,墓道最长的M6约长28米。一般墓葬结构为土坑竖穴砖室墓,由墓道、甬道、回廊、前室、主室、侧室等6部分组成。这次发掘的10座古墓,历代多次被盗,墓室顶部均塌陷,较贵重的物品被盗掘,根据残存的随葬品和墓葬结构,结合现在地理位置,从3座较大型墓葬内出土有铜镂玉衣片来看,墓主人的社会地位较高,另一些中小型墓结构简单,反差较大。经分析认为,这批墓葬应为东汉时期的贵族家族墓地,为研究洛阳邙山陵墓群朱家仓一带的东汉时期贵族墓地的墓葬结构提供了新的实物资料。③

---

① 于宏伟等:《河南荥阳首蓿洼汉墓M2、M317发掘简报》,《中原文物》2017年第4期。
② 河南科技大学人文学院、洛阳市文物考古研究院、河南省文物局南水北调文物保护办公室:《河南焦作山后墓地汉墓发掘简报》,《华夏考古》2014年第1期。
③ 郭培育、王利彬:《洛阳朱家仓汉墓群考古取得重要收获》,《中国文物报》2004年7月21日。

2005年12月至2006年1月,为配合南水北调中线工程文物保护项目,郑州大学历史学院考古系对新乡市凤泉区老道井墓地东同古墓区所占干渠墓群进行了发掘,共清理汉代墓葬9座,为该地区汉墓的研究增添了新资料。① 新乡老道井墓地金灯寺墓区位于新乡市北约10公里的凤泉区潞王坟乡,墓地北依太行山余脉凤凰山,系凤凰山向南延伸的岗坡地带,地势略高,南邻京广铁路,向北不远处即是明代潞王墓。这里自古就流传着"头枕凤凰山,脚蹬老龙潭"的选墓传说。金灯寺墓区位于老道井墓地最东端的金灯寺村北约1公里的南水北调中线干渠614~616公里处,海拔106米。地势由北向南倾斜,其东部和南部地势比较平坦。南水北调中线干渠在这里由东西向转为西南—东北向,从墓地中心穿过,占压墓地东西长约650米,南北宽约100米,面积约65000平方米。为配合南水北调中线工程文物保护项目,郑州大学历史学院考古系受河南省文物局南水北调文物保护办公室委托,并报请国家文物局批准,于2005年12月对其渠线占压部分进行了发掘。从墓葬结构及随葬品看,这批汉墓大致可以分为三组二期。据分析,金灯寺第一期墓葬的年代应在东汉中晚期之交,第二期墓应在东汉晚期的桓、灵之时或稍后。②

2002年7月,为配合郑州大学"东汉帝陵研究"项目及国家教育部重大课题"汉唐陵墓制度研究"的启动,对在洛阳地区所属东汉帝陵陵区可能与帝陵有关的28座坟冢进行了调查。根据文献记载,除汉献帝禅陵在河南焦作(修武县)外,其余11座帝陵均在东汉首都洛阳附近。其中偃师市境内6座,即显节陵、敬陵、慎陵、康陵、静陵和宣陵;孟津县境内5座,即原陵、恭陵、宪陵、怀陵和文陵。为了调查方便,调查者把两地的陵墓分为5个冢区。I区位于今洛阳市东南伊河南岸的偃师市高龙乡逯寨村西南,调查了5座冢墓,重点考察了2座。II区在高龙乡高崖村南,调查了8座冢墓,重点考察了3座。III区位于偃师市大口乡西南的周寨村南,调查了4座冢墓。IV区位于偃师市寇店乡东北,大多分布于低矮的原上,调查了6座。V区位于孟津县送庄乡和平乐乡境内,重点考察了5座冢墓,并调查了平乐乡象庄村的石象及白鹤乡铁谢村西的"光武帝

---

① 郑州大学历史学院考古系、河南省文物局南水北调文物保护办公室:《河南省新乡市老道井墓地东同古墓区汉墓清理简报》,《四川文物》2009年第6期。

② 郑州大学历史学院考古系、河南省文物局南水北调文物保护办公室:《河南新乡老道井墓地金灯寺墓区汉墓清理简报》,《考古与文物》2008年第5期。

原陵"。调查结果显示:1.偃师境内的Ⅰ~Ⅳ区冢墓大多数破坏严重,有的仅剩下少量堆土或被夷为平地,破坏原因主要是挖掘取土、窑洞、农田开垦、盗掘等。2.这些冢墓的形状,现在看来几乎都呈圆形,但个别大冢的顶部,仍然有方形的踪迹可寻,不能排除覆斗形封土存在的可能性。3.从夯土情况看,封土的下部夯层较密,一般在15~40厘米;上部夯层较疏,厚度在50厘米以上。4.在个别墓冢封土的东侧发现大量覆于表面的鹅卵石,推测是当时建筑遗迹或散水所用之物。5.从5个冢区现存封土的排列看,基本上是南北一字排开,个别较大的冢墓在其左右两侧仍存有较小陪葬墓。通过调查,虽然仍未能弄清楚各个墓冢的归属,但了解了陵冢的保护现状,为下一步的勘探或试掘以及文物保护措施的制定提供了初步材料。[①]

2006年7月至2008年3月,洛阳市第二文物工作队以郑西客运专线的考古工作为契机,结合"邙山陵墓群考古调查与勘测"项目,专题调查、勘测了位于偃师市的洛南东汉陵区,取得了重要收获。通过调查初步确定,洛南东汉陵区涵盖了偃师市李村镇、庞村镇、寇店镇、高龙镇、大口镇、顾县镇及其附近地区,包括陵区核心区域(帝陵)和外围区域(陪葬墓群)。整个陵区占地面积大约200平方公里,现存和已经被夷平的古代墓冢有150余座。工作过程中,还发掘东汉至魏晋时期的封土墓2座,战国至唐代的其他类型墓葬32座;发掘遗址面积4500余平方米,钻探面积36万平方米。首次发现东汉帝陵陵园遗址和大型陪葬墓园遗址。

帝陵陵园遗址,位于庞村镇白草坡村东北。发现大型夷平墓冢1座,原始封土的平面为圆形,直径125米。符合文献的记载,是一处帝陵级别的墓冢。墓冢的东北方有一处外围构筑夯土垣墙的建筑遗址群,面积12.5万平方米。墓冢与建筑遗址群的位置关系以及建筑结构形式都与邙山地区已知的东汉帝陵相同或相似,说明和帝陵陵园关系密切。陪葬墓园遗址,位于高龙镇阎楼村西,西南距白草坡东汉帝陵陵园遗址2.5公里,面积15.4万平方米。遗址外围开挖闭合型环沟,内部构筑了7座封土墓,封土的原始直径28~65米。东南部还发现了大范围的建筑堆积。墓园遗址中的墓冢规模不大,布置在一个相对较小范

---

① 韩国河、赵海洲:《洛阳市东汉帝陵》,《中国考古学年鉴(2004)》,文物出版社2005年版,第263页。

围内,与帝陵的葬制不符,是东汉时期流行的家族墓地。由于处于洛南陵区陪葬墓群的范围内,其陪葬的性质明显。目前,邙山地区已经完成了为期4年的古墓冢的文物普查工作,与洛南陵区的考古新发现结合在一起,东汉帝陵的基本情况逐渐明晰,为探索东汉帝陵的地望、研究东汉时期的陵寝制度创造了条件。①

（四）农业手工业遗存

汉代画像石和壁画中有一些反映农业生产的题材,为我们了解汉代农业、手工业发展情况提供了资料。1994年,在南阳独山东麓一座汉画像石墓中发现刻有农业生产的画像石。② 画像石上包括田间锄禾、驱魔逐疫和舞乐百戏三个方面的内容,以平地浅浮雕构图。下层最右为一农妇,梳髻着长襦,左肩一锄,柄端系一壶(罐),锄头挂一篮状物,似正担送浆食。其前为庄稼地,长出禾苗。田间一农夫,头戴尖顶冠,裸露上身,正努力以锄耘田。与农业生产有关的题材还有在新野县针织厂西汉晚期汉墓中出土的3块"虎食女魃图"。在洛阳西汉晚期壁画墓中亦发现有同类题材,女魃为旱鬼,这一现象说明西汉晚期南阳、洛阳乃至整个中原地区的气候是比较干旱的,旱灾对农业生产造成了威胁,故而在这一时期墓葬中出土有"虎食女魃图"。据文献记载,为防止旱灾,南阳地方官吏也采取了一些措施。元帝时南阳太守召信臣任职期间勘探水源,开通渠道。现在在新野和唐河二县还保留有召父渠的遗迹。③

2002年,河南省文物考古研究所、郑州市文物考古研究所、巩义市文物保护管理所配合基建工程,共同对巩义市黄冶河两岸的不同时代的窑址进行了清理。其中汉代窑炉2座,以2号窑炉保存较好,坐西向东,由窑前工作面、进料口、燃烧室、窑室和烟囱组成。窑室平面近正方形,窑室顶部呈馒头状。④

---

① 《2007年度全国十大考古新发现》,《中国文物报》2008年4月11日。
② 李伟男:《河南南阳新发现一块"耕耘图"画像石》,《农业考古》1996年第1期。
③ 王玉金:《试析南阳汉画中的农业图像》,《农业考古》1994年第1期。
④ 郭木森、赵志文:《巩义市黄冶唐三彩窑址》,《中国考古学年鉴(2003)》,文物出版社2004年版,第239页。

第四节 魏晋南北朝考古的突破

魏晋南北朝时期是我国历史上一个动荡不安的时代,政权更替的速度非常快,反映在考古学上就是各种不同朝代、不同文化面貌的遗迹遗物的出土。这一时段,汉魏洛阳故城和邙山陵墓群的考古发现和研究显得异常重要,也是考古研究上的一大亮点。围绕汉魏洛阳故城的调查和发掘让我们对洛阳故城的形制和布局有了更进一步的认识,邙山陵墓群的调查也取得了阶段性成果。

一、汉魏洛阳故城

北魏洛阳城宫城正门阊阖门,是该城址中最重要的一座城门。中国社会科学院考古研究所洛阳汉魏故城队于 2001 年 10 月至 2002 年 6 月对这座城门遗址进行了首次有计划的发掘,为以后对该城址的大面积科学发掘与保护打下了坚实的基础。发掘总面积 8320 平方米,全面揭露了城门台基、门前的左右双阙阙台与阙间广场及城门东西两侧院落的一部分。发掘显示,阊阖门坐落在宫城南墙北侧的一个东西向长方形夯土台基之上;门前左右拱卫的双阙不是单独矗立在城门两侧前方,而是与两侧的宫城南墙相接在一起。其门、阙、墙之间这种独特的平面关系和布局为以往发掘与传世资料所未见。发掘的城门基址、阙台遗迹,形制极为新颖独特。在城门基座上规置有完整的开间柱网,它们构成了这座门址面阔 7 间、进深 4 间、有 3 个门道贯通的殿堂式城门楼建筑结构;门前左右双阙则各为一母带二子的曲尺形子母阙式,两阙东西对峙、对称分布。更为重要的发现还在于通过解剖了解到,这座门址目前展露的城门与阙台建筑总体平面布局和基本规模形制,是北魏时期修补改建魏晋时期的城门建筑而形成。即这座门址极有可能就是曹魏初期新修洛阳宫时建造的,至北魏一直沿用的宫城正门阊阖门。如此,它将解决汉魏洛阳城城市形制演变过程的一个重大问题,即曹魏修建的洛阳宫的形制与位置问题,继而有可能为探索洛阳城汉代北宫的位置问题打开突破口。也就是说以往所认为的洛阳城直到北魏时期才采用单一宫城制度的时间将大大提前到曹魏,这是汉魏洛阳故城考古工作中一项具有突破性的重大进展,也是都城规划研究的重要收获。作为都城宫城正门,阊阖门独特的门阙建筑结构与形制布局,具有强烈的时代和礼仪特征,显然与文献中阊阖门外侧夹建巨阙,以及其威仪重于防御的作用等有关。它作为目前为止考古发掘出的时代最早的都城宫城正门与双阙,其建筑布局与形制显然影响着后代都城。隋唐东都洛阳(则天)应天门、北宋汴梁宫城宣德楼、元大都崇天门、明清北京城午门,寻根求源,无不受到它的深远影响。①

2007年1—12月,中国社会科学院考古研究所洛阳汉魏故城队为配合国家文物局洛阳片区大遗址保护项目——汉魏洛阳故城北魏宫城阊阖门遗址的保护展示修复工程,对该遗址再次进行了发掘清理。其中城门遗址再次发掘清理了2001—2002年已经发掘过的门址面积约1万平方米;另外对阊阖门门址周边相关附属建筑遗迹也进行了一些考古试掘,开挖探沟4条,发掘面积约500平方米。在对门址进行的考古发掘清理过程中,原发掘区南边即门址东、西两阙的前方,新发现1条东西向道路及相关车辙遗迹。这些对认识该门址南面不同时期有关道路的分布情况,显然是十分重要的资料。对阊阖门遗址周边有关建筑遗迹进行的试掘,主要发现有2条东西向夯土墙基、2处大型夯土建筑基址和1处小型门址。其中在阊阖门遗址以南新发现的东西向夯土墙基,缺口正对阊阖门前东、西两阙之间,显然和阊阖门遗址有一定对应关系,据发掘解剖,该墙基皆为地下夯土基础,墙基宽3.3~3.6米,时代约为北朝晚期。在阊阖门遗址东侧,试掘探沟内也发现1条东西向夯土墙基和1处小型门址。残存遗迹大都为地下基础,墙基宽约3.3米,门址宽约3.5米,时代为魏晋至北朝时期。在阊阖门遗址西侧和北侧,通过试掘各发现1处大型夯土建筑基址,保存状况皆较差。其中阊阖门北侧的建筑基址残存遗迹较浅,耕土层下即见夯土和残存的少量白灰墙皮遗迹。该大型建筑基址东西约40米,南北约20米,从局部试掘来看台基的南、北两侧也各有三个漫道,基本规模和形制与阊阖门址相似。从该

---

① 中国社会科学院考古研究所洛阳汉魏故城队:《河南洛阳汉魏故城北魏宫城阊阖门遗址》,《考古》2003年第7期。

建筑基址所处位置来看,其位居宫城正殿太极殿南侧的院落之南、宫城正门阊阖门之北,显然也是进入宫中的重要门址。具体是什么门址,尚无确切资料证明,有待进一步考察与研究。①

　　北魏宫城内的几座建筑基址的发现,为我们全面了解汉魏洛阳城北魏故城的面貌提供了条件。2008年4—6月、10月至次年1月,中国社会科学院考古研究所和日本独立行政法人国立文化财机构奈良文化财研究所联合考古队在汉魏洛阳故城北魏宫城遗址发掘一座大型夯土居住遗存,编号为二号建筑遗址,还发现一些道路和沟渠。这是继阊阖门遗址发掘之后,北魏宫城遗址的又一重要发现。② 对北魏宫城二号建筑遗址的勘察,进一步深化了对宫城南部主要轴线上建筑的平面布局形制以及路网和沟渠系统的认识。二号建筑遗址与宫城阊阖门遗址,在建筑上的相似性以及二者所处位置的一致性,显示出它们应是一次整体规划建造而成。这些发现,对于深入探讨北魏宫城的布局以及对后代都城的影响都有重要的意义。

二、洛阳邙山陵墓群的调查与新发现

　　洛阳是著名古都,前后有13个王朝在这里建都,时间长达千余年。在洛阳周围分布着为数众多的古代陵墓和陪葬墓群。洛阳历代帝陵主要有9个集中分布区,它们是:西郊三山东周陵区、东郊金村东周陵区、东周王城陵区、邙山东汉陵区(北兆域)、偃师万安山东汉陵区(南兆域)、邙山北魏陵区、偃师首阳山西晋、曹魏陵区和偃师景山唐代陵区。除西郊三山东周陵区、东周王城陵区、偃师万安山东汉陵区和偃师景山唐代陵区之外,其余均位于邙山地区。这个区域内的古代陵墓群,通称为邙山陵墓群,为第五批全国重点文物保护单位。

　　由于历史和现代的原因、人为和自然的因素,邙山陵墓群遭受到严重破坏。为加强文物保护和考古学研究,建立完善的文物保护档案资料,2002年5月,经

---

① 钱国祥等:《汉魏洛阳故城北魏宫城遗址》,《中国考古学年鉴(2008)》,文物出版社2009年版,第296页。
② 中国社会科学院考古研究所、日本独立行政法人国立文化财机构奈良文化财研究所联合考古队:《河南洛阳市汉魏故城新发现北魏宫城二号建筑遗址》,《考古》2009年第5期。

国家文物局批准立项,开始对邙山各时期的古代陵墓进行考古调查、勘测。2003年10月第一阶段古代墓冢的普查工作正式启动,历时近4年,至2007年6月普查工作基本完成。通过文物普查,获得了邙山古墓冢的基础资料,了解了邙山古墓冢目前的保护状况,初步掌握了各个时期陵墓群的分布规律。

根据文献记载和考古发现,目前已知在邙山地区埋葬着6代共24座帝王的陵墓。其中东周时期王墓8座,东汉帝陵5座,曹魏帝陵1座,西晋帝陵5座,北魏帝陵4座,五代后唐帝陵1座。东汉帝陵分别是光武帝原陵、安帝恭陵、顺帝宪陵、冲帝怀陵、灵帝文陵;曹魏帝陵为文帝首阳陵;西晋帝陵分别是宣帝高原陵、景帝峻平陵、文帝崇阳陵、武帝峻阳陵、惠帝太阳陵;北魏帝陵分别是孝文帝长陵、宣武帝景陵、孝明帝定陵、孝庄帝静陵;五代后唐帝陵为明宗徽陵。"邙山陵墓群考古调查与勘测项目"以传统的田野考古为基础,以现代科学技术手段为补充,采取以帝陵为重点,分阶段、分步骤实施的方式开展工作。

文物普查的记录除沿用传统的方式外,调查单位还委托解放军信息工程大学测绘学院开发研制了邙山陵墓群地理信息系统和数字信息库,采用"3S"技术(GPS:全球导航定位,RS:遥感技术,GIS:地理信息系统)对陵墓群所在区域进行监测、建档和管理,还开展了遥感、航空影像在陵墓考古中的应用研究,并利用这些技术寻找未知的古代墓冢。

整个陵墓群可以分为五个陵区:

1.金村东周陵区。位于洛阳郊区白马寺镇金村附近。据文献记载,公元前510年周敬王出居成周,子朝居于王城,敬王以后十一王均居于成周。所以这些周王的葬地应在成周附近。东周时期成周城即为汉魏故城。金村大墓位于故城内北部,此次做了GPS定位。

2.东汉陵区。位于中段的东部,汉魏故城西北方。这里是邙山地区地势最为平坦开阔的区域。这里墓冢分布密集,而且是大小墓冢结合。墓冢的年代绝大部分为东汉时期,其规模也相对较大,与《帝王世纪》《古今注》等文献记载的邙山五陵的方位等一致,应为东汉帝陵的核心区域。整个陵区西侧与黄河两岸的北魏陵区衔接,其间约有数公里的过渡地带,墓冢较少。东侧有凤凰山、首阳山与曹魏、西晋陵区相隔。核心区域西南、东南邙山山麓,以及北部黄河沿岸也有一些属于东汉时期的墓冢。这些墓冢的规模和分布密度要小,缺少大型墓冢。

3.曹魏、西晋陵区。位于东段,汉魏故城东北方,邙山东部的首阳山南北两侧。据文献记载,曹魏文帝首阳陵、西晋宣帝高原陵、景帝峻平陵、文帝崇阳陵、武帝峻阳陵、惠帝太阳陵分布在这里。

4.北魏陵区。位于西段的全部、东段的西半部,汉魏故城的西北方。整个区域内东汉墓冢数量很少,说明当时北魏陵区在规划时有意避开了东汉陵区。《洛阳出土石刻时地记》中北魏时期墓志的材料比较集中,年代相对准确,所以陵区的范围较为清晰。北魏陵区范围较东汉陵区大,但墓冢少,有50余座。帝陵多位于瀍河西岸,陪葬墓则集中在瀍河东岸。1946年魏文昭皇太后山陵志在官庄大小冢的小冢中被盗掘出土,确定了北魏孝文帝长陵的位置。根据数十件北魏隋唐墓志的记载,宣武帝景陵的地望也基本确定。另外,孝明帝定陵、孝庄帝静陵的地望也根据出土墓志和考古调查获得了线索。1991年中国社会科学院考古研究所汉魏洛阳城考古队和洛阳古墓博物馆对景陵进行了考古发掘,北魏帝陵的墓葬形制基本清楚。2004年对孝文帝长陵进行了调查和钻探,首次发现了北魏帝陵陵园遗址,确定了陵园的范围、布局、结构和规模,并发现了许多重要遗迹。

5.五代后唐陵区。宋代王明清《挥麈前录》记有"明宗葬徽陵,在洛阳东北"。清乾隆《洛阳县志》记载:"后唐明宗徽陵在洛阳东北十里,今查在东北路护驾庄。"今洛阳孟津县送庄乡护庄村西南有1座覆斗形大冢,地望和文献记载相符,其封土也是唐以来帝陵通常采用的形制,可以确定此为后唐明宗徽陵。航拍显示,墓冢附近区域存在着对称的小土堆,可能和陵园遗迹有关。又在附近发现3个夷平的小冢(M2~987、988、931),推测是阙门遗址。

洛阳邙山陵墓群的调查获得了丰富的资料。其一,初步确定了邙山古墓冢的数量、年代及其分布规律,邙山古墓冢的总量开始明晰,为今后的考古研究和建档工作奠定了基础。其二,初步了解了邙山古墓冢的保护状况,为文物保护工作和大遗址保护规划提供了必需的条件。其三,由于信息系统的研制开发和使用,墓冢编号系统的初步建立,邙山的调查勘测工作建立了一个数字平台,确保今后的各项文物工作和科学研究的延续性。其四,通过对原始资料的分析,邙山陵墓群诸陵区的区域范围逐渐明朗,便于利用考古学的方式来寻找并确定帝陵的地望。①

---

① 洛阳市第二文物工作队:《洛阳邙山陵墓群的文物普查》,《文物》2007年第10期。

三、西晋北魏墓葬

2004年2—3月,洛阳市文物工作队为配合新安县洛新开发区洛阳市通用水泥除尘设备厂新厂区的基建工程,发掘清理了魏晋时期的墓葬1座。该墓位于洛新开发区管理委员会南,北距310国道约50米。墓葬形制为穹隆顶砖室墓,由墓道、甬道、墓室、耳室等组成。除墓道外,其他部分都有青砖砌筑,地面以长方形条砖错缝平铺,周壁用条砖采用"二顺一丁"叠砌至一定高度起券。墓道呈斜坡状,两壁自上而下内收四层形成台阶,墓道南部砌第一道封门砖,甬道口砌第二道封门砖。甬道中部的石门将甬道分为南、北两部分。该墓随葬品较为丰富,共出土陶器、铜器、漆器、铁器、金银器、石器等105件套。根据该墓的形制、随葬器物组合及其特征等分析,其年代具有从曹魏晚期向西晋早期的过渡形态。该墓为洛阳地区历年来发现的这一时期墓葬中出土文物最为丰富的一座,为研究洛阳地区魏晋时期的社会经济、文化艺术以及墓葬分期等提供了新的资料。[①]

2005年12月至2006年3月,洛阳市文物工作队为配合洛南新区城市建设,在关林定鼎门街皂角树村、练庄村段基建考古工作中,发掘出一批西晋时期的墓葬,共计10余座。墓葬分布较密集,虽然被盗严重,但出土了一批精美的铜器、瓷器、玉器等随葬品。皂角树村、练庄村一带是洛阳目前已发现的西晋时期墓葬较集中、规格较高的墓葬区之一,这批墓葬可分为中、小两种形制,墓葬一般呈东西向排列,墓葬的间距在5~50米之间。中型墓:由墓道、墓门、甬道、墓室四部分组成。通长24~26米。墓道长19米,长斜坡,墓道上口宽1.8米,东西两壁呈台阶状,自上而下逐渐内收,墓道底宽1.2米。墓室为单室,长约4米。小型墓:由墓道、墓门、甬道、墓室四部分组成。通长12~13米。墓道长8米,斜坡,东西两壁无台阶。墓室为单室,长约3米。从这一发掘区域较规整、密集的墓葬排列分布情况推断,这一墓葬区可能是西晋时期一个地位较高的官僚贵族的家族墓地。西晋建国时间短暂,此次发掘出如此高规格、密集分布的

---

① 安亚伟:《新安县魏晋墓》,《中国考古学年鉴(2005)》,文物出版社2006年版,第255~256页。

西晋墓葬,在洛阳还不多见,残存的瓷器、铜器、玉器等做工精细,造型优美,是西晋时期随葬品中难得的精品。这次发掘为进一步了解皂角树村、练庄村一带西晋时期墓葬的分布范围和规模等提供了新的实物资料。①

2007 年 2 月 26 日下午,济涧村在浇地时出现塌陷,洛阳市文物工作队派人进行勘探,确定是一个墓道长 12 米、宽 0.8 米,墓室长 4 米、宽 3 米、深 10 米的土洞墓。之后对其进行了抢救性发掘。该墓葬是一座北朝时期的墓葬,由墓道、甬道、墓室组成。墓道长 12 米,甬道长 1.9 米,墓室长 3.3 米、宽 2.7 米。墓室为土洞,并在墓顶浮雕出屋顶的形状,有房梁、椽子,呈两面坡状。出土文物计有陶双耳罐 1 件、陶灯盘 1 件、瓷碗 1 件、小瓷壶 1 件、铜吊锅 1 件、铜镜 1 件、铁镜 1 件、铜环 1 件、铜钱 5 枚等。该墓葬是洛阳市首次发现的用土雕刻出房子形状的墓葬。经分析,其随葬品和墓形特点应为北朝时期。②

豫北地区也发现了较多的西晋和北朝墓葬,为该地区的西晋和北朝文化提供了丰富的材料。为配合南水北调中线工程建设,2006 年 6—10 月,四川大学历史文化学院考古学系会同新乡市文物局、卫辉市文物局对大司马墓地进行了抢救性勘探发掘,揭露面积 3100 平方米,清理汉、晋、唐、宋、明、清时期墓葬 28 座,出土文物近 400 件。晋墓 M18 出土较多的金饰品,如金叶形饰、金饰片、金圆形饰等,这些都显示出墓主应有相当的身份和地位。金圆形饰造型优美,制作精良,是不可多得的艺术珍品。金叶形饰、金饰片、珍珠与山东临沂洗砚池晋墓 M2 所出的几乎完全相同,看来豫东北地区的西晋墓葬与山东地区同时代的墓葬有着密切的联系。河南新乡地区过去发表的西晋墓葬资料较少,大司马墓地晋墓的发掘为研究新乡及豫东北地区西晋时期的丧葬制度提供了新的实物资料。③

为配合南水北调总干渠工程建设,从 2005 年开始,河南省文物考古研究所对安阳北部漳河南岸的固岸墓地进行考古发掘,清理出 300 多座墓葬,其中部分墓葬出土有墓志砖,为研究北朝晚期的葬俗葬制提供了珍贵的实物资料。经

---

① 王炬:《洛阳市定鼎门街西晋墓》,《中国考古学年鉴(2007)》,文物出版社 2008 年版,第 314~315 页。
② 洛阳市文物考古研究院:《洛阳吉利济涧北魏墓发掘简报》,《文物》2015 年第 4 期。
③ 白彬、于孟洲:《新乡市大司马汉至明清墓地》,《中国考古学年鉴(2007)》,文物出版社 2008 年版,第 312~313 页。

过2006年、2007年和2008年上半年的连续考古发掘,取得了丰硕成果。通过考古发掘,发现固岸北朝墓地中的北齐墓葬主要集中在墓地的Ⅰ区,东魏墓葬集中于Ⅱ区。在这些墓葬中,除少数被盗掘破坏外,绝大多数保存完好,出土有完整的器物组合。尤其重要的是在一些东魏、北齐墓葬中出土有墓志砖,上面详细记录着墓主人的姓名、埋葬时间等,为我们准确判断其年代提供了珍贵的实物资料。东魏墓葬,其形制以及出土器物基本上和北齐墓相同,多数为平民墓,少数为贵族或官僚墓葬。北齐墓,均为带墓道的土坑洞室墓,少数为单室砖室墓。墓道为斜坡式或竖井斜坡式,墓室有铲形墓和刀形墓两种。在这两种墓葬中,以铲形洞室墓规格较高,随葬品也较多。在一些北齐墓葬中虽然为带有狭长斜坡墓道的铲形洞室墓,但是其墓门为砖砌仿木结构,十分精美。墓室内用砖砌成非常规整的棺床,说明其规格相当高。固岸墓地出土有墓志砖的墓葬数十座,虽然它们有的记载很简单,但却为我们准确判定其年代提供了依据。本墓地出土的北齐和东魏时期的瓷器有白瓷、青瓷、酱釉瓷、黑瓷。其中青瓷有盘口龙柄鸡首壶、四系莲花罐、罐、高足盘、盏、刻花青瓷盘、碗,白瓷有白釉绿彩双系罐,酱釉瓷器形分为盘口壶、四系罐、盘口束颈鼓腹罐和小盘口罐。黑瓷有瓷碗等。这批随葬器物以及前述墓志砖的出土为我们判定墓葬的年代提供了准确的标尺。固岸墓地东距故邺城仅8公里,中间有漳河相隔,河北岸为东魏、北齐皇室和贵族墓葬区,与中国社会科学院考古研究所所发掘的元祜墓和天子冢很近。应该是故邺城的重要组成部分。[1]

  2008年6月15日,安阳市文物考古研究所在文物巡护过程中于南水北调干渠安阳第九标段37+500处发现1座北齐时期洞室墓(编号M54),请示河南省文物局南水北调文物保护办公室后进行了抢救性发掘。该墓是南水北调文物保护工作的重要成果之一。墓葬形制独特,器物组合完整,纪年明确,出土的一组北朝时期瓷器具有较高的文物价值和考古价值。根据墓志,墓主人为贾进,此人史书无载。墓志记载其为河南洛阳人,是西汉早期著名政治家贾谊的第十一代孙,北齐车骑将军,死于北齐武平二年(571)。墓志记载该墓位于邺城西宣范里,豹祠(西门豹祠)之西,与今天西门豹祠的地点相吻合。车骑将军为汉制,仅次于大将军、骠骑将军,金印紫绶,地位相当于上卿,或比三公。典京师

---

[1] 河南省文物考古研究所:《河南安阳固岸墓地考古发掘收获》,《华夏考古》2009年第3期。

兵卫,掌宫卫,属第二品,是战车部队的统帅。因此,贾进应是二品官或稍低,级别较高。①

安阳地区发现的北朝墓葬不少,除贾进墓外,还有 1971 年安阳县洪河屯村发现的北齐范粹墓②、固岸墓地的 51 号东魏墓③,以及 2006—2008 年南水北调保护巡护过程中安阳段发现的东魏赵明度墓和北齐刘通墓、元夫人墓、叔孙夫人墓、郑州刺史李夫人墓等。这些墓葬均位于安阳县漳河以南至洪河屯乡上柏村之间南北约 15 公里的范围内,多数以邺城和西门豹祠及野马岗为坐标点。西门豹祠位于今天安阳县安丰乡北丰村。野马岗大体是安阳市西北一条南北延伸的丘陵,历史上多有记载。安阳县安丰乡、洪河屯乡一带位于邺城的西南,从现有考古资料来看,以漳河为界,北部多为北朝时期的皇家陵寝所在,南部则为一般官员和贵族的墓葬,区别比较明显。特别是漳河南的墓地,从目前考古调查的情况看,时代集中在东汉至北朝时期,墓葬排列密集,规格相对较高,范围大,南北约 15 公里,东西约 10 公里。现在认为这一墓地与历史上邺城的兴衰有着密切的联系。④

第五节　隋唐五代考古的发展

这一阶段,隋唐时期考古新发现非常丰富,隋唐洛阳城的考古新进展毫无疑问地成为河南考古的核心内容。隋唐窑址的发现和研究,特别是三彩窑的发现为隋唐五代时期的陶瓷考古增添了更加丰富的资料。

---

① 孔德铭:《河南安阳发现完整的北齐贾进墓》,《中国文物报》2008 年 11 月 21 日。
② 河南省博物馆:《河南安阳北齐范粹墓发掘简报》,《文物》1972 年第 1 期。
③ 河南省文物管理局南水北调文物保护办公室、河南省文物考古研究所:《河南安阳市固岸墓地Ⅱ区 51 号东魏墓》,《考古》2008 年第 5 期。
④ 河南省文物管理局南水北调文物保护管理办公室、安阳市文物考古研究所:《河南安阳县北齐贾进墓》,《考古》2011 年第 4 期。

一、隋唐洛阳城

隋唐洛阳城在前一阶段工作的基础上持续进行发掘,发现了包括定鼎门遗址、相关坊市遗存、道路遗迹等在内的一大批遗迹,使我们对隋唐洛阳城的认识又更进了一步。城内外相关附属设施的发现,为我们了解隋唐洛阳城的功能布局和定位提供了丰富的资料。

(一)履道坊白居易故居

唐代著名诗人白居易祖籍太原,后迁下邽(今陕西渭南),晚年寓居洛阳,居住在履道里本宅,直至寿终。白居易在《池上篇并序》中对其故居有较为详细的描述:居址位于履道坊的西北隅,"地方十七亩,屋宇三之一,水五之一,竹九之一,而岛、树、桥、道间之"。1992年10月至1993年5月,考古工作者配合建立白居易纪念馆,对履道坊进行了大规模勘探和发掘,共揭露面积7000多平方米,出土文物2000余件,不仅确定了白居易故居的位置,同时也搞清了里坊的布局。[①]

白居易故居于五代后唐同光二年(924)被改为普明禅院,北宋时称大字寺园,在唐宋两代都是著名的园林。这次发掘的范围包括白氏宅院居住区和南部的"南园"即庭院部分。居住区遗迹有中厅和东西厢房,中厅平面呈方形,东西宽5.50米,南北长5.80米,东西两端通过回廊往北与东西厢房相连。回廊各长15.20米,宽3.20米;厢房东西对称,各长约8.90米,残宽4米。东西厢房往北,各连有一段回廊;自中厅往南12.60米,残存有门房遗迹。据此推测白居易故居南有门庭,北有上房,是一座含有前后庭院的两进式院落。居住区南面有引水渠与履道坊西侧的伊水渠相通,很可能就是白居易诗中所称的"南园"部分。

白居易故居内出土文物十分丰富,除了大量的建筑构件外,还有大量的生活用具。其中可复原的瓷器多达500余件,既有动物珍玩,又有茶具和文具等。

[①] 中国社会科学院考古研究所洛阳唐城队:《洛阳唐东都履道坊白居易故居发掘简报》,《考古》1994年第8期。

文房用具中有石砚、陶砚和瓷砚,其中一件为唐宋时期著名的虢州澄泥砚。茶道用具中有石茶碾、瓷碾槽、茶碗和茶托等。这些遗物和诗人可能有着密切的关系,展现出白居易生前勤于笔耕作诗及其嗜酒饮茶的生活画卷。尤其是在一件六面体的石经幢上,各面镌刻有陀罗尼经文共 230 余字,其中有"唐大和九年"和"开国男白居易造此佛顶尊胜"等内容,不仅为确定履道坊白居易故居的位置提供了确凿的证据,而且证明了白居易晚年与佛教关系的密切。

(二)隋唐洛阳城定鼎门遗址

定鼎门为隋唐洛阳城的郭城正门,其南对伊阙,向北与定鼎门街、皇城正门端门、宫城正门应天门、宫城正殿明堂、宫城北门龙光门南北一线,组成了隋唐洛阳城的南北轴线,在中国都城建设史上具有重要的地位。

定鼎门遗址位于洛阳市洛龙区古城路北侧,1997—1999 年曾对该遗址进行过大规模发掘。[①] 2007 年度发掘是为配合国家大遗址保护洛阳片区定鼎门遗址的保护展示工程而进行的,是在上次发掘工作的基础上展开的。定鼎门遗址始建于隋代,历经隋、唐、五代至北宋,其间经过多次大规模的重建和局部修葺。其为三门道过梁式建筑结构,是一座以城门楼为主体,两侧辅以朵楼,其间以城垣相连的一组宏大建筑群。遗址由门道、门址墩台、朵楼、马道、水涵道、郭城南垣、门外南北向路和东西向路等遗迹组成,由唐至宋,定鼎门的基本格局没有发生重大变化。通过此次发掘,基本厘清了定鼎门遗址的历史沿革、建筑风格和布局。门址系以城门楼为主体,两侧辅以朵楼,其间以城垣相连接的巨大建筑群。此种建筑布局与敦煌壁画晚唐第 138 窟中所绘城门的建筑布局极为相似。定鼎门为一门三道建筑结构,自隋至北宋不同时期的城门建筑结构与平面布局大致相同,且历经多次大规模的重建与局部修葺。该门位于郭城南垣正中,北与皇城正门端门、宫城正门应天门、宫城正殿明堂及宫城北门龙光门组成了隋唐东都的南北轴线,为隋唐东都的复原研究提供了坐标性定位点。通过此次发掘,没有发现传统意义的护城壕。隋代城垣宽仅 2.2 米,唐代城垣宽仅 3 米,这与"盖隋时仅有短垣"的文献记载相合。由此推知隋唐时期的东都外郭城防御

[①] 中国社会科学院考古研究所洛阳唐城队等:《定鼎门遗址发掘报告》,《考古学报》2004 年第 1 期。

性应很差,亦与文献所记相吻合。定鼎门内天街宽约120米,门外南北向道路宽约147米,与"宽约百步"的记载相近。如此之宽的道路,可能与帝王出行仪仗所需有关。特别是晚唐时期路面上大量骆驼蹄印的发现,真实反映了当时丝路贸易的繁盛。①

(三)隋唐洛阳城古洛河河堤与天津桥遗存

2000年2—7月,洛阳市文物工作队在洛阳市滨河路路基工程施工中,于瀍河以西、牡丹桥以东的洛河两岸,发现古洛河的南堤2段、北堤1段和古桥遗存1处。

南北河堤均为长方形巨石垒砌而成,埋于河床沙石以下1~2米。南堤发现长度800余米,发掘长度380米,北堤发掘长度450米,堤宽2~3米。根据叠压关系和石质的不同,南北石堤可分三个层次。第一层次用石英石垒砌,包括南堤的全部与北堤东端最下层。石头为单排,石缝间无黏合物。第二层次用黄色沙石垒砌,包括北堤西段的大部分和东段的上层,石头也为单排,临水一侧的石缝间填以小鹅卵石并用白灰勾缝。第三层次是用生活用石垒砌,位于北堤的上层。石头杂乱不一,属洪水决堤时匆忙征集而来。南北两堤根据石材和垒砌方法的不同可分为三期。第一期包括南堤和北堤的第一层次,石质坚硬,雕凿规整,基础石下面铺垫方木,某些地段的堤石面上用腰铁进行锁固,垒砌时石缝间不用黏合物。第二期即北堤的第二层次,石质较松,雕凿不甚规整,基础石下面不垫木头,有些部位用木桩支撑。第三期为北堤上部石头。从石头特征及出土遗物分析,发掘者初步推断第一期石堤建于唐代,沿用于宋明时期,第二期石堤筑于宋代,第三期石堤垒于明代。古桥遗存位于洛阳桥以西近400米的现洛河北岸。共发掘4个桥墩,间距15米左右。其中由南往北排列的第2号桥墩保存较好,残长约20米,宽2米,高1米,方向53°。桥墩均用石英石垒砌,石头大小、形状同石堤的第一期用石。桥墩底部铺垫方木,面上用腰铁纵横锁固。桥墩遗存北面正对隋唐东都城的端门,处于应天门与定鼎门的连接线上,与天津桥的位置相重合,所以发掘者认为此即天津桥遗址。天津桥始建于隋大业元年

---

① 石自社:《隋唐洛阳城定鼎门遗址》,《中国考古学年鉴(2008)》,文物出版社2009年版,第297~299页。

(605),唐代建成石桥,之后多次被洪水冲毁,又多次修建。到宋代,天津桥得以重修并继续使用,宋以后天津桥就彻底废弃了。古洛河南北石堤和天津桥遗址的发现,是近年来隋唐东都城考古的重大收获。这对研究洛河的水文、防洪、漕运和河道变迁以及东都洛阳城的布局都有重要意义。[①]

(四)隋唐洛阳城思恭坊内庭院建筑遗址

2001年1—4月,洛阳市文物工作队在配合洛阳市春都集团房屋开发公司民族路19号院住宅楼的基建考古发掘中,于357平方米的发掘面积内清理出一座由四周砖墙、散水、廊道、夯土墙等建筑遗迹所围成的东西长12.5米、南北宽11米的庭院,并出土大量唐代遗物,主要有建筑构件、陶瓷器、铜钱三大类。建筑构件主要有内布纹外素面板瓦、筒瓦、莲花纹瓦当、凤鸟吉字纹方砖残块、兽首等;陶瓷器主要有酱釉饼形足陶瓷碗、陶、瓷澄滤器、陶、瓷罐、陶瓮、泥辟雍砚等;货币仅出两枚,均为开元通宝。该庭院遗址上为唐代文化层,其下一部分建在生土上,一部分建在唐代填土上,故遗址的时代当为唐代。遗址北距民族路30米,东距瀍河约60米,处在隋唐洛阳城东城区里坊思恭坊的北部,距北市较近,当为唐思恭坊内的民间建筑遗址。在隋唐洛阳城里坊区内发现唐代民间建筑遗迹,在整个洛阳隋唐考古中尚属首次。该遗址的发现,为研究隋唐洛阳城里坊内民间房屋布局、结构、建筑方式等方面提供了新的实物资料,具有重要意义。[②]

(五)隋唐洛阳城外郭城砖瓦窑址

2003年12月至2004年1月,洛阳市文物工作队对隋唐洛阳城外郭城砖瓦窑址进行了发掘。该窑址位于洛阳东车站南约100米,南新安街东侧,属隋唐洛阳城东北里坊区遗址。该遗址共发现隋唐时期砖瓦窑5座。这5座窑中,Y1、Y2、Y3破坏严重,以Y4、Y5保存最好。Y4、Y5形制、结构相同。遗址出土有大量的隋唐时期的建筑构件砖瓦及日常生活用品瓷碟、碗、盘及三彩残片等

[①] 余扶危等:《隋唐洛阳城古洛河河堤与天津桥遗存》,《中国考古学年鉴(2001)》,文物出版社2002年版,第210~211页。

[②] 吴迪:《隋唐洛阳城思恭坊内庭院建筑遗址》,《中国考古学年鉴(2002)》,文物出版社2003年版,第268页。

物。从发掘情况并结合先前的考古发掘,该工地的 5 座砖瓦窑是该区域隋唐时期大型砖瓦窑址的一部分。①

(六)坊市及相关遗存

南市是隋唐洛阳城里坊区内规模最大的市场。遗址位于洛阳市安乐镇曙光村、菇凹村一带。为了进一步推动隋唐洛阳城洛南里坊区的保护和隋唐时期洛阳的商业及对外贸易的研究,2003 年冬季开始对该遗址进行考古勘查,2004 年对该遗址进行了初步的考古发掘,取得了一些重要的收获。为了解南市的确切范围和布局结构,在曙光村和菇凹村一带东西、南北各 800 米的范围内,先后发现了建春门街、长夏门街之东第一街、南市内十字街及水渠等遗迹。经过发掘,在建春门街北侧清理出 1 条东西向的壕沟。发掘资料显示,该壕沟向南打破建春门街北侧部分路土,为唐末五代时期的壕沟。文献记载唐末张全义曾在南市筑垒以居,此壕沟应与其有关。又据《旧五代史》卷四十、《唐书》卷十六《明宗纪六》记载,张全义所筑南州、北州的城壕在明宗时仍存,并命人平填建造屋宇,可见建春门街北侧的壕沟应为唐末五代时期张全义所筑南州、北州的护城壕。经考古钻探可知,该城壕在南市南侧以西没有发现,这也正与文献记载相吻合。

在南市南北向街南门部分东西两侧,发掘清理出临街店铺遗迹,并在该段路面上清理出大量的骰子、象棋子、围棋子、筹码等,由此推测此处店面可能为出售娱乐用品的店铺。同时在南市南侧的建春门街北侧,清理出临建春门街的店铺建筑遗迹。该店铺内清理出多层烧灶遗迹,每层面上都有多个烧灶,且层层叠压,由此推测此处可能为一处饭铺店面。在街道路土的边沿部分清理出大量的柱洞遗迹,这些临街而建的店铺遗迹,前面多为凉棚式建筑,后面再砌砖起墙建筑。据文献记载,隋唐时期里坊的制度非常严格,一般严禁临街开店,晚唐时期,虽然侵街现象屡有发生,但坊制基本上没有被严重破坏。从发掘资料分析,这种临街开店铺成为普遍现象应发生在唐末五代至宋时期,这为研究中国古代坊制的兴衰和中国古代社会生活史提供了极为珍贵的资料。

此外,钻探出南市内十字街遗迹和南市东西向街南北两侧的排水渠遗迹。

---

① 霍宏伟、徐昭峰:《隋唐洛阳城外郭城砖瓦窑址》,《中国考古学年鉴(2004)》,文物出版社 2005 年版,第 266 页。

由此推测南市可能与里坊相同,皆为十字街布局,这为探索里坊的布局提供了新线索。隋唐时期的南市南临隋唐洛阳城唯一的一条东西向通衢建春门街,西临南北向通衢长夏门街之东第一街,北临洛河,且人工河道通济渠从南市通过,交通非常便利。考古发掘资料显示,建春门街从隋至宋一直沿用,路土堆积非常厚,一层层厚厚的路土面上密匝着深深的车辙印痕,仿佛向世人昭示着昔日车水马龙的辉煌。[1]

(七)道路遗迹

2007年9月在洛阳关林开元大道与新大明渠之间发现了唐代道路遗迹,该道路遗迹所处的位置,在隋唐洛阳城长夏门南面,两者南北相照,根据其规模和使用情况,该路应为城外连接长夏门的道路,对研究隋唐洛阳城城外交通情况提供了资料。[2] 2007年7—10月在洛阳市洛南新区发现的道路遗存位于隋唐洛阳城定鼎门南侧较近位置,正对定鼎门遗址,从其位置、规模和使用情况判断,该道路遗迹应为隋唐洛阳城定鼎门通往城外的南出大道,对研究隋唐洛阳城及其城外道路交通情况有一定的参考价值。[3]

二、隋唐仓窖遗址

2004年6月,洛阳市文物工作队在洛阳市东北郊瀍河乡小李村以西、邙山大渠以南的空地上进行考古钻探。该区域地势北高南低,呈落差较缓的三级台地。在这一南北长约390米、东西宽180米的区域内,共探明仓窖71座,道路3条,古代墓葬数百座。这批仓窖数量众多,排列有序,规模较大,应属国家粮库。这处仓窖的位置与文献记载的回洛仓的大致方位基本相符,已发掘的三座仓窖

---

[1] 陈良伟等:《隋唐洛阳城南市遗址》,《中国考古学年鉴(2005)》,文物出版社2006年版,第256页。

[2] 程保增:《洛阳市关林唐代道路遗存》,《中国考古学年鉴(2008)》,文物出版社2009年版,第300页。

[3] 武海:《洛阳市古城路唐代道路遗迹》,《中国考古学年鉴(2008)》,文物出版社2009年版,第300~301页。

内的出土遗物的年代均为隋至初唐,与回洛仓的废弃年代一致。因此,发掘者初步推断这处仓窖为隋代的回洛仓。这处仓窖遗址位于邙山南麓的缓坡带,不易积水。这里的土层为黄褐色黏土,直立性强,很适宜筑窖储粮。遗址南部紧邻瀍河,往南直通洛河,粮食水运条件十分便利。综合以上,这里应是筑建仓窖的理想位置。从发掘结果看,仓窖窖体是被自然而非人为因素所破坏,这从窖口均匀塌落、窖内呈凹状的淤积填土等处可得到印证。这处仓窖群的发现,是隋唐洛阳城考古的重要收获,对研究隋代洛阳城的兴建、仓储情况及中国储粮史等具有重要意义。①

三、隋唐五代墓葬

1992年冬至1993年春,安阳市文物工作队在洹北胜利小区发现一处隋代大型家族墓地,发掘隋墓64座。② 墓地平面呈三角形,自南而北呈扇形展开,各墓位次清楚,排列有序。这批墓葬都是带有墓道的洞室墓,按其平面形制可分为刀形、靴形、铲形等3种。共出土随葬品860余件,包括瓷器、陶俑、陶器、石墓志、砖铭、铁器、铜器、金器等8种。其中仅瓷器就达200余件,种类包括罐、瓮、瓶、博山炉、砚、房、盘、杯、碗、坛、豆、盂等。这批青瓷器造型规整,种类多样,色泽晶莹,为研究隋代瓷器增加了新的实物资料。另外,这批墓葬均保存完整,有的还出有墓志铭或砖铭,也为隋代墓葬的断代分期及对墓主身份的研究提供了一个标尺。

1992年5月至9月在洛阳市南郊龙门镇花园村发掘的唐睿宗贵妃豆卢氏墓,是洛阳地区迄今为止发现的唯一一座唐皇室墓。③ 该墓规模较大,现存封土冢南北长22.30米,东西宽约22米,残高6.50米。该墓为砖砌单室墓,由墓道、过洞、甬道和墓室组成。该墓曾遭盗掘,但仍出土了粉彩陶镇墓兽、武官俑、男侍俑、女侍俑、塔式罐、瓷碗、铁釜、铜锁、铜钱和石墓志等随葬品。其中石墓志

---

① 洛阳市文物工作队:《河南洛阳市东北郊隋代仓窖遗址的发掘》,《考古》2007年第12期。
② 贾玉俊:《安阳市发现隋代大型家族墓地》,《华夏考古》1994年第2期。
③ 洛阳市文物工作队:《唐睿宗贵妃豆卢氏墓发掘简报》,《文物》1995年第8期。

一合,志盖中间篆书"唐故贵妃豆卢氏墓志铭",志文为楷书,首题"唐睿宗大圣真皇帝故贵妃豆卢氏墓志铭并序"。豆卢氏史书无传,为唐睿宗皇帝的贵妃,曾对玄宗有抚育之恩,神龙初年由其伯父豆卢钦望恳乞特诏"出内"外居,失去宫廷贵妃的地位。开元二十八年(740)卒于亲仁里第,享年79岁。玄宗诏官给丧事灵輀还都(洛阳),并敕京兆尹田宾庭监护,以其年七月葬于东都河南龙门乡之原。豆卢氏墓墓道、甬道和墓室均绘有精美的壁画,石墓门上雕刻人物、鸟兽、花草等图案,使整个墓室显得富丽堂皇,在洛阳地区唐墓中尚不多见。随葬的陶俑造型优美,工艺水平很高,不少彩绘有贴金痕迹,与洛阳地区常见的三彩俑区别较大,有可能是由京城长安带来的所谓"东园秘器"之类。

2005年12月至2006年3月,洛阳市文物工作队为配合洛南新区城市建设,在关林定鼎门街皂角树村、练庄村段基建考古工作中发掘出一批唐代墓葬,共计100余座。墓葬分布较密集,虽然大部分被盗严重,但出土了一批精美的铜器、瓷器、玉器等随葬品。定鼎门街皂角树村、练庄村一带是洛阳目前已发现的最主要的唐代墓葬集中分布区域之一。本次发掘出的这一批唐代墓葬,均属于唐代中晚期的中小型平民墓葬。此次发掘出如此密集的唐代墓葬,在洛阳还不多见。虽然墓葬被盗严重,但是从残存的瓷器、铜器、玉器等看做工精细,造型优美,是唐代随葬品中难得的精品。①

四、隋唐窑址

西关瓷窑遗址位于新密市老城西关。西关瓷窑遗址于1961年发现,1993年9—12月,郑州市文物工作队配合新密市环城公路建设进行了考古发掘。②这次发掘的重要收获是根据地层堆积情况和包含物,将西关瓷窑遗存分为晚唐、五代、北宋三大期,并得出创烧年代可能早于晚唐,下限不会早于北宋中期的结论。共发现唐宋瓷窑3座、瓦窑1座、碾料池1处、釉料池1处,以及大批唐宋时期的瓷片等遗物。

---

① 王炬:《洛阳市定鼎门街唐墓》,《中国考古学年鉴(2007)》,文物出版社2008年版,第316页。
② 郑州市文物工作队、密县文管所:《河南密县西关瓷窑遗址发掘简报》,《考古》1995年第6期。

2004年春、夏两季,洛阳市文物工作队在配合中国石化洛阳石油分公司小北门加油站(以下简称小北门窑址,用"X"表示)和洛阳东站南侧天主教爱国会教堂及办公楼工地(以下简称东站南侧窑址,用"Z"表示)基建过程中,发掘了两处唐代砖瓦窑址,这两座窑址均位于瀍河西岸,在隋唐洛阳外郭城东北里坊遗址区范围内。

2004年3—4月对小北门窑址进行了发掘。窑址位于洛阳市环城北路东段北侧,南距明清洛阳老城护城河约70米,海拔142米。共发掘10座烧窑,窑址所在地地势北高南低。该窑址距明清洛阳老城较近,地势低洼,晚期破坏严重,大多数烧窑仅存平面。烧窑的形制、结构基本相同。以XY8为例,平面呈马蹄形,由操作坑、窑门、窑室、烟道等组成。火膛位于窑床南侧,平面呈半圆形,壁稍斜,底略平,窑床在火膛北侧,平面为长方形,床面平整。因窑址毁坏严重,出土遗物较少,主要有建筑构件、窑具和陶瓷器等三类。建筑构件有莲花纹方砖、直绳纹砖、斜绳纹砖、手印纹砖、戳印文字砖、板瓦、筒瓦、莲花纹瓦当等。窑具与陶瓷器有陶支垫、陶盆和瓷碗等。

2004年6—8月对洛阳东站南侧窑址进行了发掘。窑址位于洛阳东站南侧300余米,北距隋唐洛阳外郭城北垣中段约330米,东距瀍河西岸约320米,海拔143.2米。此次发掘开一个探方,发掘面积253平方米,发现烧窑6座。窑址所在地地势高亢,6座烧窑均开口于第1层下,打破生土。烧窑分为三组:东部的ZY1为第一组;中部的ZY2~ZY4共用一个操作坑,为第二组;西部的ZY5、ZY6为第三组。除ZY6未见遗物外,其他5座烧窑中均出土较多遗物,有建筑构件、陶工具、陶器、瓷器、釉陶器和三彩器等。建筑构件有砖和瓦两种,形制多样,出土数量较多。陶工具有烧钵、鼓形器、饼形器、坩埚等。陶器有盆、罐、瓮、砚等,均为泥质灰陶。瓷器有罐、钵、瓶、盅、碟等。釉陶器只有1件钵。三彩器数量极少,可辨器形有瓶、盂等。

洛阳小北门和洛阳东站南侧两处窑址均位于瀍河西岸,两者相距约400米,均在隋唐洛阳外郭城东北里坊遗址区范围内,所处位置应当属于履顺坊。小北门加油站和天主教堂两处窑址相距约400米,应同属于一个较大规模的烧窑作坊遗址区。两处窑址的建造形式均属于"穿掘为窑"式烧窑。从烧窑火膛和窑床上出土的遗物来看,烧制产品多为砖、瓦等建筑材料。窑址所出精美的莲花纹方砖、勾连忍冬纹方砖、莲花纹瓦当、戳印文字砖"官匠元口"等,不仅反映出两处窑址均属于官营烧窑作坊,而且与出土的陶瓷器一样,显现出盛唐时期的风格,结合《唐会要》卷八十六"开元十九年(731)六月"唐政府下达的两京"城内不得穿掘为窑,烧造砖瓦"的禁令来分析,这两处窑址的使用下限不晚于唐玄宗开元十九年①。

2005年6—7月,洛阳市文物工作队为配合洛南新区城市基本建设,在隋唐洛阳城外郭城外南部,洛龙区关林镇牡丹大道一标段考古发掘工地,发掘清理出一处唐代烧瓦窑址。该烧瓦窑址位于隋唐洛阳城外郭城定鼎门遗址南部约1.2公里处,关林镇皂角树村西侧。窑址分布东西长80米、南北宽60米,占地约5000平方米。发掘的遗迹有烧窑、取土坑和废品堆积坑。本次发掘共清理出烧窑17座,烧窑分布呈总体分散无规律但局部集中的特点。从钻探和发掘的情况看,窑址范围较大,三个取土坑和废品堆积坑大而且深,烧窑的烧土厚度达0.4~0.5米。烧窑构筑得精细规整。从以上情况分析,这应该是一处长期使用的窑址。从窑址所处位置及周围的地理环境看,窑址的选择是经过精心考虑的。第一,该地点有丰富的黄土资源作原材料。第二,该地点距水源近。第三,该处土质硬且黏,从掏挖烧窑的安全角度考虑十分必要。第四,该窑址北距隋唐城里坊区较近,产品便于运输。这批烧窑与以往发现的唐代烧窑的平面形制、结构及开凿方法等均基本相同。但该处窑址也有一些独特之处,即在布局形式方面分为单窑、对窑、"品"字形窑、串窑等几种。这些情况表明,唐代建窑方式多样,建窑技术日趋成熟。②

2002年,河南省文物考古研究所、郑州市文物考古研究所、巩义市文物保护管理所为配合基建工程,共同对巩义市黄冶河两岸的不同时代的窑址进行了清理。唐代窑炉分大、中、小三种,形制结构基本一致,平面近似马蹄形,由工作面、窑门、火膛、窑室、隔火墙、烟囱和护墙组成。窑室和烟囱部分用土坯砌成,火膛部分用高温耐火砖垒砌,其外部用鹅卵石作护墙。5号窑炉为唐代窑炉中保存最好的一座,长2.48米,宽1.3米,残高0.5米。窑床上黏结大量的小圆垫饼、绿釉斑块和少量的窑柱、垫圈支痕等,小圆垫饼常见的为3个一组作三角

---

① 四川大学历史文化学院考古学系、洛阳市文物工作队:《河南洛阳市瀍河西岸唐代砖瓦窑址》,《考古》2007年第12期。
② 洛阳市文物工作队:《河南洛阳市关林镇唐代烧瓦窑址的发掘》,《考古》2007年第12期。

形。这次发掘的地层堆积一般厚4米左右,最深的达6米以上,大致可分为汉、隋、唐和宋元四个不同阶段的堆积。汉代和宋元时期的堆积出土遗物较少。隋代堆积,出土遗物以黑釉、白釉为主,绿釉、黄釉、酱釉数量较少,器物胎体较厚重,胎质粗糙,釉色也不稳定,器形单调,常见的有盆、罐、钵、碗等。唐代堆积,是黄冶窑烧造的鼎盛时期,产品种类和数量大增,尤其是品种繁多的三彩器半成品的大量出土,为三彩器的烧造工艺增加了新的研究对象。此外,还出土有白釉洒、点蓝彩的彩釉片和青花瓷器,主要器形有碗、盏、罐等,为青花瓷的起源提供了实物资料。[①]

2005年4月至2008年3月,河南省文物考古研究所与中国文化遗产研究院合作,对巩义白河窑进行了考古发掘。清理窑炉6座,灰坑、灶、沟等110余个。该窑址首次发现了烧制白瓷和青瓷的北魏窑炉及其产品,以及唐青花瓷器和唐三彩马俑等,取得了重要的考古收获。巩义白河窑首次发现最早烧造白釉瓷器和青釉瓷器的窑炉及其产品,为探讨白釉瓷器的起源及其演变提供了极为珍贵的实物资料。

巩义白河窑唐青花瓷器的出土,为研究唐青花瓷的起源及其产地提供了极为重要的实物资料。巩义白河窑此次发掘出土的唐青花瓷器,虽然数量不多,但弥足珍贵,特别是从考古地层学上解决了唐青花瓷器的归属问题,更加显示了它独特的意义。唐代三彩器物的出土,扩大了唐三彩的烧造范围,为河南及周边地区唐墓出土的大型唐三彩器找到了产地。一脉相传的陶瓷制造业,奠定了白河窑的兴盛和发展。[②]

五、佛教考古

2000年3—5月,经国家文物局批准,河南省文物考古研究所对登封法王寺二号塔地宫进行了抢救性考古发掘。该地宫由踏道、宫门、甬道和宫室四部分

---

① 郭木森、赵志文:《巩义市黄冶唐三彩窑址》,《中国考古学年鉴(2003)》,文物出版社2004年版,第239页。
② 河南省文物考古研究所、中国文化遗产研究院:《河南巩义市白河窑遗址发掘简报》,《华夏考古》2011年第1期。

组成。室内北部的砖砌长方形台基上有一泥质跌坐高僧真身像,出土有白釉盒、白釉细颈瓶、黑陶钵、镏金镂空铜炉、铜净瓶等20余件珍贵文物。该塔地宫虽然多次被盗,特别是塔心的盗洞距地宫顶部仅有两层砖厚的距离,除了自然损毁外,地宫内的文物大多仍保存完好。其中白瓷类的细颈瓶、带盖双系罐、盒以及黑釉注子等,胎质细腻,釉色透明,造型美观,工艺精湛,具有较高的艺术价值。镏金镂孔铜炉,镂刻图案美观大方,线条优美流畅,造型独特,实属不可多得的珍贵文物。左右门扉的线刻侍女图,侍女手持的净瓶和长柄手炉,具有明显的唐代风格。二号塔地宫出土的墨块没有使用痕迹,墨心上有模印文字"天宝二年绛县上光墨",据此推断二号塔地宫的年代不早于唐玄宗天宝二年(743)。出土的铜净瓶和石刻假门左边门扉上的线刻侍女手中所持的净瓶,与洛阳唐神会和尚身塔塔基出土的铜净瓶形制相同,石刻假门右边门扉上的线刻侍女手持的长柄手炉与神会和尚身塔塔基出土的铜长柄手炉形制接近。神会于唐肃宗乾元元年(758)五月十三日坐化,唐代宗永泰元年(765)入塔。登封法王寺二号塔地宫出土的铜钱均为"开元通宝",其中Ⅲ式主要流通于晚唐时期。由此推断,法王寺二号塔地宫的封闭年代约为唐代晚期。登封法王寺二号塔地宫的发掘,不仅为唐代和尚身塔的形制提供了完整的实物资料,而且也为唐代佛教考古的研究提供了新的内容。特别是泥塑像,是河南省目前发现的唯一一处经过科学发掘的唐代高僧真身像,实属罕见,对于考古学和宗教学的研究都具有极高的价值。[①]

第六节 宋金元明考古的成就

宋金以后,中国的政治经济中心南移,河南的文化地位逐渐降低,尽管如此,宋代河南创造的辉煌灿烂的物质文化和精神文化仍然光耀华夏。北宋东京

[①] 河南省文物考古研究所:《河南登封市法王寺二号塔地宫发掘简报》,《华夏考古》2003年第2期。

城是当时世界上最繁华的大都市。因此,这一时段的河南考古仍然颇多亮点。北宋东京城的发掘还在持续,宋代各个窑口的瓷器陆续重见天日,这一时段的河南考古依然异彩纷呈。

一、北宋东京城

1993—1996 年,开封宋城考古队两次对北宋著名的皇家园林——金明池遗址进行了重点勘探,初步摸清了其大体位置和范围。[①] 金明池因引金水河注之故名,开凿于宋太宗太平兴国元年(976)。最初是在此教练水军,修建有盛放大龙船的船坞。后来渐变成娱乐场所,每逢春季,皇帝率近臣乘龙船观看精彩的水戏表演。金明池位于东京外城西墙外近 300 米处,池大致呈方形,东西约长 1240 米,南北宽 1230 米,周长 4940 米,与史载的方圆 9 里大致吻合。池底上距地表深为 12.50～13.50 米,低于当时池岸 4～5 米。在金明池南岸发现的临水殿基址,长 40 米,宽 20 米,出土有白瓷片和腐木块等遗物,并探出一段从金明池西北角向西北延伸的金水河河道,正与张择端《金明池争标图》所描绘的金明池西北角金水河注水门相连接。这些发现是研究金明池的珍贵资料,亦有助于深入探讨北宋东京城址的整体布局。

二、宋金洛阳城

1.北宋西京洛阳衙署庭园遗址

衙署庭园遗址位于今洛阳老城区中州路南侧。1984 年发掘了衙署门址。1992 年春清理出庭园遗址。衙署门址为单门洞砖石结构,由地栿石、门扉结构、车道和踏道几部分组成。[②] 地栿石居门址东、西两侧,间距 4.65 米,在石面上以 0.55 米的间距凿出一排 14 个长方形柱孔。门扉结构位于门址横中轴线上,现

[①] 丘刚、李合群:《北宋著名皇家园林金明池面世》,《中国文物报》1996 年 12 月 29 日。
[②] 洛阳市文物工作队:《洛阳发现宋代门址》,《文物》1992 年第 3 期。

存有门槛石、门槛石中央的将军石、两侧的门砧石及门框石,门扉的宽度为3.18米。车道由两排平行的石条组成,两排石条的中线间距1.55米,也为当时车轨的宽度。踏道共3条,用条砖横砌,各宽1.55米,居于地栿石和左、右车道条石之间。该门址建于夯土之上,两侧设地栿以立排柱,中有车道和踏道,横中部有严谨的门扉结构,应属于宋《营造法式》中所述的在地栿之上立排叉柱的"过梁式"木构门洞。

庭园遗址位于衙署门址以北,南北长76米,东西宽33米,发现有殿亭、廊庑、道路、花榭、水池和明暗水道数条。[①] 殿亭两座,东西并列,其中西殿亭基址保存较好,平面近方形,南北长9.20米,东西宽8.10米,台基四边包砖,台基上面自东向西有4排礎墩,每排南北向共4个,排列整齐。廊庑两排,东西对称布局。东廊庑南北长56米,东西宽4.30~5米;西廊庑残长61.30米,宽7.20米。东、西廊庑之间有一条连接二者的花砖路,长16米,宽2.60米,路面均用柿蒂形卷草纹方砖铺成。花榭位于庭园遗址西部,西与西廊庑的夯土台基相接,北、东、南三面均有包砖,南北长5.85米,东西宽4.20米。水池平面呈长方形,东西长6.12米,南北宽2.10米,深0.80米左右,四壁磨砖对缝,以白灰黏合,非常严密坚固。遗址内出土遗物700余件,以砖瓦类建筑构件和陶瓷类生活用品为主,并有唐宋铜钱和小型瓷塑等。该衙署庭园遗址地处隋唐洛阳东城的东南隅,北宋时仍是重要衙署和官邸之所在,其布局之巧妙,营建之讲究,充分反映了当时的造园艺术。上述考古发现,对于全面研究和复原北宋衙署风貌,有着非常重要的意义。

2. 洛阳金中京

洛阳金中京东城垣是这一时期比较重要的考古发现之一。2001年8月,洛阳市文物工作队在配合洛阳市房管局老城分局民族路住宅楼基建工程的考古发掘中,发现一段南北走向的夯土城墙。由于遭到后期取土的严重破坏,仅根据保存现状,利用现存的剖壁对其做了小面积的解剖发掘。城墙东部延伸到现代建筑物下,被0.3米的现代层叠压。现存夯土城墙残高1.9米,发掘宽度15米(东部未到边),其建筑程序及保存现状为:先对地面平整夯打之后筑起两层

---

① 中国社会科学院考古研究所洛阳唐城队:《洛阳宋代衙署庭园遗址发掘简报》,《考古》1996年第6期。

底夯,再在底夯之上直接堆土夯筑;夯土层次分明,质地坚硬,可分为22层,每层厚薄不均,最薄处5厘米,最厚处16厘米,均采用窝夯;夯窝皆圜底,呈半球状,分大小两种,大夯窝径8~9厘米、深1厘米,其间夹杂有小夯窝,径3~4厘米、深0.5厘米。城墙墙体西壁略收,大致呈75°角;西侧接有护坡,呈30°角,系建在两层底夯上,微夯。护坡之上则系淤土。城墙东壁结构不详。城墙夯土内的包含物基本为唐宋时期的砖瓦残块和少量宋代瓷器残片。墙下压有唐宋时期灰坑两座。该段夯土城墙距瀍河约130米。《元河南志》载:金"正大初,以河南为中京,改河南为金昌府。筑城,东距瀍河……"据此记载并结合考古调查及城墙包含物等诸方面综合分析,可以确定该城墙即金中京东城垣的一段。该段城墙的发掘,对洛阳地区城址的变迁、沿用及筑法等方面的研究提供了新的实物资料。①

三、重要遗址的发现

登封观星台元代大殿基址是河南唯一一处经科学发掘的元代大殿基址,基址的位置、构建方法、包含物以及构件特征均表明其为元代建筑,是观星台天文观测建筑整体的一部分。大殿基址的发掘,对复原元代天文建筑并揭示其功能有着重要的意义。②

延津县沙门黄河古渡口是宋元时期考古的一项重要发现。2006年8月至2007年8月,河南省文物考古研究所用时一年对延津县西北榆林乡的沙门城址进行发掘。该城址位于黄河故道南岸,曾是一处重要的黄河古渡口。据方志记载,宋金时期此处名宜村,为京都开封北上的水陆交通要道。金代后期,黄河改道,宜村逐渐荒废,为风沙所掩埋。城址大致呈北窄南宽的梯形,西、北城墙及东城墙的北段保存较为完整,东城墙南端及建在古黄河大堤上的南城墙被毁不存,在东、西及北边三面城墙各发现一座城门,南墙外约1000米应是码头所在,

---

① 吴迪:《洛阳金中京东城垣》,《中国考古学年鉴(2002)》,文物出版社2003年版,第269页。
② 郑州市文物考古研究院、登封市文物管理局:《河南登封市观星台元代大殿基址发掘简报》,《华夏考古》2010年第4期。

黄河沿西城墙蜿蜒而去。除了上述发现,还清理出道路、房基、水井、农田、灰坑和墓葬等遗迹。经分析出土器物特征,结合文献资料,初步确定该城址为宋金时期的遗存,最晚可至元代。遗址中大量的水井、穿孔石块和品种丰富的陶瓷器表明沙门城曾是人头攒动、商贸繁荣之地,且该城址还保留着汉代至南北朝、唐宋、金元三个历史时期的叠压关系,尤为重要的是在南墙下的古黄河大堤底部的夯土层中,发现有战国至西汉时期的板瓦、筒瓦及陶器等遗迹。对该城址的考古发掘,不仅是对中原地区中小城址的首次发掘,也是对古黄河渡口的第一次发掘,意义重大。①

叶县文集宋金元遗址是一处典型的集镇类遗存。2006年5—12月,河南省文物考古研究所、平顶山市文物局、叶县文化局为配合南水北调中线工程建设,对该遗址进行考古发掘。共发掘遗迹412处,计有房基14处、道路2条、水井2口、砖砌排水槽2条、窖藏坑3个、灰坑350个、灰沟13条、火膛8个等。其中房屋基址建筑形式有两种,即夯土基槽与河卵石铺底的基槽。墙体保存较差,或为青砖,或为土坯,皆为残垣断壁。有一条道路东西横贯遗址中部,将遗址划分为南北两部分。本遗址地层自上而下分为五个自然层,大致可分为三个文化层,最上层属于元代,中间属于金代,下层属于北宋。从该遗址出土的高规格房屋构件(大型兽吻)、大量的娱乐用具(围棋子和骰子)、少量的高档瓷器来看,这里显然不是一般意义上的建筑群落或村落,似乎是一处较大规模的民间集中贸易的场所——集镇类遗存。这次发掘,为研究中原地区平顶山一带宋元时期的历史文化面貌提供了一大批珍贵的资料。②

2008年1—10月,河南省文物考古研究所继续对文集遗址进行考古发掘。新发现遗迹437处,其中大型建筑基址3个、房址10座、灰坑250多个、窖藏坑20多个、道路1条、灶10多个、火池20多个、砖池10多个、水井8口、墓葬2座等。其中最为重要的遗迹,是4座保存较好的较大型房址、2个存留瓷器数量较多的窖藏坑等。绝大多数遗迹都位于金代至元代初年的文化层之间,分布于一条纵贯遗址中部的东西向街道的南北两旁。房屋建筑形式可分为单间式、简易

---

① 刘海旺等:《河南延津沙门古黄河渡口城址》,《2007中国重要考古发现》,文物出版社2008年版,第154~159页。
② 王龙正:《南水北调中线工程叶县文集遗址》,《2007中国重要考古发现》,文物出版社2008年版,第147~149页。

草棚式、连间排房式、庭院式等四种。至于墙基槽的建筑方式,从早到晚可分为夯土式(基槽内竖立木棒)、砖砌式、河卵石式等3种,墙体有青砖、夯土、土坯等3种形式,多为残垣断壁,其中一座房基的基础加上墙体尚残留9层砖。从周边灰坑出土大量的砖瓦残片可以看出,这些房屋除大量的茅草房外,至少有一部分为瓦顶房。值得一提的是2008年发现的两个储藏瓷器较多的窖藏坑,其中一个坑出土瓷器、铁器、陶器达60余件,仅瓷器就有40余件,而且大部分保存较好。新出土遗物400余件。以其质地的不同,可分为陶、瓷、三彩、铁、铜、银、玉、石等8大类。其中瓷器数量最多,以釉色的不同,可分为白、黑、钧、青、酱色等5种,器形有碗、盘、钵、盏、盂、瓶、灯、执壶、尊、盆、缸等器皿类器物,此外还有瓷俑、绞胎球、玩具等。装饰技法计有模印、刻画、绘花3种,装饰花纹计有三彩、白地黑花、红绿彩、青花等4种。遗址文化层堆积大体上可分为5层,每层可细分为2~3个亚层,其历史年代几乎是不间断地前后纵跨唐、宋、金、元、明等五个朝代,尤以金代遗迹、遗物最为丰富。

文集遗址是一处自唐代延续至元代,在金代发展为较大规模的民间商品流通、交易场所——集镇一类的遗存。遗址中较为清晰而明确的地层关系和丰富的遗迹、遗物,必将增进我们对中原地区金代瓷器的认识和了解,为研究这一地区唐代至明代的历史文化面貌,尤其是金元时期民间的经济贸易往来、文化交流、社会生活诸方面的发展状况提供一批珍贵资料。另外,在铜钱币窖藏坑内发现的南宋钱币,充分反映了当时南宋王朝与金朝在政治上相互对峙,在经济文化方面相互交流的社会关系史。[①]

四、墓葬

(一)北宋皇陵

北宋皇陵位于巩义市西南部的黄土丘陵上,陵区范围东西长13公里,南北宽12公里。自宋太祖赵匡胤登基的第五年(964)开始营建,至宋钦宗靖康二年

[①] 王龙正:《叶县文集唐至元代遗址》,《中国考古学年鉴(2009)》,文物出版社2010年版,第286~287页。

（1127）北宋灭亡，前后经历 163 年之久。北宋王朝的 9 个皇帝中，除徽宗、钦宗被金人所掳囚死漠北外，其余 7 个皇帝均葬于此，加上追封为宣祖的赵匡胤之父赵弘殷的永安陵，统称"七帝八陵"。另外，还祔葬有 20 余座皇后陵和许多宗室子孙的墓葬，形成一个庞大的皇室陵墓群。[①]

  据历年来的调查资料，宋陵按分布地域可分为西村、蔡庄、孝义和八陵等 4 个陵区。西村陵区位于巩义市区西南约 10 公里，在西村镇的常封村与罅沱村之间。这里地势较平，略呈盆地状，故群众称之为"龙洼"。该陵区包括宋宣祖赵弘殷的永安陵、宋太祖赵匡胤的永昌陵和宋太宗赵光义的永熙陵，三陵由东南向西北依次排列。在三陵的西北部，还祔葬有皇后陵 10 座和宗室子孙墓 140 多座。蔡庄陵区位于巩义市区以南 5 公里处，地处芝田镇蔡庄村北的高岗上，地势开阔，形胜气佳，宋时称之为"卧龙岗"。宋真宗赵恒埋葬于此，史称永定陵。在永定陵的西北部，祔葬有真宗的三个皇后即刘后、李后和杨后陵。孝义陵区位于巩义市区南部，地形陡斜，南高北低。这里有宋仁宗赵祯的永昭陵和宋英宗赵曙的永厚陵，两陵东西并列，相距约 200 米。永昭陵祔葬有曹皇后陵，永厚陵祔葬有高皇后陵。八陵陵区位于巩义市西南约 15 公里，芝田镇八陵村的南部。这里地势平缓，南部略高于北部，包括宋神宗赵顼的永裕陵和宋哲宗赵煦的永泰陵。永裕陵西北祔葬有神宗向皇后、朱皇后、陈皇后和徽宗王皇后等 4 座皇后陵，永泰陵西北祔葬有哲宗刘皇后陵。

  各陵陵园建制相同，在平面布局上整齐划一，皆由上宫、下宫、皇后陵和陪葬墓组成。皇帝陵上宫以陵台为主体，四周围护神墙，神墙四隅建有角阙，四面正中开门，门侧设有阙台，门外各列石狮 1 对。南神门外的神道两侧，东西对称排列着石雕群像，再南设置乳台，陵园南端为雀台。从实地调查情况看，除永安陵上宫仅余陵台外，其余 7 座帝陵地面皆保存有诸雀台建筑基址，尤以神道石雕像基本完整。石雕像由南往北依次是望柱 1 对、象及驯象人各 1 对、角端 1 对、马 2 对、控马官 4 对、虎 2 对、羊 2 对、客使 3 对、武官 2 对、文官 2 对、武士 1 对和宫人 4 对，加上宫城四神门外的 8 对门狮，每座帝陵上宫计有 60 件之多。宋仁宗永昭陵上宫的地面建筑基址已经考古发掘，阙台、乳台、门阙和角阙皆为

[①] 河南省文物考古研究所：《北宋皇陵》，中州古籍出版社 1997 年版。

夯土筑成，其外均用砖包砌；宫城四周的神墙用黄土夯筑，表面粉以红灰。① 依据考古发掘成果和宋代史料记述，巩义市人民政府从 1995 年开始实施宋陵抢救保护工程，已按照原貌把永昭陵上宫复原，历经千年沧桑的北宋皇陵，正以新的雄姿展现在世人面前。

下宫是"朝脯上食，四时祭享"的地方，地面现存有南门狮 1 对。其位置，永安、永昌、永熙 3 陵在上宫西北、皇后陵之南处，永定、永昭、永厚、永裕、永泰诸陵皆设在祔葬的皇后陵之北部。宋人李攸在《宋朝事实》一书记述永厚陵下宫时云："宫有正殿，置龙辒，后置御座。影殿置御容。东幄卧神帛，后置御衣数事。斋殿旁，皆守陵宫人所居，其东有浣濯院，有南厨，厨南陵使廨舍，殿西副使廨舍。"由此可以大致勾画出宋陵下宫的平面布局。

皇后陵皆祔葬于帝陵陵园的西北隅，其平面布局大致仿照帝陵上宫，只是陵园范围较帝陵缩小，石雕像数目也减少一半，每陵均为 30 件。陪葬墓一般位于皇后陵的北部和西北部，每墓又自成茔园，在茔园大小和石雕像数目方面也有严格的等级制度。

北宋皇陵的这种陵园布局，大体继承唐代皇陵制度，但北宋各陵的陵园规模和石雕像数目整齐划一，而且受风水堪舆影响很大。宋代国音（赵姓）为角，利于丙壬方向，"吉方则要山高水来"。因此，诸陵地面南高北低，由雀台至陵台逐渐斜降，一反我国古代建筑逐渐增高、置中心建筑于最崇高地位的常例。

（二）宋代墓葬

安阳新安庄王现墓为一座单室墓，1992 年发掘。② 墓道作长方形阶梯式，长 5.20 米，宽 1.30 米。墓门正面为仿木砖雕门楼，通高 3.20 米，宽 1.80 米。甬道作拱形券顶，长 1.50 米，宽 1.05 米，高 1.60 米，两壁中部各浮雕一匹骏马。墓室平面呈八角形，穹隆顶，每边长 1.40 米，高 3.35 米。墓室周壁用造型砖拼砌出门窗、桌椅、箱笼、衣架等造型，并嵌以砖雕人物图案和剪刀、熨斗、注子等日常生活用器。墓内砖砌有棺床，棺床上共有成年人骨两具和未成年人骨 1 具。

---

① 孙新民、郭培育：《巩义宋陵考古获主要发现》，《中国文物报》1996 年 4 月 14 日。
② 中国社会科学院考古研究所安阳工作队：《河南安阳新安庄西地宋墓发掘简报》，《考古》1994 年第 10 期。

随葬品有石质墓志 1 方、瓷瓶 1 对、铜簪 4 件、铜镜 2 面、铜耳环 2 副和铜钱 4 枚。该墓保存完好,对于研究宋代建筑及宋人的起居饮食有一定参考价值。洛阳南郊皂角树村的一座小型土洞墓内,出土有陶瓷冥器、瓷佛塔、瓷坐俑、瓷立羊、三彩马、三彩狮等随葬品 22 件,这在小型宋墓中是不多见的。[1]

2008 年,洛阳市第二文物工作队为配合基本建设抢救性发掘北宋中期宰相富弼夫妇及其家族墓地,墓地规划整齐,排列有序,层次分明。随葬器物除墓志外,仅出土有少量遗物和壁画。其中富弼墓志方 1.41 米,碑文近 7000 字,内容丰富,涉及北宋中期许多重大历史事件,文辞优美,书法兼备楷、行、篆、隶,是探讨北宋中后期的政治、经济、文化、艺术等方面的重要实物资料。[2]

(三)金元墓葬

登封王上金壁画墓为八角形单室砖墓,由墓道、甬道和墓室组成,墓室北部砌有棺床。壁画主要分布于墓室和甬道侧壁及墓室顶部。墓室各壁均绘一幅画,画幅高 1.20 米,宽 1.05 米,壁间以红褐色条带将画幅分开。其中,北壁绘梅竹双禽图,东北、西北壁绘三鹤图,东壁绘论道图,西壁绘升仙图,东南、西南壁绘三仕女图。甬道东、西壁各绘一男侍,墓室顶部绘有祥云和飞鹤。该墓壁画采用工笔与写意相结合的手法,线条细腻流畅,色彩浓淡分明,具有较高的艺术价值。[3]

伊川的两座元墓,一座墓室平面呈八角形,另一座为长方形单室砖券墓,均不见宋金时期流行的仿木结构雕砖形制。在长方形单室砖券墓的墓室内绘有壁画:北壁为墓主夫妇对坐图,东、西壁为礼乐供奉图,南壁墓门两边各绘一门吏,墓顶绘牡丹、祥云和飞鹤。整个壁画绘制人物 22 个,有的服饰具有鲜明的蒙古族服饰特征,有的则保留唐宋遗风,应是元代蒙汉文化融合的结果。[4]

伊川县沙元村金代砖雕墓位于伊川县葛寨乡沙元村。该墓为单室砖砌仿木结构穹隆顶墓,由墓道、甬道、墓室三部分组成。墓道呈斜坡状。墓室平面近似方形。甬道两壁为单砖错缝平砌,顶部为拱形券。墓室前部中央形成"凹"字

---

[1] 洛阳市文物工作队:《洛阳南郊皂角树村宋墓》,《文物》1995 年第 8 期。
[2] 洛阳市第二文物工作队:《富弼家族墓地发掘简报》,《中原文物》2008 年第 6 期。
[3] 郑州市文物工作队:《登封王上壁画墓发掘简报》,《文物》1994 年第 10 期。
[4] 洛阳市第二文物工作队:《洛阳伊川元墓发掘简报》,《文物》1993 年第 5 期。

形棺床,高出甬道 0.4 米。其墓葬形制为方形仿木结构、凹形棺床,单昂四铺作计心造斗拱,转角铺作和补间铺作各 4 朵,八角形叠涩顶,且令拱比泥道拱宽。墓内出土的钱币均为年号钱,最早的是北宋"至道元宝",最晚为"政和通宝",即该墓的上限不早于北宋末年。而墓室建筑中 4 枚门簪的形状,与河南登封少林寺金正隆二年(1157)西堂老师塔相同。雕砖技法为浅浮雕,所雕人物形象和服饰与中原地区的金墓人物雕砖相似。因此,依据墓葬形制、出土器物和砖雕风格等方面的综合分析,初步断定该墓的年代应为金代中期。这座墓葬的发现,为研究金代中期洛阳地区的墓室建筑、雕刻艺术和社会习俗等问题,都提供了新的资料。[①]

2003 年 6 月,洛阳市第二文物工作队在宜阳发现一座金代壁画墓,为仿木结构砖砌单室墓,由墓道、甬道、墓室组成。甬道东壁正中墨书"一",其下朱书行楷"□□明昌五年"及行草"明昌□"纪年文字。南壁壁面平整,其余三壁均有两层砖顺砌的墙基。墙基以上东、西两壁结构基本一致,中部偏南为双扇虚掩板式门,门扉四周磨砖砌成门框,条砖砌门额、立颊、门砧、下槛等,板式门北侧为矩形破子棂窗,北壁正中为棱角磨砖砌双扇四抹格子门。墓室转角各有条砖竖砌抹有倚柱。柱承普柏枋,枋上承转角铺作 4 朵、补间铺作 4 朵,均为四铺作。斗有栌斗、交互斗、齐心斗、散斗四种,拱有令拱、泥道拱、华拱三种,耍头为蚂蚱头,拱弯卷杀圆和、蚂蚱头鹊台斜杀突出。护斗、泥道拱、散斗、令拱层层内收。斗拱上以砖为影作替木,替木以上四角叠涩顶。墓室内壁画绽放牡丹、缠枝花卉、浅浮雕等及墨绘侍女、对弈、对饮图,笔触流畅,栩栩如生。该墓是洛阳地区首次发现的有确切纪年的金代墓葬,它为研究宋金时期北方中原地区的建筑风格、营造法式,以及人物服饰、文化交融等提供了重要的实物资料,同时也为洛阳地区宋金墓葬的断代分期提供了极为准确的年代学标尺。[②]

[①] 乔栋:《伊川县沙元村金代砖雕墓》,《中国考古学年鉴(2004)》,文物出版社 2005 年版,第267~268 页。

[②] 张亚武、王明浩:《洛阳发现珍贵金代壁画墓》,《人民日报》2003 年 6 月 30 日;《金代壁画墓现身宜阳》,《河南日报》2003 年 7 月 1 日;吴业恒:《宜阳县金代壁画墓》,《中国考古学年鉴(2004)》,文物出版社 2005 年版,第 269 页。

五、陶瓷考古

宋元时期是陶瓷考古的一个高峰,不仅窑口众多,而且烧造工艺先进,奠定了后世瓷器制作工艺的基础。

(一)汝窑遗址

2000年6—12月,河南省文物考古研究所对宝丰县清凉寺汝窑窑址第四烧造区的西北部进行了第六次发掘。发现窑炉15座(大型窑炉7座、小型窑炉8座),配釉、上釉作坊2座,过滤池、澄泥池各1处,排水渠2条,排列有序的陶瓷、缸20余个,灰坑22个和水井1眼,并获得多组重要的地层叠压关系和一大批典型的天青釉汝瓷、窑具等,对揭示天青釉汝瓷的特征、窑址的性质以及烧造工艺等相关问题都具有重大的学术价值。这次发掘出土的遗物丰富,窑炉、作坊、澄泥池等遗迹布局清晰有序,从地层上揭示了天青釉汝瓷烧造晚于民用青瓷。结合年号钱币,初步推断天青釉汝瓷创烧于宋神宗元丰年间,大约停烧于宋徽宗前期。清凉寺天青釉汝瓷烧造区的性质是官窑。[1]

2002年5—7月,河南省文物考古研究所继续对宝丰县清凉寺汝窑遗址进行发掘。汝窑为北宋时期五大名窑汝、钧、官、哥、定之首。天青釉汝瓷烧造区位于清凉寺窑址的最北端,东西两河之间半坡台地上,面积约8000平方米。发掘面积150平方米,清理窑炉4座、灰坑6个以及其他遗迹,出土宋代碗、盘、炉、尊、瓶等御用汝瓷器150余件。窑炉由窑门、火膛、窑床、隔墙和烟囱组成,周壁用耐火砖砌成。大致分作两种形制:一种平面呈马蹄形,窑室面积较大,两个烟囱呈方形,位于后部两侧;另一种平面呈椭圆形,窑室面积较小,在窑室后半部垒砌隔墙,隔墙下部设置烟道。上述窑炉仍属于北方典型的半倒焰式窑,火焰在进入窑室后,先上升到窑顶,热量遇阻向下燎烧窑底,烟气则从吸烟孔经烟囱排出窑外。这次发掘为宋代汝窑的分期、断代提供了重要资料。[2]

---

[1] 河南省文物考古研究所:《宝丰清凉寺汝窑址2000年发掘简报》,《文物》2001年第11期。
[2] 郭木森、赵文军:《宝丰县清凉寺汝窑遗址》,《中国考古学年鉴(2003)》,文物出版社2004年版,第240页。

(二)钧窑遗址

2001年9月至2002年1月,北京大学考古文博学院和河南省文物考古研究所联合对禹州神垕钧窑遗址进行了发掘。禹州市神垕镇西南部钧窑址是成组分布的一个瓷窑组群。本次发掘区域分别为刘家门东区窑址、刘家门西区窑址、河北地窑址和下白峪窑址。在上述四个地点总计开挖探方和探沟29个,发掘面积650平方米。清理出不同时代的窑炉遗迹8座、石砌澄泥池3座、灶1座以及窑前工作场所5处。出土了数十万件瓷器残片和窑具,完整或可复原器物数千件。这次发掘大体可以确认此处钧釉瓷器的生产始于北宋。经过对刘家门窑址的初步整理,可将钧窑的发展历史分为三个时期,即北宋晚期到金代前期、金代后期到元代初年和元代时期。清理的8座窑炉中,5座保存相对完好,并各具特点:中晚唐时期的窑炉采用了砖砌的建造方式,有砖砌浅火塘、砖砌深火塘和土洞式。尤其值得注意的是河北地窑址的1号窑炉,残长12.92米、宽2.26米,窑室为长方形,中间以一道土石砌建的矮墙隔为前后室。在前后室的南壁底部各开了3个添火孔,其中后室尾部的1号、2号添火孔尚保存有拱顶,1号添火孔长1.2米、宽0.88米、高0.35米。窑尾部是一个圆形的大烟囱,以石砌小孔与窑室相连,烟囱的口径1.1米。这是一座土洞式长形分室式窑炉,既不同于北方常见的馒头窑,也不同于南方流行的龙窑,在北方地区还是首次发现,为瓷窑炉发展史的研究提供了新的资料。①

(三)修武当阳峪窑址

当阳峪瓷窑遗址位于河南省修武县城西北22公里,南距焦作市约4公里。遗址东西长约2000米,南北宽约1000米。由于地处山区,遗址多被雨水冲刷形成的自然沟崖分割后遭到不同程度的破坏。经报请国家文物局批准,河南省文物考古研究所于2003年11月至2004年6月,对当阳峪瓷窑遗址进行了第一次较大规模的考古发掘,发掘面积1000平方米,清理作坊、过滤池、辘轳坑、窑炉、水井、沟、灰坑、窑穴、灶等各类遗迹百余处,出土文物上千件。这次发掘的

---

① 北京大学中国考古学研究中心、河南省文物考古研究所:《河南省禹州市神垕镇刘家门钧窑遗址发掘简报》,《文物》2003年第11期。

地层堆积大致可以分为3个阶段,即宋代、金代和元代堆积。细白瓷、三彩和酱釉瓷主要出土于宋代堆积层,金代和元代堆积以粗白瓷和白地黑花瓷为主,钧瓷主要出土于元代堆积层。此次发掘清理出的作坊和窑炉等重要遗迹以及出土的种类丰富的瓷器标本,对于重新认识当阳峪窑在中国陶瓷史上的地位,提供了重要的资料。①

(四)新安县北冶金元时期瓷窑遗址

2003年11—12月,洛阳市文物工作队对黄河淹没区新安县北冶瓷窑遗址进行了抢救性发掘。发掘面积约300平方米,出土遗迹、遗物都很丰富,主要遗迹有瓷窑、作坊、灰坑等。瓷窑发现较多,大部分保存不完整。从一座保存较完整的瓷窑看,其由火膛、窑床、烟道、烟室几部分组成。其烟道以中间烟道为中心,左右对称布局,中间烟道较大,宽0.4米,残高1米左右,不用时封堵。烟室为长约2.6米、宽约0.8米的长方形。其西边为低于窑床约40厘米,长、宽各80厘米的方坑。作坊发现两处,一处有石灰垒砌的房基,房基周围有瓷窑、匣钵坑、瓷片坑;另一处发现有石杵、磨盘、箅子、排水沟等。遗物主要有白地黑花瓷碗、盘,天蓝釉瓷碗、盘,黑釉瓷碗,白瓷碗,红、蓝釉下彩瓷盘,三彩瓷枕残片等。窑具有匣钵、支钉、垫饼。匣钵种类较多,主要有筒形匣钵和盆形圜底匣钵。该次发掘遗物较丰富,但器形有些单调,大多数为碗、盘之类。天蓝釉瓷应属钧窑系,白地黑花瓷应属磁州窑系,其盛烧时代应为金元时期。②

(五)汝州张公巷窑及其研究

为配合民房改建,河南省文物考古研究所于2004年2—4月在汝州张公巷东、西两侧分别开挖8米×8米(T3)和12米×5米(T4)探方2个,发掘面积124平方米。清理出不同时期的房基4座、井4口、灶6个、灰坑79个和过滤池1个,出土了一批张公巷窑生产的完整或可复原的瓷器和窑具。此外还出土了唐、宋、金、元、明、清不同时期的文物标本,发掘出古钱币330枚。从获得的瓷

---

① 赵志文:《河南修武当阳峪窑址考古获新发现》,《中国文物报》2004年8月13日。
② 潘付生、刘富良:《新安县北冶金元时期瓷窑遗址》,《中国考古学年鉴(2004)》,文物出版社2005年版,第269~270页。

器标本看,整体不及汝窑,但确有色好者与汝窑接近,烧制的产品制作讲究,质量上乘,显然不是一般的民间用瓷。初步认为张公巷窑极有可能是文献中记载的五大名窑汝、钧、官、哥、定中的北宋官窑,也不排除是金或元仿汝的可能性。①

(六)砖瓦窑址

洛阳人民路北宋砖瓦窑址。2005年12月至2006年1月,洛阳市文物工作队在配合洛阳市土杂公司住宅楼基建工程中,清理了一处宋代砖瓦窑遗址。该遗址位于洛阳市人民路与环城北路交叉口西南角,业余体校以北,东距瀍河约60米。砖瓦窑遗址有5座窑,地层堆积较为简单,窑开口于近代层下。5座窑南北向一字排开,间距1.8~2.4米,均坐西朝东,方向90°。形制、大小基本相同,均由操作坑、火门、窑室、烟室等组成。该窑址中除Y2、Y3破坏较为严重,仅留窑底烧结面外,其余3窑均出有大量的板瓦及少量筒瓦、花边瓦、瓦当、残砖、瓷片等。关于这一窑址的年代,可作如下推断:1.窑的形制结构与洛阳市纱厂路北宋砖瓦窑②极为相似,具有宋代砖瓦窑的基本特征。2.出土戳印铭瓦与洛阳地区所出土宋代铭瓦"内西□□官工工(押)"③相比,文字的排序和字体均具有相同的特征。3.窑址出土的波浪纹花边瓦为重唇瓦,与奉先寺遗址出土的重唇瓦相似④。奉先寺遗址所出重唇瓦与宋太宗至宋徽宗时期铜钱同出。4.据文献记载⑤宋代应对隋唐洛阳城进行过大规模的修缮工作。此次出土的"北窑"铭板瓦应与唐宫中路出土宋代"北窑"铭板瓦⑥情况相同。综合以上分析,发掘者认为此窑址始建于北宋早期,废弃时间应在北宋晚期。窑址出土板瓦及筒瓦中,部分戳印带有"官"字。因此,发掘者进一步推测此窑址应为北宋时期以烧

---

① 孙新民:《汝州张公巷窑的发现与认识》,《文物》2006年第7期。
② 洛阳市文物工作队:《洛阳市纱厂路北宋砖瓦窑场遗址发掘简报》,《中原文物》1984年第3期。
③ 中国社会科学院考古研究所洛阳工作队:《"隋唐东都城址的勘察和发掘"续记》,《考古》1978年第6期;洛阳市文物工作队:《1981年河南洛阳隋唐东都夹城发掘简报》,《中原文物》1983年第2期;中国社会科学院考古研究所洛阳唐城工作队:《河南洛阳唐宫路北唐宋遗迹发掘简报》,《考古》1999年第12期。
④ 奉先寺遗址发掘工作队:《洛阳龙门奉先寺遗址发掘简报》,《中原文物》2001年第2期。
⑤ 中国科学院考古研究所洛阳发掘队:《洛阳涧滨东周城址发掘报告》附《永乐大典》卷9561引《元河南志》古代洛阳图十四幅,《考古学报》1959年第2期。
⑥ 中国社会科学院考古研究所洛阳唐城队:《河南洛阳市唐宫中路宋代大型殿址的发掘》,《考古》1999年第3期。

瓦为主的官营作坊。它的发现，为我们研究洛阳城的建造、修缮历史及建筑材料的来源提供了新资料。①

洛阳市东车站明代砖窑窑址。该窑址位于洛阳市东车站东约 200 米，2003 年共清理了 4 座明代烧窑。这 4 座烧窑出于明代层下，其下为生土。它们大小略同，形制相仿，均遭破坏。窑顶均残缺，窑室部分从残存情况来看，应是掏挖于原生土之下，均由操作坑、通风道、窑门、火膛、窑床和烟囱几部分组成。在窑的东面有 1 条大沟，并在工地的北面折而西行，窑的操作坑均指向该沟，故其方向不一。综合发掘情况来看，其燃料是圆木棍。操作坑、通风道均用砖修砌，应不是一般百姓所建造、使用。从该窑内的出土物来看，多为盛行于元明时期的瓷器残片，故其使用、废弃时间应在明代。窑内出土有大量的一侧长、一侧略短，一侧厚、一侧略薄的大小两种规格的楔形砖，这种砖仅用于建筑特殊部位如城门、楼门等。故此处应是明代一处具有专门化的用以烧制特殊用砖的砖窑遗址。这是洛阳地区明代砖窑的首次发现，其窑址布局、窑的结构设计也为洛阳地区的首次发现，丰富了砖窑烧造工艺和技术等方面的资料。②

第七节　考古学理论的充分讨论和方法技术的创新

从 20 世纪 70 年代末期起，西方考古学界自 20 世纪 60 年代以来发生的一些新思潮陆续被介绍到我国。这在我国年青一代的考古工作者之中曾引起了相当的思想波动。他们不安于我国考古学的现状而希望有新追求的愿望，强烈表现在这时期举行的若干次座谈会中。20 世纪 60 年代以来西方考古学的新思潮，是在根据传统考古学的理论与方法建立了考古学文化系统的基础上，又受到第二次世界大战后文化人类学和科学哲学的新思潮的启示后才产生的。在

---

① 洛阳市文物工作队：《洛阳人民路北宋砖瓦窑址》，《文物》2007 年第 4 期。
② 徐昭峰、马春梅：《洛阳市东车站明代砖窑窑址》，《中国考古学年鉴（2004）》，文物出版社 2005 年版，第 270 页。

我国,传统的考古学的理论与方法至20世纪七八十年代之际,正进入到一个比较成熟的阶段。西方考古学新思潮的传入与我国已有的考古学理论与方法的成熟凑巧碰到一起,于是我国的考古学界便处在一个特殊的矛盾境界之中:一方面是刚走到比较成熟阶段的传统的考古地层学、考古类型学与考古学文化论正需普遍推广,从而更快地完善我国考古学文化的时空框架;另一方面则是西方考古学新思潮中提出的运用更广泛的科学手段来获取更多的古人活动内容的信息,并进而追索其行为方式与环境条件,乃至文化进步动力等新要求,而这些又是应当加以追寻的重要考古信息。如果从寻求学科前进的总目标出发,两者应彼此尊重而自然地做到相互补充;如果热心于争论学派是非(在西方,传统理论与新思潮之间的确发生过激烈的学派之争),则很容易发生不冷静的笔战。担心发生后一种现象的忧虑,曾存在于我国的许多考古学者之中,而且引起过年青一代的普遍苦恼,但忧虑和苦恼并没有消除新追求的愿望。正是在这种愈来愈强烈的愿望的促使下,中国历史博物馆考古部觉得不能长期停留在空谈愿望之中,决心做一些具体工作来进行新的探索。于是,根据当时建设小浪底水库的需要,经过一年时间的筹备,选择河南省渑池县班村遗址为试点,从1991年10月起开展了一项结合考古学、地质学、地理学、生物学、物理学等有多学科参与的综合性的考古发掘与研究工作。这项工作,由中国历史博物馆考古部主持,又联合了中国科学院的地质研究所和古脊椎动物与古人类研究所、北京师范大学资源与环境科学系、中国社会科学院考古研究所、中国科学技术大学结构分析开放实验室共同进行。在考古学方面,则是聚集了河南省文物考古研究所和渑池县文管所、陕西省考古研究所、湖南省文物考古研究所、西北大学文博学院、中山大学人类学系等单位的一批人员来工作。有这样多的不同单位的不同人员集合在一起工作的思想基础是"志同道合",即都是为了寻找考古学的新进步。工作刚刚开始的时候,发掘队曾经根据从西方书刊看到的一些新理论、新方法设计了初步的发掘方案,然后在工作实践中加以修改。可是在自己的头脑中,如何把这些理论与方法同具体的实践结合起来,却几乎是一片空白。经过三年多时间的工作之后,班村考古队的队员们已逐渐产生和积累了一些有关考古发掘和研究的新认识,懂得了不少怎样才能取得更多的有关古人行为信息的新方法。参加班村综合发掘与研究的一些人员已陆续将一些心得写成文字,包括:一、班村考古队完成的班村遗址发掘操作原则(讨论稿);二、西北大学文博学院王建新完成的文化层与自然层分析；三、中国历史博物馆考古部曹兵武完成的考古发掘的新思考；四、北京师范大学资源与环境科学系李容全完成的环境考古研究中地学调查纲要；五、中国社会科学院考古研究所袁靖完成的研究动物考古学的目标、理论和方法；六、英国伦敦大学考古学研究所霍立治完成的计算机与考古学；七、中国科学技术大学结构分析实验室王昌燧、左健、毛振伟和日本帝京大学山梨文化财研究所河西学、舆水达司等完成的班村遗址出土彩陶的陶彩分析。[①]

俞伟超是班村遗址发掘的策划者和指导者，他对于考古学理论的思考和实践集中体现在班村遗址的发掘中。班村遗址的发掘除了标志着一种锐意进取的时代精神，还在于又树立了一个科学求实的典范。从遗址的正式选点，到规划的制订和论证，再到以后的正式发掘，每一个环节俞伟超都要亲自过问，严格要求，既希望尽可能较好地理解和吸收国内外成功的经验，又希望还有所创新和突破。为此，班村遗址发掘的一举一动都要经过周密的论证，每个日日夜夜也好似一个多学科永不休会的科研论坛。一个发掘项目，从先期选点，再到整个发掘规划分层次分学科的反复讨论和修改，中外专家联合参与，耗时近半年，这在国内是不多见的。虽然它不可能为国内所有的发掘项目所照搬和效仿，但班村规划制订过程所透出的严谨、科学求实、追求完美的精神却是值得我们所有考古人永远学习的。尤其是面对近年考古规模日益扩大，部分考古项目发掘质量逐渐下滑的趋势，呼唤班村精神的确具有重要的现实意义。

以班村遗址的发掘为契机，从 1992 年到 2008 年的十几年间，河南考古取得了长足的进步。许多新的发掘开始引入"班村"模式，驻马店杨庄、舞阳贾湖遗址的发掘不仅有了丰富的发现，而且在工作方法上创造了一种开放包容的范例，不仅多学科参与，而且对所获得的资料进行了多学科的解读，获得了以往不可比拟的丰富信息，为以后的研究奠定了基础。

（一）学者对理论探索的重视

我国考古学发展到这一阶段，已经从单纯的田野考古和室内整理上升到一个新的高度。中国学术界在接触到西方新的考古学理论之后，开始思考中国考

[①] 《班村考古的思考与体会》，《中国历史博物馆馆刊》1995 年第 1 期。

古学的新的发展方向。俞伟超的《考古学是什么》①一书则可以视为这一理论思潮的集中体现。该书对考古地层学、类型学、考古学研究中探索精神领域活动的问题、考古工作者的历史责任等问题都有独到的思考和见解，代表了老一辈考古学家对一些理论问题的深层次的探索。正是在这种思考和探索的推动下，促成了以班村遗址发掘为代表的多学科联合考古的新模式。

(二)考古学工作方式的创新——多单位合作和多学科联合

班村遗址的发掘，其意义在于开创了开放式考古工作的新模式，影响了后续一批遗址的发掘和研究。其开放性和包容性前所未有，这在学术史上是一个可喜的变化和良好的开端，考古学界给予其极高的评价。后来的驻马店杨庄遗址、舞阳贾湖遗址的持续发掘都深深地受到了班村遗址工作模式的影响。从此，河南考古学研究逐渐朝着开放、合作、共享的方向发展。这种工作模式的好处是显而易见的，打开了壁垒，共享了资源，互通了有无，集中了力量，更加有利于重大项目的协同攻关研究。

(三)环境考古的兴起

这一时期，环境考古方兴未艾，中国科学院周昆叔、北京大学宋豫秦等学者长期关注河南地区的环境考古研究，并且有相关成果问世。时至今日，在考古发掘和资料整理中提取环境信息已经成为必备的工作方法。以《驻马店杨庄》为代表的发掘报告，开创了后续考古报告的新的编写体例，这些都为后来河南考古研究注入了新的元素。

(四)国家层面的大型学术工程推动重大学术问题的进步

夏商周断代工程和中华文明探源工程是这一阶段非常重要的两项学术工程。前者已经取得阶段性成果，而后者仍在推进研究当中。夏代、商代和周代的积年已经大致形成框架，在夏商周断代工程研究过程中，大量的一线考古人员奋战在工地上，河南考古是断代工程的主要研究范围，老中青三代河南考古工作者，不同学科的科研人员协同创新，共同攻关，取得了可喜的成果。而中华

---

① 俞伟超:《考古学是什么》,中国社会科学出版社1996年版。

文明探源工程在推进的过程中,河南省承担的子课题数量较多,为该工程的顺利进行贡献了巨大的力量。诸如早期国家起源时期自然资源的开发和利用、登封王城岗遗址周围龙山文化遗址的调查、双洎河上游地区古聚落调查、新密市新砦遗址聚落布局与内涵研究、新密市古城寨龙山文化城址的发掘、颍河中上游流域聚落群综合研究等课题都有相当数量的科研人员参与其中,这些子课题的研究也催生了人们对诸多理论问题的思考。

　　总之,在这十几年间,河南考古的工作方法、研究路径、理论探索和研究模式都发生了巨大的变化。一些新的科技手段在发掘工作中得到应用,一批多学科联合攻关的工作模式也纷纷得到认可并被推广,科技考古、环境考古常态化,这些都有力地推动了河南考古的发展,使得河南考古的整体水平得到了很大的提升。

第五章 河南考古的兴盛时期（2009年至今）

近年来,"公共考古"或"公众考古"受到国内外考古界的普遍重视,中国考古学会还专门成立了"公共考古专业指导委员会"。2002 年,河南省文物考古研究所在郑州隆重举行了庆祝建所 50 周年暨"华夏文明的形成与发展"学术讨论会。作为本次会议的献礼,东道主推出了《启封中原文明——20 世纪河南考古大发现》[1]一书,它同近年来出版的另外一些考古学科普读物共同为考古学走向公众开辟了一条光明之途。2009 年 12 月,河南省文物局、河南省文物考古研究所向外界公布,在河南安阳县西高穴村发掘的一座大墓被推定为东汉末年著名政治家曹操的墓葬——高陵。围绕曹操高陵的考古发掘,新闻媒体、考古学者、历史学者和普通大众针对曹操墓的发现及定性问题展开了激烈的讨论。墓葬发掘的情况、墓中的随葬品、墓主人是谁、墓葬的定性是否科学等问题是讨论的焦点,既有肯定的观点,也有反对的声音,更有学者保持谨慎态度,持中立观点。除了考古学家、历史学家等专家、学者关注,各类新闻媒体、普通大众也从各种渠道关注曹操高陵的发掘进展以及真伪之争,这从一个侧面反映出普通大众对考古学的关注。[2] 也就是从这时候开始,考古学开始大规模地走入公众视野,一方面,考古学者希望通过有效的途径让公众了解他们所从事的工作,让一向神秘的科学研究"走入寻常百姓家",同时也澄清一些文学作品、坊间传说、网络自媒体对公众关于考古学真相的误导;另一方面,普罗大众对于考古学研究的内容和方法的了解也有着迫切的需求,他们迫切地想知道这群"面朝黄土背朝天"的学者和那些所谓的"摸金校尉""发丘中郎将"又有哪些区别。曹操墓的发现和定性成为沟通学者和民间的有效渠道。因此,可以说,曹操墓的发掘

---

[1] 河南省文物考古研究所:《启封中原文明——20 世纪河南考古大发现》,河南人民出版社 2002 年版。
[2] 胡洪琼:《从曹操高陵之争谈考古学公众化》,《兰台世界》2012 年第 15 期。

和定性是河南考古学历史上的一个里程碑事件,开辟了河南公众考古的新纪元。此后,河南各级各类考古机构及其工作人员都纷纷投入大量的精力推广公众考古,取得了可喜的成绩。2013年10月20—22日,首届"中国公众考古·仰韶论坛"在河南省三门峡市举行。论坛由中国社会科学院考古研究所和河南省人民政府联合主办、三门峡市人民政府承办,是首次全国性的公众考古论坛,为中国公众考古的宣传、推广建立了重要的窗口和平台。[①]

在这种大背景下,放眼全省,河南考古展现出新的面貌,田野考古新资料层出不穷,考古学研究硕果累累,创见迭出。特别值得一提的是新技术在考古学中的应用达到前所未有的高度。在尊重传统的地层学和类型学的基础上,无人机、航空考古、遥感考古、地理信息系统、VR技术的运用,使得考古学的研究如虎添翼。多学科的协同研究逐渐成为趋势,中外学术交流也深入开展。新世纪以来,公众考古的蓬勃兴起,让考古逐渐走进民间,走向大众。在中原大地,影响了中国考古学发展历程的重大遗址——偃师二里头、安阳殷墟、郑韩故城、汉魏洛阳故城、隋唐洛阳城等仍然有大量的新发现,不断地修正或者补充我们此前对河南考古学文化的认识。

第一节 史前考古新的生机与活力

毋庸讳言,史前考古在河南考古学研究中占有相当大的比重。新世纪以来,石器时代的新材料不断出土,有些是配合基本建设进行的抢救性发掘,有些则是为了某个课题所进行的主动性发掘。值得注意的是,许多重要发现来自配合基本建设的抢救性发掘。郑州、洛阳、许昌是旧石器文化发现的重要区域。从研究层面来看,多机构联合考古成为主流。新石器时代的发现不仅数量较多,而且许多新发现刷新了我们此前对新石器文化的认识。仰韶文化城址的发现、龙山文化城址的增加、"前仰韶时期"遗存的发现,有力地推动中华文明起源

---

① 《中国公众考古·仰韶论坛举行》,《大众考古》2013年第5期。

研究的进展。豫南地区屈家岭文化的新发现,为地区间的文化交流提供了新的资料和研究方向。

一、旧石器时代考古发现与研究

(一)郑州老奶奶庙遗址

郑州老奶奶庙遗址是郑州地区旧石器时代遗址的一个重要发现。遗址位于河南郑州市二七区侯寨乡的樱桃沟景区内,西邻贾鲁河上游九娘庙河,坐落在河旁二级阶地之上。该遗址发现于2005年冬。2011年4—8月,北京大学考古文博学院与郑州市文物考古研究院合作对该遗址进行首次发掘,发掘面积50平方米。发现数以万计的文化遗物,包括石制品、骨制品与动物骨骼及其残片等,还有20多处用火遗迹,以及由上述遗存构成的古人类居住活动面。通过区域地层对比可知,埋藏在上部马兰黄土堆积之下河漫滩相堆积中的老奶奶庙遗址,应属于深海氧同位素3阶段(MIS3)气候较暖湿时期。获得的一组加速器碳-14的年代测定数据均为距今40000年前后(未校正),校正后的实际年龄应该更早。这些情况显示老奶奶庙遗址正处于现代人类及其行为出现与发展的关键时段。而在老奶奶庙遗址新发现的数量众多的文化遗物,尤其是以灰烬堆积为中心的活动面遗迹的发现,则填补了过去中原地区以及东亚大陆这一阶段旧石器文化发现的空白,为认识中国境内及东亚地区现代人类及其文化起源与发展等一系列重要史前考古的关键课题,提供了非常重要的新资料。[①]

(二)登封方家沟旧石器时代遗址

登封方家沟旧石器时代遗址位于河南省登封市方家沟村,2014—2015年北京大学考古文博学院和郑州市文物考古研究院对该遗址进行两次发掘,发现大量石制品和动物化石以及原地埋藏的遗迹现象。石制品类型包括备料、石核、石片、断块、碎屑、石锤、石砧、工具等,整体面貌属于华北常见的石片石器工业。古人类在自然沟内短期活动形成的遗迹(G1)蕴含了空间利用方式的信息,对

---

① 方燕明:《2011年度河南省五大考古新发现》,《华夏考古》2012年第3期。

于进一步研究嵩山东麓 MIS3 阶段人类活动与行为特点具有重要意义。①

(三) 许昌灵井遗址

2011 年继续对许昌灵井遗址进行发掘。在 T9 和 T10 相邻隔梁地层中发现的 6 块古人类颅底骨化石是本次发掘的重大收获。化石距 2007 年发现许昌人头骨断块的位置较近，且这一部位的人类化石从未出现过。初步整理后认为，这批古人类颅底骨化石和原发现的许昌人头骨化石属同一个体。另外，在发掘遗址上部细石器遗存发现一批夹砂陶片。陶片主要以灰、黑色为多，以夹粗砂、蚌为主，结构松散，反映陶器的烧造火候不高。这批陶片层位明确，为研究中原乃至华北地区新、旧石器过渡这一传统问题提供了新的珍贵资料。② 2014 年度许昌灵井遗址又有重要发现，次年出土了 27 块人类头骨化石断块。化石断块有完整的枕骨、部分顶骨、眉脊、面骨和颅底骨等。其中，面骨和颅底骨属首次发现。骨骼多数可拼接复原。这批新发现的古人类头骨化石，分布在 9 号探方西部约 3 平方米的范围内，和原发现的头骨化石相距较近，属同一地层，地层年代经测定距今 10 万年左右。③

(四) 洛阳栾川旧石器地点

栾川县龙王洞旧石器洞穴位于洛阳市栾川县冷水镇龙王庙村西边的西坡山上，2013 年对该地点进行了抢救性发掘。从地层和出土动物化石来看，地质时代应为晚更新世晚期。龙王洞是洛阳地区近年来正式发掘的首个属于长江水系的洞穴，它的发现对于研究过渡区域动物群面貌、动物地理区系演化、古环境变迁和南北方古人类文化的交流有重要作用。④ 孙家洞遗址位于栾川县湾滩村伊河南岸哼呼崖的崖头之上，现有洞口呈扁长形椭圆状，洞口宽 3 米，高 0.9 米，洞口距河岸地面约 50 米，洞口四周冬青树密布，茂盛翠绿。该洞穴遗址发

---

① 林壹等：《河南登封方家沟遗址发掘简报》，《人类学学报》2017 年第 1 期。
② 李占扬：《许昌市灵井旧石器时代遗址》，《中国考古学年鉴 (2012)》，文物出版社 2013 年版，第 283 页。
③ 河南省文物考古研究院：《灵井许昌人遗址 2014 年发掘简报》，《华夏考古》2016 年第 1 期。
④ 李璇、顾雪军：《栾川县龙王洞旧石器洞穴》，《中国考古学年鉴 (2014)》，中国社会科学出版社 2015 年版，第 301 页。

掘工作从 2012 年 5 月开始,田野考古工作于 2012 年 9 月底结束。此次发掘发现有古人类化石、石制品、河卵石以及丰富的动物化石、动物粪便化石等。共发现古人类牙齿化石六颗,分属于一个幼年个体和两个成年个体。石制品出土较少,原料以石英和脉石英为主,有从围岩里获取的原料,也有河床上采集到的河卵石的原料,多为石核和石片。打击技术主要是锤击法,显示了我国旧石器时代早期比较粗犷、比较原始的一些特点。孙家洞遗址发掘发现的材料丰富,意义重大。第一,遗址内出土的古人类牙齿化石是河南省境内首次在中更新世时期,有明确地层出土的直立人牙齿化石,对于研究人类起源及演化有着重要的科学意义。第二,栾川的生态环境为古人类生存的理想之地,孙家洞遗址人类化石的发现及研究,对早期人类对栾川生态环境适应性研究及其演化过程研究有很重要的意义和贡献。第三,该遗址的动物化石非常丰富,栾川又地处中国南北地理分界线附近,对于研究中国中更新世时期该过渡区域动物群的种类及特征有着重要的作用,同时为动物地理区系演化及古气候环境变迁提供了重要的信息。[①]

(五)新密李家沟遗址

中原地区是探讨中华文明起源的核心地带。然而在这一地区旧石器时代晚期文化和已发现的新石器时代裴李岗文化之间,却存在着明显的缺环。这一缺环严重制约着史前学界对于该地区旧、新石器时代过渡与农业起源等重大学术课题的探讨,形成对该阶段文化面貌认识上的空白。为寻找上述缺环,2009 年秋季至 2010 年春季,北京大学考古文博学院与郑州市文物考古研究院合作发掘河南省新密市李家沟遗址,发现距今 10500 年至 8600 年左右连续的史前文化堆积。在堆积下部发现属于旧石器时代末期典型的细石器文化层,典型细石器与局部磨制石锛、陶片共存;中部则发现以压印纹粗夹砂陶与石磨盘等为代表的早期新石器文化;最上部是典型裴李岗文化遗存。这一新发现清楚地展示了中原地区从旧石器时代之末向新石器时代发展的历史进程,为认识该地区及

[①] 史家珍:《河南栾川孙家洞旧石器洞穴遗址》,《中国文物报》2013 年 1 月 4 日。

我国旧、新石器时代发展等学术课题提供了十分重要的考古学证据。[①]

（六）旧石器时代文化研究

杜水生等人重新研究了洛阳北窑遗址的地层序列，并测定了黄土—古土壤序列的磁化率曲线，认为洛阳北窑遗址的年代从 MIS7 延续到 MIS2，光释光法测年和 C14 测年得出的数据也与这一结果吻合。其中 1998 年发掘的层位的年龄从 MIS7 延续到 MIS4 的早期，而不是先前所认为的从 MIS5 延续到 MIS3。[②] 周立等人对栾川龙泉洞遗址的石制品进行了研究，石制品的主要原料为脉石英，使用锤击法和砸击法打片；锤击石片中，长宽相当的石片占多数，有近 30% 的似石叶石片；工具以刮削器为主，也有少量的尖状器、锥、钻、雕刻器等。龙泉山遗址是伏牛山区第一次经过科学发掘和研究的旧石器晚期遗址，它的发现为我们全面认识中国旧石器晚期文化的面貌和现代人行为特征提供了重要资料。[③] 多年来在洛阳栾川县发现了较为丰富的旧石器地点，洛阳市文物工作队以及相关单位的考古工作者都对此进行了总结。[④]

二、新石器时代考古发现与研究

（一）新石器时代考古新发现

舞阳贾湖遗址 2013 年度发掘发现了大量的墓葬，出土了丰富的遗物，除了前 7 次发掘中出现过的骨笛、骨叉形器、龟甲、带流陶壶等，还有一墓三笛等很多新的重要发现。例如：制作精美的象牙雕板，其形制在新石器时代遗址中极为罕见；随葬有大量高质精美绿松石串饰的墓葬，以及有可能作为房屋奠基或

---

① 郑州市文物考古研究院、北京大学考古文博学院：《新密李家沟遗址发掘的主要收获》，《中原文物》2011 年第 1 期。
② 杜水生等：《洛阳北窑遗址年代再研究》，《第四纪研究》2011 年第 1 期。
③ 周立等：《河南栾川旧石器时代晚期龙泉洞遗址石制品初步研究》，《第四纪研究》2011 年第 6 期。
④ 周立：《栾川县旧石器考古工作概述》，《中国文物报》2011 年 4 月 22 日；周等：《栾川旧石器考古座谈会发言》，《中国文物报》2011 年 4 月 22 日。

祭祀的埋葬现象等。这些发现不仅进一步深化了对贾湖文化的认识，丰富了贾湖遗址的文化内涵，还为淮河流域新石器时代人类文化和社会结构的探讨提供了新的资料。①

郑州地区发现多处仰韶及裴李岗文化时期遗址。新郑唐户遗址2009年共发掘700平方米，清理裴李岗文化时期房址5座，沟2条，出土一批裴李岗文化时期遗物，在裴李岗文化地层内发现了玉器。唐户遗址共发现各类房子65座，布局具有向心式和环壕布局的特征。②朱寨遗址位于郑州市高新技术开发区沟赵乡朱寨村东约500米处，郑州市文物考古研究院对该遗址进行考古发掘。该遗址以仰韶文化时期遗存最为完整丰富，新发现有裴李岗文化时期的遗存。从河南省裴李岗文化遗址的分布情况看，其以嵩山为中心，在郑州主要分布于南部。朱寨遗址新发现的裴李岗文化遗存，不仅为裴李岗文化研究提供了新的材料，而且对裴李岗文化遗址的分布研究具有重要价值，对于认识郑州西区裴李岗文化遗存面貌具有重要意义。朱寨遗址仰韶文化时期遗存的发掘，为研究仰韶文化大河村类型的社会形态、文化面貌等增添了新的实物资料。朱寨遗址仰韶文化时期遗存具有较完整的功能区划，充分体现出私有制产生后的贫富分化现象。③2009年8月至2010年10月，为配合南水北调中线干渠工程，河南省文物考古研究所对站马屯遗址进行了详细的调查和勘探，初步了解了遗址的分布范围及南水北调渠线内的遗址堆积情况。仰韶遗存的发现，进一步补充了郑州地区仰韶晚期秦王寨文化的内涵。特别是灰沟、围栏以及相关地层堆积、文化遗存的分布情况，对于探讨聚落范围、布局及功能分区提供了重要线索。成组瓮棺葬、成人墓地、房基以及整猪整狗的发现，为聚落布局及其变迁的分析提供了可靠的材料。不仅如此，通过对遗迹性质的重新审视而确定的奠基或祭祀遗存，对于研究郑州及其邻近地区仰韶晚期聚落的空间结构及当时人的行为方式提供了新的视角。④

温县南韩仰韶文化遗址是豫北较为重要的仰韶文化时期的聚落。该遗址

---

① 方燕明：《2013年度河南省五大考古新发现》，《华夏考古》2014年第2期。
② 信应君：《新郑市唐户裴李岗文化遗址》，《中国考古学年鉴(2011)》，文物出版社2012年版。
③ 刘彦锋、鲍颖建：《郑州朱寨遗址考古发掘与收获》，《中国文物报》2012年7月13日。
④ 河南省文物考古研究所、河南省文物管理局南水北调文物保护办公室：《郑州市站马屯遗址仰韶文化遗存2009—2010年的发掘》，《考古》2011年第12期。

于2014年第四季度由河南省文物考古研究院发掘。从器物形制上看,应属仰韶晚期,与晋南豫西地区仰韶晚期遗存以及豫北大司空文化都有密切联系。遗址中发现的折腹鼎残片,在文化面貌上又有郑州秦王寨类型的特征。这说明在仰韶文化晚期,该地区的文化面貌受到邻近地区诸多考古学文化的影响。南韩遗址所在的焦济平原地区,仰韶早期发现的聚落较少,至仰韶晚期,受生产力发展和气候条件的变化影响,焦济平原的聚落数量呈井喷式增长,中小型聚落的数量出现了明显的增加,并有自身较为鲜明的特征。沁河以南、黄河以北是焦济平原地区仰韶晚期遗存的主要分布区,南韩遗址正是这一文化分布区内的一处中型聚落。南韩遗址环境考古学的初步研究表明,南韩遗址坐落在湖泊相沉积的红色黏土层上。形成这一黏土沉积的湖泊是由太行山南端山前冲积扇扇面洼地积水而成,受黄河的影响不大。[1]

位于豫西南地区的淅川县,其所发现的新石器文化有别于豫中嵩山及其周围地区。2009年3月至2010年12月,河南省文物考古研究所为配合南水北调中线丹江口库区大坝加高工程,对属于未来淹没区的淅川下寨遗址进行发掘,发现了较为丰富的仰韶文化、石家河文化、王湾三期文化晚期遗存。尤其是石家河文化墓葬出土玉石钺和王湾三期文化灰坑出土的骨雕龙,为比较重要的新发现。淅川下寨遗址出土的新石器时代遗存比较丰富。仰韶文化时期遗存与沟湾遗址仰韶第二期、下王岗仰韶第二期以及邓州八里岗第一、第二段遗存的年代比较接近,大致属于同时期遗存。下寨遗址中出土的红陶杯为石家河文化的典型陶器。下寨遗址王湾三期文化出土的器物则与均县乱石滩、房县七里河、石板巷子和大寺等遗址同类器形制比较一致。下寨遗址王湾三期文化遗存与上述遗存的年代和性质相当,为王湾三期文化晚期的乱石滩类型。[2] 2009年3月至2010年1月,在下寨遗址共发现龙山时代末期至二里头早期土坑竖穴墓27座,瓮棺葬45座,出土了一批陶器、石器,部分墓葬存有人骨,这为研究该时期的丧葬文化面貌、墓葬制度和人骨的多学科综合研究提供了珍贵的资料,同时也为深入探讨豫、陕、鄂及其邻近地区考古学文化势力的消长、交流与融合等

---

[1] 武志江:《温县南韩仰韶文化遗址》,见《中国考古学年鉴(2015)》,中国社会科学出版社2016年版,第216~217页。
[2] 河南省文物考古研究所、河南省文物局南水北调文物保护办公室:《河南淅川县下寨遗址2009—2010年发掘简报》,《华夏考古》2011年第2期。

问题提供了新资料。① 2012 年度新发现仰韶晚期至石家河文化时期的墓葬 63 座。这是目前豫西南、鄂西北地区发现的规模最大、随葬品最为丰富的石家河文化墓葬。②

2012 年,发现龙山岗仰韶晚期城址。龙山岗遗址位于河南省淅川县滔河乡黄楝树村西。为配合南水北调中线工程丹江口水库建设,2008—2012 年,河南省文物考古研究所对该遗址进行了大规模考古勘探和发掘,发掘面积 13600 平方米。城墙依遗址当时所处的地理环境而建,共修筑两段,一段位于遗址的东北部边缘,沿古河道修建,呈东南—西北走向。另一段位于遗址的东南部边缘,呈东北—西南走向。两段城墙外侧均有壕沟,与古河道相连。从层位关系和出土遗物来看,该城址始建于仰韶时代晚期(朱家台文化),历经屈家岭文化时期,至石家河文化时期遭到废弃。龙山岗仰韶时代晚期城址是长江中游发现的众多城址之中始建年代最早、位置最靠北的一座,也是汉水中上游发现的唯一一座新石器时代城址。该城址的发掘和研究对于认识长江中游地区史前城址的相关问题具有重要意义。③

洛阳地区仰韶文化遗存也有不少新发现。2009 年 11 月,洛阳市第二文物工作队在配合基本建设的考古工作中发现并发掘一处新石器时代晚期古文化遗址。该遗址位于洛阳市老城区邙山镇中沟村东,北依邙山,南望涧河,西邻中沟。从灰坑出土遗物分析,该遗址文化面貌与洛阳同乐寨、西干沟遗址仰韶文化晚期遗存基本相似,其时代也应大体相当。该遗址地处邙山南麓半坡、洛河支流涧河北岸。在遗址中部发现的呈南北走向的古河道可能与当时人们生活有关,但还有待进一步考古发掘证实。④ 孟津班沟新石器时代遗址包含了仰韶和龙山两个时代的文化遗存,2014—2015 年由洛阳市文物考古研究院发掘。班沟遗址是洛阳市文物考古研究院近 10 年来首次主动进行发掘的新石器时代遗

---

① 河南省文物考古研究院、河南省文物局南水北调文物保护办公室:《河南淅川下寨遗址龙山时代末期至二里头早期墓葬发掘简报》,《华夏考古》2017 年第 3 期。
② 曹艳朋、楚小龙:《淅川县下寨遗址新石器时代墓地》,《中国考古学年鉴(2013)》,文物出版社 2014 年版,第 275~276 页。
③ 梁法伟:《河南淅川龙山岗发掘取得重要收获》,《中国文物报》2009 年 10 月 23 日。
④ 吴业恒:《洛阳市中沟新石器时代遗址》,《中国考古学年鉴(2010)》,文物出版社 2011 年版,第 287 页。

址。通过初步整理发现,遗址内的仰韶文化遗存与王湾二期、妯娌二期、寨根遗址仰韶文化二期年代相当,为仰韶文化晚期遗存。龙山文化遗存的年代与王湾三期、妯娌三期、寨根遗址龙山文化相当,为王湾三期文化遗存。这些都为研究洛阳地区新石器时代文化的发展序列以及不同文化的分布、分期与年代提供了重要的实物资料,也对探索当时的地理状况、气候环境等问题提供了考古学依据。[①]

汝州李楼龙山文化遗址位于汝州市杨楼乡马庄村李楼自然村西北的一处台地上,北距汝河约有 1300 米。1991—1992 年,中国社会科学院考古研究所曾在该遗址中心区进行过发掘,确定这里是一处龙山文化时期的遗址。2009 年,河南省文物考古研究所、汝州市文物局配合西气东输工程对该遗址进行了再次发掘。这次考古发掘丰富了 20 世纪 90 年代李楼遗址的发掘资料,为研究河南龙山文化时期汝河流域古代先民的生产方式、生活状况与丧葬习俗提供了实物资料。2009 年在遗址西南边缘的发掘区内发现了一段大致呈东西向的壕沟,它应是围绕此聚落的环壕的一部分。在遗址南边缘靠近环壕的内侧,发现一处近长方形夯土台基。夯土台基上面分布有很多柱坑或柱洞等房屋建筑遗迹。该遗址是王湾三期文化煤山类型的一个聚落。[②]

(二)新石器时代文化研究

关于裴李岗文化的研究,靳松安的《试论裴李岗文化的分期和类型》[③]、李德方等的《寨根裴李岗文化初步研究》[④]、韩建业的《裴李岗文化的迁徙影响与早期中国文化圈的雏形》[⑤]、王兴堂等的《裴李岗文化陶鼎的类型学分析——兼

[①] 任广等:《孟津县班沟新石器时代遗址》,《中国考古学年鉴(2015)》,中国社会科学出版社 2016 年版,第 217~218 页。
[②] 王龙正、王利彬:《汝州市李楼龙山时期遗址》,《中国考古学年鉴(2010)》,文物出版社 2011 年版,第 290 页。
[③] 靳松安:《试论裴李岗文化的分期和类型》,《东方考古》第 6 集,科学出版社 2009 年版,第 49~75 页。
[④] 李德方、王玲珍:《寨根裴李岗文化初步研究》,《中华文明与嵩山文明研究(第一辑)》,科学出版社 2009 年版,第 201~207 页。
[⑤] 韩建业:《裴李岗文化的迁徙影响与早期中国文化圈的雏形》,《中原文物》2009 年第 2 期。

谈陶鼎的渊源》[1]都围绕裴李岗文化进行了新的探索,其中也不乏一些新的观点。例如韩建业认为,裴李岗文化强盛时对外扩张影响,将渭河流域、汉水上游和黄河中游以北地区与之紧密联系在一起;衰败时又向东迁徙,其文化因素深深渗透到黄河下游和淮北地区文化当中。正是由于地处中原核心的裴李岗文化的强大作用,才使黄河流域文化紧密联结在一起,从而于公元前第九千纪形成新石器时代的"黄河流域文化区",才使黄河下游、汉水上游、淮北甚至长江中游地区文化也与中原文化区发生较多联系,从而形成"早期中国文化圈"的雏形。王兴堂认为,裴李岗文化陶鼎的发展主要经历了早、中、晚三个时期。早期是陶鼎的形成时期,中期和晚期分别是陶鼎的发展和繁荣阶段,陶鼎形制丰富,种类和数量增加。考古材料表明,陶鼎可能源于乳钉三足器,器底的乳钉不断加长,最终形成陶鼎。2010年出版的《论裴李岗文化:纪念裴李岗文化发现30周年暨学术研讨会》汇集了众多学者的一组关于裴李岗文化研究的文章,李友谋对裴李岗文化发现30周年进行了总结回顾,李绍连对未来的研究作了展望。其他学者从裴李岗文化在中华文明形成中的地位、裴李岗文化与同时期周边文化的关系及其发展去向、裴李岗文化是否为中原地区新石器时代早期文化、裴李岗文化的聚落形态、裴李岗文化的分期和类型等方面进行了研究,发表了自己的观点。[2] 其中关于裴李岗文化的聚落研究,还有杨肇清的《裴李岗文化聚落再研究》[3],信应君的《河南新郑唐户遗址裴李岗文化聚落考古新发现与初步认识》[4]等。

  关于舞阳贾湖遗址,研究者围绕贾湖遗址的墓葬、生产工具、龟甲刻符等方面进行了探讨。张震运用统计学的方法,从墓地布局、墓葬的形制、葬式、器类、随葬品的数量等方面,比较、阐述贾湖遗址各期不同性别和年龄群体、各个团体之间以及社会中人与人之间的差别,提出了对贾湖社会分工与分化的初步认

---

[1] 王兴堂等:《裴李岗文化陶鼎的类型学分析——兼谈陶鼎的渊源》,《中原文物》2009年第2期。
[2] 河南省文物考古学会等:《论裴李岗文化:纪念裴李岗文化发现30周年暨学术研讨会》,科学出版社2010年版。
[3] 杨肇清:《裴李岗文化聚落再研究》,《中国聚落考古的理论与实践(第一辑)》,科学出版社2010年版,第376~389页。
[4] 信应君:《河南新郑唐户遗址裴李岗文化聚落考古新发现与初步认识》,《中国社会科学院古代文明研究中心通讯》19,第13~20页。

识。他认为:1.贾湖男性在社会生产和精神生活中起着主导的作用,在日常劳作中也有很重要的作用。而女性的作用则主要体现在日常劳作和农业方面。这可能也是男性地位高于女性的主要原因。不排除在当时存在"尊崇男性"观念的可能性。2.不同年龄阶段之间的人地位差别很小,这可能与社会习俗有关。3.在贾湖,尤其是在贾湖晚期,聚落内不同社会团体之间分工的迹象可能已经出现。贾湖各期不同社会团体之间的不平等一直存在,团体之间在男女的分工、地位、礼俗、经济结构、社会分化等诸多方面均有所不同。贾湖团体之间分化的现象还没有出现。4.贾湖的社会并不是完全平等的。出现不平等的主要原因是人与人之间劳动、技能有差别,可能也有一些基于性别、团体人数等的因素。整体而言,贾湖还处在平等社会时期。[1] 张居中等人从分析贾湖遗址一期至三期石、骨、陶质生产工具组合、数量及变化入手,结合动植物遗存,对其经济形态的组成结构及其变化趋势进行了讨论,认为一期、二期是以狩猎、捕捞业为主,农业为辅的经济类型;到了三期,农业有了相当的发展,所占比例超过狩猎、捕捞业。生产工具的总量、动物遗骸、植物遗存综合分析结果显示,贾湖遗址的经济形态是以渔猎采集为主,农业种植、家畜饲养为辅的广谱性经济,但农业经济所占比重呈逐渐增加的趋势。[2] 冯凭、吴长旗认为,舞阳贾湖出土的带有刻符的龟甲本身很有可能就是一种宗教法器,龟甲刻符与甲骨文之间或许具有一脉相传的关系。[3] 张居中对贾湖遗址的生态环境与生业形态进行了研究。[4]

2011年11月6—7日,仰韶文化发现九十周年纪念大会暨国际学术研讨会在河南省渑池县召开。会议由中国社会科学院、国家文物局、河南省人民政府主办,中国社会科学院考古研究所、河南省文物局、三门峡市人民政府、渑池县人民政府承办。来自瑞典国立东方博物馆、瑞典国家世界文化博物馆、德国考古研究院及中国社会科学院考古研究所、国家文物局、国家博物馆、中国文物报社、北京大学等国内外数十家单位的仰韶文化方面专家学者参加了本次研讨

---

[1] 张震:《贾湖遗址墓葬初步研究——试析贾湖的社会分工与分化》,《华夏考古》2009年第2期。
[2] 来茵、张居中、尹若春:《舞阳贾湖遗址生产工具及其所反映的经济形态分析》,《中原文物》2009年第2期。
[3] 冯凭、吴长旗:《舞阳龟甲刻符初探》,《中原文物》2009年第3期。
[4] 张居中:《论贾湖遗址的环境与生业》,《中国聚落考古的理论与实践(第一辑)》,科学出版社2010年版,第119~135页。

会。本次纪念活动旨在充分宣传展示光辉灿烂的中华史前文明;回顾总结仰韶文化发现90年来的主要研究成果;进一步明确仰韶文化的历史和学术地位;缅怀历代考古学家为中国仰韶文化研究和文明探源做出的巨大贡献;交流仰韶文化最新研究成果,探讨仰韶文化研究方法和方向;推动中瑞文化交流,增进中瑞两国人民之间的友谊;以仰韶文化研究为平台,开创中原文化和华夏文明研究的新篇章。[1]

张开广的《考古地理信息系统:郑州地区仰韶文化遗址空间分布模式研究》一书是在吸收国内外基于地理信息系统技术,聚落遗址空间分析最新研究成果,并对基于3S技术的郑州考古支撑平台项目研究成果系统总结的基础上撰写而成。重点论述了支撑聚落遗址空间模式研究的综合数据库建设和信息采集与处理的技术方法,综合数据库的分类与编码方案,支撑聚落遗址空间模式研究的空间分析方法,包括遗址地理位置分布分析、遗存空间分析、遗址文化层数据分析以及可疑遗址区域位置确定方法,考古地理信息系统的含义及其内容,平台设计的原则和系统结构,信息采集、处理及其研究方法等。[2]

学者对龙山城址的研究从未间断。魏兴涛认为,中原地区是发现较多史前城址的区域之一,时代集中于王湾三期。通过观察发现这些龙山城址营建与废弃的时间基本一致,且沿用的时间比较短暂,使用期伴出有较多海岱地区典型龙山文化和江汉区石家河文化的器物。史前大的集团或文化区之间曾屡屡发生强烈的影响或碰撞。为了抵御来自其他集团尤其是东夷集团的侵袭,华夏集团的东部一带一定区域内的中心聚落或重要聚落就会筑城自卫,这可能就是中原龙山城址出现的具体背景或背景之一,而一旦威胁解除,这些城址就无存在必要,很快又弃之不用了。[3] 杜金鹏对新密古城寨龙山文化大型建筑基址进行研究,得出结论说,古城寨龙山文化大型建筑基址,具备了四合院式建筑之雏形;其建筑形制和规模,具备了早期宫殿的基本特征,标志当时社会跨入了文明

---

[1] 陈剑:《温故知新:中华文明探源研究的新视野——"仰韶和她的时代":仰韶文化发现90周年纪念大会国际学术研讨会综述》,《中华文化论坛》2012年第1期。
[2] 张开广:《考古地理信息系统:郑州地区仰韶文化遗址空间分布模式研究》,科学出版社2012年版。
[3] 魏兴涛:《中原龙山城址的年代与兴废原因探讨》,《华夏考古》2010年第1期。

时代。① 2006—2008 年,山东大学东方考古研究中心对河南省博爱县西金城遗址进行大规模发掘,发现龙山文化城址一座。发掘期间以恢复和复原该遗址龙山时期的人地关系演变为主要目标,积极进行了多学科研究尝试,从事古地貌、古气候、植物、动物、石器,以及经济区划、遗址资源域、聚落考古等几方面的研究实践与探索,对研究中原地区文明起源阶段的人地关系演变具有重要意义。② 关于王城岗城址,董琦认为,在未能确切论证王城岗大城面积的情况下,不宜过早地宣布"这是目前在河南境内发现的龙山文化最大的城址"。将文献记载的禹居阳城(或都阳城)与王城岗大城联系起来,还存在诸多有待解决的问题。关于早期夏文化,学术界还存在着很不相同的认识。③ 方燕明则对此持不同意见。④ 董琦在另一篇文章《四析王城岗城堡遗址》又进行了回应,指出基本数据的准确性是对考古报告的基本要求。王城岗大城的面积是推测出来的,使用"复原"一词不当。以古史记载中所见夏代积年的期限来判定哪座城址是禹都阳城,是个世纪性难题,目前尚未解决。⑤

三、聚落考古

2009 年 12 月 28—30 日,由中国社会科学院考古研究所、郑州市文物考古研究院和新密市人民政府主办的中国聚落考古的理论与实践暨纪念新砦遗址发掘 30 周年学术研讨会在河南新密市召开。来自全国 30 家文物考古研究机构、大学文博考古院系、文博考古刊物以及日本驹泽大学等单位的 90 余位专家学者参加了会议。会议达成的基本共识有:聚落研究必须以分期为基础,必须与其他科技手段相结合,在确定聚落范围大小时不能仅以陶片的分布为凭据,各地开展聚落考古研究时必须结合各地的实际情况采用不同的具体方法等。

---

① 杜金鹏:《新密古城寨龙山文化大型建筑基址研究》,《华夏考古》2010 年第 1 期。
② 王青:《博爱西金城龙山文化城址的多学科研究实践与探索——兼议新形势下一线考古工作者的身份定位与转变》,《华夏考古》2010 年第 3 期。
③ 董琦:《三析王城岗城堡遗址》,《中国历史文物》2010 年第 2 期。
④ 方燕明:《对〈三析王城岗城堡遗址〉相关问题的讨论》,《中国历史文物》2010 年第 5 期。
⑤ 董琦:《四析王城岗城堡遗址》,《中国历史文物》2010 年第 5 期。

这些认识必将对今后聚落考古的开展起到积极作用。会后出版的论文集收录的文章即是围绕中国聚落考古以及新砦遗址等会议的相关议题展开。内容涉及新石器时代各重要区域的聚落考古研究、夏商周时期重要都城遗址的聚落考古研究、聚落考古的理论和方法以及新砦遗址相关问题等诸多方面。该论文集由中国社会科学院考古研究所和郑州市文物考古研究院编著,科学出版社 2010 年 12 月出版,集中展示了这次会议的研讨成果。[1]

赵春青围绕新砦遗址的聚落考古实践进行了探索和总结,他认为从事大型遗址聚落考古研究必须树立聚落考古课题意识,无论是课题选题、技术路线的设计、实地工作过程等各个环节都必须牢固树立聚落考古的理念,才有可能不断取得大型遗址聚落考古的新进展。[2] 张松林对郑州市聚落考古的实践进行了总结与反思,提出了一些认识和思考:(1)在考古发掘中重视聚落考古和研究工作,把考古学推向新的阶段;(2)怎样认识聚落考古中调查的作用、调查的局限性,必须辅以其他手段;(3)怎样认识聚落的规模和沿革演变问题,即聚落使用的动态属性和变化;(4)怎样认识和使用目前古遗址分布数量和规模问题;(5)怎样认识古文化遗址演变与生态环境问题;(6)加强聚落考古理论建设,深化聚落考古研究工作。[3]

关于仰韶文化的聚落研究,李昌韬等人的研究颇具代表性,他们通过对河南仰韶文化数十年来的发掘和对研究资料进行分析,得出结论:从现有的发掘资料来看,河南境内的聚落形态大致有三种:(1)豫西地区的小房子围绕中型房子,中型房子再围绕大房子。大、中、小房子构成的凝聚式向心结构的聚落形态。(2)豫中地区的单间、双间及多间房屋成片分布的松散式的聚落形态。(3)豫西南地区的长排房子组成的庭院式聚落形态。一处完整的聚落除有一些房屋外,还有许多其他配套设施,如窖穴、灰坑、陶窑、饲养家畜的圈栏和防护设施壕沟及墓葬区等。在仰韶文化两千年之久的历史长河中,聚落的形态只有两次大的变更:第一次,母系社会时期,以氏族为单位,凝聚力极强的向心式聚落

---

[1] 《〈中国聚落考古的理论与实践(第一辑):纪念新砦遗址发掘 30 周年学术研讨会论文集〉简介》,《考古》2011 年第 4 期。
[2] 赵春青:《新砦聚落考古的实践与方法》,《考古》2009 年第 2 期。
[3] 张松林:《郑州市聚落考古的实践与思考》,《中国聚落考古的理论与实践(第一辑)》,科学出版社 2010 年版,第 199~247 页。

形态,如临潼姜寨第一期聚落;第二次,父系社会时期,以家庭或家族为单位的松散式或庭院的聚落,如郑州大河村第三、四期的聚落和邓州八里岗仰韶文化后期聚落。①

王青通过对博爱西金城遗址的资源进行分析,重建了龙山文化时期西金城聚落小区及其所在徐堡聚落区域的控制网络,以此将整个豫西北地区的龙山文化时期聚落分为至少3个聚落区域,每个区域的面积约为2000平方公里,分别控制着4~5个聚落小区,有3~4级决策聚落等级,并有扇形和梯形两种聚落控制模式。②

四、嵩山文化圈研究

嵩山及其周围的山、水、土、生(生物)、气(气候)和位(地理位置)诸环境因素综合作用下促使形成中原古文化,嵩山在中原古文化形成中起到发动机与孵化器的作用,故有学者提出了嵩山文化圈的概念。嵩山文化圈是全国古文化的核心,也是嵩山地区与周边地区文化不断交流的结果。中华民族文化"多元一统"和"多元一体"的特质,其要旨之一是有嵩山文化圈所起的核心作用。嵩山文化圈形成机制乃环境接壤的边缘效应。科学出版社在2009年出版的《中华文明与嵩山文明研究(第一辑)》收录了一批学者关于嵩山文化圈研究的文章,周昆叔、张松林、韩建业等一批学者围绕地理环境、文明起源、遥感考古等一系列专题,阐发了对嵩山文化圈的看法。③

---

① 李昌韬等:《河南仰韶文化聚落研究》,《中国聚落考古的理论与实践(第一辑)》,科学出版社2010年版,第416~417页。
② 王青:《豫西北地区龙山文化聚落的控制网络与模式》,《考古》2011年第1期。
③ 中华文明与嵩山文明研究会:《中华文明与嵩山文明研究(第一辑)》,科学出版社2009年版。

第二节　夏商周考古的新篇章

　　夏商时期的政权均起于河南,在20世纪考古发现的基础上,21世纪以来,以二里头遗址、偃师商城、郑州商城、安阳殷墟为核心的考古新发现层出不穷。与此同时,地区性核心聚落的不断出土,丰富和完善了夏商考古的内容。考古工作者们在实际工作中对相当数量的夏商时期的小型聚落的重视和研究也成为本阶段夏商考古的新亮点。至于周代,以洛阳为核心的成周和后续的"东周王城"成为河南两周考古的重要内容。春秋战国时期列国纷争,遍布河南的诸侯国城址和相关遗迹又成为此时期重要的研究内容。不同地区的文化交流在夏、商、周三代考古中也占据了较大的比重。从国家层面推行的区域大遗址保护也为考古学研究提供了更多的便利条件。以二里头遗址为样本的国家大遗址保护也为考古学的大众化、普及化奠定了坚实的基础。

一、二里头遗址的新发现与夏文化的继续探索

　　通过2010年、2011年两个年度的勘探和发掘,对二里头遗址宫城北部的布局有更深入的了解,揭露出的由多进院落组成的5号基址是目前发现保存最好的二里头文化早期大型宫殿建筑,是中国古代宫室建筑的主流模式的源头。巨型坑的发现为探索宫城内夯土基址的居住用土来源、二里头文化祭祀制度及偃师商城相关祭祀制度的源头等问题提供了线索。其中的第一至四期连续堆积,则为进一步细化二里头文化的分期和年代,复原当时的环境、经济生活等情况提供了重要的系列样本。[1]

---

[1] 赵海涛等:《偃师市二里头遗址宫殿区》,《中国考古学年鉴(2012)》,文物出版社2013年版,第291~292页。

这一阶段,对夏文化的研究持续深入。方燕明撰文探寻夏代早期的城址,通过对嵩山东南部的王城岗、瓦店、古城寨、新砦四座城址的讨论,可以大致勾勒出夏代早期城址的变迁:在夏王朝诞生前后,位于颍河上游的登封王城岗城址先为夏鲧之居,后又为禹都阳城之所在;随着夏王朝势力的发展,夏人沿颍河南下,禹、启又在禹州瓦店建立了阳翟城;不久,夏启为了经略北方的需要,又将都邑由颍河中游的阳翟迁到新密洧水边的新砦即黄台;直至启子太康为了控制嵩山西北的伊洛河流域,夏王朝的政治中心逐渐北移,才将都邑由嵩山东南部的颍河、洧水流域,可能沿郑州、荥阳通道,经巩义花地嘴新砦期遗址西进,迁至嵩山西北部伊洛河流域的偃师二里头遗址即斟鄩,自太康居斟鄩,羿亦居之,到夏王朝最后的帝桀,一直没有再迁都。① 陈隆文认为,夏族兴起于河济之间、禹都阳城在河南濮阳的说法均不正确。夏族兴起应在伊洛河流域,禹都阳城在河南登封②。

　　夏代是否为信史,现在基本上已经达成共识,认为夏代是真实存在的。至于此前的诸多否定论调,张国硕作了分析,认为"夏王朝否定说"形成的原因是错综复杂的。"古史辨"学派"疑古"过度导致对夏的否定。文献有关夏史的记载相对简略,缺乏出土文字准确无疑的实证;国外学者对中国史学特点和研究状况了解深度不够,国内外学者之间缺乏充分的沟通;部分西方学者对中国学术研究存在较为严重的偏见,中国学者不同程度地对国外相关研究成果关注不够等,是"夏王朝否定说"流行的主要原因。③ 关于夏文化的探索,张忠培指出,二里头文化是夏文化,"东下冯类型"则是由三里桥文化经过其后裔发展起来的一支独立的考古学文化。二里岗 H9∶36 陶鬲存在的年代纵跨先商晚期和早商早期,是先商时期最晚的鬲的形态,同时也是早商时期最早的鬲的形态。二里头文化之前仍存在着一些位于夏纪年之内的考古学遗存。新砦二期、花地嘴遗存都难以认为是二里头文化的前身。二里头文化的前身,还有待考古学家寻找。④ 李丽娜认为,现有的考古资料表明,虞夏时期中原地区的城址大量涌现。比较研究这两个时期城址的发展过程,可以发现二者既有内在的连续性又有明

---

① 方燕明:《寻找夏代早期的城址》,《寻根》2010 年第 3 期。
② 陈隆文:《夏族起源、活动区域与禹都阳城探索》,《殷都学刊》2010 年第 4 期。
③ 张国硕:《试析"夏王朝否定说"形成的原因》,《华夏考古》2010 年第 4 期。
④ 张忠培:《关于二里头文化和夏代考古学遗存的几点认识》,《中国历史文物》2009 年第 1 期。

显的阶段性,而这一过程正体现了文献记载的从"万邦"林立到夏王朝统一国家的出现的社会变革。① 二里头文化仍然是学者们讨论的热点。陈旭认为,探寻早期夏文化,应从考古学文化研究入手。二里头文化与河南龙山文化是两种不同性质的考古学文化,后者未进入文明时代,不是夏文化。"新砦期"当属二里头一期文化偏早阶段。将二里头文化的发展、影响与夏王朝早期历史结合起来看,二里头一期文化是早期夏文化。② 李维明认为,二里头遗址二里头文化一期遗存以超大的面积和具有礼仪性质的文化内涵标示其独尊地位。虽然有迹象显示其主要文化因素可在当地河南龙山文化中寻源,但两者的差异表明文化性质有别。测年专家依据一种考古学文化编年模式,以长系列样品所测 C14 数据拟合给出二里头文化一期年代范围,可以视为新的阶段性研究成果,但还不是最终的定论。③ 韩建业认为,二里头青铜文明是在具有兼容并蓄特征的中原文化基础之上,接受西方文化的间接影响而兴起。二里头文化的形成以西进的新砦类型为基础,又融合了洛阳盆地附近部分土著因素和束项圆腹花边罐等齐家文化因素,二里头文化中双轮车等的出现以及青铜冶金术的发展也应当归因于齐家文化的东渐带来的西方影响。其环境背景则与距今 4000 年左右的气候干冷事件有关。结合文献记载推测:王湾三期文化后期主体为早期夏文化遗存,新砦类型可能是少康中兴之后融合大量豫东造律台类型等因素而形成的中期夏文化遗存,二里头文化可能是少康数代之后某夏王西迁洛阳盆地而发展起来的晚期夏文化遗存。④ 袁广阔对二里头文化的聚落进行了研究,认为二里头文化的聚落可以分为四级,即大型中心聚落、中型中心聚落、小型中心聚落和一般聚落。⑤ 相对于河南西北部,豫南地区的二里头时期遗存发现较少,研究相对薄弱。徐燕以豫南地区已发掘的八处二里头时期遗存为研究对象,在与周邻地区同时期遗存作对比研究的基础上,综合分析了豫南地区二里头时期遗存的分期、分区以及传播路线等问题。⑥

---

① 李丽娜:《中原地区虞夏时期城址的比较研究》,《中原文物》2009 年第 4 期。
② 陈旭:《二里头一期文化是早期夏文化》,《中国历史文物》2009 年第 1 期。
③ 李维明:《二里头遗址二里头文化一期遗存试析》,《中国历史文物》2009 年第 1 期。
④ 韩建业:《论二里头青铜文明的兴起》,《中国历史文物》2009 年第 1 期。
⑤ 袁广阔:《略论二里头文化的聚落特征》,《华夏考古》2009 年第 2 期。
⑥ 徐燕:《豫南地区二里头时期遗存的相关问题试析》,《华夏考古》2009 年第 2 期。

新技术在夏文化研究中也得到了应用。目前的研究都将二里头早期国家看作是一个分级统治的政治实体,都强调了二里头遗址的统治中心地位,然而他们对二里头早期国家统治疆域的描述还相当模糊,对二里头中心的控制力以及这种控制力得以实现的途径也没有深入展开。因此,张海尝试在二里头文化已有研究成果的基础上,借助有关早期国家统治疆域研究的数学计算模型和计算机模拟技术,进一步深入探讨这一问题,尝试更为直观地描述和理解二里头统治中心的影响力和二里头早期国家的统治疆域。①

关于新砦遗址,郑杰祥认为,新砦期文化是早期夏文化,新砦期城址也应当是夏代早期的遗存。新砦遗址与文献所记的"启室"地望相近,夏王启迁都于"启室"即今新砦遗址,在夏王朝发展史上具有重大意义。② 夏商分界研究是中国古代史研究中颇受关注的一个重要问题。它是现代考古学参与古史重建后的一个命题。这一课题试图从考古学遗存中辨析出文献所载国史上最早的两个王朝的更替,即从对夏商文化分界的探究入手,最终确认夏商王朝分界。它成为数十年来学界关注的一个研究热点。许宏对此作了综述。③

二里头文化聚落研究也是一个热点。李宏飞认为,二里头文化的设防聚落存在宽度为5米左右和10米左右或以上的两种环濠。宽度在5米左右的窄环濠是二里头时代特色的防御设施,一般存在于聚落内部,是社会上层与其他社会阶层之间的居住界线。宽度在10米左右或以上的宽环濠则是龙山时代遗留的旧传统,一般存在于聚落外部。环濠是二里头时代特色的聚落防御设施,遍布于二里头文化的分布区,是二里头文化设防聚落的主要防御设施;城墙与环濠的组合是龙山时代的传统防御设施,往往出现于中国广域王权国家的军事前沿地区。④

---

① 张海:《数学计算模型与二里头早期国家的疆域》,《中国聚落考古的理论与实践(第一辑)》,科学出版社2010年版,第79~92页。
② 郑杰祥:《新砦遗址和夏代"启室"》,《中国聚落考古的理论与实践(第一辑)》,科学出版社2010年版,第486~488页。
③ 许宏:《方法论视角下的夏商分界研究》,《三代考古(三)》,科学出版社2009年版,第68~80页。
④ 李宏飞:《二里头文化设防聚落的环濠传统》,《中国国家博物馆馆刊》2011年第6期。

二、新郑望京楼遗址的发现与研究

望京楼遗址发现于20世纪60年代,出土了一批青铜器和玉器。后经多次调查、发掘,最终确认遗址面积168万平方米。2010年9月配合"郑新快速通道"建设,对遗址进行较大规模的调查和发掘。发现有二里岗时期的城址、城门、护城河以及大型夯土基址、墓葬等遗迹。其外侧发现有二里头时期城址、护城河及城内发现的房址和灰坑等重要遗迹。望京楼遗址发现的夏商城址各一座同在一地,目前仅此一例。发掘的二里岗时期"凹"字形城门,形制独特,城内发现的各种遗迹如建筑基址、灰坑、墓葬等均不可多得,充分显示了望京楼遗址的重要性和独特性,对夏商文化研究具有重要的意义。[1] 该遗址的发掘资料已经汇编成发掘报告《新郑望京楼:2010—2012年田野考古发掘报告》,由郑州市文物考古研究院编著,科学出版社2016年5月出版发行。本报告汇集了河南新郑市望京楼遗址2010年9月至2012年6月考古勘探和发掘工作的主要成果。全书以勘探及发掘材料为索引,对望京楼遗址发现的所有二里头文化及二里岗文化时期的考古资料分类加以详细报道。全面、系统地介绍了城墙勘探及解剖、城门勘探及发掘、建筑遗迹和墓葬发掘,以及城址内生活区的勘探和发掘情况,在全面梳理出土遗物的基础上,对该遗址的二里头文化及二里岗文化遗存分期加以深入研究。该报告的出版,为我国夏商时期考古和历史研究提供了重要实物资料。[2]

秦文生认为这两座城址为寻找史载夏商古国提供了新线索。结合甲骨文字与文献记载以及当今学者的论断,认为望京楼二里岗文化城址即甲骨文中的"奠"地亦即"郑"地,二里头文化城址即文献记载中的"葛"国。[3] 李德方等人也认为,商、韦同为夏之东境方国。夏末韦衰,商汤灭韦并于韦地营建亳邑,亳地

---

[1] 杜平安、郝洋彬:《简述河南新郑望京楼遗址发现的夏商古城址》,《中国古都研究》(总第25辑)2012年。

[2] 郑州市文物考古研究院:《新郑望京楼:2010—2012年田野考古发掘报告》,科学出版社2016年版。

[3] 秦文生:《新郑望京楼城址性质初探》,《华夏考古》2012年第4期。

与韦地同域。郑州市区既近于史言"商兴丕山"即荥阳北邙，又合于《汤诰》"北为济，西为河"的亳邑方位，故其当为亳地即韦地。新郑望京楼二里头文化城址当是与亳为邻的葛墟。① 郭玮则持不同意见，认为新郑望京楼城址并非与亳为邻的葛墟，也不可能为昆吾之居。综合相关文献记载和考古学资料，其极有可能为夏商时期的郑父之丘。②

三、商代考古研究

对于先商文化的研究历来是一个热点。李素婷对豫北地区漳河型先商文化的特征、来源等问题作了研究，认为豫北地区漳河型先商文化特征明显，和冀南地区相同。其发展可暂分为早晚相对的三段。漳河型先商文化是在本地龙山文化基础上吸收了大量晋中地区文化的因素形成的，同时受到山东岳石、二里头等其他文化的影响。石棺葬在豫北地区漳河型先商文化中的使用，表明了北方青铜文化对该地区漳河型文化的影响。从考古发现看，豫北地区的漳河型文化在其晚期已进入早商纪年，虽然其文化面貌仍有极大的一致性和延续性。故从这个方面说，漳河型先商文化的提法已不够准确，不能准确表达该文化的内涵，用"下七垣文化"的命名代替"先商文化"，应该是更为合适的做法。③

关于偃师商城的研究仍在继续。尚友萍认为，偃师商城属于早商文化，而郑州之地则存在从先商至早商的连续文化——郑州二里岗的文化遗存。结合外围军事据点的时间上限，可得出这样的结论：以郑州二里岗 H9 为代表的商文化遗存的早段是先商文化，其偏晚阶段是早商文化的开始阶段。偃师商城一期一段与商王朝外围军事据点的时间上限基本同时，相当于郑州商城第一期偏晚阶段。说偃师商城一期一段早于以郑州二里岗 H9 为代表的商文化遗存，是没

---

① 李德方、吴倩：《夏末商汤居亳与韦地同域说——议新郑望京楼二里头文化城址性质》，《中国国家博物馆馆刊》2011 年第 10 期。
② 郭玮：《新郑望京楼城址与郑父之丘》，《中原文物》2012 年第 2 期。
③ 李素婷：《豫北地区漳河型先商文化的特征、来源及相关问题》，《郑州大学学报(哲学社会科学版)》2009 年第 2 期。

有事实依据的。① 日本学者松丸道雄认为,偃师商城可能是伊尹的居城。②

商代的亳都仍然是学者讨论的焦点。关于这一讨论的学术史总结,当推刘琼的《商汤都亳研究综述》,学者李维明极力推荐,对此文评价甚高。③ 郑杰祥认为,文献记载古代商族兴起于"丕山"周围,"丕山"应即位于今河南省荥阳市的大伾山。现今发现的郑州商城与大伾山相近,该城规模宏大,文化内涵丰富,而且是商代最早的一座城址,应即商都亳邑所在,从而说明早在春秋时期,人们已经明确认为商汤都亳当在"丕山"周围,即现今郑州市区。④ 李维明认为郑州出土商周时期"乇"声字辞对于探寻商王朝第一位王成汤所居"亳都"地望具有重要的启示意义,为"郑州商城即汤都亳说"提供了商周时期文字和"乇"声地域的支持。⑤

郑州商城从发现至今,学界对它的探索从未停止。徐岩从生态环境的角度对郑州商都废弃原因问题进行探讨,指出旧的生态环境不断遭到破坏,以及郑州地区生态环境自身存在的缺陷等,也应是都城废弃的一个重要因素。⑥ 韩香花对小双桥遗址与郑州商城遗址白家庄期商文化进行了比较,认为小双桥遗址发现有夯土建筑基址、宫城城墙基槽遗迹及大型青铜建筑构件,祭祀遗存数量多,分布密集,出土有与铸铜、制陶和制骨手工业相关的文化遗存以及较多的青铜器、玉器和原始瓷器等珍品,完全具备都城的规模和内涵。而此时郑州商城的宫殿逐渐废弃,制陶和铸铜等手工业作坊趋于衰落,青铜器、原始瓷器和玉器的出土数量减少,出土地点比较分散,已不具备都城应有的规模和内涵。作为都城,小双桥遗址与郑州商城遗址存在着兴废交替的关系。⑦ 刘彦锋等人认为,最新的考古发现证明郑州商城在中国古代早期都城规划布局中具有重要意义。它由外廓城、内城、宫城等多重城垣组成,城内分布有宫殿区、祭祀区、居民点、手工业作坊、墓葬区等基础设施。内城与外廓城区域内分布着不同的生活遗

---

① 尚友萍:《偃师商城一期一段的相对年代疑议》,《文物春秋》2009 年第 1 期。
② 松丸道雄:《关于偃师商城和伊尹关系的假说》,《三代考古(三)》,科学出版社 2009 年版,第 176~194 页。
③ 刘琼:《商汤都亳研究综述》,《南方文物》2010 年第 4 期。
④ 郑杰祥:《"丕山"所在与商都亳邑》,《中国历史文物》2010 年第 6 期。
⑤ 李维明:《郑州出土商周时期"乇"声字辞与汤亳探寻》,《故宫博物院院刊》2010 年第 1 期。
⑥ 徐岩:《试论郑州商都废弃的生态原因》,《中原文物》2009 年第 4 期。
⑦ 韩香花:《小双桥与郑州商城遗址白家庄期商文化的比较》,《中国历史文物》2010 年第 2 期。

迹,反映了郑州商城建筑时周密、明确的规划原则。郑州商城的布局继承了龙山及夏代城址的特点,并体现了早期的城郭之制及外圆内方的规划理念,对后世的城市建筑影响深远。① 关于郑州商城的性质,杨育彬认为郑州商城始建于二里岗下层一期晚段,距今约 3500 年,后为仲丁之隞都。② 李维明则提出不同意见。③

2015 年 7 月 18 日,夏商周考古的主要开创者韩维周、安金槐、邹衡三位考古学家的铜像在郑州商城遗址揭幕,同时召开了"纪念郑州商城遗址发现 60 周年研讨会"。与会专家认为,以韩维周、安金槐和邹衡为代表的几代学者对郑州商代遗址的发掘和研究,让商文明的文化发展链条得以基本完整,成为中国考古学界的一座里程碑。与会专家、学者分别以《郑州商城的发现与研究》《郑州近年来夏商周考古新发现》《深入开展夏商周文化探讨的几点设想》等进行了重点发言。④

关于洹北商城,学者们也多有讨论。李民通过大量文献的考证并结合考古发掘,认为盘庚始迁之"殷",是在漳南,具体说应是安阳西北的漳水以南、洹水以北的平原地带。因此,他进一步认为洹北商城应是盘庚始迁之都城。⑤ 孟宪武等认为,洹北商城的发现,解决了武丁以前盘庚、小辛、小乙迁往地的疑问。"盘庚渡河南"中的"河"应是漳河,非黄河之南,应是黄河之北。"盘庚渡河南"中河南之地,与"盘庚迁殷"中殷地之地,二者绝非两地,而是同指洹北商城。⑥ 胡洪琼认为,洹北商城为"盘庚迁殷"之所在,而与河亶甲居相尚无关联。洹北商城的发现完善了商文化序列,对中商文化研究有着深刻的影响。⑦ 洹北商城

---

① 刘彦锋等:《郑州商城布局及外廓城墙走向新探》,《郑州大学学报(哲学社会科学版)》2010 年第 3 期。
② 杨育彬:《郑州商城相关问题研究——纪念郑州商代遗址发现 60 周年》,《中原文物》2011 年第 2 期。
③ 李维明:《〈郑州商城相关问题研究——纪念郑州商代遗址发现 60 周年〉初辨》,《中原文物》2011 年第 6 期。
④ 虞宁:《纪念郑州商城发现 60 周年暨韩维周、安金槐、邹衡先生学术成就研讨会在郑州召开》,《中原文化研究》2015 年第 5 期。
⑤ 李民:《洹北商城性质的再认识》,《纪念王懿荣发现甲骨文 110 周年国际学术研讨会论文集》,社会科学文献出版社 2009 年版,第 429~432 页。
⑥ 孟宪武、谢世平:《安阳洹北商城考古学文化年代辨析》,《中原文物》2009 年第 4 期。
⑦ 胡洪琼:《洹北商城与中商文化》,《殷都学刊》2009 年第 3 期。

的布局也是学者研究的重点,侯卫东、唐际根等学者都对此作了努力。① 何毓灵、岳洪彬的《洹北商城十年之回顾》一文简要回顾了洹北商城发现与发掘以来十年间的研究情况,梳理了洹北商城的城址布局,在综合分析洹北商城年代的基础之上,指出洹北商城应是盘庚迁殷的最初地点。最后对洹北商城今后的考古发掘与研究提出几点思路与展望。② 陈旭也认为,"盘庚迁殷"的第一个地点应是安阳洹水北岸的洹北商城。这里发现有相当于盘庚、小辛、小乙时代的殷墟文化第一期的宫殿建筑基址、宫城墙、外城内外基槽及居民点等遗存。其后,由于洹北商城的宫殿建筑毁于火灾,商王室即迁洹南小屯之殷都。这里有殷墟一期的祭祀场所和随葬青铜器的贵族墓等遗存,透露出小屯是盘庚迁殷的第二个地点。③

殷墟的发现与研究在中国考古学史上占据重要地位。殷墟文化分期研究也走过了相当长的历程。经过学者们长期的研究及考古发掘的反复检讨,目前学术界基本认可了殷墟文化一至四期的分期法。但同时,随着新的考古发掘资料的不断涌现,我们也认识到,殷墟文化分期问题仍有进一步研究的必要,特别是殷墟文化第一期。20世纪80年代以来,在洹北花园庄一带发现的早于大司空一期的商文化遗存和洹北商城的发现与发掘,以及传统殷墟范围内越来越多相当于大司空一期遗存的发现,使得我们不得不重新认识殷墟文化一期。廓清殷墟文化一期的文化面貌,对于认识晚商文化的整体内涵、传统殷墟遗址的形成过程以及洹北商城的性质都具有重要意义。④ 范毓周认为,目前殷墟文化的分期体系基本上是建立在大司空村分期的基础之上的,虽然在殷墟发掘和殷墟文化的研究中得到长期实践和理论分析的验证,但是,随着田野工作和研究的进展,这种分法已经囊括不了考古实践中新发现的考古资料。比较合理的殷墟文化分期应当综合现有殷墟出土陶器、甲骨文和青铜器的分期研究成果,建立

---

① 侯卫东:《试论洹北商城的布局、年代和性质》,《文物研究》第17辑,科学出版社2010年版,第47~56页;唐际根等:《洹北商城宫殿区一、二号夯土基址建筑复原研究》,《考古》2010年第1期。
② 何毓灵、岳洪彬:《洹北商城十年之回顾》,《中国国家博物馆馆刊》2011年第12期。
③ 陈旭:《关于"盘庚迁殷"问题的一点想法》,《中原文物》2011年第3期。
④ 何毓灵、岳洪彬:《殷墟文化一期再认识》,《三代考古(三)》,科学出版社2009年版,第202~213页。

一个新的综合分期体系。①

唐际根研究了安阳的"商邑"与"大邑商",认为邑是商王朝的重要社会单位,安阳的"商邑"应理解为"族邑"。典型的"商邑"有房基、灰坑、窖穴、水井、道路、排水设施、取土—蓄水坑等遗迹。沿洹河流域的"商邑"呈现出"一大带众小"的结构。商王朝晚期都邑"大邑商"是一处以宫殿宗庙区为核心,由"族邑"通过道路、水渠等连在一起的特殊商邑群。② 李一丕认为,今安阳市西北郊洹河南北两岸即为商代之殷地。洹北商城为盘庚时期所建立的殷都,即"盘庚之殷";小屯传统殷墟则为武丁始建的殷都,即"武丁之殷",两者统属为殷都。殷墟一期早段到晚段,从洹北商城到小屯的迁徙过程中,殷都布局变迁呈现明显的连续性。殷墟一期早段到晚段,殷都是一个连续的过程,中间不存在断层或缺环。③

殷墟的规划与布局也是研究的一个热点问题。孔德铭认为,殷墟都城的建设是殷商先民在总结前期都城建设经验的基础上完成的,他们对都城建设有着独特的理解,都城的选址、规划布局和建设谨严有序,都城设施完整、功能齐全,片区分布合理,体现了人、都城与自然的和谐统一,对后世中国城市建设产生了深远的影响。④ 岳洪彬等人认为,殷墟都邑遗址自1928年科学发掘以来,已走过了80年的风雨历程。数代中国考古学家不畏艰险,对殷墟不同区域进行了上百次的科学发掘,揭露并论证了晚商时期的宫殿宗庙区、王陵区、后冈"三叠层"、手工业作坊区、家族墓地和洹北商城等重要遗迹,发现了大量的青铜器、刻辞甲骨、玉石器、骨角蚌器、陶器、硬陶和原始瓷器等重要遗物,为研究晚商时期都城的发展模式、社会组织结构、生活形态、生产工艺等提供了宝贵资料。⑤

---

① 范毓周:《关于殷墟文化考古分期的几个问题》,《中原文物》2010年第4期。
② 唐际根、荆志淳:《安阳的"商邑"与"大邑商"》,《考古》2009年第9期。
③ 李一丕:《殷墟一期殷都布局变迁研究》,《华夏考古》2009年第4期。
④ 孔德铭:《殷墟都城规划布局及对中国古代城市建设的影响》,《殷都学刊》2011年第4期。
⑤ 岳洪彬等:《殷墟都邑布局研究中的几个问题》,《三代考古(四)》,科学出版社2011年版,第247~278页。

四、周代考古研究

(一)西周遗存的发现与研究

荥阳官庄遗址是郑州地区西周至春秋时期持续时间较长的文化遗存,主要包括聚落和墓葬。郑州大学历史学院考古系 2010 年对遗址的西南部进行了发掘。从各期出土陶器的情况来看,官庄遗址的时代是从西周晚期持续至春秋中期,但从数量上看,西周晚期至春秋早期是该遗址的繁盛时期,春秋中期已开始没落,且该时期的文化面貌有了很大的改变。据官庄遗址东区的发掘情况和西区的钻探资料,遗址可能存在内外三重城壕,其中外壕和内壕已经确定基本范围,该遗址应是一座具有一定规模的城址。本次发掘的区域位于城的西南角、外城壕的内侧。[1] 郑州大学历史学院考古系 2013 年对该城址大城西北部进行发掘,面积为 600 平方米,发现了一批丰富的西周晚期至战国中期遗存,尤以大量的窖穴遗存最为重要。该区域可能为城址的仓储区。仓储区兴废特点大致与官庄城址大城的兴废时间相同,从一个侧面反映了官庄城址大城的使用年代。春秋早期以后,该地区直接发现的是春秋晚期遗存,文化发展序列似有缺环,而且遗存数量急剧减少,反映了该地区从区域中心聚落——城址到普通聚落的转变。这些发现为进一步探讨官庄城址的布局、该地区的考古学文化面貌及郑韩两国对该区域的治理提供了新资料。此外,该地区文化面貌在春秋早期和战国早期均发生较大变化,并与该地区属于文化核心的郑韩故城同期考古学文化极为相近,这一变化也反映了郑、韩两国对该地区统治的先后建立以及考古学文化的相关变迁。[2]

2009 年,在淅川下寨遗址发掘出一批灰坑。这批灰坑分布相对集中,时代为西周中期至晚期,出土遗物具有早期楚文化的特征,属于"过风楼类型"。下寨遗址西周时期陶器以夹砂陶最多,含有一定量的夹细砂云母陶。陶色以褐陶

---

[1] 郑州大学历史学院考古系:《河南荥阳市官庄遗址西区发掘简报》,《考古》2013 年第 3 期。
[2] 郑州大学历史文化遗产保护研究中心、郑州市文物考古研究院:《河南荥阳官庄遗址 2013 年度发掘简报》,《中原文物》2016 年第 3 期。

最多,灰陶数量少。纹饰以绳纹为主,次为素面。出土器类主要有鬲、甗和罐等。鬲足柱状,皆二次包制而成,不见锥足鬲。这些特征具有一定的地方特色,明显区别于中原地区的"姬周式",尤其是二次包制的柱状鬲足,多经过刮削,是"楚式鬲"的典型特征。从陶质、陶色、纹饰、制法和常见器类组合分析,属于早期楚文化的"过风楼类型"。① 早期楚文化的发现与研究一直是学术界关注的焦点,目前认为寻找早期楚文化的重点区域之一即为丹淅流域。下寨遗址西周时期遗存的发现丰富了丹淅流域西周时期文化的面貌,为寻找早期楚文化提供了新的材料。②

(二)洛阳东周王城及相关遗存的发现与研究

2013年7—12月,洛阳市文物考古研究院在配合基本建设时发掘了东周王城的两段西城墙遗址和一段南城墙遗址。这三段城墙都由两种或两种以上不同土质的夯土构成,应该是后期对城墙进行了补筑。根据夯土内包含物判断,三段城墙的始筑年代均不早于战国早中期,补筑城墙的年代应该在战国到秦汉时期。此次对三段城墙的发掘,对于研究东周王城城墙的始建年代以及洛阳东周王城的修筑和布局提供了新的考古资料③。2012年7月,洛阳市文物考古研究院发掘了位于洛阳市纱厂西路南侧的一段城墙遗址,初步判断,应为东周王城西城墙的一部分。徐昭峰认为,东周王城不仅存在内城外郭,而且在其晚期又于郭城之外的西南部形成一座小城,从而形成内城外郭和小城与大城南北并立的复杂形制。东周王城城郭的形成同时也有其历史背景。④

(三)郑韩故城研究

马世之对郑韩故城作了专门研究,指出郑韩故城是春秋战国时期郑国与韩国的都城,在城址选择上突出了水源与漕运的重要作用。城的形制呈不规则长

---

① 何晓琳、高崇文:《试论"过风楼类型"考古学文化》,《江汉考古》2011年第1期。
② 河南省文物考古研究院、河南省文物局南水北调文物保护办公室:《河南淅川县下寨遗址西周遗存发掘简报》,《华夏考古》2017年第2期。
③ 洛阳市文物考古研究院:《洛阳东周王城城墙遗址2013年度发掘简报》,《洛阳考古》2015年第4期。
④ 徐昭峰:《试论东周王城的城郭布局及其演变》,《考古》2011年第5期。

方形,按照地形构筑城垣,其规模超过了旧制度的规定。该城址东西两城并列,西城是政治活动中心,东城是经济活动中心,宫廷、官署主要分布在西城,手工业作坊则聚结在东城。郑国贵族墓葬区置于城内,韩国王陵级墓冢均设在郊外。其他布局方面,也存在着不少突破与创新。对于后世都市的规划,产生了深刻的影响,在我国古代城市发展史上占有极其重要的地位。①

(四)战国时期韩国的军事重镇——华阳故城

华阳故城位于新郑市郭店乡郭店村东北,华阳寨村和蒋家村民组周围,南距新郑市区22.25公里。1991年首次对华阳故城进行调查,以便为郑州国际机场选址提供依据。2005年为进一步对华阳故城进行研究和整理调查报告的需要,再次进行调查。从调查情况看,华阳故城附近约在3000多年前就形成了较大规模的聚落,但不在此城址上,而是在其南面约0.5公里的岗地上。遗址南北长2000米,宽300米,位置亦在华水之阳。这里近年发现有殷商青铜器和陶器等,初步推测可能与商周之际的古华阳有关。现存的华阳故城当是战国时代另筑的新城。据《史记》等文献记载,公元前273年,魏、赵、韩、秦数十万大军曾在这里进行了一场殊死的搏杀,以魏、赵联军被杀十五万之众,魏割南阳地予秦而告终,也从而使该城名垂史册。该城为不规则的南北长方形,保存基本完整。城垣周长2691米,其中北墙长591米,呈东西直线,外附有马面;南城长441米,呈矩尺形;东墙长800米,呈不均衡"凹"字形,北部附有马面;西墙长860米,呈辘轳把形,附有多处马面。总面积为40.338万平方米。城墙为夯筑,至今屹立地面,大部分保存完好。通过对华阳故城内外的调查证明,华阳故城保存有四门、九马面,是当时防御设施完备而又较进步的战国城址,具有一定的历史价值和军事科学价值。② 2010年4—11月,郑州市文物考古研究院为配合郑新快速通道工程对该城进行考古调查和发掘,发现护城河、防御墙、城壕等重要遗迹。此外还对华阳故城及周围环境进行了考古调查,发现城南有丰富的商代二里岗期、龙山文化遗存,城壕上层还出土有仰韶时期遗物。这些重要的收获,不仅填

---

① 马世之:《郑韩故城的城市布局》,《文物建筑》2009年第3辑。
② 蔡全法:《新郑市战国华阳故城》,《中国考古学年鉴(2006)》,文物出版社2007年版,第290页。

补了华阳故城遗址以往无新石器文化及商周时期文化遗存的空白,并且对研究商周时期华族华国历史及古代战争史提供了重要的实物资料。防御墙是中原东周古城考古的首次发现。这次考古发掘发现的完整系统的城防设施和大量的烧土块堆积,不仅说明华阳故城是韩国的军事重镇,也是其一处重要的冶炼工业基地。①

(五)春秋各诸侯国考古新发现与研究

黄国故城,位于信阳市潢川县西北6公里的隆古乡,为全国重点文物保护单位,2010年11月至2011年1月,河南省文物考古研究所为实施国家文物局课题"信阳地区先秦城址考古学调查",对黄国故城进行了调查、勘探,勘探面积280余万平方米,取得了重要收获。②

楚文化遗存,除了楚墓的发掘,楚长城也是河南楚文化研究的重要内容。2009年底至2010年初,为配合西气东输工程,河南省文物考古研究所对方城县大关口遗址进行了抢救性发掘。该遗址较明确也比较重要的是有两道关墙。关墙内尚未发现其他遗迹,但关墙历经风雨,大多塌落,部分地表不存痕迹。大关口遗址一般认为是楚长城,且不少学者对此做过简单踏察,但目前学术界对于楚长城的走向、建筑形式以及修筑年代还存在争议,大关口遗址的发掘,是首次对墙体进行的正式发掘,尽管遗物不多,但为了解墙体的结构、筑法以及遗址的年代、性质提供了直观的资料。③

五、三代考古的综合研究

在夏商周考古研究的过程中,论题众多,头绪繁杂,相当多的研究只能关注

---

① 索全星:《新郑市战国华阳故城》,《中国考古学年鉴(2011)》,文物出版社2012年版,第321~323页。
② 武志江:《潢川县黄国故城》,《中国考古学年鉴(2011)》,文物出版社2012年版,第317~318页。
③ 河南省方城县文物局:《权威专家踏察认定方城楚长城 大力传承弘扬中华民族古文明——方城县楚长城专家研讨会纪实》,《中国长城博物馆》2011年第2期。

到三代研究的某一个方面。从宏观角度对三代考古研究进行总结与反思就显得难能可贵。杨育彬对夏商周断代工程和中华文明探源工程的研究成果进行了回顾和梳理,他认为,正是由于夏商周断代工程和正在进行的中华文明探源工程的推进,夏商考古学文化研究有了很大进展。龙山文化晚期已经进入了夏代早期积年,新发现的登封王城岗大城及过去发掘的并列小城很可能为夏初的阳城。二里头文化涵盖不了整个夏文化,二里头遗址为夏代晚期都城,二里头四期已进入商代积年。荥阳大师姑二里头文化城址是夏代晚期畿辅地区防御东方的军事重镇。偃师商城距今 3600 年,是汤灭夏之后所建最早商代王都——亳都,并且是夏商文化分界的界标。郑州商城晚于偃师商城,距今 3500 年,既不是商灭夏前的汤亳之地,也不是汤灭夏后的亳都,可能是仲丁自亳都(偃师商城)东迁之隞都。郑州小双桥遗址,距郑州商城近在咫尺,不具备王都的条件,为郑州商城晚期的王室祭祀遗址。安阳洹北商城与殷墟相连并部分重合,应属同一个大遗址,有可能是盘庚最初迁殷之地。上述论述不少很有道理,也有一些需要讨论和补充修改。在考古学研究中,应该大力提倡"百花齐放,百家争鸣",要允许不同的意见存在。对重要课题要通过理论和实践相结合,利用考古资料和文献进行深入研究,观点不同,要经过讨论取长补短,求同存异,最后得以圆满解决。这样才能够繁荣学术,弘扬真理,共同提高。[①]

第三节　秦汉考古的新起点

　　秦汉时期,河南的相关遗存亦较为丰富。因秦代国祚短暂,加之河南又不在秦文化的核心范围之内,故相关遗迹相对较少。两汉时期,以洛阳为中心,考古发现数量较多,相关研究也开展得比较充分。特别是针对东汉帝陵的考古调查与勘探,成为这一时期河南考古的重要内容。

---

① 杨育彬:《从"夏商周断代工程"到"中华文明探源工程"》,《俞伟超先生纪念文集·学术卷》,文物出版社 2009 年版,第 203~212 页。

一、汉代遗存的发现与研究

(一)新安县汉函谷关遗址

汉函谷关遗址位于洛阳市新安县、宜阳县境内,2013 年 5 月被国务院公布为第七批全国重点文物保护单位。公元前 114 年(西汉元鼎三年)冬,楼船将军杨朴将位于河南灵宝的秦函谷关迁移到新安县,史称汉函谷关或函谷新关,简称汉关或新关。新安汉函谷关不是一个孤立的关口,而是一个纵贯南北长 60 余公里的庞大的防御体系。它跨越地域广,包含遗址数量多,类型比较丰富。根据文献记载和目前的考古发现,整个汉函谷关的文化遗存应包括北线关塞(盐东仓储遗址)、中线关塞(函谷关关城遗址)、南线关塞(散关关城遗址,东汉八关都尉治所)三个关塞,还包括连接它们的长墙(塞垣、散关障)及烽燧等其他附属设施。它们应该都是整个函谷关的有机组成部分,我们统称为"新安汉函谷关遗址"。2012—2013 年,为配合"丝绸之路:起始段与天山廊道的路网"项目申报世界文化遗产工作,洛阳市文物考古研究院对中线关塞——函谷关关城遗址进行了考古调查、勘探和发掘。2012—2013 年的发掘是新安汉函谷关关城遗址的第一次考古发掘,通过一年多的一系列考古工作,取得了重要收获:了解了汉函谷关遗址的整体空间布局;发现了函谷关汉代的大小城址;出土了大量与函谷关相关的遗物,为遗址年代和文化内涵的确定提供了可靠依据;发现了贯穿关城遗址的汉代道路和叠压在关城遗址之下的早期道路;清理解剖了大城东城墙、小城南城墙、建筑基址等两汉时期的遗迹,确定了主要遗迹的年代、形制结构和文化内涵。这些成果为成功申报世界文化遗产打下基础,也为进一步做好遗址保护、陈列展示以及今后更加详细的考古工作创造了有利条件。[①]

(二)居址及陶窑作坊遗存

荥阳后真村汉代遗存是一处以陶窑作坊为主体的居址区。2010 年 10 月至

---

① 洛阳市文物考古研究院、新安县文物管理局:《河南新安县汉函谷关遗址 2012—2013 年考古调查与发掘》,《考古》2014 年第 11 期。

2011年1月,为配合南水北调中线工程的建设,郑州大学历史学院考古系对河南荥阳后真村汉代遗存进行了考古勘探与发掘。发现了汉代墓葬2座、陶窑6座、灰坑6个、水井4眼以及沟1条,为汉代墓葬和陶窑的研究提供了新资料。后真村遗址发现的6座汉代陶窑,分布较为集中,形制相似,除Y1因近年取土破坏而保存较差之外,其余均保存较好。陶窑周围分布有同时期的灰坑、水井,水井应为烧窑供水之用,灰坑多为陶窑处理垃圾所用的垃圾坑。从陶窑内出土遗物来看,不同陶窑所烧制器物不同,如Y1~Y4以烧制板瓦、筒瓦为主,仅见极少量碎砖,Y5兼烧制青砖、板瓦及筒瓦,Y6仅烧制青砖,表明当时陶窑生产已经出现专业化分工。从位于Y3、Y4附近的H5出土烧变形的陶壶来看,这些陶窑可能在烧制陶瓦的同时,也烧制生活用器。此外,通过考察洛阳西郊汉代居住遗址[1]和汉河南县城所发现储粮用的圆囷,推测H9应原为仓囷,废弃后作为处理生活垃圾所用。由此可见,这里应该是集生活、生产于一体的陶窑作坊。[2]

汉代聚落考古研究也取得新进展。由中国社会科学院考古研究所、河南省文物局、安阳市人民政府主办,河南省文物考古研究所、郑州大学历史学院和内黄县人民政府承办的汉代城市和聚落考古与汉文化国际学术研讨会于2010年9月17—19日在河南内黄县召开。会议共收到学术论文90余篇,内容包括汉代城市和聚落考古、汉代考古发现与研究、汉代历史和汉文化研究等诸多方面。会议主要包含以下议题:一、汉代城市和聚落的考古发现与研究。就汉代考古而言,过去对城址的发掘与研究较多,而对一般聚落遗址开展的考古工作有限;对都城考古的发掘与研究较多,而地方郡县治所等一般性城市的考古工作相对滞后。因此,城市和聚落考古是当前汉代考古需要加强的领域。会议以"汉代城市和聚落考古"为主要议题,引起了与会学者广泛而深入的讨论。二、汉代墓葬和遗物的考古发现与研究。关于汉代墓葬及各类出土遗物的考古发现与研究也是会议的重要议题,相关研究不仅内容广泛,而且颇具新意。三、汉代文化交流研究及其他。汉代文化交流也受到与会学者们的较多关注。会议发言和提交的论文还涉及汉代区域考古、中外文化比较、考古学理论与方法、国外考古发现与研究等内容。会议期间,与会代表还参观考察了内黄三杨庄汉代村落遗

---

[1] 郭宝钧:《洛阳西郊汉代居住遗迹》,《考古通讯》1956年第1期。
[2] 郑州大学历史学院考古系:《河南荥阳后真村汉代遗存发掘简报》,《华夏考古》2013年第2期。

址、颛顼帝喾陵、安阳殷墟博物苑、曹操高陵等遗址和博物馆,并于18日晚举行了"曹操高陵考古发现专家论证会"。[1]

二、汉代墓葬的发现与研究

为配合南水北调中线工程建设,2010年4月至2011年1月,河南省文物考古研究所与平顶山市文物管理局组成考古队,对郏县黑庙墓群进行了考古发掘。其中M79为砖石结构,有画像石15块,出土38件随葬器物。墓葬形制及出土器物具有东汉早期的特征,此墓是平顶山地区保存比较完整的一座画像石墓,对研究平顶山地区画像石墓的墓葬形制提供了重要的实物资料。[2] 内黄白条河汉画像石墓位于内黄县城南20公里的白条河园林场。墓葬平面呈十字形,坐南朝北,由北向南依次为斜坡墓道、甬道、前室、中室、后室,前室东西各有一侧室。墓门及各室门楣位置共计刻有画像6幅,有铺首衔环、伏羲女娲交尾、玄武、帐幔、铜钱、鱼纹等。画像石墓在豫北地区极为少见,目前见诸报道的仅浚县胡庄一例,距此墓直线距离仅10余公里。[3]

孟津朱仓"李密冢"东汉墓园遗址位于洛阳市孟津县平乐镇朱仓村东。因遗址遭到破坏,抢救性发掘工作从2012年3月到2013年底,累计发掘面积4500平方米,主要发现有大型夯土台基、院落、道路、排水渠、墓冢封土等遗迹。出土器物主要分为建筑材料和日用陶器两大类。建筑材料有陶质"长乐未央"卷云纹瓦当、绳纹板、筒瓦、五边形管道、几何纹、素面方砖、条形砖、石柱础、包边石、踏步、铁钉、钩等;日用陶器主要为盆、罐、碗、瓮等。根据此墓的巨大封土、方形回廊砖石结构墓室,以及出土玉衣的情况,墓主人身份应属东汉早期的诸侯王或列侯。2013年1月,在洛阳市孟津县平乐镇朱仓村东,当地农民铺设农田灌溉设施时,发现一座东汉砖室墓。洛阳市文物考古研究院随即对现场进

---

[1] 杨勇、洪石:《"汉代城市和聚落考古与汉文化国际学术研讨会"纪要》,《考古》2011年第6期。
[2] 河南省文物考古研究所、平顶山市文物管理局:《河南郏县黑庙M79发掘简报》,《华夏考古》2013年第1期。
[3] 周立刚、张新文:《内黄县白条河汉画像石墓》,《中国考古学年鉴(2013)》,文物出版社2014年版,第298~299页。

行保护，报上级文物部门批准后，对该墓（编号2013MZM1，以下简称M1）进行了考古发掘。M1为斜坡墓道单砖室墓，由墓道、甬道及墓室组成。出土器物共计42件（组），按质地分为陶、铜、铁、铅、玉石料器等。M1东棺出土铁剑，墓主人应为男性，西棺出土琉璃耳珰、绿松石等饰物，墓主人应为女性，因此，推测该墓为夫妇合葬墓。M1年代应为东汉末期，墓主人身份为一般贵族。①

2010年5—12月，为配合南水北调中线工程建设，受河南省文物管理局南水北调文物保护办公室委托，郑州大学历史学院对河南宝丰县廖旗营墓地进行了钻探和发掘。其中B地点的M9、M10两座汉画像石墓保存较好，研究价值颇高。M9与M10处于同一墓地，南北相距仅12米。尽管两者方向不一，形制上有单、双后室的不同，但斜坡墓道、甬道、画像石墓门、近方形砖砌的前室等形制结构却基本相同，石墓门画像题材、随葬品组合也基本一致，尤其是陶壶、耳杯、奁、熏炉、灶和铜钱等同类随葬品的形制特征也相同，表明这两座墓的埋葬年代不会相距很远。墓门门扉雕刻朱雀与铺首衔环、门柱雕刻属吏、门楣雕刻双龙回首交尾图案的做法与唐河新莽时期汉郁平大尹冯君孺人画像石墓的同类画像相同或相近。门楣雕刻的双龙回首交尾图案还见于河南襄城茨沟、方城东关、新野县前高庙村等画像石墓中，除后者属东汉晚期外，前两者皆属东汉中期。②

赵俊杰对中原地区汉末至曹魏时期的墓葬等级与葬俗进行了研究，指出东汉晚期墓葬从形制、构造、随葬品等诸方面较之东汉早中期呈现衰败的态势，但葬俗依然延续了奢华之风，虽不乏僭越，总体依然在等级制度的框架内运行。曹魏时期墓葬的等级制度延续了东汉的传统，葬俗则明显表现出薄葬的倾向，这种薄葬由曹魏统治者倡导，经历了一个从相对薄葬到真正意义上薄葬的过程。薄葬的最终意义在于确立君臣父子的忠孝观念，奠定曹魏统治的社会与思想道德基础，对两晋南北朝的丧葬制度也产生了深远的影响。③

---

① 郑州大学历史学院、洛阳市文物考古研究院：《洛阳孟津朱仓东汉墓发掘简报》，《文物》2015年第4期。
② 郑州大学历史学院考古系：《河南宝丰县廖旗营墓地东汉画像石墓》，《考古》2016年第3期。
③ 赵俊杰：《中原地区汉末至曹魏时期的墓葬等级与葬俗变迁的阶段性》，《中州学刊》2010年第4期。

三、洛阳东汉帝陵的勘察与发现

2009年3—12月,洛阳市第二文物工作队在连霍高速公路扩建工程基建考古过程中,先后发掘了两座东汉帝陵陵园遗址及两座陪葬墓园遗址的部分区域。发掘区位于孟津县平乐镇朱仓村西,洛阳服务区——连霍、二广高速立交桥之间,属于国家重点文物保护单位邙山陵墓群的一部分。包括朱仓M722(邙山陵墓群考古调查与勘测项目编号,下同)、M707帝陵陵园遗址的中部和M708、M709两处东汉帝陵陪葬墓园遗址的北部。遗址区全长约1800米,宽30~50米,面积约7.2万平方米。前期调查勘探和连霍扩建钻探,共发现墓葬90座(古墓70座)、灰坑87个、沟16条、建筑基址23处、夯土区48处、坑32个、砖区3处、散水1处。2009年3月6日开始发掘,发掘面积9700平方米。主要收获有:M722发掘发现陵园遗址的东、西垣墙,东垣东侧环壕,墓冢封土,封土东侧有大型建筑基址,建筑基址区有序地分布柱础、排水沟、散水等。M707发掘发现封土东侧大型建筑基址。M708、M709两处陪葬墓园遗址的布局结构基本搞清楚,为闭合式庭院遗址。出土遗物主要为各种陶质建筑材料残片,包括板瓦、筒瓦、瓦当及铺地砖等。板瓦、筒瓦绝大多数为外饰绳纹、内饰布纹,瓦当以卷云纹为主,铺地砖则多以几何纹饰为主。此外,还出土有玉片、五铢钱等。邙山陵墓群内东汉帝陵陵园及陪葬墓园建筑遗址的考古发掘,在全国尚属首次,经过初步确认,朱仓M722为顺帝宪陵,朱仓M707为冲帝怀陵,不仅填补了长期以来东汉帝陵无法确认陵属的学术空白,也为其他帝陵的确认提供了强有力的对比和参考。[①]

洛阳邙山大汉冢陵园遗址位于洛阳市孟津县。2009年5—12月,洛阳市第二文物工作队为配合连霍高速公路洛阳服务区的扩建工程,对服务区南侧进行考古发掘,在考古工作过程中,发现了一条曲尺形夯土基槽,东西长度140.65米、南北发掘长度12.5米,向北延伸至洛阳服务区内,宽度0.5~1.3米,内填夯土,经解剖,底部不平,深度0.1~1.3米,东西向夯土基槽中间留有两个缺口,缺

[①] 史家珍、严辉:《洛阳邙山陵墓群考古新发现》,《中国文物报》2010年9月10日。

口宽度分别为 8.4 米和 18.5 米。另外,在曲尺形基槽的北侧,发现了三条墙基,两条南北向,均延伸至服务区内,一条东西向,编号 Q3、Q4、Q5。Q3 南北长 6.4 米,东西宽 1.8 米,深度 0.8 米;Q4 南北长 4.9 米,东西宽 1.9 米,深度 0.67 米;Q5 东西长 17.6 米,南北宽 4 米,深度 0.9 米,上述三条基槽内填夯土,夯层厚度 0.1~0.23 米。在发掘过程中,出土了少量泥质灰陶片和绳纹瓦片。在发掘区域北侧,连霍高速公路以北,即为大汉冢陵园建筑遗址群所在位置,初步推测此次发掘区域应该是大汉冢陵园建筑遗址的东南边界,为研究大汉冢陵园建筑乃至整个东汉帝陵的建筑形制,都提供了重要的参考资料。[1]

洛阳市邙山陵墓群内东汉墓位于洛阳市孟津县送庄乡,全国重点文物保护单位邙山陵墓群的范围内,位于大汉冢(东汉帝陵,邙山陵墓群范围内现存最大的封土墓)西南侧约 400 米,经发掘的这两座墓葬应该是大汉冢的陪葬墓。DM1 位于大汉冢的西南,直线距离 400 米。2009 年 2—12 月,洛阳市第二文物工作队为配合连霍高速公路改扩建工程,对墓葬进行了发掘。根据出土遗物和墓葬结构看,墓葬的年代应在东汉早期。墓葬形制为长斜坡墓道砖券多室墓,由墓道、甬道、前室、后室、侧室和耳室组成。方向 185°。墓道为长斜坡式,两侧内收五级生土台阶,长度 21 米,北宽南窄,最宽处 5.1 米。墓道和墓室之间共有三道砖砌封门和一道木门。甬道上方用楔形砖筑成照壁,高 2.08 米。墓室明券。土圹呈"凸"字形,四壁内收五级台阶。东西宽 16.2 米,南北长 13 米。东北、东南和西北留有上下的台阶或斜坡。土圹东北、东南角外还残存有 2 个柱洞,东南角留有窄长坡道。东西与墓道壁相接。前室为横列式。东西长 4.06 米,南北宽 2.74 米。墓道、墓葬填土有叠压现象,墓道填土叠压在墓室填土之上。其建筑程序是:先挖土圹,构筑墓室;墓室建成后,首先夯土回填墓室,然后再回填墓道。发掘过程中共发现有 9 个盗洞,墓葬被盗扰严重。棺椁痕迹共发现 3 处,未发现完整骨架。随葬器物主要有玉剑饰、陶碗、绿釉陶罐残片、陶瓷口沿残片、铁刀、铁剑、铁剪、铁削、棺钉、铜灯、铜牌饰、铜合页、铜铺首、铜盘残片、五铢铜钱、铜泡钉和云母片等 20 余件。墓葬用砖种类繁多,主要分为条形砖和楔形砖两种。在一些楔形砖上还发现有白灰书写字体,多为"九寸八分"等

---

[1] 王咸秋:《洛阳市邙山大汉冢陵园》,《中国考古学年鉴(2010)》,文物出版社 2011 年版,第 293 页。

尺寸或"二""三"等编号。①

2013年1—12月,根据"邙山陵墓群考古调查与勘测"项目第二阶段——帝陵的重点调查期勘探工作的安排,对位于孟津县平乐镇北部的二汉冢、三汉冢东汉帝陵陵园遗址进行了调查勘探,钻探面积46.6万平方米。二汉冢封土东部发现建筑基址,南部发现夯土墙和成排的夯土墩。封土北、西、东三面发现环绕墓冢的壕沟。环壕外,墓冢东北方向发现大型建筑基址1处,由东、西两组建筑组成,外围构筑壕沟。基址东侧垣壕向南延伸,与三汉冢东侧垣壕相连,向北至高速公路,沟内见路土。沟口深1~1.2米,底深4~4.6米,宽5~8米。北壕沟外发现一段东西向路土。路土口深1.2~1.4米,保存厚度5~10厘米,宽5~10米。路土下及两侧均见鹅卵石。三汉冢封土东部发现建筑基址1处,南部发现夯土墙和成排的夯土墩,北部发现曲尺形壕沟1条。壕沟东西长290米,东端折而向南。垣壕外,封土东北方向发现由夯土条带构成的1处建筑基址,基址西、北、东三面构筑壕沟,东侧壕沟向北与二汉冢东侧垣壕连为一体,向南越过铁路线,沟底见路土。通过钻探发现,在二汉冢、三汉冢东汉帝陵陵园遗址,均存在内外两重环壕。②

四、安阳西高穴曹操高陵

西高穴大墓位于河南省安阳市西北,距安阳市约15公里的安阳县安丰乡西高穴村,西依太行,北临漳河,南倚南岭,地势较高。西高穴村向东7公里为西门豹祠,14公里为故邺城。隔漳河与东魏静帝的天子冢、讲武城相望,附近有北齐宰相和士开的墓葬以及固岸北朝墓地等。2006年至2008年,西高穴大墓多次被盗,当地公安部门先后破获了4起针对此墓葬的盗掘案件。为了使地下文物免遭进一步破坏,经国家文物局批准,河南省文物考古研究所于2008年12月中旬对此墓葬进行抢救性发掘。发掘工作于2008年12月12日开始,2009

---

① 王咸秋:《洛阳市邙山陵墓群内东汉墓》,《中国考古学年鉴(2010)》,文物出版社2011年版,第294页。
② 严辉:《洛阳市邙山陵墓群考古调查与勘测》,《中国考古学年鉴(2014)》,中国社会科学出版社2015年版,第323~324页。

年12月下旬基本结束,取得了阶段性的成果。这次发掘主要清理了2座墓葬,分别编号为1号墓和2号墓。2号墓虽然经过多次盗掘,破坏严重,但是仍出土了一批文物,大部分经过扰动。其中以出土的多枚刻字铭牌最为重要。另有兵器和墓主人的头骨、肢骨等残块,为我们确定墓主人的身份提供了珍贵的实物资料。①

为了确认墓主人身份,发掘单位先后邀请了中国社会科学院考古研究所、北京大学、中国社会科学院历史研究所、郑州大学、河南大学、陕西省考古研究院等单位有关专家,从考古学、历史学、文字学和体质人类学等多方面进行了论证。专家们结合墓葬的形制、规模、出土文物、出土铭牌铭文的内容及字体、出土墓主人骨骼的鉴定,并结合历史文献资料,最终确认此墓的墓主人就是魏武帝曹操,此墓葬就是魏武帝曹操的高陵。特别是那些带有"魏武王"铭文的文物出土,为确定墓主人为魏武帝曹操提供了重要证据。

2008年,盗墓贼从此墓中盗出铭牌1块,其上面刻有"魏武王常所用挌虎大刀"字样;另有石枕1件,其上面刻有"魏武王常所用慰项石"。这是确认此墓葬为魏武王曹操高陵的旁证。通过对比墓葬的形制、规模、出土文物,结合鲁潜墓志和西门豹祠等的相互位置,以及历史文献记载的魏武帝陵位置,发掘者认定此墓葬的主人就是魏武帝曹操,此墓葬就是魏武帝曹操的高陵。曹操去世和入葬的年月清楚,纪年明确,为东汉、魏晋时期墓葬的断代起到了标尺性作用。从墓葬无封土和出土器物看,魏武帝曹操的安葬是完全遵照了他临终时遗令的"不树不封""敛以时服,无藏金玉珍宝"的要求,开魏晋南北朝时期薄葬制度的先河,对后世的丧葬制度影响巨大。曹操所开创的魏晋南北朝薄葬制度是从两汉到隋唐丧葬制度的过渡阶段,在中国丧葬制度演化的历史上占有重要地位,对之深入研究为我们全面了解中国丧葬制度的演化过程具有不可或缺的作用。② 2011年2—12月,河南省文物考古研究所在西高穴村西北、村内、陵园周围以及西门豹祠遗址等区域实施考古勘探,接着对西门豹祠遗址和曹操高陵陵

---

① 河南省文物考古研究所、安阳县文化局:《河南安阳市西高穴曹操高陵》,《考古》2010年第8期。
② 潘伟斌:《安阳西高穴曹操高陵发掘获重要成果》,《中国文物报》2010年1月8日。

园进行了部分考古发掘,证实陵园上原来存在建筑。①

西高穴大墓的发现和发掘,在学术界乃至全社会掀起了一个辩论的热潮。针对其是否为曹操墓、论证其为曹操墓的证据是否充分、在发掘和研究中方法是否科学等问题,学者们展开了激烈的讨论。2010 年 4 月 3 日,中国魏晋南北朝史学会与中国秦汉史研究会在河南省安阳市联合举办会长联席会议,题名为"曹操高陵考古发现学术研讨会"。中国魏晋南北朝史学会会长李凭主持此次研讨会。中国魏晋南北朝史学会出席会议的代表有:副会长兼秘书长梁满仓,副会长刘驰、陈长琦、张鹤泉、严耀中、李书吉、胡阿祥,秘书戴卫红;中国秦汉史研究会出席会议的代表有:副会长孙家洲、李振宏、王彦辉,副秘书长赵凯。会议特邀代表有:两学会顾问、河南大学教授朱绍侯,中国社会科学院学部委员刘庆柱,学术研究杂志社社长李旭明、主编叶金宝、编辑杨向燕,历史研究杂志社编审宋超。新华通讯社、中央电视台和《中国文物报》派员列席会议。河南省文物局副局长孙英民、安阳市常务副市长马林青莅会致辞。李凭指出,曹操墓的发现引起了社会上广泛的反响和不少质疑。质疑是好事,但应该坚持学术信任的态度,即信任地方文史工作者多年的努力考察,信任考古专家的科学态度和方法。河南省文物考古研究所在本次会议上提出的认定曹操高陵的十方面理由是有理有据的,应该支持他们的工作,认可他们的成就。由于曹操墓的发现,关于曹操这个历史人物的本质和曹操形象的演变问题,将再度引起社会的热烈讨论。作为历史人物的曹操和作为艺术形象的曹操,人们都是十分熟悉的,但是围绕着曹操的研究仍然有不少耐人寻味的问题。确认曹操高陵的发现,必将有利于深入研究曹操个人的史实和推动其他相关的研究工作。

本次会议,有六点值得特别注意:一、考古工作者田野发掘、资料整理与分析是认真科学的。从目前已完成考古发掘的西高穴二号大墓周边地理环境及地望、墓葬形制、规格、刻铭石牌及相关出土遗物等证据来看,考古工作者关于该墓为曹操高陵的判断是正确的,其定性是准确的。二、结合文献研究,自曹操葬后,从魏晋南北朝到唐、北宋,文献中关于曹操高陵地点在邺西的记载,一直非常明确,线索清晰。三、历史学与考古学都是重视实证的,需要长期的知识积

---

① 周立刚:《安阳曹操高陵遗址》,《中国考古学年鉴(2012)》,文物出版社 2013 年版,第 300~301 页。

累和专业素养。在提出论点、作出结论时,须有可靠的文献与实物证据,不能像文学创作那样凭空想象,更不能以不可靠的传说或小说为论据。确认曹操高陵的考古学依据,是明确而充分的。四、秦汉与魏晋南北朝,是中国古代历史上两个极为重要的时期,曹操生活在这两个时期转折的历史节点。特殊的时代造就了特殊的历史人物曹操,他是中国历史上杰出的政治家、军事家、文学家。曹操在历史上的真实面貌,非同被明清小说与旧戏剧舞台所扭曲的形象。曹操高陵的发现,有利于对曹操的客观评价,为研究真实的曹操提供了难得的宝贵的实物证据。五、曹操高陵的发现具有重要史学意义。首先,破除历代传说中有关曹操高陵的种种谣传,廓清了历史迷雾。其次,证明了文献所载曹操生前节俭死后薄葬及尚武的事实,也体现了曹操政治廉洁、关心民生的重民思想。再次,曹操高陵的考古发现与确认,为研究汉魏南北朝时期的物质文化提供了一个科学坐标。最后,曹操高陵的发现激发了社会对历史学与考古学的关注,激发了学术界对汉魏历史研究的热情,对于推动有关曹操的研究和汉魏历史的研究,必将起到积极的作用。六、建议尽快整理现有考古材料和发表发掘报告,以供历史学者和考古学者进一步研究;同时,对可能存在的陵园及陪葬墓等展开调查勘探工作,并在此基础上对高陵制定全面科学的保护规划。①

刘庆柱指出,考古发现的西高穴二号墓,其墓葬形制、规格明确。通过与其墓葬形制、规格相近的东汉晚期河北定县北陵头 M32、徐州土山东汉墓、山东济宁普育小学汉墓和三国时代偃师杏园 M36 和 M34、安徽马鞍山朱然及其家族墓、马鞍山宋山东吴墓、南京上坊孙吴墓等对比研究,西高穴二号墓应为东汉晚期至魏晋时期高等级墓葬。西高穴二号墓出土遗物研究,又进一步推定该墓时代为东汉晚期。通过对西高穴二号墓发现的刻铭石牌文字内容和字体时代、西高穴二号墓出土男性人头骨与文献记载的曹操去世年龄、西门豹祠遗址和邺城遗址与西高穴二号墓相对分布位置、出土"鲁潜墓志"与西高穴二号墓地望关系、西高穴二号墓的地势和"不树不封"现象与历史文献记载、中国古代帝王陵墓与都城位置关系等六方面的研究,论证西高穴二号墓墓主人就是曹操,西高穴二号墓就是"曹操高陵"。② 针对社会各界对曹操墓的质疑,刘庆柱做了回

---

① 戴卫红:《曹操高陵考古发现学术研讨会综述》,《中国史研究动态》2010 年第 7 期。
② 刘庆柱:《曹操高陵的考古发现与研究》,《中原文物》2010 年第 4 期。

应,就安阳西高穴二号墓被确认为曹操高陵的考古学确认过程、科学依据、认知逻辑谈了自己的意见,对于"七十二疑冢"、"石牌"造假说、西高穴二号墓未出墓志、哀册说、曹操高陵"薄葬"不薄说、曹操墓在安徽亳县说、曹操墓出土头骨DNA 研究等诸多质疑阐发了自己的意见。① 朱绍侯对曹操墓的发现给予肯定性的评价,他指出,对河南省安阳县安丰乡西高穴村东汉大墓的抢救性发掘,证实了位于村西南的东汉大墓就是魏武王曹操的墓:西高穴村汉墓的地望与文献对曹操墓的记载一致,墓中的随葬品符合曹操的薄葬思想,而且墓中还出土了多件刻有"魏武王"字样的石牌。墓中有一男二女的遗骨,其中随葬的老年妇女不是卞后而是曹操的嫡妻丁夫人。曹操墓的发现证实了曹操生前节俭,死后薄葬的事实,反映了当时俭朴廉洁的社会风气及尚武之风,也有利于正面认识和评价曹操的历史功绩。② 作为曹操墓的发掘者潘伟斌,对学界关心的几个问题一一做了阐释:关于曹操墓应该在山旁还是高岗上的问题、关于魏武王称号的问题、关于曹休墓与西高穴 2 号墓也就是曹操墓关系的问题。③ 牛润珍认为,曹操高陵在魏晋邺城西偏南、西门豹祠之西,距邺城与西门豹祠分别为 30 里和 15 里。高陵坐西朝东,西枕天城山,面朝邺城,陵墓选址、建造、规制都由曹操确定,是一座带有祔葬墓的合葬墓,不仅葬有曹操,还葬有武宣皇后卞氏。西高穴大墓在地望、方位、朝向上与曹操高陵基本一致,墓葬类型亦大体相仿,其左下并列有一大墓,似为卞氏之墓。西高穴大墓后室葬有两具女性骨骼,似是曹操先前的两位夫人丁氏、刘氏。地望、方位、朝向与墓葬类型基本相符,两具女性骨骼也能在文献中找到合理的解释,西高穴大墓可初步断定为曹操墓。④ 梁满仓认为,魏武王三个字,由国、谥、号三部分组成。古代谥和号是两部分,可以把号放前面,也可以把号放后面。国、谥、号三者可以组合在一起并称当朝人。三者怎样组合是由当时的礼仪制度和具体的历史背景、语境所决定的。曹魏明帝时,曾多次发生书写皇后铭旌时谥号前加不加"魏"字的争论。皇帝和皇后是一个等级,皇后铭旌的争论也折射出魏明帝以前皇帝铭旌的争论。从这些争论中

---

① 刘庆柱:《曹操高陵的考古确认与释疑》,《学术研究》2010 年第 7 期。
② 朱绍侯:《曹操与曹操墓》,《史学月刊》2010 年第 5 期。
③ 潘伟斌:《关于曹操高陵的几个问题》,《学术研究》2010 年第 7 期。
④ 牛润珍:《西高穴大墓是否为曹操墓?——高陵地望、朝向与墓葬类型之推证》,《中国人民大学学报》2010 年第 4 期。

可以看出,在魏明帝以前,皇帝、皇后的谥号前是否加魏字没有严格规定,曹操可以称魏武王、魏武帝,曹丕也可以称魏文帝。可见,曹操墓出土的圭形铭牌是真实的。另一件与曹操墓有关的文物《鲁潜墓志》,含有大量准确的历史文化信息,绝非现代人所能伪造,因此其真实性也不容置疑。[①]

关于"七十二疑冢",王子今认为,所谓"七十二疑冢"的传说,发生在宋元时代。这正是曹操这位历史人物遭受舆论严厉贬斥的时代。"七十二疑冢"的安葬形式,不符合曹操一贯坚持的"薄葬"原则。曹操安葬之时,有明确的陵墓方位,有庄严的送葬仪仗。"武宣卞后""合葬高陵"事,也应当有庄重的礼仪,不大可能暗中进行。"魏武葬高陵,有司依汉立陵上祭殿"的记载以及文帝黄初三年诏所谓"高陵上殿皆毁坏,车马还(?),衣服藏府",都说明曹操高陵"陵上祭殿"曾经存在。这些事实与曹操"七十二疑冢"的说法都是不能相合的。曹丕在曹操高陵图画于禁"降服之状",迫使其羞辱而死的故事,也说明高陵有"陵屋",亦证实曹操"七十二疑冢"说之不可信。[②] 朱启新赞同此说。[③]

王子今认为,曹操高陵出土"魏武王常所用挌虎大戟""魏武王常所用挌虎短矛"刻铭石牌,被学界看作非常重要的考古发现。"魏武王"字样,成为判定墓主身份的依据之一。"魏武王"称谓有其合理性。[④] 马爱民根据传世文献记载并结合曹操墓出土石碑兵器铭文,对曹操尚武重武和曹操墓的可信性进行了研究论述,同时,对近年田野考察新发现的安阳县西部北禅寺经幢石刻铭文记载的邺县西陵乡问题作了探究,佐证了曹操墓"西陵"在安阳境内的客观史实。[⑤]

2010年年初,中国社会科学院发布2009年中国六大考古发现,河南安阳县西高穴曹魏高陵入选。消息一经公布就陷入各种质疑之中,"曹操墓"成为当年最热门话题之一。普通公众是如何认识曹操墓的?考古学成果受到质疑给考古学界带来哪些反思?首都师范大学的师生针对以上问题,用问卷方式进行了实际调查,并从公众对曹操墓真假问题的态度、网络与传统信息渠道的取舍、考

---

① 梁满仓:《论曹操墓文字证据的真实性——兼评学术讨论中的学风问题》,《河南社会科学》2011年第1期。
② 王子今:《曹操"七十二疑冢"辨疑》,《文博》2010年第1期。
③ 朱启新:《曹操究竟有没有疑冢》,《中国文物报》2010年2月26日。
④ 王子今:《"魏武王"称谓的合理性》,《中国文物报》2010年11月13日。
⑤ 马爱民:《曹操西陵在邺地问题的研究——兼析"魏武王常所用挌虎大戟"等石碑刻铭的真实性》,《文博》2010年第6期。

古知识普及、考古学成果展示方法和曹操墓发掘意义五个方面对调查结果进行了分析,以求科学、准确地认识曹操墓。曹操墓的发掘给中国考古史带来了一次地震般的震动,由此引发的思考有积极意义。中国考古学对中国历史的贡献很大,建立了不同地区文化演进的时空框架,不同阶段的文化序列和谱系已基本清晰,国家、文明和中华民族的三大起源问题已渐渐拨开重雾。除了学科专业的提升,中国考古学还应顺应时代变迁,寻找新的公共契合点,发展公共考古。目前公众关注考古学,提高了考古学的社会地位,同时中国考古还应担负起普及考古知识的重任,建立考古博客等现代交流渠道,使考古与公众之间有良好的沟通平台。[1]

第四节 魏晋南北朝考古的新辉煌

魏晋南北朝时期,政治局势动荡不安,各类政权分分合合。河南考古主要的发现有汉魏洛阳故城、汉魏帝陵的调查、大量的墓葬遗存的发现、陶窑和佛教相关遗存等。这些考古新发现共同构成了魏晋南北朝时期河南历史文化的绚丽画卷。

一、汉魏洛阳故城

2009年4—6月和10—12月,中国社会科学院考古研究所和日本独立行政法人国立文化财机构奈良文化财研究所联合考古队在汉魏洛阳城北魏宫城遗址南部发掘清理了一座大型夯土建筑基址,编号为三号建筑遗址,这是继2008年发掘北魏宫城二号建筑遗址之后的又一项重要发现。三号建筑遗址位于北

---

[1] 杨小燕:《以科学态度认识曹操墓——从曹操墓调查问卷数据结果分析》,《首都师范大学学报(社会科学版)》2011年第4期。

魏宫城阊阖门和二号建筑遗址的北面,南距二号建筑遗址的夯土台基约80米,其北面正对的可能是宫城内最大殿址的太极殿。本年度的勘察发掘,基本查明了宫城三号建筑基址主体部分的形制结构、大致建造和沿用时代。继而由三号建筑基址所处位置,并结合北魏洛阳宫城以往的勘察资料,可以确认其也是北魏宫城主要轴线上的一座重要建筑,进一步明确了该宫城主要轴线建筑设计的一致性;同时,宫城三号建筑基址也是经由宫城阊阖门、二号宫门,进而进入宫中最重要的建筑单元——宫城核心区太极殿建筑群的重要地标性建筑。若此,这一发掘不仅对于深入探讨北魏洛阳宫城的内部空间配置具有标志性的意义,而且对于整个中国古代都城宫城制度的形成也有着十分重要的研究价值。[1]

2011年7月—2013年7月,为进一步推进汉魏洛阳故城遗址的发掘研究,结合国家大遗址保护,中国社会科学院考古研究所洛阳汉魏故城队对北魏宫城四号建筑遗址进行了大面积勘察发掘。这是继2001—2011年对北魏宫城中枢区南部进行系统发掘之后,对北魏宫城遗址的又一次重要考古发现。四号建筑遗址位于北魏宫城中部偏西北处,北距河南孟津县平乐镇金村约1公里,南距宫城正门阊阖门遗址约460米。该遗址南面正对宫城阊阖门、二号和三号宫门遗址,地处当地俗称"朝王殿"或"金銮殿"的缓坡台地上,为宫城内规模最大宫殿遗址。通过勘察与发掘,明确了宫城四号建筑遗址是位于宫城中部主要建筑轴线上最为显赫的大型宫殿建筑,由居中的主体建筑殿基和东、西两侧的附属殿基构成,形制独特,规模罕见,出土的大量高等级建筑构件也表明其具有较高的地位和建筑等级。结合相关文献记载,可以确认其就是北魏宫城的中心正殿"太极殿"及两侧的"太极东堂"和"太极西堂"。汉魏洛阳故城的太极殿是中国历史上第一座"建中立极"的宫城正殿,其始建年代可上溯至曹魏初年,历经西晋、北魏等时期的修补、沿用,其中所蕴含的设计思想、所确立的宫室制度,不仅为后代所沿循,更远播东亚日、韩等国家。因此,对其进行考古发掘与研究,具有极为重要的意义。[2]

北魏宫城7号建筑遗址,位于北魏宫城3号建筑遗址西侧约40米处。受发

---

[1] 中国社会科学院考古研究所、日本独立行政法人国立文化财机构奈良文化财研究所联合考古队:《河南洛阳市汉魏故城发现北魏宫城三号建筑遗址》,《考古》2010年第6期。

[2] 中国社会科学院考古研究所洛阳汉魏故城队:《河南洛阳市汉魏故城发现北魏宫城四号建筑遗址》,《考古》2014年第8期。

掘条件限制,只少量开挖探沟明确了其西北角和东南角。宫城 7 号建筑遗址在宫城的位置十分重要,其北侧紧邻宫城中心建筑太极殿院落的南庑,地处太极殿院落的南门 3 号建筑与西侧的宫墙之间,当为太极殿院落侧前方的一处重要附属建筑。①

汉魏洛阳故城北魏内城东北角城墙,是该城现存遗迹最好的一部分。2008—2009 年,中国社会科学院考古研究所洛阳汉魏故城队为配合国家大遗址保护项目——汉魏洛阳故城北魏内城东北角城墙的保护展示,对该项目涉及区域的城墙遗址进行了勘察试掘。发掘面积约 400 平方米。勘察区域位于洛阳市孟津县平乐镇金村东面,汉魏洛阳故城北魏内城的东北角附近。主要工作包括:对该段城墙遗址进行勘探、测量;利用城墙现存一处缺口对墙体夯土进行解剖发掘;对勘探发现的城墙内侧一处"凸台"夯土遗迹进行发掘揭露。这些发现,不仅为保护展示工程的顺利实施提供了直接科学依据,同时也深化了对汉魏洛阳故城遗址内涵的认识。尤其是城墙内侧的"凸台"夯土遗迹和"礌石"储藏坑遗迹,在汉魏洛阳故城遗址均为首次发现,它们作为城防设施意义尤其重要。解剖城墙夯土基槽底部发现的横向铺筑的圆木痕迹,为研究城墙夯土筑造技术提供了重要资料。②

2008—2009 年,中国社会科学院考古研究所洛阳汉魏故城队为配合洛阳市大遗址保护工作,针对文献记载的铜驼街,在北魏宫城阊阖门南侧进行了考古勘察。布设探沟 4 条,发掘面积 365 平方米,发现一些相关遗迹现象。结合其所处地点与阊阖门的相对关系,以及对发掘所获遗迹的地层年代的初步推测,认为这里可能是文献记载的汉晋乃至北魏时期的"铜驼街"遗迹。③

北魏宫城南侧铸铜作坊遗址位于汉魏洛阳城北魏宫城阊阖门南侧约 150 米处,位于勘察发现的铜驼街道路的西侧。该遗址是在对铜驼街及其周边区域进行解剖时发现的。发现的主要遗迹为烧窑 1 座、灰坑 7 个、砌砖遗迹 4 处、夯

---

① 郭晓涛:《汉魏洛阳故城北魏宫城 7 号建筑遗址》,《中国考古学年鉴(2013)》,文物出版社 2014 年版,第 304~305 页。
② 刘涛等:《孟津县汉魏洛阳故城北魏内城东北角城墙遗址》,《中国考古学年鉴(2010)》,文物出版社 2011 年版,第 301~302 页。
③ 钱国祥:《孟津县汉魏洛阳故城北魏宫城南侧铜驼街遗址》,《中国考古学年鉴(2010)》,文物出版社 2011 年版,第 302~303 页。

土遗迹1处。同时在相关地层中,还出土有大量铸铜时使用的陶范残块、砺石、熔渣碎块等。本次发掘的较大收获是出土了一批汉代铸铜的相关遗物,种类有陶范、砺石、骨质刻刀、熔渣以及熔液产生的玻璃等材料,其中陶范的种类较多,以小型的车马器饰件为主,可以辨识的陶范器形有铺首、带钩、车辔、铜泡和泡钉等,陶范均为上、下扣合范,大多有不同程度的浇铸和使用痕迹。出土的柿蒂纹陶范,具有明显的西汉时期特征。结合在本区域的勘探和部分试掘资料,初步认为这里在西汉时期可能是铸铜的手工业作坊区,其规模和具体内涵还有待于进一步的勘察研究予以确认。①

2011年3—5月、7—11月,中国社会科学院考古研究所与日本独立行政法人国立文化财机构奈良文化财研究所联合考古队在对汉魏洛阳故城北魏宫城西墙发掘解剖过程中,新发现了曹魏至西晋时期的宫城西墙、汉晋时期的大型河渠、北魏时期的排水暗渠、北魏与北周时期的路面等遗迹。这是继2010年秋季至2011年春季北魏宫城五号建筑遗址发掘之后北魏宫城的又一项重要考古发现。对北魏宫城西墙的发掘取得了重要收获,对于深入探讨汉魏洛阳故城宫城形制的演进以及中国古代都城制度都具有重要意义。首先,此次发掘以完整清晰的地层关系,揭示出北周、北魏和魏晋时期宫城西墙的位置、走向、建筑结构和时代演变,以及各期宫墙与汉晋时期河渠的关系。其次,发掘明确了此宫城西墙最早始建年代不晚于魏晋时期,北魏时期在其外侧重修或增筑宫城西墙,北周时期则继续沿用与增修,这与考古发掘获知的阊阖门等遗址的建筑时代较为一致,由此可确认北魏宫城是在曹魏洛阳宫城基础上修建沿用。再次,魏晋宫墙外侧发现的不晚于汉晋时期的大型河渠遗迹,是汉魏洛阳城河道水系的首次重要发现,基本可确认其就是《水经注》等文献记载的汉魏"阳渠"遗迹。最后,发掘出土的大量具有明确地层关系的魏晋时期建筑瓦件,完善和补充了汉魏洛阳故城建筑材料的编年序列。②

2010年10—12月和2011年1—5月,中国社会科学院考古研究所与日本独立行政法人国立文化财机构奈良文化财研究所联合考古队对汉魏洛阳故城

---

① 郭晓涛:《孟津县汉魏洛阳故城北魏宫城南侧铸铜作坊遗址》,《中国考古学年鉴(2010)》,文物出版社2011年版,第303页。
② 中国社会科学院考古研究所、日本独立行政法人国立文化财机构奈良文化财研究所联合考古队:《河南洛阳市汉魏故城魏晋时期宫城西墙与河渠遗迹》,《考古》2013年第5期。

北魏宫城西南角进行大面积发掘,编号为五号建筑遗址。这是继2008—2010年对北魏宫城二号和三号建筑遗址发掘之后,对北魏宫城遗址的又一次重要发掘。北魏宫城五号建筑遗址的发掘具有重要意义。第一,明确了北魏宫城西墙、南墙及西南角基址的确切位置、规模和结构,为确定该宫城的确切范围和建筑尺度提供了准确的资料。第二,发掘揭示出的宫城西墙和南墙有多个时期夯筑及重修沿用现象,确立了该宫城始建时代不晚于魏晋时期、历经北魏和北周时期重修沿用的演变序列。第三,发现的不同时期水渠和水池遗迹,为复原宫城内外不同时期的河渠水系、确定宫城内外的给排水系统与夯土城墙的位置关系等提供了明确的资料。第四,发现的北朝晚期灶坑遗迹和房舍基址,为完整把握汉魏洛阳故城的时代内涵和演变提供了重要线索,对了解该宫城不同区域的功能区划具有重要价值。第五,出土的一批地层关系准确、时代特征明显、具有组合关系的建筑材料,为完善和深化汉魏洛阳故城遗址出土的遗物编年序列提供了丰富的资料。[1]

2012—2013年,中国社会科学院考古研究所洛阳汉魏故城队对北魏内城西墙的西阳门道路遗迹进行发掘。对西阳门内御道的发掘,直接用考古学证据证明了文献关于北魏新建西阳门的记载,也明确了该道路遗迹的规模和结构。而上层道路的发现,则为研究汉魏洛阳城城址道路的最后沿用时代提供了新资料。[2] 以上诸项考古发现,为全面探明汉魏洛阳故城各时代的形态布局提供了翔实的资料。随着考古资料的不断积累,我们对汉魏洛阳故城的研究将会更加深入。

二、洛阳西晋北魏墓葬

洛阳地区的魏晋墓数量较多。2009年3—8月,洛阳市第二文物工作队为配合连霍高速公路扩建工程,在孟津县平乐镇朱仓村西进行发掘,先后清理了西晋、北魏、唐、宋等时期墓葬共31座。以西晋、北魏墓葬为主。目前小型西晋

---

[1] 中国社会科学院考古研究所、日本独立行政法人国立文化财机构奈良文化财研究所联合考古队:《河南洛阳市汉魏故城发现北魏宫城五号建筑遗址》,《考古》2012年第1期。
[2] 刘涛等:《汉魏洛阳故城北魏内城西阳门遗址》,《中国考古学年鉴(2014)》,中国社会科学出版社2015年版,第330~331页。

墓的确认较少,而有确切纪年的小型西晋墓群在洛阳甚至全国也都极为罕见,这批墓葬的发掘,对研究西晋下层民众的丧葬习俗意义重大。"刀"字形北魏墓在洛阳也很罕见,而山西地区较多,此次发掘不仅丰富了洛阳北魏墓葬的考古资料,对了解北魏下层民众的迁徙及丧葬习俗的演变也很有意义。[1] 洛阳地区的其他北魏墓葬,还有洛阳洛南新区北魏曹连墓、洛阳老城区北魏平原王武昭王元祉墓[2]和老城区北魏淮南王元遵墓[3]等。

洛阳衡山路北魏大墓其墓葬规模和形制与北魏帝陵颇为类似,遂成为考古工作的重点对象。洛阳市计划建设的衡山路北延线(北环辅路—红山路),拟建线路处于邙山陵墓群西段的北魏陵区。2012 年 7 月在该路段进行了文物钻探工作,随后洛阳市文物考古研究院进驻现场,开始了发掘工作。在 2012 年 9 月间,为了寻找墓葬封土以及建筑遗迹,考古工作者还对周边区域进行了调查钻探,到 2013 年 1 月底考古发掘田野工作全部结束。墓葬地处邙山南侧缓坡之上,北高南低。东北约 7 公里是位于官庄村的孝文帝长陵,东北约 4 公里是位于冢头村的宣武帝景陵,东南约 2 公里是位于上寨村的孝庄帝静陵。衡山路大墓是长斜坡墓道、前后甬道、单方室砖券墓,为北魏时期墓葬的典型形制。墓葬采用方坑明券的方式建造,先开挖明坑土圹,然后用砖石券建墓葬,建造完成后再填土覆盖。墓葬的土圹平面为"甲"字形,由墓道、前甬道、后甬道、墓室 4 部分组成。在墓室填土中发现了大量的壁画残块,说明墓葬原来应该有壁画存在,但现已不存。另外,还有一些打磨非常光滑的石块残块以及石门残件,在墓葬主室后部发现有一段石块垒砌的墙。北魏一般墓葬极少用石,该墓发现的这些石质的建筑构件也说明墓葬等级之高。衡山路北魏大墓的复原形制同宣武帝景陵基本相同,规模也比较接近。从目前的考古资料来看,该处墓葬同北魏时期的帝陵制度相仿,再加之位于北魏帝陵区,很可能是一座未知的北魏帝陵。墓葬虽经严重盗扰,但仍出土了不少重要遗物,尤其是陶册和金币。墓葬出土的类似书卷样式的陶册尚未见于其他公开发表材料,应与其墓葬性质有密切联系。阿纳斯塔修斯一世金币国内目前发现仅有数枚,经过科学考古发掘发现的

---

[1] 张鸿亮、卢青峰:《洛阳市邙山西晋墓群及北魏墓群》,《中国考古学年鉴(2010)》,文物出版社 2011 年版,第 297~298 页。
[2] 洛阳市文物考古研究院:《洛阳北魏元祉墓发掘简报》,《洛阳考古》2017 年第 3 期。
[3] 洛阳市文物考古研究院:《北魏淮南王元遵墓发掘简报》,《洛阳考古》2013 年第 2 期。

更少,金币铸造时间和墓葬年代间隔时间比较短,充分说明了当时丝绸之路交通往来的频繁程度。①

三、东晋南朝墓葬

河南的东晋南朝墓葬见于淅川下寨遗址。下寨遗址位于河南省南阳市淅川县滔河乡下寨村北,北临丹江,东、南临滔河,地处两河交汇处。遗址地处盆地之中,地势平坦,大致呈椭圆形沿滔河北岸分布,根据考古勘探,其面积约为60万平方米。为配合基本建设,2009—2010年,河南省文物考古研究院在下寨遗址共完成发掘面积8000平方米。从已发掘的情况来看,此遗址的文化内涵丰富,发现有仰韶文化中期、石家河文化时期、王湾三期文化时期、二里头时代早期、两周时期、汉唐及元、明、清等不同时期的文化遗存。东晋至南朝时期的墓葬共14座,皆为砖室墓。建造时先挖土圹,后垒砌砖室,最后用土填埋。根据墓葬平面形状的不同,分为3种:长"甲"字形斜坡墓道砖室墓、长方形竖穴土圹砖室墓和刀形竖穴土圹砖室墓。此次发掘共出土器物54件,按质地可分为陶、瓷、铜、铁、银、玻璃器等。下寨遗址的这批东晋至南朝时期的墓葬属于中小型墓,其文化特征大致与长江中游的同时期墓葬类似。这批墓葬总体上受南方墓葬文化的影响较深。东晋至南朝时期,南北方处于对立状态,汉水中游地区是其争夺的重点,前秦、北魏、西魏等政权先后与东晋、南朝诸政权反复争夺。但从整体上看,南方政权占据此地区及其施加文化影响的时间相对较长,这也是造成这一地区墓葬文化受到南方影响较深的主要原因。②

---

① 刘斌:《洛阳衡山路发现北魏大墓》,《中国文物报》2013年11月6日。
② 河南省文物考古研究院、河南省文物局南水北调文物保护办公室:《河南淅川下寨遗址东晋至南朝墓发掘简报》,《文物》2016年第1期。

第五节　隋唐五代考古的新成就

隋唐时期,洛阳的发展达到了顶峰。特别是武则天执政之后,洛阳作为"神都"成为全国的核心区域,其经济、社会、文化和都城发展均达到了相当高的水平。五代以后,洛阳逐渐衰落,但城市依然沿用。因此,隋唐五代时期河南考古的中心依然在洛阳。除了都城考古的重大发现,围绕隋唐洛阳城所进行的相关生产和生活遗迹以及一批聚落和墓葬等文化遗存的发现,共同构成了洛阳隋唐时期考古的全貌。

一、隋唐洛阳城

隋唐东都洛阳城始建于隋炀帝大业元年(605),是中国隋唐两代的巍巍帝都。其营造过程和规模,在《隋书》《大业杂记》《旧唐书》《新唐书》《唐六典》《元河南志》《唐两京城坊考》中均有著述。历经千年沧桑,昔日的城郭宫池早已掩埋于地下。新中国成立后,考古工作者对这座城址进行了数百次的调查、勘探和发掘,基本上查明了该城址的总体布局情况。从1959年以来40余年间的考古发掘成果都汇集在《隋唐洛阳城——1959~2001年考古发掘报告》[1]一书中。该报告内容涵盖城墙、城门、街道、里坊、宫殿、园林、水系等,内容丰富,资料系统。我们这里汇集的是本世纪以来的新发现,为丰富隋唐洛阳城的面貌提供了新的资料。

(一)坊市及相关遗存

2013年3—10月,洛阳市文物考古研究院联合中国社会科学院考古研究所

---

[1] 中国社会科学院考古研究所:《隋唐洛阳城——1959~2001年考古发掘报告》,文物出版社2014年版。

洛阳唐城队对隋唐洛阳城宁人坊的南坊门和西坊门进行了考古发掘。通过发掘我们了解了坊门开于坊墙正中,坊门由门道、门墩构成,门墩连接坊墙,门道连接坊内十字街和坊外顺城街。坊墙外侧以及十字街两侧设有排水沟。[1]

九洲池是隋唐洛阳城宫城内重要的园林建筑,始建于隋,唐宋年间相继沿用。遗址位于洛阳隋唐城宫城西隔城中北部。2013年对该遗址进行了主动性考古发掘。发掘的重要遗迹现象有九洲池内的岛屿,岛上的建筑基址,池岸边的建筑、道路,池子的进水口和出水口等;发现的重要遗物有陶质栏杆、陶佛像头、瓷碗、瓷罐、莲花纹方砖、戳印铭文砖、瓦等建筑材料。通过此次发掘,可知九洲池遗址其范围东西长约250米,南北宽约180米,属皇家园林遗址。其南北两岸发现了大面积的唐、五代、宋几个时期的建筑基址,池内遗物也多为这几个时期。这些都说明了九洲池作为皇家园林使用的时间很长。[2]

(二)城墙遗迹

皇城西墙遗迹位于洛阳市西工区凯旋东路路北的市政府家属院内,属隋唐洛阳城遗址区。夯土墙上部距现地表0.5米左右。墙宽19米,分二期。Ⅰ期夯土宽12米、厚2.5米,在生土上先挖基槽,槽宽14米,再向上逐层夯打。夯层厚0.05~0.1米,圆形夯窝,夯层密实。Ⅱ期夯土宽7米、厚2米左右。底部先铺瓦砾层,再逐层向上夯打。夯层厚0.08~0.1米,窝夯,窝径3~5厘米,夯土不如Ⅰ期的坚实,为Ⅰ期夯墙的增补部分。这处夯土的包含物均为唐代。从其位置、走向、宽度判断,应为隋唐洛阳城皇城西墙的一部分。[3] 2005年先后对隋唐洛阳城长夏门外大街、长夏门东第三街、长夏门东第四街、崇让坊内南北向大街、崇让坊南坊墙、外郭城南墙进行了局部发掘。通过本次发掘,以上遗迹的空间位置得以确定,基本上解决了隋唐洛阳城郭城南侧路网布局及沿革问题,并丰富了洛南里坊区的资料。

2011年7月至2013年7月,洛阳市文物考古研究院分三个阶段对隋唐洛

---

[1] 洛阳市文物考古研究院、中国社会科学院考古研究所洛阳唐城队:《隋唐洛阳城宁人坊遗址发掘简报》,《洛阳考古》2014年第2期。
[2] 韩建华:《唐宋洛阳宫城御苑九洲池初探》,《中国国家博物馆馆刊》2018年第4期。
[3] 俞凉亘、司马国红:《隋唐洛阳城皇城西墙遗迹》,《中国考古学年鉴(2005)》,文物出版社2006年版,第258页。

阳城郭城南墙部分地段进行了主动性考古发掘。共发掘 7 座探沟,总发掘面积 1440 平方米,清理出四期夯土城墙及墙两侧同期的壕沟、路土和活动面等遗迹。城墙的分期与以往定鼎门遗址的发掘结果和文献记载相吻合,四期城墙从早至晚应分别为隋、唐、五代和北宋时期修筑,其功能也得以逐步完善。[①]

2013 年 12 月至 2014 年 6 月,洛阳市文物考古研究院在配合洛阳市基本建设的过程中,分三个阶段对隋唐洛阳城宫城西城墙部分墙垣进行了考古发掘。发掘并清理出了四期城墙夯土遗存以及两处马面遗存,对城墙和马面的结构以及相互关系有了初步的了解。该段城墙为南北走向,南北长约 600 米,属于宫城区范围,其东部即为九洲池和明堂、天堂所在。发掘揭露遗址总面积 1000 余平方米。[②]

(三)隋唐东都研究

石自社认为,隋唐东都城是在全国经济中心南移的历史大背景下产生的,同时也是统治者为了"居天下之中"加强对全国控制的需要。东都城的规划设计适应山川地势的特点,遵循中国古代都城规划的基本原则,其形制布局既体现了皇权的至高无上,又兼顾了安全和实用的原则,达到了"天人合一"的设计理念,形成了独有的形制布局特色。特别是注重城市的经济功能,加强了对自然河流的开发利用,使东都洛阳成为河网密布、四通八达的经济中心。东都城的形制布局和建筑特点在中国古代都城建设史上具有重要地位,对后世东亚国家都城制度的发展产生了深远影响。[③] 方孝廉认为,今天所看到的唐东都洛阳城始建于隋炀帝大业元年,其规模和布局没有大的变化。提出宇文恺规划和营建东都洛阳城时,是在西苑引谷水和洛河入积翠池,经皇城前黄道渠入通济渠的。后因谷洛河多次暴涨,改变了原来皇城前的水道布局,后来人们统称其为洛河。[④]

[①] 洛阳市文物考古研究院:《隋唐洛阳城郭城南墙发掘简报》,《洛阳考古》2014 年第 2 期。
[②] 洛阳市文物考古研究院:《隋唐洛阳城宫城西城墙及马面发掘简报》,《洛阳考古》2015 年第 4 期。
[③] 石自社:《隋唐东都形制布局特点分析》,《考古》2009 年第 10 期。
[④] 方孝廉:《隋通济渠与东都洛阳城布局》,《华夏考古》2009 年第 3 期。

二、隋唐仓窖遗址及大运河遗存

隋唐仓窖遗址的发现,从一个侧面为我们展示了隋唐时期的洛阳经济的发展状况和农业生产的繁荣。隋唐洛阳城的繁华需要强大的经济支撑,大规模仓窖遗址的发现为我们提供了这方面的丰富信息。

2011 年底,根据国家、省、市文物局为大运河申报世界文化遗产提供保护和展示的实物资料的要求,洛阳市文物考古研究院对隋代回洛仓遗址进行了第二次考古勘探和发掘。回洛仓是隋代重要的国家粮仓之一,是距京城洛阳最近、地理位置最重要的粮仓。通过考古勘探和发掘,基本上掌握了回洛仓城的范围、道路、管理区等总体布局,以及与漕运相关的情况,了解了仓窖的大致数量及仓窖的形制特征等。目前已确定的仓窖数量达到 220 座。根据对仓窖分布规律的推算,整个仓城仓窖的数量在 700 座左右。根据考古钻探和发掘情况看,回洛仓的仓储量是十分惊人的。以回洛仓发掘出的 3 号仓窖为例推算:窖口直径 10 米、底直径 7 米、深 7 米,按圆台体积公式计算,该仓窖体积 401.135 立方米,仓窖储放粮食大约 27.5 万公斤。目前钻探出该仓城有仓窖 700 座左右,总储粮大约 1.93 亿公斤,可见回洛仓城规模之大,储粮量十分惊人。回洛仓遗址的发掘为研究隋代洛阳城的兴建,隋唐时期大型官仓的仓储制度及粮食储藏保管等,提供了可贵的实物资料,为大运河申报世界文化遗产提供了重要的实物依据。[①]

除了仓窖遗址,能够反映隋唐时期经济发展状况的还有运河沉船的打捞。2013 年 9 月,洛阳市文物考古研究院在洛阳偃师市首阳山镇义井村西南汉唐漕运故道内发掘了两艘沉船。其形制结构基本相同,其中运河一号古沉船保存较好,由 13 个船舱组成,结构较为完整,形制特殊,属典型的内河客货运输船。这两艘古沉船的发现,充分证明了洛阳盆地内陆人工漕运渠道的存在和具体位置,同时为古代船体结构、建造工艺、木料的选择以及内陆运河船体与海洋船体

[①] 洛阳市文物考古研究院:《洛阳隋代回洛仓遗址 2012~2013 年考古勘探发掘简报》,《洛阳考古》2014 年第 2 期。

结构对比,乃至大运河洛阳段的研究,都提供了珍贵的新资料。①

三、隋唐五代墓葬的新发现

2009 年,洛阳市第二文物工作队为配合洛阳冠奇工贸有限责任公司微粒碳光子功能新材料厂房建设,在洛阳市工业园区小浪底专线与龙凤路交叉口发掘清理了 8 座墓葬,其中的一座唐墓(编号 HM1164)虽遭多次盗掘,仍出土了墓志和 300 余件随葬品。墓志显示墓主为唐洛州刺史贾敦赜,卒于显庆元年(656),即唐高宗初年。这为研究唐早期的墓葬形制以及唐代的政治、经济等又提供了准确的纪年资料。②

五代壁画墓主要有洛阳市洛南新区五代壁画墓、洛阳市营庄村五代壁画墓③、洛阳市苗北村五代至宋壁画墓④等。有学者就洛阳地区近年来出土的一批五代壁画墓进行了研究,把这批壁画墓放在时间上和空间上进行对比,对这批壁画墓的形制、壁画内容、壁画形式、艺术风格等相关问题进行初步的探讨,认为洛阳出土的这批壁画墓相对完整地保存了五代绘画艺术的时代特征和风格面貌,对研究唐、五代、宋在墓葬形制、壁画内容、绘画技法等的转型过程显得极为重要。⑤

四、陶瓷考古

隋唐时期的陶窑址多分布在洛阳和郑州两地,而且砖瓦窑占有相当的比

---

① 张如意、赵晓军:《偃师义井村古代沉船》,《中国考古学年鉴(2014)》,中国社会科学出版社 2015 年版,第 335~336 页。
② 李继鹏:《洛阳市红山工业园区唐贾敦赜墓》,《中国考古学年鉴(2010)》,文物出版社 2011 年版,第 304 页。
③ 洛阳市文物考古研究院:《洛阳邙山镇营庄村北五代壁画墓》,《洛阳考古》2013 年第 1 期。
④ 洛阳市文物考古研究院:《洛阳苗北村壁画墓发掘简报》,《洛阳考古》2013 年第 1 期。
⑤ 高思颖:《洛阳五代壁画墓初论》,《洛阳考古》2017 年第 1 期。

例,砖瓦窑的比例较高,说明了当时对建筑材料的大量需求。三彩窑址也逐渐兴盛起来。一些砖瓦窑址也兼烧生活用器。

2012年2—5月,洛阳市文物考古研究院在配合基本建设中发掘清理了一批唐代砖瓦窑址。这批窑址共4组67座,分别位于洛阳市定鼎立交桥北、定鼎北路两侧。窑址平面呈马蹄形,由窑门、窑室、烟室等部分组成。根据窑址规模布局、窑体结构以及出土遗物和相关文献记载,该窑址应为唐代官办窑场,其时代当在高宗至武后时期。①

2012年1—3月,洛阳市文物考古研究院在配合福海置业新街口旧城改造项目建设工程中,清理了一处唐宋时期的窑址群。该窑址位于洛阳市环城北路与南新安街交叉口西北角,东距瀍河约500米,在隋唐洛阳外郭城洛北里坊遗址区范围内。发掘面积约600平方米,清理窑址12座。在本次发掘的早期窑中,出有较多精美的莲花纹和四出草叶纹方砖、莲花纹瓦当及带"官"字的铭文砖瓦,发掘者认为早期窑应为隋唐时期的官营作坊,属于隋唐东都洛阳城瀍河流域大型官营砖瓦窑厂的一部分。晚期窑分布范围较广,基本为双窑或三个窑由一个操作坑连接,在布局上虽不如早期窑统一,但从窑内出土遗物尤其是Y4窑室内出土1件"官匠杨"的板瓦看,晚期窑在晚唐时期可能仍属于官营作坊。②

第六节 宋金元明考古的新探索

宋金元明时期,河南的考古新发现仍然层出不穷,宋城开封见证了河南的辉煌。洛阳城作为西京仍然延续着昔日的繁华。这一时期值得关注的是一些繁华集镇的遗存被发现,昭示着虽然金代以后河南作为全国的政治文化中心已

---

① 洛阳市文物考古研究院:《洛阳市定鼎北路唐代砖瓦窑址发掘简报》,《洛阳考古》2013年第1期。
② 洛阳市文物考古研究院:《河南洛阳市新街口唐宋窑址的发掘》,《考古》2015年第6期。

渐行渐远,但经济的繁华依然延续在中原大地上。众多瓷窑址的发现,向我们展示了宋金时期中原地区高超的制瓷技术和工艺。

一、居址、村落等遗存的发现

叶县魏岗铺金代村落遗址的发现,是宋元时期普通居址考古的重要成果。该村落遗址位于叶县保安镇魏岗铺村南地,2010—2011年由河南省文物考古研究所和平顶山市文物管理局进行发掘。新发现一处金代早期的村落遗址,发现有寨墙和道路,并出土了一批瓷器等重要文物。遗址中发现的龙泉窑生产的青白瓷器(即影青瓷),应是通过商品流通渠道流通于此的,揭示了宋金对峙期间南北方商品流通领域的经济文化交流与融合状况。[①]

开封新街口明周王府官署遗址位于河南省开封市新街口西南角,东邻中山路,北邻西大街,北距龙亭公园约500米。2014年3月,为配合基本建设,开封市文物考古研究所在建设用地范围内进行了考古勘探,并对此区域进行了抢救性发掘。清理出的文化遗存的年代主要为明代晚期至清代晚期。其中,清代房址(基)7座,出土瓷器、陶器、砖瓦、滴水、瓦当等;明代文化遗存主要为院落1座,包括房屋倒塌堆积及墙体等,出土建筑构件及漆木器、瓷器、陶器等生活用品。此处遗址即明代周王府官署中的典仪所所在,毁弃于崇祯十五年(1642)的洪水之中。遗址的发掘不仅验证了《如梦录》的相关记载,还为明代晚期律令及王府官制的研究补充了资料。遗址内明确的建筑布局及丰富的出土器物为研究明代官府建筑布局、官员日常办公环境等提供了实物资料。[②]

---

① 米柯莱:《叶县魏岗铺金代遗址》,《中国考古学年鉴(2011)》,文物出版社2012年版,第338~339页。
② 开封市文物考古研究所:《河南开封新街口明周王府官署遗址发掘简报》,《文物》2017年第3期。

二、陶瓷考古新发现与研究

(一)汝窑遗址

2012—2014年,为配合汝窑遗址博物馆展厅建设,经报请国家文物局批准,河南省文物考古研究院对汝窑中心烧造区四周、现展厅墙基、门厅地基及其有关区域进行了考古发掘,并取得了新的发现和收获。发掘过程可分为两个阶段。第一阶段:2012年至2013年间,配合汝窑遗址博物馆遗址展厅建设,对展厅墙基和门厅地基部分进行了考古发掘,揭露出保存较好的窑炉5座,作坊、建筑基址各1座,过滤池、澄泥池、料坑各1个,水井2眼以及灰坑46个。出土遗物有瓷器、陶器、窑具、铜钱等,完整及可修复器物130件,出土瓷片和素烧器残片700余袋,据初步统计,其中素烧器多达120余万件(片)。第二阶段:2014年4—9月,在原发掘区西南,现清凉寺大殿西又进行了考古发掘,发现窑炉4座、作坊2座、澄泥池2个、墙基1处、沟1条、井1眼以及灰坑26个。出土遗物有瓷器、陶器、铁器、钱币等。完整及可修复器物157件,陶瓷器标本400余袋。此次考古发掘的收获主要表现在两个方面,一是素烧窑炉的发现、素烧器的大量出土和"类汝瓷"器物的出土。初步整理后认为,遗迹遗物的年代相同,皆应是汝窑废弃后的产物,年代大约在宋末或金代早中期,素烧器的大盘、花口盘及莲花口盘,"类汝瓷"中均有出土,且大小一致,应该是"类汝瓷"盘的素烧遗物。仿青铜器的出戟瓶、长方形托盘、瓜棱瓶在该遗址发掘中没有发现上釉烧成器,但在汝州市窑址中出土过上釉成器和残片,釉色有钧釉特征,这种现象有待于进一步研究。南宋官窑遗址曾出土和此次出土出戟瓶底部相同纹饰的残片,汝窑更精致,说明同时期汝窑与南宋官窑都有烧造,是否官府在此窑烧造这类器物代替青铜器用来祭祀,由于发掘面积小,出土器物的类型不甚丰富,很多问题尚待进一步考古发掘并结合文献研究来证实,但这些新发现必将为汝窑、张公巷窑、北宋官窑和南宋官窑的研究提供重要材料。二是元明时期窑炉及瓷器的发现,丰富了该遗址的烧造内涵,弥补了其烧造历史段的空白,对研究中原地区陶瓷烧造史具有重要意义。①

（二）钧窑遗址

北京大学考古文博学院、河南省文物考古研究所组成联合考古队,于 2011 年 9—12 月对河南省禹州市鸠山镇闵庄钧窑遗址进行了主动考古发掘。发掘表明闵庄窑是一个典型的民窑,以往该窑址曾出土过素胎的花器瓷片,使人们认为当时钧州为官府所供的花器可能由于数量较大,是许多窑场提供素胎坯件,在钧台进行釉烧,抑或是钧台集中生产,其他窑场进行补充的生产方式。而本次发掘中发现的花器凤毛麟角,完全可以否定上述推测。闵庄窑址出土的器物,基本全部是日用类器物,陈设类钧瓷极少,但器形多样,釉色润泽,推测这里在元末明初时是重要的钧窑民窑生产地。其在一些重要的工艺技术上与钧官窑不相上下,表明当时钧州窑业生产的总体水平都是比较高的,这是钧窑进入贡御行列的基础,官窑和民窑在技术上并无差别,我们看到的差别是产品使用目的的不同所造成的。②

三、墓葬

（一）宋代墓葬

2009 年 7 月 12—14 日,由洛阳市第二文物工作队举办的富弼家族墓地学术研讨会在洛阳召开。洛阳市第二文物工作队汇报了富弼家族墓地发掘与初步研究情况,安阳市文物考古研究所汇报了宋代韩琦家族墓地发掘与研究情况。与会代表随后展开了热烈的讨论。富弼家族墓志的发现是 2008 年考古发掘的重要收获,出土墓志书法精致,兼备楷、行、篆、隶,尤其是富弼墓志,以鸿篇巨制居洛阳地区出土碑志之冠,从题盖到墓志撰写及书丹等又都出自北宋名家之手,在河南地区乃至全国都十分罕见。大家对志文中涉及的北宋时期政治、

---

① 河南省文物考古研究院:《河南宝丰清凉寺汝窑发掘再获重要发现》,《中国文物报》2014 年 11 月 25 日。

② 秦大树等:《河南禹州闵庄钧窑遗址发掘取得重要成果》,《中国文物报》2012 年 3 月 2 日。

经济、外交、职官、变法、婚姻、宗教信仰、历史地理、礼教和荫补等多个方面,尤其是富弼墓志中所反映的许多重大历史事件,从历史、文学、艺术等方面进行了深入的探讨。①

郑州白佛宋墓位于郑州市管城区圃田乡白佛村,2010 年发掘。该墓葬形制为小砖结构六角仿木砖券多室墓,由墓道、甬道、主室及西北、西南、东北、东南四个侧室共七部分组成。东侧 2 处侧室各暴露 2 具骨架,保存较为完整,葬式均为仰身直肢葬。在其各侧室未清理出随葬品。仅在主墓室内清理暴露一具较为完整的陶棺,这在中原地区不多见。②

2010 年 3 月,郑州市文物考古研究院对郑州市二七区黄岗寺村南水北调工程施工区挖出的 1 座古墓进行了考古发掘。墓葬为一座圆形砖室壁画墓,由墓道、封门、甬道和墓室组成。墓中出土石质贾正之夫妇墓志二方,为研究宋代历史和书法艺术提供了珍贵的资料。③

2012 年 10 月,考古工作者在河南荥阳官庄遗址中部偏北位置发掘宋墓 3 座,出土瓷器、铜钱等随葬器物。其中 1 座为仿木结构雕砖墓,2 座为土洞墓。这批宋墓代表了荥阳地区早期宋墓发展的实例,为构建豫中地区宋墓的发展脉络提供了新材料,可能存在的家族墓地对探讨当时的社会组织结构也具有一定的学术价值。④

2013 年 7—11 月,洛阳市文物考古研究院在洛阳市洛南新区龙门大道以东老洛宜铁路线下发掘了一座北宋时期的砖雕墓葬。该墓为带双天井的台阶式墓道八边形砖室墓,由墓道、过洞、天井、甬道、墓门、墓室组成。北宋初年的砖雕墓在洛阳地区发现较少,该墓为研究当时的丧葬习俗以及墓葬形制演变提供

---

① 张建文:《富弼家族墓地学术研讨会在洛阳召开》,《中国考古学年鉴(2010)》,文物出版社 2011 年版,第 486 页。
② 高赞岭、秦德宁:《郑州市白佛宋墓》,《中国考古学年鉴(2011)》,文物出版社 2012 年版,第 336~337 页。
③ 郑州市文物考古研究院、河南省南水北调文物保护管理办公室:《郑州黄岗寺北宋纪年壁画墓》,《中原文物》2013 年第 1 期。
④ 郑州大学历史学院考古系、郑州市文物考古研究院:《河南荥阳市官庄遗址宋墓发掘简报》,《四川文物》2013 年第 4 期。

了实物资料。①

(二)明代墓葬

2010年5—12月,为配合南水北调中线工程建设,受河南省文物局南水北调文物保护办公室委托,郑州大学历史学院对位于河南省宝丰县廖旗营村东的一处墓地进行了钻探和发掘。本次发现的13座明代家族墓集中分布在A区东南部,分两排由西北向东南排列。这13座墓中有8座出土墓志,墓主身份明确,其中M33和M53为李古民与丁氏夫妇异穴合葬墓,余皆为夫妇同穴合葬墓。除M32西侧墓为土坑单棺外,其余墓葬均由墓坑、墓室、内棺三部分构成。内棺均木质,皆朽毁。墓室用砖、石、三合土等材料砌筑或浇筑。根据墓室数量,可分为三室墓、双室墓和单室墓三种类型。这批墓葬大多被盗,残存随葬器物主要有瓷罐、锡罐、铜镜、铜钱、金银饰及墓志等。②

第七节 考古学走向大众

2008年,以曹操高陵考古为核心热点,河南考古全面进入"公众考古"时代。围绕曹操墓的发掘和确认,讨论之热烈程度已经远远超出人们的预期;参与讨论人数之广,也早已经超越了学术圈的范围。如此大范围地对一个考古发掘项目的关注,可以说是"史无前例"的。抛开关于曹操墓争论本身的是非曲直不谈,这种全民关注考古发掘的现象值得我们深思和研究。围绕曹操墓的争执乱象,暴露出我们的"公众考古"还存在一些需要解决的问题。

由于曹操在历史上的特殊地位,发现并确认曹操墓一直备受公众的关注。曹操墓真伪之争的每一个细节也暴露在公众的眼中,他们发挥自己的言论自

---

① 司马爽红:《洛阳市洛南新区北宋砖雕墓》,《中国考古学年鉴(2014)》,中国社会科学出版社2015年版,第336页。
② 郑州大学历史学院等:《河南宝丰廖旗营墓地明代家族墓发掘简报》,《文物》2017年第4期。

由,在网络上关注并参与其中进行讨论,发表己见。这是考古学通俗化、大众化的表现。甚至可以说备受关注的曹操墓文化事件,被考古学界认为是考古走进公众的一个里程碑。回忆以往的考古发掘,从未有过像曹操墓这样引起大众的质疑,而且质疑声高于赞同声的情况。这不仅仅使民众参与到文化事件中,而且在官方公布确认河南安阳西高穴村大墓是曹操墓后,众多的"反对派"民众还是认为曹操墓是文物考古界的"周老虎"事件。他们质疑考古工作者、质疑国家文物局和地方的态度与举措。此外公众参与曹操墓事件,网络平台起到了载体的作用,公众在网络上的言辞最为激烈,网络对这次事件起到推动作用。公众的质疑态度更多地受到非专业人士的影响。他们不是考古学界和魏晋南北朝史的专门研究者,但是在文史的某些领域有所研究。这些情况在考古学界从未有过,这也说明我国的公众考古学的发展并不成熟。[①] 尽管如此,我们也明白了自己的发展方向。除了做好考古学研究的本职工作,还应该下大气力探讨公众考古学的相关理论和实施路径,使之朝向科学、良性的方向发展。从另一个角度说,诸如曹操墓这样的众多考古项目得到公众的关注,并不是一件坏事。从2008年至今,河南考古又取得了丰富的成就,如何让这些考古工作者辛勤劳动的成果走入寻常百姓家,为广大民众所了解、接受,也是一个值得深入研究的问题。

  2016年底,河南考古领域的首次网络直播,前后跨时约20天的信阳城阳城址战国大墓考古发掘微博直播,成为国内文博爱好者的"考古盛宴"。最初,动物考古专家从陪葬品中的一个陶鼎内发现了完整的牛骨头,汤汤水水的陶鼎看起来像极了"一锅牛肉汤",河南省文物考古研究院官方微博@河南考古小编在直播中放出这个形象的比方后,"牛肉汤"图片迅速传遍网络,连央视新闻频道也连线现场。2016年12月30日,内棺被开启后,一段"宝剑出鞘"的视频更让网友狂转。墓主随葬的一把古剑,虽然剑鞘沾满泥土,但当它被小心翼翼地拔出后立刻显出凛凛寒光,这段短短12秒的拔剑视频播放次数达到了惊人的946万。在直播中,除了严谨的专业考古表述,语言相当鲜活,在知识普及中网络词汇不时跳出,而镜头也不只对准文物和实验室,还对准了在考古现场日夜忙碌的考古人。"原来考古现场是这个样子,考古人的工作是这样!""又学了很多古

[①] 张羽:《"曹操墓"现象的研究》,南京师范大学硕士学位论文,2014年。

代知识,这样的直播越多越好!"网友们兴奋地留言。最终,一场直播,让这个10月才启动的微博粉丝数从1000多增长到6万,其设置的"考古现场"话题累计阅读量更是接近7000万。大墓发掘现场负责人武志江透露,其实,这座墓葬就考古价值而言比同在城阳城址的8号墓差了很多,但在公众影响层面,这座墓却成了明星。"直播的效果这么火,我们也很意外。我想,还是源于公众了解考古工作的渴望。对大众来说,考古仍然是一个神秘的存在,而考古直播为大家提供了纪录片都无法提供的真实感和现场感。"河南省文物考古研究院院长刘海旺受访时表示,"其实,考古对公众的开放我们始终欢迎,只要直播不对文物保护产生负面影响,我们都愿意做,也有实力做。考古本身就需要让公众去检阅和批评,考古的根本目的,就是服务于社会。"①这一事件把河南的公众考古推向了一个新的高潮,河南考古更进一步走向大众。

(一)考古学融合开放共享成为新常态

正如前文所言,20世纪90年代考古学走向开放式的研究状态,开创了一个时代。进入新世纪的第二个十年,这种状态持续发展,并取得了令人欣喜的成绩。河南省文物考古研究院、郑州市文物考古研究院、洛阳市文物考古研究院等一批省内文物考古单位纷纷打开大门,与兄弟单位合作,取得了一项又一项的新成果。南水北调中线考古工程为河南省和其他地区兄弟单位合作提供了很好的契机。2016年5月21—23日,来自全国各地乃至世界各地的考古学家云集郑州,为期3天的首届中国考古学大会是我国举办的规模最大、层级最高的国际性考古学术会议,大会以"面向未来的中国考古学、面向世界的中国考古学"为主题,来自国内高等院校、科研院所及美国、英国、埃及、印度等10多个国家和地区的数百名专家学者聚集一堂,就中国考古学和世界考古学的发展、考古学领域重点和前沿课题进行深入探讨和交流。本次会议"开门办会",一改过去学术会议闭门开会的传统模式,而是全程向公众敞开大门,15场公共讲座拉近了一向神秘的考古学与公众的距离。此次会议由全体中国学者所形成的《首届中国考古学大会郑州共识》(简称《郑州共识》),就考古工作者的责任和使命、考古学的发展方向、加强国际合作与交流、大力开展公众考古、考古工作者

---

① 游晓鹏:《文博考古的开放与自信》,《大河报》2017年1月14日。

的职业道德、文物工作方针等方面发表了共识性宣言。① 本次大会及《郑州共识》,明确了未来中国考古学的发展方向,必将指导未来的考古工作取得更大的成绩,是中国考古学的一个里程碑。

(二)考古学走向普通大众是未来的发展方向

在 2008 年曹操墓发现之前的数年间,河南考古学界其实已经在做考古走向大众的努力和尝试。比如 2002 年河南省文物考古研究所举行的建所 50 周年庆典和出版的《启封中原文明——20 世纪河南考古大发现》一书已经在相当程度上开启了向社会展示考古学研究成果的新篇章,特别是《启封中原文明——20 世纪河南考古大发现》一书的编辑出版打破了纯粹学术书籍的固有模式,以一种群众喜闻乐见的形式向社会展示了 50 年来的辉煌成就。这标志着考古学终于彻底走出考古工地、走出仓库、走出书斋,进入到民众的视野之中。2008 年曹操墓的发现和确认则把河南的公众考古推向高潮。此后,各种形式的公众考古活动层出不穷,诸如中学生考古夏令营、博物馆展览、国家遗址公园向公众开放等,推动河南公众考古不断进步,让人们了解了考古学研究的严肃性,知道了考古发掘不是"盗墓",揭开了考古学的神秘面纱,让人们对考古逐渐发生兴趣。这些必将推动考古学的健康、持续发展。

总之,随着时代的发展变迁,每一代考古人都有着自己不同的使命,技术的进步理应成为学科发展的催化剂,公众的认知与参与也应该成为学科进步的阶梯。国家每一年发布的年度十大考古新发现逐渐走出考古圈而成为国人的文化盛宴。河南省从 2008 年开始举办一年一度的"河南省五大考古新发现"评选活动。"河南省五大考古新发现"评选活动由河南省文物局主办,河南省文物考古学会和《华夏考古》杂志承办,评选活动办公室设在《华夏考古》编辑部。参评考古新发现项目以单位申报和专家推荐两种形式入围,发现项目需符合两个条件:一是本年度在河南省境内进行、经国家文物局批准的考古发掘项目;二是发掘工作符合《田野考古工作规程》等有关行业法规。评选活动主办单位于每年 12 月发函公告评选活动的开始,申报材料须于次年元月中旬前报评选活动办公室。河南省文物考古学会常务理事会从申报项目中,初评出 10 项入围"河

---

① 《首届中国考古学大会郑州共识》,《大众考古》2016 年第 6 期。

南省五大考古新发现"候选名单。每年第一季度公开举办"年度河南省五大考古新发现"学术报告会,初选出的10个项目参加报告会介绍发掘成果。正式评选的评委由河南省文物局相关负责同志、河南省文物考古学会常务理事、长期从事文物考古工作且成果卓著的正高职称专家组成。这是河南省公众考古的有益尝试。我们坚持理论探索和实践经验总结并重,相信随着时间的推移,河南省的公众考古一定会向着良性、成熟的方向发展。让全社会共享考古学研究的科研成果,应是我们的最终目标。

结语

我们在进行河南考古学史研究的过程中，关注中国考古学史，一方面是因为河南考古学是中国考古学史的重要组成部分，另一方面，中国考古学史的主要标志性节点都在河南考古学史上得到了体现。河南考古学史，实际上是中国考古学史的缩影和体现。在对河南考古学史的研究过程中，两者之间的关联似乎是无法区隔的。

（一）中国考古学史研究的薄弱折射出河南考古学史的脆弱性

在对河南考古学史研究时，我们发现不但是河南考古学史，中国考古学史的研究也十分地薄弱。这表现在：

第一，在综合性研究成果方面。体现中国考古学史的重量级成果至今还没有出现，比如《中国考古学史》(1937)，我们到目前所见到的这类成果，还只是20世纪30年代卫聚贤的专著，他的这本著作连同他的《中国考古小史》(1933)，均完成于民国时期。这个时期仅仅是科学考古学在中国刚刚兴起，其成果所综述的则是金石学的大量成就，也即中国传统考古学的成就，当然还有一些由中国传统考古学向中国现代考古学转变时期的成果，而大量缺少中国现代考古学的重要成果，即使这样，这种凤毛麟角式的成果亦尤显珍贵。到了1958年，为培训考古人员而编纂的教材《考古学基础》，虽然也包括了《考古学简史》，但其体量过小，总体而言这类成果尤显珍贵。《新中国的考古收获》(1961)、《新中国的考古发现和研究》(1984)，则属于考古发现的综述性研究成果，与考古学史还是有所区别的。《中国大百科全书·考古卷》(1986)，也收录有王世民撰写的"中国考古学简史"词条。我们能够见到的，到目前为止的考古学史，则有陈星灿的《中国史前考古学史研究(1895—1949)》(1997)，这本书虽然属于专门的、断代型的考古学史，但对于我们认识中国现代考古学的发展历程毕竟具有一定的参考价值。虽然已经出版了多卷本的《北京考古史》(2012)，但这样的著作其理论性和标志性仍然是有一定的局限性。而河南考古学的历史,虽然具有悠久性和标志性,但到目前为止,除了杨育彬的《河南考古》(1985)、河南省文物局编纂的《河南省志·文物志》(1993)、河南省文物研究所编纂的《河南考古四十年(1952—1992)》(1994),以及杨育彬、袁广阔等主编的《二十世纪河南考古发现与研究》(1997)外,并没有真正的河南考古学史方面的专门成果。

第二,在专门性的论述方面。20世纪70年代以前,没有专门的中国考古学史的研究论文问世,相关的内容存在于人物传略、工作回顾、学术综述的文章之中,或者说在这类的文章中,保留了中国考古学史的基本材料。相关的重要文章有:夏鼐的《五四运动与中国考古学的兴起》(1979),王世民的《李济先生的生平与学术贡献》(1982),俞旦初的《二十世纪初年西方近代考古学思想在中国的介绍和影响》(1983),苏秉琦的《中国考古学从初创到开拓》(1987)。这些文章对中国考古学史的研究都具有一定的创新意义。张光直在《考古学与中国历史学》(1995),王宇信在《中国近代史学学术史》中对中国考古学史的分期研究,观点独到,具有创新性。张忠培的《中国考古学史的几点认识》(1995),则是以中国考古学史为题的专门性文章。张忠培与俞伟培有关考古学理论的学术论战,相当成果都包含了对中国考古学史的理论认知。值得注意的是,新世纪以来出现了一些专门的考古学史的研究成果。如北京师范大学沈颂金的《考古学与二十世纪中国学术》(2003),基本属于中国考古学史的研究认知。南京大学陈洪波的《20世纪中国考古学史研究述评》(2010)、《中国现代考古学的学术流派及其嬗变》(2010)等,郑州大学徐玲的《民国时期考古学概念的演变》(2007)、《民国时期考古学史研究述评》(2010)等,均说明中国考古学史的研究已经逐步步入学术界的主流。但是河南考古学史专门研究,除了在志书年鉴之内有所提及,也仅见于馆庆所写的文章、综述型的学术回顾文字。河南考古学已经历了近百年的学术积累,相关历史的研究,以及学术规律的探研尤显重要。

(二)河南考古学的发展进程及其节点

河南考古发现的辉煌,与历史时期河南长期处于华夏文明的核心地位密不可分。从古至今,河南的考古发现许多是颠覆性的,或者是改写历史的。

第一,河南是中国考古发现的高地。无论是当年《竹书纪年》的发现,还是百余年前甲骨文的发现,这些发现都对上古史的研究具有极大的推动与深化意义。中国考古学具备的文献基础,决定了中国当代考古学无论其根系的西方因子多么强健,在这块土地上诞生考古学,必须具有强烈的中国特色。当接受西方现代考古学训练的中国学者,回到中国大地从事中国考古学研究的时候,其所选择的突破口就是中国历史上犹如谜团的商代历史的考古,就是一个印证文献中殷商历史的安阳殷墟考古。无论是中国现代考古学的起点——瑞典人安特生所进行的仰韶村的考古发掘,还是具有真正意义的中国学者开启的大规模的以安阳殷墟为代表的考古发掘,无疑都是河南这片土地为中国现代考古学初兴提供了基地与契机。无论是1950年的安阳殷墟武官村大墓的考古发掘,还是具有标志意义的辉县发掘,都发生在河南。在中国考古学史上,无论是东方现代人类的祖先"许昌人",还是裴李岗文化的命名、仰韶文化的命名,以及与夏代相关联的"二里头文化",均成为中国现代考古学的河南印记。"二十世纪100项考古大发现",河南占17项,名列第一;1990年开始公布的年度中国考古十大发现,河南累计43项,也是全国第一。因此,河南是中国考古的高地名符其实。

第二,河南考古代表了中国考古学的发展趋势。我们在讨论河南考古学史分期的时候,特别注重标志性事件的意义。从这些标志性事件的角度,更能体会河南考古学史在中国考古学史上所具有的独特地位。中国现代考古学的起点是学术界讨论的热点,张忠培在《中国考古学史的几点认识》一文中,特别强调了标志性事件在中国考古学产生以来至今的过程中的作用,而第一个事件就是"安特生主持的仰韶村发掘"。张光直的《考古学和中国历史学》虽然在中国发表于1995年,但实际上在国外发表于1981年,他也特别强调了仰韶村发掘的重要作用,当然,他将1920年作为科学考古学的起点,应该讲的是仰韶村的调查始于1920年,而发掘的时间则在1921年。陈星灿在他的标志性成果《中国史前考古学史研究(1895—1949)》一书中,将中国史前考古学的诞生期放在1921年,因为这一年的重要事件就是仰韶村的发掘。

当然有关中国现代考古学的起始时间还有不同的说法,但以仰韶村遗址为代表的科学发掘,无疑是一件具有划时代意义的事件。毫无疑问,中国现代考古学的起点,当然也是河南现代考古学的起点。1949年10月新中国诞生,但是1950年中国科学院考古研究所成立前后,不但发掘了安阳武官村大墓,尤其是进行了辉县发掘。这一发掘活动持续了三年，集中了当时考古所的主要业务力量，不但在学术上取得了成果，尤其是为中国考古发掘制定了规矩，在许多方面都具有里程碑意义。因此，我们将这一时间确定为河南考古学初步发展时期的开始，应该是没有问题的。这也应该是新中国考古学开端的时间。1976年10月粉碎了"四人帮"，中国政治发展进入了一个新的时期。但是作为学术问题的中国考古学，在当时具有标志性的事件，就是河南登封王城岗遗址的发掘，尤其是1977年所召开的王城岗遗址发掘的现场会，聚合了当时最著名的以夏鼐为代表的考古学者，特别是夏商研究的学者，由此拉开了夏文化研究的序幕。在20世纪的最后20年中，夏文化研究成为考古界的学术热点，考古学者无疑是夏代历史重建的主要奠基者。我们将这一事件作为河南考古学史进入振兴时期的标志性事件，对于中国考古学史而言，也是具有重要意义的。在改革开放的40年中，河南考古学有了较大的发展，其发展虽然与中国考古学的发展具有一致性，由于全国各地考古发现的"满天星斗"，似乎河南考古的价值较之以往稍有逊色，但是我们认为，在中国不断扩大改革开放的进程中，中西考古学的交流无疑对中国考古学的发展具有一定的指向意义。1992年北京大学俞伟超教授主持的河南渑池班村遗址的发掘，开启了中国考古多学科合作的大幕。2009年所发生的安阳曹操高陵真假的争议，引起了学术界和社会的广泛关注。考古发掘为社会关注，在其前后均有发生，但是考古这门冷学成为社会热炒的事件，而且热炒的程度之广，实际上是文物考古界所始料未及的。公众考古学，以及考古为社会服务的理念，逐渐成为考古学人不容回避的重要问题。考古学，仅仅是少数考古学人孤芳自赏的小众学问的现象，已经成为过去。因此，作为河南考古学史具有分期标志，即使放在中国考古学发展的进程中去分析，也是具有很强的参考价值的。标志性事件，对于考古学史而言具有指向分期意义，由此所带来的新的发展趋势以及特点的研究，应该是这门学科发展的必须研究的内容。

（三）河南考古学的研究群体及其特点

河南考古学的研究群体，主要包括研究河南的外地与本地（在外地工作）专家、研究河南的本土专家（长期在河南工作的本地人与外地人）两大部分。

1.河南现代考古学发端时期的研究团队

考古学的研究者主要是从传统金石学研究转型而来的考古学研究者、接受西方科学训练的考古学研究者等。有的学者将这一时期的研究群体归纳为"科学考古学""传统考古学""马克思主义考古学"等三大学派。由于当时河南是现代考古学初兴时期的考古重地,所以这三大学派的考古学家,在河南都有非常重要的考古活动,以及相应的研究成果。最早的考古发掘者和研究者是瑞典学者安特生,最有代表性的是李济、董作宾、尹达、石璋如、郭宝钧与高去寻。安特生以北洋政府农商部顾问的身份主持了仰韶遗址的发掘,此外他还对渑池、荥阳等地的石器时代遗址进行了调查和试掘。他的成果首先在欧洲发表,对以河南为代表的中国考古学成就的海外影响和传播奠定了基础。董作宾(1895—1963),河南科学考古的奠基者,河南南阳人,他在1923年入北京大学研究所国学门师从王国维研究甲骨文,1926年受聘于河南中州大学(后来的河南大学)文学院,1928年入职中央研究院历史语言研究所。董作宾是安阳殷墟第一次发掘的主持者,这次发掘也是中国学者所主持的第一次考古发掘,"是中国组织的第一次官方田野发掘",这次发掘的参加者还有河南代表张统三和郭宝钧。因此,中国官方组织的第一次田野考古发掘,不仅是在河南的安阳殷墟举行,也是由河南籍学者对中国考古学的标志性贡献。在安阳殷墟的15次发掘中,董作宾主持了前7次和第9次的发掘,也就是说他主持了安阳殷墟的8次发掘活动,并为中国考古学培养了大批的专门人才。郭宝钧(1893—1971),则是另一位重要的河南籍考古专家,在早期的考古活动中,他不仅是河南官方机构的代表,也于后来加入了史语所考古组。他不仅参加了安阳殷墟的第1、4、5次的考古发掘,也主持了第8次和第13次的安阳殷墟发掘。他还主持了浚县辛村墓地的发掘,汲县山彪镇与辉县琉璃阁遗址和墓地的发掘。1950年的安阳武官村大墓的发掘以及辉县发掘,不仅体现了中央考古机构的河南传统,实际上也是郭宝钧河南情怀的具体体现。郭宝钧出版了大量的研究成果,其中《浚县辛村》《山彪镇与琉璃阁》等均具有浓烈的河南痕迹。当然最重要的还是李济(1896—1979),他是中国现代考古学的奠基者,被誉为"中国考古学之父"。他于20世纪20年代毕业于哈佛大学,且是第一个取得人类学博士的中国人,后来长期在中央研究院历史语言研究所工作,是典型的"科学考古派"。他主持了大部分的殷墟发掘工作,终生的研究成果大多都与安阳殷墟有关,可以说是安阳殷墟成就了李济为考古大师。从以上的描述我们可以看出,河南本地一批考古学者,虽然没有显赫的欧美学历,但是他们在考古实践中,取得了丰硕成果。他们都有从地方到中央考古机构的工作经历,并因此而成为第一批最著名的考古学家。他们的名字和中国最早的经典发现连在一起,而这些发现大多都在河南。

20世纪20年代后期河南设立了河南民族博物馆,以后改称河南博物馆。1932年,正式设立河南古迹研究会。关百益、郭宝钧、尹达、石璋如、赵青芳、韩维周等成为河南最早的考古学者,有的还到"中央研究院"工作,成为知名的学者。他们组织的浚县辛村、山彪镇与琉璃阁、浚县大赉店、广武青台、巩县塌坡与马峪沟的发掘,以及在商丘、永城的调查,构成了在全国罕见的中国现代考古学初兴时期河南考古发现的黄金时代。

2.河南现代考古学初步发展时期的研究团队

随着新中国的诞生,河南本土研究者的群体逐步壮大,河南考古学的研究力量逐渐加强。但是,对河南发掘和研究的重量级研究者,仍然来源于中央相关的科研单位。随着基本建设的展开,河南考古重点地区是安阳和洛阳,中国科学院考古研究所专门在安阳和洛阳设立了工作站。除了夏鼐、郭宝钧、徐旭生、苏秉琦、安志敏、宿白、王仲殊、马得志、陈公柔、杨锡章、郑振香、赵芝荃、黄石林、徐苹芳、邹衡、方酉生、杨宝成、周国兴、李仰松、严文明等在河南的考古活动或研究,河南还诞生了一批本土的考古力量。从河南省文物管理委员会的设置,到河南省文化局文物工作队的成立,省级的考古机构得到了加强。在新中国河南最早的考古专家队伍中,形成了安金槐、许顺湛、荆三林、刘铭恕、蒋若是、韩维周、裴明相、贾峨、李京华、赵世纲、周到、赵青云、杨宝顺、杨焕成、张家泰、赵新来、贺官保、黄士斌、齐泰定、米士诚、刘东亚、李德保、赵国璧、吕品、郭建邦、董祥、刘建洲、翟继才、魏仁华、廖永民等考古研究团队,这一部分人除极个别为民国学者外,大多学历不高,或者没有受过正规的考古学专业训练,但多接受了全国考古工作人员培训班的培训,并长期坚持在考古一线工作。另一支为20世纪60年代开始的大多接受过正规考古训练的专业人员,有的毕业于北京大学考古专业,如郝本性、杨育彬、杨焕成、李友谋、陈旭、郑杰祥、马世之、杨肇清、李绍连、曹桂岑、张维华、贾州杰、匡喻、王兵翔、张剑、宫大中、温玉成、余扶危、蔡运章、李昌韬、叶万松、汤文兴、于晓兴、王建中等。这一批专家均已退休,但他们之中有的在相关领域有较多的学术贡献,如杨焕成为河南省文物局局长、古建专家,郝本性为古文字和青铜文化考古专家,杨育彬为夏商考古专家,郑杰祥为夏商考古与历史专家,李友谋为新石器考古专家,陈旭为夏商考古专家,马世之为东周与古城考古专家,叶万松为古都考古专家。自20世纪50年代至本世纪初的河南考古领军人物为安金槐与许顺湛。安金槐(1921—2001),他系新中国成立前河南大学历史系毕业,新中国成立后在考古一线工作,主持郑州商城、登封王城岗,以及淅川下王岗、洛阳含嘉仓的工作,可以说在这一时期的重要考古发现都与安金槐这个名字密不可分。他在夏商考古方面的学术贡献,得到了国内学术界的广泛认可。许顺湛(1928—2017),他的学历不高,但他后来长期在河南从事考古管理工作和研究工作。他是仰韶文化父系说的最早倡导者,也是夏文化研究的开拓者。20世纪80年代以来,他先后出版了《中原远古文化》《黄河文明的曙光》《五帝时代研究》《陕晋豫史前聚落研究》等标志性成果,在河南历史文化的宏观研究与认知方面,始终走在河南考古研究团队的前列。

3. 河南现代考古学的振兴、提升和兴盛时期的研究团队

在这一阶段,邹衡、李伯谦、殷玮璋、郑光、李先登、刘庆柱、曹定云、刘绪、许宏、王巍、陈星灿、唐际根、段鹏琦、钱国祥、孙华、王幼平等北京专家,较多地参与了河南的田野考古和研究工作。还有一部分人在河南工作过,后来到域外的高校与科研单位从事考古研究,如欧潭生、吴曾德、刘式今、曾意丹、宋豫秦、张居中、杭侃、赵春青、袁广阔、宋国定、韩伟龙、丘刚等,并有较多的学术贡献。其中,邹衡(1927—2005),北京大学教授,从事夏商文化研究,提出郑州商城郑亳说,并对夏商文化的总体架构有较为系统的构想。李伯谦,北京大学教授,夏商周断代工程首席专家。长期从事夏商文化研究,近十余年较多参与了嵩山文明的学术组织与学术指导。刘庆柱,中国社会科学院考古研究所原所长,近年来直接担任郑州大学历史学院院长,主持河南考古与中原文化研究工作。

河南本土考古力量已形成规模。其一,专门考古机构的设立。河南省文物考古研究院:1981年正式设立河南省文物研究所,1994年更名为河南省文物考古研究所,2014年改称河南省文物考古研究院。主要从事河南文物考古调查、发掘与研究。郑州大学历史学院考古系:1975年正式在郑州大学历史系设考古专业,从1977年开始招收本科考古专业学生,已培养大批本科学生、硕士和博士研究生,有的已成为国内知名的考古专家。河南省社会科学院历史与考古研究所:1983年正式成立河南省社会科学院考古研究所,2007年考古研究所与历史研究所合并为历史与考古研究所。河南还有在全国有学术影响的专业期刊,如河南博物院主办的《中原文物》和河南省文物考古研究院主办的《华夏考古》。其二，各地所成立的专门考古研究机构。自20世纪80年代开始，河南的各省辖市逐渐成立了文物工作队，自90年代以来改称考古研究所或院，如郑州市文物考古研究院、洛阳市文物考古研究院、安阳市文物考古研究所、新乡市文物考古研究所、南阳市文物考古研究所等。各县多设有专门的文物保护管理机构。这一时期河南本土的考古研究团队，前述的老一辈考古工作者大部分成果也是在这一时期完成的。这一时期的新生考古力量主要是两支大的团队。一支为70年代接受考古专业训练的专业人员，他们中大部分人已退休，而且已成为河南考古的学术骨干，有的甚至在全国有一定的学术影响，如蔡全法、张文军、张松林、姜涛、方燕明、赵会军、赵清、丁清贤、邓昌宏、李秀萍、郭引强、李德方、孟宪武、朱亮、赵振华、刘习祥、黄运甫等，以及孙英民、孙新民、张志清、秦文生、许天申、张新斌、张玉石、牛宁、杜启明、杨贵金等。这里面有陶瓷考古专家孙新民、东周考古专家蔡全法、秦汉考古专家张志清，以及河南省文物局副局长孙英民、河南博物院院长张文军。另一支则是80年代接受专业训练并一直从事考古工作，至今仍然活跃在一线的考古专家，如韩国河、张国硕、李占扬、马萧林、田凯、贾连敏、张得水、潘伟斌、刘海旺、杨文胜、李峰、马俊才、张立东、史家珍、任伟、王文华、顾万发、靳松安、刘顺安、刘春迎、李惠萍等。他们有的还有博士学位，大都成为考古骨干以及各个方面的顶梁柱，其中韩国河为秦汉考古专家、张国硕为夏商考古专家、马萧林为动物考古专家，在全国均有一定的学术影响。

总之，河南考古发展已经历了近百年的历史，河南考古所取得的成就是巨大的。河南考古的总体发展，实际上是中国考古学的缩影，同时也反映了区域考古力量的壮大，考古发现成就的辉煌，考古研究成果的丰硕。因此，我们希望通过对河南考古学史主线脉络的梳理，为河南考古的发展探寻规律。希望在未来的岁月里，河南考古取得更大的成就，再上新的台阶。

参考资料

1. 杨育彬:《河南考古》,中州古籍出版社1985年版。
2. 河南省文物研究所:《河南考古四十年(1952—1992)》,河南人民出版社1994年版。
3. 杨育彬、袁广阔:《20世纪河南考古发现与研究》,中州古籍出版社1997年版。
4. 河南省文物考古研究所:《河南新石器时代田野考古文献举要(1923—1996)》,中州古籍出版社1997年版。
5. 安志敏:《中国史前考古学书目》,燕京大学1951年版。
6. 陈星灿:《中国史前考古学史研究(1895—1949)》,生活·读书·新知三联书店1997年版。
7. 国家文物局:《中国文物地图集·河南分册》,中国地图出版社1991年版。
8. 段振美:《殷墟考古史》,中州古籍出版社1991年版。
9. 中国科学院考古研究所:《梁思永考古论文集》,科学出版社1959年版。
10. 郭宝钧:《浚县辛村》,科学出版社1964年版。
11. 《安阳发掘报告》(一至四册),"中央研究院历史语言研究所"1927—1933年版。
12. 石璋如:《考古年表》,"中央研究院历史语言研究所"1952年版。
13. 中国社会科学院考古研究所:《殷墟的发现与研究》,科学出版社2001年版。
14. 胡厚宣:《殷墟发掘》,学习生活出版社1955年版。
15. 郭宝钧:《山彪镇与琉璃阁》,科学出版社1959年版。

16.中国科学院考古研究所:《辉县发掘报告》,科学出版社 1956 年版。

17.李济:《安阳——殷商古都发现、发掘、复原记》,中国社会科学出版社 1990 年版。

18.李济:《李济考古学论文选集》,文物出版社 1990 年版。

19.苏秉琦:《苏秉琦考古学论述选集》,文物出版社 1984 年版。

20.洛阳市文物工作队:《洛阳考古四十年——一九九二年洛阳考古学术研讨会论文集》,科学出版社 1996 年版。

21.中国科学院考古研究所:《庙底沟与三里桥》,科学出版社 1959 年版。

22.中国社会科学院考古研究所:《新中国的考古发现和研究》,文物出版社 1984 年版。

23.河南省文化局文物工作队:《郑州二里岗》,科学出版社 1959 年版。

24.中国社会科学院考古研究所:《殷墟妇好墓》,文物出版社 1980 年版。

25.中国社会科学院考古研究所:《殷墟发掘报告》,文物出版社 1987 年版。

26.中国科学院考古研究所:《洛阳中州路(西工段)》,科学出版社 1959 年版。

27.中国科学院考古研究所:《上岭村虢国墓地》,科学出版社 1959 年版。

28.河南省文物研究所:《信阳楚墓》,文物出版社 1986 年版。

29.河南省文物研究所等:《淅川下寺春秋楚墓》,文物出版社 1991 年版。

30.北京大学历史系考古教研室商周组:《商周考古》,文物出版社 1979 年版。

31.中国科学院考古研究所:《洛阳烧沟汉墓》,科学出版社 1959 年版。

32.河南省文物研究所:《密县打虎亭汉墓》,文物出版社 1993 年版。

33.《中国大百科全书·考古卷》,中国大百科全书出版社 1986 年版。

34.河南省文物研究所、中国历史博物馆考古部:《登封王城岗与阳城》,文物出版社 1992 年版。

35.河南省博物馆《中国冶金史》编写组:《汉代叠铸——温县烘范窑的发掘和研究》,文物出版社 1978 年版。

36.宿白:《白沙宋墓》,文物出版社 2002 年版。

37.中国科学院考古研究所:《三门峡漕运遗迹》,科学出版社 1959 年版。

38.龙门文物保管所:《龙门石窟》,文物出版社 1980 年版。

39.中国科学院考古研究所:《新中国的考古收获》,文物出版社 1961 年版。

40.北京大学考古文博学院:《洛阳王湾——田野考古发掘报告》,北京大学出版社 2002 年版。
41. 郑州市文物考古研究所:《郑州大河村》,科学出版社 2001 年版。
42. 俞伟超:《考古学是什么——俞伟超考古学理论文选》,中国社会科学出版社 1996 年版。
43. 北京大学考古文博学院、中国国家博物馆:《俞伟超先生纪念文集·学术卷》,文物出版社 2009 年版。
44. 严文明:《仰韶文化研究》,文物出版社 1989 年版。
45. 邹衡:《夏商周考古学论文集》,文物出版社 1980 年版。
46. 许顺湛:《中原远古文化》,河南人民出版社 1983 年版。
47. 李友谋:《裴李岗文化》,中州古籍出版社 1992 年版。
48. 北京大学考古系:《纪念北京大学考古专业三十周年论文集(1952—1982)》,文物出版社 1990 年版。
49. 河南省文物考古学会:《河南文物考古论集》,河南人民出版社 1996 年版。
50. 中国考古学会:《中国考古学年鉴》(1984—2013),文物出版社。
51. 中国考古学会:《中国考古学年鉴》(2014—2016),中国社会科学出版社。
52. 河南省地方史志编纂委员会:《河南省志·文物志》,河南人民出版社 1993 年版。
53. 张开广:《考古地理信息系统——郑州地区仰韶文化遗址空间分布模式研究》,科学出版社 2012 年版。
54. 北京大学考古学系、驻马店市文物保护管理所:《驻马店杨庄》,科学出版社 1998 年版。
55. 河南省文物考古研究所:《汝州洪山庙》,中州古籍出版社 1995 年版。
56. 中国社会科学院考古研究所、郑州市文物考古研究院:《中国聚落考古的理论与实践(第一辑)》,科学出版社 2010 年版。
57. 科技部社会发展科技司、国家文物局博物馆与社会文物司:《中华文明探源工程文集·环境卷Ⅰ》,科学出版社 2009 年版。
58. 中华文明与嵩山文明研究会:《中华文明与嵩山文明研究(第一辑)》,科学出版社 2009 年版。
59. 中国社会科学院考古研究所夏商周考古研究室:《三代考古(三)》,科学出版社 2009 年版。

60. 中国社会科学院考古研究所夏商周考古研究室:《三代考古(四)》,科学出版社 2011 年版。

61. 中国殷商文化学会:《纪念王懿荣发现甲骨文 110 周年国际学术研讨会论文集》,社会科学文献出版社 2009 年版。

62. 河南省文物研究所:《郑州商城考古新发现与研究(1985—1992)》,中州古籍出版社 1993 年版。

63. 河南省文物考古研究所:《永城西汉梁国王陵与寝园》,中州古籍出版社 1996 年版。

64. 中国社会科学院考古研究所:《杏园东汉墓壁画》,辽宁美术出版社 1995 年版。

65. 河南省文物考古研究所:《北宋皇陵》,中州古籍出版社 1997 年版。

66. 郑州市文物考古研究院:《新郑望京楼:2010~2012 年田野考古发掘报告》,科学出版社 2016 年版。

67. 中国社会科学院考古研究所:《隋唐洛阳城——1959~2001 年考古发掘报告》,文物出版社 2014 年版。

68. 国家文物局:《2007 中国重要考古发现》,文物出版社 2008 年版。

69. 夏鼐:《三十年来的中国考古学》,《考古》1979 年第 5 期。

70. 张森水:《河南省旧石器新线索及管窥》,《中原文物》1986 年第 2 期。

71. 安志敏:《裴李岗、磁山和仰韶——试论中原新石器文化渊源及发展》,《考古》1979 年第 4 期。

72. 严文明:《略论中国文明的起源》,《文物》1992 年第 1 期。

73. 许顺湛:《论裴李岗文化》,《河南文博通讯》1980 年第 1 期。

74. 赵世纲:《裴李岗文化的几个问题》,《史前研究》1985 年第 2 期。

75. 张居中:《试论贾湖类型的特征及与周围文化的关系》,《文物》1989 年第 1 期。

76. 巩启明:《试论仰韶文化》,《史前研究》1983 年第 1 期。

77. 陈旭:《仰韶文化渊源探索》,《郑州大学学报(哲学社会科学版)》1978 年第 4 期。

78. 濮阳市文物管理委员会 濮阳市博物馆、文物队:《濮阳西水坡遗址发掘简报》,《华夏考古》1988 年第 1 期。

79. 张忠培、乔梁:《后冈一期文化研究》,《考古学报》1992年第3期。
80. 严文明:《龙山文化和龙山时代》,《文物》1981年第6期。
81. 严文明:《论中国的铜石并用时代》,《史前研究》1984年第1期。
82. 李维明:《20世纪夏史与夏文化探索综论》,《河南大学学报(社会科学版)》2000年第3期。
83. 许宏:《二里头遗址发掘和研究的回顾与思考》,《考古》2004年第11期。
84. 中国社会科学院考古研究所汉唐考古研究室:《考古研究所汉唐宋元考古二十年》,《考古》1997年第8期。
85. 杨肇清:《二十年来河南考古发现与研究》,《华夏考古》1999年第3期。
86. 孙庆伟:《考古学的春天:1977年"河南登封告成遗址发掘现场会"的学术史解读》,《南方文物》2014年第1期。
87. 刘庆柱:《曹操高陵的考古发现与研究》,《中原文物》2010年第4期。

后　记

完成考古学史是我刚刚接触考古后的一个非常重要的愿望。记得我在上大学的时候，几位同学在一块讨论，中国考古学已经发展那么多年了，为什么没有一本中国考古学史的专著？至今我还保存有需要我完成的考古学史的大纲手稿。

2015年当河南专门史重大专项启动之始，《河南考古史》就被列为首批撰研任务。承担这个任务的就是我和我的同事——毕业于武汉大学考古专业的李龙和毕业于北京大学考古专业的王建华。他们二位自1999年到河南省社科院工作至今，已有20个年头。除了大学实习，他们还参加了黄河小浪底以及三峡工程的有关考古项目的发掘。近十年来，他们都将自己的主要研究方向，确定为与考古专业密切相关的史前文化和文明起源研究。他们除了参与我主持的国家社科基金一般项目"济水与河济关系研究"，我们三人还共同完成了教育部社科研究基地重大委托项目子课题的"黄河流域史前聚落与城址研究"。近年来，王建华主持并正在完成国家社科基金青年项目"古史传说时代中原地区的生态环境与文明形态研究"，李龙已先后主持并完成了河南省社科基金项目"中原史前聚落研究""先秦中原灾害问题研究"，也即将有专著问世。应该说他们都有能力对百余年来河南考古学的历史进行梳理、归纳和总结。这一次任务，我的想法是希望他们能够承担更多的工作，所以论著的主要部分主要由两位年轻同志完成。我负责完成绪论、结语和后记；李龙负责第一章、第二章；王建华负责第三章、第四章、第五章。全书由李龙进行初审，我最后定稿。

考古学史的研究,对于河南考古学而言是一个全新的工作。在对中国考古学进行理论思考的时候,也就是我们撰研的过程中,深感理论研究的薄弱。在对总体框架设计时,我们查阅和研读了国内学术界的大量论著,对中国考古学史有了一个相对完整的认识,深感中国考古学是一个整体,它是由传统考古学、近代考古学和现代考古学三部分所组成,这也是河南考古学史的分期。由此我们提出了传统考古学开始于北宋时期《考古图》刊行之时,近代考古学开始于甲骨文发现之时,现代考古学的发端开始于仰韶遗址发掘时期,现代考古学的初步发展开始于辉县发掘时期,现代考古学的振兴开始于登封告成遗址发掘现场会召开之时,现代考古学的提升开始于渑池班村遗址发掘之时,现代考古学的兴盛开始于安阳高陵曹操墓讨论之时。由此形成河南考古学史的基本框架,基本寻找到河南考古学史发展的主要规律和阶段划分。应该说河南考古学史的分期,对于中国考古学史的研究具有参考意义。

作为河南专门史的重要组成部分的《河南考古史》,其完成和出版得到了河南省社科院领导的大力支持。河南省社科院原党委书记魏一明、原院长张占仓、副院长袁凯声给予了大力支持。由于我还承担了大量的学术组织工作、社会工作,以及其他的科研工作,其研究应该还是初步的,希望在这个基础上我们的研究团队与学术界同人加强交流,为河南考古学史以及中国考古学史的研究做出我们应有的贡献。

张新斌

2018 年 3 月